개정판

인트로 행정학

김지원 · 권용식 · 김진숙 · 박윤희 · 박지원
서인석 · 이도석 · 장석준 · 정준화 · 탁현우

도서출판 대영문화사

개정판 머리말

『인트로 행정학』은 한국행정학회 신진학자연구회 모임을 통해 연을 맺고 학문의 열정을 나누어 온 신진학자들이 행정학 입문자에게 '행정'을 보다 친숙하고 좋은 길잡이가 되는 책을 써보고자 하는 의도에서 집필된 책이다. 그 소중한 결실로 2017년 『인트로 행정학』 초판이 나온지도 어느덧 3년여 시간이 흘렀다. 그간 신진학자들은 행정학계의 중견학자로 접어드는 길목에 서 있으나 여전히 초심을 잃지 않고 오히려 보다 성숙한 시각으로 행정현상을 바라볼 수 있게 되었다. 신진학자들의 열정과 호기심, 그리고 『인트로 행정학』으로 맺어진 소중한 인연은 또 한번 설레임을 안고 개정판 준비로 자연스럽게 이어졌다.

제4차 산업혁명으로 인해 가속화된 한국 사회의 낯선 변화에 미처 적응하기도 전에 2020년 한 해는 코로나(Covid-19) 확산으로 인한 전대미문의 사회적 혼돈상태에 빠져들었고, 언택트 시대에 접어들며 만남 자체가 쉽지는 않았다. 그러나 개정판 집필에 뜻을 모은 10명의 행정학자들의 열정은 재난상황이라고 하더라도 사그라들지 않았다. 오히려 현 사회적 난제를 헤쳐 나갈 수 있는 적실한 함의와 사례를 보완한 행정학 입문서를 내고자 오프라인 모임이 힘들 때는 온라인 화상회의도 마다하지 않았다. 이러한 10명의 학자들의 작은 마음과 열정이 모여 난관 속에서도 꾸준히 소통하고 머리를 맞대며 개정판을 완성할 수 있었다.

책 제목인 『인트로 행정학』에서 '인트로(intro)'는 학문 영역을 처음 접하는 대학 새내기는 물론 행정에 대해서 알고 싶은 비전공자들에게 용기를 내어 그 첫 관문을 열어보도록 유도하는 의미가 담겨 있다. 초판에서는 전체 13장으로 편제되었는데 내용이 중복되거나 일부 파트(정책)가 3개장에 걸쳐 불균형적 배치된 부분이 있었기에, 개정판에서는 이를 과감히 조정하여 개정판에서는 전체 10장으로 압축하고, 체계적으로 재편하고 행정관리 파트와 정책 파트 등 행정학 개론에서 다루어야 할 전반적 영역을 균형있게 배치하였다. 또한 최신 행정학 이슈와 논의들을 최대한 반영하고자 하였다.

개정판의 총론(제1장 행정의 이해, 제2장 행정환경, 제3장 행정학의 발달사) 파트에서는 보다 쉽고 간결하게 내용을 압축하고, 독자의 이해를 돕기 위한 삽화나 사례 등을 최대한 보완하며 가독성을 높이기 위해 노력했다.

행정관리 파트인 제4장 조직론에서는 현대 탈관료적 모형과 한국정부관료제 논의를 추가하였고, 제5장 인사행정론에서는 최근 중요한 이슈가 되고 있는 공무원노동조합, 공무원의 의무와 윤리(공직부패 포함) 내용을 보강하였다. 또한 제6장 예산론에서는 예산실무와 관련 이론을 긴밀하게 연계하여 살펴볼 수 있도록 재구성하였다.

정책 파트인 제7장 정책론의 경우 초판에서 3개장에 걸쳐 제시된 내용을 개정판에서 입문서에 필요한 핵심내용을 위주로 1개장으로 압축하여 재정리하고, '이론과 실제'를 연계하여 이해하기 쉽도록 기술하였다.

제8장 정부형태와 입법과정 파트는 초판에서 국회 입법과정만 다루었으나, 개정판에서 정부형태와 사법부의 행정 통제 부분까지 추가하여 폭넓게 논의하였다. 제9장 지방자치의 이해는 초판에서 다루지 못했으나, 최근 강조되는 주민참여이론과 다양한 참여제도를 추가하고 관련 사례를 통해 이해를 도모하였다.

마지막으로, 제10장 제4차 산업혁명과 스마트정부 파트는 개정판에 새로이 도입된 파트로, 대변혁과 전환의 시대에 대응하는 스마트정부의 역할과 모습을 담아보았다.

이 개정판이 완성되기까지 신진학자연구회 출신의 다양하고 개성넘치는 10명의 학자들 간의 열띤 토의와 조율과정 등 숱한 고심이 있었고, 한 배를 탄 동료학자들에 대한 깊은 배려와 인내가 함께했다. 무엇보다 개정판을 통해서 행정학도를 꿈꾸는 대학 새내기들과 행정과 친숙해지고자 하는 비전공자들이 좌절하지 않고 끝까지 읽고 행정학에 대한 궁금증을 해소해줄 수 있는 입문서를 제공하고자 하는 합의된 마음과 큰 꿈을 향해 함께 정진해갔기에 출간에까지 이를 수 있었다. 출간을 앞둔 이 시점에도 여전히 집필진들의 치열한 고민을 모두 담아내지 못한 아쉬움과 부끄러움, 갈증이 남아 있음을 고백한다. 그럼에도 10명의 신진학자들이 학문적으로 보다 성숙해 나아가는 과정에서의 노력의 산실이었기에, 개정판에 대한 독자의 아낌없는 관심과 조언을 기대한다.

마지막으로, 이 책이 출간되도록 후원해 준 대영문화사 임춘환 사장님과 임직원 여러분들께 깊은 감사의 마음을 표한다.

2020년 11월

저자 일동

초판 머리말

이 책은 집필진으로 참여하고 있는 신진학자들이 서로 배우고 격려하는 장인 한국행정학회 신진학자연구회 모임에서 그동안 논의하고 고민했던 부분들이 결국 집필로까지 이어지게 된 결과물이라고 볼 수 있습니다.

아직 책이 아닌 논문을 많이 써야 하는 신진학자가 개론서를 집필하기에는 큰 부담과 두려움도 있었지만, 그때마다 많은 조언과 격려를 아끼지 않으신 선배 교수님들과 주변 동료학자들이 있었기에 이 책이 탄생할 수 있었습니다. 진심으로 존경과 감사의 말씀을 전합니다.

이 책은 갓 대학에 입학한 행정학 전공자 외에 행정학을 배우고 싶은 비전공자에게도 쉽게 이해될 수 있도록 내용을 전달하고자 기획되었습니다.

그러나 여러 차례 집필진 간의 소통에도 불구하고, 공동 집필의 특성상 문체나 구성면에서 일관성이 부족한 부분도 있습니다.

부족한 점은 앞으로도 여러분들과 상호토론을 통해 수정 · 보완해 나가도록 하겠습니다. 독자 여러분들의 귀중한 조언 부탁드립니다.

집필과정에서 다소 힘든 점도 있었지만, 저희 12인의 저자들은 오로지 좋은 책을 만들고 싶다는 일념으로 최선의 노력을 다하였습니다.

끝으로, 이 책이 출간되기까지 협조와 지원을 아끼지 않으신 대영문화사 임춘환 사장님을 비롯한 여러 직원 여러분께 감사의 인사를 전합니다.

아직 부족한 부분이 많고, 발전시켜야 할 부분도 많지만 여러분과 함께 이야기하며, 걸어가겠습니다.

감사합니다.

2016년 11월

저자 일동 드림

차 례

Chapter 03 행정학의 발달사 _ 김지원

Chapter 04 조직론 _ 박지원

Chapter 10 제4차 산업혁명과 스마트정부 _ 서인석

C·H·A·P·T·E·R 01

행정의 이해

제 1 절 행정의 개념

1. 행정의 정의

행정(行政)을 말 그대로 이해하면, 정사(政事)를 행(行)하는 것이다. 행정은 유사 이래 국가의 성립과 함께 지속적으로 존재해왔다. 행정은 국가가 형성된 이후 항상 존재해 왔다. 과거의 행정이 기본적인 조세행위, 국방과 치안 등을 수행하는 것이었던 데 비해, 현대의 행정은 기본적인 조세, 국방과 치안 이외에도 경제개발, 보건복지, 교육, 환경보전 등 정부의 기능이 너무나 다양하고 복잡해졌으며, 그 규모도 과거와는 비교할 수 없을 정도로 커지게 되었다. 우리 주변에서 일어나는 많은 현상들이 행정과 밀접하게 관련되어 있으며, 우리의 실생활에 행정이 미치는 영향은 막대하다.

행정의 근대적인 정의는 미국의 제28대 대통령이기도 한 윌슨(W. Wilson)이 1887년 발표한 『*The Study of Public Administration*』에 따라 "법을 구체적이고 체계적으로 집행하는 것"에서 기원한다(Shafritz & Hyde, 2016: 35). 이외에도 행정을 "국가의 목표 성취를 위해 사람과 물자를 관리하는 것"으로 정의(White, 1926)하거나, "공적 목표의 성취를 극대화하기 위한 합리적 행동"으로 정의(Waldo, 1955)하여, 행정이 추구하는 목표, 의사결정, 자원관리 등의 측면을 강조하기도 한다.

우리나라의 행정학 교과서에서의 행정의 정의를 정리하면 다음과 같다. 오석홍(2008: 97−98)은 행정을 "국가 목표의 성취를 위해, 수임 받은 독점적 권력을 바탕으로, 봉사 · 이익배분 · 조정 · 규제 등에 관한 정책 입안에 참여하고 집행하는 활동"으로 정의한다. 정정길(2004: 174−175)은 "공식적 권위를 배경으로 수행되는 행정기관에 의한 국정관리활동"으로, 이종수(2014: 33)는 "공익목적을 달성하기 위한 공공문제의 해결 및 공공서비스의 생산 · 분배와 관련된 정부의 제반 활동과 상호작용"으로 정의한다. 이상의 논의를 육하원칙에 따라 접근하면(유민봉, 2012: 6), 정부가(누가) 사회의 공공가치를 실현을 목적으로(왜) 국민에게 재화와 서비스를 제공(무엇)하기 위해 인적 · 물적 자원을 확보하고 관리하는(어떻게) 활동으로 정의할 수 있다.

행정을 정치적 측면, 법적 측면, 관리적 측면, 직업적 측면으로 나누어 살펴보기도 한다(Shafritz, 2015: 6−23). 우선, 정치적 측면(political definitions)에서 행정은 정부가 하는 것으로(what government does) 직접적이거나 간접적이며(both direct and indirect), 공공의 정책형성 과정의 하나로(a phase in the public policymaking cycle), 개별적으로는 잘할 수 없는 일(which cannot be so weel done individually)을 집합적으로 수행하며(doing collectively), 공공의 이익을 집행하는 것(implementing the public interest)이다. 다음으로, 법적인 측면(legal definitions)에서는 국가에서 수행하는 것으로 법이라는 수단에 의해 새롭게 만들어지고 규정되어지는 성격을 가진다. 그 결과 행정은 법을 집행하는 것(law in action)이며, 규제를 만들고 적용하는 것을 의미한다. 초기의 공공행정은 "왕의 베품(The King's Largesse)"으로 불리는 통치권자가 베풀기로 결정한 상품, 서비스, 또는 명예에 관한 것으로, 모든 것이 왕의 소유였기 때문에 귀족과 농민에게 주어진 것은 모두 왕의 선물로 이해되었기 때문이다. 현대의 행정에서는 법으로 이러한 것들을 정의하게 된다. 법으로 정부가 할 일을 정하는 정부의 역할 범위의 설정이 필요한데, 경찰과 군대를 통한 보호를 제공하는 것 이상으로 정부의 역할이 확장되어야 한다는 주장과 그 이상의 정부의 역할은 그것이 선한 의지이든 악한 의지이든 간에 시민의 생활을 간섭하는 것이라고 이해하기도 한다. 세 번째로, 관리적 측면(managerial definitions)은 정부에서의 집행기능을 강조하며, 조직 목표를 달성하기 위해 인적·물적 자원을 활용하는 것으로, 행정은 과학적인 측면을 가지면서 동시에, 예술(art)의 특성을 가진다. 이는 행정이 도구적인 성격을 가지면서 동시에 도구를 사용하는 사람이 어떤 기술을 가졌는가가 중요한 것처럼 도구적 성격 이상의 무언가를 가졌다는 의미로 이해할 수 있다. 행정을 영어로는 주로 Public Administration으로 표기하며, 이는 문자 그대로 public(공공)을 위해, administration(관리)을 수행하는 것을 의미한다. 유사한 용어로 Public Management가 활용되기도 하는데, 이는 공공관리로 번역되며, 행정에 경영적 측면의 효율성을 강조하는 의미로 활용한다. 관리적 측면에서 행정은 때때로 번문욕례(繁文縟禮) 혹은 Red Tape이라고 하는 형식주의와 문서주의의 문제가 제기되기도 한다. 공정한 절차와 규칙에 따라 합리적으로 행정을 처리하는 것이 목적이었으나, 형식적이고 번잡한 규칙, 문서화로 인해 행정의 관리가 비능률적인 성격을 가지는 것을 의미하는 것이다. 마지막으로, 직업적 측면(occupational definitions)에서는 학문적으로는 공공분야와 학제 간 연구를 적용한 합리적이고 과학적인 관리에 관해 연구하고, 직업적으로는 사회의 서비스를 적용하는 학문적·실용적 지식의 총체로 이해될 수 있다.

행정은 주로 '경영'이나 '정치' 등과 비교된다. 먼저, 행정과 경영은 먼저 관리기술적인 측면에서 능률주의를 지향하고 민간의 경영기술을 정부에 도입하려는 시도가 지속적으로 있어 왔다는 점에서 유사점을 찾을 수 있다. 행정과 경영의 공통점과 차이점은 "공공조직과 민간조직은 모든 중요하지 않은 면에서 기본적으로 유사하다(fundamentally alike in all unimportant respects)"는 세이어(W. Sayre)의 명제(Sayre, 1953: 102)를 통해 쉽게 이해할 수 있다. 행정과 경영은 조직적인 측면에서도 대규모 관료조직으로 구성되어 있다는 점에서 유사성을 가지며, 공동의 목표달성을 위해 협동행위를 수행한다는 점에서도 닮아 있다. 다만, 행정과 경영의 중요한 차이점의 하나로 행정의 목표와 가치를 생각해 볼 수 있을 것이다. 즉, 행정이 공익을 추구하고, 독점적이며, 법적 규제에 엄격하고, 공권력을 통해 이를 수행하며 영향의 범위가 모든 국민인데 반해, 경영은 이윤극대화를 목적으로 하고, 경쟁이 존재하는 상황이며, 법적 규제가 간접적이고, 공권력을 갖고 있지 않으며, 영향의 범위는 기업과 고객에 국한된다는 점이 차이점으로 볼 수 있다(이종수, 2012: 28-33).

행정과 정치의 관계는 둘을 엄격히 구분하는 관점과 연속적인 과정으로 이해하는 관점이 서로 대립하고 있다. 전자를 정치-행정 이원론, 후자를 정치-행정 일원론으로 정의한다. 우선, 정치-행정 이원론은 정치와 행정을 구별하고, 정부의 목표설정 외에 행정작용에 대한 정치의 간섭을 배제하며, 정치는 정책의 결정을 행정은 결정된 정책의 집행을 수행하는 것으로 이해한다. 이는 정치적 부패를 방지하고, 행정의 당파적 이용과 엽관주의(spoils system)의 폐해를 막기 위해 정치와 행정이 분리되어야 한다는 주장이다. 즉, 행정은 중립적이고 기술적인 합리성을 바탕으로 유능하고 전문적인 행정을 추구해야 하며, 행정의 수단성과 기술성을 강조한다.[1)]

반면, 정치-행정 일원론은 정치와 행정은 연속된 과정이며 행정의 목표와 수단이 분리할 수 없으며, 행정의 정책적이고 정치적인 역할을 중시하는 관점이다. 행정기능의 확장을 통해 행정국가화되며, 행정이 가치문제에 대한 관심을 갖게 된다. 행정서비스의 고객중심주의가 강조되고 실적주의가 확립되고 정치부패를 억제하며, 민주행정을 통한 관료제의 통제가 필요해진다.[2)] 정치와 행정의 관계는 이처럼 융합과 분리가 반복되어 왔다. 정치체제의 성격, 정치인의 기능, 정책형성 과정의 성격, 국민의식, 행정담당자의 성격에 따라 정치와 행정 관계가 달라지고 처방도 달라지게 된다.

이 책에서는 행정의 목표와 기능, 관리 등의 개념에 행정이 추구하는 가치를 헌법적 가치로 보고 이들을 종합하여, 행정의 정의를 제시하고자 한다. 행정은 정부가 헌법의 가치와 수단을 체계적으로 수행하는 일련의 활동이다. 국가의 목표와 가치, 운영에 대한 사회적인 합의를 정리한 것이 바로 그 나라의 헌법(constitution)이며, 이를 실현하기 위해 헌법에 바탕을 두고 법령을 제정하고, 대통령과 행정부, 국회, 사법부 및 감사원 등 정부를 구성하고, 법령을 집행하게 된다. 또한 그 과정에서 선거를 통해 민의(民意)를 반영하고, 상시적인 국민의 참여를 확보하는 노력을 수행하는 것도 헌법을 수호하고 이를 실제로 집행하는 것으로서 모두 행정의 영역에 속하기 때문이다. 국가의 구성과 운영원리를 담고 있는 것이 헌법이므로, 행정이 추구하는 가치는 헌법적 가치와 동일하다고 봐도 무방하다. 이하에서는 이러한 행정의 정의를

1) 대표적인 학자로는 W. Wilson, F. J. Goodnow, L. H. Urwick, L. Gulick 등이 있다.
2) 대표적인 학자로는 J. M. Gaus, L. D. White, M. E. Dirnock, P. M. Appleby 등이 있다.

바탕으로 정부는 누구인지, 사회의 공공가치의 실현이라는 행정의 목적을 달성하기 위해 정부가 추구해야 하는 행정의 가치는 무엇인지, 정부가 하는 일은 무엇인지에 대해 알아보게 될 것이다.

2. 행정의 기능

현대의 행정은 다양하고 복잡한 기능을 수행한다. 여기서는 행정의 기능을 크게 대외적 관점과 대내적 관점으로 나누어 논의하고자 한다. 대외적 관점에서 본 행정의 기능은 국방 및 외교 기능, 법과 질서유지 기능, 경제적 기능, 사회적 기능, 교육·문화적 기능으로 나누어 볼 수 있으며, 이러한 기능이 일반적으로 말하는 정부의 기능(역할)이라고 볼 수 있다. 한편, 대내적 관점에서 본 행정의 기능은 관리주의(managerialism)로 축소·환원된 행정의 기능을 말한다. 관리주의로 환원된 행정은 인사, 조직, 예산 등 사업수행의 각 영역에서 어떻게 하면 최고의 능률성을 확보할 수 있는지에 주된 관심을 기울인다. 그러나 행정조직 내부의 관리만을 주된 연구대상으로 삼아온 전통 행정학의 이러한 관점은, 행정학의 대상 영역을 지나치게 축소시켜 버리게 된다. 반면, 행정의 기능을 정책의 집행뿐만 아니라 정책의 결정까지 포괄하는 것으로 인식하여 행정의 초점이 대외적 기능을 강조하는 방향으로 끝없이 확장될 경우, 정치 영역과의 충돌이 발생할 수 있다. 이러한 논의의 과정에서, 오늘날 행정의 기능은 '대내적 관리'와 '대외적 기능'을 다 같이 강조하는 방향으로 받아들여지고 있다. 이러한 논의는 이른바 정치－행정 일원론과 정치－행정 이원론의 논쟁이 이어져 온 과정을 통해 보다 자세히 확인할 수 있을 것이다.

정부의 주요 기능을 정책분야에 따라 구체적으로 살펴보면 다음과 같다. 정부의 기능 가운데 가장 중요한 것은 국방 및 외교 기능이다. 국가의 제1차적 기능은 국민의 생명과 재산을 외적으로부터 보호하기 위해 국가안보를 유지하는 데 있다. 행정은 또한 대내적으로 법과 질서유지라는 중요한 기능을 수행한다. 일체의 국가 기능은 모두 법과 질서가 유지된다는 조건 하에서 이루어질 수 있다는 점에서 법과 질서유지 기능은 그만큼 중요하다고 하겠다. 민주국가에서 법과 질서유지는 국가의 강제력에 의존하기보다 주권자인 국민의 동의와 자발적 순응에 의지해야 한다는 차원에서 법과 질서유지를 위해서는 국가 권력의 '정당성'이 중요시된다. '국방 및 외교 기능'은 '법과 질서유지 기능'과 함께 주권적 기능에 해당한다. 정부는 또한 경제적·사회적 기능을 수행한다. 정부는 국민들이 자유로운 경제 활동을 할 수 있도록 보장하고, 보다 나은 삶을 영위할 수 있도록 사회간접자본을 투자하고 과학기술·정보 산업의 진흥을 위한 여러 경제 정책을 수행함과 아울러 공정한 경쟁을 촉진하기 위한 정책을 수행한다. 정부는 아울러 사회적 약자와 소외된 자를 보살피는 사회적 기능을 수행한다. 정부는 이들을 위해 각종 사회보장제도를 실시하고, 노동자들의 최저 임금과 작업 안전을 확보하는 기능을 수행하며, 아울러 국민들의 보건 향상에 노력하는 한편, 환경을 보호하는 기능을 수행한다. 정부는 또한 국민들의 교육 및 체육 활동을 촉진하고 예술 및 문화 활동을 보장하기 위한 활동을 수행한다.

행정의 기능을 크게 국가의 형성, 국가의 안보와 대내질서의 유지, 경제발전, 사회발전, 내부관리 등으로 구분할 수도 있다. 국가의 형성은 국가적 정치사회의 통합성 유지, 정권의 정당성에 관한 국민의 신뢰 획득, 각급 선거 등 민주적 정치과정에 대한 보호와 지지를 포함하며, 국가의 안보와 대내질서유지는 국가 안보 유지, 국제 관계 관리, 인권 보호, 치안 유지 등을, 경제발전은 경제 계획, 자원동원, 민간경제 관리, 경제제도 개선, 경제발전에 국민참여 유도, 균형복지, 환경보전의 기능을, 사회발전은 사회통합 유지, 사회변동으로 인한 긴장 해소, 교육기회 확대, 직업생활 보장 등을 포괄한다. 이 중 내부관리를 제외한 기능을 대외적 관점으로 정의하고, 공공분야의 조직, 인사, 예산 등에 관한 기능을 대내적 관점으로 분류하여 살펴보고자 한다. 정부의 기능은 거시적 관점에서 정부와 시장의 관계에 따라 나눌 수 있다. 우선, 자유방임주의형 정부형태에서 정부는 규칙의 제정자(rule setter)의 역할을 수행하고, 나머지는 국가를 구성하는 구성원의 자율적인 의사결정과 선택에 따라 운영될 수 있다. 중상주의형 정부는 지원자(supporter), 가부장주의형 정부는 지원자이면서 규제자의 역할을, 입법주의형 정부에서는 규제자의 역할을 수행한다. 미시적 관점에서는 활동 영역에 따라 법질서의 유지, 국방 및 외교, 경제·사회적 기능 등을 수행하며, 활동의 성질에 따라서는 기획 및 집행 기능, 규제·진흥·중재의 기능을 수행한다.

정부의 기능을 활동과정의 성질에 의해 규제 기능, 지원 및 조장 기능, 중재 및 조정 기능으로 나누어 볼 수 있다. 규제 기능은 공익을 수호·증진하기 위해 정부가 개인 및 집단의 사회적·경제적 행위를 제한하거나 금지하는 기능을 말한다. 규제 기능은 정부의 가장 기본적인 기능 가운데 하나로, 가장 넓은 의미의 규제 기능은 정부의 모든 활동을 그 속에 포함시킬 수 있다. 정부 규제를 "정부가 편익이나 제재를 부과하는 모든 활동", 또는 "사기업의 경영이나 일반국민들의 생활에 무엇인가 영향을 미치는 정부의 활동"이라고 정의하는 경우(Dubnick, 1979)가 여기에 해당된다. 그러나 정부 규제를 좁은 의미로 정의할 경우에는 정부 활동 가운데 특정 유형의 것만을 정부 규제로 규정한다. 예를 들어, 베른슈타인(Eduard Bernstein)은 비록 경제적 규제에 한정된 것이지만 정부 규제를, ① 시장 체제의 효과성을 증진시키기 위한 '경쟁촉진 프로그램', ② 경쟁원리가 성립하지 않는 '공익 사업 프로그램', ③ 금융기관과 일반국민들 사이의 기본적인 신용관계를 유지시키기 위한 '화폐금융 프로그램', ④ 경제 집단 간의 이해관계의 균형을 유지시키기 위한 '균형 프로그램' 등으로 규정하고 있다(정용덕, 2002: 1005).

정부의 규제 활동은 경제적 규제(economic regulation)와 사회적 규제(social regulation)로 나누어 볼 수 있다. 경제적 규제는 독점의 금지와 경쟁의 유지, 공정한 거래질서의 확보, 시장의 안정성 확보, 형평성에 대한 배려, 포획 행위(capture)와 지대 추구(rent seeking)의 방지 등을 위해 정부가 경제 활동 주체들의 구체적 행위를 금지하는 기능을 말한다. 사회적 규제는 사회구성원의 삶의 질(quality of life) 향상을 위해 정부가 개인 및 기업의 사회적 행동을 규제하는 것을 말한다. 즉, 환경오염, 근로자의 보건 및 안전에 대한 위협, 소비자 권익의 침해 등 사회적 영향을 야기하는 기업의 사회적 행동(social conduct)에 대한 규제를 특히 사회적 규제라 한다. 20세기 들어 특히 정부의 사회적 규제 기능이 확대되면서 큰 정부, 적극적 정부가 보편화되었다. 이와 같은 정부 규제 기능의 확대에 대해 시장주의자들은 규제 기관과 규제 관료들이 공익보다는 사적 이익의 추구를 위해 규제를 과다하게 하는 경향이 있다고 주장하면서, 정부 규제를 극소화하여 시장 기능에 맡길 것을 주창한다.

정부의 지원 및 조장 기능은 특정 분야의 사업이나 활동을 정부가 적극적으로 지원하고 조장하는 기능을 말한다. 예를 들어, 수출 기업에 대해 재정·금융 지원을 제공하고, 오염 물질 정화장치를 가동하는 업체에 대해 재정·금융 지원은 물론 기술 지원을 제공하는 정부의 활동이 여기에 속한다. 정부의 이러한 지원 및 조장 기능은 개발연대 동안 우리나라의 경제개발을 추진하는 과정에서 중요한 역할을 수행했다.

정부의 중재 및 조정 기능은 사회 내의 이해당사자 간에 분쟁이 발생했을 때, 정부가 그 이해관계를 조정하고 양측의 합의를 이끌어내어 중재하는 기능을 말한다. 예를 들어, 노사분규가 발생했을 때 정부가 쟁의를 중재하거나, 의약분업 과정에서 의사 집단과 약사 집단의 이해갈등을 조정하고, 환경 분쟁에서 당사자들의 이해갈등을 조정하는 경우가 여기에 해당된다. 이러한 중재 및 조정 기능은 민주화가 진행되는 과정에서 각종 이익집단의 이익표출이 심해질 때, 특히 요구되는 기능이다.

3. 행정이 추구하는 가치

1) 공공성(Publicness)

'공공성'의 의미는 공공성 개념의 구성요소와 속성개념을 통해 이해할 수 있다. 공공성의 구성요소에 대해 학자들은 다양한 의견을 제시한다. 백완기(2006: 1-22)는 공공성의 개념과 내용이 너무 광대하고 복잡해서 한마디로 정의하기 어렵다고 하면서, 그 구성요소가 무엇인가를 추적하여 공공성의 개념과 내용을 탐색할 수밖에 없다고 주장한다. 그는 공공성 개념의 구성요소로 ① 정부에 관계되는 것들(governmental), ② 정치성(political), ③ 공개성(open), ④ 공익성(public interest), ⑤ 공유성(publicly shared), ⑥ 공정성(fairness), ⑦ 인권(human rights)의 일곱 가지를 들고 있다. 한편, 소영진(2003: 6-8)은 공공의 구성요소를 다음과 같이 ① 전체나 다수에 관한 일(public as group affairs), ② 권위(public as authority), ③ 정부(public as government), ④ 전유불가능성(public as non-exclusiveness), ⑤ 이타성(public as altruistic interest) 등 다섯 가지로 제시한다. 공공성은 또한 그 속성개념을 통해 이해될 수 있다. 김태룡(2012: 122-135)은 공공성의 '하위가치'라는 용어를 사용하여, 공공성의 속성개념으로 공익, 정의, 평등의 세 가지를 제시한다. 공익은 공공정책 결정의 절차와 기준에 관한 규범으로서, 사회적 가치의 배분과 관련된 가치개념이다. 실체설은 공익을 사익을 초월한 실체적 규범적, 도덕적 개념으로 바라 보는 반면, 과정설은 사익의 총합이거나 집단 간의 상호작용의 산물로 이해한다. 다음으로, 정의는 롤즈(J. Rawls)가 그의 저서 『정의론』에서 제시하고 있는 정의에 관한 두 가지 원리를 중심으로 살펴본다. 제1원리는 기본적 자유의 평등원리이고, 제2원리는 차등조정의 원리이자 공정한 기회균등의 원리이다. 즉, 그는 자유는 모든 사람이 평등하게 누릴 수 있어야 하며(제1원리), 이를 위해서 불평등이 용인될 수 있는데, 이러한 불평등은 사회적으로 최소수혜자에게 최대의 이익이 되어야 한다는 것을 의미한다(제2원리). 이어서 형평성은 동등한 것은 동등하게, 다른 것은 서로 다르게 취급해야 하며, 신행정학(New Public Administration)에서는 이를 달성하기 위해 평등성과 책임성, 대응성을 강조하고 있다.

2) 효율성(Efficiency) 및 효과성(Effectiveness)

효율성은 능률성이라고 불리기도 하는데, 기본적으로는 투입(input) 대비 산출(output)을 최대화하는 것을 의미한다. 정책결정 기준상에서의 효율성은 주로 경제학이나 정책분석론에서 강조하며, 동일한 자금과 정부지원으로 더 많은 효과를 내는 쪽을 선택하는 것을 말한다. 이를 위해서는 행정관료의 전문지식, 충분한 정보가 필수적이다. 조직내부관리상에서의 효율성은 과학적 관리론이나 고전파 행정학에서 강조하며, 조직론과 인사행정 등의 관리론에서 연구된 행정이론이 주류를 이룬다. 관료의 전문성 강화, 업무의 분업화, 인원감축, 공무원의 협동과 헌신적 업무수행, 리더십, 사기진작, 풍부한 자원의 확보 등이 수단적으로 논의된다.

효과성은 효율성과는 달리 행정이나 정책을 통해 달성하고자 하는 목표를 얼마나 달성했는지를 의미한다. 즉, 투입에 대한 고려보다는 의도한 목표치에 대한 달성도에 더 관심을 가진다. 따라서 효과성은 투입비용을 감안하지 못하는 약점을 가지고 있다. 아무리 효과가 좋아도 비용의 측면을 고려하지 않을 수 없으며, 공공서비스의 경우 특히 효율성과 함께 고려되어야 할 필요가 있다. 다만, 투입비용에 대한 고려보다 효과성이 더 중심되어야 하는 경우도 있는데, 전쟁과 국토방위, 재난안전, 경제위기의 극복 등이 그 예이다. 행정이나 정책의 의사결정에서 효과성은 중요한 선택기준의 하나로 작용하는데, 실업문제 해결을 위한 적정 정책수단의 결정, 부동산규제의 결정, 인구문제 해결을 위한 정책결정 등에서 활용될 수 있다.

3) 형평성(공평성, Equity)

형평성은 수평적 공평성과 수직적 공평성으로 나눌 수 있다. 우선, 수평적 공평성은 '같은 사람을 같게 대하는 것'을 의미하며, 재산권이나 선거권, 생명권, 언론의 자유 등이 여기에 해당한다. 수직적 공평성은 '다른 사람을 다르게 대하는 것'을 의미하며, 사회주의적 평등개념에 가깝다. 가난한 사람의 교육비 보조, 의료비 보조, 소득 재분배 정책 등이 그 예이다. 정책결정을 위한 기준으로서의 형평성은 정책 대안 중 하나를 선택할 때 다른 행정가치보다 공평성을 더 생각해야 할 경우에 해당하며, 예산의 배분과정에서 사회적 약자를 위하여 복지비를 증가시키고 기업주의의 횡포로부터 근로자를 보호하는 특근수당제, 누진세 제도 등이 예이다. 조직내부관리를 위한 기준의 관점에서, 효율성이 가장 중요한 관리의 기준으로 적용되지만, 기업과는 달리 행정에서는 수직적 형평성의 확보가 중요하다. 이를 확보하기 위한 수단으로 국민의 각계각층에서 골고루 채용하고, 승진 및 보직 관리에 차이를 두는 대표관료제(representative bureaucracy)가 대표적이다. 최근 여성이나 장애인의 채용이나 승진에 할당을 두는 제도를 도입하거나, 국회의원 선거의 비례대표 명부를 작성할 때 여성이나 장애인을 우선하는 것도 같은 맥락이라고 할 수 있다. 이러한 형평성의 확보를 위해서는 공평한 기회균등이 확보되어야 하며, 재산, 두뇌, 건강과 같은 타고난 차이가 존재하며, 이로 인한 불평등을 시정하기 위해 기회의 균등과 더불어 일정정도의 차별이 필요하다는 관점이 대두되고 있다.

4) 민주성(Democracy)과 합법성(Legality)

민주성은 국민의 행정, 국민을 위한 행정, 국민에 의한 행정으로 이해할 수 있다. 국민의 행정은 국가, 정부, 행정의 주인은 국민이며, 대통령, 국회의원, 행정관료들은 모두 국민을 섬기는 대상으로 이해해야 한다는 관점이다. 국민을 위한 행정은 정부나 행정을 실제로 움직이는 사람들은 모두 국민에 의하여 고용된 심부름꾼에 불과하기 때문에 이들은 주인을 위해 최선의 서비스를 해야 하는 도덕적 의무를 가진다. 국민에 의한 행정은 정치가나 공무원의 선출과정과 책임추궁 과정에서 각종 제도를 만들어 국민에 의하여 이루어지도록 한다는 것으로 가장 국민의 참여를 강조하는 관점이다. 현대의 행정은 매우 다양한 이해관계와 참여자가 얽혀 있기 때문에 민주행정의 다양성에 대한 이해가 중요하다. 실제 행정현장에서는 대통령, 정당, 국회, 사법부, 이익집단, 기업, 국민의 여론 등이 서로 대립되고 모순되는 주장을 내세우는 경우가 많아 혼란을 겪게 되는 경우가 많다. 이런 경우 선거를 통해 국민으로부터 권한을 위임받은 대통령과 국회의원이 제정한 헌법과 개별 법률에 의해 행정을 수행하는 것을 합법성이라고 하며, 간접적인 민주성을 확보하는 방안이 된다. 합법성의 개념과 법치행정의 목표는 국민의 기본권 보장, 행정에 의한 국민의 피해 구제, 행정의 예측가능성 및 일관성 확보이다. 과거 불법적으로 국민의 기본권을 침해하고, 경제성장을 중시하는 과정에서 환경이나 노동이 경시되는 등의 문제가 발생하기도 하였다.

반면, 간접적인 민주성 확보가 어려운 경우 여론과 시민참여에 의한 국민의 직접적인 참여를 통해 문제를 해결하려는 시도가 이루어지기도 한다. 국민발안, 국민소환, 국민참여예산제도, 공론화 등은 모두 이러한 직접 민주주의의 발현을 위해 활용되고 있는 제도이다. 다만, 직접적인 민주성을 지나치게 강조하는 경우 행정의 효율성과의 상충이 나타날 수 있으므로 이를 균형있게 반영하는 것이 필요하다.

제 2 절 행정과 행정학

1. 행정학의 학문적 성격과 범위

1) 행정학의 학문적 성격

행정학은 행정을 연구하는 학문으로, 정부 및 정부의 정책 및 관리활동에 대한 연구를 포함한다. 크게 사회과학의 한 분야이며, 응용학문으로 기술성과 과학성을 기반으로 공익이라는 가치를 추구하며, 학제간 융합학문의 성격을 가진다. 우선, 사회과학의 한 분야로 인문학 및 자연과학과 구별되며, 인간과 그 조직인 사회를 연구대상으로 한다. 또한 응용학문으로서 실용성을 중시하고 도구적 성격을 가진다. 이 점에서 기초지식의 형성을 목적으로 하는 순수학문과 구분된다. 사회과학과 행정학의 관계는 이공계에서 자연과학과 공학의 관계와 유사하다. 즉, 행정학을 일종의 사회과학에서의 공학으로 이해하는 것도 가능하다. 다음으로, 기술성과 과학성을 기반으로 하는데, 현실문제를 해결하여 인간의 복지증진을 목표로 하며, 과학성을 바탕으로 원인과 결과에 대한 규칙성을 추구하고 처방보다 학문의 과학화에 중점을 둔다. 이와 관련하여 왈도(D. Waldo)는 "행정활동은 처방하고 치료하는 행위"라고 하였으며, 사이먼(H. Simon)은 "정해진 목표를 어떻게 하면 효율적으로 성취하는가를 연구하는 것"이라고 하였다. 다른 학문과 다르게 행정학은 공익추구를 연구하는데, 행정이 추구하는 가치로서 공익성을 중요한 연구과제로 삼고 있다. 이윤추구를 목적으로 하는 경영학과 구분되는 지점이며, 행정학은 공권력을 기반으로 공익을 추구하는 공공부문에 대해 연구한다. 또한 학제 간 융합 및 종합학문으로서의 성격을 가지는데, 미국의 행정학은 정치학을 모체로 하고 있으며 경영학적 접근법을 가미하고 있다. 유럽의 행정학은 법적 접근을 강조하는 차이점이 있다. 현대에 와서는 학문 상호간의 연계성을 강조하고 있으며, 정치학의 행정이념과 정책과정, 경영학의 관리 기법, 법학의 행정의 제도와 규칙에 관한 지식은 물론, 정책학이 강화되면서 개별 정책에 대한 연구를 위해 다양한 학문분야와의 융합이 이루어지고 있다. 또한 데이터의 활용을 통한 실증적인 연구경향이 강화되면서 통계학과 분석기술에 대한 중요성도 날로 높아지고 있다.

2) 행정학의 연구범위

행정학의 연구범위는 크게 행정과 정책으로 나뉜다. 행정분야에서는 행정과 인접학문인 사회, 경제, 정치 분야를 함께 연구하는 행정과 환경, 기획과 조직, 인사, 예산 등에 대한 행정관리, 평가와 통제, 행정혁신과 행정윤리에 대한 연구 등이 포함된다. 정책분야는 더욱 다양해지고 있는 추세이며, 사회복지, 노동, 과학기술 등 정책분야별 연구가 이루어지고 있다.

최근 10년 간의 행정학분야 연구의 주요 키워드를 살펴보면, 직무만족과 조직몰입, 조직문화, 직무스트레스 등과 같은 조직행태에 관한 연구가 가장 많이 이루어진 것을 확인할 수 있으며, 경찰과 해양경찰과 같은 특정 지역에 대한 연구도 다수를 차

그림 1-1 행정학분야 주요 연구키워드(2011~2020)

직무만족 · 조직몰입 · 경찰 · 민간경비 · 거버넌스 · 범죄예방 · 조직성과 · 해양경찰 · 조직문화

지방자치단체 · 지방정부 · 직무스트레스 · 경찰공무원 · 신뢰 · 학교폭력 · 이직의도 · 조직시민행동 · 테러리즘

정부신뢰 · 효율성 · 범죄 · 부패 · 주민참여 · 사회적 자본 · 삶의 질 · 조절효과 · 리더십 · 조직효과성

사회적기업 · 지방자치 · 경비업법 · 범죄두려움 · 공공봉사동기 · 네트워크 · 변혁적 리더십 · 지방공기업 · 성과관리

지방의회 · 지방분권 · 사회자본 · 관료제 · 시민참여 · 교육훈련 · 도시재생 · 공공기관 · 공공성 · 갈등관리

정책변동 · 새마을운동 · 청소년 · 자치경찰 · 자기효능감 · 지역사회 경찰활동 · 민간경비원 · 재난관리 · 매개효과

AHP · 규제개혁 · 경찰활동 · 테러 · 성과평가 · 근거이론 · 지방선거 · 전문성 · 스트레스 · 감정노동 · 산업보안

협력적 거버넌스 · 지방재정 · 구조방정식 · 가정폭력 · 공공갈등 · 만족도 · 지역사회 · 갈등 · 민간조사 · 경호

CPTED · 재정분권 · 공무원 · 조직공정성 · 직무만족도 · 책임성 · 공정성 · 정책평가 · 직무소진 · 내용분석

영향요인 · 효과성 · 드론 · 기후변화 · 지역사회 경찰활동 · 성과 · 연구경향 · 안전 · 자아존중감 · 규제 · 협력치안

무질서 · 사례연구 · 다문화사회 · 민간위탁 · 경비원

출처: 한국학술지인용색인. https://www.kci.go.kr/kciportal/po/search/poFielResearchTrendList.kci

그림 1-2 행정학분야 연구지도(2011~2020)

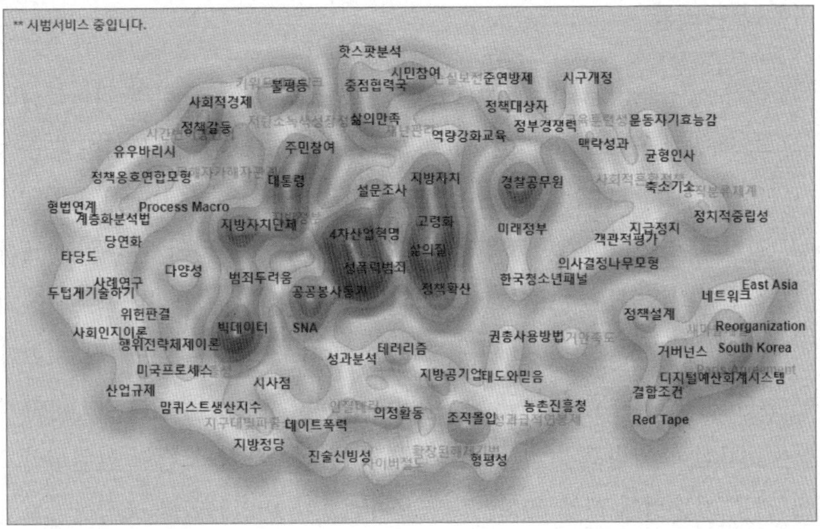

출처: 한국학술지인용색인. https://www.kci.go.kr/kciportal/po/search/poFielResearchTrendList.kci

지하고 있다. 그 외에도 정부신뢰, 조직성과, 효율성, 삶의 질, 주민참여, 사회적 자본, 지방자치, 재정분권 등 다양한 연구가 이루어지고 있음을 확인할 수 있다.

행정학분야의 연구분야를 시각화하여 표현한 [그림 1－2]를 살펴보면, 연구의 범위를 보다 직관적으로 확인할 수 있는데, 연구지도의 중심에 위치한, 삶의 질, 고령화, 지방자치, 정책 확산, 설문조사, 제4차 산업혁명, 공공봉사동기, 성폭력범죄, 빅데이터, 대통령, 지방자치단체, 주민참여 등이 최근 두드러지게 연구되고 있는 분야로 확인되고 있다. 이외에도 다양한 학제 간 연구가 이루어지고 있다.

2. 행정학의 접근방법

여기에서는 행정학의 접근방법을 이해할 수 있도록 행정학의 발달과정에 따른 접근방법의 변천을 살펴보기로 한다. 과학적 관리론, 인간관계론, 공공선택론, 거래비용 이론과 대리인 이론, 신공공관리론, 뉴거버넌스, 그리고 최근의 후기 신공공관리론과 신공공서비스론 등의 순으로 알아본다.

1) 과학적 관리론

과학적 관리론은 능률을 가장 중요한 가치기준으로 삼고 관리의 과학화를 주장하는 이론으로, 테일러(W. Taylor)가 대표적인 학자이다. 전제조건은 과학적 분석에 의해 단 하나의 가장 좋은 수단의 발견이 가능하며, 생산성 향상에 의해 공익의 보호가 가능하고, 인간은 경제적 유인에 의한 동기가 유발되며, 조직의 업무는 목표가 명확하고 업무는 반복적이라는 것이다. 관리의 원리는 업무 기준의 과학적 설정, 기준 설정에 따른 통제 및 노사 협력, 조직구성원의 과학적 선발과 훈련, 가장 적합한 업무에 배치, 권한과 책임의 명확한 규정, 계획과 집행의 분리를 포함한다. 과학적 관리론적 접근은 고전적 행정학의 기틀을 마련했으나, 연구대상 조직이 산업생산 조직에 국한되어 적용 가능성에 한계 있고, 조직의 기계화와 비인간화를 조장한다는 한계가 있다.

2) 인간관계론

인간관계론은 인간을 사회적 유인에 따라 움직이는 존재로 파악하고 조직이라는 사회체제 내에서 사회적 능률을 향상시킬 수 있는 관리방법을 탐구한 이론이다. 메이요(E. Mayo)의 호손 공장(Hawthorne Works)의 연구가 대표적인데, 작업장의 조명, 휴식시간 등 물리적 · 육체적 작업 조건과 물질적 보상방법의 변화가 근로자의 동기유발과 노동생산성에 영향을 미칠 것이라는 가정 하에 5년에 걸친 실험을 실시한 결과, 감독자의 인정이나 비공식적 집단의 압력 등이 작업 능률에 더 큰 영향 끼치며, 사람들은 개인이 아닌 사회적 집단의 구성원으로서 행동하고, 사람들은 경제적 욕구 외에 사회적 욕구 지닌 존재한다고 주장하였다. 기존의 과학적 관리론에 비해 조직구성원의 사회적 욕구 충족은 생산성 향상시키며(사회적 능률 중시), 공식적 제도보다 비공식적으로 실재하는 인간의 모습에 관심을 가지고, 민주적 리더십, 조직구조의 분권화, 참여에 의한 의사결정이 주된 연구대상이 될 수 있음을 주장하였다. 현대행정과학 성립에 기여하였으나, 기강 문란의 우려와 함께, 조직참여자들을 비윤리적인 조종대상으로 파악하고, 근로자의 개인 생활에 대한 기업주의 가부장적 지배를 초래할 수 있다는 비판이 존재한다.

3) 경제학적 접근: 공공선택론, 거래비용 이론, 대리인 이론

공공선택론은 정부에 의한 공공재의 공급에서 시민의 선택을 중시하는 이론으로, 정치학에 경제학을 응요한 비시장적 의사결정의 경제학적 연구이다. 기본가정은 정부는 공공재의 생산자이고 시민은 소비자이며, 시민 개개인의 선호를 중시한다. 방법론적 개체주의를 적용하여, 개인은 사익을 추구하는 존재이며 개인 단위의 분석을 실시하며, 시민편익 극대화하는 서비스 공급은 공공부문의 시장경제화를 통해 가능하다는 가정을 하고 있다. 행정개혁을 위한 처방에 기여하였는데, 시민들이 공공재 생산에 참여하는 것을 통해 탈관료제, 다원조직제, 시민공동체 구성 촉진하고, 비계서적 조정과 관할 중첩의 활용, 수익자 부담세, 수수료 확대 등 준시장적 수단을 활용할 것을 처방하였다. 행정개혁에 처방을 제공하는 등의 활용에도 불구하고, 정부의 산출과 비용부담은 분리될 수밖에 없으며, 시장실패의 발생 가능성이 있고, 시민참여 문화가 성숙되지 못하면 현실 적합성이 낮다는 한계가 존재한다.

거래비용 이론은 조직이 생겨나고 일정한 구조를 갖는 이유를 경제학적으로 설명하는 접근방법이다. 조직은 재화와 용역 거래에 드는 거래비용을 최소화하기 위한 장치이며, 미시적 분석 수준에서 개인 간 및 조직 간 거래가 분석 단위로 한다. 조직의 생성과 변동에 작용하는 경제적 동기 분석에 용이하나, 제반 관련 비용과 조직 자체의 비효율성을 초래하는 요인에 대해서는 소홀한 측면이 있다.

대리인 이론은 주인–대리인의 관계에 관한 경제학적 모형을 조직 연구에 적용하는 것으로 행위자들은 이기적 존재, 주인–대리인 간 정보불균형 존재라고 가정한다. 대리인은 소수독점, 역선택, 도덕적 해이의 발생 가능성이 있으므로, 대리인에 대한 유인을 중시해야 한다고 주장한다. 조직 내 인간이 일하게 되는 이유와 조직의 병리현상 설명에 도움을 주고 있으나, 비경제적 요인의 고려는 소홀한 측면이 있다.

4) 신공공관리론과 뉴거버넌스(New Governance)

신공공관리론은 1980년대 영미권 국가를 중심으로, 오스본(D. Osborne)과 개블러(T. Gaebler)가 주창한 정부 재창조론이다. 신자유주의 이념에 기초한 작은 정부 구현을 목표로, 가격기구에 의한 공공서비스 제공(수익자 부담, 민영화)을 통한 정부부문에 경쟁원리 도입하고, 행정과 경영의 유사성에 기반하여 기업의 경영 기법을 행정에 도입하는 것을 주된 내용으로 한다. 전통적인 정부와의 차이점은 다음 <표 1–1>과 같다. 관료제를 지나치게 폄하하고, 정부의 정체성과 공공성, 민주행정·책임행정을 경시했다는 비판을 받는다.

표 1–1 전통적 관료제 정부와 기업가적 정부와의 차이점

기 준	전통적 관료제 정부	기업가적 정부
정부의 역할	노 젓기(rowing)	방향잡아주기(steering)
정부의 활동	직접적 서비스 제공	권한분야(empowering)
행정의 가치	공공성, 형평성, 민주성	경제성, 효율성
서비스 공급	독점적 공급(행정메커니즘)	경쟁도입(시장메커니즘)
행정관리 방식	투입중심예산, 사후 대처	성과연계예산, 수익창출, 예방
행정주체	관료 및 행정기관 중심, 계층제적 책임	참여 및 네트워크 관리, 참여적 대응성

뉴거버넌스는 거버넌스(governance)를 공공문제 연구에 사용하여, 공공목표 추구 과정을 이해하기 위해 전통적 정부 조직의 계층제 양식에서 시장(가격 · 경쟁 기제)과 네트워크 양식(신용 · 협력 기제)을 조합한 형태로의 전환을 추구하였다. 거버넌스는 국정관리 또는 협치(協治)로 번역되는데, 공공 재화 · 용역의 생산과 전달에 관한 정부활동을 제약하거나 권한을 부여하는 법률 · 행정규칙 · 법원 판결 · 관행의 결합체로 정의된다(오석홍, 2012).

등장배경은 민간부문과 NGO가 확대되면서, 공공서비스 공급에서 네트워크 중요성 부각되었기 때문이며, 'governance without government', 'from government to governance'와 같이, 정부가 공공서비스 제공에서 하나의 행위자로 이해된다. 정부 · 시민 · 사회 · 시장의 유기적 결합관계 중시, 세력 간 연합 · 협상 · 타협을 중시하며, 정부와 사회의 역할 분담과 변화를 요구하여, co-regulation, co-steering, co-production, co-guidance와 같이 하향적 · 집권적 정부를 지향한다. 행정 조직의 재량성 중시하면서도 정부관료제에 대한 민주적 통제를 중시한다. 공공문제 해결에 대한 국민참여 촉진하였으나 관념적 혼란이 존재하고, 시민사회와 시장발전이 미흡하면 적용이 곤란하다.

최근 경제적 효율성 중심의 국정운영에 따른 양극화와 불평등으로 인한 사회문제를 해소하고, 지속가능한 발전을 위해 사회적 가치를 중심으로 한 국정운영 시스템으로의 정부혁신이 추진되고 있다. 그동안의 행정이 효율성과 경쟁을 중시하는 신공공관리론(New Public Management: NPM)에 기반해 왔다면, 후기 신공공관리(post NPM) 시대에서는 뉴거버넌스(New Governance)와 신공공서비스론(New Public Service)를 거쳐 연계형 정부(Joined-up Government)로 변천하고 있다. 이들 후기 신공공관리적 접근은 국정운영의 반응성(responsiveness)과 시민참여(participation), 공공가치(public value), 네트워크 협치(network governance) 등을 강조한다.

결국 문재인 정부가 제시한 정부혁신 3대 전략인 '사회적 가치 중심 정부', '참여와 협력', '신뢰받는 정부'는 뉴거버넌스의 반응성과 시민참여, 연계형 정부의 네트워크와 정책협조, 그리고 뉴공공서비스의 공공가치를 강조하는 행정트렌드의 변화가 반영된 결과로 이해할 수 있다.

표 1-2 뉴거버넌스에 기초한 정부개혁 모형

구 분	전통적 정부모형	시장적 정부모형	참여적 정부모형	신축적 정부모형	탈내부규제 정부모형
문제진단 기준	전근대적 권위	독점	계층제	영속성	내부규제
구조개혁 방안	계층제	분권화	평면조직	가상조직	없음
관리개혁 방안	직업공무원, 절차적 통제	민간관리 기법(성과)	총품질관리, 팀제	가변적 인사관리	관리재량권 확대
정책결정 개혁 방안	정치행정 구분	내부시장적 유인	협의, 협상	실험	기업가적 정부
공익의 기준	안정성, 평등	저비용	참여, 협의	저비용, 조정	창의성, 활동주의

그림 1-3 행정이론의 변화

5) 연계형 정부(Joined-up Government)

신공공관리론의 단기적 성과 중심의 정책 파편화와 능률성을 위한 시장중심적 경쟁에 대한 비판에서 출발하였다(강정석 · 서원석, 2018: 14). 신공공관리론적 개혁에서 부처별·부서별·개인별 목표와 책임 강조하여 수직적 능률성은 향상되었으나, 부처 간 조화와 협조가 미흡하여 부처 간 칸막이로 인한 갈등과 조정문제를 해결하지 못하는 문제가 발생하였다. 이러한 부처 간 갈등을 해소하고 정책조정을 강화하기 위한 정부혁신의 새로운 방향으로 영미권 국가를 중심으로 연계형 정부(joined-up government), 총체형 정부(whole-of-government) 등이 제시되었다(Christensen, 2012). 영국과 아일랜드를 중심으로 연계형 정부가 호주와 뉴질랜드를 중심으로 총체형 정부가 추진되고 있다. 이와 유사한 개념으로 네트워크 거버넌스(network governance)와 정책정합성(policy coherence), 협업(collaboration) 등과 같은 가치가 강조되고 있다. 정책 영역, 부처 간 모순과 갈등을 조정하기 위한 부처 간 협업, 정책조정 노력이 강화되어야 하며, 특히 환경정책 영역에서 환경, 에너지, 과학기술, 복지 정책의 통합(Environmental Policy Integration: EPI)이 이루어져 지속가능한 발전(SD)이 이루어질 수 있도록 해야 한다는 주장이 있다(성지은, 2010). 우리나라에서도 부처 간 갈등 수준이 높아지고 해결하기 어려운 사회적 난제가 등장함에 따라 부처 간 수평적 협력과 정책조정 기능이 강화될 필요성이 높아지고 있으며, 정부혁신의 관점에서 이러한 협력적인 정부를 위한 노력이 이루어지고 있다.

생각해 볼 문제

- ✓ 행정이 하는 역할과 일들 각각에 대하여 구체적인 사례들을 생각해 보자.
- ✓ 행정의 영향을 받는 사회현상의 사례를 조사해 보자.
- ✓ 행정이 추구하는 가치들 간의 충돌이 발생하는 사례를 생각해 보자.

C·H·A·P·T·E·R 02

행정환경

이 장에서는 행정환경을 행정체제와 환경으로 구분한 시스템적 접근을 활용하여 이해하고자 한다. 행정체제는 대통령과 중앙부처, 지방정부를 포함하는 행정부와 입법부, 그리고 사법부로 구성되며, 국제관계, 시장, 시민사회, 행정가치, 기술, 인구구조 등과 같은 환경이 이를 둘러싸고 있다. 이러한 체제와 환경, 그리고 이들의 상호작용을 중심으로 하는 시스템적 접근을 통해 행정학이라는 학문의 관심분야와 연구범위를 보다 쉽게 이해할 수 있을 것이다.

제 1 절 행정의 주체

1. 행정환경의 시스템적 접근

행정의 구성요소인 행정체제와 이들의 상호작용은 행정환경의 영향을 받는다. 따라서 행정체제와 그 작용, 행정체제 내 구성요소 간의 상호작용과 행정체제와 행정환경의 상호작용을 살펴보는 것은 행정학을 보다 쉽게 이해할 수 있는 방법이라고 할 수 있다. 이 장에서는 삼권분립을 바탕으로 수평적 관계의 행정체제를 입법, 행정, 사법으로 나누고, 대통령과 중앙부처를 포함하는 중앙정부와 지방정부를 수직적 관계로 분류하였다. 이들 수직적·수평적 관계의 행정기구의 모임을 행정체제로 정의하였다. 기존의 교과서에서 제시하는 시장, 시민사회, 국제관계와 더불어 행정가치, 기술발전, 인구구조 등을 행정체제를 둘러싼 행정환경으로 포함시켰다.

이하에서는 이러한 행정체제와 행정환경을 시스템적 접근을 통해 서술하였다. 시스템적 접근은 '체제이론적 접근'이나 '체계이론적 접근'이라는 용어로 표현되기도 하는데(한국직업능력개발원, 2012), 행정의 구성요소와 이들의 상호관계에 관심을 가지며, 행정작용이 일어나는 과정을 투입, 과정, 산출, 환류로 나누어 살펴보게 된다(강신택, 1981). [그림 2-1]은 이러한 체제이론의 개념을 행정체제에 적용하여 나타낸 모형이다.

[그림 2-1]의 가운데 있는 행정체제 내에는 대통령과 중앙부처, 지방정부, 그리고 입법부와 사법부, 공기업과 준정부기관 등이 포함된다. 이러한 행정체제라는 블랙박스에 시장과 시민단체, 일반국민 등의 요구와 기대가 투입되면, 행정체제와 환경의 상호작용을 포함하는 행정작용을 거쳐 정책결정과 집행 같은 산출이 나타나게 된다. 또한 정책과정과 행정작용의 결과는 평가와 환류의 과정을 거쳐 새로운 투입으로 이어지게 된다. 결국, 이러한 일련의 과정에서 각 단계별 구성요소의 역할과

그림 2-1 시스템(체제)이론의 개념

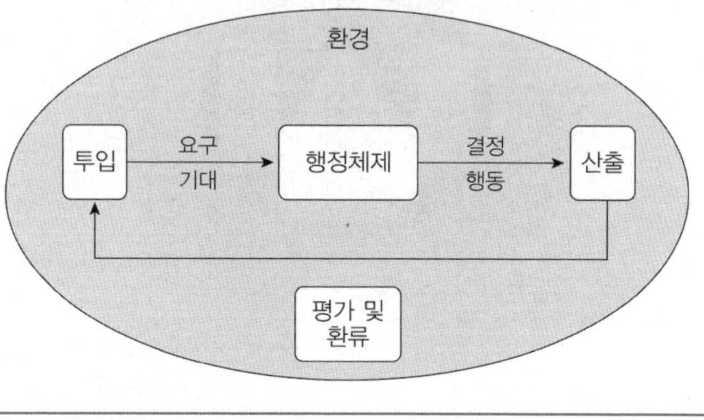

출처: 강신택(1981)을 바탕으로 저자가 재구성.

구성요소 간의 상호작용에 관해 연구하는 학문을 행정학이라고 이해할 수 있다.

2. 정부의 구성

행정체제는 행정기구들의 모임으로 직접적인 행정작용이 이루어지는 곳이다. 행정환경은 행정체제를 포함하여 시장주체, 시민사회, 국제관계 외에 기술의 변화와 인구구조의 변화 등을 포함한다. 또한 형평성과 효율성, 민주성과 전문성, 평등과 자유, 진보와 보수 등 다양한 행정가치와 이에 대한 사회 전체의 가치판단이 행정에 미치는 영향도 함께 고려된다.

정부는 국가의 통치기구 내지 국가의 권력구조를 의미(광의의 정부)하기도 하며, 행정부의 조직 및 작용의 행태에 국한하여 정의(협의의 정부)되기도 한다(이종수, 2012: 34-51). 정부의 역할에 대해서는 시대에 따라 초기 국가에서는 국방과 치안을 중시하는 야경국가론에서 복지국가론을 거쳐 최근은 지능형 정부, 미래예견적 정부, 애자일(Agile) 정부 등 다양한 정부의 역할이 제기되고 있다. 이하에서는 행정부

그림 2-2 행정을 둘러싼 환경

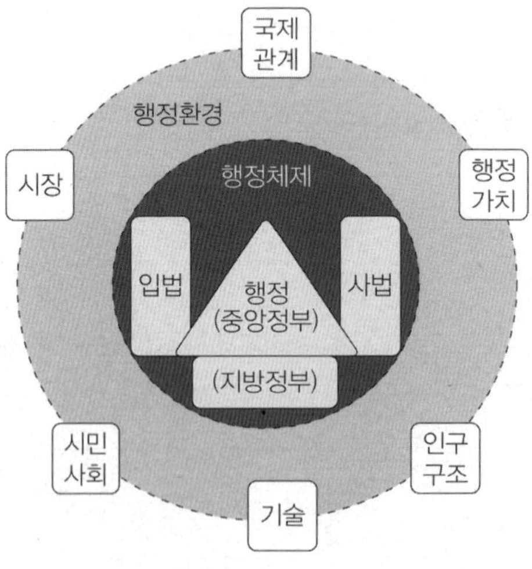

출처: 이종수(2012)를 바탕으로 저자가 재구성.

를 중심으로 정부의 구조를 살펴보고, 국가의 통치기구로 범위를 확장하여 정부의 구조를 살펴보고자 한다.

1) 행정부: 대통령과 중앙부처

행정부는 대통령을 포함한 대통령실과 중앙부처로 구성된다. 대통령제는 행정부와 의회가 모두 국민에 의해 별개의 선거를 통한 권력을 위임받아 성립된다. 대통령제는 의회로부터 독립된 기관으로 대통령을 중심으로 국정을 운영하고 대통령에 대해서만 정치적 책임을 지는 국무위원에 의해 구체적인 집행이 이루어지는 정부형태이다(양현모 · 박기관, 2015). 다만, 우리나라의 현재 통치구조는 순수한 대통령제적 특징과 내각제적 요소가 혼합되어 있는 변형된 대통령제라고 할 수 있다.[1)]

행정부의 주요 조직과 업무를 대통령비서실, 중앙정부, 지방정부, 공공기관, 자문기구 및 위원회를 중심으로 살펴보면 다음과 같다.

대통령비서실은 「정부조직법」과 「대통령비서실 직제」에 따라 대통령의 국정 수행을 보좌하기 위한 대통령 직속기관으로 일반적으로 청와대라고 불리기도 한다. 2020년 9월 현재 문재인 정부의 청와대 조직은 비서실장(대통령실장) 아래에 정책실장과 8명의 수석비서관(정무수석, 국민소통수석, 민정수석, 시민사회수석, 인사수석, 일자리수석, 경제수석, 사회수석)을 두고 있으며, 특별히 경제보좌관과 과학기술보좌관을 두고 있다. 또한 국가안보실과 국가위기관리센터를 별도로 두고 있다. 청와대 조직은 사실상 중앙정부의 부처와 매칭되는 것을 확인할 수 있다. 이는 대통령 당선자가 국민이 위임한 통치권한을 활용하여, 중요한 국정문제를 다루도록 대통령실과 정부조직을 구성하기 때문이다. 이외에 헌법상 자문기구로 민주평화통일자문회의, 국민경제자문회의, 국가과학기술자문회의를 두고 있으며, 개인정보보호위원회(행정위원회), 지방자치발전위원회, 경제사회발전노사정위원회, 국가건축정책위원회, 국가지식재산위원회, 도서관정보정책위원회, 아시아문화중심도시위원회, 문화융성위원회, 국민대통합위원회, 지역발전위원회, 청년위원회, 규제개혁위원회(행정위원회), 국가

1) 국무총리제와 국무위원 임명에 대한 국회의 동의, 국회의원의 국무위원 및 행정 각부 장관 겸직가능, 정부의 법률안 제출권, 국무총리와 국무위원 등의 국회 출석 및 발언 등은 내각제적 요소라고 할 수 있다.

그림 2-3 대통령비서실 조직도

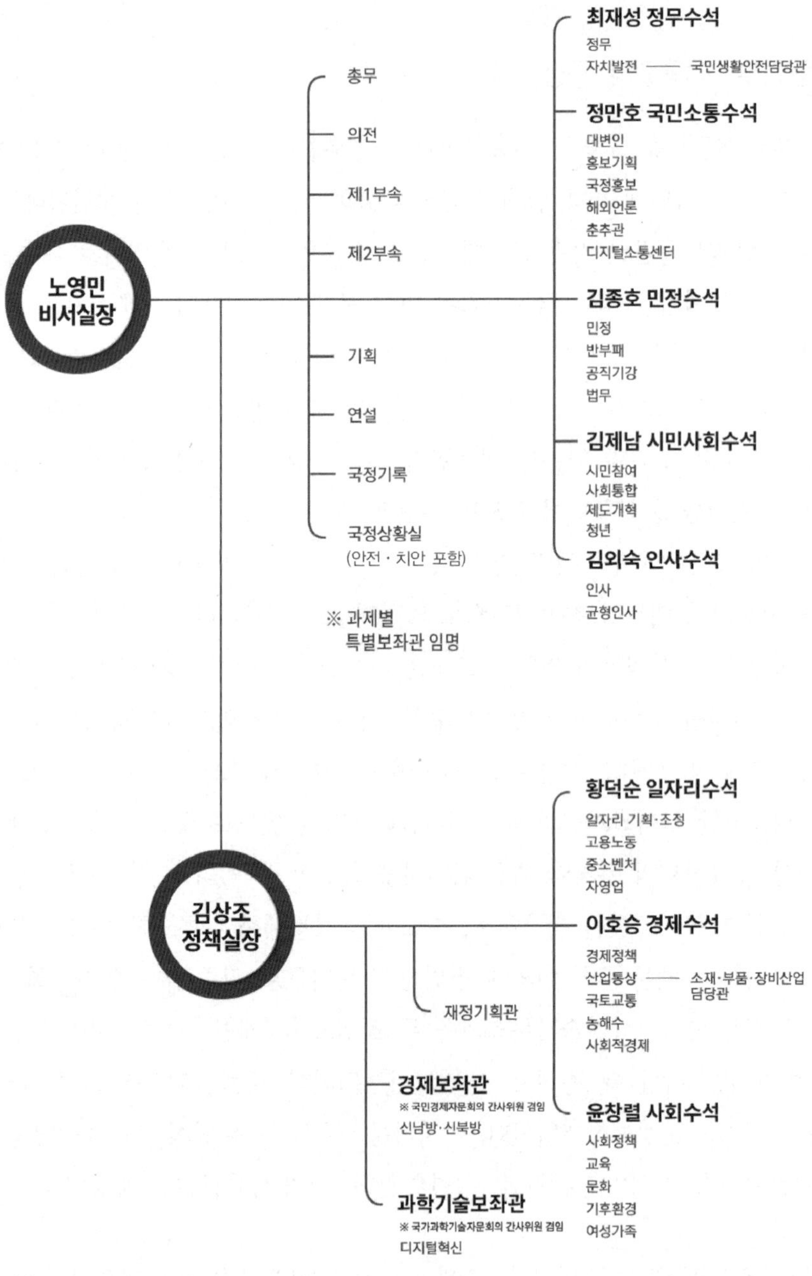

출처: 대한민국 청와대, http://www.president.go.kr/

생명윤리심의위원회, 저출산고령사회위원회, 국가우주위원회, 통일준비위원회의 16개 대통령소속위원회가 설치되어 있다.

우리나라의 중앙부처의 정부조직은 18부, 5처, 17청으로 이루어져 있다. 이들 각 부처는 조직위계상 국무총리의 하위에 속한다. 국무총리는 대통령을 보좌하고, 행정에 관하여 대통령의 명령을 받아 행정 각부를 통괄 및 관할하는 역할을 맡는다(헌법 제86조 제2항). 국무총리는 국회의 동의를 얻어 대통령이 임명하도록 하고 있다. 대통령 선거 후 당선된 대통령 당선인은 대통령직 인수위원회를 통해 대통령직의 원할한 인수를 위한 업무를 수행하는데, 이 과정에서 당선자의 공약사항과 국정운영의 방향, 주요정책이슈 등을 고려하여 정부조직 개편이 이루어지기도 한다.

우리나라의 지방정부는 광역자치단체와 기초자치단체로 나뉘며, 광역자치단체는 총 17개이며, 1개의 특별시와 6개의 광역시, 1개의 특별자치시, 8개의 도와 1개의 특별자치도로 구성된다. 기초자치단체는 총 226개이며, 75개의 자치시와 82개 자치군, 69개의 자치구가 있다.

행정부에 속하는 행정기구의 하나로 공공기관이 있다. 공공기관은 「공공기관의 운영에 관한 법률」 제4조에 따라, 정부의 투자출자 혹은 정부의 재정지원 등으로 설립 운영되는 기관으로 일정 요건에 해당하여 기획재정부 장관이 지정한 기관을 의미한다. 2020년도 기준 총 340개의 공공기관이 있으며, 공기업 36개, 준정부기관 95개, 기타 공공기관 209개로 이루어져 있다. 2019년 12월 말 기준 41만 594명이 재직하고 있다.

이 책에서는 지면의 한계로 별도의 장을 두어 공공기관에 관한 논의를 다루고 있지 않고 있으므로, 간단한 공공기관의 현황을 살펴보고자 한다. 공기업은 직원 정원이 50인 이상으로, 자체 수입원이 총 수입액의 2분의 1 이상인 공공기관 중에서 기획재정부 장관이 지정한 기관이며, 시장형과 준시장형으로 나뉜다. 시장형 공기업(16개)은 자산규모가 2조 원 이상이고, 총 수입액 중 자체 수입액이 85% 이상인 공기업으로 한국가스공사와 한국전력공사 등이 대표적이다. 이에 반해, 준시장형 공기업(20개)은 한국관광공사나 한국방송광고진흥공사 등이 있다. 준정부기관은 직원 정원이 50인 이상으로, 공기업이 아닌 공공기관 중에서 기획재정부 장관이 지정하게 되며, 기금관리형과 위탁집행형으로 나뉜다. 사립학교교직원연금공단, 공무원연금공

그림 2-4 정부조직도

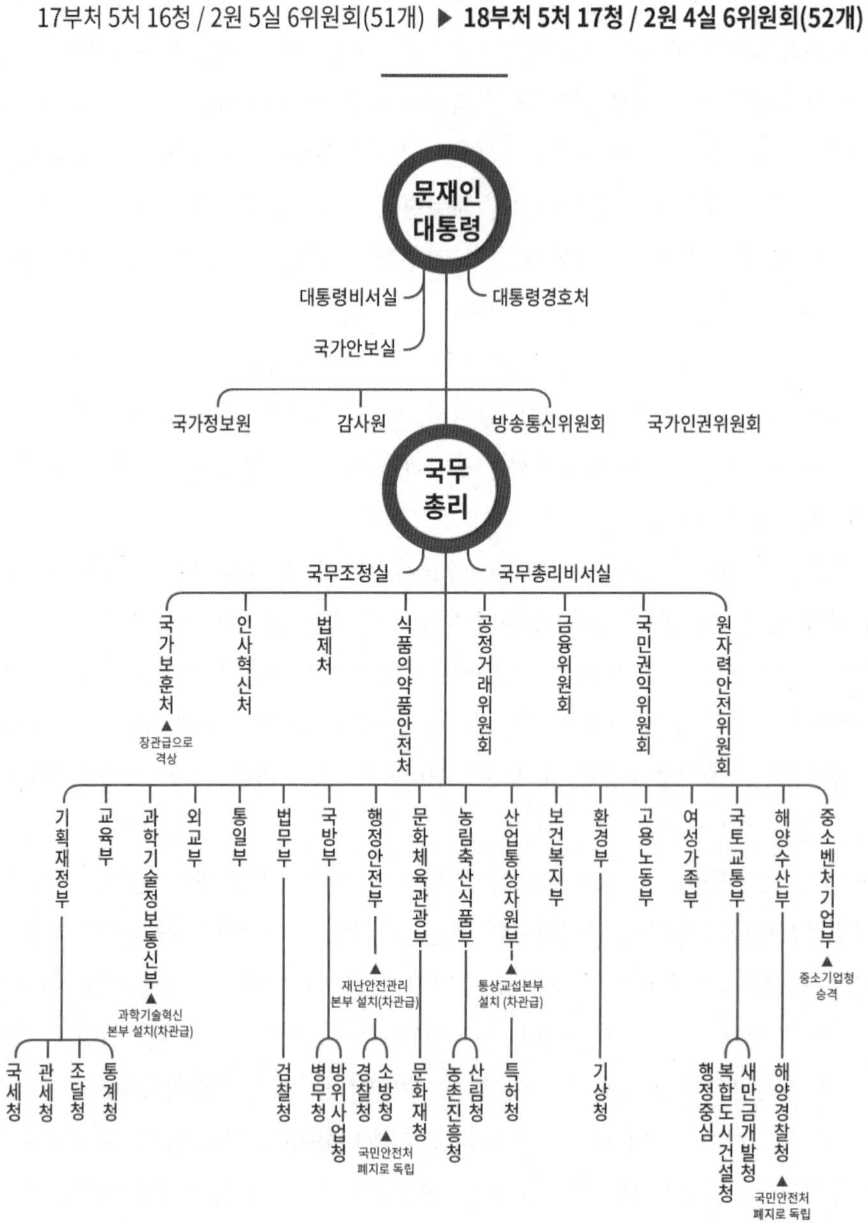

출처: 대한민국 청와대. http://www.president.go.kr/

단, 국민연금공단 등과 같이 「국가재정법」에 따라 기금을 관리하거나, 기금의 관리를 위탁받은 준정부기관을 기금관리형 준정부기관(13개)으로 분류하고 있으며, 나머지를 위탁집행형 준정부기관(82개)으로 지정하고 있다. 이외에 경제인문사회연구회를 비롯한 각종 국책연구기관과 국・공립병원, 각종 진흥원 등이 기타 공공기관(209개)으로 지정・운영되고 있다. 이들 공공기관의 정보는 공공기관 경영정보 공개시스템(ALIO, 이하 알리오시스템)[2]을 통해 확인할 수 있다. 최근 공공기관 방만경영에 관한 이슈와 관련하여, 현재 알리오시스템에서는 공공기관 직원의 평균보수, 복리후생, 그리고 부채규모 등을 주요통계로 제공하고 있다. 참고로, 2019년 기준으로 우리나라 공공기관의 부채규모는 총 525.1조 원 규모이다.

2) 입법부: 국회

국회는 국회의원과 국회의원 중 무기명투표를 통해 선출하는 국회의장과 부의장을 포함하는 국회의장단, 위원회, 교섭단체, 그리고 입법지원조직으로 구성된다. 국회의 역할과 권한은 입법, 재정, 일반국정, 외교로 나뉠 수 있으며, 우선 입법권은 헌법개정안과 제안의결권, 법률안 제・개정권, 조약체결과 비준동의권이 포함된다. 재정권은 예산안 심의, 결산 및 기금심사, 재정입법과 기타 재정 관련 권한[3] 등을 가진다. 일반국정과 관련된 권한으로 국정감사 및 조사권, 헌법기관 구성권, 탄핵소추권 등을 둔다. 또한 외교와 관련하여 초청외교활동, 방문외교활동, 국제회의 참석 등의 역할과 권한을 수행한다.

국회의 위원회는 정부부처 및 대통령비서실의 조직도와 대체로 유사한 분류를 가진다. 현재 17개의 상임위원회와 2개의 상설특별위원회(예산결산특별위원회, 윤리특별위원회)를 가지며, 인사청문특별위원회와 같은 비상설특별위원회를 필요에 따라 구성하기도 한다. 국회의원은 대부분 소속 정당을 가지는데, 소속 의원들의 의사를 사전에 통합・조정하고 정파 간 교섭의 창구역할을 담당하여, 국회의 의사진행의 효율성을 제고하려는 목적으로 정당 중에서 20인 이상의 소속 위원을 가진 정당을 교

---

2) ALIO 공공기관 경영정보 공개시스템. http://www.alio.go.kr

3) 계속비 의결권, 예비비지출 승인권, 국채동의권, 국가의 부담이 될 계약체결에 대한 동의권 등이 있다.

그림 2-5 국회조직

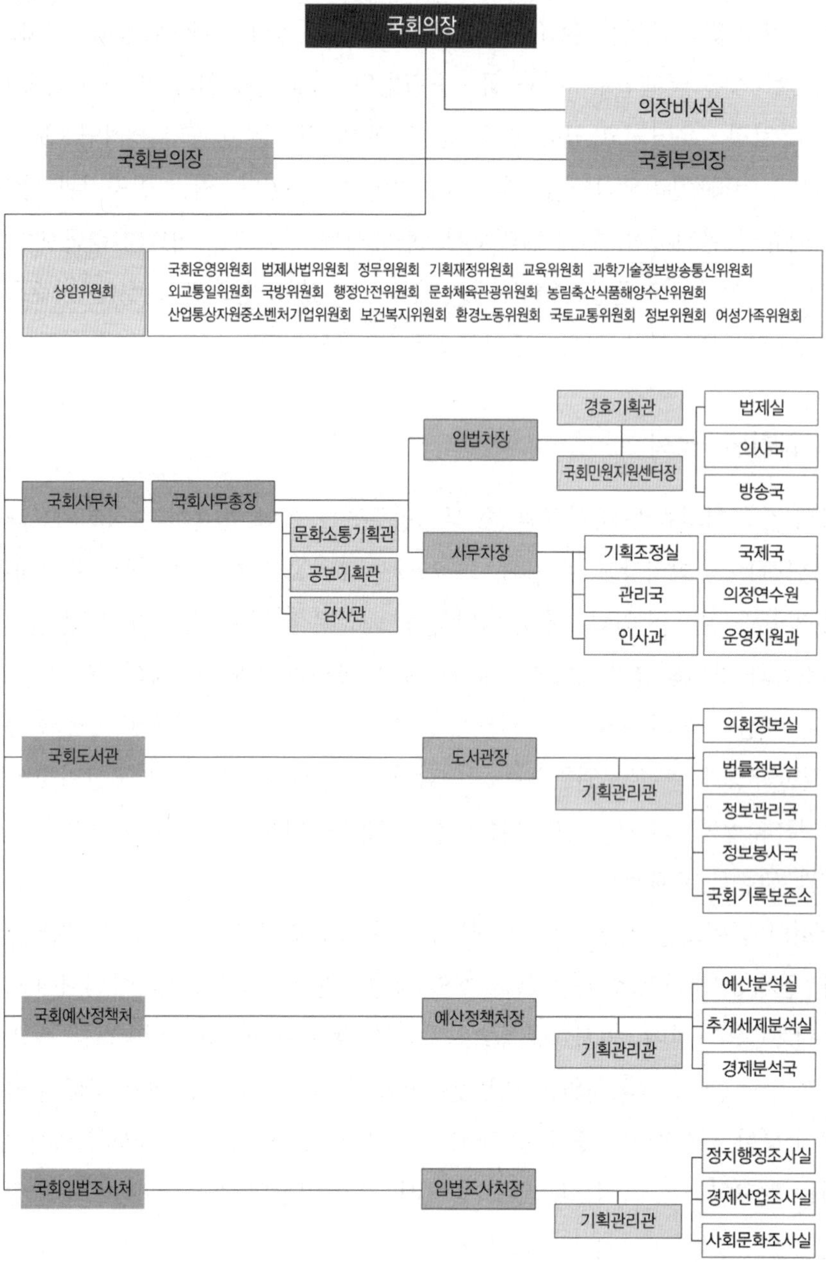

출처: 대한민국 국회. http://www.assembly.go.kr

섭단체로 두고 있다. 이외에 국회의 입법과 재정 등 다양한 역할을 지원하기 위한 입법지원조직으로 국회사무처, 국회도서관, 국회예산정책처, 국회입법조사처가 설치되어 있다. 국회와 입법과정에 대한 보다 자세한 내용은 이 책의 "제8장 정부형태와 입법과정의 이해"에서 살펴보기로 한다.

3) 사법부와 헌법재판소

우리나라의 사법부는 최고법원인 대법원 아래 고등법원, 특허법원, 지방법원, 가정법원, 행정법원 등으로 구성되어 있다. 대법원장을 포함하여 14인의 대법관으로 구성되며, 대법원은 심판권을 가진다. 산하기관으로 법원행정처, 사법연수원, 사법정책연구원, 법원공무원교육원, 법원도서관을 두고 있다. 대법원은 고등법원 또는 항소법원(고등군사법원을 포함한다), 특허법원의 판결에 대한 상고사건, 항고법원 · 고등법원 또는 항소법원 · 특허법원의 결정 · 명령에 대한 재항고사건과 다른 법률에 의하여 대법원의 권한에 속하는 사건(중앙해양안전심판원의 재결에 대한 소, 선거쟁송에 대한 상고사건 등)을 심판한다.

헌법재판소는 우리나라의 헌법재판을 담당하는 헌법기관으로 국회, 정부, 대법원, 중앙선거관리위원회와 함께 5부 기관 중 하나이다. 1987년 확정된 현행 9차 개정헌법에 의해 신설되었으며, 9명의 헌법재판관과 일반법관, 사법공무원으로 구성된다. 주요 역할은 헌법을 기초로 하여 위헌법률심판, 탄핵심판, 정당해산심판, 권한쟁의심판, 헌법소원심판에 대해 다룬다. 다원화된 사회에서 나타나는 가치의 변화와 이들 간의 충돌은 행정분야에서도 예외는 아니며, 이러한 갈등의 해소를 위한 헌법재판소의 위상이 강화되고 있는 상황이다. 최근 「성매매 알선 등 행위의 처리에 관한 특별법」과 「성매매 방지 및 피해자 보호 등에 관한 법률」에 대한 위헌법률심판(2013헌가2), 선거구 획정의 인구편차 기준의 위헌확인(2012헌마192), 「신행정수도의 건설을 위한 특별조치법」 위헌확인(2004헌마554) 등 다양한 행정 현안에 대한 결정이 헌법재판소에 의해 다루어지는 경향을 보이고 있다.

제 2 절 행정을 둘러싼 환경

행정을 "정치권력을 배경으로 정책형성 및 구체화를 이룩하는 행정조직 중심의 집단행동"(박동서, 2010)으로 본다면, 행정부를 중심으로 입법부와 사법부 간의 상호견제가 이루어지고, 시민사회와 경제주체들 간의 수평적 관계, 중앙정부와 지방정부의 수직적 관계, 그리고 이를 둘러싼 국제관계와 경제(시장), 사회적 변화(인구, 기술, 행정가치) 등 거시적 환경이 존재하는 것으로 볼 수 있다. 이 장에서는 [그림 2-2]에서 제시한 행정환경의 개념을 바탕으로 정치, 법, 경제, 사회, 공간의 관점에서 행정과 행정환경의 개별 요소들 간의 관계를 살펴보고, 중요한 논점을 고민하는 방식으로 서술하였다. 이들 행정환경과 행정체제 간 상호작용의 결과로 나타나는 정책과정에 대해서는 이 책의 제7장에서 논의를 확장해 나가기로 한다.

1. 정치적 환경

정치 없이 행정은 존재할 수 없다(백승기, 2015). 정치의 과정을 통해 만들어진 헌법과 법률이 행정부와 국회, 사법부의 역할과 기능을 정의하고, 이들이 일을 하는 방식과 기준으로 작용하기 때문이다. 정치적 환경은 정부와 국회의 관계를 포함하여 정당, 이익단체, 일반시민 등이 포함된다.

첫 번째로, 살펴볼 정치적 환경은 정당이다. 정당은 공공이익의 실현을 목표로 정치적 견해를 같이하는 사람들이 자발적으로 조직한 집단이다. 이들은 국회의원을 배출함으로써 입법부를 통해 행정부를 견제하고 감시하는 역할을 수행한다. 이러한 입법부와 행정부의 상호작용 과정에서 정책결정과 집행, 그리고 평가가 이루어진다. 이때 집권정당의 성향에 따라 추구하는 정책의 목표와 대상, 그리고 수단이 다르게 결정되기도 하는데, 예컨대 경제성장과 분배 중 어떤 것을 더 중요하게 다룰 것인가와 같은 문제이다. 행정부 수반인 대통령의 정당과 입법부의 다수당이 같은가 혹은 다른가에 따라, 즉 '여소야대'인가 '여대야소'인가에 따라 정책결정과 집행에 영향을 받기도 한다. 실제로 박경돈(2015)의 연구에 따르면, 법안이 통과되는 데 걸리는 시간이 여소야대 여부에 영향을 받으며, 김민경(2014)의 연구에서는 대통령 국정과제 여부도 영향을 주고 있는 것으로 나타났다.[4]

또한 정당은 일반시민의 목소리를 정치와 법 · 제도에 반영하는 역할을 수행하기도 한다. 예를 들어, 사회적 이슈를 정책 및 입법화하기 위한 정책형성의 과정의 일례로 개별 정당과 국회의원 주최의 정책세미나를 들 수 있다. 국회의원 정책자료 DB[5]에 따르면, 제14대에서 제21대 국회(2020년 8월 현재)까지 총 24,418건의 정책세미나가 주최되었다. 이 중 제20대의 세미나 개최 현황과 이슈를 정리하면 다음 <표 2-1>과 같다. 이와 같은 정책형성의 과정에서 정당의 역할은 실제 입법으로 연결되기도 하고, 행정부가 해당 공공문제를 해결하는 데 영향을 미치기도 한다.

두 번째로, 이익단체도 정치적 환경으로서 행정에 영향을 미치는데, 이들은 집결된 힘을 통해 단체의 이익이 행정과 정책과정에 반영되도록 노력한다. 어떤 사안은 이익단체 간 이익이 대립하는 경우도 있고, 이익단체와 일반시민의 이익이 충돌하기도 한다. 이 경우, 행정의 중요한 역할 중 하나는 갈등의 조정이다.

세 번째로, 의사소통 기술의 발달로 일반시민의 목소리가 곧바로 여론을 형성하기도 하며, 시민단체나 비정부조직을 통해 조직적으로 표출되기도 한다. 최근에는 SNS를 통한 일반시민 간의 소통이 활발해지고, 정치지도자나 행정조직과의 연결이 가능해지면서 직접 민주주의적인 요소가 커지고 있다.

다음으로, 입법부(국회)와 행정부를 통해 정치와 행정의 관계를 실질적으로 확인할 수 있을 것이다. 일반적으로 입법부의 핵심적인 기능은 입법권과 재정권, 그리고 정책통제 기능이라고 할 수 있다. 법률은 행정활동의 기준이 되는 것으로서 그 자체가 중요한 정책결정이기도 하며, 정책집행을 의미하는 것이다. 정부의 활동은 법률에 근거하지 않고는 이루어질 수 없기 때문이다. 행정부의 역할이 커지면서 '정부입법' 또는 '행정입법'의 형태로 입법기능의 일부를 정부가 대행하고 있다. 정치-행정 이원론의 관점에서 규범적으로 보면 행정은 법률에 따른 집행기능을 담당하기 때문에 국회의 입법에 종속되는 지위를 부여받게 되나 행정의 전문성, 기술성, 행정 현실

4) 대통령 국정과제인 경우에도 사회적으로 논란이 많은 경우, 오히려 법안 통과가 오래 걸리는 경우가 존재한기도 한다.

5) 국회의원 정책자료 DB. http://ampos.nanet.go.kr:7000/mainPage.do 국회의원이 주최한 세미나 정보와 국회의원이 발간한 정책자료집, 의정보고서 등을 제공하고 있다.

표 2-1 국회의 정책세미나 주요주제

정 당	주 제	개최일시
새누리당	제4차 산업혁명에 대응한 중소기업 정책의 대전환: 정책세미나	2016.6.24.
새누리당, 더불어민주당	국회 바이오 경제포럼: 가습기 살균제 사태, 어떻게 해결해야 하나?	2016.6.10.
새누리당	맞춤형보육제도 문제점과 개선방안 토론회: 2016 정책토론회	2016.6.9.
새누리당	"장기요양보험제도 8년" 노인요양시설은 지금 어디에 있는가?	2016.6.8.
새누리당	국가미래전략 포럼: "제4차 산업혁명과 소프트파워"	2016.6.8.
새누리당	국회 상임위 및 소위 활성화 방안 토론회	2016.6.2.
더불어민주당, 정의당	'어버이 연합 게이트' 실체규명 및 대책마련을 위한 국회 토론회	2016.6.9.
더불어민주당	여성대상 강력범죄 종합대책 어떻게 할 것인가?: 강남역 여성살인사건 원인과 대책 후속 토론회	2016.6.9.
더불어민주당, 국민의당, 정의당	위기의 조선산업, 벼랑 끝 조선노동자, 올바른 해법은 무엇인가?: 박근혜 정부 조선업 구조조정의 문제점과 올바른 해법	2016.6.9.
더불어민주당	'성과주의' 및 '저성과자 해고' 대응방안 모색을 위한 국회토론회	2016.6.8.
더불어민주당	국가 해외자원개발의 진단과 과제: 국가의 역할을 중심으로	2016.6.8.
더불어민주당	저소득층 청소녀 생리대 사용 관련 실태 파악 및 대안마련을 위한 전문가 집담회	2016.6.8.
더불어민주당	국회 상임위 및 소위 활성화 방안 토론회	2016.6.2.
더불어민주당	권력구조 개헌의 조건: 제10회 대안담론포럼	2016.5.30.
더불어민주당	'용인 어린이집 사고' 원인 진단 및 '어린이 안전' 향상을 위한 세미나	2016.5.10.
국민의당	'미세먼지' 어떻게 할 것인가?: 국민의 숨 쉴 권리 보장	2016.6.9.
국민의당	구의역 스크린도어 사고 재발방지를 위한 제도개선 마련 긴급간담회	2016.6.9.
정의당	미디어기업의 인수합병과 방송법제: 미디어정책 및 방송통신 법제의 개선방향	2016.6.10.

출처: 국회의원 정책자료 DB를 바탕으로 저자가 재구성.

의 신축적 규율에 대한 요청 등으로 행정입법은 불가피한 측면이 있다. 행정입법에 대한 의회의 통제 문제는 행정권과 입법권 간 권한 다툼의 차원에 머무르는 것이 아니라, 입법이라는 헌법 활동의 가치적 본질을 탐구하는 작업을 통해 정당화되어야 한다. 행정국가로 정체성이 규정된 현대사회에서, 법률 위임의 형식으로 제정되는 소위 '행정입법권'이 행정부에 전속한 것인지 입법부의 관여를 허용하는 것인지를 가리는 일은 그리 쉽지는 않다. 이는 민주주의의 정당성에 무게를 두느냐 행정적 국가

목표달성에 더 큰 비중을 두느냐의 문제로 환원되며, 단지 선택의 문제일 뿐이라고 쉽게 단정할 수도 없고, 정당성과 명분만을 일방적으로 강조할 수도 없기 때문이다(장철준, 2015). 입법부는 입법권 이외에도 예산 및 결산심사, 국정감사 및 조사 등 헌법과 법률이 보장하는 다양한 수단으로 행정부를 견제한다(정만희, 2014). 또한 대통령의 국무총리나 국무위원 임명 시 국회의 인사청문회와 동의가 필요하며, 국무총리나 각 부처 장관에 대한 국회출석요구권, 질문권, 해임건의권 등의 행사하기도 한다(이선우, 2013). 이러한 국회의 역할을 수행하기 위해 국회 상임위원회와 사무처, 예산정책처, 입법조사처 등의 지원기구를 두고 있다(서인석 외, 2013).

행정입법을 통해 바라본 입법부와 행정부의 관계[6)]

국회법 개정안을 둘러싼 행정부와 입법부의 충돌이 격화하면서 '입법 독재'와 '행정부 견제'라는 프레임 갈등도 표면화하고 있다. 입법부의 기능이 막강해지면서 마치 행정부 기능을 마비시킬 정도로 독재화하고 있다는 지적과 막강한 제왕적 대통령제 하에서 입법부가 행정부를 견제하는 것은 당연하다는 논리가 충돌하고 있는 것이다.

정부가 만든 행정입법을 두고 벌어진 입법부와 행정부 사이의 갈등은 어제오늘 일이 아니다. 정치권에서는 특히 국회에서 만든 법을 행정부가 시행령을 통해 후퇴시키는 경우가 빈번하다며 불만을 가져왔다. 2012년 국회를 통과한 '관세법 개정안'이 대표적인 경우다. 개정안은 재벌기업의 면세점 독식을 막기 위해 '면적 기준'으로 규제하는 것을 골자로 하고 있지만, 기획재정부는 「관세법 시행령」을 발표하며 면적 기준을 '매장 개수 기준'으로 바꿨다. 면세점 한 곳을 운영해도 그 크기는 마음껏 키울 수 있게 되는 것이다.

정부는 행정 차질이나 정책집행의 시급성 등의 이유를 들어 국회의 시행령 개정 요구를 번번이 묵살하기도 했다. 국회 국토교통위원회는 2010년 국토교통부가 도심 과밀부담금 감면 대상에 연구소나 금융업소를 포함하도록 「수도권정비계획법 시행령」을 고치자 과밀을 막자는 법률의 취지에 어긋난다고 지적했다. 하지만, 정부는 시행령을 손도 대지 않았다.

반면, 정부는 강해진 국회의 입법권이 삼권분립의 균형을 깨고 있다고 보고 있다. 국회선진화법으로 주요 대책들이 번번이 국회에 발목이 잡히고 있고, 선심쓰기용 의원 입법이 국회를 통과해 정부 부담을 키우고 있다는 불만이다.

특히, 대부분의 경제활성화 방안이 국회에서 막히자 정부는 시행령 및 시행규칙 개정으로

---

6) 한국일보. "제왕적 대통령제 하에서 국회의 행정입법 견제는 당연". 2015.6.2.

우회 방안을 선택할 수밖에 없다는 논리를 주장하고 있다. 재건축 가능연한 단축, 수도권 그린벨트 전매제한 및 거주의무 기간 완화, 청약제도 개선, 디딤돌 대출의 금리 인하 등의 내용이 담겼던 지난해 9 · 1 부동산 대책이 하위 시행령 개정 사안으로 채워진 게 대표적이다.

행정입법을 둘러싼 행정부와 입법부의 오래된 갈등을 원천적으로 해소하는 방법은 모법과 충돌하는 시행령을 생각할 수 없는 환경을 만들어야 한다는 지적도 많다. 이번 논란에서처럼 문제되는 시행령을 한꺼번에 일괄적으로 손보겠다는 식으로 접근하는 것은 위헌논란만 부추길 수 있기 때문에 평상시 문제되는 시행령에 대한 감시나 예산 통제를 철저히 해야 한다는 지적이다.

2. 법적 환경

행정은 삼권분립과 법치주의라는 헌법적 가치를 바탕으로 기능할 수 있다. 삼권분립을 통해 행정부와 입법부, 사법부를 분리하여 상호견제와 균형의 원리에 의해 권력의 집중과 남용을 방지한다. 법치주의는 국가가 국민의 자유와 권리를 부득이하게 제한하거나 의무를 부과하는 경우, 민주적 절차에 의해 선출된 대표인 국회가 제정한 법률에 근거해야 한다는 것이다. 법률에 근거한 행정활동에도 불구하고 국민의 재산과 권리가 침해되는 경우 사후적으로 사법부의 심사를 통해 이를 구제받기도 한다. 사법부는 행정부의 위법한 행정작용에 대해 사후적으로 이를 바로잡는 역할을 통해 견제의 기능을 수행한다. 정리하면, 법률에 근거하여 구성된 조직과 인력, 재원을 통해 합법적인 행정행위가 이루어져야 하며, 그렇지 않은 경우 사후적으로 법률에 의한 권리구제가 이루어지게 된다.

최근 헌법재판소의 위헌결정은 법률 자체를 수정하거나 폐기할 수도 있어 행정부의 정책결정과 집행에 미치는 영향이 커지고 있다. 헌법재판소는 국회에서 선출하는 3인, 대법원장이 지명하는 3인, 그리고 대통령이 임명하는 3인 등 모두 9인의 재판관으로 구성된다. 구체적으로 헌법재판소는 법률의 위헌 여부, 대통령 등에 대한 탄핵, 정당의 해산, 국가기관 간 권한쟁의, 공권력의 작위와 부작위로 기본권의 침해가 발생한 경우 등의 심판을 담당한다.

행정수도 이전 위헌 판결을 통해 바라본 법과 행정[7)]

헌재는 2004년 '신행정수도의 건설을 위한 특별조치법'을 두고 제기된 헌법소원에 대해 위헌이라고 판결했다. 대한민국의 수도는 서울이라는 점이 '관습헌법'으로 굳어진 상황이고, 특별법은 헌법개정절차(국민투표)를 필요로 했지만 이를 거치지 않아 국민투표권을 침해했다는 것이다. 이를 두고 정치권은 물론 학계에서도 논란이 벌어졌다. 긍정적 반응이 있는가 하면, 성문헌법주의 국가에서 관습헌법에 성문헌법과 같은 지위를 부여하는 것은 어불성설이라는 평가도 나왔다. 관습헌법에 대한 명확한 정의가 규정되지 않는다는 점도 지적되었다.

실제로 당시 헌법재판관 중에서도 이견이 나왔다. 전효숙 당시 헌법재판관은 유일하게 반대 의견을 내며 "관습헌법을 성문헌법과 '동일한' 혹은 '특정 성문헌법 조항을 무력화시킬 수 있는 효력'을 가진 것으로 볼 수 없다"라며, "관습헌법에 대하여 헌법이 부여한 국회의 입법권보다 우월적인 힘을 인정하는 것이 된다"고 지적했다. 헌재의 위헌 판결에 따라 행정수도 이전을 위해선 개헌이 필수라는 인식이 굳어졌다. 하지만 개헌 없이 특별법으로 행정수도 완성이 가능하다는 입장도 존재하지만, 현실적으로는 쉽지 않아 보인다.

가장 큰 관건은 '헌법재판소의 판례'다. 김태년 원내대표는 23일 국회에서 열린 정책조정회의에서 "더 이상 관습헌법에 따른 행정 이원화를 방치하며 국가 백년대계를 덮어놓을 수 없다"고 했다. 위헌 판결의 요지였던 관습헌법을 염두에 둔 발언이다. 처음 행정수도가 추진되었던 시기에서 20여 년이 흐른 지금은 인식이 달라졌다는 기대감이 깔려 있다. 하지만 헌재가 이미 내놓은 판결을 번복하기는 쉽지 않을 것이라는 분석이 나온다.

다만, 방법이 아예 없지는 않다. 기존과는 차별화 된 법이라면 가능하다. 행정수도 이전이 무산되고 추진된 '행정중심 복합도시 건설 특별법'의 경우 헌법소원이 각하되었다. 따라서 앞선 법안 개정 등을 통해 새로운 내용을 담아 추진한다면 가능성 있다는 평가도 나온다.

헌재의 판례가 뒤집어 질 가능성도 있다. 박범계 민주당 의원은 이날 자신의 페이스북에 시각장애인만 안마사 자격증을 인정받을 수 있도록 한 보건복지부령의 합헌 결정이 번복된 사실을 적었다. 헌재의 판례도 시대에 따라 달라질 수 있다는 의미다.

헌재 역시 당시 판결문에서 사회적 합의가 이뤄지면 관습헌법은 자연히 사멸하게 된다고 판시했다. 이에 여당은 국민의 과반수가 이에 찬성한다며 국민적 합의가 이뤄졌다는 입장을 내세우고 있다. 하지만, 이를 헌재가 어떻게 받아들일 지는 지켜봐야 할 문제다.

---

7) 시사위크. "이슈&팩트(117) '행정수도 이전', 꼭 개헌해야 한다?" 2020.7.23.

3. 경제적 환경

행정의 경제적 환경을 이야기할 때 자주 등장하는 개념이 시장실패와 정부실패이다. 정부실패를 근거로 시장의 효율성에 따른 행정개혁을 주장한다든가, 시장실패를 근거로 공공성이 요구되는 병원이나 어린이집은 국가가 운영해야 한다든가 하는 논의가 그 예이다. 행정의 기본적인 기능이 국민이 필요로 하는 공공서비스를 제공하는 것이므로 조세를 통한 재정을 확보하여 공공재와 공공서비스를 제공하게 된다. 국가재정이 확보되기 위해서는 시장의 기본적인 안정성과 발전이 전제되어야 하며 이 과정에서 이들 간의 상호작용이 필요하다. 자본주의 시장경제 체제에서는 1929년 대공황 이후 경제에 대한 행정의 개입이 커졌음에도 불구하고, 여전히 행정은 시장경제의 질서를 유지하고 경제주체들의 활동을 지원하는 역할을 수행하고 있다. 우리나라는 1960~1970년대 행정주도의 경제발전을 이룩한 국가이다. 이러한 과정에서 행정이 경제에 미치는 영향이 크다는 인식이 있으며, 경제적 침체기에 정부의 역할을 기대하기도 한다. 다만, 1980년대 이후 경제규모가 커지고 복잡해지면서 정부가 모든 정보를 파악하여 경제의 발전계획을 세우는 것은 불가능해졌으며, 기존의 명령과 통제의 방식으로 시장경제에 개입하던 방식이 정부의 비효율성과 정경유착과 같은 부작용으로 나타나게 되었다. 이에 신공공관리론의 관점에서 정부에 시장의 효율성을 반영하려는 노력으로 '작은 정부론'이 대두되기도 하였다. 최근에도 경제성장을 목적으로 금리와 부동산, 규제완화 등 관련 정책들을 활용하기도 한다.

경제상황을 통해 바라본 경제와 행정[8)]

우리나라 경제가 장기불황 국면에 접어든 가운데 불황 탈출을 위해 금리 인하 및 추가경정예산(추경) 편성 등의 정책이 필요하다는 연구 결과가 나왔다. 현대경제연구원은 6일 '최근 경제 동향과 경기 판단' 보고서에서 "현재 경기는 수요 부족으로 산업생산 활동이 위축되면서 경제 전반에 과잉공급능력이 심화하는 장기불황 국면에 있다"고 밝혔다.

보고서는 수요 침체로 생산능력 과잉이 이어지면서 한국의 경제성장률이 2%대로 굳어지

8) 조선일보. 현대경제연구원. "한 경제 장기불황 국면… 금리인하추경정책 필요". 2016.6.6.

고 있다고 분석했다. 올해 1분기 경제성장률은 지난 분기 대비 0.5%를 기록해 지난해 3분기(1.2%)와 4분기(0.7%) 경제성장률을 밑돌았다. 설비투자는 시장의 수요 위축으로 전형적인 침체 국면상태다. 향후 회복 시점도 예측하기도 어려운 상황이다. 반면, 건설투자는 수요 측면에서 호조를 보이고 있다. 선행지표인 건설수주액도 3~4월 두 달 연속 10%대 증가율을 기록했다. 지난달 수출은 1년 전보다 6% 줄며 17개월 연속 감소세를 이어갔다. 고용시장의 경우, 5월 취업자 수 증가분은 작년 5월 33만 9,000명에서 25만 명대로 줄었다. 특히, 제조업의 취업자 수 증가분이 1월 14만 5,000명에서 4월 4만 8,000명으로 대폭 감소하면서 제조업 고용시장의 침체 우려가 커졌다. 물가는 1%를 밑돌며 '준(準) 디플레이션' 상황이 이어지는 모습이다. 한동안 1%대를 유지한 물가는 5월 들어 다시 0.8%를 기록하며 0%대로 떨어졌다. 경제심리도 최근 하락세로 돌아섰다. 소비자심리지수는 지난 2월부터 기준치(100)를 웃돌았지만 5월 들어 기준치 밑으로 떨어졌다. 산업별로 제조업은 생산증가율과 가동률 등 생산 활동이 크게 위축되고, 출하와 재고가 모두 감소하는 재고 조정 국면의 상황이다. 서비스업도 생산증가율이 4개월 연속 하락했다.

4. 사회적 환경

사회분야의 행정환경을 시민사회의 발전과 인구구조의 변화의 관점에서 논하고자 한다. 행정을 시민사회와 분리하여 고려하기는 어렵다. 법적 근거를 둔 공식적인 행정기구의 기능과 역할이 존재하지만, 사회구성원의 요구와 필요가 다양해지면서 이들의 목소리를 대변해 줄 수 있는 비공식 조직으로 시민사회가 발전하였다. 시민사회는 시민과 국가를 연결하는 매개체의 역할을 수행하는데, 참여 민주주의의 확산과 신자유주의의 등장으로 시민사회의 역할이 점차 증대되고 있다. 민주주의에 바탕을 둔 국가에서 시민사회를 통한 갈등의 조정과 정책어젠다의 설정이 이루어지기도 하며, 공공서비스의 생산, 민주주의적 가치의 수호, 인간소외의 해소 등 사회적 문제들과 밀접하게 관련되어 있다. 일반적으로 정부와 시민사회의 관계는 대체적 관계, 보완적 관계, 대립적 관계, 의존적 관계 등으로 유형화가 가능하다. 대체적 관계는 정부가 하지 못하는 공공서비스의 제공이나 공공재의 생산을 시민사회나 비영리단체가 수행하는 경우를 말한다. 보완적 관계는 정부와 시민사회가 상호협조하는 경우로 주로 비영리단체에서 공공재나 공공서비스를 생산하고, 그 비용을 정부가 지원하는 형태가 있다. 대립적 관계는 정부와 비정부조직 간에 공공재의 성격이나 공급방식, 공급대상 등에 이견이 존재하여 갈등이 발생하는 경우이다. 마지막으로, 정보화와 산업화의 과정에서 정부에 비해 보다 전문적인 지식을 가진 시민사회의 역량을 정부가 활용하는 방식과 같이 정부와 시민사회의 의존적 관계의 사례도 나타나고 있다.

시민사회는 시민운동단체, 이익집단, 압력단체, 비영리조직, 비정부조직 등을 포함하는 사회적 집단의 모습을 가진다. 구성원들의 자발적 참여에 의해 구성된 집단으로 정부와 시민 사이에서 이들 간의 소통을 매개하는 역할을 한다. 이를 위해 정부와 시민 중 어느 한쪽에 치우치지 않는 자율성과 독자성을 가진다. 시민사회는 보통 언론과 결사의 자유가 보장된 현대 자유국가에서 활발히 활동하게 된다.

다음으로, 사회구성의 변화가 행정에 미치는 영향을 살펴볼 필요가 있다. 최근 우리나라는 저출산과 고령화사회라는 문제에 직면해 있다. 그 결과는 복지수요의 증가와 이에 상응하는 정부의 재정부담 증가, 세대 간 갈등, 생산가능인구 감소로 인한 경제적 문제 등이 대두되고 있다. 우선, 대의민주주의 하에서 인구구성의 변화는 선거결과에도 영향을 미치게 된다. 이러한 영향은 최근 우리나라 선거의 여론조사에서도 확인할 수 있으며, 영국의 브렉시트(Brexit) 관련 국민투표에서도 선거행태에 대한 세대 간 차이가 나타나기도 하였다. 다음으로, 시급하게 다루어야 할 정책의 우선순위에 변화가 발생한다. 장기간의 인구추계와 그로 인한 생산 및 소비인구의 감소는 아직 발생하지 않은 사회문제를 미리 감지할 수 있게 하고, 예상되는 복지수요와 그에 따른 재정규모를 예상하고 대응할 수 있게 한다. 그 결과, 정부조직의 변화는 물론 예산과 정책의 우선순위에도 영향을 미치게 된다.

'제3차 저출산·고령사회 기본계획'을 통해 바라본 사회와 행정[9)]

정부가 저출산 문제 해결을 위해 신혼부부 주거지원 강화와 청년 고용 확대에 나섰다. 저출산의 핵심 원인이 경제적 이유에 따른 만혼(늦게 결혼하는 것)·비혼(결혼을 하지 않는 것) 현상에 있다고 분석했기 때문이다. 지금껏 기혼가구의 양육부담 경감에 초점을 맞춘 것과는 달라진 점이다. 대통령 직속기구인 저출산·고령사회위원회는 이같은 내용을 담은 '제

9) 중앙일보. "제3차 저출산·고령사회 기본계획 시안 발표". 2015.10.18.

3차 저출산 · 고령사회 기본계획(2016~2020년)' 시안을 18일 발표했다.

정부는 지난해 기준 1.2명 수준인 합계출산율을 2020년까지 1.5명까지 올리겠다는 상세 목표를 제시했다. 출산아 수는 49만 명을 기준점으로 잡았다. 제1 · 2차 계획과 달리 '선택과 집중', '사회구조적 대응' 등의 전략도 내세웠다. 이를 위해 제3차 계획에서는 고용 · 주거 등 청년들이 결혼을 주저하거나 포기하도록 만드는 사회경제적 원인 해결에 집중한다는 방침이다.

시안에 따르면, 신혼부부에 대한 전세자금 대출한도가 인상된다. 수도권은 1억 원에서 1억 2,000만 원, 비수도권은 8,000만 원에서 9,000만 원으로 한도가 올라간다. 어린 신혼부부에 대한 공공임대주택 가점제도 확대된다. 전세임대주택 입주자 선정 시 동일 순위라면 나이가 어릴수록 가점을 부여한다. 국민임대주택도 자녀 수가 동일하다면 부모의 평균연령이 낮을수록 가점을 부여하도록 제도를 개선한다는 계획이다. 예비부부에 대해서도 2016년부터 임대주택 우선 입주 자격을 허용키로 했다.

청년들이 안정된 일자리에 취업할 수 있도록 돕는 정책도 실시된다. 2017년까지 공공부문 청년 일자리를 4만 개 이상 창출한다는 목표다. 또한 민간부문에선 청년고용증대세제(청년 정규직 근로자가 전년 대비 증가한 기업에 1명당 최대 500만 원의 세액공제)를 신설해 일자리를 늘릴 수 있게 지원할 예정이다.

기존에 강조해왔던 출산 및 양육 지원도 이어간다. 초음파 검사와 분만 등 임신 · 출산 관련 의료비는 지속적으로 줄인다. 또한 중소기업 직장어린이집을 지속적으로 늘려가고, 현행 1개월인 아빠 육아휴직 인센티브를 3개월까지 확대할 계획이다. 이는 부부가 동일자녀에 대해 순차적으로 육아휴직을 사용하는 경우, 두 번째 사용자의 육아 휴직급여를 상향 지급한다는 내용이다.

고령화 대책과 관련해서는 국민연금 수급시기와 퇴직 정년의 일치, 고령자 대상 전세임대제도 신설, 치매 · 장기요양에 대한 사회적 돌봄 체계 강화, 고령운전자 안전관리 대책 등을 내놓았다.

한편, 저출산 · 고령화의 영향으로 사회 각 부문에서 예상되는 '다운사이징'에도 대비하기로 했다. 병역자원 감소에 대응해 장교 · 부사관 중심으로 병력 구조를 정예화한다는 목표다. 교육분야에선 한계대학 퇴출 등 대학구조개혁을 지속적으로 추진하기로 했다.

5. 공간적 환경

최근 분권화와 세계화가 범세계적인 현상으로 전개되면서 이러한 변화가 행정에 미치는 영향을 이해하는 것이 중요하게 되었다. 우선, 지방자치제의 시행으로 촉발된 지방분권화는 행정수도이전과 공기업과 정부기관의 지방이전으로 가속화되었다. 이러한 분권화는 지방정부에 대한 중앙정부의 통제를 줄이고 자율성을 늘리는 한편, 지방정부의 권한과 책임을 강화하고 지방정부 간 경쟁을 통해 효율성을 증대하는 것을 목표로 하고 있다. 지방의 특색에 맞는 행정구현이 가능해지고, 행정의 수요자인 국민에 보다 가까운 지방정부에서 수요에 맞는 정책을 수립하여 집행할 수 있게 하자는 취지이다. 또한 수도권에 과도하게 모여 있는 인구와 각종 시설을 분산하여 지역균형발전이 가능하도록 하기 위한 측면도 있다. 하지만, 지방분권화가 정착하기에는 여전히 재정과 자원사정이 열악한 지역이 존재하기 때문에 중앙정부의 간섭과 통제에서 자유롭지 못하다. 재정자 주도의 관점에서 보면 지방자치단체 간에도 이러한 행정환경의 차이가 크게 나타나고 있어 다양한 갈등이 유발되고 있다. 또한 혐오시설의 입지에 반대하고 선호시설의 입지에 찬성하는 이른바 '님비(NIMBY)'와 '핌피(PIMFY)' 현상은 지방정부 간 갈등으로 인해 국가적 사업이 지연되는 경우가 발생하기도 한다. 지방분권화가 진행된 상황에서는 이러한 갈등의 중재를 위해 중앙정부의 노력이 보다 중요해지게 되었다.

국가 간 관계가 행정에 미치는 영향은 매우 크다. 최근의 브렉시트(Brexit) 사태가 우리나라 경제에 미치는 영향과 이로 인해 발생할 사회적 문제에 대응하는 것은 정부의 역할 중 하나이다. 북핵과 대륙간탄도미사일과 같은 북한발 리스크의 해결을 위해 오래전부터 6자회담을 통한 대화와 경제제재 등의 압박조치, 군사적 긴장감 조성 등의 조치가 취해져 왔으며, 미국과 중국을 포함한 일본, 러시아 등과의 긴밀한 협조가 정부의 중요한 역할이 되었다. 또한 경제적 측면에서도 수출의존도가 높은 우리나라의 경우, 날로 심해지는 국제경쟁의 심화로 국제경쟁력 강화와 경제성장이 중요한 어젠다 중의 하나로 선정되고 있다.

복수주소제(Second Address)를 통해 바라본 공간과 행정[10)]

현행 주민등록상 주소는 가족관계등록 · 범죄조회 · 선거관리 등과 같은 분야에서 사용하도록 하고, 세무 · 금융 등 기타 분야에서는 제2의 주소(Second Address)를 선택할 수 있도록 하는 방안을 검토해 볼 수 있다. 행정안전부에서 관리하고 있는 현행 주민등록제도를 최대한 인정하되, 주민등록상 주소가 반드시 필요하지 않은 분야에서는 개인이 자유롭게 제2의 주소를 선택할 수 있도록 하는 것이다. 이를 위해서는 「주민등록법」의 개정을 통해 주민등록상 주소 이외의 제2의 주소에 대한 추가 규정이 필요하며, 제2의 주소가 적용되는 분야의 관련 법령들도 개정이 필요하다.

이러한 Second Address 제도는 법학계를 중심으로 제시되어 온 Second Number 제도와의 연계를 통해 추진할 수 있을 것으로 판단된다. Second Number 제도는 개인정보보호 측면에서 주민등록번호의 사용 영역을 최소한으로 한정하고, 조세 · 금융 등 분야에서 납세번호와 같은 제2의 개인식별번호를 사용하도록 하는 것을 의미하며, 독일, 일본, 미국 등의 경우 2개 이상의 개인식별번호를 사용할 수 있도록 하고 있다. 인구의 지역 간 이동성이 급격하게 증가하고 있는 현실을 고려할 때, 현행 주민등록제도의 경직성을 보완할 수 있는 Second Address 제도의 도입을 검토할 필요성이 있다는 주장이다.

Second Address 제도를 도입함에 있어서 일부 지역을 대상으로 시범사업을 우선적으로 실시할 필요성이 있는데, 이러한 시범사업을 통해 Second Address 제도가 갖는 장 · 단점을 파악하고, 우리나라의 현실에 적합한 제도로 수정·보완하기 위한 노력이 필요하다. 시범사업의 대상은 직장이나 학교 등의 문제로 인해 주민등록상 주소지와 실제 주거지 간 불일치가 발생하고 있는 주민이 많은 지역을 우선적으로 고려해 볼 수 있다. 즉, ① 도 지역 중에서 주간인구지수가 높은 시 · 군, ② 공공기관 이전으로 인해 임시 거주 및 출 · 퇴근 비율이 높은 시 · 군, ③ 대학, 공공 교육기관, 군부대 등과 같이 특정한 시기에 불특정 다수가 주민등록상 주소 없이 생활하는 비율이 높은 시 · 군을 대상으로 시범사업을 실시하는 방안을 고려할 수 있다.

---

10) 한국지방행정연구원. 새로운 인구관리 정책으로서의 복수주소제(Second Adress) 도입 방안. 꼭 알아야 할 지방자치 정책브리프. 제71호(2019.8).

생각해 볼 문제

- ✓ 역대 정부의 중앙부처 조직의 변화를 살펴보고, 그러한 조직의 변화가 발생한 원인을 행정환경의 변화와 관련지어 설명해 보자.
- ✓ 경제위기와 복지수요 증가와 같은 새로운 사회문제의 해결을 위한 정부와 시장, 시민 등의 다양한 역할에 대해 알아 보자.
- ✓ 행정부 혹은 입법부의 조직도에 있는 부처 및 부서를 하나 선택하여, 자신이 그 부처의 공무원이라고 가정할 때, 관련될 수 있는 행정환경에 대해 설명해 보자.

C·H·A·P·T·E·R

03 행정학의 발달사

제3장의 제1절에서는 행정체제의 변화와 정부관 변천에 관해 논의한다. 서구와 한국의 행정학은 각 국가가 직면한 행정체제의 변화에 대응하면서 발달하였다. 행정체제는 행정을 하나의 유기체로 보는 것으로 행정은 이를 둘러싼 정치, 경제, 사회적 환경과 행정조직, 행정인 등 행정변수의 변화에 영향을 받는 것으로 본다. 따라서 행정체제는 정치와 행정 등의 역학관계 역시 내포하며 행정체제의 변화는 정부의 역할 및 규모에 관한 관점 역시 변화시킬 수 있다. 이러한 일련의 행정체제 변화에 따라 학문으로서의 행정학 연구 대상(locus) 및 강조 내용(focus) 역시 변화한다고 할 수 있다. 본격적으로 서구와 한국의 행정이론의 발달사를 살펴보기 전에 행정이론 발달에 영향을 미칠 수 있는 행정체제의 변화를 행정변수 중심으로 살펴보고, 서구와 한국의 정부관 변천을 살펴보면서 미래사회의 거버넌스(governance)를 예측해보고 방향성에 대해 고찰해보도록 한다.

제2절에서는 서구적 맥락에서 본 행정학의 발달과정을 살펴본다. 행정학의 두 가지 큰 기원은 유럽과 미국에서 찾아볼 수 있다. 여기에서는 유럽 행정학의 유래와 발달과정을 간략히 소개한 후 행정학 패러다임의 주요 비중을 차지하는 미국 행정학의 유래와 발달과정을 살펴보도록 한다. 동·서양을 막론하고 현실 정치, 경제, 사회문제 등에 대응하기 위해 그 시대를 석권하는 학문의 이론적 틀, 접근법 또는 패러다임

이 형성되고 수정되기도 하면서 발전한다. 행정학이라는 학문의 태동, 그리고 정치-행정 이원론과 정치-행정 일원론적 시각이 교차하는 미국 행정학의 패러다임 변천과정을 시대적 배경, 행정체제의 특징과 연관지어 살펴본다.

제3절에서는 한국 정부의 성장단계별 행정학의 발달사를 논의한다. 한국 정부는 그간 많은 변모를 해왔지만 기본적으로 대통령 중심의 강력한 중앙집권적 권력구조를 유지해왔다. 행정체제의 특징을 중심으로 국가건설기, 경제성장기, 정치민주화기(도입기-과도기-도약기) 등으로 구분하여 시대적 배경, 한국 정부 공화국 변천에 따른 권력구조의 변천, 행정이론의 발달사를 함께 고찰한다. 한국은 행정학 도입의 역사가 짧아서 미국의 행정이론을 도입하여 모방하고 외연적으로 확산시키는 데 급급한 측면이 있었다. 경제성장기(특히, 1970~1980년대)에 한국 행정현실을 반영한 행정학의 토착화에 대한 고민과 논의가 있었고, 정치민주화기(특히, 2000년대)에 들어서 미국 행정이론에 대한 비판과 한국에서의 적실성 논의 등이 이루어지는 점은 매우 고무적이다. 향후 행정학의 발전과 토착화된 한국 행정이론의 개발을 위해서는 행정학자뿐 아니라 정부, 시민사회 등 다양한 이해관계자들의 높은 관심과 연구의 지원이 이루어질 필요가 있다.

제 1 절 행정체제의 변화와 정부관 변천

1. 행정체제의 변화

행정을 하나의 살아있는 유기체로 본다면 행정체제는 꾸준히 변화할 수 있고, 행정변수를 중심으로 이러한 행정체제의 변화를 설명할 수 있다. 행정변수란 행정행위를 유발시키며 행정현상에 영향을 미치는 대내·외적인 변수를 말하며, 이는 행정목표의 달성이나 사회문제 해결에 있어 성패를 좌우하는 요인이다(권기헌, 2014).

행정의 대표적 3대 변수로는 행정구조, 행정인, 행정환경을 들 수 있다. 한 국가의 특정시대를 대표하는 행정이론은 이미 행정체제의 변화를 감지하고 행정변수의 특성을 반영하고 있는 것이다. 이는 다음 두 가지 행정환경 하에서 행정구조와 행정인의 관리방식이 어떻게 달라질 수 있는지 살펴봄으로써 쉽게 이해할 수 있다.

우선, 행정환경이 비교적 단순하고 정태적이며 예측가능한 경우에는 환경과의 관계보다는 조직내부의 능률과 생산성을 제고하기 위한 것이 주된 관심이 될 것이다. 19세기 말부터 20세기 초 산업혁명 이후 미국의 대량생산체제 하에서 유행했던 테일러(F. W. Taylor)의 과학적 관리법이나 조직 내 사회적 관계를 중요시하는 인간관계론은 공통적으로 조직의 성과달성을 위한 조직내부관리에 초점을 두고 있다. 외부투입기제가 약한 경우에는 피라미드식(hierarchial) 계층제가 대표적인 조직구조로 채택될 수 있고, 법령이나 표준운영절차(SOP) 등에 기반한 행정관리가 가능하고 행정인을 관리하는 방식 역시 투입과 통제중심으로 이루어지게 된다.

한편, 행정환경이 급변하고 복잡해지면서 행정체제 역시 변화하게 된다. 더 이상 '우물 안 개구리'처럼 조직내부에만 관심을 두고 머무를 수 없으며, 외부와의 동태적 상호작용을 통한 새로운 국정관리 방향의 모색이 필요하게 된 것이다. 예컨대, 신공공관리론 하에서는 수직적 계층제를 고수하지 않고 팀제, 프로젝트 조직 등 보다 효율적인 행정조직 구조가 강조되고, 개방형 임용제, 목표관리제(Management By Objectives: MBO), 균형성과표(Balanced Score Card: BSC) 등 성과중심의 인사, 조직관리 기법 등이 발전하였다. 나아가 뉴거버넌스 시대에는 정부 이외에 시민, 언론 및 비정부조직 등 다양한 이해관계자들의 행정참여가 활성화되고, 신뢰에 기반한 네트워크적 협력방식이 강조된다. 급변하는 환경에 신속히 대응하기 위해 전통 관료제(bureacarcy) 형태에서 벗어난 애드호크라시(adhocracy) 형태의 유연한 조직구조가 부각되며, 행정인에 대한 관리방식 역시 통제메커니즘이 아닌 변혁적 리더십과 개개인의 자율적 참여와 권한확대 및 성과를 강조하는 전략적 인적자원관리(Strategic Human Resource Management: SHRM)로 전환된다.

2. 정부관 변천

1) 작은 정부관의 지향

17~18세기 시민혁명과 산업혁명을 거쳐 등장한 19세기 근대 자유주의 국가에서는 시민의 자유로운 경제활동과 시장의 '보이지 않는 손(invisible hands)', 즉 가격기구에 의한 효율적 자원배분이 중요시되었다. 따라서 정부의 역할은 소극적 질서유지 등으로 국한되고 소위 '야경국가'라고 일컬어질 정도의 최소의 정부, 작은 정부관을 지향하였다.

2) 큰 정부관의 지향

그런데 19세기 중엽 이후 자본주의가 무르익으면서 노동자와 중소시민층의 경제활동이 활발해지고 이들의 정치적 참여까지도 활성화되는 등 공공부문의 수요가 증대되기 시작했다. 한편, 1918년 제1차 세계대전의 발발과 1939년 패전국인 독일의 폴란드 침공으로 시작된 제2차 세계대전 등을 겪으면서 유럽은 전쟁의 폐허와 경제위기에 직면하였고, 유럽과 달리 한동안 호황기를 겪던 미국 역시 1929년 10월 대공황을 맞게 된다. 이러한 시대적 배경 하에 애덤 스미스(A. Smith)식의 자유방임주의를 대신하여 케인스(J. M. Keynes)의 거시경제학과 적극적 정부개입, 규제강화 등이 강조된다. 당시 미국의 루스벨트(F. D. Roosevelt) 대통령을 비롯한 하버드 대학의 젊은 학자들과 미국 정부의 경제각료들은 영국 경제학자 케인스의 사상에 매료되어 정부의 적극적 역할을 강조했다. 예컨대, 테네시 강 개발사업처럼 정부가 재정지출을 확대해서 일자리를 창출하고, 사람들이 실제 물건을 살 수 있는 돈을 가지고 쓸 수 있게 해야 유효수요가 창출되고 경제가 살아난다고 믿었다. 따라서 이 시대에는 케인스주의가 자본주의를 지배함과 동시에 적극적이고 강한 정부관이 우세하였다. 한편, 제2차 세계대전 이후 우리나라를 포함한 아시아의 많은 신생독립국들은 행정부의 관료가 국가발전의 역군으로 앞장서면서 최소한 질적으로 강하고 큰 정부관을 곧바로 채택하게 되었다.

3) 작은 정부관의 재지향

그러나 호황을 누리던 세계경제는 1970년대 이후 이제까지와는 다른 양상의 위기를 맞게 되는데, 소위 스태그플레이션(stagflation)이라 하여 인플레이션과 경기침체가 함께 찾아온 것이다. 1973년 제1차 오일쇼크와 1979년 제2차 오일쇼크로 전 세계는 혼란에 휩싸이기 시작했다. 그간 케인스식의 정부주도의 수요진작 정책으로 호황을 누려오던 유럽 및 미국 경제는 난국에 처하였다. 1979년 영국 보수당의 집권으로 당찬 여성이었던 마거릿 대처(M. Thatcher)가 영국 수상이 되면서 '대처리즘(Thatcherism)'을 표방하였는데, 이는 하이에크(F. A. von Hayek)의 신자유주의적 철학을 담은 정책으로 큰 정부의 과도한 복지지출로 인한 낮은 생산성과 비효율 등 소위 '영국병'을 극복하고 애덤 스미스의 '보이지 않는 손'을 다시 부활시키려는 움직임이었다. 일찍이 하이에크는 1944년 『노예의 길(*The Road to Serfdom*)』에서 케인스와는 다른 시각에서 오히려 과도한 규제가 경제공황 등 위기를 초래하였다고 진단하고, 시간이 걸리더라도 시장의 조정능력을 신뢰해야 한다고 주장한 바 있다.

미국 역시 1981년 레이건(R. Reagon) 대통령의 당선으로 대처와 노선을 같이하는 '레이거노믹스(Reaganomics)'를 실행하면서 건실한 금융, 규제철폐, 적절한 세율, 제한적 정부지출 등 작은 정부를 지향하는 움직임을 보였다. 이러한 레이건 시대의 작은 정부정책 기조는 클린턴(B. Clinton) 행정부의 신공공관리주의 정책으로까지 이어졌다. 이러한 작은 정부관에 입각한 정부개혁 기조는 아시아 개발도상국에 이르기까지 전 세계적인 추세로 확산되었다. 신자유주의 기조 하에 미국과 영국을 중심으로 국가 간 경제적 상호의존도가 높아지고 교역이 자유로워지면서 글로벌 경제체제가 강조되었으며, 금융부문의 영향력이 확대되는 금융자본주의를 중심으로 세계화가 확산되었다.

4) 현대사회와 거버넌스

이러한 작은 정부의 기조 역시 생각보다 오랫동안 지속되지 못했다. 1994년 멕시코에서 시작된 금융위기가 태국, 말레이시아 등 동남아시아 등에 전염되고, 우리나라도 1997년 IMF라는 초유의 금융위기 사태를 겪은데 이어, 2008년 말부터 철옹성이라 생각했던 미국에 이어 2010년 유럽까지 금융위기로 휘청거리는 등 아무도 예측할 수 없었던 상황에 봉착했다. 풍요 속의 빈곤과 소득의 양극화 현상 등을 목격하면서 전 세계는 정부의 역할에 대해 또다시 깊은 고민과 논쟁에 빠지기 시작했다. 큰 정부를 옹호하는 케인스주의자들은 투기가 난무하는 자본시장에 정부의 지나친 규제완화가 금융괴물을 키웠다고 비판하는 한편, 작은 정부를 옹호하는 신자유주의자들은 자유시장이 아닌 정부의 잘못된 정책과 시장을 조작하려는 정치적인 힘이 문제의 원인이라고 반박하였다. 이제는 단순히 시장이 중심이 되는 작은 정부이냐 적극적인 행정국가를 특징으로 하는 큰 정부이냐의 이분법적인 사고에서 벗어나야 할 때라는 인식이 싹트기 시작했다. 불확실하고 급변하는 상황 속에서 정부도 시장도 혼자서는 복잡다기한 문제를 해결하기 역부족이며, 진정한 주인인 시민과 파트너십을 통해 국정을 모색해나가는 바람직한 정부의 역할을 진지하게 모색하기 시작한 것이다. 최근 강조되는 시민사회 참여와 신뢰에 기반한 정부－시장－시민사회의 파트너십을 강조하는 뉴거버넌스 역시 적정 규모와 역할을 수행하는 좋은 거버넌스를 찾기 위한 움직임의 하나인 것이다.

제 2 절 서구적 맥락에서 본 행정학의 발달과정

1. 유럽 행정학의 발달사

현대 행정학의 기원을 절대주의 국가체제 하에서 독일, 프랑스 등을 중심으로 발달한 유럽의 관방학에서 찾는 견해가 있다. 한편, 후술하게 될 근대 시민사회 이후 미국의 윌슨(W. Wilson) 행정학을 현대 행정학의 기원으로 보기도 한다(강용기, 2016: 81). 우선, 유럽의 독일, 프랑스 등에서 어떠한 역사적 배경 하에서 행정학이라는 학문이 태동하고 발전되었는지를 고찰해보기로 한다.

1) 관방학의 등장: 16~18C

16세기에서 18세기 말까지 독일과 오스트리아 등 유럽의 절대군주제 국가에서는 왕권신수설에 따라 왕권은 신으로부터 주어진 것으로, 왕은 신에 대해서만 책임을 지며, 일반국민은 이에 절대 복종하여야 한다는 정치사상이 자리 잡고 있었다. 왕권 강화와 부국강병을 위한 노력의 일환으로 행정에 대한 체계적 연구의 필요성이 대두되었다.

당시 행정체제는 정치와 행정이 미분화된 상태로 국가의 관리적 역할이 강조되었다. 특히, 당시 중상주의로 인해 경제적 번영을 누리던 영국과 프랑스와 달리 독일은 아직도 중세적 도시 경제의 수준에서 벗어나지 못한 채 후진국에 머물러 있었기 때문에 절대군주제와 중상주의를 서둘러 받아들이고 이를 견고히 뒷받침해 줄 학문 역시 필요로 하였다. 독일은 국내 정치, 경제, 사회적 번영을 위해 강력한 중앙집권적 절대군주제를 유지하고 왕실 및 국가운영에 소요되는 물적, 재정적 수요를 뒷받침할 포괄적이고 능률적인 행정체제가 필요했기 때문에 재정학이 학문의 중심이 되었으며, 경제학, 경찰학 등 여러 사회과학 학문내용이 미분화된 상태로 혼재되어 있는 일종의 종합학문으로서 관방학(Kammeralwissenschaft, Kameralismus, Cameralism)이 유행하였다. 1729년 프러시아의 대학 학위 과정에 관방학이라는 강좌가 설치되었다. 당시 관방학은 그 이름에서 알 수 있듯이 절대군주를 보좌하는 관방관리들에게 국가통치에 필요한 행정기술과 지식을 제공하고 왕실의 재정과 재산을 관리하기 위한 국가관리학문에 지나지 않았다고 할 수 있다. 관방학에서 다루어진 교육내용은 주로 정부의 공식적 기구와 기능을 서술하는 것이었고, 특히 정부관료의 업무와 행동윤리 등에 중점을 두었다(김태룡, 2015: 51).

독일에서 관방학을 통한 행정연구가 체계적으로 정착되기 시작한 것은 계몽군주(Enlightened Despot)로서 군주권을 기반으로 하는 인민 중심사상을 전개한 프리드리히 2세(Friedrich Ⅱ, 1740~1786) 때라고 볼 수 있다. 프랑스에서도 관방학적 행정연구가 시작되었으며, 대표적 학자로 들라마르(Delamare, 1639~1732)였다. 18C 말까지 유럽에는 여전히 절대주의적 권력국가 사상이 강하게 작용하였고, 이 시기의 관방학은 궁극적으로 절대적 왕권의 강화를 위한 수단으로 활용되었다(강용기, 2016:

85).

2) 계몽전제주의 영향과 관방학의 분화

18C 말에 접어들어 초기 왕권신수설에 기초한 재정학 중심의 관방학은 계몽전제주의의 영향으로 군주가 아닌 국가를 논의의 출발점으로 보면서 학문적으로 분화하게 된다(Rutguers, 1997). 경찰국가 체제의 정비와 함께 경찰학이 하나의 독립된 학문으로 분화하고, 정치학도 재정학에서 분리되어 나오게 된다. 경찰학은 국가재산 증대와 유지를 그 임무로 하였다면, 정치학은 국가재산 유지의 전제가 되는 대내·외적인 안전의 문제를 다루었다는 점에서 구분된다.

경찰학이 확산될 무렵 프랑스에서는 전제정치의 상징인 바스티유 감옥 습격사건과 프랑스혁명(1789~1799)이 전개되는 등 역사적 사건이 발생한다. 시민들이 그간의 절대군주제 시대에 자행된 통치자의 압제에 항거하고 민주사상을 바탕으로 시민의 자유를 보장하고 통치자에 대한 통제권을 확보하고자 하는 움직임이 일어나기 시작했다. 이러한 시대적 배경으로 절대군주제의 영향력이 쇠퇴하고 절대군주제를 옹호하기 위해 형성되었던 관방학 역시 그 빛을 잃어갈 수밖에 없었다. 이 시기 행정의 역할은 국가 전체의 재산을 유지·증진시키고 이를 통하여 공동복지와 행복(well being)을 실현하는 데 국한하였다. 시민의 요구에 의한 질서유지와 법집행을 강조하고 최소한의 국가개입과 작은 정부를 의미하는 소위 '야경국가'가 강조되었다.

3) 행정법학과 슈타인(L. von Stein)의 행정학: 18C 말~19C 후반

독일의 경우, 빌헬름 1세(Wilhelm Ⅰ, 1861~1888) 시기에 비스마르크(Otto E. L. von Bismarck)의 활약으로 독일의 통일(1871)이 진전되었으며, 19세기 후반 자연법적 사상과 법치국가 이념이 팽배하였다. 이에 관방학을 대신하여 행정을 법적으로 접근하려는 행정법학이 행정과학의 주역이 되었다. 몰(R. von Mohl)로 대표되는 행정법학의 등장은 국민의 대표기관인 의회가 제정한 법률에 의해 국민들의 자유와 권리를 보장하고 행정에 확고한 법적 제한을 설정하는 소위 시민적 법치국가 이념 확립에 기여하였다. 독일의 행정법학 전통은 우리나라를 비롯한 수많은 나라에 전파되었고, 오늘날에도 행정법이 행정학의 중요한 부분을 차지하고 있다.

프랑스의 경우도 독일과 같이 이 시기 관방학이 나폴레옹 시대를 거치면서 성문법 체계를 완성하는 행정법학 연구로 전환되고 발전하는 모습을 보인다. 18세기(1799년) 나폴레옹의 시대가 열리면서 군대식 행정체제와 강력한 중앙집권체제, 관료제의 기틀이 구축되고, 프랑스 민법의 원전으로 볼 수 있는 『나폴레옹법전』(1804)의 편찬 등 행정개혁이 이루어진다. 나폴레옹은 혁명의 자유사상을 전 유럽에 전파하며 현대사회의 사상적 기초를 제공하고, 80년 간의 제정시대를 거치면서 프랑스의 관료체제 정착에 기여하였다. 이러한 개혁에는 프랑스 관방학자이자 행정과학분야 개척자인 보냉(Charles Jean Bonnin)의 영향이 컸으며, 보냉이 발표한 '공공행정의 원리(principles ofpublic administration, 1812)'는 20세기 미국의 행정원리주의자와 유사한 시각을 가지고 있다.

한편, 당시 행정법학의 우세로 크게 각광을 받지는 못했지만 슈타인은 시민적 법치국가 구현을 위해 시민사회와의 관계에서 국가의 역할을 규명하는 것이 필요하다는 시민사회적인 행정학적 관점을 제시하였다. 슈타인은 국가와 구별되는 자기법칙적인 영역으로서의 사회를 구분함으로써 국가와 사회를 이원적으로 파악했다. 국가원리를 국가의사형성으로서의 헌정(Verfassung)과 국가활동으로서의 행정(Verwaltung)으로 구분하였다. 다시 말해, 헌정은 국가라는 유기체를 구성하는 개인이 국가의사결정에 참여하는 국가적 권리를 말하며, 행정은 국가를 구성하는 여러 기관에 의해 수행되는 국가적 활동을 의미한다. 헌정과 행정은 불가분의 상호의존관계에 있지만 각자 독자적 영역을 보유하고 있는 것으로 인식하였다. 슈타인의 행정학은 당시 독일의 정치적 후진성과 그의 사상의 취약성으로 합법성을 강조하는 독일의 행정법학에 압도당하여 각광을 받지는 못했다. 그러나 20세기 들어와 헌정의 형식성을 비판하는 소리가 높아지자 많은 행정학자들에 의해 슈타인의 행정학을 재인식하려는 기운이 일어났다.

슈타인의 행정학

19세기 말엽 독일 사회학자겸 법학자인 슈타인이 전통 관방학을 비판하고 헌정(정치 또는 입법)과 행정을 분리하여 행정학의 독자적 영역을 인정한 새로운 관점을 제시한다. 1988년 『행정학강요』(제3판)에서 총론을 행정조직, 행정명령, 행정법 3부로 나누고 있으며, 각론을 내무행정, 외무행정, 재무행정, 법무행정, 군무행정 등 다섯 가지 영역으로 구분하는 행정체계를 세웠다.

슈타인의 행정학이 당시 유행하던 행정법학과 차별화되는 점은 공법학에서 헌정이 절대 우위의 관계에 있다고 본 것과 달리, 헌정과 행정의 관계가 수평적이라고 보고 근대입헌제 국가에 내재하는 현실문제를 극복하려 했다는 점이다. 현실적으로 시민사회 지배계급에게 유리하게 작용되는 헌정원리에 저항하여 생겨나는 사회문제와 모순을 해결하는 것이 행정의 독자적인 기능임을 강조한다. 즉, 행정이 단순이 헌정의 하위과정이 아니라 헌정의 가치를 구체적으로 실현하는 과정에서 생기는 사회적 문제나 모순을 보완하는 기능을 수행한다는 점에서, 오히려 행정이 헌정보다 우월한 측면을 가진다고 주장하였고, 이러한 그의 관점은 현대 행정학에 보다 근접한다고 볼 수 있다.

2. 미국 행정학의 발달사

1) 미국 행정학의 사상적 기초

(1) 미국 행정학의 주요 사상

미국 행정학의 사상적 기초는 <표 3-1>에서 제시된 바와 같이 크게 다음 네 가지로 특징지어질 수 있다. 미국 역사 속에서 특히 해밀턴주의(Hamiltonianism)와 제퍼슨주의(Jeffersonianism)는 끊임없는 대립과 타협을 반복하여 왔다. 무릇 역사적, 시대적 배경 등 체제의 변화에 따라 자연스럽게 그 시대를 풍미하는 학문과 지배적 사상 역시 변화할 수 있다.

앞서 전 세계적으로 큰 정부와 작은 정부에 관한 사상, 즉 국가개입, 계획경제 등을 강조한 케인스주의와 시장의 자율성, 규제완화를 강조한 하이에크(F. A. von Hayek)의 신자유주의 사상이 끊임없이 대립과 타협을 반복하여 왔음을 살펴본 바 있다. 그럼 이제부터 미국 내에서 행정학의 사상적 기초와 그 변천을 조금 더 구체적

표 3-1 미국 행정학의 기초가 된 주요 사상들

사 상	해밀턴주의 (Hamiltonianism)	제퍼슨주의 (Jeffersonianism)	매디슨주의 (Madisonianism)	잭슨주의 (Jacksonianism)
우세 시기	제1, 2대 대통령 집권기	제3대 대통령	제4대 대통령	제7대 대통령
인물	Alexander Hamilton	Thomas Jefferson	James Madison	Andrew Jackson

핵심 주장	큰 정부론, 연방주의(Federalism), 중앙집권화 : 강력한 중앙집권에 의한 능률적 행정 강조	작은 정부론, 공화주의 (Republicanism) 자유주의, 분권주의 : 개인의 자유극대화, 분권적 참여 : 소박하고 단순한 정부, 최소의 행정이 최선의 정부	다원주의, 3권 분립, 다양한 이익집단 등에 의한 권력의 견제와 균형	민주주의 : 공직기회균등 : 공직경질제를 통한 민주주의 역설 (엽관제 주장)

으로 살펴본다.

첫째, 해밀턴주의(Hamiltonianism)는 건국 초기 미국 1789년 조지 워싱턴(George Washington) 초대 대통령 취임시절 초대 재무성장관을 역임한 해밀턴(Alexander Hamilton, 1755~1804)의 주장이다. 그는 미국의 각 주보다 국가 전체의 이익을 강조하는 연방주의자로서 연방정부 중심의 강력한 중앙집권과 적극적 정부의 역할, 행정관료의 전문화 및 능률적 행정을 지향하였다. 해밀턴주의는 1789년 워싱턴 초대 대통령 취임 이래 북부 연방파의 지지를 중심으로 12년 간 우세하였고, 건국 초기 미국정부 초석을 다지는 데 기여하였다. 그러나 이에 대해 불만이었던 남부 공화파의 담합으로 1800년 대통령 선거에서 제퍼슨이 당선되면서 해밀턴주의는 막을 내리고 대신에 제퍼슨주의가 우세하게 된다.

둘째, 제퍼슨주의(Jeffersonianism)는 미국 독립 선언서의 기초자(1776)이자 공화주의 이상을 전파한 미국 제3대 대통령 제퍼슨(Thomas Jefferson, 1743~1826, 대통

령 재임기간: 1801~1809)의 주장이다. 해밀턴이 취임하자마자 중앙정부의 권한을 대폭 강화하고, 중상주의(重商主義) 정책을 강력하게 추진해야 한다는 보고서를 내놓자 당시 국무장관이었던 제퍼슨은 "중앙정부보다는 주정부의 권한을 강화해야 하고, 중농주의(重農主義)를 채택해야 한다"고 반박하며 '논쟁의 불씨'를 당긴바 있다. 해밀턴은 주권론자(州權論者)로서 주정부 중심의 지방분권과 소박하고 단순한 정부를 지향하였으며 개인의 권리와 자유를 극대화하기 위한 최소한의 행정을 강조하였다.

셋째, 매디슨주의(Madisonianism)는 미국 건국의 아버지(Founding Fathers) 중 한 사람이자 제4대 대통령인 매디슨(James Madison, 1751~1836, 대통령 재임기간: 1809~1817)의 주장이다. 매디슨주의의 특징은 다양한 이익집단의 요구에 대한 조정을 위해 견제와 균형을 중시하였다는 점이며, 입법부, 사법부, 행정부 삼권의 분립을 통해 권력균형을 추구하는 다원주의(Pluralism)적 사상이라 볼 수 있다.

넷째, 잭슨주의(Jacksonianism)는 미국 제7대 대통령인 잭슨(Andrew Jackson, 1767~1845, 대통령 재임기간: 1829~1837)의 주장이다. 잭슨은 모든 관직에 대한 정치적 임명과 공직경질에 의한 민주주의(Democratism) 실현을 강조하였다. 그는 미국 군인으로서 1815년 뉴올리언스 전투에서 영국군과 싸워 대승한 바 있고, 귀족 출생이 아닌 최초의 미국 대통령으로 백인남자 보통선거제를 확립하였다. 또한 기존 엘리트 중심 공직배분 관행에서 벗어나 공직임용 기준을 선거에서의 기여도에 두는 제도, 즉 자신을 정치적으로 지지한 평민들도 공직을 담당할 수 있도록 임명하는 엽관주의(獵官主義)를 도입을 통해 기존 공직구조를 개혁한다는 소위 '잭슨 민주주의'를 제창하였다. 그러나 아이러니하게도 그는 인디언이나 흑인 등에 대한 인종차별주의자였다는 비판 역시 존재한다. 정작 잭슨 자신이 소유한 테네시 주 플랜테이션에는 100명 이상의 흑인 노예가 혹사당하고 있었고, 인디언 이주법의 제정과 서명(1830년 5월)으로 인디언을 머나먼 인디언 보호구역으로 강제 이주시킨 바 있기 때문이다.

미국 행정사상의 대립: 해밀턴주의(적극적 행정) vs 제퍼슨주의(최소의 행정)

건국 초기 미국은 무척 불안정했다. 모국인 영국 품을 박차고 나와 독립(1776년 7월)했지만 정치 · 경제 · 사회 모든 영역에서 안정되지 못했다. 하나의 독립 국가로 거듭나기에는 기존 13개 식민지 간 이해관계가 복잡했고, 프랑스 혁명에 따른 유럽 정세의 소용돌이는 신생 독립국이 대처하기에 녹록지 않은 과제였다. …(중략)…

알렉산더 해밀턴과 토머스 제퍼슨의 대결은 미국 건국 초기 정치적 갈등의 일번지였다. 해밀턴은 초대 재무장관을 역임했고, 제퍼슨은 국무장관을 역임했다. 두 사람은 신생 미국의 정체성과 그것을 지탱하는 이념이나 방법을 놓고 서로 극명하게 대립했다. 초기 미국은 두 사람 이름을 딴 '해밀턴주의' 대 '제퍼슨주의' 이데올로기의 전투장이었다.

해밀턴은 강한 힘(force)에 근거한 강성국가를 주창했다. 그는 강한 중앙정부, 강한 대통령 리더십을 바탕으로 이른 시일에 연방을 정치 · 경제 · 군사적으로 안정되고 강하게 정착하는 것을 정치의 최우선 목적으로 삼았다. 반면에, 제퍼슨은 자유(liberty)를 지키고 키우는 것이 연방의 가장 주요한 목적으로 여겼다. 그래서 중앙정부보다는 지방정부, 강한 군대보다는 최소한의 방위에 필요한 작은 군대, 상공업 진흥보다는 농업 진흥을 통해서 속도가 느리더라도 개인이나 주정부 자유를 훼손하지 않으면서 안정된 민주주의 국가를 세우는 것이 가장 중요하다고 믿었다.

해밀턴 대 제퍼슨의 대결에서 처음에는 해밀턴이 승리했다. 초대 대통령 조지 워싱턴은 해밀턴주의를 받아들였다. 제퍼슨은 국무장관직에서 스스로 물러났다. 제2대 대통령 존 애덤스도 해밀턴주의에 근거해서 정치력을 발휘했다. 미국은 초기 12년 동안 해밀턴의 북부 연방파가 득세했다. 제퍼슨과 남부 공화파의 불만은 높아갔다. 결국, 1800년 선거에서 남부 공화파는 담합해서 제퍼슨에게 몰표를 주었다. 제퍼슨의 당선으로 북부 연방파의 12년 집권이 마감되고 남부 공화파 집권이 시작되었다. 제퍼슨은 1800년 선거를 '1800년 혁명'이라고 했다. 남부 공화파는 철저한 연방파 척결을 외치며 복수의 이를 갈았고, 북부 연방파는 정치적 보복이 두려워 이를 떨었다. 하지만, 제퍼슨은 연방파 관료 상당수를 유임시켰고, 외교정책에서는 연방파의 중립주의를 그대로 받아들였다. 1800년 혁명의 '뒤끝'은 없었다. 누구도 사상적인 다름 때문에 기요틴(guillotine)의 형장으로 가지 않았다. 비슷한 시기에 혁명 노선을 놓고 벌인 프랑스 혁명 엘리트들 간 섬뜩한 피의 보복이 미국에서는 일어나지 않았다.

해밀턴주의 대 제퍼슨주의 대결은 제퍼슨 시대 이후에도 계속되었다. 미국사 전체를 크게 보면 이 두 이데올로기 대결의 연속이라고 할 수 있다. 미국의 양당 정치의 시작이나 보수와 진보 대결의 뿌리도 여기에서 연유한다. 미국은 초기 정치적 라이벌이었던 해밀턴과 제퍼슨의 다름에도 미국식 민주주의를 정착시켰다. 아니 다시 정정한다. 어쩌면 '다름에도 불구하고'가 아니라 그 '다름 때문에' 미국의 민주주의가 정착한지도 모른다.

<출처: 김봉중 전남대학교 사학과 교수의 '21세기 인문학: 다름을 인정한 제퍼슨의 뒤끝 없는 리더십', 매일경제, 2011.11.25.>

(2) 엽관주의와 실적주의

18세기 말 이후 미국은 제퍼슨-잭슨 철학이 유행하고 있었고, 행정관료 직위에 선거에서 승리한 자들이 정치적으로 임용되는 엽관주의(spoils system)의 팽배로 정치와 행정이 미분화된 상태였다. 19세기 후반 초기 산업사회에 접어들면서 급격한 산업화와 도시화가 진전되고 행정수요가 급증하였지만 엽관주의로 인해 임명된 무능한 관료들, 타락한 정당정치와 부패의 만연으로 능률적 행정을 기대할 수 없었다.

따라서 더 이상 작은 정부를 강조하는 제퍼슨주의를 고수할 수 없게 되었으며, 행정의 폐해를 극복하기 위한 일련의 진보주의 개혁운동(Progressive Movement)이 전개되었다. 1870년대 말엽부터 1890년대 걸쳐 진행된 진보주의 운동의 특징을 화이트(L. D. White)는 '공무원제도의 개혁(civil service reform)', '선거제도의 개혁(ballot reform)', '시정개혁(municipal reform)' 등 세 가지로 요약하였다.

미국은 행정의 능률성을 제고하고 연속성을 확보하고자 실적주의(merit system)에 기반한 '공무원제도의 개혁'의 일환으로, 1883년 소위 「펜들턴법(Pendleton Act)」을 제정한다. 동 법의 주요 내용은 공개시험에 의한 유능한 공무원의 임용, 독립성이 보장된 합의제 중앙인사위원회 설치(Federal Civil Service Commission: FCSC), 공무원의 정치적 중립성 확보 등이다. 또한 비민주적 지명을 배제하는 직접예선(direct primary) 방식과 비밀투표를 보장하는 '선거제도의 개혁'을 이루었고, 시민의식이 투철한 인사들을 중심으로 '시정개혁' 운동이 진행되었다.

남북전쟁 이후 엽관주의 쇠퇴와 실적주의 등장

미국 사회는 독립 이후 최대의 국가적 위기를 맞게 되는데, 남부와 북부 사이의 전쟁(1861~1865)이 그것이다. 초기에는 제퍼슨의 연방주의와 해밀턴의 분권주의 사상이 대립하였는데, 공업지대인 미국의 북부와 농업지대인 남부의 정치적 경제적 입장이 달라 1861년 에이브러햄 링컨(A. Lincoln)의 당선과 함께, 남북전쟁이 발발하게 되었다. 결국은 북부의 승리로 끝났고, 노예가 해방되었으며, 미국은 급격한 자본주의 발전의 단계로 진입하게 된다(이주영, 제5장). 남북전쟁을 겪으면서 미국 사회는 급격히 변화하고 산업자본주의화되었으며, 서부개척이 거의 완료되어 광대한 국가 영역이 설정되었다. 그러나 정치적으로는 잭슨 대통령 시대에 채택된 엽관주의 폐해가 극심하였고, 정치와 행정이 구분되어 존재해야 할 필요성이 적극적으로 대두되었다. 남북전쟁 이후 산업자본주의 발전으로 시장경제체제 아래서 국가행정은 이제 단순한 교양만으로 운영할 수 있는 것이 아니었다. 또한 엽관제 도입 이후 정치는 매관매직과 부패가 심해졌다. 이에 1870년대부터 시정개혁운동(municipal reform movement)이 전개되었고, 1881년에는 커티스(Curtis)를 총재로 하는 전국공무원개혁연맹이 조직되어 공무원 개혁운동이 광범위하게 전개되기도 하였다. 같은 해(1881) 대통령 선거 후 공직배분에 불만을 품은 청년에 의해 가필드(J. A. Garfield) 대통령이 암살된 사건은 공무원 제도 개혁에 직접적 계기를 마련해 주었다. 그 결과 1883년에는 「펜들턴법(Pendleton Act)」이 제정되고 행정의 정치적 중립과 실적주의 인사제도 기틀을 마련했다.

<출처: 강용기(2016). 행정의 역사 속에서 본 행정학의 기원: 유럽과 미국을 중심으로. 『한국자치행정학보』, 30(1): 90>

(3) 윌슨의 『행정의 연구』 이후의 현대 행정학 패러다임의 변천

윌슨의 『행정의 연구』(1887)

이러한 시대적 상황 하에서 미국의 제28대 대통령(1913~1921)을 역임하고, 오늘날 '미국 행정학의 아버지'라고도 불리우는 윌슨(W. Wilson)이 1887년 『행정의 연구(*The Study of Administration*)』라는 논문을 발표하게 된다. 이는 행정학이 정치학으로부터 독립된 분과학문으로 발전하고 정체성을 갖추는 계기를 제공하였기 때문에 현대 행정학의 출발로 간주된다. 윌슨은 정당정치로부터 자유로운 행정, 행정의 독자성과 자율성 확보, 관리와 경영의 영역에 국한한(The field of administration is a field of business) 행정을 주장하면서 '정치－행정 이원론'적 관점의 행정학을 성립시켰던 것이다. 윌슨은 "국가란 바로 행정의 양심이다(The idea of state is the state is the concience of administration)"라고 주장하고, 정부는 효율성이나 전문성을 갖추어야 한다고 보았는데,

이는 행정학이 정치학과 구별되고 차별화될 수 있는 중요한 가치이기도 했다. 윌슨은 국가의 이념을 실현하는 것은 행정의 임무라고 보았다. 당시 행정체제의 특징인 정치의 행정에 대한 우월성을 인정하면서 한편으로 정치의 정화와 행정의 능률을 동시에 달성하기 위해 정치와 분리된 행정의 고유 기술적 영역을 인정하고 정치의 부당한 개입을 막고, 각 영역에서의 충실한 역할 수행을 통해 유기체적 상생을 강조하였던 것이다. 행정과 경영을 동일시하였다는 비판에 직면하기도 했지만, 그의 사상은 국민의 여론을 중시하고 배울 것은 배우고 버릴 것은 버리자는 실용주의적 철학으로 동서양을 막론하고 또한 시대를 뛰어넘는 교훈을 준다.

이후에도 미국 행정학의 역사는 행정의 본질을 찾기 위한 꾸준하고 지속적인 노력으로 점철된다. 정치와 행정이 분리되어야 한다는 정치－행정 이원론과 정치와 행정이 분리될 수 없다는 정치－행정 일원론이 시계추적으로 반복되었다. 행정학 연구에

표 3-2 미국 주요 행정패러다임의 변천

패러다임 구분	시 기	행정체제의 특징 (정치–행정 간 관계)	주요 이론	대표적 학자
정통행정학의 발달	(1900~1930년대)	이원론	행정관리론 – 사무관리론 – 조직관리론 (행정원리론)	굿노(F. J. Goodnow), 화이트(L. D. White), 귤릭(L. Gulick)과 어윅(L. Urwick)
정통행정학에 대한 도전	(1930년대 후반~1940년대)	정치과학으로서의 행정 (일원론)	기능적 행정학	디목(M. E. Dimock), 애플비(P. H. Appleby)
		새이원론	'논리실증주의' '행정행태론'	사이먼(H. A. Simon)
행정학의 다원화 및 발전기	(1950~1960년대)	새일원론	비교행정론, 발전행정론, 신행정론	와이드너(E. W. Weidner), 가우스(J. M. Gaus), 리그스(F. W. Riggs)
		행정과학으로서의 행정 (새이원론의 발전)	관리과학, 정책과학	라스웰(H. D. Lasswell), 드로(Y. Dror)
행정학으로서의 행정학	(1970~1990년대)	정치–행정 이원론적 관점의 재해석	감축관리론, 신공공관리론, 행정재정립운동	스베러(J. H. Svra), 테리(L. D. Terry), 오스본(D. Osborne)과 개블러(T. Gaebler)
거버넌스로서의 행정학	(2000년대 이후)	정치–행정 일원론적 관점의 재해석	뉴거버넌스론	로즈(R. A W. Rhodes), 피터스(B. G. Peters) 등

있어서 그 시대의 행정체제를 반영하는 행정변수와 산출물의 변화 및 환류방식의 다양성 등으로 인해 행정의 본질을 정확히 들여다보기 위해 학문집단이 이용해야 할 이론적 틀(theoretical framework) 역시 변화하기 마련이다. 학문이 정상과학으로 성장하기 위해서는 학문집단 구성원들이 공통적으로 이해하고 공유하는 가치기준과 이론적 틀이 필요하며, 이를 우리는 '패러다임(paradigm)'이라고 부르기로 한다. 연대기적으로 그 시대에 유행했던 행정학의 주요 패러다임과 행정체제의 특징(정치와 행정의 관계 중심), 주요 이론 및 학자들을 <표 3-2>와 같이 정리하였다. 이하에서는 행정현상을 보는 렌즈가 시대마다 어떻게 변천되어왔는지를 살펴보면서 행정의 본질을 다시금 생각해보도록 한다.

2) 첫 번째 패러다임: 정통행정학의 발달(1900~1930년대)

(1) 행정체제의 특징

1894년 진보주의 운동의 하나인 시정개혁운동의 연합체인 전국도시연맹의 결성 이후 1906년 뉴욕시정조사국(New York Bureau of Municipal Research) 설립 및 1909년 뉴욕시정조사연구소 설립을 기반으로 좋은 정부 구현을 위한 실천적 방안의 모색이 이어졌다. 굿노(F. J. Goodnow)의 정치-행정 이원론적 사상을 반영하고, 당시 유행하던 테일러(F. W. Taylor)의 과학적 관리법을 정부운용에 적용하고 절약하고 능률적인 정부의 구현이 시도되었으며, 시정조사국이 공무원훈련원을 설립하는 등 행정학이 성장하는 계기가 되었다.

1880년대 이후 테일러가 주장해온 과학적 관리운동이 1911년 그의 저서 『과학적 관리의 제 원리(*The Principles of Scientific Management*)』로 완성되면서 테일러리즘(Taylorism)이 유행하였다. 테일러리즘은 산업혁명 이후 주먹구구식으로 이루어지던 공장생산 관리 관행을 타파하고 작업능률을 끌어올린 것은 물론이고, 당시 미국 정부에까지 큰 영향을 미쳤다.

한편, 테일러의 과학적 관리법이 지나치게 인간을 기계화하고 경영독재, 이익분배의 불공평을 가져온다는 혹독한 지적이 나오면서, 메이요(E. Mayo) 등 하버드 경영대학원 교수팀을 주축으로 서부 전력회사 호손 공장에서 공장의 생산성을 연구(1924

년과 1927~1932년)하여 이는 훗날 인간의 심리적 성격과 조직 내 비공식적 집단의 중요성, 사회적 관계를 강조하는 인간관계론을 태동시켰다. 그러나 인간의 존엄성, 자율성, 창의성을 존중하기보다 여전히 조직성과나 개인 생산성 제고가 주된 관심이라는 한계를 가진다.

(2) 행정이론의 발달사: '절약과 능률'을 강조한 행정, 정치–행정 이원론

굿노의 『정치와 행정』(1900)

윌슨이 행정학을 정치학과 독립된 분과 학문으로 발전할 수 있는 계기를 마련하였다면, 굿노는 1900년 『정치와 행정(*Politics and Administration*)』이라는 비교행정법적 시각의 저서를 통해서 "정치는 국가의 의지를 표명하고 행정은 이를 실천하는 것"이라고 정치와 구분되는 행정의 영역을 규정하며 행정학의 학문적 초석을 다졌다. 그는 행정을 정치의 영역에서뿐만 아니라 정책결정 과정으로부터도 분리시키고자 하면서 정치–행정 이원론을 체계화하였다. 굿노의 정치–행정 이원론적 시각과 테일러의 과학적 관리론이 고전적 조직이론과 접목되어 '행정관리론'이라는 정통행정학이 정립되었다. 당시 행정학은 경영학과 매우 유사한 성격을 띠었지만 과학적 연구에 기반한 시정개혁 활동이 추진되면서 행정학이 학문적으로 도약할 수 있었다.

화이트의 『행정연구입문』(1926)

1926년 화이트(L. D. White)는 미국 행정학의 최초 교과서라 불리우는 『행정연구입문(*Introduction to the Study of Public Administration*)』을 통해서 "정치는 행정의 영역을 침범할 수 없고, 행정이란 권력현상이 아니라 국가목적 달성을 위해 사람과 물자를 관리하는 일이라는 전제 하에 행정을 과학적으로 연구하기 위해 필연적으로 몰가치적인 과학이 되어야 한다"는 정치–행정 이원론의 입장이었다. 그러나 화이트는 이후 1948년 『행정연구입문』 개정판에서는 정치－행정 일원론으로 입장을 바꾸었다.

(3) 주요 이론과 학자

행정관리론은 과학적 관리론의 영향을 받아 '절약과 능률'에 입각한 행정관리 '원리'를 도출하는 데 초점을 둔다. 이는 다시 사무관리론과 조직관리론(행정원리론)이라는 두 가지 계보로 나누어질 수 있다. 사무관리론은 각종 행정사무표준화와 관련 제도의 합리적 설계를 강조하였고, 조직관리론은 능률적 조직관리활동에 적용될 수 있는 일반원리를 탐구한 것이다.

귤릭과 어윅의 『행정과학논집』(1937)

1937년 귤릭(L. Gulick)과 어윅(L. Urwick)은 『행정과학논집(*Papers on the Science of Administration*)』 중 '조직이론 소고(Notes on the theory of Orgarnization)' 파트에서 대표적인 조직설계의 원리로 부성화(부처편성)의 원리, 통솔범위의 원리, 분업과 조정의 원리 등을 제시하였으며, 동시에 고위관리자의 7단계 행정활동을 POSDCoRB로 제시하였다. 이는 Planning(기획), Orgarnizing(조직), Staffing(인사배치), Directing(지휘), Coordinating(조정), Reporting(보고), Budgeting(예산) 등을 의미한다.

테일러의 과학적 관리법과 성과급 제도

테일러는 미드베일 제강소에서의 경영경험을 바탕으로 작업현장의 시간과 동작연구(Time & Motion study)를 통한 과학적 관리로 일의 능률성을 극대화하고자 했다. 1911년 『과학적 관리법(*The Principles of Scientific Management*)』이라는 책을 편찬하였다. 그는 노동자들의 생산성이 낮은 것은 그들이 태만해서라기보다는 비과학적 직무분석과 성과급제도 표준의 부적절성때문이라고 보았다. 따라서 1일의 공정작업량인 과업을 결정하기 위해 시간연구(time study)를 수행하고, 노동자들의 작업을 기본동작으로 분해한 후 쓸모없는 동

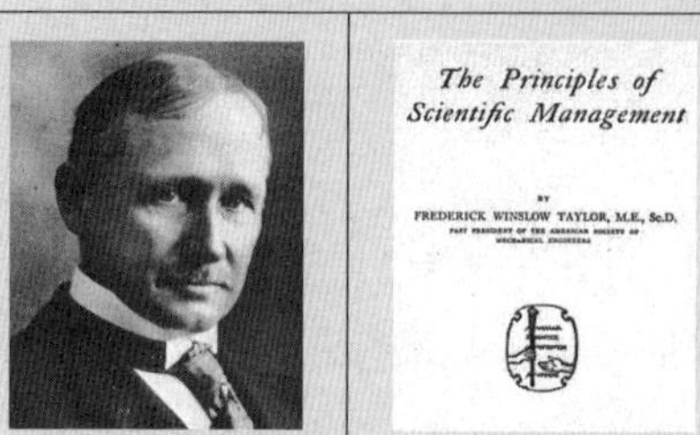

테일러의 『과학적 관리법』(1911)

작을 제거하고 각 동작별로 최선의 것을 찾아낸 후 스톱워치(stop watch)로 단위시간을 측정하였다. 제러미 리프킨(Jeremy Rifkin)은 "테일러는 직공의 세부적인 행동까지 조사함으로써 효율성 제고를 위해 어떤 행동을 고쳐야 하는지 권고할 수 있었다. 그에 따른 시간 절약은 종종 몇 분의 1초까지 측정되었다"고 묘사한다. 비인간적이고 물질 보상과 경쟁을 지나치게 강조한다는 비판에 직면하기도 하지만, 한편 정당한 노동에 대한 정당한 대가를 지불하고 작업의 생산성을 향상시키고자 했다는 평가도 있다. 테일러의 성과관리가 오늘날 성과급 제도 등 인사조직관리에 미친 지대한 영향은 간과할 수 없다.

호손실험과 인간관계론

메이요 교수와 호손 공장 실험

1924년에서 1939년 사이 시카고의 웨스턴 전기회사(Western Electric Company)의 호손 공장에서 수행되었던 일련의 실험을 말한다. 실험에 참가한 연구팀은 그 팀장인 하버드 대학교의 메이요(E. Mayo) 교수를 비롯하여 뢰슬리스버거(F. J. Roethlisberger) 교수, 서부전기회사의 사장 딕슨(W. J. Dickson) 등 여러 사람으로 구성되어 있었다. 실험의 목적은 작업방법의 개선과 표준화, 조명도, 휴식시간, 보상제도 등의 물리적인 조건들이 작업의 효율성에 미치는 영향을 조사하는 것이었으며, 통제집단(control group)과 실험집단(experimental group)으로 나누어 총 4단계에 걸쳐서 실험이 진행되었다.

1단계 조명실험(1924.11~1927.4)에서는 조명이 생산성에 미치는 효과를 측정하기 위한 실험이 진행되었는데, 실험집단뿐만 아니라 통제집단에서조차 작업성과가 향상되는 결과가 나왔다.

2단계 계전기 조립실험(1927.4~1929.6)에서는 6명의 여성으로 이루어진 계선기 작업조를 대상으로 하는 실험이 이루어졌는데, 노동조건의 개선, 휴식시간의 변화, 간식제공, 노동시간의 단축, 집단상여금 등의 물리적 조건의 조작이 산출량의 증가에 기여하는 것으로 관측되었으나, 실험이 끝난 후 작업조건을 원래 상태로 환원하였음에도 불구하고 산출량에 변화가 없었다.

3단계 면접실험(1928.9~1930.5)에서는 종업원들은 실험연구 과정에서 자신들이 관심을 받고 있다고 의식함으로써, 더 열심히 일하게 되었다고 답변하였으며, 집단의 사회적 조건이 작업의욕에 큰 영향을 미치는 것으로 밝혀졌다.

마지막으로, 4단계 배전기권선 관찰실험(1931.11~1932.5)에서는 상사, 동료와의 관계, 집단 내의 분위기, 비공식 집단(informal group) 등의 인간관계가 생산성 향상에 큰 기여를 하는 것으로 밝혀졌다.

<출처: 위키피디아 백과사전(https://ko.wikipedia.org)>

3) 두 번째 패러다임: 정통행정학에 대한 도전(1930~1940년대)

(1) 행정체제의 특징

1929년 10월 29일 미국은 경제대공황에 접어들고 1939년에는 제2차 세계대전의 발발로 전쟁의 폐허와 경제위기를 맞게 된다. 당시 루스벨트(F. D. Roosevelt) 대통령은 1776년 건국 이후 처음으로 겪는 이 심각한 경제위기를 극복하고자 뉴딜(New Deal)정책을 시행하게 된다. 루스벨트는 당시 케인스(J. M. Keynes)라는 경제학자의 '유효수요이론'을 수용하여 '테네시 강 유역 개발공사'를 비롯한 실업자 구호를 위한 대대적인 공공사업을 추진한다. 케인스는 대공황의 원인을 '유효수요', 즉 "사람들이 실제로 물건을 살 수 있는 돈을 가지고 물건을 구매하려는 욕구"가 부족하기 때문이라고 보았고, 시장에 맡겨두는 것이 아닌 정부가 적극적으로 개입하여 계획적 정책으로 가계와 기업을 움직여야 한다고 주장하였다. 뉴딜정책을 기조로 그간 내부 행정관리의 효율성에 초점을 두어왔던 정부는 이제 거시경제 및 사회문제 등의 치유를 위해 발벗고 나서기 시작했고, 정책수행의 주축이 되었던 미국 연방관료제의 규모 역시 확대되었다.

(2) 행정이론의 발달사: 정치-행정 일원론 및 정치-행정 새이원론의 등장

동시대에는 기존 정치-행정 이원론적 성격을 지닌 정통행정학 또는 주류행정학에 대한 반발이 시작되었다는 점이 특징이다. 이러한 도전과 반발은 서로 다른 논리와 시각을 가진 두 가지 흐름으로 진행되었는데, 우선 '정치-행정 일원론'의 성격을 지닌 정치과학으로서의 행정(기능적 행정학)이 그 하나이며, 다음으로 행정연구의 과학화를 주장한 '정치-행정 새이원론'의 등장이다. 전자는 정치-행정 이원론에 대한 정면적인 반박으로서 행정과 정치는 분리될 수 없다는 것이며, 후자는 정치와 행정의 분리는 인정하지만 과학적인 시각에서 볼 때 과연 행정에 원리같은 것이 있을 수 있느냐에 관한 의문의 제기였다.

(3) 주요 이론과 학자

첫 번째 흐름은 정치과학으로서의 행정을 강조한 '정치-행정 일원론'의 등장이다. 루스벨트의 뉴딜정책에 많은 행정학자들이 간여하게 되면서 필연적으로 행정의 정책형성 기능이 강화되고, 행정과 정치의 기능 및 관계에 대해 다시금 생각하는 계기가 되었다. 대표적으로 디목(M. E. Dimock)은 1936년 『행정의 개척선(*The Frontiers of Public Administration*)』에서 정치와 행정을 지나치게 분리하면 행정이 비현실적이 될 수 있음을 경고하였고, 애플비(P. H. Appleby)는 1949년 『정책과 행정(*Policy and Administration*)』에서 행정과 정책형성의 상호작용을 강조하였다. 즉, 정치와 행정이 분리될 수 없고 행정관도 입법자와 마찬가지로 공공정책의 수립과 우선순위를 설정하는 가운데, 정치적 가치판단을 할 수 있다는 '정치-행정 일원론'의 경향이 등장한 것이다.

두 번째 흐름은 '정치-행정 새이원론'의 등장이다. 사이먼(Simon, 1947)이 주장한 '논리실증주의'와 '행정행태론'이 대표적 이론이며, 정치와 행정이 분리될 수 없다는 점을 인정하고 행정연구의 과학화를 위해 행정연구영역을 가치(value)판단적 영역과 사실(fact)판단적 영역으로 구분하여 연구대상을 주관이 개입될 여지가 없는 사실판단적인 영역에 국한시켜야 한다고 주장했다. 이는 행정능률성 향상을 위해 정치로부터 행정의 독립을 주장했던 윌슨 시대의 '정치-행정 이원론'과는 또 다른 성격을 지니므로 '정치-행정 새이원론'이라고 명명한 것이다. 보통 자연과학에서 가설설정 및 데이터 분석 등 엄밀한 실증연구를 통해 검증가능성을 확보하는 노력을 '논리적 실증주의(logical positivism)'라고 표현한다면, 이를 행정연구에 적용한 것이 바로 사이먼의 '행정행태론'이라고 할 수 있다. 사이먼은 1947년 『행정행태론(*Administrative Behavior*)』에서 기존 정치-행정 이원론에서의 행정원리들, 특히 귤릭(L.

Gulick)의 POSDCoRB와 같은 원리들이 논리적으로 상호모순적 내용을 담은 행정의 격언(proverb)에 불과하고 실제 행정현실에 부적합함을 지적하고, 조직 내 인간행동에 대한 면밀한 관찰과 분석을 통해 다양한 행정행태를 포괄적으로 분석하는 체제론적 접근을 시도하여 비경제학자로서는 최초로 1979년 '노벨 경제학상'을 수상하기도 했다.

사이먼의 행정의 과학화에 대한 고민

사이먼의 『행정행태론』(1947)

사이먼은 그의 저서 『행정의 격언(*The Proverbs of Administration*)』(1946)과 『행정행태론(*Administrative Behavior*)』(1947)에서 종래 정치-행정 이원론자들이 내세우는 '행정의 원리'라는 것은 객관적으로 검증되지 않은 비과학적인 것이라고 신랄하게 비판하였다. 우리가 아는 속담을 예로 들어보자. "부지런한 물방아는 얼 새도 없다"는 속담과 "급할수록 돌아가라"는 속담은 서로 다소 모순되는 내용을 담고 있다. 시급한 상황에서 전자는 보다 더 열심히 일하라고 재촉한다면, 후자는 급할수록 조금 더 여유를 가지라고 조언하는 듯하다. 이처럼 격언이 이미 일어났던 행위 또는 결정된 행동을 정당화하기 위한 것이라면 이는 일상생활에서 일반적인 호소력을 가지거나 정치적 논쟁 또는 설득에 도움이 될 수는 있겠다. 사이먼은 이러한 원리들은 단순히 실용적인 도구들일 뿐 과학적 학문(science)이 아닌 기술(art)에 가깝다고 본 것이다.

4) 세 번째 패러다임: 행정학의 다원화 및 발전기(1950~1960년대)

(1) 행정체제의 특징

20세기 중반 이후 미국은 후기산업사회에 접어들어 경제활동 규제나 복지문제 등 국가가 주도하여 해결해야 할 필요성이 있는 많은 문제들에 직면하게 되었다. 특히, 1945년 제2차 세계대전 이후 미국을 비롯한 주요 선진국에서는 케인스식의 계획경제와 국가의 적극적 개입 및 행정관료의 역할이 강조되면서 정부부문이 팽창되었다.

그러나 1960년대 미국의 번영과 성장의 이면에는 베트남전쟁, 흑인폭동 등 사회적 불안요소가 잠재되어 있었다.

한편, 제2차 세계대전 이후 오랜 식민지 생활로부터 독립한 신생독립국가들이 처한 행정환경은 달랐다. 오랜 식민지 생활로 인해 정치 및 행정체제가 혼란한 시기였고 기본적인 국가기반시설 조차 갖추어지지 않은 궁핍한 상태였다. 더욱이, 세계대전 종식 이후에도 강대국인 미국의 자유주의 진영과 소련의 공산주의 이념이 대립하는 미소 냉전체제가 이어졌기 때문에, 미국은 국방예산을 증대하고 신생독립국들에 대한 국제원조 등 물질적 지원을 통해 공산주의 이념이 전파되는 것을 막으려고 노력했다.

(2) 행정이론의 발달사: 정치–행정 새일원론 등장과 행정과학으로서의 행정학 발전

동시기의 행정이론의 특징은 현실처방성, 실천성, 문제해결지향성 등 행정의 기술(art)성을 강조함과 동시에 행정학의 과학성과 일반행정이론을 개발하기 위한 노력들이 꾸준히 이어졌다는 점이다. 왈도(Waldo, 1984)는 특히 1960년대의 행정은 과학적 · 기술적으로 절정이었다고 회고한 바 있다. 1930~1940년대의 정치 – 행정 일원론이 정치우위를 인정한 상태에서 정치와 행정의 불가분의 관계를 강조한 것이라면 제2차 세계대전 이후 등장한 '정치 – 행정 새일원론'은 행정우위에 입각한 정치와 행정의 긴밀한 관계를 주장한 점에서 차이가 있다. 관료의 적극적 역할과 정책결정과정에의 개입을 강조하며, 나아가 선진국과 후진국 각국의 특성에 맞는 행정의 역할을 다시금 고민하는 계기를 부여하였다. 또한 관료제의 급팽창 속에서 민주주의와 행정윤리를 찾고자 하는 '신행정론'과 같은 더 발전된 움직임도 뒤를 이었다.

한편, 행정의 과학화를 통해 행정의 정체성을 찾고자 하는 노력도 활발히 나타났다. 이는 1930~1940년대 사이먼이 사회심리학적 기반 위에 논리실증주의와 행정행태주의를 통해 행정의 과학화를 꿈꾸었던 '정치 – 행정 새이원론'의 영향을 받은 것이었으나 일면 더 진보적인 것이었다. 행정학의 학제 간 연구(사회학, 인류학, 심리학, 경영학, 경제학 등)가 활발히 진행되어 학문의 다원화가 이루어졌으며, 관리과학의 영향으로 정책결정에 합리적 분석기법을 활용하여 후일 정책학의 발전에도 영향을 미치게 된다.

(3) 주요 이론과 학자

① 정치-행정 새일원론적 관점: 비교행정론, 발전행정론, 신행정론의 등장

1945년 제2차 세계대전 이후 신생독립국들은 식민지 생활에서 독립하여 국가적 기반을 정립해가는 과정에서 선진국으로부터 많은 원조를 받았을 뿐만 아니라 행정제도들을 배우고 도입하고자 하였다. 그러나 동일한 제도를 수용할 경우에도 각국의 역사적·문화적 배경 등 행정을 둘러싼 체제 내지 환경의 차이와 경험적 성숙도 차이로 인해 행정의 실제적 효과가 같게 나타날 리가 없었다. 이러한 선진국과 후진국의 서로 다른 행정현상의 비교에 관심을 갖고 연구하는 학문을 '비교행정론'이라고 일컫는다. 이는 다시 후진국이나 개발도상국의 낙후된 행정발전을 위해 서구식 제도의 무조건 도입이 아닌 또 다른 접근이 필요함을 강조한 '발전행정론'의 밑받침이 된다. 대표적 학자들로 와이드너(E. W. Weidner)와 같은 발전행정론자와 가우스(J. M. Gaus)와 리그스(F. W. Riggs) 등의 비교행정론자를 들 수 있다. 1961년 리그스는 『행정생태론(*The Ecology of Public Administration*)』에서 미국, 태국, 필리핀 세 나라의 행정을 비교하면서 행정을 둘러싼 환경의 중요성을 강조하는 생태적 접근방법을 적용한 바 있다.

한편, 이미 고도로 산업화된 선진국인 미국의 경우, 특히 1960년대부터 경제성장 이면에 숨겨진 빈부격차, 흑인차별 등 잠재된 문제들이 노정되기 시작한다. 왈도(D. Waldo)는 1960년대 미국이 직면한 정치환경의 격변과 소용돌이를 지켜보면서 자아성찰을 통한 행정개혁을 제창하기에 이르렀다. 1968년 9월 왈도를 포함한 소장학자와 실무가들이 미노브룩(Minnowbrook)에 모여 회의를 하였고, 이를 기반으로 신행정학 운동이 등장하게 된다. 기존 논리실증주의, 행태주의를 비판하며 현상학적 접근에 기초한 현실처방적 행정학을 강조하였다. 또한 행정의 능률지상주의에서 탈피하여 적실성(relevance), 시민참여 확대, 사회적 형평성 등의 가치에 관심을 가지기 시작하였다.

리그스가 제안한 프리즘적 사회

리그스(Riggs, 1964: 267－285)는 행정은 진공 속에서 이루어지지 않으며 사회문화적 환경의 산물이라고 말한다. 이러한 그의 관점은 그의 첫 저서 『행정의 생태주의』(1961)에 잘 녹아들어 있다. 미국의 행정조직을 마치 살아있는 유기체처럼 인식하고 이를 둘러싼 정치, 경제, 사회, 문화적 환경과의 상호작용에 초점을 맞춘다.

리그스에 의하면 전통적 농업사회는 '융합된, 미분화된 사회'이고 산업사회는 고도로 '분화된 사회'이며, 개발도상국들은 그 중간형태로서 개발도상국의 과도기적 현실에 적합한 모형이다. 외견적으로는 농업사회에 산업사회 모델을 이식하는 데 성공하였으나 개발도상국의 토착적 문화로 인해 정부가 내세우는 구호와 실제 현실이 다를 수 있고 표리부동하며 중첩된 모습을 보인다. 군부독재 시절 한국, 중진국에서 보이는 정경유착 현상 등은 프리즘 사회의 일면을 상징적으로 보여준다.

프리즘적 모형에서는 전통사회가 융합적 특성과 현대사회의 분화된 특성이 혼합된 행정이 이루어지는 곳을 살라(Sala, 스페인어로 '사랑방' 의미)라는 용어로 표현한다. 기득권의 손님이 되지 않는 한 주류 경제 및 정치체제의 장인 사랑방에 들어갈 수 없다. 농업(융합)사회에서는 기능이 미분화된 장소를 가정(home) 또는 조정(court)이라 부르며, 산업(분화)사회에서는 기능이 분화되어 전문화된 행정구조를 사무소(office), 관청(bureau) 등으로 부른다. 이 중간적 형태가 살라이며 관료의 행정재량이 높고 공식적 제도와 실체 행태가 괴리되는 특징을 가지며, 혈연, 지연, 학연 등에 따른 부패가 어느 정도 존재한다.

② 행정과학으로서의 행정: 관리과학과 정책과학의 비약적 발전

라스웰(H. D. Lasswell)은 「정책지향(The Policy Orientation)」(1951)이라는 논문을 통해 선도적으로 정책과학의 필요성을 강조하였으나 가치연구를 수반할 수밖에 없는 정책연구를 중시해야 한다는 그의 주장은, 1950년대 사회과학계를 지배한 행태주의 혁명으로 인해 크게 주목받지 못하였다.

이후 1956년 계간행정학자들 중심으로 소위 행정과학으로서의 행정학이 발달하기 시작하였다. 또한 1960년대 미국은 흑백갈등, 베트남 전쟁 및 반전운동 등으로 심각한 사회적 혼란에 휩싸였고, 가치중립적인 연구를 중시한 행태주의 연구는 현실 처방책을 제시하지 못한다는 비판과 한계에 직면했다. 이에 이스턴(D. Easton)은 행태주의 정치학에서 사용된 과학적 방법을 실제 정치문제에 적용해야 한다는 후기 행태주의(Post－Behavioralism)를 제창하였다.

이러한 사회적 배경 하에 1960년대 미국 행정학은 관리과학과 정책연구기법의 발전 및 정책학의 체계 형성 등이 비약적으로 발전하기 시작했다. 공공문제 해결을 위해 운영연구(Operational Research), 체제분석(System Analysis) 등의 기법이 도입되고, 실제 정부 영역에 적용되면서 행정학의 학문체계가 완성되었다(이종수 외, 2014: 63). 특히, 존슨(L. B. Johnson) 행정부가 시도했던 '위대한 사회 프로그램(Great Society Program)'은 주정부와 지방정부에 대한 대폭적 지원을 통해 정부의 역할을 증대시켰고, 관련된 정책성과평가 연구 등이 진행되면서 정책학의 학문체계가 형성되었다. 1967년 드로(Y. Dror)가 「정책분석가: 정부서비스 영역에서의 새로운 전문적 역할(Policy Analysis)」이라는 논문을 발표하면서 정책분석의 중요성이 다시 한 번 강조되었다.

라스웰과 정책학

라스웰(H. D. Lasswell)은 초기에 정책과학이라는 용어를 사용하여 "사회에서의 정책작성과정을 해명해, 정책문제에의 합리적 판단의 작성에 필요한 자료를 제공하는 과학"으로서 정의하였다. 즉, 1960년대 이전까지 제1, 2차 세계대전과 냉전대립, 원자폭탄의 개발, 이념과 인종문제로 촉발된 극단적인 사회적 갈등으로 인류 전체의 위기가 될 수 있는 상황 속에서 이러한 복잡한 이슈들을 정부정책이란 수단을 통해 보다 합리적으로 풀어가기 위해 기존의 정책과정이 소수의 정책결정자들의 이념 및 기호에 기인한 추상적인 가치판단에 따라 결정되었던 것에서 벗어나 이를 좀 더 체계화되고 객관화된 인식의 틀을 통해 당면한 정책문제를 신중하게 통찰해 봄으로써 정책의 방향성을 모두에게 이로운 올바른 방향으로 정책결과를 이끌고자 하였던 것이 라스웰의 의도였으며, 이를 위해 기존의 막연한 정책접근방법과 구분되는 신학문으로서 차별점을 두기 위해 '과학'을 사용한 것이다.

라스웰은 정책 연구의 중요성을 역설하였고 그의 논문 「정책지향(The Policy Orientation)」(1951)에서 정책연구를 ① 정책과정에 대한 경험적, 실증적 지식의 탐구와, ② 정책과정에 필요한 지식의 탐구로 규정하였고, 이러한 연구를 통해 정책과정의 합리성을 제고하여 궁극적으로 이것이 인간의 존엄성을 실현하는 데 기여할 수 있다고 주장하였다.

<출처: 나무위키 백과사전(https://namu.wiki/)>

5) 네 번째 패러다임: 행정학으로서의 행정학(1970~1990년대)

(1) 행정체제의 특징

1960년대 행정부문이 팽창하고 성장한 것과 대조적으로 1970년대에 들어서 미국은 정부의 능력에 대한 불신이 고조되고 혼돈의 소용돌이에 놓이게 된다. 존슨 행정부가 추진한 위대한 사회 프로그램의 실패, 베트남전(1956~1975)에서의 패배, 그리고 1972년 미국 제37대 대통령인 닉슨(Richard Milhous Nixon)이 재선을 위해 비밀공작반을 구성하여 민주당 워터게이트 빌딩에 도청장치를 설치하려다 발각되어 사임('워터게이트 사건')하는 등 일련의 사건들이 발생하였다. 더불어 1973년과 1979년 두 차례에 걸친 중동전쟁과 석유파동으로 재정위기가 가속화되고, 정부실패론이 등장하면서 행정학의 지적인 위기의식을 고조시켰으며 새로운 행정이론적 관점을 모색하게 되었다.

(2) 행정이론의 발달사: 정치–행정 이원론적 관점의 재해석

미국은 심각한 재정위기를 겪으면서, 특히 레이건 행정부는 소위 '레이거노믹스(Reagonomics)'라 불리는 시장중심적 경제정책에 따라 작은 정부, 정부 기능의 민영화, 공무원 인력감축 등 감축관리와 규제완화에 관한 논의를 활발히 진행하였다. 재정적자 속에서 비대해진 정부규모를 감축하고 어떻게 효율적으로 운용할지를 모색하게 되었다. 연방정부의 역할 축소와 동시에 주정부와 지방정부의 역할과 책임이 강조되었고, 이는 중앙–지방정부 간의 새로운 관계 연구로 이어졌다. 초기 정치–행정 이원론은 정치에의 예속으로부터 탈피한 행정의 능률성 제고를 모색하였고, 정치–행정 새이원론적 관점 하에서는 행정의 정책결정 기능을 인정하면서 행정의 과학화를 위한 노력이 있었다면, 동시대의 행정체제 하에서는 앞서 이원론과 새이원론적 특징이 동시에 보이는 듯하다. 예컨대, 신공공관리론의 경우 정통행정학에서 논의되었던 정치와 행정의 분리와 이원화를 강조하며 시장주의적 관리방식에 입각한 행정의 능률성 제고를 주요한 행정가치로 삼게 된다. 그러나 이에 대한 반발로 공공부문 본연의 가치를 잃지 않으려는 노력(행정재정립 운동)이나 고객중심 행정에 대한 고민(신공공관리론의 한계 극복) 역시 이루어졌다는 점에서 의의가 있다.

(3) 주요 이론과 학자

1970년대 후반 심각한 자원난과 재정위기 등으로 1980년대에는 신자유주의 또는 신보수주의 이념을 기반으로 하는 작은 정부론과 감축관리론이 유행하였으며, 1980년대 중반 이후에는 행정의 전문가주의를 강조한 정치-행정 이원론적 관점의 신공공관리론(New Public Management)이 등장하게 된다. 카터(J. Carter)와 레이건(R. Reagan) 행정부는 직업공무원의 재량권을 축소해나가고 공무원제도를 개혁하여 고급관리직 제도와 실적급 제도 등을 신설하였으며, 정치적 임명직 공무원의 수를 상대적으로 증가시켰다(김태룡, 2015: 137). 한편, 이러한 엽관주의적 인사 팽창 기조에 대한 반발로, 1990년대 초반에는 다시 직업공무원제를 옹호하는 운동이 일어나기도 했다. 행정의 효율성 제고를 위한 신공공관리적 개혁 가운데, 직업공무원제의 기반이 흔들리자 그 반발로 정부를 재창조하기보다 재발견하자는 행정재정립운동(re-founding movement)이 등장한 것이다. 스베러(J. H. Svra), 테리(L. D. Terry) 등의 학자들은 정치와 행정의 이원화를 통한 효율성 제고에서 나아가 정책과정에서의 적극적 공무원의 역할 등 공공부문의 가치를 재발견하고 되찾고자 노력하였다.

한편, 1992년 오스본(D. Osborne)과 개블러(T. Gaebler)는 공저인 『정부재창조(*Reinventing Government*)』를 통해 정부는 재창조되어야 하고, 공공서비스 공급에 있어서 정부가 독점할 것이 아니라 민간부문과 동등하게 경쟁해야 한다고 주장했다. 이는 단순히 정치-행정 이원론에서 강조한 효율성에서 한 걸음 더 나아가 고객중심의 행정을 강조하게 된 계기가 되었다.

'신공공관리론'의 공과 실

작은 국가, 공권력 개입의 최소화, 관료제의 경직성 타파…. 1980년대 초부터 서구 국가를 중심으로 공공부문 '혁신'을 추진하면서 떠오른 신공공관리론(New Public Management)의 모토다. …(중략)… 신공공관리론의 가장 열정적인 선구자는 마거릿 대처(M. Thatcher) 시절의 영국이다. '철의 여인'의 제1기 정부 시절 산업부 장관이던 조지프 키스(J. Keith)를 주축으로 한 몇몇 정치인과 경제연구소·정책연구센터 같은 일부 사설 싱크탱크의 지지에 힘입어(이들 기관 출신 연구자 몇몇은 1979년 보수당 승리 이후 내각에 기용되었다), 신공공관리론이 주창하는 논리 중 일부가 당시 성공적으로 추진되기도 했다.

국가 내 평가제와 계약제의 도입, 경쟁 촉진, 공공서비스 내 민간 경영기법 도입, 합리적인 재정지출, 중앙정치 권력의 강화와 공무원의 능력 확대 등을 주창한 신공공관리론은 대처(1979~1990)와 존 메이어(1990~1997) 집권 시기, 영국의 행정제도 개편과 새로운 시도에 확고한 방향을 제시해주었다. …(중략)…

오랫동안 토니 블레어(T. Blair)가 가장 좋아하는 사회학자라는 지위를 누렸던 앤서니 기든스(A. Giddens)는 2003년 "국가 개혁의 제3의 길이라는 아이디어에는 신공공관리론이 지대한 영향을 미쳤다"고 인정했다. 사실, 신노동당 집권기에 생겨난 다양한 위원회들은 공공서비스를 좀 더 민주적으로 평가할 수 있게 했다. 이런 기관들은 시민이 공공서비스의 품질관리에 참여할 수 있게 했는데, 이는 단순히 비용 중심이 아닌, 사회적·환경적·질적 평가에 대한 기준이 도입되는 계기가 되었다. 반면, "시장에 대항하는 자는 시장에 의해 제재당한다"는 시장의 기능에 대한 블레어파의 믿음은 '현대화'에 대한 지지세력 내에서조차 의견일치를 보지 못했던 부분이다. 그런 믿음은 여러 차례에 걸쳐 왜곡된 모습을 보여주었는데, 2002년 재정파탄에 이른 민간 철도기업에서 철도 시설을 구해낸 '국가 구출작전'(합리화라는 용어를 피하고자 이런 표현을 썼다)이 좋은 사례다.

신공공관리론은 토리당(보수당)의 선거 패배 속에서도 살아남았다. 2000년대 초반 신공공관리론은 오히려 더욱 보편화되었다. 노동당이 흔히 공무담당자들을 가리킬 때 썼던 '공무원', '행정관료', '실무자'라는 용어가 '지도자', '전략수립가', '계약인', '경영관리자', '구매자'라는 용어로 대체되는 현상을 주의깊게 봐야 한다. 정부 좌파의 주요 대변인들이 경영전문대학원식의 논리에 영향을 받아 성과평가와 투명성, 관리·감독의 중요성을 강조하는 것도 신공공관리론의 보편화를 여실히 드러낸다. 이런 방식은 중앙과 지방의 행정관료들이 자신의 행위와 결과를 끝없이 정당화하도록 몰아넣는다. 성과목표 및 성과지표의 상승과 이를 추구하도록 의사결정을 요구하는 것은 아니러니하게도 신공공관리론의 목표였던 관료 기능의 축소가 아닌 오히려 확대를 가져왔다.

<출처: 영국 '신공공관리론'의 함정 중 발췌, 제롬 투르나드르 플랑크(Jérôme Tournadre-Plancq), 프랑스 국립과학연구소, 르몽드 디플로마티크, 2009.12.3.>

6) 다섯 번째 패러다임: 거버넌스로서의 행정학(2000년대 이후)

(1) 행정체제의 특징

인터넷의 발달 등 정보화와 세계화, 시민의식 성숙과 행정서비스에 대한 관심 제고, WTO 자유무역체제의 출범으로 인한 무한경쟁의 시대에 접어들면서 더 이상 정부 혼자의 힘으로는 행정을 효율적이고 공정하게 운용하기 힘들어졌다. 전통적인 국가, 시장, 시민사회 간의 경계가 모호해지고 각 부문의 독자적 기능과 역할보다는 네트워크와 상생협력과 경쟁을 통해 공공문제를 해결하려는 민관협력거버넌스, 빅데이터 플랫폼 등을 활용한 차세대 데이터 거버넌스(예: 서울시 'S－data' 빅데이터 플랫폼 구축 시도)와 같은 새로운 국정운영 방식, 즉 뉴거버넌스(new governance)를 모색하기에 이르렀다.

(2) 행정이론의 발달사: 정치–행정 일원론적 관점의 재해석

앞서 네 번째 패러다임에서 정부실패를 극복하기 위한 신공공관리론적 개혁과 동시에 이에 대한 반발로 공공부문 본연의 가치를 재발견하고자 하는 노력이 동시에 진행되었다는 점에서 정치－행정 이원론적 관점이 재해석된 것으로 이해한 바 있다. 다섯 번째 패러다임 하에서도 역시 전통적 집권 정부의 기능적 한계를 인식하고, 이를 극복하고자 다양한 국정관리 방안을 모색하는 과정에서 기존 정치－행정 일원론적 관점이 재해석되고 발전된 시기라고 평가하고 싶다. 뉴거버넌스론에서는 정부와 시장 및 공동체 간의 관계를 재정립하고 상호신뢰와 협력에 기초한 네트워크를 강조하였고, 신공공서비스론에서는 고객을 시민으로 격상시키고 정부는 시민에 봉사하는 역할을 수행해야 함을 강조하였다. 정책참여자의 범위가 정부부문 외 민간 및 비영리단체 등 다양한 이해관계자들까지로 확대되고 공유된 리더십, 다면적 책임성 등이 강조된다. 따라서 정치와 행정은 불가분의 관계에 놓여 있음에도 기존의 정치－행정 일원론에서처럼 정치의 우위를 인정하거나 정치－행정 새일원론에서와 같이 행정영도론을 주장하지 않고, 수평적 네트워크상에서 파트너십을 통해 이어지는 관계를 중요시한다는 점에서 보다 진일보한 특징을 지니며 재해석이 필요한 부분이라고 본다.

최근 OECD(2020)는 "포용적 거버넌스의 개념: 핵심 메시지(The concept of inclusive governance: Key message)"라는 보고서에서 개방적이고 포용적 국가와 사회는 더 지속가능하고 번영할 수 있음을 강조하면서 동시에 공동의 가치, 공유정체성, 사회적 결속을 촉진하고 포괄적 거버넌스 프로세스를 효과적으로 지원하기 위한 다양한 규범적, 제도적 기반과 국가의 지원을 강조하였다. 미래사회에는 참여와 분권이 강조되고 지역사회 제도 규범과 행동의 구축, 민관이 긴밀한 협력이 강조될 것이다. 포용적 거버넌스에서는 참여, 분권, 협력이라는 민주적 가치가 강조되고, 이를 공정하게 중개하는 능력있고 스마트한 정부도 필수적이다. 미래사회의 국가는 상호 모순적이고 충돌하는 가치조차 조화롭게 해결하고 포용적 결론을 이끌어내기 위해서 정치와 행정의 양대 영역을 이해하고 지혜롭게 조율하기 위해 거버넌스 내 다양한 이해관계자들과 머리를 맞대야 할 것이다.

(3) 주요 이론과 학자

로즈(R. A. W. Rhodes), 오스본과 개블러 등의 논의가 있으나 여기서는 대표적 학자로 피터스(B. G. Peters)가 제시한 뉴거버넌스 정부개혁 모형을 살펴본다. 글로벌 거버넌스 분야의 최고 석학 중 한 명인 피터스는 "거버넌스란 steering(조향 또는 조정)이다"라고 간결하게 정의한다. 한 가지 방향과 목표를 향해 다양한 행위자들을 조율하고 인도하는 행위를 뜻한다. 피터스는 전통적 정부의 한계와 실패요인을 고민하고 이를 극복하는 해결책을 모색하였다. 그는 1995년 『국정관리의 미래: 떠오르는 네 가지 모형(*The Future of Governing: Four Models*)』에서 뉴거버넌스에 기초한 네 가지 정부개혁 모형을 제시하였다. 첫째, 시장적 정부모형으로 이는 관료의 독점성이 공공부문의 비효율의 원인이라고 보고, 분권화 수평적 형태의 조직구조, 성과급 등 시장유인적 관리기법, 구성원의 기업가적 창의성과 자율적 결정권을 중요시한다. 둘째, 참여정부 모형으로 상층부에 권한이 집중된 계층제를 전통적 정부모형의 한계로 보고, 권한위임, 분권적 의사결정 구조, 참여와 협의를 통한 정책결정 등을 강조한다. 셋째, 유연조직 모형으로 조직의 영속성을 정부혁신 저해의 원인으로 보고, 위원회, 태스크포스 등과 같은 임시조직, 계약직, 임시직 활용 등 유연한 인사관리를 시도하며 실험적 정책결정 방안을 모색한다. 넷째, 탈규제적 정부모형으로 내부규제를 정부혁신의 저해요인으로 보고, 관리상의 자율권과 재량권 확대, 기업가적 정부에 의한 정책결정 등을 강조한다. 나아가 피터스는 2005년 『복잡한 사회의 국정관리(*Governing Complex Society*)』에서 기존의 국정관리 모형을 조금 더 구체화하여 정부중심에서 시민사회 중심으로 무게중심이 옮겨가는 다섯 가지 모형(국가통제 모형, 국가중심 조합주의 모형, 사회중심 조합주의 모형, 자기조정 네트워크 모형)을 제시하였고, 이 중 자기조정 네트워크 모형을 '네크워크 거버넌스' 또는 '뉴거버넌스'

라고 부른다.

포용국가적 거버넌스란 무엇인가

우리나라는 1960년대 이후 국가 주도의 후발 산업화를 추진하면서 '선성장, 후분배'의 발전주의 국가로 성장, 국민총생산(GDP) 규모가 1.4조 달러에 달하는 세계 경제대국으로 부상하였다. 그 결과 21세기형 후기 산업사회 이행으로 발생한 문제와 더불어 전통적 의미의 복지국가 수준에 이르지 못하는 이중적 부담을 안고 있다. 일례로 한국의 지니계수는 0.355로 OECD 35개국 중 31위(소득재분배 이전 시장소득 지니계수는 0.406에 달함)에 불과하고, 우리나라 국민의 행복감을 나타내는 OECD 삶의 질 지표는 38개국 중 29위이다. 특히, 공동체, 환경, 건강, 안전, 일과 삶의 균형 등 경제성장 위주의 정부운영에서 정책적 우선순위에서 밀려나 있던 부문에서 매우 낮은 순위로 나타나고 있다. …(중략)…

최근 OECD 국가들을 중심으로 포용성, 포용성장을 반영하는 정책과 거버넌스에 대한 관심이 증가하고 있고, 초기 개발도상국의 성장과 관련하여 중시되었던 개념이었으나 최근 들어 대부분의 국가에서 소득격차 및 불평등 문제가 심화되면서 포용적 성장에 대한 논의가 확대되고 있다. 우리나라에서도 포괄적, 포용국가적 거버넌스가 강조되고 있는 이유 중 하나이다.

포용국가의 개념은 "국가구성원 간 다양성에 대한 이해와 존중을 바탕으로 경제·사회·정치적 기반을 구축하고(input), 이를 토대로 모든 국민의 참여와 개입을 확대하고 공평한 기회를 제공할 수 있는 제도와 절차를 만들어 시행함으로써(process), 국민·기업·시민사회의 역량이 강화되고, 이를 통해 창출된 결과물을 공유하여 삶의 질을 높일 수 있는 나라(output)로 정의될 수 있다.

OECD(2016)는 "포용적 성장 거버넌스"라는 보고서를 통해 포용성장, 포용적 정책을 실현할 수 있는 좋은(good) 거버넌스에 대한 설계와 방향성 및 정책수단, 그리고 거버넌스의 형태에 대한 논의를 수행하였다. 이와 관련해 중요하게 고려할 수 있는 모델이 "다중심거버넌스"이다. 특히, 포용국가의 주요 정책 대상자(행위자)인 개인, 기업·소상공인, 결사체들의 역량 강화를 바탕으로 촘촘한 네트워크가 구성되며 민주적 효율성을 달성함과 동시에 사회적 안전망 역할을 할 수 있는 거버넌스로서 다중심거버넌스가 구성될 필요가 있다. 이때 정부는 경제부문과 사회부문의 공정한 중재자·지원자로서 기능하는 것이다.

<출처: 포용국가 모델의 정립을 위한 제언, 김정해·조세현·윤영근·권향원 외, 한국행정연구원 이슈페이퍼 내용 중 발췌, 통권 73호, 2019.3>

제 3 절 한국 정부의 성장단계별 행정학의 발달사

이 절에서는 한국 정부의 성장단계별로 행정을 지배하는 주요 이념과 특징의 유사성을 기준으로 국가건설기, 경제발전기, 정치민주화기(모색기－유보기－도약기) 등 주요 단계별로 구분하여 설명하도록 한다. 각 성장단계별로 행정부를 중심으로 한 권력구조 등 행정체제의 특징을 살펴보고, 한국 행정이론의 발달사를 함께 고찰해본다. 주요 흐름을 요약하면 다음 <표 3－3>과 같다.

한국 정부가 처한 각 시대적 배경과 정치 · 사회 · 경제적 상황에 따라 행정이 1차적으로 수행해야 할 주된 임무와 목적을 중심으로 국가건설기, 경제성장기, 정치민주화기 등으로 구분하여 각 단계별로 시대적 배경, 행정부를 둘러싼 권력구조 등 한국 행정체제의 특징을 고찰하고 아울러 한국 행정이론의 발달사를 살펴보도록 한다. 한국 행정학의 과거와 현재의 성과 및 한계에 대한 진지한 고찰은 미래 한국 사회의 발전방향을 가늠하고 실천적 과제를 모색하는 중요한 토대가 될 것이다.

표 3-3 한국 행정의 변천 및 행정이론의 발달사

구 분		시 기	공화국	집권 대통령	행정학의 발달
국가건설기		1945~1970	제1공화국, 제2공화국	이승만(1948~1960) 윤보선(1960~1961)	근대 행정학의 태동
경제발전기		1970~1990	제3공화국, 제4공화국, 제5공화국	박정희(1962~1979) 전두환(1980~1987)	선진 행정이론의 도입, 모방, 그리고 토착화 논의
정치민주화기	모색기	1990~2010	제6공화국	노태우(1988~1992) 김영삼(1993~1997, 문민정부) 김대중(1998~2002, 국민의 정부) 노무현(2003~2007, 참여정부)	행정학 연구의 다양성 증대
	유보기	2010~2017		이명박(2008~2012) 박근혜(2013~2017)	행정학 연구의 외연확장 및 선진행정이론에 대한 비판적 관점 증가
	도약기	2017~현재		문재인(2017~현재)	

1. 국가건설기(1945~1961)의 행정: 이승만 · 장면 정권

1) 행정체제의 특징

(1) 시대적 배경

제1공화국인 이승만 대통령 집권기(1948~1960)와 제2공화국인 윤보선 대통령 집권기(1960~1961)는 1945년 대한민국 정부의 출범 이후 초대 대통령이 부임하고 국가건설과 발전의 기틀을 마련하기 위해 노력한 시기로 볼 수 있다.

1948년 5월 10일 유엔한국임시위원단의 감시 하에 남한만의 총선거를 통해 선출된 198명의 제헌의원들이 국회의 간접선거를 통해 초대 대통령에 이승만(임기 4년)을 부통령에 이시영을 선출하였다. 당시 남한은 1차 산업 중심이었으며 낙후된 경제를 회복하기 위해 미국 등 외국의 원조에 의존할 수밖에 없었다. 이승만 행정부는 1949년 6월 「농지개혁법」을 만들고 이듬해 농지개혁을 착수하여 강하게 추진하였으나, 1950년 한국전쟁의 발발로 이 역시 1950년대 중반까지 지연되었다. 이외 문맹퇴치사업과 대학교육의 확대 등을 통해 행정관료의 양성 · 배출에 기여한 바 있다.

(2) 행정부를 둘러싼 권력구조

이승만 행정부는 의원내각제적 요소를 가미한 대통령 중심제로 대통령이 행정부 수반으로서 집행권을 행사하고 있음에도 국무총리제도를 두는 이원적 구조였다. 당시 국회는 대통령 선출권과 국무총리 임명에 대한 인준권을 가졌으나 정부에 대한 불신임권은 가지지 못하였다. 반면, 대통령은 국무총리와 국무위원의 해임에 관한 권한을 보유하였고 국회에 대해 아무런 책임을 지지 않음에도 불구하고, 법률안 제출권, 국회출석 발언권 등 입법절차 참여권한을 폭넓게 보유하는 등 행정부의 권한이 입법부에 비해 상대적으로 매우 강하였음을 알 수 있다.

이승만 행정부 당시에는 2차에 걸쳐 헌법개정이 이루어졌는데, 모두 국민의 이익과는 무관하게 철저히 대통령 개인의 정치적 야욕에 의한 것이었다. 이승만 대통령은 국회에서 재선가능성이 없자 대통령 직선제 도입을 골자로 한 1차 개헌(소위 발췌개헌, 1952.7.7.)을 시행하였으며, 2차 개헌(소위 사사오입 개헌, 1954.11.27.)의 경우에도 초대 대통령의 3선 제한 철폐를 골자로 하고, 입법부와 사법부의 견제를 무력화시키는 내용으로 이루어져 권위주의적 행정의 전형을 보여주었다. 이외에도 3·15 부정선거 등 정치·행정적 부패와 정부관료의 무능력으로 인해 국민들의 분노가 극에 달하면서 학생, 지식인, 시민들이 4·19 혁명을 일으켜 이승만 정권의 퇴진을 요구하였다. 이렇듯 초대 대통령이었던 이승만 대통령은 불명예스럽게 하야하고 대한민국의 제2공화국이 탄생하게 된다.

제2공화국은 9개월에 불과한 단명정권이었으나 앞서 이승만 행정부에서와 같은 대통령 중심제의 병폐를 시정하고자 우리나라 역사상 유일하게 의원내각제를 채택하였다는 특징을 지닌다. 당시 윤보선 대통령이 집권하였으나 대통령의 권한은 미약하였고 실질적으로는 장면 총리가 국정을 담당하였다. 국회는 민의원과 참의원 양원으로 이루어졌고 대통령은 양원 합동회의에서 간접선거에 의해 선출되었다.

2) 행정이론의 발달사: 근대 행정학의 태동

당시 행정연구의 초점은 근대화와 국가발전을 위한 행정의 역할을 모색하는 것이었다. 그러나 서구에서와 같이 한국의 시대적 배경과 행정체제에 부응하는 독자적인 행정이론이 발달된 것이 아니고, 외국의 행정제도와 관행을 소개하고 배우면서 현실처방 내지 새로운 제도의 도입을 통한 행정개혁에 중점을 두었다고 볼 수 있다.

일반적으로 한국 행정학의 탄생시기를 1955년으로 추정하는 의견이 많다(권경득, 1996; 백완기, 2005; 김태룡, 2015). 미국 최초의 행정학 교과서(White, 1926)가 나온 지 29년 만인 1955년 한국에서도 행정학 교과서의 효시인 정인흥의 『행정학원론』이 출간되었다. 현대 행정학 연구의 메카(meca)인 미국에서 행정학회(American Society for Public Administration)가 창립된 지 불과 17년 후인 이듬해인 1956년 10월 국내 한국행정학회의 전신인 한국행정연구회가 출범했고, 이는 5년 뒤(1961년 1월 19일)에 한국행정학회로 개칭하여 오늘에 이르고 있다(윤재풍, 2006: 3, 정용덕, 2016: 2 재인용).

1955년 미국의 국제협력처(ICA)의 한국에 대한 기술원조사업의 일환으로 서울대 행정대학원과 중앙공무원교육원의 교수요원 후보자 11명이 선발되어 미국 미네소타대학교 교환프로그램에 참여할 수 있었다. 이들이 귀국하여 1959년 설립된 서울대

행정대학원에서 강의와 연구를 하며 미국 행정학을 전수하였는데, 과학적 관리론, 행정관리론, 인간관계론 등이 주를 이루었다고 한다(조석준, 1986).

이승만 행정부의 발췌개헌과 사사오입 개헌

1952년 발췌개헌(拔萃改憲)을 통하여 대통령 선거를 직선제로 함으로써, 이 해 8월 5일 실시된 대통령 선거로 이승만의 중임이 이루어졌다. 그러나 이에 만족하지 않고 계속 중임하기 위하여 헌법의 장애요소를 제거할 필요를 느낀 자유당과 이승만은 헌법상 대통령과 부통령의 임기는 4년으로 하고, 재선(再選)에 의하여 1차 중임할 수만 있을 뿐인 이 3선 금지 조항을 고치도록 하였다.

이에 따라서 자유당은 그와 같은 개헌의 복안을 가지고, 1954년 5월 20일에 실시되는 민의원 선거에 이를 찬성 · 추진한다는 서명을 받고 후보자를 공천하여 많은 당선자를 확보하였다.

표결 결과는 재적인원 203명, 재석인원 202명, 찬성 135표, 반대 60표, 기권 7표였다. 이것은 헌법개정에 필요한 의결정족수인 재적인원 203명의 3분의 2인 136표에 1표가 부족한 135표 찬성이므로, 부결된 것이어서 당시 사회자인 부의장 최순주(崔淳周)가 부결을 선포하였다.

그러나 자유당간부회는 재적인원 203명의 3분의 2는 135.333……인데, 영점 이하의 숫자는 1인이 되지 못하여 인격으로 취급할 수 없으므로 사사오입하면 135이고, 따라서 의결 정족수는 135이기 때문에 헌법개정안은 가결된 것이라고 주장하였다.

이들은 이 주장을 11월 28일의 자유당의원총회에서 채택하고, 다음날 야당의원이 퇴장한 가운데 번복가결동의안을 상정, 재석인원 125명 중 김두한 · 민관식(閔寬植) 2명을 제외한 123명의 동의로 통과시켰다. 국회는 곧바로 개정 헌법을 정부로 이송하고 정부가 당일 공포함으로써 이 헌법은 효력을 발생하였다. 그러나 이 헌법개정은 사실상 위헌(違憲)이었다. 즉, 다음과 같은 세 가지 근거에서 법리(法理)에 부합하지 못하고 있다.

첫째, 의결 정족수가 숫자상 135.333……이므로, 이것은 하나를 올려 136으로 보는 것이 타당한 것인데, 사사오입의 억지 논리를 전개, 의결 정족수가 135라고 해석하여 부결된 개정안을 가결로 한 것은 법리상 어긋난다. 이 때문에 사사오입 개헌이라는 불명예스러운 이름으로 불리게 되었다.

둘째, 이승만이라는 특정인에게만 대통령의 지위를 영구적으로 헌법적 보장을 하는 것이 결코 민주주의의 이념과 조화될 수가 없다.

셋째, 개헌안의 표결 결과에 대한 의장 또는 사회자의 의사 표시가 취소 또는 번복되는 것은 상당히 타당성 있는 근거 없이는 불가능한 것인데, 사사오입 개헌에는 그와 같은 타당한 근거 없이 행하여져 법이론상 맞지 않는다는 점이다.

<출처: 사사오입개헌[四捨五入改憲](한국민족문화대백과, 한국학중앙연구원)>

2. 경제성장기(1962~1988)의 행정: 박정희·전두환 정권

1) 행정체제의 특징

(1) 시대적 배경

경제발전기는 제3공화국, 제4공화국이 해당된다고 볼 수 있으며 박정희 대통령 집권기(1962~1979)이다. 유신헌법 등에 근거한 초유의 강력한 대통령과 행정부를 중심으로 한 경제발전전략으로 한강의 기적이라 일컬어질 만큼 고도의 경제성장을 이룬 시기이다. 권위주의적 권력구조를 기반으로 '경제개발5개년계획'을 추진하였으며, 선진국의 기업으로부터 개발계획이나 제품개발 등을 모방하고 수출지향적 경제전략을 통해 산업을 육성하고 발전시켰다. 또한 경부고속도로 등 국가기간시설을 구축했으며 1970~1980년대 연평균 10% 이상의 기록적인 경제성장을 이루었다. 특히, 박정희 행정부에서는 관료, 지식인, 직장인 등 모든 국민이 "잘 살아보자"는 구호를 외치며 '근면, 자조, 협동'의 새마을 운동 정신으로 무장되어 하루 24시간이 부족할 정도로 업무에서 손을 놓지 않고 일하였다.

그러나 10·26 사태로 박정희 대통령이 중앙정보부장 김재규에 의해 피살되면서 최규하 과도정부가 들어서게 되었고, 머지않아 12·12 군사쿠테타를 통해 전두환 대통령이 집권을 하게 된다. 제5공화국(1980~1987)의 전두환 행정부에서 새마을 운동은 퇴색하였으나, 1962년 박정희 행정부에서부터 시작한 총 제6차에 걸친 '경제개발5개년계획'은 지속되어 1991년 완료되면서, 1990년대 초반에 한국은 경제적인 측면에서 선진대국의 반열에 올라서게 되었다.

(2) 행정부를 둘러싼 권력구조

제3공화국(1962~1972) 헌법은 제2공화국의 의원내각제적 정부의 불안정성에 대한 반동으로 강력한 대통령제적 요소를 담고 있다(하태권 외, 2008). 당시 행정부는 정당국가적 성격을 강하게 지녔는데 대통령은 정당의 당수를 겸할 수 있었고, 국회의원이 당적이탈 시에 국회의원 자격을 상실하도록 하는 규정을 통해 대통령은 정당을 통해 국회를 지배할 수 있었다. 제4공화국(1972~1979) 역시 대통령을 중심으로 한 행정부의 막강한 권한이 특징적이다. 1972년 국가안보위기를 극복한다는 명분으로 초헌법적인 조직단행과 국회해산, 비상계엄을 통한 3권 장악 등 소위 '10월 유신'을 단행하였고, 이로서 구성된 제4공화국은 입법권과 사법권을 대통령 산하로 귀속시킨 헌정사상 가장 강력한 대통령제였다.

제5공화국(1980~1987) 헌법은 국민들의 민주의식 고조에 대한 의식과 지나친 권력집중에 대한 반성을 통해 대통령제와 의원내각제적 요소를 내포하고 대통령의 권한을 분산시키려는 노력이 일부 반영되어 있다. 그러나 실질적으로 권위주의적 행정부 중심의 권력구조는 여전히 유지되었다.

이 시기에 '민주공화국'이라는 용어는 서구 공화주의 발전사에서 강조되고, 우리 건국헌법에서부터 강조된 주권재민(主權在民), 시민적 덕성의 강조 등의 내용과는 다소 변질되어 사용되었다. 박정희 정부 및 집권세력은 당시 한국적 민주주의, 민주주의의 토착화라는 용어를 특히 강조하였으나, 실질적 민주공화국의 이념과는 거리가 멀었고 부국강병을 표방하는 자신들의 목표에 국민을 동원하는 맥락에서 국민정신과 태도를 강조하였다(이영록, 2010: 71).

2) 행정이론의 발달사: 선진 행정이론의 도입, 모방, 그리고 토착화 논의

1960년 박정희 행정부는 '경제개발5개년계획'을 수립하고 효율적으로 집행하기 위해 현대적 기획이나 관리기법의 습득 등 관리론 중심의 행정학을 강조하였다. 이에 따라, 미국에서 관리론 중심의 행정학을 공부한 1세대 행정학자들을 중심으로 행정학이 도입·확산되었다(김태룡, 2015: 159). 경제발전의 주역인 유능한 공무원을 양성하고자 하는 정부의 관심 속에 전국 각 대학에 행정학과가 설치되고, 행정학원론 교과서들이 많이 출간되면서 한국 행정학의 학문적 발전과 확산의 계기가 마련되었다. 비교행정론, 발전행정론에 대한 논의와 연구가 이루어기도 했으나, 경제발전기 행정부가 산업화를 추진하면서 시행착오를 최소화하고 신속한 과업성취를 위해 선진국에서 이미 검증된 계획이나 기술 등을 도입·모방하고 따라가는 데(catch-up) 급급하여 행정이론의 본질과는 다소 괴리된 행정행태를 보였다. 한국에 행정학이 양적으로 확산되는 속도에 비해 한국의 시대적 상황이나 현실에 맞는 토착화된 한국 행정이론의 개발은 부진했다. 그럼에도 불구하고 경제발전기의 행정부 하에서 짧은 시기에 미국 행정이론의 도입과 모방 나아가 전문행정인 양성교육에 역량을 쏟고 노력하여 한국에 행정학을 확산하는 데 기여했다는 점에 의의가 있다.

1970년대와 1980년대에는 1960년대 노력을 기반으로 한국 행정현실에 맞는 행정학의 토착화에 관심을 갖고 관련 연구들이 시도되었다(강신택, 1971; 박동서, 1972; 이종범, 1977; 조석준, 1980; 김번웅, 1987). 또한 미국의 건국 초기 유행했던 행정관리론 중심의 행정이론 습득에서 벗어나 신행정학이나 정책분석평가론, 정치경제학적 관점의 연구가 진행되고 방법론적 측면에서도 계량적, 실증적 접근방법을 사용한 연구들이 등장하였다. 특히, 1980년대에 들어와서는 정부주도 경제정책에 대한 재평가가 이루어지고 경제규제 완화와 민영화 연구가 본격화되었으며, 행정개혁을 추진하는 과정에서 행정 기능의 분화와 통합을 위한 조직화, 실적주의 직업공무원제, 근대적인 예산회계 제도 및 절차 등에 대한 이론 소개 등 행정학의 근대화가 시도되었다(정용덕, 2016: 4). 또한 지방행정, 지방재정, 행정정보화 등 행정학 연구 주제 및 범위 등 외연이 확장되었다.

박정희 대통령의 새마을 정신에 대한 연설문 중 일부

'새마을 가꾸기 운동'의 정신을 나는 최근에 '새마을 정신'이라고 그럽니다. '새마을 정신'이란 무엇이냐? 자조와 자립과 협동정신입니다. 내가 항시 입이 닳도록 국민들에게 당부하는 이야기지만, 특히 우리 농민들은 잘 살아보겠다는 의욕이 있어야 되겠다. 내 힘으로 잘 살아 봐야 되겠다. 내가 남보다 더 노력해서 한 번 잘 살아보자는 자조정신, 또 남한테 의지하거나 의지할 생각을 하지 않고 내 힘을 가지고 해보겠다는 자립정신, 또 한 동네에 있어서는 온 동네 사람들이 서로 단결하고 협동해나가는 협동정신, 이러한 정신이 갖추어지게 되면 우리 농촌은 불과 몇 년 이내에 완전히 일어납니다. 다른 나라 어느 농촌에 비해 보더라도 조금도 손색이 없고 부끄럽지 않은 그런 농촌이 될 수 있다고 나는 자신합니다(1971.9.29. '벼 베기 대회 치사').

> 쉽게 말하자면, 새마을 운동이란 잘 살기 운동이다. 우리가 잘 살기 위해서 하는 운동이다…… 새마을 운동은 정신계발 운동이요, 정신혁명 운동이요, 행동철학이다…… 새마을 운동은 반드시 농민들의 자발적인 운동으로 계도되어야 한다(1972.5.18. '새마을 소득 증대 촉진대회 치사').
>
> <출처: 이대희(2013: 102), 『한국발전모형』, 조명출판사>

3. 정치민주화기의 행정(1988~현재)

1) 정치민주화 도입기(1988~2008): 노태우 · 김영삼 · 김대중 · 노무현 정권

(1) 행정체제의 특징

1987년 10월 27일 6 · 10 민주항쟁을 계기로 국민투표를 통해 대통령 직선제를 골자로 한 제6공화국(1988~1992) 헌법이 제정되었다. 문재인 정부에 들어서 헌법 개정논의가 다시 있었으나 정치민주화기에 도입한 이후 현재까지 헌법은 역대 정권에서처럼 정치적 야욕에 의해 개헌되지 않고 비교적 안정적으로 유지되었다.

6 · 29 민주화 선언 이후 치러진 1987년 대선과 1988년 총선은 흔히 정초선거(foundation election)로 일컬어질 만큼 민주화 이행의 첫 단추가 되고, 한국 정치사에 상징적 중요성을 갖는 분기점이었다(곽송연, 2018: 50). 제6공화국의 신헌법은 대통령을 국민이 직접 선출하도록 하고 임기 5년과 중임제한 규정을 두었으며, 국가권력을 행정부, 입법부, 사법부의 삼권으로 엄격하게 분립하고 상호간 견제와 균형기능을 강화하였다. 또한 그간 대통령에 대한 지나친 권력집중의 폐단을 없애고자 대통령의 비상조치권을 폐지하는 등 국가긴급권의 남용을 방지하였다.

노태우 대통령(1988~1992)의 집권으로부터 시작하여 김영삼 대통령(1993~1997)의 문민정부, 김대중 대통령(1998~2002)의 국민의 정부, 노무현 대통령(2003~2007)의 참여정부에 이르기까지 정치, 경제, 사회, 문화의 전 영역에서 역대 정권과 구분되는 민주화의 진전이 있었다. 학생시위도 줄고 이익집단의 요구 등 국민들의 정책참여도 활발해졌으며 부패척결, 정치개혁, 하나회 숙정을 통한 군개혁, 김영삼 정부가 의욕적으로 추진한 '역사바로 세우기 작업' 등이 그 사례라고 할 수 있다. 특히, 노무현 정부에 이르러서는 절차적 수준의 민주주의는 완성되었다는 전제에서 '복지정부', '진보의 정부'로 상징되는 사회경제적 수준의 민주주의의 단계로 나아가는 길목에 있음을 강조하였고, 대통령 대국민 담화문 등을 통해 확인할 수 있다(곽송연, 2018: 66).

(2) 행정이론의 발달사: 행정학 연구의 다양성 증대

6·29 민주화 선언 이후 국민들의 그간 누적된 행정에 대한 불만이 노정되고, 1992년 지방자치의 실시로 풀뿌리 민주주의가 강조되면서 상향식 정책결정이나 이해관계자들의 국정참여가 강조되었다. 정치민주화기의 시대가 열리면서 행정이론은 정부권력의 재구조화와 지방화, 시민단체를 중심으로 한 거버넌스의 연구 등에 초점을 맞추고 있다. 1990년대 이후 대통령론, 신제도론, 신공공관리론, 뉴거버넌스론 등 다양한 행정이론의 수용과 연구경향을 보인다. 1990년대 말 이후부터는 신공공관리론, 뉴거버넌스론과 같은 탈(脫)관료제이론을 실무적으로 수용하여 행정절차법, 공직자재산등록제, 정보공개법 등 투명성 입법, 정부성과평가, 규제완화개혁 등에 기여했고(정용덕, 2016: 4), 정보통신기술의 빠른 수용으로 전자정부 부문에서 가히 선진국의 가도를 달려왔다고도 평가된다. 특히, 1997년 경제위기로 인해 IMF 관리체제에 들어서면서 김대중 행정부는 시장의 효율성을 강조하는 신공공관리론을 적극 수용하고 작은 정부 구현을 위한 행정개혁을 시도한 바 있다.

2) 정치민주화 과도기(2008~2017)의 행정: 이명박·박근혜 정권

(1) 행정체제의 특징

우선, 시대적 배경을 살펴보면, 이명박 대통령(2008~2012)과 박근혜 대통령의 집권기(2013~2017)에 해당한다. 이명박 행정부는 금융위기를 비교적 안정적으로 극복하였다는 평가를 받았고, '성장이 최고의 복지다'라는 구호 하에 각종 기업활동 규제와 공기업 개혁 등 신자유주의적 경제 운용, 4대강 정비사업 등 국가자본주의적 정책을 수행하였다. 한국 경제는 선진국의 궤도에 오른 듯했지만, 실상 성장률에만 집중한 나머지 경제력 집중과 양극화와 불균형은 심화되었으며 경제 및 정치 민주화는 더욱 요원해졌다. 한국 경제의 주력 산업이었던 조선, 해운, 철강부문의 쇠퇴와 높은 실업률, 저성장 기조 하에서 몸살을 앓기 시작했다.

동시기를 정치민주화기 중에서도 과도기로 본 가장 큰 이유는 여전히 대통령 중심의 막강한 권력구조의 늪에서 크게 벗어나지 못하고 오히려 경제발전 구호에도 불구하고 시장기능은 후퇴하고 지나친 정부개입으로 1960~1970년대 관리경제체제로 회귀하는 모습과 정치민주화가 유보되는 모습을 보였기 때문이다.

특히, 2017년 3월 10일 헌법재판소의 박근혜 전 대통령 탄핵사건은 대내·외적으로 큰 충격과 혼란을 가져왔다. 한편, 정치민주화기에 들어서 당연히 실현되고 있다고 믿었던 대한민국 헌법상 규정된 법치주의와 민주주의의 본질을 되새겨보고 한국 행정부가 자성하는 계기로 작용한 것도 사실이다.

1948년 제헌헌법부터 대통령을 비롯한 고위공직자에 대한 탄핵 관련 규정이 존재하였다. 또한 국회에서 여러 건의 탄핵 발의가 있었으나 실제 탄핵소추 의결까지 이루어진 경우는 없었는데, 2004년 3월 국회에서 노무현 전 대통령에 대한 탄핵소추 의결된 바 있고 헌법재판소에서 심판청구를 기각하였다. 그러나 2017년 박근혜 전 대통령 탄핵사건은 청구인 국회가 국민주권주의 위반을 비롯하여 대의민주주의, 법치주의와 같은 헌법원칙 위반, 직업공무원제도와 같은 제도적 보장 위반, 언론의 자유와 같은 기본권 침해, 세월호 관련 생명권 보호의무 위반 등의 광범위한 헌법적인 쟁점들을 탄핵사유로 삼았다. 헌법재판소는 대통령을 파면하는 탄핵심판 인용결정을 내렸는 바(2016헌나1), 결정이유를 보면 헌법재판소는 '사인의 국정개입 허용과 대통령 권한 남용'과 관련하여, ① 공익실현의무 위반, ② 기업의 자유와 재산권 침해, ③ 비밀엄수의무 위배를 인정했다(김진욱, 2019: 3).

이러한 정치민주화 과도기적 시기를 겪었음에도 불구하고 분명한 점은 생존의 문제로 고심했던 경제발전기의 한국 정부의 모습과 당대 행정부의 모습은 다르다는 것이다. 경제민주화를 통한 부의 재분배, 사회구성원들이 최소한의 인간다운 삶과 행복을 보장받는 문화와 복지정책 등에 대한 국민들의 관심이 고조되었다. 행정부는 정부 3.0 추진사례와 같이 상징적일 뿐이라는 비판에도 불구하고, 역대 정권에 비해 국민들과의 소통과 참여, 개방 등 정치민주화 실현을 위한 기반 및 인프라 구축을 시도하고 노력한 점에서 의의가 있다.

(2) 행정이론의 발달사: 행정학 연구의 외연 확장

동시기의 행정연구는 전통적 행정관리 중심의 접근이 아닌 공동사회 구현을 위한 새로운 국정운영 방식과 과정 등에 초점을 둔다. 정책네트워크, 탈관료제, 작은 정부, 시민사회와 비영리조직(NGO), 일과 삶의 균형 등 새로운 행정학 영역에 관한 논의가 이루어지기 시작했다. 또한 거버넌스가 강조되면서 관련 연구가 진행되는 등 행정학 연구의 다양성이 증대되고 그 외연이 더욱 확장되는 특징을 보인다.

3) 정치민주화 도약기(2017~현재)의 행정: 문재인 정권

(1) 행정체제의 특징

2017년 5월 10일 대한민국의 제19대 문재인 대통령이 취임하였으며 간소한 취임 행사를 국회에서 진행하였으나 대통령은 취임선서에 "한 번도 경험하지 못한 나라를 만들겠다"고 말했다. 현 정권의 공약은 5대 국정목표, 20대 국정전략, 100대 국정과제(487개 실천과제)로 구성되었으며, 국정 방향을 대표하는 핵심 키워드로는 포용, 공정, 협치와 소통, 개혁과 변화 등을 들 수 있다. 국가건설 및 경제성장에만 전력하던 시기를 뛰어넘어 경제적, 사회적 가치의 조화를 추구하기 시작하고, 국민의 복지증진에서 나아가 취약계층에 대한 배려와 포용 등 선진국으로 거듭나기 위한 정부 의지가 국정운영 방향에 반영된 점에서 정치민주화의 실질적 이행을 위한 도약기로 설정하였다.

실제 문재인 행정부는 포용국가를 지향하는 정책기조에 힘입어 사회통합, 사회적 가치 구현을 위한 정책을 설계하고 정부업무평가 등을 통해 정책의 동력을 강화하려는 노력을 하고 있다. 부처별 하부조직의 감축과 권한위임을 통해 행정부 중심의 권위주의 체제를 청산하고, 행정을 둘러싼 다양한 이해관계자들과의 수평적 네트워크를 통해 경쟁하고 협력하는 특징을 보인다. 또한 정부는 국민들과의 소통과 참여를 중요시하며 국민청원제도, 신고리원전 공론화 사례 등에서 볼 수 있듯이 비록 시행착오와 비판이 존재하지만 역대 정권에서 시도하지 않았던 진정한 민주주의 구현을 위한 다양한 공론화의 장을 제도적으로 마련하고자 노력하는 점에서 의의가 있다.

한편, 경제 및 고용정책 분야에서는 양극화 해소를 위한 정책제시에도 불구하고 소득주도성장론, 최저임금인상을 둘러싼 논란이 있었으며 청년실업률 증가 등 노동시장 악화, 소득양극화 등 역시 정부가 우선적으로 해결해야 할 당면과제이다. 제4차 산업혁명 시대의 저성장 기조와 최근 코로나 19 등으로 인한 세계경제 위축까지 가세하는 악재가 있으나, 정부의 코로나 19 방역 및 대응체계의 우수성 및 투명한 정보공개 정책을 국내·외에서 인정받고 국정지지율 향상이 있었다.

문재인 정부는 공정경제, 경제민주화를 강조하며 '기울어진 운동장'으로 불리는 시장질서를 바로잡고, 시장에서 견제와 균형의 원리가 제대로 작동하는 환경을 만드는 것을 강조하였다. 종합적 평가는 이르지만 정권 출범 이후 3년여 기간이 지난 현 시점에서 경제민주화정책 관련 평가는 만족할 만한 수준은 아니며, 규제완화 입법(신산업 활용 데이터3법, 기업상속공제요건 완화 등)의 신속한 처리에도 불구하고 핵심과제인 '재벌개혁'과 기업지배구조개선 분야 성과는 다소 저조하다.

앞으로 한국 정부는 정치민주화 도약기에 걸맞게 정치적 민주화 외에도 공정경제 구현을 위한 경제민주화 정책의 효과적 이행을 위한 중장기 전략을 마련하고 미래사회에 대응해나가야 한다.

(2) 행정이론의 발달사: 선진행정이론에 대한 비판적 관점 증가

민주화가 진전되면서 기존에 큰 이상만으로 조속히 도입했던 선진행정이론이 한국 사회에 적합하지 않을 경우에 학계뿐 아니라 시민사회, 언론 등을 비롯한 다양한 이해관계자들의 비판적 시각과 목소리가 증가하였다. 심지어 기존 학문패러다임의 적실성과 시의성에 대한 의구심으로 인해 해체주의적 관점인 포스트모던적 접근방식까지 등장하고 있다.

한편, 포용국가를 지향하는 국정기조에 힘입어 사회적 가치를 강조하는 정부정책과 평가 관련 연구나 행정가치 중 민주성(참여와 소통), 형평성 등과 관련한 연구 등이 진전되고 복지, 취약계층에 관심과 배려, 사회통합 등에 대한 관심이 제고되었다.

앞서 살펴본 정치민주화 도입기나 과도기부터 민주 시민의식이 점차 제고되고, 복지정책 등에 대한 관심이 증가하면서 경제적 효율성, 신공공관리론적 시각에서 탈피한 일과 삶의 균형, 거버넌스 등에 대한 관심이 싹트기 시작했다. 정치민주화 도약기에 이르러서는 포용국가의 다중심 거버넌스, 사회통합 차원의 복지정책, 공존과 상생협력 등에 대한 관심이 고조되고 시민의식 수준의 성숙은 물론 정부정책과 시야와 포괄범위가 확장되었다.

선진행정이론에 대한 비판적 관점은 또다시 적실성 있는 한국 행정학의 모색논의로 이어지고 있으며, 행정학 연구대상 등 외연의 확장에서 나아가 앞으로는 다양한 행정가치의 조화와 미래사회에 대응하는 간학제적(interdisciplinary) 관점에서의 행정학 연구의 질적 성장이 기대된다.

4. 미래사회를 대비하는 한국 행정학

1960년대 후발산업국가였던 한국은 경제성장을 목표로 강력한 대통령을 중심으로 한 행정부 중심의 권력구조와 개발독재체제를 공고히 유지하였다. 한국 행정학은 비록 초기에는 미국을 중심으로 한 선진외국의 행정이론을 무조건적으로 수용하고 모방하기에 급급했지만 '능률성'과 '효과성'이라는 행정가치 또는 행정이념을 바탕으로 한국 정부의 행정국가화를 정당화하고, 일반국민의 큰 정부에 대한 거부감을 감소시키며 오히려 강한 지지를 이끌어내었다. 따라서 한국 정부가 전 세계가 괄목할 정도로 급속한 경제성장을 이룩하는 데 행정학이 기여한 바가 적지 않았다고 할 수 있다.

그러나 한국의 독특한 역사적 배경에도 불구하고 역사적 배경과 문화가 다른 서구 선진국가 중심의 행정이론을 무조건적으로 도입하다 보니 한국 행정학 발달과정에서 태생적으로 내재된 한계 내지 문제점이 존재한다.

첫 번째로, 한국 행정은 그간 능률성, 효과성 등 행정관리적 측면, 목표달성을 위한 수단적 측면의 가치에 치중하여 실상 정치적 민주성이나 소득분배의 형평성과 같은 본질적 행정가치를 간과해왔다는 점이다. 실상 한국 정부가 '경제발전기'를 거쳐 '정치민주화기'로 접어드는 계기가 된 1987년 6월 민주항쟁은 개발독재 정치권력에 의한 국가주도적 상명하달식(top－dowm)식 경제발전전략과 재벌편향적 경제정책으로 인해 야기된 심각한 경제적 불평 등에 대한 전 국민의 거센 저항이었다.

물론 한국 정부의 발전에 따라 '정치민주화기'인 제6공화국을 열었던 1987년 제9

차 개정 헌법에서는 대통령 직선제 및 삼권분립 등 그간의 막강했던 행정부의 권력을 견제하는 내용이 담겼을 뿐 아니라 이른바 '경제민주화' 조항이라 불리는 제119조 제2항의 도입으로 특정 집단에 대한 경제력 집중의 해소와 방지 등을 위한 정부의 의지가 반영되기도 하였다.

행정학은 공공부문의 문제를 다루는 학문이므로 공익달성이라는 추상적이지만 매우 이상적인 목표를 가지며, 한국 행정 역시 다양한 이해관계자들의 수요를 고려하고 공공가치를 동시에 추구하여야 하는 매우 지난한 과제를 안고 있다. '정치민주화기'의 한국 행정학이 진정으로 해야 할 일 중의 하나는 국정운영에 있어서 시장의 효율성 못지않게 중요한 형평성, 정의 등의 공공가치를 놓치지 않고 잘 조화시켜 나가기 위한 진지한 학술적 고민과 연구를 통해 현상옹호적이 아닌 규범적으로도 바람직한 정책제언을 하는 것이다.

두 번째로, 한국 행정학의 한국화 방향에 관한 전략수립의 문제이다. 1970년대에는 '행정학의 토착화'라는 이슈로 문제가 제기되기 시작하여 행정학의 적실성 내지 정체성 찾기의 논쟁으로 이어지기도 하였다. 행정학은 순수 이론적 성격 외 현실처방적인 성격을 동시에 가지므로, 행정현상을 적실성있게 설명하고 처방할 수 있을 때 바람직하다. 필연적으로 인접학문과의 활발한 교류를 통해 이론과 방법론을 적극적으로 배우려는 개방적 자세 역시 필요하다. 따라서 서구와 다른 역사적 배경을 가진 한국은 나름의 발달단계와 특수성에 맞는 행정이론과 행정가치를 발굴하고 발전시켜 나갈 필요가 있다.

예컨대, '경제발전기'까지의 한국 행정학 발달사에서는 미국의 초기 행정학 발달사에서 나타난 바와 같이 정치적 엽관주의적 폐해로부터 탈피하여 행정의 중립성, 전문성 제고를 목적으로 정치와 행정을 엄격히 분리하려는 '정치－행정 이원론'적 주장과 논의를 찾아볼 수 없다. 또한 정치와 행정의 긴밀한 관계를 강조하면서도 정치가 우위에 있다고 보는 '정치－행정 일원론'적 관점 역시 찾아보기 힘들다. 매우 강력한 대통령제를 뒷받침하기 위해 행정부 우위의 권력구조가 정립되고 행정의 전문성, 효과성이 최우선적 가치로 강조되었기에 행정의 정책결정 개입은 너무도 당연한 것이었다. 정치와 행정 간의 긴장과 견제 속에서 행정의 중립성과 전문성을 다지는 경험을 쌓지 못한 채 곧바로 1960년대 당시 서구에서 유행한 발전행정론적 이념을 적극

수용하였다. 그러나 한국의 정부주도형 급속한 경제성장을 단순히 그 이면에 노정된 소득불평등이나 형평성 가치 등의 손실로 인해 무조건 비판적 시각으로만 바라보는 것은 옳지 않다. 비록 한국이 서구의 행정이론과 가치를 급하게 수용하고 강제적으로 적용하는 과정에서 부적응과 변질로 인한 한계점이 드러나기는 했으나, 단기간에 한국 행정이 이루어낸 성과는 '한강의 기적'이라 불리울 정도로 높이 평가된다. 오히려 한국 고유의 역사적 맥락과 독특한 유교문화, 국민성 등을 고려하여 이와 결합한 토착화된 행정이론을 개발하고, 그 기여점과 향후의 발전적 측면을 재조명해 보려는 행정학의 한국화 노력이 더욱 필요할 것이다. 행정학의 한국화는 지금 또다시 '경제발전기'의 한국과 유사한 현실에 처해있는 개발도상국 단계의 국가들에게 매우 귀감이 되는 행정이론의 모델을 제공할 수 있다.

그간 한국 정부는 맞지 않는 옷을 억지로 끼어입듯이 외국 선진이론의 무분별한 수용으로 사회적 합의를 이끌어내지 못한 채 행정이론의 적용 실패를 경험하기도 했다. 김영삼 정부 이후 최근까지도 한국에서 정부개혁의 성공을 위한 방편으로 과신해 온 신자유주의적 이념 역시 마찬가지이다. 서구의 경우, 1970년대 중반 이후 정부주도 경제성장의 한계와 복지국가화로 인한 재정적 위기 등을 맞으면서 규제완화, 민영화 등 신자유주의적 정부개혁의 열풍이 일기 시작했다. 한국 정부는 서구와 같이 복지국가를 경험해본 적도 없고 민주주의의 역사 역시 매우 짧다.

그간 한국 경제의 민주화를 위한 노력에도 불구하고 충분한 내실을 갖추지 못하고 금융위기, 소득양극화, 고용없는 성장, 일자리 부족과 질 저하 등 다양한 문제들이 끊임없이 제기되어 왔다. 한국의 근로자들은 '쉬운 해고'와 '낮은 실업급여'로 매일 불안한 삶을 살고 있고, 최근에는 공무원은 물론 주요 공공기관을 대상으로 성과연봉제를 확산시키고 있다. 국민들의 가장 기본적인 삶에 대한 사회보장이 이루어지지 않은 상태에서 경쟁과 성과만을 강조하거나 작은 정부, 무조건적 규제완화를 외치는 것은 정답이 아닐 수 있다. 한국 행정의 역사와 시민의식의 성숙도 등 제반 여건을 고려하여 현 시점의 상황과 발전단계에 걸맞는 행정학 이념과 가치를 발굴하고 수용하며, 한국 현실에 적실한 행정이론을 정립해 나가려는 노력이 필요하다. 이제는 행정의 한국화를 통해 우리만의 차별화된 행정이론을 적용하여 수용성을 높이고 부작용을 최소화하며 한국 고유의 창의적인 행정 및 정책사례를 선도적으로 발굴해 내려는 노력을 해야 할 때이다.

생각해 볼 문제

✓ 역사적으로 작은 정부와 큰 정부에 관한 논의가 어떻게 진행되어 왔는지 행정체제의 변화와 연계하여 설명해 보자.
✓ 미국 행정학 역사 속의 정치-행정 일원론과 정치-행정 이원론 논쟁의 주요 핵심은 무엇인지 생각해 보자.
✓ 한국 정부의 성장단계별 주요 특징과 행정이론의 발달사를 설명해 보자.
✓ 제4차 산업혁명 시대를 맞아 미래사회를 대비하기 위한 행정학의 토착화 및 한국화란 무슨 의미이며, 이의 달성을 위해 필요한 사항은 무엇인지 생각해 보자.

C·H·A·P·T·E·R 04

조직론

이 장에서는 조직에 대해 배우고자 한다. 이를 위해, 제1절에서는 조직론의 의의, 조직의 정의에 대해 논의하고, 시대별 조직이론들을 소개한다. 제2절에서는 조직구조에 대해 이야기한다. 조직구조 및 설계의 기본요소들을 배우고, 대표적인 조직구조의 유형들을 살펴본다. 제3절에서는 조직관리에 대해 논한다. 인간관과 동기이론, 조직 내 권력과 갈등, 리더십, 조직문화, 조직의 성장 및 발전관리에 대해 논의한다. 마지막으로, 제4절에서는 한국의 정부관료제에 대해 살펴본다.

이 장에서는 행정조직에 한정짓지 않고 조직전반에 대해 다룸으로써 일반조직과 행정조직 · 행정에 대한 이해를 함께 높이고자 하였다.

제 1 절 조직과 조직이론

1. 조직론의 의의

오늘 하루 혹은 지난 일주일 간 여러분의 삶과 관련된 조직들에 대해 생각해 보

자. 어떤 조직에서 제공하는 서비스와 제품을 이용하고, 어떤 조직에서 활동을 하였는가. 생각해 보면, 짧은 기간에도 다양한 조직들이 우리 삶에 개입되었음을 알 수 있다.

조직론은 학문적 혹은 실용적 목적으로 모두 접근할 수 있다. 조직에 대한 학문적 접근은 현대사회의 주요 구성부분인 조직에 대한 이해를 깊이 해줌으로써 우리의 삶과 사회를 보는 시각을 넓혀준다. 동시에 우리는 조직을 앎으로써 경력에서의 성공을 도모하거나, 성공적인 조직 관리자가 되어 조직을 통해 의미 있는 일을 할 수도 있다. 앞서 보았듯이 현대를 사는 우리 삶의 많은 부분은 조직과 연관되어 있고, 어떤 목적을 달성하기 위해서는 조직을 통해야 하는 경우가 많기 때문이다. 그렇다면 조직이 과연 무엇인가? 그 이야기부터 시작해 보도록 하겠다.

2. 조직의 정의

조직은 무엇인가? 보통 조직은 '목표달성을 위한 도구로서의 사회적 구성물'로 이해된다. 이 정의에는 조직이 무엇인지 말해주는 핵심요소들이 포함되어 있는데, 먼저 조직은 그 자체가 목적이 아니라 '목표달성을 위한 도구'라는 것이다. 학교조직의 목표는 교육이고, 병원조직의 목표는 치료인 것처럼 각 조직은 목표를 가진다. 이 목표들은 개인이 달성하기에는 어렵거나 비효율적이기 때문에 조직을 통해 추구되는 경우가 많은데, 인간 필요의 변화에 따라 전에 없던 목표들을 추구하는 새로운 조직들이 나타나거나, 필요성이 적어진 목표를 추구하던 조직들이 사라지기도 한다. 최근 출현한 소셜 미디어 회사들이나, 이제는 찾아보기 힘든 비디오 테이프 대여점들 등이 그 예이다. 조직목표는 조직의 존재이유로서 조직의 존재를 정당화하고, 의사결정과 행동의 기준을 제공하며, 조직평가의 근거가 된다(이창원 외, 2012: 333-334).

목표의 유형

조직은 통상 한 가지 목표보다는 여러 목표를 가지는 경우가 많다. 이런 조직목표들은 그 특성에 따라 공식목표와 실질목표, 무형목표와 유형목표, 상위목표와 하위목표 등으로 분류될 수 있다.

■ 공식목표	공식적으로 선언된 목표	■ 실질목표	실제 운영상 추구되는 목표
■ 무형목표	일반적이고 추상적인 목표	■ 유형목표	구체적이고 계량적인 목표
■ 상위목표	조직전체 목표에 보다 가깝고 타 목표에 우선하는 목표	■ 하위목표	상위목표를 달성하기 위한 수단적 목표

목표의 변동

조직목표는 변화하는 경우가 많은데, 이는 여러 형태로 나타난다. 예를 들어, '목표대치'는 기존 목표가 다른 목표에 의해 대체되어 조직목표가 왜곡되는 것을 뜻한다. 공식적인 목표 대신 구성원의 사적인 이익을 우선 추구하거나, 장기적인 목표보다 단기목표에 집중하느라 목표가 왜곡되는 경우 등이 여기에 속한다. 목표대치와 관련하여 머튼(R. K. Merton)은 상위목표보다 눈앞의 규범과 절차를 중요시하는 '동조과잉' 현상을 지적했다. 특히, 관료조직에서는 추상적인 공익적 목표보다 눈에 보이는 수단적 목표나 규칙 및 절차에 더 집착하게 되는 경향이 있다. 한편, 목표변동의 또 다른 형태인 '목표승계'는 본래 추구하던 목표가 달성 불가능하거나 완전히 달성된 경우, 비슷한 유형의 다른 목표로 교체되는 것을 뜻한다. 이 밖에도 목표의 수나 범위를 조정하는 '목표확대'나 '목표축소', 목표들 간에 우선순위가 달라지는 '비중변동' 등의 형태로 목표의 변화가 일어난다.

또 한 가지 핵심적인 조직의 특성은 조직이 인간을 요소로 하는 '사회적 구성물'이라는 점이다. 조직은 두 명 이상의 개인들로 구성된다. 개인은 조직을 이룸으로써 분업을 하게 되고, 분업을 통해 맡은 업무에 대한 전문성을 발휘하게 된다. 또 조직은 고용을 통해 거래를 계서제 내로 내부화함으로써 거래비용을 절감한다(North, 1992; Williamson, 1999). 즉, 필요한 일을 맡길 때마다 시장에서 매번 계약할 필요 없이 내부 구성원을 통해 해결할 수 있으므로 정보수집, 협상 등 거래에 따르는 비용을 절약하게 되는 것이다.[1)] 한편, 조직을 이루는 복수의 개인들은 구조화된 활동체계를 가지게 되는데, 이 패턴에 따라 조직의 성격이 달라진다. 이렇게 형성된 조직은 조직으로서의 별도의 실체를 가지게 되어서 구성원의 교체와 상관없이 존속하게 된다.

조직의 정의나 특성에 관한 또 다른 대표적인 논의는 '환경과의 관계' 및 '조직의 경계'에 대한 것이다. 조직은 진공이 아닌 환경 속에 존재하면서 환경과 상호작용을 한다. 환경은 조직의 생존을 위한 외부 조건을 형성하고, 조직은 환경으로부터 투입된 자원을 처리하여 산출물을 내보냄으로써 환경에 영향을 미친다. 조직을 둘러싼 환경의 성격은 '복잡성', '동태성', '풍부성' 등에 따라 파악될 수 있다(Jones, 2002: 66－69). 환경의 복잡성은 조직이 관리해야 하는 외부 대상의 숫자와 그 대상들의 중요성, 상호 관련성 등에 의해 결정되고, 동태성은 환경이 얼마나 빨리 변화하는지와 관련된 것이며, 풍부성은 가용자원의 정도를 의미한다.

표 4-1 환경의 특성

복잡성	외부 관리대상의 수, 중요성, 상호 관련성
동태성	환경의 변화 속도
풍부성	가용자원의 정도

한편, 사람과 다른 자원들이 조직의 안과 밖으로 어떻게 이동하는지에 따라, 조직의 경계는 폐쇄성과 유동성에 있어 차이를 보인다. 조직이 사람이나 특정 조직구성요소를 공유하는 경우에는 조직들의 경계가 서로 겹치기도 하며, 때로는 한 조직이 다른 조직의 경계 내에 포함되는 일도 있다.

즉, 조직은 인간들로 구성된 사회적 구성체로서 특정한 목표의 달성을 추구하며, 조직내부관리뿐 아니라 환경과의 상호작용을 통해 목표를 달성하고 사회에 영향을 미친다.[2)]

1) 예를 들어, 세무담당자가 있다면, 매번 세무회계회사와 흥정이나 계약을 할 필요가 없다.

2) 동일한 관점에서 다프트(Daft, 2019: 14)는 조직에 대해 ① 사회적 구성물이고, ② 목표지향적이며, ③ 의도적으로 구조화되고 조정되는 행위체계로서, ④ 외부환경과 연결되어 있다고 설명한다.

아래 사례는 경찰조직의 형사활동 과정에서 발생한 문제점과 이에 따른 성과평가제도 수정에 관한 것이다. 조직목표 및 목표변동의 유형과 관련된 개념들 중 적합한 것들을 사용하여 아래 사례를 설명해 보자.

'허위자백' 무죄 선고 잇따라 … 실적쌓기식 평가제 손질

최근 경찰이 해결한 절도 여죄 사건에 대해 법원이 잇달아 무죄 판결을 내리면서 경찰의 범죄 '덮어씌우기'가 도마에 올랐다. 일선 경찰이 실적 경쟁에 내몰리면서 여죄를 덮어씌우려는 시도가 늘어나고 있다는 지적이 나오자 경찰은 여죄를 밝혔을 때 주던 가산점을 하향 조정하는 등 형사활동 평가 계획을 대폭 손질한 것으로 14일 확인되었다.

여죄는 경찰이 피의자를 검거해 조사하는 과정에서 추가로 드러난 범죄를 말한다. 경찰은 그동안 가산점을 주는 등 여죄 추궁을 장려해 왔지만 이 과정에서 허위자백 강요 등 무리한 수사로 부작용도 만만치 않았다.

수원지법은 6일 176건의 절도를 한 혐의로 구속된 뒤 보석으로 풀려난 길모 씨(32)의 항소심 공판에서 5건만의 절도 혐의를 인정해 집행유예를 선고했다. 특히, 경찰이 송치한 길 씨의 여죄 중에는 성남과 인천에서 같은 날, 같은 시간대에 10분 차를 두고 일어난 절도 범죄도 포함된 것으로 드러났다.

이에 앞서 서울북부지법도 지난해 말 절도범 2명의 여죄 40여 건에 대해 현장증거가 부족하고 피의자들이 법원에서 진술 내용을 부인하자 '허위자백'이라고 보고 무죄를 판결했다. 지난해 10월 수원지법은 44차례에 걸쳐 9,000여만 원 상당의 금품을 훔친 혐의로 경찰이 송치한 양모 씨(21)와 김모 씨(19)에 대해 무죄판결을 내렸다.

피의자의 자백을 토대로 해결했다고 하는 절도사건이 잇달아 무죄 판결을 받는 것은 경찰의 고질적인 '실적 경쟁'이 원인이라는 분석이 많다. 한 일선 경찰관은 "여죄 사건 해결 건수에 따라 업무성과 평가에서 가산점을 주다 보니 미제(未濟) 사건 해결에 강한 유혹을 느낄 때가 있다"고 말했다.

이에 따라 경찰청은 여죄 가산점을 축소하는 방향으로 부작용을 개선하기로 했다. 동아일보가 입수한 경찰청의 '2011년도 형사활동 평가계획'에 따르면 지금까지 침입절도나 차량 절도 등의 여죄를 해결할 경우 건당 2.5점(상한 20건)을 받던 여죄 해결 점수를 건당 1점으로 하향 조정했다. 또 20건 이상의 여죄를 밝혀내고 피의자가 구속까지 될 경우 주던 특별 가산점(100점)을 폐지했다. 이에 따라 지난해까지 절도 여죄를 많이 캐낼 경우 최대 170점(기본점수 20점+여죄 해결 점수 50점+특별 가산점 100점)을 받았지만, 올해부터는 40점(기본점수 20점+여죄 해결 점수 20점)이 최고 점수가 되었다. 또 피해품이나 족적 등 물증 없이 피의자 자백만으로 여죄 사건을 해결해 송치할 때는 법원에서 유죄가 인정되더라도 가산점을 주지 않기로 했다.

경찰청 관계자는 "수사 과정에서 고의로 여죄를 덮어씌우다가 적발될 경우 형사처벌을 하는 등 엄격하게 죄 덮어씌우기에 대응할 것"이라고 밝혔다.

<출처: 동아일보, 2011.1.15. 박진우 기자>

3. 조직이론을 통한 조직의 이해

조직을 보다 잘 이해하기 위한 노력들은 조직이론의 구성을 통해 다양하게 나타난다. 우리는 이를 역사적 흐름에 따라 살펴봄으로써 조직을 이해하는 방식이 어떻게 발전되어 왔는지를 살펴볼 수 있다.

1) 고전적 조직이론

19세기 말에서 1930년대 전후까지 나타난 조직이론들을 고전적 조직이론이라고 한다(이종수 외, 2008: 300). 이들 초기 연구들은 조직과 인간을 합리－경제적 존재로 가정하고, 사람들의 업무형태와 조직구조에 관한 과학적이고 일반적인 원칙을 찾으려고 하였다(Jang, Ott, & Shafritz, 2005: 28). 과학적 관리론, 행정관리론, 관료제론 등이 대표적이다.

테일러(F. W. Taylor)에 의해 대표되는 과학적 관리론은 시간－동작연구(time and motion study)와 같은 과학적 조사, 실험 등을 통해서 조직의 능률성을 극대화하는데 초점을 두었다. 즉, 직무설계와 관련한 유일 최고의 방법을 과학적 분석에 의해 발견하고, 이에 따라 조직을 설계하여 근로자를 관리함으로써 능률성을 높이고자 하였다.

행정관리론은 과학적 관리론의 주요 관심분야였던 작업장 수준에서의 생산능률을 넘어 관리자를 포함한 조직 전반에 적용되는 운영원리들을 찾고자 했다. 학자들은 조직구성, 계층제, 통솔범위 등에 대한 원리를 밝혔는데, 특히 페이욜(H. Fayol)은 관리의 요소를 계획, 조직, 명령, 조정, 통제 등의 다섯 가지로 보고 이에 관한 일반적인 원칙을 제시하고자 하였다(정우일 외, 2011: 52－53; 이창원 외, 2012: 56－57).

또 귤릭(L. Gulick)과 어윅(L. Urwick)은 『행정과학논집(*Papers on the Science of Administration*)』(1937)에서 당시 논의되던 조직관리원리들을 집대성하였고, 귤릭은 관리자의 기능을 계획, 조직화, 인사, 지휘, 조정, 보고, 예산(Planning, Organizing, Staffing, Directing, Coordinating, Reporting, Budgeting: POSDCoRB)의 일곱 가지로 제시하였다.

한편, 베버(M. Weber)는 권위(authority)의 여러 형태[3] 중 합법적 권위체계에 기반한 조직인 관료제가 효율적이라고 보고 관료제의 특징들을 논하였다. 즉, 관료제 조직은 적합한 기술을 가진 사람들을 채용하여 실적에 따라 승진시키고, 관료들은 '비정의성(impersonality)'에 의해 사적 고려와 관계없이 직위의 담당자로서 복무한다. 업무와 책임범위는 잘 규정되어 직위에 따라 부여되고, 이 직위들은 권위의 계층에 따라 계서제의 형태를 이룬다. 관료제 조직의 업무수행은 공식적인 규칙과 절차에 의해 이루어진다.

고전적 조직이론들은 체계적인 접근을 통해 조직을 효율적으로 관리하기 위한 원칙들을 제시하려했다는 점에서 조직학의 기초를 다진 것으로 평가된다(Mullins, 2010: 44). 그러나 이 이론들은 인간과 조직을 합리적인 존재로만 규정하고 공식구조에만 집중하여, 조직의 비공식적이고 비합리적인 측면을 간과했다는 한계를 가진다. 또 조직을 폐쇄체제로 이해하여 조직에 대한 환경의 영향력을 고려하지 못하였다.[4]

2) 신고전적 조직이론

신고전적 조직이론은 인간관계론과 후기인간관계론에 대한 통칭이다. 인간관계론은 조직의 생산성이 인간적이고 비공식적인 측면에 의해 영향을 받는다는 사실을 발견한 1927년의 호손 공장 실험에서 시작되었다(정우일 외, 2011: 82).[5] 조직구성원

3) 베버는 권위의 유형을 다음과 같이 세 가지로 제시하였다.

전통적 권위	전통이나 관습에 근거한 권위
카리스마적 권위	비범한 능력에 근거한 권위
합법적 권위	법규에 근거한 권위

4) 조직 논의에서 환경을 고려하지 않는 관점을 폐쇄체제적 관점, 환경을 고려하는 관점을 개방체제적 관점이라고 한다.

5) 하버드대 경영학과 교수들이 미국 웨스턴 일렉트릭(Western Electric) 회사의 호손(Hawthorne) 공

들이 공식적인 규칙이나 물리적 조건에 따라서만 행동하는 것이 아니라, 사회심리적 요인이나 네트워크 등에 따라 비공식적인 행위패턴을 가진다는 점을 이해하게 된 것이다(Scott, 1981: 79－101). 이에 따라 인간관계론에서는 사회심리적인 존재로서의 인간과 그들의 사회적 욕구 및 비공식집단에 대한 이해를 통해 조직을 효율적으로 관리하고자 하였다(정우일 외, 2011: 13, 81).

이후 1930년대부터 1960년대에 이루어진 후기인간관계론의 연구는 앞서 밝혀진 조직과 인간의 사회적 측면에 대해 더욱 깊게 고찰하였다. 대표적 학자인 맥그리거(D. McGregor)는 기존의 전통적 조직이론들이 인간을 저차원적인 욕구에 주로 영향받는 존재로 가정하였다고 하면서 이를 X이론적 인간관으로 명명하고, 이와는 다른 Y이론적 인간관에 기반한 새로운 관리가능성을 제시하였다. 능동적인 문제해결과 과업달성을 즐기는 Y이론적 인간은 외부적 명령통제가 아닌 자율적 통제방식에 기반하여 관리해야 한다는 것이다. 한편, 아지리스(C. Argyris)의 성숙－미성숙 이론은 조직이 구성원을 언제까지나 미성숙한 인간으로만 가정하는 시각에서 벗어나, 그들로 하여금 성숙한 인간으로서의 자율성을 발휘하도록 해야 한다고 보았다.

신고전적 조직이론들은 조직의 합리적이고 공식적인 측면에만 집중했던 고전적 조직이론과 달리 구성원들의 사회적 욕구와 조직의 비공식적인 요소를 인정하고, 이에 대한 관리를 통해 조직생산성을 높일 수 있다고 보았다. 하지만, 인간을 너무 강조한 나머지 조직구조를 상대적으로 등한시하고, 아직 조직을 폐쇄체제로 보아 환경의 영향력을 간과했다는 한계가 있다(정우일 외, 2011: 90). 이 밖에도 신고전적 조직이론들은 그 인간에 대한 관심에도 불구하고, 고전적 조직이론과 마찬가지로 여전히 인간을 수단으로 간주했다는 지적도 받는다.

3) 현대적 조직이론

고전적 이론이 조직의 공식적인 구조에, 신고전적 이론이 인간에 주목했다면, 현대적 이론들은 환경에 주목한다. 이전까지의 이론들은 어떤 상황에서든 동일하게 적

장에서 수행한 연구이다. 물리적인 작업장 조건과 물질적 보상의 효과를 확인해 보기 위해 설계된 실험에서, 물리적 조건보다는 오히려 사회심리적 요인의 영향력을 발견하게 되었다(이종수, 2009). 제3장에 보다 자세한 설명이 있다.

용될 수 있는 최고의 운영원칙이 존재한다는 전제 하에 그것을 찾고자 노력해왔다. 하지만, 환경과 상황에 따라 조직의 성공요건이 달라질 수 있고 환경에의 적응이 조직성과에 큰 영향을 끼친다는 점을 깨닫게 되면서, 조직학자들은 환경에 보다 관심을 가지게 되었다. 그 결과, 현대적 조직이론들은 조직을 환경 속에 존재하는 개방체제로 전제하고, 조직과 환경의 관계를 논의의 주요 변수로 포함하는 경우가 많다.

예를 들어, 구조적 상황이론(structural contingency theory)은 모든 상황에 적합한 보편적 원칙이 있기 어렵고, 상황에 따라 효과적인 조직설계나 관리방법이 달라진다는 점을 강조한다. 특히, 환경적 동태성이나 조직기술과 같은 '상황변수'와 조직구조나 관리체계 등의 '조직특성변수' 간 적합성에 따라서 조직효과성이 결정된다고 보고, 관리자들이 고려해야 할 상황적 요인들과 이에 적합한 조직구조 및 관리방법을 찾고자 하였다.

조직군생태학이론(population ecology theory)은 환경에 적합한 종이 생존하는 것처럼 적소(niche)에 존재하는 조직들이 생존하며, 조직의 번성과 쇠퇴가 환경변화에 의해 결정된다고 본다. 이 이론은 생물학의 자연선택이론에서 영감을 받은 것으로, 새로운 조직형태의 출현을 뜻하는 변이(variation), 이것이 환경에 적합하여 생존하게 됨을 뜻하는 선택(selection), 선택받은 조직형태가 제도화됨을 뜻하는 보존(retention)과 같은 개념을 사용하여 유사한 조직들이 모여있는 조직군과 그 변화를 설명한다.

한편, 자원의존이론(resource dependence theory)은 기존의 이론들이 주로 취하였던 환경결정론적 입장에서 벗어나 조직의 자율적 선택을 강조하는 전략적 선택 관점을 취한다. 즉, 자원의존이론은 조직이 필요한 자원을 획득하기 위해서 환경에 의존함과 동시에 환경에 대처한다고 설명한다. 조직은 자신이 필요로 하는 자원을 통제하는 외부주체에 대하여 취약성을 가진다(Pfeffer & Salansik, 1978: 39-54). 따라서 조직은 이 취약성을 극복하고 자원을 안정적으로 획득하기 위해 공급계약 체결, 전략적 제휴, 합작투자, 인수합병, 조합 참여 등의 다양한 전략을 사용하게 된다(Guo & Acar, 2005; Froelich, 1999; Pfeffer & Salansick, 1978).

공동체생태학이론(community ecology strategy)은 조직군생태학이론이 조직의 노력을 등한시한 점을 비판하고, 환경에 대한 조직들의 공동적이고 능동적인 대처 노력과 이를 위한 조직들 간의 호혜적 관계에 주목한다(이창원 외, 2012: 500−502).

현재에도 조직이론들은 다양하게 발전하며 조직의 여러 측면에 대한 이해를 더하고 있다. 특히, 최근에는 급속한 기술변화에 따른 조직환경의 변화와 이에 대한 조직의 대응 및 변화를 설명하려는 노력들이 현대조직이론의 발전을 추동하고 있다.

4) 조직이론의 기본가정들

앞서 살펴본 여러 조직이론은 각기 조직을 바라보는 특유의 관점, 다시 말해 조직에 대한 하나의 사고방식을 제공한다(Daft, 2001: 21). 하지만, 한 가지 시각만으로 조직의 다양한 측면을 모두 설명하기는 어렵다는 점에서 조직학도는 여러 관점에서 조직을 이해할 필요가 있다(Benson, 1977; Harmon & Mayer, 1986: 65; Schultz & Hatch, 1996; 원숙연, 2002).[6]

조직이론들은 조직에 대한 특정한 가정들을 내포한다. 조직에 대한 다각적인 고찰을 시도하기 위한 출발점으로서, 이 장에서는 조직이론들이 지니는 기본가정에는 어떤 것들이 있는지 살펴보고자 한다. 이런 시도는 이론이 특정 가정에 기반함으로써 가질 수 있는 강점과 한계를 깨닫게 해주고, 특정 이론을 사용하는 연구자에게 자신의 현재위치 뿐 아니라 새로이 시도할 수 있는 대안적 관점의 가능성을 보여주는 "지적(intellectual) 지도"를 제공해 준다(Burrell & Morgan, 1979).

이론의 기본가정에 따라 분류틀을 제시하려는 대표적 시도로 스콧(Scott, 1981)의 논의가 있다. 스콧은 조직이론들이 '환경을 고려하는지 여부'와 '조직과 구성원을 합리적이라고 가정하는지 여부'에 따라 네 가지로 범주화될 수 있다고 보았다. 즉, 조직을 폐쇄체제로 보아 환경을 고려하지 않고 조직구성원들을 합리적 존재로 간주하는 '폐쇄−합리적 조직이론', 조직을 폐쇄체제로 보지만 구성원들의 비합리적이고 심리사회적인 측면에 관심을 가지는 '폐쇄−자연적 조직이론', 조직을 개방체제로 보아

6) 특히, 조직이론들은 조직에 대한 이미지를 떠올리게 하는 경향이 있는데, 이런 이미지가 조직에 대한 이해를 왜곡할 수도 있다는 점을 유의해야 한다. 예를 들어, 기계나 유기체 같은 이미지가 연상되는 경우(Bolman & Deal, 2008; Morgan, 1986), 조직구성원은 부속품이나 세포처럼 생각되기 쉽다. 그런데 부속품과 세포는 문제상황이 아닌 경우 갈등을 상상하기 어려워, 조직내부의 갈등을 제거되어야만 하는 예외적이고 병리적인 것으로 여기도록 이해를 왜곡하고 이에 대한 새로운 관점의 접근을 방해할 수 있는 것이다.

환경에 주목하지만 조직과 인간을 다시 합리적 목적수행을 위해서 움직이는 존재로 보는 '개방-합리적 조직이론', 환경의 중요성과 함께 조직 및 인간의 비합리적인 측면 역시 강조하는 '개방-자연적 조직이론'으로 분류된다는 것이다(Scott, 1981: 121-132).

그림 4-1 스콧의 조직이론 분류

	합리적	자연적
폐쇄	폐쇄-합리	폐쇄-자연
개방	개방-합리	개방-자연

출처: Scott(1981: 128).

애슬리와 반 데 벤(Astley & Van de Ven, 1983)은 환경을 주요 변수로 포함하는 개방체제적 관점의 조직이론들을 '조직의 자율성에 대한 가정'과 '분석수준'에 따라 다시 분류하였다. 이들의 분류틀에 따르면, 개방체제적 조직이론들은 조직이 환경에 의해 결정된다고 보는지(결정론), 아니면 스스로 전략적 선택을 한다고 보는지(주의론), 그리고 분석대상이 개별 조직인지(미시적 관점), 조직군인지(거시적 관점)에 따

그림 4-2 애슬리와 반 데 벤의 조직이론 분류

	결정론	주의론
거시 (군집)	자연적 선택 관점	집합적 행동 관점
미시 (개별 조직)	체제구조적 관점	전략적 선택 관점

출처: Astley & Van de Ven(1983: 247).

라 다시 자연적 선택 관점, 체제구조적 관점, 집합적 행동 관점, 전략적 선택 관점의 네 가지로 범주화될 수 있다(Astley & Van de Ven, 1983: 246−247).

한편, 버렐과 모건(Burrell & Morgan)은 사회이론 및 조직이론이 근거하는 보다 근본적인 가정들에 따라 이론의 분류틀을 제시하였다. 즉, 사회이론 및 조직이론들은 무엇이 '사회과학'의 성격인지,[7] 그리고 무엇이 '사회'의 본질인지[8]에 관하여 서로 다른 가정들에 기반한다는 것이다. 이들이 제시한 네 가지 패러다임 중, 특히 기능주의 패러다임은 실증주의 및 일반법칙정립적 입장에서 현상유지, 질서와 통합 등을 중시하는 입장으로, 오랫동안 조직연구의 주류접근론이 되어 왔다(Benson, 1977: 1; Burrell & Morgan, 1979: 25; Dunbar, 1983: 131). 이 패러다임에 속하는 조직이론들은 인접 이론들과의 상호작용을 통해 패러다임 안에서 여러 학파를 발생시켰지만, 많은 경우 조직을 합목적적인 도구로 바라보고 기계 혹은 유기체로서의 조직이미지를 연상시키는 경향이 있어 왔다(Benson, 1977; Burrell & Morgan, 1979).

---

7) '사회과학'의 성격에 관한 관점: 사회과학 연구는 ① 사회적 세계가 자연적 세계처럼 실재하는지(실재론) 혹은 개인 인식의 산물인지(유명론), ② 이것을 관찰자의 입장에서 객관적으로 설명할 수 있는지(실증주의), 아니면 주관적으로 이해해야 하는지(반실증주의), ③ 인간은 환경에 의해 결정되는지(결정주의) 혹은 자유의지를 가진 존재인지(주의주의), ④ 가설 검증과 일반법칙 확립을 중시하는지(일반법칙정립적) 혹은 연구대상 자체에 대한 이해를 중시하는지(개별기술적)에 대한 관점에 따라 객관−주관 차원의 스펙트럼상에서 한 위치를 점하게 된다.

사회과학의 주관–객관 차원

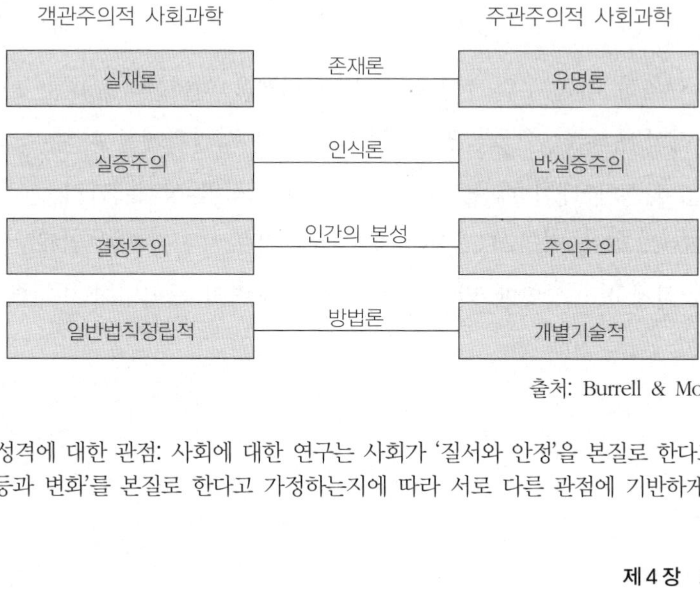

출처: Burrell & Morgan(1979: 3).

8) '사회'의 성격에 대한 관점: 사회에 대한 연구는 사회가 '질서와 안정'을 본질로 한다고 가정하는지 혹은 '갈등과 변화'를 본질로 한다고 가정하는지에 따라 서로 다른 관점에 기반하게 된다.

그림 4-3 버렐과 모건의 분류

	주관	객관
변동	급진적 인간주의	급진적 구조주의
규제	해석주의	기능주의

출처: Burrell & Morgan(1979: 22).

이론은 문제해결을 위한 지식을 제공할 뿐 아니라, 무엇이 문제로 인식되고 그것이 어떻게 규정될지에 이르기까지 폭넓게 영향을 미친다는 점에서(Harmon & Mayer, 1986: 66), 다양한 이론과 그 기본가정에 대한 이해를 바탕으로 조직을 다각적으로 고찰하려는 노력이 중요하다. 이런 노력을 통해 이제껏 인식하지 못했던 조직문제를 인식하거나 새로운 방식으로 이해하고 이전과는 다른 방식의 조직관리를 시도할 수 있게 되는 것이다.

제 2 절 조직의 구조와 설계

조직구조는 조직 내 직무와 권위의 공식적 체계를 의미한다(Jones, 2013: 30). 조직구조는 조직의 형태뿐 아니라 조직행태와도 깊은 상관관계를 가져, 조직의 자원획득, 가치창출, 환경에 대한 대응, 그리고 결국엔 조직의 성패에까지 큰 영향을 미친다(박통희, 2002: 283). 따라서 조직이 계속 효과적으로 작동하기 위해서는 조직구조를 적절하게 설계하고 상황에 맞게 재설계하는 노력이 끊임없이 이루어져야 한다.

1. 조직설계의 원리

1) 분화와 통합

조직구조는 일차적으로 분화와 통합의 문제, 즉 어떻게 일을 사람들에게 분배하고 어떻게 이들이 협동하여 움직이도록 할 것인가에 관한 문제이다(Jones, 2013: 124-125). 분화는 조직 내 업무와 권한의 세분화를 말한다. 분화가 이루어지면 조직관리자들은 분화된 각 부분들을 효과적으로 관리하기 위해 통합 전략들을 구사하게 된다.

(1) 분화: 복잡성

'조직의 분화 정도'은 '조직의 복잡성'을 결정한다(Gibson et al., 1994: 497).[9] 구체적으로 분화는 조직이 어떻게 수평 및 수직적으로 나누어지는가 하는 문제와 관련되는데, 수평적 분화는 업무 영역에 따른 일의 분배 및 역할분담을, 수직적 분화는 권한과 책임에 있어서의 역할분담 및 명령통제관계의 형성을 뜻한다. 조직분화의 양태는 조직도를 통해서 쉽게 살펴볼 수 있다.

① 수평적 분화

'수평적 분화'는 직무의 분업과 부문화 혹은 부서화(departmentation)를 통괄하여 의미한다(Jones, 2002: 102). '분업'이 이루어지면 업무범위가 좁아지고 빠른 시일에 숙련이 가능해져서 '전문화'와 '생산성 향상'이 촉진된다. 하지만, 분업화 정도가 너무 높으면 하위 부분들 간의 의사소통과 정보공유가 어려워지고, 부서할거주의가 발생할 수 있다(Jones, 2002: 103). 또 분업화로 업무가 지나치게 단순해질 경우에는 구성원의 성취감이나 사기, 직무만족을 저해할 수 있다(박통희, 2002: 315; 이창원 외, 2012: 427).[10]

'부문화'는 분업화된 개별 직무들을 업무 유사성에 따라 다시 집단화하는 것을 말

---

9) 조직의 복잡성 및 분화의 정도는 흔히 ① 수평적, ② 수직적, ③ 공간적 분화의 정도로 간주되기도 한다(유민봉, 2005). 이 책에서는 공간적 분화를 수평적 분화의 한 형태로 설명하였다.

10) 보통 이런 문제에 대한 대안으로 직무확장과 직무풍요가 논의된다. 직무확장은 업무내용을 다양화해서 흥미유발을 도모하고, 직무풍요는 이에 더해 구성원에게 재량권을 부여해서 스스로 결정하고 책임질 수 있게 하는 것이다(박통희, 2002: 315).

하는데, 보통 비슷한 지식과 기술을 사용하는 사람들의 집단인 '기능(function)별 부문', 특정 제품이나 서비스 같은 산출물에 대해 책임을 공유하는 사람들의 집단인 '사업부문(division)', 그 밖에 '지역', '고객' 등을 기준으로 한 부문 등으로 부문화가 이루어진다(Gibson et al., 1994: 478−483).

② 수직적 분화

한 조직에서 '수직적 분화'의 정도는 조직 내 계층의 수, 즉 조직도에서 수직선을 따라 연결된 보고의 단계를 통해 파악될 수 있다(Jones, 2002: 101−102). 계층 수는 통솔범위(span of control)와 관련되는데, 이는 관리자가 직접적으로 관리하는 부하의 수, 즉 상관에게 직접 보고하는 부하의 수를 말한다(Gibson et al., 1994: 488). 보통 통솔범위가 넓을수록 계층의 수가 줄어들고, 이것이 좁을수록 계층의 수가 늘어나게 된다. 통솔범위는 관리자의 능력과 업무의 복잡성 등에 따라 제한적일 수밖에 없으므로, 이러한 특성을 고려하여 조직이 설계되어야 한다(Jones, 2002). 한편, 파킨슨의 법칙(Parkinson's Law)[11]은 계층의 수가 늘어나는 또 다른 원인을 부하배증과 업무배증의 두 가지 원리로 설명한다. 일이 늘었을 때 사람들은 앞으로 경쟁자가 될 수 있는 동료가 아닌 부하를 늘리는 경향이 있고(부하배증의 원리), 부하가 늘어나면 관리업무가 늘어나 다시 일손이 필요하게 된다는 것이다(업무배증의 원리). 이때 다시 부하를 늘리는 악순환을 통해 조직은 점점 더 긴 계서제를 가지게 된다. 따라서 이를 어떻게 잘 통제하고 관리하느냐 하는 것이 조직설계자들에게 중요한 문제가 된다.

구성원 수에 비해 계층 수가 많은 조직을 '고층(tall)조직', 적은 조직을 '저층(flat)조직'이라고 한다. 고층조직에서는 좁은 통솔범위로 인해 엄격한 통제가 가능한 반면, 최상부에서 하층부까지의 정보전달에 시간이 오래 걸려 조직의 작동이 느려지고, 중간보고단계에서의 정보왜곡으로 관리자의 판단력을 해칠 가능성이 있다. 반대로, 저층조직은 의사전달에 왜곡이 적고 신속한 작동이 가능하지만 수평적 조정에 어려움을 겪기 쉽다.

11) 파킨슨은 영국 해군에서 1914년부터 15년여 간 군함 수가 크게 줄었음에도 직원은 오히려 늘어난 것을 보고, 이 법칙을 통해 그 과정을 설명하였다.

(2) 통 합

수직적 분화를 통해 나타나는 '계서제(hierarchy)'는 권한의 계층 및 보고·감독 관계를 통하여 하위부문들 간 조정과 협력을 이끌어내는 가장 단순한 형태의 통합 방법이다(Jones, 2013: 121－122). 계서제에서 상사는 하위부문들로부터 보고를 받고 권한에 의해 이들을 조정하게 된다. 조직은 이런 계서제 메커니즘을 중심으로 하되, 다양한 통합기제들을 함께 사용하여 분화된 업무들 간 통합을 도모한다. 그 중 연락역할담당자(liaison role)는 정보교류와 의사전달을 촉진하는 담당자로, 종적인 경로를 거치지 않고 부분 간의 직접적인 교류를 가능하게 하는 장점이 있다(이창원 외, 2012: 438). 태스크포스(task force)는 특정한 과업을 위해 여러 집단의 전문가들이 임시적으로 모여 일정기간 활동하는 형태로 상황의 복잡성으로 인해 연락역할이 한계에 이를 때 유용하게 활용될 수 있다(이창원 외, 2012: 439). 한편, 위원회 조직(committee organization)은 정기적으로 소집되어 다양한 부서나 부분의 의견을 교환하고 합의하는 형태로, 의사결정에 광범위한 분야의 경험과 지식을 반영함과 동시에 여러 부분 간 협조와 조정을 도모할 수 있다(이창원 외, 2012: 439).

2) 집권화와 분권화

집권－분권을 중심으로 구성되는 조직 내 권력구조는 앞서 살펴본 '분화－통합의 구조'가 기능하는 데 필요한 조직 내 실제 힘의 구조로 이해될 수 있다(박통희, 2002: 286, 291). 수평적 분화를 통해서 생긴 직무와 부서, 그리고 수직적 분화를 통해 생긴 계층 간에 권력이 어떻게 분포하느냐에 따라, 조직은 집권적, 과점적, 혹은 분권적이 된다(박통희, 2002: 291). 집권적 조직은 결정권을 조직의 특정 부분에 집중적으로 부여하고, 분권적 조직은 이것을 다양한 부분에 분산적으로 부여한다. 집권화와 분권화는 장·단점을 동시에 가지고 있기 때문에, 조직설계자는 조직의 상황에 맞게 집권과 분권 사이에서 균형점을 찾아야 한다. 예를 들어, 권력의 수평적 분포와 관련하여, 권력이 특정한 그룹, 부서, 직무에 지나치게 집중되면 조직의사결정에 특정 시각만이 개입되어 의사결정의 질이 떨어질 가능성이 있으므로 주의해야 한다(박통희, 2002: 319).

수직적 권력구조에 있어서의 집권화 및 분권화의 효과는 특히 오랫동안 많은 조직연구자들의 관심을 받아왔다. 집권화의 장점은 상급자의 판단에 따라 조직 전체가 신속하게 움직일 수 있다는 것이지만, 지나친 집권화는 최고관리자가 세세한 일상적 의사결정을 하느라 장기적이고 전략적인 중요한 의사결정에 시간과 에너지를 쏟지 못하게 한다. 또 하급자들이 창의성과 독립성을 발휘할 수 없게 하고 이들을 경직적으로 만들기도 한다(Jones, 2002: 109). 하급자들은 권한을 가지고 주체적으로 할 수 있는 일이 별로 없어 의욕이 저하되고, 복지부동(伏地不動)의 상태로 상급자의 지시만 기다리게 되는 것이다. 지나치게 집권화된 조직에서는 결정권을 가진 상급자로부터 원하는 결과를 얻기 위해 하급자들이 정치적인 행위에 몰두하게 되기도 한다(박통희, 2002: 319). 이런 상황에서는 분권화를 통해 권한을 여러 계층의 사람들에게 위임할 필요가 있다. 분권화된 조직에서는 관리자의 관리감독 부담이 줄고, 보고체계를 따라 보고 후 결정을 기다릴 필요가 없기 때문에 조직의 반응성과 유연성이 향상된다. 또 하급자들이 능동적으로 문제를 해결하면서 스스로의 능력을 향상시킬 수 있어 동기부여에 긍정적일 수 있다(Jones, 2002: 109; Gibson et al., 1994: 491−492). 하지만, 분권화가 너무 심하게 이루어지게 되면, 조직상층부의 하위직에 대한 장악력이 떨어지고 통솔에 문제가 발생하게 된다. 따라서 최고관리자는 조직의 미래와 관련한 장기적이고 전략적인 의사결정을, 중간 및 하위관리자는 일상적인 업무에 관한 의사결정을 맡아 조직이 효과적이면서도 반응적으로 작동할 수 있도록 조직을 설계해야 한다.

3) 공식화

공식화는 조직행위가 명문화된 규칙과 절차에 따라 이루어지도록 하는 것을 뜻한다. 공식화의 정도는 흔히 문서화된 규칙을 갖춘 정도와 그 규칙을 실제 사용하는 정도 등을 통해서 평가된다(Hage & Aiken, 1967; Oldham & Hackman, 1981). 의사결정 상황에서 공식화 수준이 높은 조직의 구성원은 잘 구성된 규칙과 기준들, 표준작업절차, 행동메뉴얼 등을 따르게 된다. 공식화는 조직행위에 대한 예측 가능성을 높이고 면대면의 관리감독을 대체하는 효과가 있어, 통솔범위를 넓혀주고 계층 수 증가를 억제한다(Gibson et al., 1994: 496). 하지만, 너무 경직적으로 규칙에 얽매이는 조직풍토는 구성원이 문제에 대해 창의성과 직관력을 발휘하고 상황적합적으로 대응하기 어렵게 한다. 따라서 조직설계자는 조직행위를 예측 가능한 범위 내로 통제하면서도 조직이 유연성을 가질 수 있도록 공식화의 수준을 결정해야 한다.

4) 조직설계의 상황적 차원

조직구조의 설계요소들에[12] 대한 결정은 상황적(contingency) 차원의 요소들을 함께 고려하여 이루어진다. 조직의 구조적 측면에 영향을 미치는 상황적 요소에는 조직의 규모, 기술, 환경, 조직의 목적과 전략, 조직문화 등이 있다. 조직의 규모가 어느 정도인지, 조직에서 사용하는 기술의 성격이 어떤지, 조직환경의 불확실성이 어느 정도인지, 혁신적 목표를 위한 모험적 전략을 선호하는지, 비용절감을 목표로 한 안정성 위주의 전략을 선호하는지, 구성원들이 어떤 가치를 공유하는지와 같은 것들이 조직구조의 선택에 고려되어야 한다.

표 4-2 조직설계 시 고려할 상황적 차원

상황적 차원	규모	조직의 크기
	기술	투입을 산출로 변환하는 도구
	환경	조직 외부에서 영향을 미치는 모든 요소들 예: 경쟁조직, 고객, 공급자, 정부 등
	조직의 목적과 전략	조직의 지향점 및 그 달성을 위한 행동계획
	조직문화	구성원들이 공유하는 가치와 규범

출처: Daft(2001: 18-20; 2019: 20-22) 참조.

12) 조직의 복잡성, 집권성, 공식성 등은 조직구조 설계에 있어 기본적인 변수들이다.

아래 사례는 부서할거주의를 억제하고 협업문화를 활성화하기 위한 노력에 관한 것이다. 부서할거주의의 원인과 결과 및 억제방법에 대해 생각해 보자.

칸막이 없는 공무원 '협업' 행자부가 선도한다

공무원 간 칸막이를 없애고 소통하며 업무효율성을 높이는 '협업' 문화의 활성화를 위해 행자부가 나섰다. 행정자치부는 협업을 통해 성과를 높이는 조직문화를 조성하기 위해 협업포인트 사용실적을 7월부터 부서평가에 반영한다고 23일 밝혔다. 협업포인트 제도는 공무원이 기관 간 또는 기관 내 다른 부서 공무원과 업무과정에서 도움을 주고받거나 지식 · 정보를 공유하는 등 협업을 한 경우 포인트를 주고받는 제도다. 직원 간 협업을 활성화해 부처 · 부서 이기주의를 없애고 업무효율성을 높이자는 취지로 올 1월 행자부 훈령이 제정되어 도입되었다.

협업포인트는 직원 1인당 매월 200포인트씩 배정받아 협업 상대방에게 1회 10포인트씩 감사메시지와 함께 보낼 수 있다. 타 부서 직원은 물론 다른 기관 공무원에게도 줄 수 있으나 같은 부서 직원 간에는 주고받을 수 없다. 동일인에 대해서는 월 2회까지만 가능하다. 평가대상은 부서원들이 사용한 협업포인트 사용실적으로 하고 평가결과는 부서장과 부서원 모두의 성과에 반영된다. 연간 실적을 종합해 협업을 잘하는 우수 직원 및 부서에 대해서는 포상을 하는 등 다양한 인센티브를 마련해 시행할 계획이다.

심보균 행자부 기획조정실장은 "협업포인트 제도는 직원, 부서 간 소통이 활성화되면서 조직 내 상호신뢰 향상과 함께 협업을 통해 성과를 높이는 선 순환적 조직문화의 좋은 방안이 될 것"이라고 밝혔다.

<출처: 정책브리핑, www.korea.kr 2016.6.23. 행정자치부>

2. 조직구조의 유형

1) 기계적 구조와 유기적 구조

앞서 살펴본 분화, 집권화, 공식화 등의 특성에 따라 조직구조는 특정한 형태를 가지게 된다. 번즈(T. Burns)와 스토커(G. M. Stalker)는 이런 조직의 특징적 형태를 기계적 구조(mechanistic model)와 유기적 구조(organic model)로 유형화하였다. 기계적 구조는 높은 수준의 집권화, 전문화와 공식화를 특징으로 하고 수직적 의사소통을 중시하는 반면, 유기적 구조는 분권화와 상대적으로 낮은 수준의 전문화 및 공식화를 특징으로 하고 수평적 의사소통을 중시한다(Gibson et al., 1994: 538-543; Jones, 2002). 또 기계적 조직에서는 계서제에 의한 통합이 주가 되는 데 비해, 유기적 조직에서는 태스크포스 등의 보다 복잡한 메커니즘을 사용한 통합을 선호한다. 번즈와 스토커는 상대적으로 동태적인 환경에서는 유기적 조직구조가 적합하고, 상대적으로 정태적인 환경에서는 기계적 조직구조가 적합하다고 보았다.

기계적 조직과 유기적 조직의 두 가지 모형은 이론적인 유형을 보여주는 것으로, 보통 실제 세계의 조직들은 이 두 가지 유형 사이의 어느 지점에 해당하는 형태를 취하게 된다.

2) 전통적 관료제모형과 대안적 조직형태

(1) 전통적 관료제모형

근대 이후 행정은 막스 베버(M. Weber)가 이념형(ideal type)으로 제시한 관료제를 근간으로 한다(임도빈, 2007). 기계적 조직의 대표적 형태인 관료제는 분업화와 전문화, 계층제, 규칙과 절차의 표준화, 문서화, 사람과 직위의 분리, 기술과 능력에 따른 고용 등의 특징을 가진다. 분업화는 각 구성원이 좁은 범위의 업무를 반복적으로 수행하도록 하여 전문화를 촉진한다. 계층제와 이에 따른 상명하복(上命下服)은 분화된 조직을 통합하고 통제하기 위한 효과적 방법이다. 명확히 규정된 책임과 의무는 혼란과 갈등을 최소화한다. 규칙과 절차의 표준화는 조직이 예측 가능하고 안정적으로 움직이도록 하며 관리자의 부담을 줄여준다. 문서화는 조직의 경험이 축적될 수 있도록 해준다. 사람과 직위가 분리되어 개인이 직위에 부여된 권한을 소유할 수 없고, 기술과 능력에 의한 고용으로 혈연, 지연, 사회적 지위와 관계없이 조직이 효과적으로 인적자원을 활용할 수 있도록 해준다.

이렇게 관료제는 여러 장점을 가지는 조직형태로, 효과적인 조직의 특징에 대한 아이디어를 제시해 주었다. 하지만, 최근 들어서는 극단적인 관료주의에 의한 관료제의 병폐 역시 지적된다.[13] 즉, 관료제 조직에서 계서제가 지나치게 길어지거나 지

13) 여기서 기억할 것은 관료제의 역기능들이 피할 수 없는 것이 아니라, 그 운영과정에서 사람들이 역

나치게 집권화되고, 규칙과 절차에 집착하여 조직이 경직적이고 비효율적으로 되는 경우가 많다는 것이다. 경직적인 체계와 규칙에 익숙해진 구성원은 인간소외를 경험하거나, 변화에 저항하게 될 수 있다. 규칙과 절차 및 문서화에 대한 지나친 집착은 목표수단전치현상을 초래하고, 관료제적 형식주의로 번거로운 문서처리가 늘어나는 '레드 테이프(red-tape)', 즉 '번문욕례(繁: 번성할 번, 文: 글월 문, 縟: 꾸밀 욕, 禮: 예도 례)' 현상을 초래한다.

(2) 대안적 논의들

이렇게 고전적 관료제가 경직성과 비효율성 등을 드러내며 비판을 받게 되면서, 다양한 대안적 조직형태들이 제시되고 시도되어 왔다.

베니스(W. Bennis)는 1966년의 논문에서 25~50년 내에 다가올 사회에 적합한 조직은 '유기적 · 적응적 구조(organic-adaptive structure)'를 갖춘 조직이라고 주장하고, 그 원칙으로 잠정적 구조, 문제중심의 구조, 집단에 의한 문제해결, 조정을 위한 연결침 역할의 담당자(접합점), 집단의 유기적 운영 등을 제시하였는데, 오늘날에는 그의 모형을 지칭하는 데 애드호크라시(adhocracy) 혹은 임시체제라는 개념이 더 널리 쓰이고 있다(오석홍, 2020).

매트릭스구조(matrix structure)는 전문성을 기준으로 한 기능부문 혹은 기능구조(functional structure)와 산출물을 기준으로 한 사업부문 혹은 사업구조(divisional, project or task structure)를[14] 결합한 복합구조로, 조직구성원의 공유 및 이원적 권한체계를 특징으로 한다. 재무, 인사, 생산 등의 부서별 조직이 신제품 개발 등 특정 산출물을 위해 구성된 새로운 부서의 지휘계통에 따라 동시에 움직이게 되는 경우가 그 예이다. 기존의 수직적인 지시통제라인에 횡적인 또 하나의 지시통제라인이 추가된 이 구조에서 조직구성원은 동시에 두 명의 상관에게 보고를 하게 된다. 이런 조직구조는 동태적 환경 및 부서 간 상호의존성이 높은 상황에서 특히 효과적인 것으로,

---

기능적으로 행동하거나 관료제원칙에 너무 심하게 매몰되기 때문에 문제가 일어나는 경우가 많다는 점이다(Jones, 2013: 160-161).

14) 기능부문 혹은 기능구조는 인사부, 재정부, 생산부, 판매부와 같이 조직 전체를 기능별로 부서화한 것이다. 이에 비해 사업부문 혹은 사업구조는 생산물별로 부서화하는 것으로 산출물 별 성과관리에 유리하다.

효율적인 인적자원의 활용과 활발한 의사소통을 촉진하고 구성원이 보다 넓은 시야를 가지게 하는 장점을 가진다. 하지만, 이중적인 권한체계에서 초래되는 갈등해결의 어려움 또한 가진다(이종수 외, 2010: 331－332).

네트워크구조(network organization)는 독립적인 여러 조직이 유동적으로 결합한 형태를 취하는데, 이 구조에서 개별 조직은 핵심업무 만을 담당하고 핵심업무 이외의 기능은 아웃소싱을 통해 외부 조직과의 계약으로 해결한다(이종수 외, 2010: 335; 이창원 외, 2012: 558). 네트워크조직은 조직 내에서 모든 것을 해결하는 대규모 조직형태를 버림으로써, 비용을 절감하고 동태적 환경에 유연하게 반응할 수 있게 된다(Jones, 2013: 193). 그러나 이 형태의 조직은 외부 조직들을 통제하기가 어렵다는 단점을 가진다.

커크하트(L. Kirkhart)는 베니스의 논의를 보완하여 '연합적 이념형(consociated ideal type)'을 제시하였는데, 이 모형에서는 조직 간 자유로운 인력이동, 변화에 대한 적응, 권한체제의 상황적응성, 구조의 잠정성, 조직 내 상호의존적이고 협조적인 관계, 고객의 참여, 컴퓨터의 활용, 사회적 층화의 억제 등이 강조된다(오석홍, 2020).

화이트(O. White, Jr.)는 고객중심주의를 강조하고 경계 관념을 타파하고자 하는 '변증법적 조직(dialectical organization)' 개념을 제시하였다. 화이트에 의하면, 변증법적 조직모형은 정 · 반 · 합의 변증법적 단계를 모두 거친 것이 아니라 전통관료제에 반대하여 발전하는 중의 모형으로, 조직과 고객을 갈라놓는 경계에 대한 관념을 바꾸어 조직 경계 안에 고객을 포함시키고 조직구성원과 고객이 동료같은 관계가 되어야 한다고 하였다(오석홍, 2020).

제네럴 일렉트릭(General Electric: GE)의 회장이었던 웰치(J. Welch)는 GE의 개혁을 위해 '경계없는 조직(boundaryless organization)' 개념을 제시, 초거대조직도 가족이 운영하는 식료품가게처럼 명령계통이나 통솔범위를 한정하지 않는 조직이 되기를 바랐으며, 조직내 수직적 경계, 수평적 경계, 그리고 조직과 환경 사이의 경계를 타파하고자 하였다(오석홍, 2020).

테이어(F. C. Thayer)는 계서제야 말로 인간 억압과 소외의 근원이라고 보고 탈관료제화의 핵심은 '계서제 없는 조직(nonhierarchical structure)'이라고 한다. 그는 의사결정의 위양, 작업과정 개편, 고객참여, 조직경계 개방 등을 통해 계서제를 소멸시키고, 비계서제적인 소집단의 연합체 형성, 협동적 문제해결, 승진개념 및 보수차등 철폐, 모호하고 유동적인 경계 등을 갖출 것을 주장하였다(오석홍, 2020).

린덴(R. M. Linden)은 현대조직들이 공급자 중심의 산업화 시대에 적합했던 분절적 조직(fragmented organization), 즉 기능과 조직단위별로 조각난 분절적 계서제에서 벗어나 '이음매 없는 조직(seamless organization)'으로 변화해야 한다고 주장한다. 이음매 없는 조직은 고립적 조직단위에 소속된 개인이 아닌 복수기술을 가진 팀들이 업무성과에 초점을 맞추어 임무를 수행하고, 조직내·외의 경계는 유동적, 투과적, 때로는 불분명한 네트워크가 되는 조직이다(오석홍, 2020).

가장 최근에 시도되고 있는 새로운 접근법으로 '자율관리(self-management)'가 있다. 자율관리조직의 극단적 예이면서 가장 널리 사용되는 모델로 '홀라크라시 팀 구조(holacracy team structure)' 혹은 '홀라크라시(holacracy)'를 들 수 있는데, 자율관리와 홀라크라시 팀 구조는 이전부터 논의되어온 임파워먼트, 분권화, 평평한(flat) 조직의 추구, 레드 테이프(red-tape)의 타파 등을 넘어서는 개념이라고 할 수 있다(Daft, 2019). 홀라크라시의 기본단위인 '서클[circle, 홀라크라시에서 팀(team)을 가리키는 말]'은 부서와는 전혀 달라서, 서클 안에서는 직무기술서 등이 없이 역할이 집합적으로 정의되고, 이 역할의 범위 또한 다른 구성원들과의 협상을 통해 조정되며, 각자에게 주어진 목적을 어떻게 달성할지에 대해서는 구성원 개개인이 재량을 가진다(Daft, 2019). 개인들은 한번에 다양한 역할을 하고 3~4팀에서 동시에 일하거나 서클을 바꾸는 선택도 가능하다(Daft, 2019). 갈등이 있을 때에는 매니저 없이 면대면으로 해결하도록 하되 해결이 나지 않는 경우 동료 위원회를 통해 해결을 시도한다. 팀(서클)들은 자기자신을 설계하고 관리한다. 자신들이 기반해서 활동할 규칙을 스스로 만들고, 자신들을 포괄할 더 큰 서클조직을 구성하기도 하고, 서브서클(sub-circle)을 만들기도 한다. 즉, 홀라크라시 팀 구조는 유동적인 팀들로 구성된 극단적으로 유기적인 조직이다. 주로 고객선호의 변화가 빠르고 계속적인 혁신과 학습이 요구되는 중간 이하 크기의 조직들에서 채택된다. 이 조직은 고객요구에 빠르고 혁신적으로 대응할 수 있으며, 구성원들이 부서별 경계가 없는 환경에서 의사결정을 하고 책임을 공유하는 경험을 통해 넓은 시야를 갖고 성장할 수 있게 하며, 협동을 촉진한다. 하지만, 기존 조직에 익숙한 사람들을 변화시키는 어려움이나, 집합적 결정에 드는 시간, 구성원이 특정 분야에 심층적인 기술을 발전시키기에는 방해가 되는 조건 등이 약점으로 꼽힌다(Daft, 2019).

마지막으로, 최근 증가하고 있는 '플랫폼 조직(platform-based organization)'은 인터넷과 디지털 기술을 통해 사용자를 연결하여 그들이 가치를 생산하고, 동시에 소비할 수 있도록 하는 조직형태이다(Daft, 2019: 365, 705). 그 형태에 따라 우버(Uber)와 같이 1 : 1 관계를 지원하는 교환플랫폼(exchange platform)과 유튜브(YouTube)와 같이 1 : 다(多) 관계를 지원하는 생산자플랫폼(maker platform)으로 구분된다(Daft, 2019: 367). 사용자들은 이 플랫폼 조직을 통해 다른 사용자가 소비할 수 있는 가치를 창출하거나 플랫폼 조직이 제공하는 디지털 기술을 통해 소비자를 만나게 된다. 플랫폼 조직은 사용자들을 연결함으로써 가치를 창출한다는 점에서, 조직 내에서 생산된 산출물을 조직 밖으로 공급하던 전통적 조직들과 차이를 보인다.

아래 사례는 환경에 대한 조직의 대응노력에 관한 것이다. 환경대응노력과 조직변화에 관한 다른 사례들을 찾아보고, 미래조직에 대해 이야기 나누어 보자.

은행장들의 코로나發 특명 "조직부터 바꿔라"

시중은행들이 환골탈태식 조직 개편에 속도를 내고 있다. 연초부터 시작된 코로나 19 사태 및 비대면 금융 확산 등 주변 환경이 급속히 변하는 데 따른 시중은행들의 기민한 대응 행보이다.

15일 금융권에 따르면, 신한은행은 최근 디지털 전환 기획 · 실행 등을 총괄하는 '디티(DT) 추진단'을 디지털그룹 디지털전략부에 신설했다. DT 추진단은 디지털 전문가만 있는 것이 아니라 영업 · 영업추진 · 정보통신기술(ICT) · 준법 등 각 분야 전문가가 한 팀당 5명씩 배치되었다. 추진 과제에 따라 수시로 팀을 바꿀 수 있도록 유연하게 팀 구성이 되었다. 마치 은행 속 디지털 은행을 추진하는 별도 조직처럼 디지털 전환 과제를 추진한다.

하나은행은 부서 업무를 기능별로 구분하는 '셀' 조직을 도입했다. 이는 기존 보수적인 성격에서 벗어난 조직체계를 갖추고 있는데, 특히 젊은 실무 책임자들이 직급과 직제 등의 제한을 받지 않고 책임과 자율성을 기반으로 업무를 수행하도록 한다.

우리은행은 부서와 팀의 중간형태인 'ACT(Agile Core Team)' 조직체계를 신설해 ACT 리더에게 부서장 권한을 부여하기로 했다. ACT 내 지원업무를 관련 소관 부서가 대행해 ACT의 권한은 크게, 업무는 간소화한다는 방침이다. 부서 간 협업사업을 애자일(Agile) 형태로

운영하면서 민첩한 조직체계를 마련하고 전결권을 부여해 조직의 역동성과 유연성을 강화하겠다는 계획이다.

KB국민은행은 지난 2017년부터 자율성 및 신속성 등을 갖춘 '에이스(ACE)'라는 조직을 활성화했고, 대화형뱅킹 앱 '리브똑똑'을 선보이는 등 모바일뱅킹 앱부문에서 눈에 띄는 성과를 내고 있다.

이 같은 조직체계가 형성된 데에는 은행장들의 강한 의지가 그 밑바탕에 깔려있다는 전언이다. 은행장들은 구글과 애플 등 글로벌 기업들이 일찍이 선보였던 경영방식을 벤치마킹해야 할 필요성과 최근 기민한 조직체계를 무기로 급부상 중인 인터넷전문은행의 모습에 큰 동기부여를 받은 것으로 알려졌다. 여기에 최근 코로나 19 확산이라는 요인이 더해져 시중은행들의 조직체계 변화가 시급함을 강조하고 있다.

금융권 관계자는 "코로나 19로 인한 비대면 금융환경의 발전 등은 향후 시중은행들의 조직체계 등에 지속적인 변화를 요구할 것"이라며, "상품, 서비스 개발 및 프로젝트 사업 등에서 기존 부서와 별개의 조직을 구성해 전권을 부여하고, 직급 등의 한계에서도 자유로운 실무 중심의 조직운영이 일반화 될 것"이라고 전했다.

<출처: 파이낸셜뉴스, 2020.7.16. 최경식 기자>

제 3 절 조직관리론

1. 인간관과 동기부여

1) 인간관

조직은 개인들로 이루어진 만큼, 조직의 성공적인 관리를 위해서는 구성원들을 잘 이해하고 관리해야 한다. 조직 내 인간에 대한 이해는 조직이론의 발전에 따라 변화해왔다. 고전적 조직이론에서는 인간을 주로 경제적인 이득에 의해 동기가 부여되는 '합리적 경제인'으로 이해했다. 이에 비해, 신고전이론에서는 경제적 보상에 대한 합리적 계산 외에도 인간의 동기에 영향을 미치는 요소가 있다고 이야기한다. 예를 들어, 인간관계론은 인간을 인간관계와 사회심리적 요인에 의해 영향 받는 '사회인'으

표 4-3 인간관의 종류

합리적 경제인	주로 경제적 유인에 의해 동기부여되는 존재
사회인	인간관계와 사회심리적 유인에 의해 동기부여되는 존재
자기실현인	자아를 실현하고자 하며 성장과 성취를 통해 동기부여되는 존재
복잡인	단순일반화하기 어려우므로 다원적 시각에서 이해·관리되어야 하는 존재

로 보고 사회심리적 보상을 중요시했다. 더 나아가 후기인간관계론자들은 조직구성원을 '자기실현인'으로 보며, 동기부여를 위해 개인적 성장이 가능한 과업과 자율성을 부여할 필요가 있다고 보았다(유민봉, 2005: 339).[15] 이후 현대조직이론에서는 기존의 인간관이 인간을 지나치게 단순화·일반화시켜 이해하였음을 지적하면서, 인간을 상황에 따라 다양한 시각에서 이해되어야 하는 '복잡인'으로 볼 것을 제안한다. 복잡인은 상황에 따라 가변성을 가지는 존재로 다양한 기법을 통해 관리되어야 하는 존재이다(유민봉, 2005: 400).

2) 동기부여이론

그렇다면 이러한 인간에게 구체적으로 어떻게 동기(motivation)를 부여하고 조직에서 능력을 발휘하도록 할 것인가? 이에 대한 논의는 크게 '내용론'과 '과정론'으로 구분된다.

(1) 내용론

내용론은 사람에게 동기를 부여하는 것이 '무엇'인가에 대한 답을 찾고자 하며, 그것은 바로 인간의 욕구라고 설명한다. 내용론의 대표적 이론인 매슬로우(A. Maslow)의 '욕구계층이론'은 인간 욕구가 계층을 이루고 있다고 보고 다섯 층위의 욕구체계를 제시한다. 즉, 인간은 ① 생리적 욕구－② 안전에 대한 욕구－③ 소속에 대한 욕구－④ 존중에 대한 욕구－⑤ 자기실현 욕구를 계층적으로 가지고, 동기부여 요인이던 하위계층의 욕구가 어느 정도 충족되고 나면 다음 계층의 욕구가 인간의 추동력

15) 후기인간관계론자인 맥그리거(D. McGregor)의 자율적이고 창의적인 'Y이론적 인간' 개념과, 아지리스(C. Argyris)의 자기주도적이고 자기통제력을 가진 '성숙인' 개념이 대표적이다(유민봉, 2005: 339).

이 된다는 것이다(Greenberg & Baron, 2008: 251－254).

이에 비해, 앨더퍼(C. P. Alderfer)의 'ERG(Existence, Relatedness, Growth) 이론'은 인간의 욕구를 ① 생존욕구－② 관계욕구－③ 성장욕구의 세 단계로 제시한다. 이 이론은 매슬로우와 달리 여러 욕구들의 복합적 작용이나 욕구의 퇴행 가능성을 제시하여 이론을 보다 현실화하였다(이창원, 2002: 133; 정우일 외 2011: 371－374).

한편, 허츠버그(F. Herzberg)의 '2요인론'은 욕구를 동기요인(motivators)과 위생요인(hygiene factors)의 두 가지 범주로 구분하여 보다 다각적인 접근을 시도한다. 즉, 그는 위생요인에 해당하는 욕구들은 그것의 충족이 단순히 불쾌감만을 없애줄 뿐 동기를 부여하지는 못하는 반면(위생요인충족 → 불만의 제거), 동기요인에 속하는 욕구들이 충족되었을 때 동기가 유발된다고 본다(동기요인충족 → 동기유발). 보통 생리적 욕구나 안전에 대한 욕구와 같은 하위계층의 욕구는 위생요인으로, 자아실현 욕구와 같은 상위욕구는 동기요인으로 작용하는 것으로 이해된다.

(2) 과정론

이에 비해, 과정론은 동기유발요인에 대한 관심에서 더 나아가 그것이 '어떻게' 작동하는지에 관해 논의한다. 예를 들어, 브룸(V. Vroom)의 '기대이론(expectancy theory)'은 노력이 목표달성으로 이어질 수 있다는 기대(expectancy: E), 그 목표달성이 보상을 얻는 수단이 될 것이라는 인식을 뜻하는 수단성(instrumentality: I), 얻을 보상이 본인에게 얼마나 매력적인가를 뜻하는 유인가(valence: V)가 복합적으로 개인의 동기부여에 작용한다고 설명하는데, 이는 "동기부여$=E \cdot \Sigma(I \cdot V)$"의 식으로 표현된다(유민봉, 2005: 407－409).[16] 이런 기대이론적 관점에서 볼 때, 관리자는 구성원이 확신을 가지고 자신이 원하는 보상을 위해 능력을 발휘할 수 있도록 능력에 맞는 직무를 부여하고, 능력개발을 지원하며, 목표 및 보상을 명확히 할 필요가 있다.

한편, 애덤스(J. S. Adams)의 '형평이론(equity theory)'은 조직구성원들이 자신의 투입(input)과 그 결과로 받은 보상(output)의 비율을 다른 사람의 경우와 비교하며, 이들 사이에 균형을 유지하고자 하는 경향이 개인동기에 영향을 미친다고 한다. 구성원은 본인이 타인에 비해 과대보상 혹은 과소보상을 받고 있다고 느끼면 죄책감이

16) Σ는 복수의 보상이 주어지는 경우를 고려하기 위한 것이다(유민봉, 2005: 408).

나 분노를 느끼고 행동을 조절하게 된다(Greenberg & Baron, 2008: 264). 예를 들어, 과소보상을 받고 있다고 느끼는 경우에 구성원은 결근이나 태만, 승진요구, 근무조건개선 요구 등을 통해 자신의 투입이나 보상을 조절하려하게 된다. 또 타인에게 보상에 맞는 노력을 요구하거나, 자신의 노력이 사실 별것 아니었다는 식의 인지왜곡을 통한 납득을 시도할 수도 있다(Mullin, 2010: 275-276). 이런 노력이 효과가 없을 경우에는 결국 조직을 떠날 수도 있다(Mullin, 2010: 276). 따라서 관리자는 동기유발을 위해서 공정한 보상제도의 설계와 운영을 위해 노력하는 동시에, 이에 대한 정확한 정보를 제공하고 구성원의 이해를 높여 공정성에 대한 오해를 불식해야 한다(유민봉, 2005: 411).

로크(E. A. Locke)의 '목표설정이론(goal setting theory)'은 목표의 난이도, 목표의 구체성, 그리고 목표추구와 관련된 상황적 요소들이 동기부여에 영향을 미친다고 설명하는데, 쉽고 모호한 목표보다 도전적이고 구체적인 목표, 그리고 적절한 환류나 보상, 경쟁 등의 상황이 동기부여에 효과적이라고 한다.

이러한 과정론은 내용론과 달리 욕구 이외의 다양한 개인적 상황을 고려한다는 점에서 진일보하였지만, 개인이 항상 자신의 능력, 공헌, 보상 등에 대한 객관적·합리적인 판단을 하기는 어렵다는 점에서 적용상의 어려움을 가진다(유민봉, 2005: 409-411).

(3) 기 타

이외에 특히 직무에 관련된 동기요인을 찾는 이론들을 '직무이론'이라고 부르기도 하는데, 이는 동기에 영향을 미치는 직무의 특성을 찾는 '직무특성이론'과 공공부문에 특유한 동기요인에 대한 논의인 '공공봉사동기(Public Service Motivation: PSM)' 이론 등을 포함한다(Perry, 1996; 1997; 이근주, 2005). 이 중 특히 PSM 논의는 공조직과 사조직 구성원들의 가치 및 욕구체계가 다를 수 있음을 지적하고 현장에서 이를 고려할 것을 제안함으로써, 사조직에 맞게 고안된 기존이론들을 공공조직에 일률적으로 적용할 때 발생하는 한계를 보완한다고 평가된다. 이에 대해서는 "제5장 인사행정론"에서 자세히 소개하고 있다.

2. 갈등과 권력, 리더십

1) 조직 내 갈등과 권력의 이해

조직을 바라보는 관점에는 일원적(unitary) 관점과 다원적(pluralist) 관점이 있다(Burrell & Morgan, 1979: 202–217; Morgan, 1986: 185–194).[17] 일원적 관점에서는 조직을 기능적 통합체로 보고 이 안에서 모든 구성원들의 목표가 동시에 만족될 수 있다고 전제한다. 따라서 갈등은 예외적이고 병리적인 것으로 취급된다. 그러나 다원적 관점에서의 조직은 복합적 목적을 가진 개인들의 느슨한 연결망이다(Morgan, 1986: 154). 구성원들은 협력하여 공동의 목표를 추구하지만, 동시에 서로 경쟁하고 갈등하기도 한다. 갈등은 개인 간 혹은 집단 간에도 일어날 수 있고, 수직적 혹은 수평적 관계에서도 일어날 수 있다.

이런 갈등의 해결을 위해서는 어떤 선택과 결정이 이루어지게 되는데, 이 과정에서 특정 입장이 더 반영되는 이유를 이해하기 위해서는 '권력'에 주목할 필요가 있다. 권력은 'A가 그렇게 하지 않으면 하지 않았을 어떤 것을 B가 하도록 하는 능력'이고, 그렇게 할 수 있는 만큼 A는 B에 대해 권력을 갖는다고 할 수 있다(Dahl, 1957). 전통적 조직론에서는 권력논의가 공식적·합법적 권한(authority)에 한정되는 경우가 많았지만, 사실 조직에서는 권한 외에도 다양한 종류의 권력이 다양한 조직구성원들에 의해서 행사되고 있다(Thopmpson, 1956; Fairholm, 1993). 조직에서 행사될 수 있는 권력의 유형에 관하여 프렌치와 레이븐(French & Raven)은 그 원천에 따라 ①

17) 조직에 대한 일원론적 관점과 다원론적 관점

	일원론	다원론
이해관계	• 공동 목표달성을 강조 • 조직은 공동 목적 하에 통합된 하나의 팀으로서 목표달성을 위해 노력	• 개인과 집단이해의 다양성 강조 • 조직은 느슨한 연합체로, 공식적 조직목표 하에 늘 잘 통합되어 있는 것은 아님.
갈등	• 일부 일탈자의 행위에 의해 발생 • 적절한 관리적 행위를 통해 제거될 수 있는 드물고 일시적 현상	• 조직의 고유하고 제거할 수 없는 내생적 특징 • 부정적 영향은 물론 긍정적·기능적 측면까지 인정
권력	• 조직현실에서 권력의 역할 무시 • 권력 대신 합법적 권위과 통제 등의 개념이 선호됨.	• 권력을 중요한 변수로 간주 • 조직구성원은 다양한 원천으로부터 권력을 획득 • 권력은 이해 갈등을 완화·해소하는 중개과정

출처: Burrell & Morgan(1979: 204)에서 재구성한 박지원·원숙연(2013).

직위에 기반한 권력인 합법적 권력, ② 보상을 제공할 수 있는 능력에 기반한 보상적 권력, ③ 다른 사람을 처벌할 수 있는 능력에 따른 강압적 권력, ④ 전문적인 기술과 지식에 기반한 전문적 권력과, ⑤ 뛰어난 이를 닮고픈 마음에 기반한 준거적 권력의 다섯 가지를 제시하였다.[18] 이 중 전문적 권력과 준거적 권력은 보다 개인적인 특성과 관련된 권력 유형들이다. 이 권력들은 상향적 행사도 가능하고 개인적 리더십 발휘에도 도움이 된다. 이에 비해, 보상과 처벌에 관한 권력은 일정 부분 직위와 관련이 있다.[19] 이런 측면에서 권력은 공식적 조직구조와 직위에 관련된 합법적-조직적 권력(legitimate-organizational power)과 개인적 능력 혹은 개인적 능력에 대한 타인의 믿음에 근거한 개인적-비공식적 권력(personal-informal power)으로 분류될 수도 있다(Mullins, 2010: 678). 개인의 조직 내 권력은 조직의 구조적인 요인과 개인적 특성의 결합에 의해서 그 총량이 결정된다.

권력이 행사되면 수용이 일어나게 되는데, 그 수용은 복종, 동일화, 내면화 등의 양상으로 나타난다. 복종은 외재적인 보상을 받거나 처벌을 피하기 위해 권력에 따르는 것이고, 동일화는 상대를 선망하거나 친밀한 관계를 유지하고 싶어서 요구에 따르게 되는 경우이다. 이에 비해, 내면화는 옳다고 여기기 때문에 따르는 것을 말한다(Kelman, 1958).

2) 갈등관리

적절한 수준의 갈등은 조직의 정체를 막아 조직에 긍정적이다(Cosier & Dalton, 1990; Baron, 1991). 갈등이 일어남으로써 기존 관행이나 의사결정에 잘못된 점이 없는지 재평가하고, 조직관성(organizational inertia)을 극복할 기회를 갖게 되는 것이다(Baron, 1991; Jones, 2002: 431-432). 하지만, 갈등 수준이 너무 높게 되면 조직 내 조정과 통합, 합의를 어렵게 하여 의사결정을 지연시키고 조직의 변화를 어렵게 한다. 따라서 조직의 관리자는 갈등에 대해 개방적 태도로 순기능을 인정하면서

18) 이외에도 조직 내 자원에 대한 통제력, 정보에 대한 통제력, 불확실성에 대한 통제 능력, 대체불가능성, 핵심인사와의 관계 등 다양한 요소가 권력의 원천으로 논의된다(Jones, 2002: 441-446; Mullins, 2010: 398, 677).

19) 물론 그 실질적인 실행력은 동일한 직위의 개인들 간에도 조금씩 다를 수 있지만 큰 틀은 직위에 의해 결정된다.

도 갈등이 격화되지 않도록 적절한 수준으로 관리해야 한다(Jones, 2002: 433).

폰디(L. Pondy)는 5단계 모형을 통해서 조직 내 갈등의 심화단계를 제시한다(Pondy, 1967; Jones, 2002: 433-438). 1단계는 잠재적 갈등(latent conflict)단계로 아직 표면화되지 않은 갈등의 요소들이 존재하는 단계이다. 조직 내 부분 혹은 개인들 간의 상호의존성, 권한의 불분명한 경계, 목표와 선호상의 차이, 서로 다른 성과기준, 희소자원에 대한 경쟁 등이 갈등의 잠재적인 원인이 된다(Baron, 1990; Jones, 2002: 434-437). 2단계인 갈등의 지각(perceived conflict)단계에 이르면 당사자들이 자신의 목적추구가 다른 집단에 의해 방해받고 있다는 것을 깨닫고 갈등의 존재를 인지하게 된다. 이런 지각이 감정적인 흥분이나 적대적인 느낌을 불러일으킬 때, 3단계인 감지(felt conflict)단계에 이르게 된다. 이 단계에서는 각 집단이 상대방과 구별되는 자기입장을 분명히 인식하고, 상대에 대한 적대감을 가지게 되면서 갈등이 증폭된다. 4단계인 갈등표출(manifest conflict)단계에서 갈등 주체들은 상대를 꺾기 위해 노력하는데, 이런 노력은 갈등이 완전히 표면화하게 되는 노골적 공격(open aggression) 혹은 동의하는 척 실제로는 협조하지 않아 결과적으로 상대 목적을 좌절시키는 소극적 공격(passive aggression) 등으로 드러난다. 마지막 5단계는 갈등의 여파(conflict aftermath)단계이다. 갈등은 해결 방식에 따라 그 이후의 여파도 달라진다. 표출단계에 오기 전 되도록 빠른 시점에 해결된 경우에는 갈등이 조직관성을 극복하고 다양한 관점을 검토할 기회를 제공하는 등의 긍정적인 기능을 하게 된다. 이 경우에는 갈등 이후에 부분들 간 관계도 더욱 좋아질 수 있다. 그러나 표출단계에서 서로 극심한 공격으로 관계가 악화된 후 갈등이 해결되면, 악화된 관계가 이후에까지 부정적인 영향을 미치게 된다.

갈등에 대한 관리는 조직구조 측면과 조직구성원 측면에서 이루어질 수 있다(Jones, 2002: 438-440). 먼저, 조직구조 측면에서는 갈등관계에 있는 부서의 재구조화나 연결메커니즘 강화를 통한 조정과 통합 촉진, 계층 감소를 통한 계서제상 통제력 강화, 권한 재분배 등의 조직재설계를 시도할 수 있다(Jones, 2002: 439). 구성원 측면에서는 상대에 대한 이해와 공감, 적대감 해소를 위해 당사자들에게 충분한 의사소통 기회를 제공할 필요가 있다. 이는 갈등이 심화된 단계에 진입한 이후 특히 필요한데, 이를 통해서 갈등을 유발한 통제불가능한 상황들에 대해 상호이해가 이루어지는 경우 갈등해소에 큰 도움이 될 수 있다(Baron, 1990, 1991: 20). 그러나 갈등이 심화되어 해소나 조정이 어려운 상황에서는 갈등을 유발하는 구성원들을 전환배치하거나 조직분위기에 영향력이 큰 사람을 교체하여 분위기 전환을 도모하는 등의 조치가 이루어지게 된다(Jones, 2002: 440).

3) 리더십

리더(leader)는 일반적으로 집단 내에 큰 영향력을 행사하는 개인을 뜻하고, 리더십(leadership)은 목표달성을 위해 구성원들에게 비강압적인 영향을 미치는 과정을 의미한다(Gibson et al., 1994: 401; Greenberg & Baron, 2008: 501). 이것은 타인의 행위에 영향을 미치는 관계를 개념의 핵심으로 한다는 측면에서 일종의 권력관계로 이해될 수 있다(Mullins, 2010: 373).[20] 리더의 권력은 일반적으로 비강압적인 방식으로 행사된다는 점에서 독재자의 권력 행사와 다르다(Greenberg & Baron, 2008: 501). 또 리더는 조직의 목표와 방향 및 그 달성 전략을 함께 제시하고 구성원을 이끈다는 점에서,[21] 단지 목표달성을 위한 정책들을 실행하고 관리에 치중하는 관리자와도 구별된다(Greenberg & Baron, 2008: 502).

리더십 이론은 성공한 리더들이 가진 특성이 무엇인가에 대한 논의에서 시작되었다. 이러한 논의들은 자질론 혹은 특성론으로 불리는데, 선천적인 특정 자질이 리더십을 발생시킨다고 보고 신체적 특징이나 지적 능력, 인내심, 결단력 등의 여러 가지 지도자의 자질에 관해 논했다(유홍림, 2002: 251). 하지만, 이 접근법은 논의가 진행될수록 공통점이 없거나 서로 배타적이기도 한 너무나 다양한 특성이 추가되어 이들 간의 관계 및 중요성을 논의하기가 복잡해지고, 상황에 따라 리더에게 요구되는 자질이 달라질 수 있다는 점을 고려하지 못하였으며, 리더십이 교육과 학습을 통해 습득 및 개발될 수 있다는 점을 간과하는 등의 한계를 드러냈다(유홍림, 2002: 251-252; 이종수 외, 2014: 361; 정우일 외, 2011: 476).

---

20) 리더십의 영향력은 리더가 구성원들에 대해 어떤 유형의 권력을 실제로 행사할 수 있는지, 혹은 구성원들이 자신의 리더가 어떤 권력의 원천을 가졌다고 믿는지에 따라 영향을 받게 된다(Mullins, 2010: 397-398).

21) 이는 특히 조직이 변화와 도전에 직면한 상황에서 중요하다.

1950년대 이후, 지도자의 특성보다는 특정한 행동이 리더십의 발휘에 있어 중요하다는 인식과 함께, 이러한 행동양식을 찾기 위한 연구들이 이루어졌다. 대표적으로 미시간 대학에서는 신뢰, 상호존중, 지지 등을 중요시하는 구성원지향적(employee-centered) 행동과 업무를 중심으로 직원들을 관리하는 생산지향적(production-centered) 행동에 대해 논의하였다(Mullins, 2010: 380). 미시간 대학의 연구결과는 구성원지향적 리더십이 생산성 향상에 더 유리하다는 것이었다(오석홍, 2020).

한편, 오하이오 주립대 연구팀은 리더의 행동이 인간지향적인 배려적(consideration) 행동과 공식목표·업무지향의 구조화(initiating structure) 행동 정도의 결합 양상에 따라 ① 높은 배려-높은 구조화, ② 높은 배려-낮은 구조화, ③ 낮은 배려-높은 구조화, ④ 낮은 배려-낮은 구조화 행동으로 나타날 수 있다고 보았다(Mullins, 2010: 379; 유홍림, 2002: 254). 연구결과 이들은 배려와 구조화가 비례나 반비례 관계에 있지 않고 따로 움직이는 요소임을 밝혔고, 리더십이 배려적일수록 직원들의 불평이 적으며, 높은 배려-높은 구조화의 리더십일 때 불평과 이직이 가장 적고 생산성은 가장 높음을, 그리고 낮은 배려-낮은 구조화 및 낮은 배려-높은 구조화의 리더십일 때에는 불평과 이직률이 높다는 것 등을 밝혔다(오석홍, 2020).

또 관리그리드(Managerial Grid) 모형은 생산지향성과 인간지향성을 X축과 Y축에 9단계로 표시한 격자(grid)를 제시하고, 생산지향과 인간지향이 모두 높거나[9-9: 단

그림 4-4 오하이오 그룹의 모형

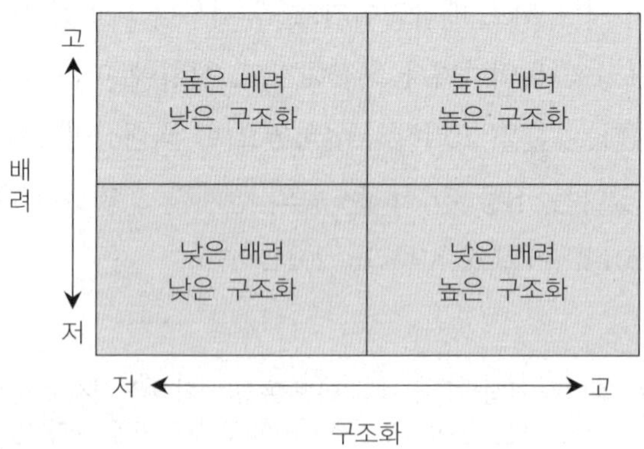

그림 4-5 관리그리드 모형

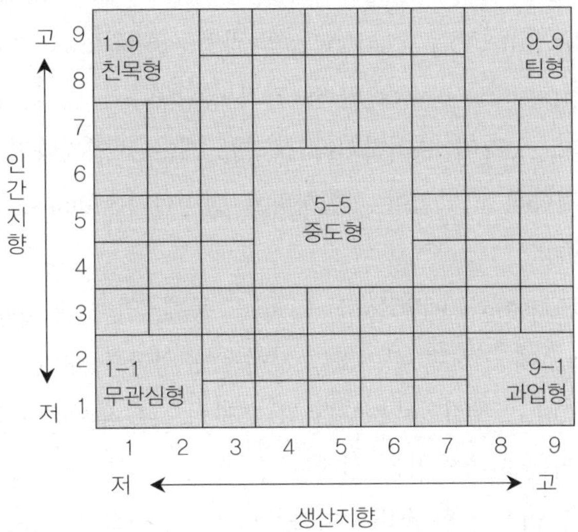

합형 혹은 팀형(team)], 모두 보통이거나[5－5: 중도형(middle－of－the－road)], 모두 낮거나[1－1: 무관심형(impoverished)], 어느 한 가지가 높고 다른 한 가지가 낮은 경우<[9－1: 과업형(task)], [1－9: 친목형(country club)]> 등의 리더의 행태를 분석하였다(유홍림, 2002: 252－256). 이들은 생산과 인간에 대한 관심이 모두 높은 경우(팀형)를 가장 긍정적인 리더십 형태라고 보고, 리더십 형태를 팀형으로 바꾸기 위한 훈련법 등을 설명하고자 하였다(오석홍, 2020).

이러한 행태론적 접근들은 리더의 행동을 분류하여 그 중 어떤 행동이 리더십 발휘에 도움이 되는지 밝히려고 했지만, 이후 검증과정들에서 경험적 연구결과가 이를 일관되게 뒷받침하지는 못하였다. 이들의 연구는 특성론과 마찬가지로 상황적 요소를 충분히 고려하지 못했을 뿐 아니라, 인간지향과 생산지향 이외의 중요한 요소들을 간과했다는 점에서도 한계를 가진다(유홍림, 2002: 251, 256; 이종수 외, 2014: 361－362; 배귀희 외, 2006: 15).

이에 비해, 1970년대를 전후로 등장한 상황론적 접근은 리더의 특정한 자질이나 행동이 모든 조직과 상황에서 효과적인 것은 아니라는 인식과 함께, 조직이 처한 상황에 맞는 리더십 유형에 관해 논하고자 했다(유홍림, 2002: 257). 피들러(F. E. Fiedler)의 상황적합적 리더십 이론(contingency theory of leadership)은 ① 리더와 부하의 관계(leader-member relations), ② 과업구조(task structure), ③ 리더의 직위에 부여된 권력(position power)의 세 가지 상황변수에 따라 리더십 상황이 유리하거나 불리해지며, 상황이 유리하거나 불리할 때는 과업지향적 리더십이, 중간적 상황에서는 관계지향적 리더십이 적합하다고 설명한다(Mullins, 2010: 385; 정우일 외, 2011: 487-490).

하우스(R. J. House)와 에반스(M. Evans) 등에 의해 논의된 경로-목표이론(path-goal theory)에 의하면 관리자는 부하들이 성과를 내면 그들의 필요가 충족될 것임을 분명히 하고 목적과 달성경로를 효과적으로 제시해야 하는데, 이 과정에서 상황에 맞는 리더십 스타일을 선택할 수 있다고 한다(정우일 외, 2011: 493-494). 즉, 동일한 관리자라도 상황에 따라 지시적, 후원적, 성취지향적, 참여적 리더십 스타일 중에서 보다 적절한 스타일의 전략을 선택적으로 사용할 수 있다는 것이다(Mullins, 2010: 388).

한편, 허시(P. Hersey)와 블랜차드(K. Blanchard)의 리더십 상황이론은 구성원들이 주어진 과업을 기꺼이 수행할 수 있는 준비도(readiness of the followers), 즉 성숙도(maturity)에 따라 적합한 리더십의 유형이 달라진다고 한다(Mullins, 2010: 389). 이들은 가장 낮은 성숙도에서 가장 높은 성숙도의 네 가지 상황에 따라, 성숙도가 가장 낮은 단계에서는 지시적 리더십(telling)이, 높은 단계일수록 설득적 리더십(selling), 참여적 리더십(participating), 위임적 리더십(delegating)이 각각 적합하다고 제시하였다(Mullins, 2010: 389-390).

이들 이론들은 한정된 리더십 유형과 상황변수만을 다루었다는 한계에도 불구하고, 리더십의 효과가 상황에 따라 달라진다는 점을 강조하고 관리자들이 고려할 상황적 요소들을 제시해 주었다는 점에서 의미를 갖는다.

한편, 상대적으로 합리적인 과정을 중요시하던 전통적 리더십론들과 차별화된 현대적 논의들이 1980년대 이후 이루어졌다. 대표적으로 번스(T. Burns)와 바스(B. M. Bass) 등의 학자들이 중심이 된 변혁적 리더십 논의는 거래적 리더십과 변혁적 리더십을 구분하고, 변혁적 리더십의 우월성을 주장한다(Mullins, 2010: 391). 거래적 리더십이 합법적 권위와 리더-부하 간의 합리적 교환관계에 기반한 데 비해, 리더의 카리스마, 상징적이고 영감적인 행동, 부하에 대한 개인적 배려, 지적 자극 등을 통해 구성원의 도덕적 몰입을 유도하는 변혁적 리더십은 거래적 리더십 이상으로 구성원들을 독려하고 조직변화를 이끌 수 있다는 것이다(김호섭 외, 2002: 263). 이 논의는 가치와 신념에 영향을 미치는 리더십이 구성원들로 하여금 사익을 넘어 조직 전체와 스스로의 성장을 위해 노력하도록 이끌 수 있음을 제시하고, 특히 변화의 시기에 적절한 리더의 유형을 제시해 주었다는 의미를 가진다. 그러나 비윤리적 카리스마의 가능성이나 영웅적 리더가 갖는 한계 등 변혁적 리더십이 가질 수 있는 문제점 역시 고려되어야 한다.

3. 조직문화

1) 조직문화의 의미와 기능

조직문화에 대한 연구는 이전부터 이루어져왔지만, 1970~1980년대 탁월한 성과를 낸 일본 기업들의 문화적 특징에 관한 관심이 고조되면서 본격화되었다(유홍림, 2002: 399).[22] 이후, 현대조직이론가들은 공식적 통제기제인 조직구조뿐 아니라 비공식적 통제기제인 조직문화 역시 중요하다는 점을 인식하고, 이의 이해와 관리에 큰 관심을 가지게 되었다.

조직문화는 사람들 사이에 공유된 가치와 규범(shared values and norms)의 집합이다(Jones, 2002). 조직문화는 공동의 기준을 제공함으로써 구성원이 직무와 역할을 이해하는 방식을 결정하고, 구성원 간 상호작용을 원활하게 한다(Jones, 2002; 유홍림, 2002: 407-408).[23] 또 구성원들에게 정체성 및 동질성을 부여해서 이들을 결합시키고, 조직생활에 의미를 부여하여 조직몰입도를 높이기도 한다(Greenberg & Baron, 2008: 548). 조직문화는 조직구조를 보완하여 조직체계의 안정성을 높여주는

22) 오우치(W. Ouchi)의 Z이론이 대표적인데, 그는 미국식 관리(A이론)와 일본식 관리(J이론)를 조합한 Z유형의 문화를 가진 조직들이 성과가 좋다고 주장한다. 이러한 조직문화는 장기고용, 상대적으로 여러 부서를 거치는 경력의 경로, 사람에 대한 관심 등을 특징으로 한다(유홍림, 2002: 399-400).

23) 조직문화는 조직구조와 마찬가지로 구성원들의 상호작용방식을 규정하고 행위양식을 통제한다.

통제수단으로 기능하여, 결과적으로 조직의 성과에 영향을 미치게 된다.

2) 조직문화의 형성과 전수

조직문화는 보통 창설자가 자신의 신념체계와 비슷한 성향을 가진 초기 구성원을 모집하면서 틀을 갖추게 된다(Greenberg & Baron, 2008: 553). 이런 조직문화는 창설자 그룹의 이념, 구성원들의 사회적 배경, 조직의 구조나 사업의 성격 등 조직 내적의 특징에 따라서도 달라지지만, 그 조직이 위치한 문화권과 같은 환경의 영향을 받기도 한다(Jones, 2002; 유홍림, 2002: 412-414).

조직문화는 조직사회화과정을 통해서 전수된다. 조직사회화는 '조직의 문화적 가치와 규범을 학습하고 내면화하는 과정'을 뜻한다. 이는 구성원이 특정 상황에 대해 반응하는 독특한 방식인 '역할정향성(role orientation)'에 영향을 미치게 된다. 예를 들어, 상관이 지시할 때 수동적으로 복종할 것인지, 혁신적인 아이디어를 제시해도 되는지와 같은 것들이다. 조직문화를 익혀 특정 행동의 조직 내 수용 가능 여부를 배우지 못한 경우, 여러 비공식적 제재에 직면하고 조직생활에 어려움을 겪게 되는 경우가 많다.

각종 의례나, 일화, 상징과 언어 등은 조직문화가 전수되는 중요한 경로가 된다. 이러한 것들은 구성원들로 하여금 조직에서 원하는 가치가 무엇인지를 이해할 수 있도록 해준다. 구성원의 조직 입성이나 승진, 퇴직 등을 기념하는 통과의례(rites of passage), 구성원 간 유대감 형성이나 강화, 충성심 배양 등을 목적으로 하는 통합의례(rites of integration), 구성원의 조직에 대한 기여를 공식적으로 인정하고 보상하는 강화의례(rites of enhancement)와 같은 의식에서는 조직이 중요하게 여기는 가치들이 극적으로 표현된다. 일화는 실제 사건에 관해 구성원들에게 공유되는 이야기나 경험담을 말하는데, 창업주의 무용담이 그 예가 될 수 있다. 조직에서 주로 사용되는 언어, 격언, 은유, 슬로건 등도 조직문화를 상징적으로 드러내며 이에 대한 이해를 돕는다.

조직문화가 한 번 형성되고 나면, 구성원 선발과정에서 비슷한 가치와 스타일을 공유한 사람들을 지속적으로 선발하게 되는 경향이 있다. 이와 다른 사람들이 선발되더라도 사회화를 통해 조직문화를 수용하거나 견디지 못하는 사람은 떠나는 과정을 통해 지나친 유사성 및 조직관성이 초래되기도 한다(Jones, 2002). 이는 특히 집단사고증후군(group thinking syndrom)을 유발하기도 하는데, 조직이 사용하는 사고방식의 전제를 재검토 없이 집단으로 합리화하게 되는 것이다(Jones, 2002). 이런 경우, 조직은 효과적으로 작동하기도 변화에 능동적으로 대응하기도 어려워진다.

조직문화는 잘 변하지 않는 경우가 많다. 하지만, 구성원의 변화나 조직의 통합 등이 조직문화의 변화를 촉진하며, 때로는 상황변화에 적응하기 위해 전략적으로 변화가 도모되기도 한다(Greenberg & Baron, 2008: 557-560). 레빈(Lewin, 1951; 1989)은 조직문화의 변화단계를 '해빙(unfreezing)-변화(moving)-재동결(refreezing)'의 세 단계로 제시한다(Lewin, 1989). 해빙단계에서는 구성원들이 변화의 필요성을 깨닫게 되고, 기존의 신념이나 행위체계가 처음으로 도전받게 된다. 변화단계에서 구성원들은 조직에 어떠한 변화가 필요한지 이해하고 새로운 방식을 실행한다. 변화가 일어난 이후에는 재동결을 통해 새롭게 형성된 가치 및 행위체계가 내면화되고 굳어져 정형화된다.

조직문화는 조직사회화를 통하여 전수된다. 아래 사례에 소개되는 행사는 조직의 어떤 문화를 어떤 방식으로 전수하는지 이야기해 보고, 이와 대조적인 문화를 가진 조직과 비교해 보자.

'꿈의 직장' 제니퍼소프트, 이번엔 클럽으로 변신

"좀 놀면 안 되나요, 회사에서?"

하루 7시간, 주 35시간 근무제, 경기도 파주 사옥 내 수영장에서 수영하는 시간도 근무로 인정해주는 남다른 기업문화로 유명한 소프트웨어 벤처기업 제니퍼소프트의 이원영 대표가 했던 말이다. 제니퍼소프트에서 제대로 놀아볼 기회가 생겼다.

제니퍼소프트는 오는 14일 토요일 오후 6시부터 10시까지 사옥에서 첫번째 '클럽 제니퍼' 파티를 연다고 5일 블로그와 트위터를 통해 공지했다. 제니퍼소프트에 정식 채용되어 사옥 내 카페를 담당하는 바리스타들이 이 파티를 계획했다. '클럽 제니퍼' 파티 온라인 초청장에는 "기존 파티와는 다르게 조금은 발칙한 클럽 파티를 준비했습니다. 멋진 디제이(DJ)가 준비한 음악과 함께 신나게 즐기는 파티문화를 만들어볼까요?"라고 적었다.

제니퍼소프트 쪽은 "'건강하면서도 신나게 놀아보자'는 아이디어를 두분의 바리스타가 내셨다. 제니퍼소프트는 플랫폼을 제공하는 차원이다"라고 설명했다.

파티에는 일반인도 참여할 수 있다. 진정으로 신나는 클럽 파티 문화와 음악을 즐기고 싶은 사람이라면 누구나 신청 가능하다. 다만, 참석인원은 50명으로 제한되어 있다. 이날 파티에서는 디제이 듀오 '파워 서플라이(POWER SUPPLY)'의 음악을 들을 수 있다.

<출처: 한겨레신문, 2013.12.5. 이정연 기자>

3) 조직문화의 유형과 한국의 행정조직문화

1980년대 이후 조직문화 연구는 강한 문화를 가진 조직이 효과적인지에 관한 '문화적 강도' 연구와 어떤 문화를 가진 조직이 성공적인지에 관한 '문화유형론' 연구의 두 가지 주요 갈래를 따라 진행되어 왔다(Smart & John, 1996: 219; 김호정, 2002b). 문화적 특성에 대한 조직 내 광범한 동의를 기반으로 구성원의 행태에 강력한 영향을 미치는 조직문화를 강한 문화(strong culture)라고 하고, 그렇지 못한 조직문화를 약한 문화(weak culture)라고 한다(Greenberg & Baron, 2008: 547). 약한 문화를 가진 조직에서 구성원들 간 관점의 차이로 인한 혼란이 있을 수 있는 반면, 강한 조직문화에서는 일반적으로 가치의 공유도 및 행동에 일관성이 높아 조직통합이 쉽다(김호정, 2002b). 그러나 조직이 처한 상황이나 문화유형에 따라서는 강한 문화가 오히려 변화와 학습능력을 제한하여 부정적 영향을 미치는 경우도 있으므로, 문화의 강도가 조직에 미치는 영향은 조직문화의 유형과 상황에 따라 다르게 평가되어야 한다(김호정, 2002b).[24]

퀸(R. E. Quinn) 등이 구성한 경쟁가치모형은 조직문화연구에서 가장 널리 사용되는 유형분류 중 하나이다(김호정, 2002b).[25] 이 모형은 조직문화를 집단문화, 발전문화, 위계문화, 합리문화의 네 가지 유형으로 제시한다.[26] 이들이 제시하는 각 문화

---

24) 예를 들어, 피터스와 워터만(Peters & Waterman, 1982)은 그들의 저서 *In Search of Excellence*에서 미국의 우량기업들은 강한 조직문화를 가지고 있다고 주장했지만, 2년 후 『*Businessweek*』(1984.11.4.)는 우량기업으로 꼽혔던 기업의 1/3 가량이 어려움을 겪는 중이며, 더 이상 우량기업이 아니라고 하였다(박원우 · 성지영, 2005). 이는 조직문화의 강도가 성과와 단선적 관계에 있지 않음을 보여준다. 조직문화에 대해 논의할 때에는 문화의 강도, 유형, 상황에 대한 고려가 함께 이루어져야 하는 것이다.

25) 경쟁가치모형은 조직효과성을 측정하기 위해 사용되는 여러 지표들을 두 가지 차원에 따라 4개의 집락으로 분류한다. 한 차원의 양 끝에는 서로 상반되고 경쟁적인 가치가 자리한다.

그림 4-6 경쟁가치모형에 따른 조직문화 유형

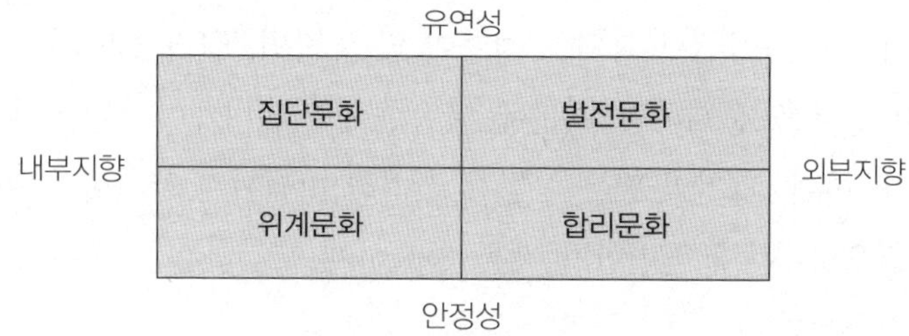

출처: Cameron & Quinn(2006: 35), 김호정(2002a)을 재구성.

유형별 특징을 살펴보면, 집단문화는 공동체적 관계를 중요하게 생각하여 통합을 강조하고, 발전문화는 혁신과 성취를 우선시하며, 위계문화는 통제 및 내적 안정성 유지를, 합리문화는 목표달성과 성과에 따른 적절한 보상을 중시한다(Cameron & Quinn, 2006: 37-45, 66; 김호정, 2002a).

한편, 홉스테드(G. Hofstede)는 '집합주의-개인주의', '남성적-여성적', '불확실성 선호', '권력거리', '장기-단기적 시각'의 조직문화 차원을 제시하였다(Jones, 2002).[27] 집합주의적인 조직에서는 집단에 대한 소속감과 충성심 및 화합을 중시하는 반면, 개인주의적 문화를 가진 조직에서는 개인의 자유 및 개인적 목표와 삶을 인정하고 보상·처벌도 개별적으로 부여된다. 남성적 조직이 개인적 성취, 경쟁, 공격성, 야망과 같은 가치를 강조하고 결과지향적인 반면, 여성적 조직에서는 배려, 단합, 공감, 동정, 협력, 인간적인 삶을 중요시하고 결과지향적이기보다는 관계지향적인 성향을 보인다. 또 높은 불확실성 회피경향을 보이는 조직에서는 안정을 선호하기 때문에 공식적인 규정·절차를 통해 불확실한 요소를 최대한 통제하고자 하는 반면, 불확실성 회피경향이 낮은 조직에서는 일탈이나 이견제기, 다름에 대한 수용의 범위가 넓고 조직 내의 갈등에 대해서도 수용적이며 안정보다는 혁신을 중요하게 생각한

---

26) 많은 학자들이 집단(group)문화, 발전(develpmental)문화, 위계(hierarchical)문화, 합리(rational)문화라는 용어를 사용하지만, 학자에 따라 clan, adhocracy, hierarchy, market으로 분류하거나, group 대신 consensual을 사용하기도 하고, hierarchical 대신 bureaucratic을 사용하는 경우도 있다(김호정, 2002a).

27) 약 50개국의 IBM 지사들을 대상으로 조사하여, 국가별 조직문화의 차이를 발견하고 문화유형을 도출하였다.

다. 권력거리는 '권력의 불평등한 배분, 즉 계층적 불평등이 수용되는 정도'로, 권력거리 지수가 큰 조직에서 구성원들이 권력자와 자신의 지위 차이를 수용하고 이견없이 지시를 따라 조직이 집권화되는 경향이 많은 반면, 권력거리 지수가 낮은 조직에서는 평등한 관계를 중시하기 때문에 쌍방향적 커뮤니케이션이 활발하고 분권화된 경우가 많다. 한편, 과거의 전통과 함께 장기적 미래까지 생각하는 조직은 장기성향이 강한 조직으로, 현재 직면한 문제를 중요하게 생각하는 조직은 단기성향이 강한 조직으로 분류된다.

한국 행정조직문화는 권위주의, 집합주의, 온정주의, 안정주의 등이 그 특징으로 논의된다(유홍림, 2002: 428-429; 유민봉, 2005: 201). 앞서 제시된 분석틀을 사용한 실증연구를 살펴보면, 홉스테드의 논의에 기반한 연구에서 권력거리, 집합주의, 불확실성 회피성향이 높게 나타난 바 있고(원숙연, 2009), 경쟁가치모형을 이용한 기업과의 비교연구에서는 행정조직의 위계문화가 기업보다 강한 것으로 나타났다(김호정, 2004). 권위주의적 조직은 상관의 지휘에 따라 추진력있게 작동할 수 있지만, 지나친 권위주의 혹은 수직적 문화는 조직을 경직시키고 창의성을 제한하기 쉽다. 집합주의 및 온정주의 문화는 구성원들의 응집력을 높여주는 장점을 가진다. 하지만, 집단의 외부에 대해 배타적인 경향이 있어 부서이기주의나 할거주의로 흐를 가능성 및 연고주의를 강화할 가능성이 있어 경계가 필요하다(유민봉, 2005: 204). 한국의 행정문화연구는 대체로 그 역기능을 부각하는 데 집중되어 왔지만, 그 긍정적 측면과 부정적 측면을 균형있게 다루어야 한다는 지적이 있다.

아래 사례는 복지부동과 무사안일의 소극적 공직문화를 바꾸기 위한 노력을 보여준다. 조직문화의 변화가 왜 어려운지, 변화를 위해 어떠한 노력이 필요할지 생각해 보자.

"일하다 접시 깨도 됩니다"…연일 '접시론' 설파하는 丁총리
적극행정·소신행정 강조…우수직원에 포상도
이른바 '복지부동' 공직사회 문화 개선 차원

"일하다 접시 깨도 됩니다", "내가 먼저 적극행정을 합시다. 일하다 접시를 깨는 일은 인정할 수 있어도, 일하지 않아 접시에 먼지가 끼는 것은 용인할 수 없습니다" 정세균 국무총리는 생각이 날 때마다 직원들에게 이른바 '접시론'을 강조하고 있다. 소위 '복지부동'의 공무원 사회를 긴장시키기 위해서다. 정 총리는 총리 취임 이후부터 꾸준하게 적극행정·소신행정을 강조하고 있다. 그만큼 공무원 하면 떠오르는 선입견이 '몸을 사리고 소극적'이라는 이미지다. 위험보다는 안전 위주의 행정으로 정책 시행의 시기를 놓치는 경우가 많다.

정 총리는 본인이 책임을 질 테니 적극행정을 공직문화로 정착시키는 데 앞장서 달라고 주문하고 있다. 특히, 적극행정으로 공적이 뛰어난 공무원에게는 확실한 포상으로 격려할 것을 주문했다. 이에 총리실도 특별승진, 특별승급, 성과급 최고등급 등 파격적인 인센티브를 추진하고 있다. 지난 6일에는 더 나아가 정 총리가 '접시'를 선물했다. 상반기 총리실 적극행정 우수직원 전원(단체상 1, 개인상 11명)에게 '적극행정 접시'를 수여한 것이다. 접시에는 "국민에게 힘이 되는 일에는 접시를 깨는 경우가 있더라도 앞장서야 한다. 일하지 않아 접시에 먼지가 쌓이는 일은 없어야 한다. 당신의 적극행정으로 대한민국은 더 크게 도약한다"고 적혀 있다. 또 코로나 19 대응 등에서 적극행정을 실천한 사람들을 격려하고, 국민을 위한 적극행정에 자부심을 가지자는 의미에서 정 총리의 '덕분에 챌린지' 수어 동작이 캐리커처 형식으로 담겼다. 정 총리는 단체부문 최우수상을 받은 '총리실 코로나 19 상황반'과 △ 코로나 19 상황반 실무를 총괄한 노혜원 과장(최우수), △ 5년 간 지연된 청년 단수여권 문제를 해결한 임효진, 박준희 사무관(우수), △ 기업인의 예외적 출입국 지원으로 성과를 낸 김형관 사무관(우수) 등에게 '적극행정 접시'를 직접 수여하고 노고를 치하했다.

최우수상으로 적극행정 접시를 받은 노혜원 과장은 "총리께서 평소 강조하신 접시 이야기를 생각해보면 무척이나 특별하고 의미있는 선물"이라면서 "접시를 깨더라도 새롭게 도전하고 먼지가 쌓이지 않게 성실하게 근무해 나갈 것"이라고 말했다.

국무조정실은 앞으로 총리실뿐만 아니라 중앙·지방자치단체·공공기관 등에서 적극행정으로 의미있는 성과를 만들어 낸 우수직원에게도 총리가 직접 적극행정 접시를 수여하고 격려해 나갈 예정이다.

<출처: 아주경제, 2020.7.11. 김봉철 기자>

4. 조직의 성장 및 발전 관리

1) 조직의 성장과 쇠퇴

조직은 성공적 관리 여부에 따라 성장하거나 쇠퇴할 수 있다. 성공적인 성장·발전관리를 위해서 관리자는 조직의 성장 및 위기에 대한 깊은 이해를 바탕으로 성장을 이끌고 위기에 효과적으로 대처해야 한다. 이와 관련하여, 그레이너(Larry E. Greiner)의 조직성장모형과 웨이첼과 존슨(Weitzel & Jonsson)의 조직쇠퇴모형을 살펴보도록 하겠다.

먼저, 그레이너는 조직의 성장단계를 5단계로 제시하면서 각 단계의 조직성장 동력 및 위기에 대해 이야기하였다(Greiner, 1972; Jones, 2002: 350−355). 조직은 각 성장단계에서 직면하게 되는 위기를 성공적으로 극복하지 못하면 정체하거나 쇠퇴하게 되는 반면, 위기를 극복하면 다음 단계의 성장국면으로 넘어가게 된다. 그의 모델에 의하면, 조직은 성장의 첫 번째 단계에서 창조성을 동력으로 성장(growth through creativity)하지만, 시간이 흐름에 따라 초기의 사업가정신뿐 아니라 전문적인 조직관리의 필요성이 높아지게 되어 필요한 전문적 관리능력과의 간극으로 인한 리더십 위기(leadership crisis)에 봉착하게 된다. 이 단계에서 조직은 관리자그룹을 강화하고 전문경영인을 영입하는 등 위기 극복을 시도하게 된다. 위기를 극복하고 두 번째 성장국면에 진입하게 되면, 조직은 관리자들의 명확한 방향설정 및 지시에 의해 성장(growth through direction)한다. 하지만, 이 단계에서 조직은 조직 내의 창조적 분위기와 자율성이 줄어드는 데 대한 구성원들의 좌절과 위기의식이 높아지는 자율성의 위기(crisis of autonomy)를 겪게 될 가능성이 있다. 이러한 위기에 대

그림 4-7 조직성장의 단계

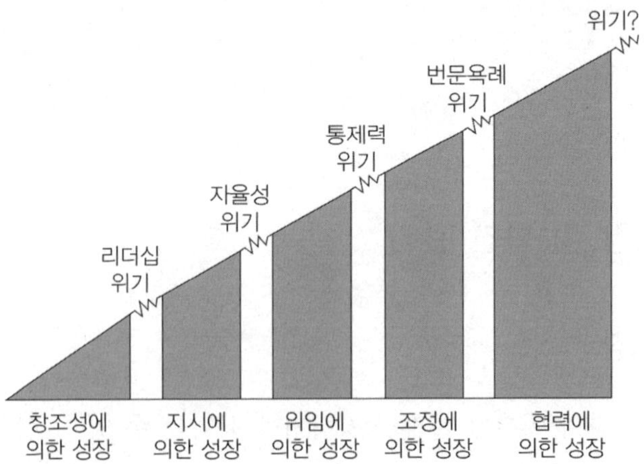

출처: Greiner(1972: 41).

한 대응책은 하위직급에 권한을 위임하고 적절한 보상체계를 통해 위임된 권한이 잘 활용되도록 관리하는 것이다. 두 번째 단계의 위기를 극복한 조직은 세 번째 성장국면인 위임에 의한 성장기(growth through delegation)에 들어서지만, 이후 위임에 의해서 권한이 강해진 중간관리자들과 최고관리자들이 경쟁하면서 최고 관리자가 통제력을 상실하는 통제력의 위기(crisis of control)를 겪을 수 있다. 이때 조직은 집권화와 분권화 사이에 균형점을 찾아 하위관리자들은 각 부서별 전문성을 발휘하고 최고관리자는 조정능력을 잘 수행할 수 있도록 해야 한다. 이를 통해 조직은 조정에 의한 성장(growth through coordination)단계에 진입하게 된다. 이때 조정과 통제를 위한 규칙과 절차를 마련하면서 이것이 조직을 오히려 경직화시키는 번문욕례의 위기(crisis of red tape)를 초래하지 않도록 주의해야 한다. 이 단계의 조직은 공식적인 통제보다 사회적인 통제나 자기통제를 중요시하는 보다 유기적인 조직으로 변모함으로써 다음 단계인 협력에 의한 성장(growth through collaboration)단계에 진입할 수 있게 된다.

위기를 성공적으로 극복하지 못하는 경우에 조직은 쇠퇴국면에 접어들게 된다. 웨이첼과 존슨은 조직쇠퇴의 단계를 5단계로 제시하면서, 조직은 마지막 단계에 이르지 않는 한 적절한 조치를 통해 쇠퇴에서 벗어날 수 있다고 설명한다(Weitzel & Jonsson, 1989, 1991; Jones, 2002: 358-361). 이들이 제시한 모형에 의하면, 첫 번째 단계인 무지(blind)단계에서, 조직은 조직을 위협하는 문제들을 인지해야 함에도 시스템상의 문제로 인해 인지하지 못한다. 이 단계에서 조직쇠퇴를 막기 위해서는 효과적인 관리자팀이 양질의 정보에 접근하기 위한 행동수정전략을 취해야 한다. 두 번째 단계인 무대응(inaction)단계에서 문제가 되는 것은 관리자들의 잘못된 상황 인식이다. 중요한 환경적 변화를 일시적인 것으로 잘못 해석하거나, 단기적 이익에 집중하느라 장기적으로 조직에 해가 되는 상황을 적절히 파악하지 못해 대응행동을 하지 않는 것이다. 이 단계에서 조직쇠퇴를 막기 위해서는 조직관성을 철폐하는 변화노력이 필요하다. 세 번째 단계는 오류행동(faulty action)의 단계로, 관리자들이 문제를 인식하지만 조직 내 갈등이나 급격한 변화에 대한 두려움 때문에 잘못된 결정의 오류들을 범하게 되는 것이다. 이에 따라 조직의 문제점은 여러 조치들에도 불구하고 점점 늘어나게 된다. 이 단계에서는 조직상층부에서 강력하게 시행하는 전면적이고 근본적인 변화전략만이 조직쇠퇴를 멈출 수 있다. 이러한 조치가 취해지지 못했을 때, 조직은 위기(crisis)단계에 진입하게 되어 투자자들이 투자를 꺼리고 유능한 관리자들은 조직을 떠나게 된다. 이 단계에서는 보통 최고관리자 팀을 교체하는 전략이 사용된다. 만약 적절한 처방을 하지 못하거나 처방이 성공하지 못하는 경우, 조직은 마지막 단계인 소멸(dissolution)단계로 진입하여 생존에 필요한 자원획득에 실패한 채 소멸하게 된다.

2) 조직의 현대적 관리모형

조직은 효과적으로 작동하고 환경에 적응하기 위해 전략적으로 관리되어야 한다. 여기서는 이러한 관리를 위한 접근법들을 살펴보기로 한다.

조직발전(Organization Development: OD)은 1960~1980년대에 많은 인기를 끈 조직변화 관리기법이다(김호섭, 2002a: 491). 넓게 보아 OD는 환경변화에의 대응을 위해 조직전반(구성원의 신념, 가치관, 태도, 행동, 조직문화, 조직구조, 조직정책 등)의 개선을 도모하는 장기적이고 광범위한 전략들을 총괄적으로 의미한다(윤재풍, 1976; 김호섭, 2002a: 492; Gibson et al., 1994: 669, 670). 그러나 보다 구체적으로는 구조나 기술에 비해 인간에 초점을 두는 것으로, 특히 구성원의 행태와 가치관 변화를 위한 행태과학적 개입기법으로 이해된다(이명재, 1985; 김호섭, 2002a: 492; Gibson et al., 1994: 669, 670). 이러한 기법은 실험실적 훈련(laboratory training, sensitivity training, T-group training), 팀 발전(team-building or team development), 과정상담(process consultation), 태도조사환류기법(survey feedback) 등을 포함한다(오석홍, 2020). 이러한 훈련을 통해, 구성원들은 개인과 조직이 상생할 수 있는 총체적 체제 변화를 위하여, 많은 경우 외부상담자들의 도움을 받아 자기분석 및 타인에 대한 이해를 독려받게 된다(김호섭, 2002b: 521-522).

1980년대 후반 일본 기업이 미국 기업을 추월하면서 총체적 품질관리(Total Quality Management: TQM)에 관한 관심이 높아졌다(김호섭, 2002a: 491). TQM은 제품과 서비스의 품질향상을 위해 기존 관행을 변화시킨다. 여기에서 '품질(quality)'은 고객요구의 충족을 의미하고, '총체적(total)'은 부분이 아닌 전반적이고 포괄적인 노력을 뜻한다(박세정, 1998). 즉, TQM은 고객요구에 부응하기 위해, 전체 구성원이 업무의 모든 국면에서 품질을 사전적으로 관리하면서, 동시에 품질의 계속적·점증적 발전을 위해 끊임없이 노력할 것을 강조한다. TQM의 주요 단계는 ① 자기업무 기술, ② 결함과 그 원인 확인, ③ 개선안의 시험적 실시, ④ 개선안의 선택과 실시, ⑤ 업무수행의 지속적인 개선을 위한 이전 과정의 반복이다(오석홍, 2020). 즉, TQM은 고객지향적(외부지향적)이고, 끊임없는 개선활동을 중시한다. 또 TQM은 구성원의 참여 및 임파워먼트를 중시하고 팀이나 그룹을 중심(집단중심적)으로 이루어지는 경향이 있다(박세정, 1998).

목표에 의한 관리(Management By Objectives: MBO)는 목표를 설정하여 직무수행을 관리하는 것으로, 상하위 구성원 모두의 참여 및 상호협의에 의한 목표설정, 개인에 대한 객관화된 업무목표 제시, 목표달성에 필요한 예산과의 연계, 목표달성과정의 자율성, 중간점검과 수정, 성과에 따른 보상, 환류 등을 특징으로 한다(박세정, 1998; 김병섭·박광국, 1999; 김병섭, 1999). MBO는 결과지향적 관리전략으로 Y론적 인간관에 기초하여 참여를 중시하는 관리전략이며, 특히 TQM과 달리 조직내부지향적이고 개인주의적 특성을 가진다(박세정, 1998).[28)]

전략적 관리(Strategic Management: SM)는 환경과의 관계를 중시한다(오석홍, 2020). 환경의 불확실성에 대응하기 위해 1970년대부터 사기업들에서 시도되었고, 1980년대 이후 공공관리 부문에서 중요하게 고려되기 시작하였다(Vinzant & Vinzant, 1996). 이는 변화지향적인 조직관리법으로 전략적 기획(strategic planning)의 최종 단계 혹은 전략적 기획의 확장개념으로도 이해된다(이환범, 2002; 제갈돈 외, 2000). 전략적 기획 및 관리는 조직의 당면 이슈 정의 및 목표설정, 계획기간 설정, 조직역량 평가, 환경 평가, 전략계획서 작성, 집행, 평가 및 환류의 순서로 진행된다(오석홍, 2020). 조직 내·외의 상황 평가를 위한 SWOT 분석은, 조직역량에 있어 강점(strength: S)과 약점(weakness: W)을 분석하고, 환경변화가 제공하는 기회(opportunity: O)와 위협(threat: T)을 분석하는 방식으로 조직역량과 환경을 평가하도록 해 준다(이환범, 2002). 성공적인 전략적 관리를 위해서는 조직의 관리능력, 조직문화, 조직구조, 권력구조 및 리더십을 포괄한 조직 전반에 대한 평가를 기반으로,

28) TQM은 고객에 집중한다는 점에서 외향적이고, MBO는 개인별·조직별 통제와 성취에 중심을 둔 목표설정을 통해 조직을 관리하려 한다는 점에서 내향적이다.

전략적 기획과 예산 및 자원을 연계하여야만 한다(Vinzant & Vinzant, 1996).

리엔지니어링(Business Process Reengineering: BPR)은 '절차'를 바꾸는 데에 집중하는 조직변화기법이다. 조직성과의 개선을 위해 다른 요소보다도 특히 과정과 절차의 개선이 중요하다고 보고, 이를 혁신적으로 재설계하고자 한다. 구체적으로는 정보기술을 활용하여 합리적인 업무과정을 도출하고 절차를 개선하여 시간과 자원을 효율적으로 사용하고자 한다. 여기서 주의할 점은 업무과정의 개선 없이 정보기술만을 활용하는 것은 효과적이지 못하므로, 정보기술활용에만 집중하는 방식을 지양해야 한다는 것이다(송희준 외, 1997). 이외에도 성공적인 리엔지니어링을 위해서는 창조적이고 유연한 문화적, 행태적 요소 및 최고관리자의 지속적 관심 등이 필요하다고 지적된다(송희준 외, 1997).

제 4 절 한국의 정부조직

1. 한국의 정부조직

한국의 정부조직은 지방행정기관과 중앙행정기관으로 구성된다. 지방행정기관은 광역자치단체와 기초자치단체 등을 뜻하며, 중앙행정기관은 전국적 관할권을 가진 행정기관을 의미한다.

이러한 행정기관들은 '단독형(독임제) 기관'과 '위원회형(합의제) 기관', '보조(계선)기관'과 '보좌(막료/참모)기관' 등으로 구성된다. 단독형 기관은 한 명의 최종의사결정권자를 장으로 하는 것에 반해, 위원회형 기관은 복수의 의사결정권자를 둔다. 또 계선기관이 수직적 계층관계를 따라 명령복종관계를 이루는 것과 달리, 보좌기관은 전문성을 바탕으로 계선기관에 대해 수평적이고 횡적인 보좌를 한다. 이 밖에 중앙행정기관에 소속된 소속 기관으로 부속업무를 담당하는 '부속기관'과 특정 지역 내 업무를 담당하는 '특별지방행정기관'이 있다.[29]

29) 정부조직에 대한 더욱 자세한 설명은 제2장을 참조하기 바란다.

정부조직구조는 환경변화의 반영, 조직구조상의 문제점 시정 및 개선, 정치적 이념 반영 등을 위해 개편된다(박천오, 2018). 구체적으로 예를 들면, ① 효율성 제고, ② 효과적인 정책추진, ③ 행정수반의 통제력 강화, ④ 정책우선순위 조정, ⑤ 전략적 편의 등으로 그 목적을 나누어볼 수 있는데, 첫 두 목표는 특히 행정조직개혁 목적, 마지막 두 목표는 정치적 목적에 속한다면, ③은 두 가지 목적 모두에 해당하는 것이라고 할 수 있다(박천오, 2018).

역대 정부조직 개편을 살펴보면, 한국정부조직은 정부체제정비와 경제발전을 위해 기관들을 신설하며 규모가 커지다가, 김영삼 정부에서 '작고 효율적인 정부', 김대중 정부에서 '작고 강력한 정부', 이명박 정부에서 '유능하고 작은 정부, 국민을 섬기는 실용정부' 등을 표방하며 작은 정부를 지향하는 쪽으로 변화가 있었다고 볼 수 있으며, 각 정권마다 특정 부처가 신설되거나 격상, 통합, 폐지되는 등의 변화를 겪어왔다(박천오, 2018). 그러나 이에 대해서는, 조직 개편이 효과성과 효율성을 높이도록 체계적 준비에 의해 점진적으로 이루어져야 함에도, 실제로는 정치적 변화에 따른 개혁의지 표현 수단 혹은 권력재분배 등의 수단이 되거나 개편추진과정에서 정치적 타협으로 기형적 모습이 되는 등 실천상의 문제가 많았다는 비판이 있다(박천오, 2018).

2. 한국정부관료제의 변화

한국정부관료제는 1960~1970년대를 거치며 견고한 계층제적 관료제를 기반으로 경제발전을 이끈 것으로 평가된다(한상일 · 정소윤, 2014). 이 시기 한국관료제는 베버(M. Weber)관료제의 주요 특징인 실적기반임용과 경력승진보장 등을 갖추어 유능한 관료들을 확보하고, 권위주의체제에서 정치사회적 압력으로부터 상대적 자율성을 누리면서 개발도상국 발전국가관료제로서의 역할을 하였다(한상일 · 정소윤, 2014; 박종민 · 윤견수, 2015).

이런 한국정부관료제는 신자유주의와 신공공관리주의의 영향, 그리고 민주화의 영향 등으로 변화를 겪게 된다. 구체적으로 성과, 효율, 경쟁의 가치를 중시하는 신자유주의 및 신공공관리주의는 성과연봉제(1999년), 개방형 임용제(1999년), 목표관리제(1999년), 책임운영기관(1999년), 직위공모제(2006년), 고위공무원단 구성(2006년) 등의 도입에 영향을 미침으로써 한국관료제에 개방, 경쟁 등의 변화를 가져왔다(박종민 · 윤견수, 2015).

한편, 민주화의 심화는 관료제에 대한 통제 강화, 공직임용에서의 대표성 강조 등의 변화를 가져왔다. 특히, 지방자치제 실시 이후에는 국회, 지방정부, 지방의회, 지역 시민사회단체 등 정책과정 참여자들이 더욱 다변화되어, 중앙정부의 지시를 일선 현장에서 따르는 식의 행정은 더 이상 가능하지 않게 되었다. 하지만, 오랜 발전행정국가의 역사와 함께 계층제 기반의 강력한 관료제 패러다임을 기본으로 해 온 한국에서 현재 수평적 네트워크 기반의 거버넌스 패러다임으로 전환이 이루어졌다기보다는, 타 행위자들의 참여와 협력을 보장하되 관료가 주도권을 갖는 관료주도의 거버넌스가 이루어지고 있다고 보는 것이 적절하다는 평가가 있다(박진우, 2017).[30]

생각해 볼 문제

- ✓ 조직의 정의에 대해 이야기해 보자.
- ✓ 조직이론이 가지는 의미에 대해 이야기해 보고, 고전－신고전－현대적 조직이론들의 특징 및 장 · 단점을 토의해 보자.
- ✓ 조직설계의 원리에 대해 이야기해 보고, 관심 있는 조직의 조직도를 구해서 복잡성의 양태를 설명해 보자.
- ✓ 동기부여의 내용론과 과정론을 비교하고, 이와 관련하여 본인의 동기는 어디에서 어떻게 비롯되는지 이야기해 보자.
- ✓ 조직에서 발생하는 갈등이 가지는 의미와 그 관리방안에 대해 이야기해 보자.
- ✓ 본인이 존경하는 리더의 리더십에 대해 이야기해 보자. 그 사람은 어떤 유형의 리더십을 발휘하는가?
- ✓ 본인이 속한 조직의 조직문화 유형에 대해 생각해 보고, 그 전수가 어떻게 이루어지고 있는지 이야기해 보자.
- ✓ 성장하고 있는 조직 혹은 쇠퇴하고 있는 조직 중 하나를 선택하여 그 이유를 분석해 보자.

30) 이 부분은 제3장과 함께 읽으면 이해에 도움이 되겠다.

C·H·A·P·T·E·R

05 인사행정론

조직을 유지하고 조직의 목표를 달성하는 데 가장 중요한 요소가 바로 '사람'이다. 사람이 조직의 목표를 달성하기 위해 문제의 해결방안을 기획하고 결정하며, 그 방안을 실행에 옮기기 위해 돈을 계획에 따라 쓴다. 따라서 능력 있고 우수한 인재를 선발하여, 그들로 하여금 업무수행을 잘할 수 있도록 동기를 부여해주고, 업무 여건을 마련해 주는 것이 매우 필요하다. 일반적인 조직에서도 이렇듯 '사람'이 매우 중요한데, 하물며 한 국가의 운영에 있어서 공무원의 역할에 대한 중요성은 두말할 필요가 없을 것이다. 이 장에서는 정부가 좋은 인재를 선발하고 임무를 잘 수행할 수 있도록 여건을 마련해주고, 관리하는 일련의 과정인 인사행정에 대해서 이론과 법제도를 이해하기 쉽게 설명하고 한국에 적용되고 있는 정책들을 살펴보기로 한다.

제 1 절 인사행정의 이해

1. 인사행정의 의의

1) 개념과 특징

인사행정이란 무엇인가? 사회과학의 특성상 어떠한 개념에 대한 정의는 학자마다 견해가 다양하다. 일반적으로 인적자원을 대상으로 하는 일련의 활동이 공공부문에서 다뤄질 때 이것을 인사행정이라고 한다. 즉, 인사행정은 "공공부문 혹은 정부의 목표달성에 필요한 인적자원, 즉 공무원을 선발하고, 유지하며, 근무 의욕을 높이고 행동과 태도를 통제하는 일련의 상호 관련된 동태적인 관리활동"들을 말한다(강성철 외, 2012: 21).

최근 공공부문에 민간기업의 관리 기법들을 적용하려는 경향이 증가하고 있고, 그에 따라 인사행정을 '인적자원관리(human resource management)'로 지칭하기도 하며, 경영전략과 연계하여 전략적 인적자원관리(Strategic Human Resource Management: SHRM)를 강조하는 방향으로 나아가고 있다. 종래의 인사행정이 인사 프로세스에 따라 공무원에 대한 개별 인사제도에 초점을 맞추었다면, 전략적 인적자원관리는 조직목표와 그를 달성하기 위해 종합적으로 인사관리를 다루기 때문에 조직론, 정부개혁론의 영역과도 연결되는 전체론적 접근(holistic approach)에 초점을 맞추고 있다(이도형, 2007: 49-50). 즉, 전략적 인적자원관리는 전통적인 관리통제중심의 인사관리가 아닌 수직적인 조직의 경영전략과 인적자원관리를 연계시키고, 수평적으로 다양한 인적자원관리 활동들 간의 조정과 연계를 통해 조직의 목표를 효율적으로 달성시키는 과정을 말한다(Mabey & Salaman, 1995).

인사행정은 민간부문의 인사관리와의 그 내용상 유사한 점이 많다. 그러나 인사행정은 공공부문에서 정부의 업무를 담당하는 공무원을 관리하는 것이기 때문에 인사관리와 차이가 있다. 이를 비교하는 차원에서 인사행정의 특징을 정리하면 다음과 같다.

첫째, 인사행정은 '공공성과 형평성'을 추구한다. 인사관리는 비용측면인 효율성과 능률성을 강조하지만 인사행정은 공공부문에 적용되는 것이기 때문에 공정경쟁, 차별금지, 정치적 중립성 등이 더 중요하게 다루어진다.

둘째, 인사행정은 모든 것이 '법'에 근거하여 이루어진다. 민간부문과는 달리 모든 기준과 절차가 법률에 엄격하게 규정되어 있기 때문에 민간부문처럼 인사권자가 자의에 의해서 인사를 마음대로 처리할 수가 없다. 그러므로 공정성과 일관성이 확보되어 행정의 안정성이 확보되지만, 반면 환경변화에 따른 인력관리 및 운영에 대한 적응성은 떨어진다(권기헌, 2014: 296).

셋째, 인사행정은 '정치성'을 띤다. 앞서 언급한 인사행정의 특징들과 다소 반하는 특징이 될 수 있다. 장·차관 같은 공개채용 과정을 거치지 않는 고위직(정무직) 공무원들은 정치적 임명권이 대통령에게 있기 때문에 엽관의 특성을 가지고 있다.

2) 인사행정 과정

인사행정은 매우 역동적으로 이루어지는 순환과정이다. 인력관리계획을 통한 수요계획, 수요계획에 의한 모집, 채용, 임용, 배치, 효율적인 근무를 위한 능력발전, 동

그림 5-1 인사행정의 순환과정

기부여, 평가 및 통제, 퇴직까지의 모든 과정이 서로 역동적이고 유기적으로 연결되어 순환된다.

2. 인사행정 필요성

인사에 관한 가장 유명한 어록으로 "인사(人事)가 만사(萬事)다"라는 말이 있다. 좋은 인재를 잘 뽑아서 적재적소에 배치하고, 관리를 잘해야만 모든 일이 잘 풀리고 순리대로 돌아간다는 것을 의미한다. 인사의 중요성을 이 말만큼 잘 표현한 말은 찾기 어렵다. 인사는 특히 공공부문에서 더욱 중요하다. 공공부문이나 정부가 국가의 가치와 목표를 효율적으로 달성하고자 할 때 필요한 3대 요소에는 인사, 조직, 재정이다(권기헌, 2014: 294). 그 중 가장 중요한 것이 바로 인사이다. 조직의 목표를 달성하기 위해 조직과 환경이 이상적인 최적의 상태로 갖추어져 있고, 재정이 뒷받침된다 하더라도 행정업무를 처리하는 '사람'이 소극적으로 행동한다면 조직의 목표는 결코 달성할 수 없다. 특히, 공공부문에서 '사람'인 공무원이 제대로 업무에 충실하지 않으면 조직 결국 국가는 정책 집행에 실패하고, 재정은 낭비되며, 국가경쟁력은 하락한다. 공공부문에서 공무원이 모여 이루는 것이 조직이고, 예산을 써서 행정 업무를 수행하는 주체도 공무원이기 때문에 훌륭한 인재를 선발하고, 관리하여 활용하는 것은 그 어떤 정부의 업무보다 중요하다.

제 2 절 인사행정 기반이론

1. 인사행정제도의 발달

1) 엽관주의와 실적주의

(1) 개 념

공공부문에서 인사는 어떠한 기준에 의해서 이루어질까? 상식적으로 공무원이 될 수 있는 기회는 모두에게 동등하게 주어져야 하고, 그 결정의 기준은 객관적인 능력이 되어야 한다. 이것이 바로 실적주의(實績主義, merit system)이다. 이러한 실적주의는 기회의 균등, 실적에 따른 임용, 신분보장과 정치적 중립을 주요 구성요소로 하는데, 엽관주의(獵官主義, spoils system)가 가진 한계, 즉 사회의 발달과 행정의 복잡화 및 전문화에 따른 엽관주의에 따라 임용된 공무원들이 업무를 제대로 수행하지 못하게 됨에 따라 나타나게 되었다. 현재까지 대부분의 국가에서 실적주의에 따라 공공부문의 인사를 시행하고 있다(오석홍, 1993; 유민봉 · 임도빈, 2003: 62).

엽관주의는 공직의 임용기준을 정당관계를 기준으로 공무원을 선발하고 인사 조치를 취하는 것을 말한다. 영어로 'spolis'는 전리품을 의미한다. 즉, 선거에서 이긴 쪽이 전리품으로서 공직을 가져간다는 것을 의미한다. 엽관주의는 특히 미국에서 1829년 잭슨(A. Jackson) 대통령이 선거에서 승리하면서 자신에 대해 정치적 지지를 했던 사람들에게 공직을 정치적 보상으로 제공함으로써 인사의 기준으로 발달하였다. 당시만 해도 행정업무가 매우 단순하여 전문성을 갖춘 공무원은 필요하지 않았기 때문에 엽관주의가 인사의 기준의 될 수 있었다. 그러나 사회가 발전할수록 행정업무는 복잡해지고 전문성을 필요로 했다. 결정적으로 엽관주의 대신 실적주의가 등장하게 된 것은 1883년 가필드(J. A. Garfield) 대통령이 파리 대사로 임명하지 않았다는 이유로 찰스 기토(C. J. Guiteau)에게 암살을 당하면서부터이다. 2년 후 1883년 「펜들턴법(Pendleton Act)」이 제정되면서 실적주의가 미국 공공부문 인사의 기준이 되었다(백종섭 외, 2016: 52－53).[1)]

엽관주의와 유사하지만 구별되어 사용되어야 하는 개념으로 영국에서 발달한 정실주의(情實主義, patronage system)가 있다. 정실주의란 개인적 인간관계(혈연, 학연, 지연 등)를 기준으로 공무원을 선발한다. 따라서 정실주의는 매우 불공정하고 위험할 수 있는 인사의 기준이다. 엽관주의와 정실주의의 차이는 엽관주의가 비교적 공적인 기준인 정당 관계를 활용한다면, 정실주의는 지극히 사적인 기준을 사용한다는 것이다(이창길, 2016: 105).

(2) 실적주의와 엽관주의 조화

실적주의가 엽관주의에 대응하여 대두된 것이라 할지라도 완벽하거나 전부는 아니다. 실적주의도 한계가 있다. 실적주의 자체가 직업공무원제의 근간이기 때문에 능력 위주의 선발시험이 대표성과 형평성이 오히려 교육수준에 따라 진입장벽으로 작용하게 되었고, 외부 인사의 임용이 어렵기 때문에 관료제 내 정체성이 매우 극심해졌다. 또한 신분보장이 되기 때문에 정치인과 국민의 요구에 민감하게 반응하지 않아 대응성 문제 또한 발생하였다. 따라서 오늘날 실적주의에 입각하여 인사를 진행하고 있는 대부분 국가의 관료제에 대한 비판이 높아지고 있다. 그리고 이를 해결하는 데 오히려 엽관주의의 장점을 활용하고자 하는 시도도 나타나고 있다. 두 기준 중에 어떤 기준이 더 옳고 완벽하거나 바람직한 것이 아니다. 이분법적으로 어느 한 쪽을 선택하는 것보다는 두 기준을 상황에 따라 매우 적절하게 활용하는 것이 바람직할 것이다(이종수 · 윤영진, 2002: 480). 예를 들어, 대통령제 하에 정치적 수장인 대통령이 행정적 활동에 대한 보좌적 역할을 하는 직위의 공무원들을 대통령을 지지하는 인사들로 채울 경우 이는 엽관주의에 입각한 인사 조치이다. 그러나 정권이 교체된다 하더라도 지속적인 정부정책의 수행을 위해서 일선의 공무원들은 전문성을 가지고 정치적 중립을 지키는 것이 바람직하기 때문에, 이들에 대한 임용은 실적주의에 의해 이루어지는 것이 바람직하다.

1) 「펜들턴법」의 주요 내용은 공개채용경쟁시험의 원칙, 공무원 정치활동 금지, 독립적 인사위원회 설치 등이다.

2) 직업으로서의 공무원: 직업공무원제

(1) 개념과 특징

직업공무원제(career civil service system)는 젊고 유능한 인재가 공직에 들어와서 정부에서 근무하는 것을 국민에 대한 봉사이며 보람 있는(worth while) 하나의 생애직(a life work)라고 생각하며, 공직을 일생의 본업(life work)으로 하여 일할 수 있도록 계획된 인사제도를 말한다(Nigro & Nigro, 1986: 88－113). 여기에서 중요한 말이 바로 '생애직'이란 말로 이는 공직을 명예로운 것으로 생각하고 한평생을 공직에 몸담아 보람 있게 수행할 만한 가치가 있는 하나의 직업으로서 다룬다는 것을 의미한다.

직업공무원제는 하나의 시스템으로 볼 수 있는데 이러한 직업공무원 시스템은 계급제에 따른 폐쇄형 인사제도를 기반으로 하여 일반행정가(generalist)를 길러내기 위한 여러 제도들로 구성되어서 유기적으로 운영되고 있다.[2)]

(2) 직업공무원제 요건과 장 · 단점

직업공무원제가 정착되기 위한 요건은 크게 두 가지로 나눌 수 있다. 첫째, 사회적으로 공직에 대한 높은 평가가 필요하다. 우리나라는 관료에 대한 평가가 옛날부터 매우 높았다. 과거에 급제하여 '입신양명(立身揚名)'하는 것은 가문의 영광이었고, 선비들의 꿈이었다. 그러나 최근 공직사회에 빈번하게 발생하고 있는 부정부패 사건들, 민간 기업들의 성장과 그에 따른 파격적인 대우가 사회적으로 공직에 대한 평판을 낮추고 있다. 그럼에도 최근 경제적 불황문제가 심각해지면서 성과위주의 연봉제와 신분 불안정성이 강한 민간기업보다는 보수수준은 민간기업보다 낮지만 직업안정성 측면에서 월등하고 노후에 대한 보장(공무원 연금)이 확실한 공직에 대한 선호는 여전히 높다.[3)] 둘째, 공무원 인사제도에 대한 전반적인 혁신이 필요하다. 젊고 유능한 인재를 확보하고, 이들의 능력이 공직에 들어와서 더 발전할 수 있도록 교육훈련 등

---

2) 일반행정가(generalist): 전문성은 떨어지지만 공직의 순환보직 특성상 다양한 분야에 걸쳐 폭넓은 시각과 안목을 가지고 공직에 종사할 수 있는 사람을 말한다(Stahl, 1983: 174－175).

3) 2019년 9급 공개채용시험 행정직 경쟁률은 39.4 : 1이었다. 전국 17개 광역 시 · 도에서 약 4,350명을 선발하는 데 171,562명이 응시하였다.

능력발전의 기회를 아낌없이 제공해야 한다. 또한 민간부문과 비교하여 직업안전성에 대한 강점이 유지될 수 있도록 보수의 현실화가 이루어져야 한다. 또한 직업안정성과 더불어 공직을 선택하는 데 중요한 요인이 되는 연금제도의 내실화가 필요하며, 적정한 승진이 이루어질 수 있도록 인력수급계획을 수립하여 실시해야 한다(백종섭 외, 2016: 44).

직업공무원제는 정치적 중립과 신분보장을 그 특징으로 하기 때문에 행정의 일관성과 안전성을 유지할 수 있으며, 발전 가능성이 있는 젊은 인재를 선발하기 때문에 우수 재원의 선점과 역량 있는 고위공무원 양성에 유리한 반면, 폐쇄성과 신분보장으로 인해 외부 인사 영입이 어렵고, 그로 인한 관료주의화 · 보수화와 환경 대응 약화와 같은 관료제 역기능 문제를 안고 있다.

2. 공직분류제도

1) 계급제와 직위분류제

(1) 정의와 특징

계급제(rank－in－person)는 직무의 곤란성(난이도)이나 책임도를 계급에 부여하는 제도로 인적 특성(경력, 자격, 능력 등)을 기준으로 계급구조를 형성하기 때문에 무슨 일을 할 수 있는가가 중요하며, 직무의 특성은 고려하지 않는다. 따라서 동일한 계급의 사람들은 동일한 자격과 능력을 갖춘 것으로 간주되고 이에 따라 지급되는 보수가 같다(Klinger, Nalbandian, & Llorens, 2009). 계급제 하에서는 개별적인 계급(rank)을 묶어 범주화한 계급군(class, group)이 존재하는데, 이 계급군 간에는 업무의 종류와 임용경로가 다르기 때문에 폐쇄성과 차등성을 기본전제로 한다.

직위분류제(rank－in－job)는 직무의 차이를 기준으로 하여 직무의 종류(수평적)와 책임의 수준(계급, 직급, 수직적)을 종합적으로 분류화한 제도로 일의 특성을 중요시 여긴다. 우리나라 「국가공무원법」 제22조에 따르면, 직위분류 원칙을 "모든 대상 직위를 직무의 종류와 곤란성 및 책임도에 따라 직군 · 직렬 · 직급 또는 직무등급별로 분류하되, 작은 직급이나 같은 직무등급에 속하는 직위에 대하여는 동일하거나

그림 5-2 직위분류제의 요소

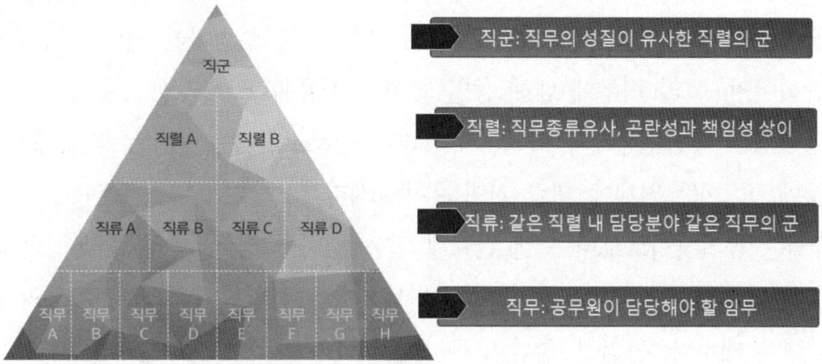

그림 5-3 직무분류 과정

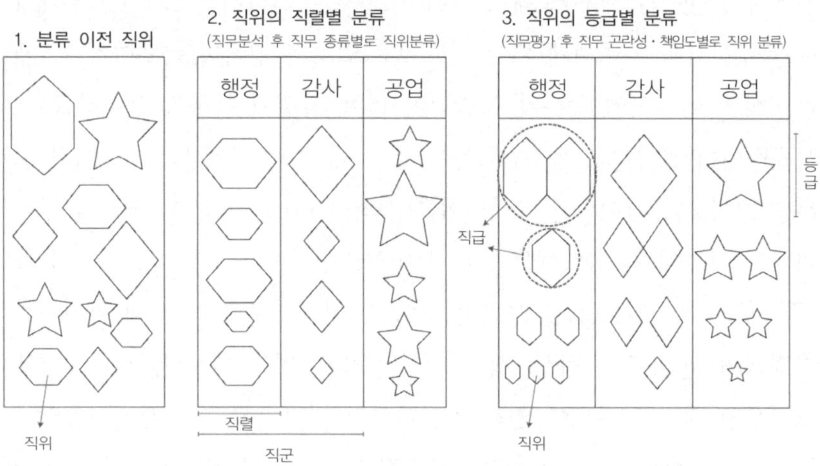

출처: 백종섭 외(2016: 79) 재인용.

유사한 보수가 지급되도록 분류하여야 한다"라고 정하고 있다. 이때 직위를 분류하는 직군·직렬·직급 등에 관한 용어는 제5조에 정의하고 있다.

(2) 계급제와 직위분류제의 장 · 단점

계급제는 일반행정가를 선발하고, 충원방법이 폐쇄적이고, 동일 직급에 대해서는 동일 급여를 적용한다. 그에 비해, 직위분류제는 전문 행정가를 선발하고, 충원방법이 개방적이며, 동일 직무에 대해 동일 급여를 적용한다. 따라서 전문성, 인력 탄력성과 형평성은 직위분류제가 더 높다. 그러나 신분보장 측면에서는 계급제가 더 높기 때문에 직업공무원제에 대한 기여는 계급제가 더 높다.

계급제는 농업사회로부터 오랜 관료제 전통을 지닌 영국, 독일 등 유럽국가와 일본 등 많은 국가들이 택하고 있으며, 직위분류제는 산업화된 미국과 미국의 문화적 영향을 받은 캐나다, 필리핀, 중남미 국가에서 택하고 있다(권기헌, 2014: 303). 현재 세계적인 추세는 계급제에 직위분류제를 가미하고, 직위분류제를 택한 국가에서는 계급제를 가미하고 있다(김영우, 2008). 우리나라 역시 계급제를 바탕으로 직위분류제를 가미하여 적용하고 있는데, 예로 '복수직급제'를 들 수 있다. 「행정기관의 조직과 정원에 관한 통칙」 제23조 제1항 2에 따르면, 우리나라는 1개의 직위에 1개의 직급 또는 직무등급을 부여하게 되어 있다. 단, 업무의 성격이 특수하거나 1개의 직위에 2개 이상의 이질적인 업무가 복합되어 있는 경우에 한하여 복수직급으로 할 수 있다고 규정되어 있다. 즉, 복수직급제는 조직 내 주요 직위 및 소속 기관의 장 등에 그 직무를 책임도와 난이도를 고려하여 복수의 직급(3 · 4급, 4 · 5급)을 부여하는 제도로 과장의 자리에 서기관(4급) 혹은 부이사관(3급)을 보하거나, 계장의 자리에 사무관(5급) 혹은 서기관(4급)을 보하는 것이다. 이 제도는 중간정책 관리계층 보강으로 국가정책의 질적 수준 향상, 직무의 책임도와 난이도에 상응하는 직급부여로 합리적 조직운영 및 실적주의에 입각한 인사관리 기반조성, 중간관리계층의 승진기회 확대를 목표로 1994년 도입되었으나 복수직급의 계급구조화 현상이 운영상 문제점으로 지적받고 있다(이근주 외, 2019). 즉, 등급(곤란성과 책임도)을 기준으로 과학적인 직무분석이 이루어진 것이 아니라 계급제를 기준으로 수직적 분류를 하고 있으므로, 계급제의 문제점을 그대로 안은 채 직위분류제의 장점, 즉 전문성도 얻지 못하는 상황이 일어날 가능성에 대한 실제로 볼 수 있다. 따라서 앞서 정리했듯이 직위분류제의 장점들을 살릴 수 있도록 엄밀한 직무분석을 기본전제로 한 직무분류제를 계급제에 가미하여 제대로 활용해야 할 것이다(하미승 · 권용수 · 이재은, 2007).

2) 공직구성의 다양성 논의: 대표관료제(Representative Bureaucracy)

(1) 개념 및 배경

처음 대표관료제라는 용어를 사용한 킹슬리(Kingsley, 1944)는 대표관료제를 "사회 내의 지배적인 세력들을 그대로 반영하도록(mirror) 구성된 관료제"라고 정의했다. 이후 대표관료제에 대한 정의는 점점 그 범위가 확대되어 사회의 사조(ethos)나 태도(attitudes)를 포함해야 한다는 주장(Van Riper, 1958)도 있었고, 크란츠(Kranz, 1976)는 대표관료제를 비례대표(proportioner representation)로까지 확대해야 한다고 주장하였다. 대표관료제를 연구한 학자들의 정의를 정리하면, 대표관료제란 "한 국가의 사회를 구성하는 모든 주요 집단의 인구 비례에 따라 정부관료제 내의 직위를 차지해야 하도록 하여 정부관료제 내에서 정책결정과 집행에 모든 주요 집단이 영향을 미치게 함으로써 관료제가 그 사회의 모든 집단에게 공평하게 대응하도록 하는 관료제"라고 할 수 있다(김진숙, 2014: 14).

대표관료제가 등장하게 된 배경은 실적주의 한계에 대한 대응, 직업공무원제 하에서 관료들의 대응성과 책임성 확보, 사회적 약자의 보호이다(오석홍, 1999). 실적주의는 공직 기회의 형평성, 경쟁요건의 공정성을 근간으로 하는 임용과 승진의 기본 전제로 하는데, 현대사회는 이미 기술과 지식을 배울 수 있는 '기회'가 사회집단 사이에 불평등하게 주어져 있기 때문에 구조적인 차별과 불평등한 결과가 초래되어 실적주의가 실질적 기회균등에 있어서 오히려 방해 요인이 되었다. 또한 복잡한 현대사회에서 관료들은 정책의 집행뿐만 아니라 정책형성 과정에까지 재량권을 확대해 나가고 있는 반면, 관료들을 통제하고 국민에 대한 대응성과 책임성을 확보할 수 있는 외부통제의 제도적 장치는 효율적으로 작동하지 못하고 있다. 그에 따라 관료들을 통제하는 적절한 내적 장치에 대한 논의가 확대되었고, 그 방법으로는 관료들의 주관적 책무성을 확대하는 것이다. 대표관료제에서는 이러한 주관적 책무성은 주로 개인의 출신 및 성장배경, 사회화 과정 등에 의해 형성된다고 보고 있으며, 따라서 관료제의 구성을 그 사회를 구성하는 모든 주요 집단의 인구 비례에 따라 골고루 구성해야 한다고 주장하고 있다. 현대사회에서 관료제는 전문화된 엘리트 소수집단이 점유하고 있고, 여러 측면에서 충분한 자원을 가지고 있지 못하고, 혜택받지 못한 소수집단은 관료제에 진입할 수 없다. 따라서 이들을 보호하여 사회적 불만을 해소하고, 이들에게도 그들의 이익을 대변할 수 있는 실질적 기회를 부여해야 한다고 주장하고 있는 것이 바로 대표관료제이다.

(2) 대표관료제의 기본전제

대표관료제의 기본전제는 크게 두 가지이다.

첫째, 적극적 기회균등이다. 현대사회의 구조적 문제로 인해 기회의 불평등이 발생하고 그것이 사회 집단에게 영향을 미치기 때문에 이런 개인들 간의 자연적인 불평등을 정부가 적극적으로 보상해 주어야 한다는 것이 바로 대표관료제의 가장 중요한 기본전제이다.

둘째, 대표관료제에서 대표성은 소극적 대표(standing for)와 적극적 대표(acting for)로 구성되어 있다(Pitkin, 1967: 61). 소극적 대표는 출신 집단의 현황이나 실태, 처한 입장 등에 대해 정보를 얻을 수 있는 기능을 말하고, 적극적 대표는 자신의 출신 집단의 이익을 적극적으로 반영하려고 노력하는 것을 말한다. 대표관료제에서는 소극적 대표가 자동적으로 적극적 대표를 보장한다는 가정 하에 이론을 발전시켜왔다(Thompson, 1976). 그러나 이 양 대표성의 관계에 대한 경험적 연구 결과는 매우 다양하다. 즉, 관료의 정책결정에 출신 집단이 분명 영향을 미치지만, 공직에 임용된 후에 소속 조직과 관련된 요인들에 의해 그 영향력이 약화될 수도 있다는 것이다. 따라서 이 두 번째 기본전제에 대해서는 수정해야 한다는 학자들의 의견도 있다(강성철 외, 2012: 64−66).

(3) 대표관료제의 장 · 단점

대표관료제는 관료제를 사회 모든 각계각층의 이해관계를 반영하기 위해 공직을 구성하자는 것이기 때문에 실질적인 기회균등과 민주적 가치에 부합한다. 또한 대표관료제에 의해 선출된 공무원들은 자신이 대표하는 집단의 이익과 견해를 적극적으로 반영하고, 그에 대한 책임을 지기 때문에 행정의 대응성 · 책임성을 향상시킬 수 있다. 또한 기회의 불평등을 해소하는 차원에서 소수집단에게 직접적인 기회를 제공하기 때문에 실적주의의 폐단을 시정할 수 있다.

그러나 대표관료제는 능력과 자격이 부족한 사람이 공직에 임용하게 되어 상대적으로 능력과 자격이 더 나은 사람이 공직에 임용되지 못하는 역차별(reverse discrimination)문제가 발생하게 되어 실적주의 이념 훼손, 행정능률성 저하, 기회의 균등 원칙에 위배되어 실적주의 이념에 반하게 된다. 또한 출신 집단에 이익이 되는 정책에만 적극적으로 반응하려 하기 때문에 대표 집단이기주의 문제도 지적받고 있다.

(4) 한국에의 적용

대표관료제를 실현하는 현실적인 정책으로는 적극적 조치(affirmative action)가 있는데, 한국에서는 균형인사정책으로 시행되고 있다.

적극적 조치는 "차별철폐조치, 차별수정정책이라고도 하는데, 특정한 집단의 구성원 여부를 기준으로 기회나 혜택을 제공하거나 제공하기 위해서 노력해야 하는 정부부문과 민간부문의 행위 혹은 프로그램으로, 고용과 관련된 문제를 해결하기 위한 정부의 행동계획 및 실천 활동"이다(김진숙, 2014: 20). 즉, 인종, 성, 장애인이라는 이유로 고용상의 차별을 당하는 것을 없애기 위해 소수계층인 사람들에게 어떤 혜택이나 우선권을 부여하는 국가의 정책 또는 제도를 말한다(Jones, 1985; 오대성, 2010).

균형인사정책은 과거로부터 차별적인 인사 관행으로 인해 상대적으로 공직에서 소외되었던 여성, 장애인, 과학기술인력, 지방인재 등 소수집단을 적극적으로 공직에 임용하고 활용하는 인사제도를 말한다(박홍엽 외, 2006). 가장 잘 알려진 균형인사정책으로는 양성평등채용목표제가 있고, 그 외에도 장애인구분모집제, 기술직 · 이공계 임용 확대, 기능인재 추천채용제, 지역인재 추천채용제, 지방인재 채용목표제, 저소득층 구분모집제, 외국인 공직임용 계획, 북한이탈주민 공직임용 계획, 귀화자 경력직공무원 채용 계획 등이 시행되고 있다.

3. 공무원의 종류

1) 공무원 분류

공무원을 분류하는 기준은 매우 다양하다. 우리나라에서 공무원을 일반적으로 분류할 때는 「국가공무원법」에 따라 경력직과 특수경력직으로 구분한다.[4] 경력직 공무원은 실적주의에 따라 실적과 능력에 근거하여 선발되고, 특수경력직 공무원은 엽관주의에 따라 인사권자의 재량에 따라 선발되며 신분보장이 되지 않는다.

(1) 경력직 공무원: 실적과 자격에 따라 임용되고 신분과 정년이 보장되는 공무원

① 일반직 공무원: 기술 · 연구, 행정일반에 대한 업무를 담당하며, 1~9급으로 구분

② 특정직 공무원: 담당업무 특수, 자격 · 신분보장 · 복무 등에서 특별법 우선 적용[5)]

(2) 특수경력직 공무원: 경력직 외 공무원

① 정무직 공무원: 선거로 취임하거나 국회동의에 의해서 임용되는 공무원, 고도의 정책결정업무를 담당하거나 이를 보조하는 공무원으로서 법률이나 대통령령에서 지정

② 별정직 공무원: 비서관 · 비서 등 보좌업무를 수행하거나 특정한 업무수행을 위해 법령에서 별정직으로 지정하는 공무원

2) 고위공무원단 제도

(1) 고위공무원단 제도와 유형

고위공무원단 제도(Senior Executive Service: SES)는 일부 고위직(3급 이상의 고위공무원 중 일부 상위직)을 별도로 관리하는 제도이다. 고위공무원단 제도는 미국에서 1978년 「공무원제도 개혁법」에 의해 최초 시행되었는데, 미국식 고위공무원단 제도(Senior Executive Service: SES)는 직위분류제에 계급제를 가미한 것으로, 엄격한 직위분류제로 인해 발생하는 문제를 극복하고자 도입되었다. 미국에서 고위공무원단 제도가 도입된 이후 영국, 캐나다, 호주 등 OECD 주요 국가에서 정부혁신 과

---

4) 「국가공무원법」 제2조(공무원의 구분) 참조. 2012년 개정.

5) 예: 법관, 검사, 외무공무원, 경찰공무원, 소방공무원, 교육공무원, 군인, 군무원, 헌법재판소 헌법연구관, 국가정보원의 직원 등이 있다.

정에서 제도를 도입하여 시행하고 있는데, 이 중 영국식 고위공무원단 제도(Senior Civil Service: SCS)는 계급제에 직위분류제를 가미한 것으로, 전통적인 계급제의 폐쇄성과 비전문성을 극복하고자 도입되었다(백종섭 외, 2016: 124).

(2) 한국의 고위공무원단 제도 운영 현황

우리나라에서 고위공무원단 제도는 국가의 고위공무원을 범정부적 차원에서 효율적으로 인사관리하여 정부의 경쟁력을 높이기 위해 2006년 7월 1일 도입되었다.[6] 그동안 우리나라의 공무원 계급 사회에 대해서 연공서열식 계급제에 따른 승진, 미흡한 성과관리, 폐쇄형 전보, 전문성 부족 등의 문제가 지속적으로 제기되었다. 이에 공무원 계급 사회의 문제들을 해결하고, 성과책임 강화와 고위직 공무원들의 개방과 경쟁을 통한 정부의 역량 강화를 목적으로 고위공무원단 제도가 도입되었다(황인수 외, 2004: 11).

우리나라 고위공무원단의 주요 특징은 다음과 같다. 첫째, 개방의 확대와 경쟁 촉진이다. 계급제인 우리나라 공무원 집단의 경직성과 폐쇄성을 극복하기 위해 민간과 경쟁하는 개방형 직위제도, 타 부처 공무원과 경쟁하는 공모직위제도를 도입하여 시행 중에 있다. 둘째, 성과의 체계적 관리 및 능력개발 강화를 위해 성과목표 및 평가기준 등을 상급자와 협의하여 성과계약을 체결하고, 목표달성을 평가하는 성과계약평가제가 시행되고 있다. 또한 고위공무원단 진입 이전 후보자들을 대상으로 후보자 교육과 역량평가가 이루어지고 있다. 셋째, 책임성 강화를 위해 성과와 능력이 현저하게 미달되는 고위공무원은 적격심사를 거쳐 인사조치된다. 적격심사는 5년 정기심사로 진행되었는데, 고위공무원 재직기간이 5~6년이라는 특징에 따라 실효성 문제가 제기되어 2014년에 폐지되었다.

4. 인사행정기관

1) 공무원 관리 기관

공공부문의 인적자원을 효율적으로 관리하고 국가경쟁력을 강화하기 위해서는 법

6) 「국가공무원법」 제2조의2(고위공무원단) ①항 참조.

령에 규정되어 있는 인사행정 법령에 따라 인사행정을 전담하는 정부기구가 필요하다. 일반적으로 인사행정기관은 대상이 되는 공무원의 범위에 따라 범정부적으로 인사행정을 총괄하는 중앙인사기관, 정부 각 부처별 인사업무를 주관하는 부처 인사기관, 지방자치단체의 인사업무를 담당하는 지방자치단체 인사기관으로 분류한다(박동서, 1992).

(1) 중앙인사기관의 의의와 필요성

중앙인사기관(Central Personnel Agency)은 정부부문 전체의 인사행정을 종합적으로 관리하는 인사행정기관을 말한다. 중앙인사기관은 공무원에 대한 인사기준을 세우고 인사행정 과정 전반에 걸친 정책들을 수립하고 관리한다(백종섭 외, 2016: 110).

중앙인사기관이 필요한 이유는 크게 네 가지로 정리할 수 있다. 첫째, 중앙인사기관은 인사행정의 통일성 및 일관성 유지하기 위해 필요하다. 정부부처마다 인사기준과 방법이 다르면 부처이기주의와 인사권자의 자의적 의사결정 등과 같은 문제가 발생할 가능성이 크다. 따라서 범정부적 인사기준과 원칙에 대한 통일성과 일관성 확보를 통해 인사행정의 능률성 강화를 위해서 필요하다. 둘째, 중앙인사기관은 인사행정만을 전담하기 때문에 인사행정의 전문화를 가져온다. 이는 인사행정의 능률성과 효과성을 높일 수 있으므로 중앙인사기관이 필요하다. 셋째, 중앙인사기관은 인사행정을 전담함으로써 행정수반에 대한 참모기능을 수행하기 때문에 필요하다. 넷째, 중앙인사기관은 엽관주의와 정실주의의 정치적 폐해를 배제하고 인사행정의 공정성과 중립성을 확보하여 공무원의 신분과 권익을 보장하기 위해 필요하다. 다섯째, 중앙인사기관은 인사관리 기술과 운영 효율화를 통해 각 부처 및 지방자치단체를 지원하고, 각종 사회집단의 정책 요구를 정당하게 반영하여 세력집단의 지원을 확보하는 기능도 수행하기 때문에 필요하다(Stahl, 1983: 200-201).

(2) 중앙인사기관의 주요 기능

중앙인사기관의 기능은 시대가 흐름에 따라 달라지고 있다. 과거에는 엽관주의·정실주의 폐해를 방지하고 부처 간 할거주의적 인사행정 방지라는 소극적이고 방어적인 기능에 치중했다면, 현재는 범정부적으로 인사행정의 통일화·과학화·전문화와 국정관리를 위한 효율적인 수단을 제공하는 적극적인 기능을 수행하고 있다(이종수·윤영진 외, 2002: 439-440). 구체적으로 중앙인사기관의 주요 기능은 준입법적 기능(인사행정 관련 규칙·정책·법안 입안 혹은 제정), 준사법적 기능(인사조치에 대한 시비, 구제, 소청 심사), 집행기능(인사행정에 관한 법령에 따라 인사행정 업무 수행), 감독 및 감사기능(법령에 따라 인사집행기관의 인사를 감시·감독), 보좌기능(행정수반에게 인사정책 자문·보고)으로 나눌 수 있다(박동서, 1994: 112).

(3) 중앙인사기관의 유형

중앙인사기관은 독립합의형, 비독립단독형, 절충형으로 유형을 분류할 수 있다. 국가마다 중앙인사기관의 유형이 다르지만, 현재 대부분의 국가는 중앙인사기관을 독립합의형 혹은 비독립단독형의 유형 하나만을 설치하여 운영하지 않고, 각 국가의 현실과 인사기능의 성격에 따라 복수형(절충형)으로 중앙인사기관을 설치하여 인사정책의 결정과 집행 업무를 이원화하여 수행하고 있다. 그 이유는 중앙인사기관의

표 5-1 중앙인사기관 유형별 특징 및 장·단점 비교

구 분	독립합의형(위원회형)	비독립단독형(부처조직형)
특징	행정부로부터 독립 복수위원 구성 합의 기구	행정부로부터 비독립 행정부의 한 기관 내각에 속한 단독장관제 기구
장점	정치적 중립성 보장 엽관주의·정실주의 인사 방지 신중한 의사결정 인사행정 계속성 확보 이익집단 요구의 균형 있는 수용 다른 기관과 밀착·소원한 관계 방지입법부, 일반국민, 행정부와 원만한 관계 유지	책임소재의 명확성 인사정책의 신속한 결정 능률적 행정수행 변화에 대한 신축적 대응
단점	행정부 인사정책과 유리 각 부처와 연계 미흡 의원들의 책임 분산, 소재 불분명, 전가 비능률적·비합리적 의사결정 가능성 인사정책 결정의 지연 인사행정의 소극화 정책의 강력한 추진 미흡	인사행정의 엽관화·정실화 기관장 독선적·자의적 결정 가능성 인사행정의 일관성과 계속성 결여 공무원의 권익 침해 가능성

양 유형이 가지고 있는 장점을 살려 정치적 중립성, 공무원 개인의 권익 보장, 인사행정의 효율화를 도모할 수 있기 때문이다(Stahl, 1983: 34-35).

2) 한국에서 공공 인적자원관리 기관

한국의 인사행정기관은 새로운 정권이 들어서고 정부조직 개편이 단행되면서 변천해왔다. 우리나라의 인적자원관리 기관은 1948년 대통령 소속 하 고시위원회가 시초이다. 이후 국무원 사무국의 인사과와 고시과(1955년), 내각사무처 행정관리국(1961년)으로 거쳐 1963년부터 1998년까지 총무처가 인사행정업무를 전담하였다. 이후 2004년 중앙인사위원회가 출범하면서 인사행정업무를 총괄하였고, 이후 행정안전부 인사실(2008년), 안전행정부 인사실(2013년)을 거쳐 현재는 인사혁신처가 인사행정업무를 담당하고 있다. 인사혁신처는 2014년 세월호사건 이후 공직사회의 혁신을 위하여 신설되었다.

제 3 절 인사행정의 과정

1. 공공 인적자원 구성

1) 인적자원관리계획

공공부문의 인적자원계획이란 정부에서 필요로 하는 인적자원의 충원과 활용을 위해 수요를 직급별·직종별로 예측하고, 공급 방안을 수립하는 것을 말한다. 인적자원계획은 후속 단계인 임용, 교육훈련, 보수 등 인사행정 전반에 영향을 미치기 때문에 공공부문에서 필요한 적정한 유형의 인력을 예측하여 공급할 방안을 마련하는 것은 인사행정 전 과정에서 매우 중요한 단계이다. 만약 인적자원계획이 제대로 수립되지 않으면 부족인원 혹은 잉여인력이 발생하게 되고, 이는 정부 예산운영의 비효율성을 초래한다(이도형, 2007: 108-109). 따라서 인적자원계획은 현재 행정업무

그림 5-4 인적자원관리계획 과정

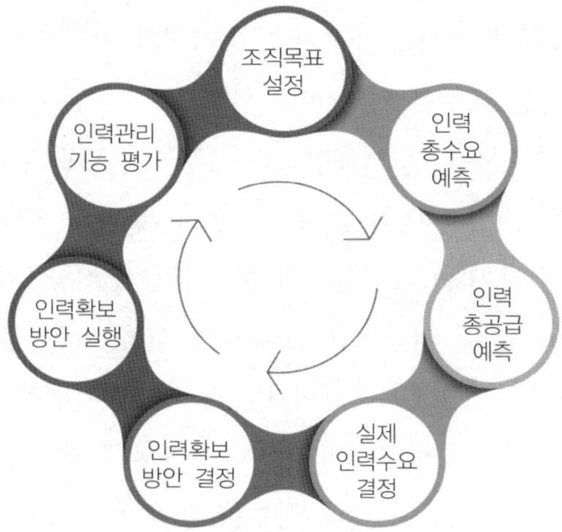

출처: Klinger(1980) 내용 수정.

의 증가 혹은 감소, 미래에 요구되는 업무의 질, 양, 강도, 내용 등을 모두 예측하여 정확하게 계획되어야 한다. 현재 「공무원임용령」 제8조에는 "소속 장관은 조직목표의 달성에 필요한 효율적인 인적자원관리를 위하여 소속 공무원의 채용 · 승진 · 배치 및 경력개발 등이 포함된 인력관리계획을 수립하여야 한다"고 명시되어 있다.

2) 선발 및 임용

(1) 신규임용

① 적극적 모집

공공부문은 민간부문처럼 임의적으로 수시로 인력을 채용할 수 없기 때문에 인력수급에 경직성을 가지고 있고, 채용한 인력은 신분보장으로 인해 함부로 해고할 수 없기 때문에 우수한 인적자원을 선발하는 것이 매우 중요하다. 특히, 급변하는 환경에 적응할 수 있고, 국가경쟁력을 담보할 수 있는 능력을 갖춘 인재를 선발하는 것은 국가의 존망에도 큰 영향을 미치는 일이기 때문에 좋은 인재를 선발하는 것이 매우 중요하다. 이를 위해서는 우선 적극적 모집이 필요하다. 적극적 모집이란 우수한 인재로 하여금 먼저 공직에 관심을 가지고 응모하도록 유도하는 것을 말한다(이도형, 2007: 110). 최근 경제위기로 인해서 공직에 대한 선호가 여전히 높기는 하지만 경기가 회복되면 민간기업의 유인체계 개선과 채용기회가 많아지면 훌륭한 인재가 공직을 계속 선호할 것이라는 보장은 없다. 따라서 젊고 준비된 인재가 최우선적으로 공직에 지원할 수 있도록 정부도 노력해야 한다. 적극적 모집의 방법으로는 합리적인 인력계획 수립, 다수의 진입점(대학 등 유관 인재기관과의 지속적 관계, 현장, 체계화된 인턴십 제도, 공직에 대한 직업설명회 등) 마련, 모집공고내용의 혁신(담당직무 내용, 임용절차 및 소요시간, 신분보장, 근무지역, 임금조건, 후생복지 등 현실적인 정보 포함), 모집홍보의 적극화 및 다양화(TV 광고, 인턴십, 공석 관련 온라인 홍보) 등이 있다. 현재 우리나라는 정부부처와 지방자치단체 홈페이지와 사이버국가고시센터 등 온라인으로 공개채용시험에 대한 정보를 제공하고 있고, 각종 구인구직 사이트에 모집공고를 내고 있다.

② 선 발

공개경쟁채용 공무원 선발방법으로는 필기시험, 구두시험, 실기시험 등이 있다. 필기기험은 공무원 선발에서 가장 오랫동안 사용되어 온 방법으로 시험성적이 과연 우수한 업무수행능력을 가려낼 수 있는 기준이 되는가 하는 타당성 면에서 비판받고 있으나, 객관성 측면에서 다른 선발방법에 비해 높아서 현재까지 계속 사용되고 있다. 현재 우리나라는 국가고시 1차(공직적격성 테스트, Public Service Aptitude Test: PSAT)에 선택형 필기시험방법과 2차에 논술형 필기시험방법을 적용하고 있다.

구두시험은 시험관의 물음에 말로 대답하는 시험방법으로 일반적으로 면접이라고 한다. 면접은 일대일 면접, 다대일 면접, 집단토론식 면접 방식이 있는데, 필기시험으로는 파악하기 어려운 응모자의 가치관, 성격, 행동 등을 평가할 수 있는 장점이 있다. 우리나라는 국가고시의 3차 시험을 구두시험 형식으로 시행하고 있다.

실기시험은 담당하게 될 업무에 필요한 지식과 기술을 실습, 실기, 실험 등을 통해 테스트하는 시험방법으로 컴퓨터를 직접 조작하게 하거나, 설계도면 또는 신문 기사 등을 직접 작성토록 하는 시험을 말한다. 실기시험방법은 응모자의 능력을 가장 직접적으로 검증할 수 있어서 타당도가 가장 높은 방법이나 시간과 비용의 한계가 있고, 고위직 공무원에게는 부적합한 방법이다(이창길, 2016: 266).

③ 임용후보자 명부 작성과 추천, 시보 및 임명

모집과 선발 과정을 거쳐 선정된 공무원 후보자들을 서열화하여 임용후보자 명부(eligible list)를 작성한다. 임용후보자 명부는 채용시험의 성적결과, 훈련 성적 등을 토대로 순위를 선정한다. 이후 공석이 생긴 정부부처에 중앙인사기관, 시험실시기관에서 임용권자 혹은 임용추천권자에게 후보자를 추천하는데 보통 2~5배수를 추천한다(강성철 외, 2012: 267). 이러한 선발된 자는 시보(probation)기간을 거치는데, 이 단계는 정식 공무원으로 임용하기 전에 여러 방법으로 발견하지 못한 후보자의 부적격 특성을 파악하는 단계로 실제로 이 단계는 신분보장이 되지 않는다(백종섭 외, 2016: 149). 현재 우리나라 「국가공무원법」 제23조에 따르면, 5급인 경우는 1년, 6급 이하는 6개월의 시보기간을 가진다.

(2) 내부 임용

내부 임용은 현재 공직에 있는 공무원들의 수직(승진, 강임) · 수평이동(배치전환, 전직)을 말한다.

수직이동에는 승진과 승급, 강임, 강등이 있다. 승진은 하위직급 또는 계급에서 직무의 책임도와 비중이 높은 상위직급 또는 계급으로 이동하는 것을 말한다. 승급은 같은 직급 혹은 계급 내에서 호봉만 상승하는 것을 말한다. 강임은 현재보다 낮은 직급 또는 계급으로 이동하는 것을 말한다. 강등은 1계급 아래로 직급을 내리는 것을 말한다. 승진에 있어서 가장 중요한 것은 공석이 생겼을 때 내부에서 충원하느냐 아니면 외부 기관도 포함할 것이냐 하는 것인데 내부에서 할 경우, 재직자의 사기 앙양과 업무능률 향상에 도움이 되지만 기관 간 승진 기회의 불균형 문제, 외부로부터 유능한 인재 발탁이 어렵다는 단점이 있다.

수평이동은 배치전환이라고 하는데 동일한 직급 내에서 직위가 달라지는 것을 말한다. 수평이동의 가장 큰 장점은 현재 업무를 맡고 있는 공무원의 능력과 업무와의 괴리, 적성 부조화의 문제를 해결하기 위해 다른 직위로 이동시킴으로써 근무의욕 고취와 동기부여를 유발할 수 있다. 또한 일선 공무원의 경우, 민원인과의 불법적인 유착관계를 맺는 것으로 방지할 수 있다. 일반적으로 수평이동은 조직 및 업무 변동

표 5-2 수평이동 유형

수평이동 유형	내 용
전보	동일한 직급 내에서 직위, 부서, 부처만 이동
전직	직렬 자체를 달리하는 임용. 전직시험
파견	소속 부처와 현 직위를 유지한 채 일정기간 동안 다른 기관에서 근무
겸임	한 사람에게 둘 이상의 직위를 부여
전출입	인사관할을 달리하는 기관 간(국회, 법원, 헌법재판소, 행정부) 이동
인사교류	계획교류: 인사교류계획에 의해 선정된 직위를 대상으로 일정한 기간 동안 교차근무 후 원 소속 기관으로 복귀하는 기관 간 교류 수시교류: 맞교환자를 찾아 상호 근무기관을 옮기는 교류

에 따라 인력배치를 할 필요가 있을 때 사용된다.

(3) 외부 임용: 개방형 직위제도(Open Career System)

개방형 인사제도는 "공직의 모든 계급이나 직위를 불문하고 신규채용이 허용되는 인사제도로 공직의 개방에 따라 외부 전문가나 경력자에게 공직의 문호를 개방하여 새로운 지식과 기술, 참신한 아이디어를 받아들임으로써, 공직의 침체를 막고 공직의 새로운 기풍을 진작시켜 정부의 혁신을 높여주는 데 의의"가 있다(최순영, 2011).

우리나라에서는 특정 분야의 전문기술인을 양성 및 유치하여 공직사회의 전문성·투명성 강화를 통해 공직의 경쟁력을 강화시키고자 1996년 개방형 전문직위제도를 도입하여 운영하고 있다. 그러나 현실적으로 잘 운영되지 못하다가 1999년 「국가공무원법」과 「정부조직법」을 개정하여 2000년 2월 개방형 직위제도를 도입하여 시행하게 되었다. 「국가공무원법」 제28조의4에서 개방형 직위에 대하여 "임용권자나 임용제청권자는 해당 기관의 직위 중 전문성이 특히 요구되거나 효율적인 정책수립을 위하여 필요하다고 판단되어 공직 내부나 외부에서 적격자를 임용할 필요가 있는 직위에 대하여는 개방형 직위로 지정하여 운영할 수 있다"고 명시하고 있다. 해당 직위는 1~3급 직위 중 전문성이 요구되거나 효율적인 정책수립을 위해 필요한 직위를 개방형 직위로 지정해 외부 전문 인재를 채용할 수 있도록 설계되어 있다.

개방형 직위제도는 제도의 유용성에 비해 문제점인 폐쇄적 공직사회 내부 공무원 중심의 연대의식과 승진 기회의 박탈 인식과 같은 점을 극복하지 못하고, 임기 만료

후 신분 불안과 낮은 보수수준으로 인해 제도의 효과가 크지는 않은 실정이다(강성철 외, 2012: 161−162). 따라서 성과가 우수한 자에 대한 특별 채용 확대, 보수의 현실화를 통한 제도의 개선을 통해 개방형 직위제도를 활용해나갈 필요가 있다.

(4) 절충제도: 직위공모제도(Job Posting)

앞서 언급했던 내부 임용과 외부 임용의 각각의 단점을 보완하고 장점을 살리는 방향에서 절충적인 임용 방법으로 직위공모제도가 그 대표적 예이다.

직위공모제도는 조직내부 직원들에게 다른 직위에 공모할 기회를 주어 이를 통해 서로 경쟁하게 하여 우수한 자원을 모집하는 제도(Connelly, 1975; 이창길, 2016: 246에서 재인용)를 말한다. 즉, 특정 기관에서 일정한 직위에 공석이 생겼을 경우, 모집 대상과 범위를 정부 내의 재직자로 확대하여 공개경쟁 모집하는 제도이다. 직위공모제도에 대해서 우리나라는 「공무원임용령」 제28조의5에서는 "임용권자나 임용제청권자는 해당 기관의 직위 중 효율적인 정책수립 또는 관리를 위하여 해당 기관 내부 또는 외부의 공무원 중에서 적격자를 임용할 필요가 있는 직위에 대하여는 공모 직위(公募 職位)로 지정하여 운영할 수 있다"라고 규정하고 있다. 각 부처 장관은 소속 3급 이상 실·국장급 직위를 대상으로 업무특성상 공모가 필요하다고 인정되는 경우, 자체 실정에 맞는 기준과 절차를 정하여 직위별 직무수행요건을 설정하고, 업무관련성이 높은 일부 부처 또는 전 부처를 대상으로 공개 모집한 후, 응시자 중 부처별 선발심사위원회의 심사를 거쳐 적격자를 임용한다. 직위공모제도는 2000년 11월 '공무원 직위공모에 관한 규정'에 의거 도입이 되었는데, 2015년을 기준으로 95개 직위 중 36.8% 만이 타 부처 공무원이 임용되었다. 이는 개방형 직위제도와 마찬가지로 공무원 조직문화의 연공서열에 의한 승진 및 임용이 뿌리 깊게 자리 잡고 있는 증거라 할 수 있다(인사혁신처, 2016).

2. 공공 인적자원의 능력개발

1) 성과평가

(1) 성과평가의 개념과 목적

성과평가는 업무수행의 결과 또는 업무 성과로서 공무원이 도출한 산출물을 평가하는 것을 말한다(이창길, 2016: 375). 이러한 성과평가의 목적은 인사관리의 평가기준, 근무능률 향상 요인, 훈련의 필요성 근거, 공무원 능력발전의 기초, 공정한 인사행정의 근거 마련이다.

(2) 성과평가 기준

성과평가는 어떤 평가 기준을 사용하느냐에 따라 결과가 달라지기 때문에 좋은 지표, 즉 평가적 목적과 발전적 목적을 모두 충족할 수 있는 기준을 사용해야 하는데 여기에는 타당도, 신뢰도, 변별력, 수용성, 특정성, 실용성 등이 있다(Noe, Hollenbeck, Gerhart, & Wright, 2012).

성과평가 기준으로 타당도는 공무원의 노력과 활동이 조직목표 달성에 얼마나 기여했는가이다. 신뢰도는 두 사람 이상의 평가자가 서로 다른 시점에서 평가하더라도 같은 평가 결과가 나와야 하는 것을 말한다. 변별력은 측정하고자 하는 내용이 차별화되어야 한다는 것이다. 특정성은 평가 기준 중 가장 중요한 기준으로 평가 결과가 평가대상에게 환류되는 과정을 말한다. 즉, 평가대상자가 자신의 강점과 약점을 확인할 수 있느냐와 관련된 것으로 평가 결과는 평가대상자에게 환류되어야만 평가대상자가 그 결과를 자기 개발 및 발전에 활용할 수 있다. 수용성은 인사평가에 대한 수용도로 일반적으로 성과평가는 조직의 입장에서 평가대상자들을 비교할 목적으로 활용되는 경우가 많기 때문에 평가 기준 혹은 결과에 대한 수용성이 높아야 한다. 실용성은 앞서 언급한 기준들이 모두 충족된 좋은 기준이라고 하더라도 현실적으로 시간과 비용이 많이 들면 사용하기 어렵다. 따라서 평가 기준은 평가자와 평가대상자가 모두 이해할 수 있게 쉽고 간결해야 하며 평가과정도 단순해야 한다(이창길, 2016: 377－379).

(3) 성과평가 방법과 오류

성과평가 방법은 기준에 따라 분류가 달라진다. 방법을 기준으로 할 때는 도표식 평정척도법, 강제배분법, 서열법, 강제선택법, 목표관리 평정법, 체크리스트 평정법, 중요사건 기록법, 행태기준 척도법, 행태관찰 척도법 등으로 나눌 수 있고, 평가자를 기준으로 할 때는 자가평가법, 동료평가법, 감독자평가법, 부하평가법, 다면평가법[7]으로 나눌 수 있다.

이러한 다양한 성과평가 방법 중 어느 평가 방법을 사용한다 하더라도 오류가 발생할 수 있다. 따라서 이러한 오류를 최대한 줄이고 공정하고 정확하게 평가할 수 있

표 5-3 평가 오류 종류와 내용

평가 오류	내 용
연쇄효과(halo effect)	후광효과, 역광효과라고도 함 하나의 평가요소가 긍정적으로 평가될 경우 다른 평가요소도 모두 긍정적으로 평가하는 오류
관대화(tendency) · 집중화(central) · 엄격화(strictness)	평가자의 주관 · 경험에 따라 평가점수가 상위점, 중간점, 하위점으로 치우치는 경향
근접효과(recency effect)	평가자가 일정한 평가기간에 평가할 때 최근의 정보나 행동, 실적이 결정적으로 영향을 미치는 오류
선입견(personal bias)	피평가자의 개인적 특성 혹은 평소 감정, 편견이 평가과정에 반영되는 오류
일관적 · 체계적 (constant systematic error) 오류	특정한 성향이 일정하게 영향을 주어 평가 결과가 모두 높아지거나 낮아지게 되는 경향의 오류
대조효과(contrast effect) · 균형효과(balance effect)	평가자가 피평가자 전체의 상대적 비교를 통해 평가하는 오류
논리적 오류(logical error)	평가요소 간에 존재하는 논리적 상관관계에 의한 오류 예: 근면성이 높으면 작업 실적이 높다고 판단. 실제로 생산성이 낮아서 작업실적은 낮을 수 있음
이기적 착오(self-serving bias)	자존적 편견. 자신의 실패에 대한 책임을 회피하고, 성공한 것에 대한 공로를 강조하려는 경향
유사성 효과(similar-to-me effect)	평가자가 자신과 닮은 혹은 비슷한 성향의 피평가자에게 호감을 가지고 후한 평가점수를 주는 오류

7) 다면평가제(360-degree evaluation): 자가평가나 감독자 평가의 한계를 극복하기 위한 대안의 하나로 평가자를 평가대상자의 상관, 부하, 동료, 고객 등 다양한 집단으로 선정하여 평가하는 방법이다(Daley, 2010). 우리나라에서는 2003년 3월 1급 이하 전공무원에 적용하고 있다(권기헌, 2014).

도록 이러한 오류들에 대해 정확하게 이해할 필요가 있다.

(4) 한국의 성과평가제도

한국의 성과평가제도는 1961년 10월 22일 '근무성적평정규정'이 공포되면서 처음 도입되었다. 정기평정은 1년에 2회 시행되며, 특별한 사유가 있을 경우 수시평정을 인정하고 있다. 공무원 직급 4급 이상은 성과목표달성도 평가제가, 5급 이하는 근무성적평정제도가 적용되고 있다.

① 성과목표달성도 평가제

4급 이상 공무원은 평가대상 공무원들이 매년 초에 설정한 목표달성도를 4등급으로 평가하는 방법으로 목표관리제와 직무성과계약제가 있다.

목표관리제(Management by Objective: MBO)는 조직 구성원이 참여하여 조직의 목표를 설정하고, 업무수행과정과 결과를 목표에 근거하여 평가하고 환류시키는 상향식(bottom－up) 방식이다. 우리나라에는 1999년에 4급 이상 공무원들의 성과주의 행정관리를 위하여 도입되었으나, 계급과 서열을 근거로 위계적으로 운영되는 우리나라 행정 조직문화와 괴리가 있어 제도 도입 효과가 크지 않았다.

직무성과계약제는 장·차관 등 기관의 책임자와 실국장·과장 간에 공식적으로 성과계약을 맺고, 성과목표 및 지표에 대해 합의한 후 그 계약에 기초하여 성과평가와 평가 결과를 인사조치(승진, 성과급 등)에 반영하는 제도이다. 성과평가절차는 전략계획 수립, 목표 설정 및 성과계약 체결, 중간점검, 최종평가 단계로 이루어진다.

2004년 목표관리제가 갖는 한계를 극복하기 위해 도입되었다. 직무성과계약제는 효율성에 입각한 산출·성과에 대한 계약이므로, 성과의 측정을 강조하며, 비용을 절감하여 조직의 효율성과 대응성을 향상시킬 수 있는 효과가 있다. 또한 조직목표와 개인목표의식이 직무수행목표를 명확하게 하기 때문에 조직목표달성과 관련된 개인성과에 대한 자료가 장기적으로 축적되는 효과가 있다. 그러나 공공부문 특성상 명확한 목표설정과 성과측정이 어렵다는 점, 조직문화와의 충돌, 상위목표 경시가능성 등의 문제점도 가지고 있다.

② **근무성적평정제도**

근무성적평정(performance evaluation or appraisal)은 5급 이하 공무원에게 적용되는 평가제도로 근무실적(성과목표, 업무비중, 주요 실적, 업무난이도, 완성도, 적시성), 직무수행능력(기획력, 의사전달력, 협상력, 추진력, 신속성, 팀워크, 성실성, 고객·수혜자 지향), 직무수행태도를 평가하여 인사조치(보수, 승진, 교육훈련, 배치전환 등)에 반영한다. 근무성적평정은 근무성적평정서 작성, 근무성적평정(절대평가), 근무성적평정표 작성(확인자), 평정순위, 평정점 조정 및 결정(근무성적평가위원회) 단계로 연 2회에 걸쳐 실시된다.

평가자는 평가대상 공무원의 업무수행과정 및 성과를 관찰할 수 있는 상급·상위 감독자가 하고, 확인자는 평가자의 상급·상위 감독자 중에서 소속 장관이 지정한 감독자가 한다.

평가요소는 소속 기관 장관이 직급별·부서별·업무분야별 직무특성을 반영하여 정할 수 있는데, 평가항목을 근무실적과 직무수행능력으로 할 경우 어느 한 항목의 비율이 70%를 넘지 않아야 하고, 각 항목 평가점은 각각 50점으로 동일한 비율로 정할 것을 권고하고 있다.

평가단위에서 평가대상 공무원의 상대평가를 위한 평가 등급의 수는 3개 이상으로 하고, 최상위 등급은 평가 단위별 인원수의 상위 20%, 최하위 인원은 하위 10% 비율로 정하고 있다. 근무성적평가위원회는 각 평가 단위별 평가 결과를 기초로 전체 평가대상 공무원들을 상대 평가하여 순위 및 등급을 정하는 역할을 한다.

근무성적평정 결과는 공무원 본인에게 알려줘야 하며, 결과에 이의가 있는 공무원은 확인자에게 이의신청을 할 수 있다. 그리고 이 평가 결과는 평가대상 공무원의 승진임용, 교육훈련, 보직관리, 특별승급, 성과상여금 지급 등 각종 인사조치에 반영해야 한다.

2) 교육훈련

(1) 교육훈련 정의와 필요성

교육훈련(education and training)은 "공무원에게 직무수행상 필요한 지식과 기술을 연마시키고 가치관과 태도를 발전지향적으로 개선시키고자 하는 인사기능"이라고 정의한다(강성철 외, 2012: 295). 최근에는 교육훈련을 단순하게 새로운 지식과 기술을 습득하는 것에서 더 나아가 개인의 잠재적 능력과 역량을 발견하고 증진시키는 종합적인 과정이라고 이해되고 있다.

아무리 좋은 인재를 선발하기 위해 정부가 노력한다고 하더라도 완벽한 능력을 갖춘 공무원을 선발하는 것은 어려운 일이다. 또한 현대사회는 급변하고 있고, 현재 갖추고 있는 능력과 기술이 미래의 공직사회에서도 중요하게 사용되리라는 보장이 없다. 따라서 공무원들은 교육훈련을 통해서 현재와 미래의 필요한 공직수행능력을 향상시키고 효율적으로 업무를 수행하여 조직의 목표달성에 기여할 필요가 있다. 구체적으로 공무원 교육훈련의 필요성은 조직 차원의 생산성을 향상하고, 조직분위기를 혁신하며, 개인 차원에서는 직무만족도를 고취하고, 경력을 발전시키기 위해서 필요하다.

(2) 교육훈련 종류와 방법

교육훈련의 종류는 신규채용자 훈련, 업무담당자 훈련, 재직자 교육훈련, 감독자 교육훈련, 관리자 교육훈련, 윤리교육훈련 등이 있다. 신규채용자 훈련은 새로운 직위의 직책을 담당하기 전에 받는 훈련을 말하며, 업무담당자 훈련은 특정 분야의 직무 수행에 필요한 전문분야의 지식과 기술 습득 목적으로 이루어진다. 재직자 교육훈련은 보수교육이라고도 하는데, 재직 중인 공무원대상 새로운 지식·기술·법령 습득, 근무태도 개선을 위해 이루어진다. 감독자 교육훈련은 하급자 지휘·감독, 책임을 지는 과장급의 능력향상 목적을 위해 이루어지고, 관리자 교육훈련은 감독자보다 높은 고위관리자대상으로 이루어진다. 윤리교육훈련은 공무원 윤리 제고 목적, 정신교육, 장기적·지속적 교육을 위해 이루어진다.

교육훈련의 방법에는 훈련 목적에 따라 지식 습득 훈련 방법(강의, 토론회, 사례연구, 시찰, 시청각교육, 사이버 강좌), 기술 연마 훈련 방법(사례연구, 모의연습, 현장훈련, 전보·순환보직, 실무수습, 시청각교육), 태도·행동 교정 훈련 방법(사례연구, 역할연기, 감수성훈련) 등으로 나누어진다.

(3) 교육훈련에 대한 저항과 해결방안

교육훈련 실시에는 여러 가지 환경적 저항을 받는데, 첫째, 입법부의 경우 채용당시 제대로 교육받고 능력 있는 사람을 선발했다면 따로 재정을 낭비하는 일이 없을 것이라는 논리에서 교육훈련을 반대하고 있다. 둘째, 공무원 조직 내에 관리자 및 감독자들도 당장 부하직원이 교육훈련을 받게 되면 업무수행에 차질이 생기기 때문에 꺼려 한다. 교육훈련에 대한 가장 큰 저항은 피교육자의 저항이다. 일반적으로 교육훈련은 피교육자의 능력에 대한 불신이나 불합리한 인사조치로 이해하며, 교육훈련 결과가 제대로 반영되지 않기 때문에 좋지 않은 인식을 가지고 저항한다.

이러한 교육훈련에 대한 저항을 줄이기 위해서는 교육훈련의 유용성을 널리 알려 이해를 구하고, 교육훈련계획을 수립할 당시 피훈련자, 관리자, 감독자 등을 모두 참여시켜 그들의 의견이 충분히 반영되도록 한다. 또한 교육훈련 결과를 승진 및 보직 등에 적극 반영하고, 피훈련자들이 원하는 시기에 원하는 교육훈련을 받을 수 있도록 제도적 장치가 마련되어야 한다. 마지막으로, 가장 중요한 것은 효율적인 교육훈련 방법의 개발과 적용이다.

3. 공공 인적자원 업무수행 여건

1) 보 수

(1) 보수의 개념과 중요성

인사관리에 있어서 적절한 보상시스템은 조직구성원들의 사기와 동기부여에 가장 큰 영향을 미치는 요인이다. 이러한 보상은 금전적인 보상과 비금전적인 보상으로 나누어지는데, 금전적인 보상은 수당, 상여금, 성과급과 같은 직접적인 보상과 연금과 후생복지와 같은 간접적 보상으로 다시 나눌 수 있다.

보수는 공무원이 근로한 대가로 정부로부터 받는 금전적 보상을 말한다(유민봉 · 임도빈, 2003: 393). 「공무원보수규정」 제4조에는 "보수는 봉급과 그 밖의 보수는 법령을 근거로 정부의 정책에 따라 결정되고, 노력과 능력에 따라 지급할 것을 원칙으로 한다"(이종수 · 윤영진 외, 2002: 485).

보수는 개념상으로는 민간부문의 임금과 동일하지만, 민간보다 수준이 낮고, 동일 노동 동일 급여 원칙을 따른다는 점, 공무원 신분상 노동권 제약으로 보수수준 급여에 관한 권리를 주장하는 의사표현을 할 수 없어 보수결정에 있어 불리한 위치에 있다는 점, 근무 가치를 평가하기 어려워 화폐 가치로 환상하기 어려운 점, 보수의 경직성, 비금전적 보상의 중요성 등 공무원 보수만의 특징을 가지고 있다.

(2) 보수 결정요인

보수를 결정하는 데 있어 공공부문의 경우에는 조직의 외부 환경 요인을 고려해야 한다. 특히, 보수 인상과 관련된 부분은 공무원 보수의 원천인 세금을 내는 국민에게 굉장히 민감한 부분이다. 우리나라는 「국가공무원법」 제46조에 보수 결정의 원칙으로 "일반의 표준 생계비, 물가수준, 그 밖의 사전을 고려하여 민간부문의 임금수준과 적절한 균형을 유지하도록 노력해야 한다"라고 규정하고 있다. 공무원 보수는 공무원 보수가 갖는 특성과 다음과 같은 요인을 종합적으로 고려해서 결정된다(이창길, 2016: 423).

첫째, 일반 표준 생계비는 민간부문의 최저 생계비와 유사한 개념으로 일반사회의 관점에서 인간다운 생활 유지가 가능한 수준의 보수여야 한다는 것을 말한다.

둘째, 물가수준과 경제성장률이다. 국내 · 외 경제상황이 좋지 않을 경우 보수수준을 올리는 것은 현실적으로 어렵다. 왜냐하면, 공무원의 보수는 국민의 세금으로 구성된 재원이기 때문에 국민의 담세 능력에 영향을 미치는 물가수준과 경제성장률을 반드시 고려해야 한다.

셋째, 민간의 보수수준이다. 공무원의 직무 성격상 민간부문과 동일한 직무를 찾기 어렵지만, 민간부문 노동시장과 경쟁의 차원에서 민간의 보수수준을 고려하지 않을 수 없다. 공무원 보수수준이 민간보다 너무 낮을 경우 현직 공무원의 사기가 저하될 뿐만 아니라 유능한 젊은 인재들을 민간과 경쟁하여 유치할 수 없게 될 가능성이 많다. 따라서 민간의 보수수준을 고려하여 적절한 균형을 유지해야 한다.

넷째, 정부의 인건비 규모이다. 공무원 보수는 예산의 제약과 국민의 담세능력을 종합적으로 고려하여 결정된다. 즉, 전년도 증가율과 예산 규모 증가비율, 전체 예산 중 인건비가 차지하는 비율, 공무원 총 인원 수를 고려해서 결정되어야 한다.

(3) 한국의 공무원 보수체계

① 보 수

「공무원보수규정」 제4조에 따르면, 보수는 봉급과 그 밖의 각종 수당을 합산한 금액을 말한다. 연봉제일 경우 봉급과 각종 수당을 합한 금액을 말한다. 봉급은 직무의 곤란성과 책임의 정도에 따라 직책별로 지급되는 기본급여 또는 직무의 곤란성과 책임의 정도 및 재직 기간 등에 따라 계급별, 호봉별로 지급되는 기본급여이며, 수당은 직무여건 및 생활여건 등에 따라 지급되는 부가급여를 말한다.

그림 5-5 한국 공무원 보수구조

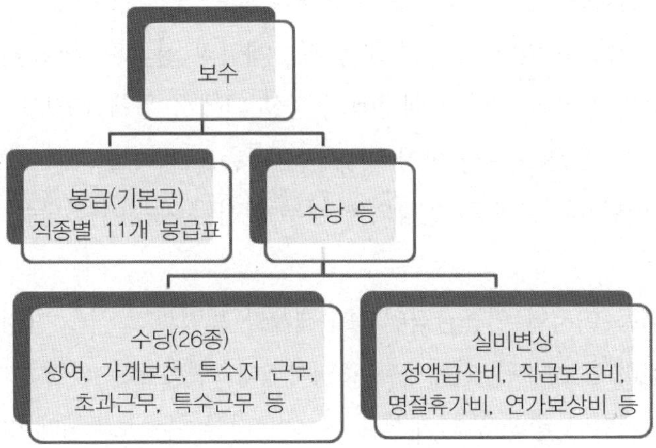

출처: 「공무원보수규정」 참조.

② 봉급제도

우리나라 공무원의 봉급은 호봉제와 연봉제로 나누어지며, 연봉제는 고정급적 연봉제, 성과급적 연봉제, 직무성과급적 연봉제로 나뉜다.

호봉제는 일반적으로 매년 정기적으로 증가하는 보수등급을 말하는데 우리나라의 경우, 매년 정기 승급을 통해 1호봉씩 상승하는 구조로 되어 있다. 호봉제는 연공에 따라 생산성이 높아지는 것을 반영하는 제도로, 공공부문 특성상 성과수준을 측정하기 어려운 조직에서 낮은 관리 비용으로 적용할 수 있는 매우 효율적인 시스템이라

표 5-4 연봉제 유형별 비교

구 분	개 념	특 징	적용대상 공무원
고정급제 연봉제	개별 직위마다 고정 연봉 책정	성과측정이 어려운 정무직 공무원	차관급 등 정무직 공무원
성과급제 연봉제	계급 기본연봉 + 성과연봉	성과측정이 가능한 공무원	일반직, 별정직 등 1~4급 또는 이에 상당하는 공무원, 임기제 공무원
직무성과급적 연봉제	기본연봉 + 성과연봉		고위공무원단 소속 공무원

출처: 「공무원보수규정」 참조.

고 할 수 있다. 또한 호봉제는 동일한 직급, 동일한 경력을 가진 공무원은 모두 동일한 기본급을 수령하는 제도이기 때문에 보상의 형평성이 매우 높고, 관리의 안전성과 적정성을 도모할 수 있다. 그러나 호봉제는 개인의 실적과 능력, 성과 및 조직 공헌도 등이 보수에 반영되지 않기 때문에 공정성 면에서 문제가 있고, 보수의 상한선이 있기 때문에 더 많은 보수를 받기 위해서는 계층을 계속 늘려야 하며, 동기부여가 안 된다는 점, 매년 자동적으로 인상되어 정부 인건비 재정에 부담을 주는 문제점을 가지고 있다.

우리나라에서는 이러한 연공급적인 보수체계를 능력과 실적을 반영하는 보수체계로 전환하기 위하여 1999년 연봉제를 도입하였다. 연봉제는 다양한 보수항목을 연단위로 통합해 개인별 총액을 12개월로 나누어 지급하는 보수체계이다. 우리나라는 적용대상 공무원에 따라 고정급적 연봉제, 성과급적 연봉제, 직무성과급적 연봉제로 구분하여 운영하고 있다.

③ 수 당

수당은 직무여건, 생활여건 등에 따라 부가적인 금전적 보상으로 우리나라는 '공무원수당 등에 관한 규정'에 따라 지급하며 총 5개 26종으로 구분된다. 상여수당으로는 대우공무원 수당, 정근수당, 성과상여금이 있고, 가계보전 수당으로는 가족수당, 자녀학비보조수당, 주택수당, 육아휴직수당 등이 있다. 특수지근무수당은 낙후 지역이나 근무환경이 특수한 기관에 근무하는 공무원에게 지급되며, 특수근무수당은 14종으로 특수업무분야에 종사하는 공무원에게 지급된다. 초과근무수당은 시간외근무수당, 야간근무수당, 휴일근무수당, 관리업무수당 등이 있다.

④ **한국의 보수체계의 문제점**

첫째, 만성적으로 수준이 낮은 보수는 공무원의 사기 저하는 물론, 부패의 소지를 제공하는 부작용을 초래할 수 있다. 둘째, 지나친 연공서열 중심의 보상체계는 공직사회의 활력을 떨어뜨리고, 직무의 특성과 성과에 따른 공정한 보상 문화의 정착을 방해하는 역할을 할 수 있다. 셋째, 기본급보다 수당의 비중이 높고 종류가 너무 많고 복잡하여 보수체계의 투명성이 떨어진다는 비판이 있다.

2) 연 금

(1) 연금의 의의 및 중요성

공무원 연금은 장기간에 걸쳐 충실히 근무한 대가의 일부분을 거치시켰다가 퇴직 후에 공무원과 그 가족에게 안정적인 생계유지를 위해 금전적으로 제공받는 공무원에 대한 사회보장제도의 하나이다. 연금은 공무원의 퇴직 이후 오는 생활의 불안정을 해소하는 사회보장의 기능, 미래에 대한 심적 안정과 근무의욕과 사기앙양 고취 기능, 장기복무 전제 조건으로 인한 장기간 공직에 복무하려는 인재 수급으로 인한 직업근무원제 확립에 기여하는 기능을 한다.

(2) 한국 공무원 연금제도 현황

우리나라는 10년 이상 근무하고 퇴직한 공무원 혹은 공무상 질병, 부상 등으로 퇴직 또는 사망한 공무원에 대하여 연금 또는 일시금을 지급하고 있다. 연금대상은 장・차관을 포함하여 상시 공무에 종사하는 공무원으로 「국가공무원법」 및 「지방공무원법」에 의한 공무원, 기타 다른 법률에 따라 국가 또는 지방자치단체에 근무하는 직원, 청원경찰 및 청원산림보호직원, 위원회 등 상임위원과 전임직원, 기타 직원으로서 인사혁신처장이 인정하는 자가 포함된다. 단, 군인, 선거직 공무원(대통령, 국회의원, 자치단체장, 지방의회의원), 공무원 임용전 수습기간 및 견습직원, 기간제 교사 등은 포함되지 않는다. 연금의 개시는 65세가 되는 때이다. 퇴직연금(또는 조직퇴직연금)은 혼인관계가 5년 이상인 배우자에게 수급권자 사후에도 분할연금으로 일부가 계속해서 지급된다.

우리나라 연금제도의 총괄기관은 인사혁신처이며, 운영은 「공무원연금법」 제16조에 따라 공무원연금공단에서 하고 있다.

연금의 조성은 공무원의 기여금과 정부의 부담금으로 이루어지는데, 우리나라의 경우 재원은 기여제 적립방식(기금식)으로 이루어지고 있다. 기여제는 기금의 조성 책임이 공무원과 정부에게 공동으로 있는 제도이다(유민봉 · 임도빈, 2003: 569). 한국은 1960년에 연금제도를 도입한 후 1968년부터 연금 회계에 적자가 발생하여 비용징수율을 단계적으로 올리고 있으나 재정 악화현상은 계속되고 있다. 연금 재정의 적자 발생 원인은 연금 급여수준의 지속적 상승과 연금액의 상승, 장기 근속자와 연금 수급자 증가, 고령화 시대로 인한 국민 평균수명 연장으로 연금 수급기간 장기화, 비용 부담률 장기간 동결, 연금기금 총액 증가율 급격한 둔화 현상 때문이다.

(3) 한국 공무원 연금 급여 종류

연금은 단기간 혹은 일시적으로 지급하느냐 아니면 장기간 지급되느냐에 따라 단기급여와 장기급여로 구분한다. 단기급여는 공무상요양비, 재해부조금, 사망조위금 등 3종이 있고, 장기급여로는 퇴직급여 4종, 유족급여 6종, 장해급여 2종 순직유족급여 2종 및 퇴직수당 등 15종이 있다. 일반적으로 말하는 공무원 연금은 퇴직급여로 10년 이상 재직하고 퇴직할 경우 사망 시까지 매월 지급하는 연금을 말한다.

3) 동기부여

(1) 동기부여의 의의와 중요성

동기는 어떤 목적을 위해 자신의 행동을 특정한 방향으로 작동시키려는 내적 심리 상태를 말한다(이창원 · 최창현, 2012). 즉, 개인으로 하여금 조직에 참여하여 업무를 하려는 의욕과 정신상태, 근무 의욕, 근무 동기를 말한다(이창길, 2016: 335).

동기부여(motivation)는 사기와 구별된다. 사기(morale)는 개인의 정신적 마음상태로 일정기간 동안 형성된 심리적 결과를 중요시 여기는 반면, 동기는 직무수행 동기가 유지되고 활성화되는 과정이나 배경을 더 중요시 여긴다. 이 둘의 관계는 상호의존적인데 사기가 높을 경우 동기부여가 잘될 수 있고, 반대로 사기가 낮으면 동기부여도 잘되지 않는다. 인사행정 전 과정에서 모든 조건, 즉 환경과 직위에 적합한 유능한 인재를 선발하였다 하더라도 일을 하려는 의지가 없다면 조직목표는 달성될 수 없고, 성과 또한 생산될 수 없다. 따라서 조직구성원이 자신의 역량과 능력을 최대한 발휘하고, 조직의 목표를 달성할 수 있도록 의지나 의욕을 높여야 할 필요가 있고 이것이 바로 동기부여의 중요성이다.

(2) 동기부여 이론

동기부여를 시키려면 개인의 동기가 무엇이고, 어떤 것에 영향을 받고, 동기를 충족시키기 위해서는 무엇이 필요한지에 대해 연구한 이론들이 많이 제시되었다. 이러한 이론들에는 동기가 발생하는 내용적 측면을 강조한 내용이론, 동기가 발생하는 과정에서 동기요인을 찾는 과정이론, 직무와 관련된 동기요인을 찾는 직무이론 등이 있다. 내용이론과 동기이론은 "제4장 조직론"에서 심화하여 다루기 때문에 이 장에서는 직무이론을 중점으로 다룬다.

직무이론은 인간의 동기는 직무로부터 발생한다고 보는 이론으로 헤크만과 올드햄의 직무특성이론과 페리의 공공봉사동기 이론이 있다.

① 직무특성이론

헤크만(J. R. Hackman)과 올드햄(G. R. Oldham)의 직무특성이론은 조직원의 동기부여와 만족도는 직무특성에 따라 달라진다고 본다. 즉, 직무상의 동기부여는 직무의 효용성, 책임성, 직무 결과에 대한 이해 정도에 따라 결정된다는 이론이다. 이를 실현하는 동기는 기술의 다양성, 과업의 완결성, 과업의 중요성, 직무의 자율성, 직무 결과에 대한 환류이다(Hackman & Oldham, 1975). 직무의 효용성은 자신의 직무가 조직이나 사회에 유용하다는 느낌으로 기술의 다양성과 과업의 완결성, 직무 중요성에 의해 결정된다. 직무의 책임성은 최종 산출물에 대하여 느끼는 책임감으로 직무의 자율성 정도에 영향을 받는다. 직무 결과에 대한 이해 정도는 직무 결과의 환류 정도에 따라 달라진다. 헤크만과 올드햄은 직무에 대한 잠재적 동기(Motivating Potential Score: MPS)는 {(기술다양성+과업완결성+직무중요성)/3}×직무자율성×결과에 대한 지식으로 계산할 수 있다고 보았다. 따라서 헤크만과 올드햄은 잠재적 동기, 즉 결정적 심리상태는 직무의 유의성, 책임성 및 직무결과에 대한 환류수준이 높을수록 더 동기부여된다고 보았다.

② 공공봉사동기 이론

페리와 와이즈(Perry & Wise, 1990)에 의해 비교적 최근인 1990년에 제안된 공공봉사동기(Public Service Motivation: PSM)는 공공조직에만 관련된 동기에 반응하는 개인의 기본적 성향을 말한다. 기존의 동기이론들이 개인의 행동과 동기 변화에는 물질적·심리적 이익이 작용한다고 보는 데 반해, 공공봉사동기 이론에서는 개인의 이익뿐만 아니라 공공의 이익을 위한 이타적인 노력과 봉사심도 영향을 미친다는 것이다(Houston, 2006).

페리(J. Perry)와 와이즈(L. R. Wise)는 공공봉사동기를 합리성(rational), 규범성(normative) 및 감성적(affective) 차원으로 구성된다고 보았다. 합리적 동기는 정책형성과정의 참여, 공공정책에 대한 동일시, 특정 이해관계에 대한 지지에 따라 작동한다. 규범적 동기는 공익 봉사의 욕구, 의무와 정부 전체에 대한 충성에 따라 작동한다. 감성적 동기는 정책의 사회적 중요성에 기인한 정책에 대한 몰입과 선의의 애국심에 따라 작동한다. 이 세 가지 동기는 서로 중복되는 측면이 많기 때문에 공공부문에서 직업을 가진 사람을 이들 세 가지를 모두 가질 수도 있고, 공공봉사동기를 연구하는 많은 학자들의 연구 결과에 따르면, 공공봉사동기 수준이 높은 사람일수록 공직수행을 통하여 얻을 수 있는 경험을 높게 평가하므로 공직 선택 가능성이 높다는 결과들을 보고하고 있다(이근주, 2005; 박천오·박시진, 2015).

공공봉사동기가 높은 사람은 금전적 보상 등 외재적인 보상에 비해 공직수행 자체의 동기부여 효과가 더 높기 때문에 정부는 공공봉사동기가 높은 사람들을 공직에 유인하기 위한 선발 방안들을 마련할 필요가 있다(백종섭 외, 2016: 232).

(3) 동기부여 유발 직무환경

동기부여에는 조직원의 동기부여를 할 수 있는 직무환경을 조성해 주는 것이 매우 중요하다. 일반적으로 동기부여에 영향을 미치는 직무환경으로는 경쟁력 있는 보수, 근로자 욕구를 충족시킬 수 있는 경제적·비경제적인 다양한 부가 혜택, 공정하고 합리적인 보상과 인정, 개인의 성장과 발전을 위한 도전적인 직무 배분과 훈련기회,

우호적이고 협력적인 사무실 환경, 사회를 위해 의미 있게 기여할 수 있는 직무 할당, 인정감과 발전기회를 부여하는 환류, 작업환경에 대한 자율적 통제, 직업만족과 성과를 저해하는 규정과 규제의 최소화, 부정적 감독관계의 축소 등이 있다(Berman, Bowman, West, & Wart, 2013).

4. 공공 인적자원의 역할 정체성

1) 신분보장과 징계

(1) 신분보장

① 개 념

공무원은 「국가공무원법」(제68조)과 「지방공무원법」에 의해, 법에 정하는 사유 외에는 본인의 의사에 반하여 자의에 의해 퇴직하거나 신분상 불이익을 받지 않는데 이것을 신분보장이라고 한다(강성철 외, 2012: 532). 공무원의 신분보장을 법에 의해 보장하는 이유는 행정의 일관성·안정성·능률성을 향상시키고 사기를 앙양하여 국민에 대한 봉사의 질을 높이기 위해서이다.

② 신분보장의 한계

공무원에 대한 신분보장은 정도가 지나치면 민주적 통제가 어려워지고, 이는 무사안일과 부정부패를 촉발시키는 요인이 될 수 있어서, 형의 선고나 징계 처분이 아닌 여러 가지 사유에 의하여 신분보장에 제한을 두고 있다. 「국가공무원법」에 의하면, 이런 제한에는 당연퇴직(제69조), 직권면직(제70조), 직권휴직(제71조), 직위해제(제73조의3), 강임(제7조의4) 등이 있다.

당연퇴직은 법이 정한 사유가 발생한 경우 별도의 처분이 필요 없이 공무원관계가 소멸되는 것으로 형의 선고나 파면·해임의 중징계 처분을 받은 경우를 말한다. 직권면직은 법이 정한 사유가 발생한 경우 임용권자가 일반적으로 공무원관계를 소멸시키는 것이다. 직권휴직은 국가공무원상 일정한 조건에 해당되는 경우 본인의 의사에 관계없이 임용권자에 의하여 강제로 휴직당하는 것을 말한다. 직위해제는 공무원 신분은 유지하지만 강제로 직무를 담당하지 못하게 하는 것이다. 임용권자는 직위해

제된 자에게 3개월의 범위에서 대기를 명하여야 한다. 강임은 공무원 수직이동(제5장 제3절 1항 참조)에서 설명하였다(유민봉 · 임도빈, 2003: 433).

③ 퇴 직

퇴직은 공무원이 공직을 떠나는 것을 말한다. 퇴직은 공무원 개인에게는 장기간 생활했던 조직을 떠나 새로운 환경에서 새로운 삶을 살 기회를 얻는 것이고, 정부 입장에서는 노하우를 쌓은 인재를 상실하는 것과 동시에 새로운 인력을 충원하는 기회가 되기도 한다. 퇴직은 정부 입장에서 손실이 되는 부분이기 때문에 오랜 기간 동안 축적된 훌륭한 노하우를 사회에 유용하게 활용할 수 있도록 퇴직관리를 해야 한다.

퇴직은 자진퇴직(자발적 퇴직)과 당연퇴직, 강제퇴직으로 구분할 수 있다. 자진퇴직은 의원면직과 명예퇴직으로 구분되는데, 의원면직은 자발적 퇴직의 가장 대표적인 형태로 스스로 퇴직을 결정하는 경우와 암묵적으로 조직이 자발적 퇴직을 강요하는 경우도 있다. 명예퇴직은 장기간 조직에 기여한 공로를 인정하여 명예롭게 이루어지는 자발적 퇴직을 말한다(양기근 · 김상규, 2006). 이 경우, 조직은 금전적 또는 비금전적 보상을 하게 된다. 당연퇴직은 일정한 연령에 도달하는 경우 이루어지는 정년퇴직과 일정기간 승진하지 못하고 동일한 계급에 머물러 있으면 그 기간이 만료된 때 자동적으로 퇴직시키는 계급정년퇴직, 법규에 정한 일정한 요건에 해당하는 경우 퇴직시키는 법규당연퇴직이 있다. 정년퇴직에서 정년은 60세(제74조)이며, 계급정년은 경찰, 소방공무원 같은 특정직 공무원에게 적용된다.

강제퇴직은 위법한 활동이나 부정한 행동, 추운한 성과를 보이지 않는 공무원을 징계에 의해 퇴직시키는 징계퇴직(파면, 해임)과 임용권자가 일정한 법규 규정에 의해 면직시키는 직권면직이 있다.

(2) 징 계

① 징계 제도의 의의 및 근거

징계는 공무원의 의무 위반(법령, 규칙, 명령 등)에 대한 제재를 의미한다. 즉, 징계는 공무원이 맡은 바 업무를 성실하게 수행하고 행동규범을 준수하게 하기 위한 통제 수단으로서 공무원의 잘못된 행태를 교정하고, 예방하는 데 목적이 있다.

② 징계 사유와 종류

우리나라의 경우 「국가공무원법」 제78조에 징계의 사유를 정하고 있는데, 「국가공무원법」 및 이 법에 따른 명령을 위반한 경우, 직무상의 의무를 위반하거나 직무를 태만히 한 때, 직무의 내외를 불문하고 그 체면 또는 위신을 손상하는 행위를 한 때로 규정하고 있다. 징계는 중징계와 경징계로 구분한다(국가공무원법 제79조).

표 5-5 징계 종류와 내용

징계 종류와 내용		
중징계	파면	공무원 신분 박탈 향후 5년 동안 공무원으로 근무 불가능 연금 1/2 감액(5년 미만 근무자는 1/4 감액)
	해임	공무원 신분 박탈 향후 3년 동안 공무원으로 근무 불가능, 연금액 유지
	강등	1계급 아래로 직급을 내림. 공무원 신분 보유, 3개월 간 직무종사 금지, 보수 2/3 삭감, 승진제한
	정직	1개월 이상 3개월 이하 기간 공무원 신분유지, 직무종사 금지, 보수 전액 삭감
경징계	감봉	1개월 이상 3개월 이하 기간 동안 보수의 1/3 삭감, 승진제한
	견책	전과에 대하여 훈계하고 회개, 승진제한

출처: 「국가공무원법」 제79조, 제80조.

③ 소청심사제도

소청심사제도는 징계처분이나 강임·휴직·직위해제·면직처분과 같이 공무원 개인의 의사에 반하는 불이익처분을 받은 공무원이 그에 불복하게 이의를 제기하는 경우, 이를 심사해서 구제하는 절차이다. 소청심사제도는 공무원의 신분보장을 강화하는 제도적인 장치이다. 우리나라에서는 소청심사위원회를 설치하여 운영 중에 있다.

2) 정치적 중립

(1) 정치적 중립의 개념과 필요성

정치적 중립은 공무원의 정치활동의 금지 및 제한하는 행동규범을 말한다(오석홍, 1993: 672-673). 공무원의 정치적 중립은 공무원이 직무수행상 공익 실현자라는 점, 객관적이고 전문적인 행정수행, 공직수행에 있어 정치적인 부당한 압력, 유혹, 부패 방지, 정치·행정 간 균형유지를 위해 필요하다.

(2) 한국의 정치적 활동에 관한 규정

우리나라에서는 「국가공무원법」 제65조에 정치 운동의 금지를 규정하고 있다. 이 조항에 의하면, 공무원은 정당이나 그 밖의 정치단체의 결성에 관여하거나 가입할 수 없고, 선거에서 특정정당이나 특정인을 지지 또는 반대하기 위한 행위들을 해서는 안 되며, 다른 공무원에게 위배 행위를 요구하거나 정치적 행위에 대한 보상 또는 보복으로서 이익 또는 불이익을 약속해서는 안 된다.

우리나라에서 공무원의 정치적 행위 금지에 대해서 국민의 기본권인 참정권을 제한하고 민주주의 원리에 모순된다는 점, 공무원집단의 이익 경시 결과, 정당정치 발전과 정당인의 자질향상 기회 박탈, 참여적 관료제 발전 저해, 공무원들의 이념적 무관심과 국민요구에 민감하게 대응하지 못하고 폐쇄집단화될 가능성이 높다는 점에서 비판받고 있다(박동서, 1990: 406).

3) 공무원 노동조합

(1) 공무원 노동조합의 의의와 기능

공무원 노동조합(government employees' union)은 공무원의 근무조건의 유지·개선과 복지의 향상을 위해 법령상 허용된 공무원들이 조직하는 단체를 말한다(권기헌, 2014: 333). 공무원 노동조합의 기능으로는 첫째, 공무원의 집합적 의사를 관리자, 행정기관, 행정부, 입법부, 사법부 및 국민들에게 표시할 수 있는 압력단체로서의 기능, 둘째, 공무원들의 복지증진, 정책결정 과정에의 관여, 집합적 의사표시, 오락 및 친목 활동 등 추구를 통한 귀속감, 성취감, 연대의식 등 사회적 욕구 충족기능, 셋째, 관리층과 대화 및 협상을 통한 상호이해증진과 관리층 횡포 견제와 같은 행정의 민주화 기능 등이 있다(백종섭 외, 2016: 266-267).

(2) 공무원 노동조합에 대한 찬반논쟁

공무원 노동조합에 대한 긍정적 입장에서는 공무원 노동조합이 공무원들의 행정

과정 참여 확대를 통한 합리적 정책결정, 사회적 욕구 충족을 통한 사기진작과 행정능률 향상 도모, 올바른 직업윤리 확립과 자질향상 기여, 국민의 한 사람으로 시민권리 향유, 효과적인 압력수단으로 필요하다고 보고 있다(박천오 외, 2014). 반대로 부정적인 입장에서는 공무원이 단체행동권을 행사할 경우 행정서비스 중단으로 공익침해 및 국민의 권리침해 우려, 관리층의 인사권 제약으로 통제와 행정능률 저하, 집단이기주의로 행정서비스 질적 향상 소홀 및 임금인상 요구로 국민들에 대한 부담증가 가능성, 노조의 연공서열 주장으로 실적제와 충돌 발생 가능성 등이 발생할 수 있다고 보았다(하미승, 2012; 유민봉 · 임도빈, 2003).

(3) 한국의 공무원 노동조합

우리나라에서 공무원 노동조합은 부정적 견해로 인해 계속 금지되어 오다가 2005년 1월 27일에 「공무원의 노동조합 설립 및 운영 등에 관한 법률」이 제정 및 공포되면서 허용되었다. 동법 제6조에 따르면, 공무원 노동조합에 가입하여 활동할 수 있는 공무원은 경력직 공무원 중 일반직 6급 이하 공무원(사실상 노무종사자 제외), 특정직 공무원 일부(교원 제외), 별정직 공무원 일부이고, 제11조에 따라 단체행동권(예: 파업 등)은 금지되어 있다. 우정직 공무원의 경우 「노동조합법」에 적용을 받아 노동 3권(단결권, 단체교섭권, 단체행동권)을 모두 가지고 있고, 교원은 「교원노동조합법」에 적용받아 「공무원노동조합법」의 적용을 받지 않는다.

4) 공무원의 의무와 윤리

(1) 공직윤리

① 개념과 근거

공직윤리(public ethics)는 합법적으로 공권력을 행사하는 공직자에게 요구되는 직업윤리로 국민 전체에 대한 봉사자로서 공무원이 행정업무를 수행할 때 공적목적을 달성하기 위해 준수해야 할 행동규범이다(김중양, 2008; 이종수 · 윤영진 외, 2014). 공직윤리는 일반조직의 구성원들에게 요구되는 보편적인 의무로서 성실의무, 복종의무, 직장 이탈 금지 의무 외에도 국민에게 공정하고 친절해야 하며, 영리업무 종사 금지, 청렴 및 품위 유지 등 공공의 이익을 수호하고 국가 업무를 능률적으로 수행해야 하는 공직자로서 도리까지 포함하는 엄격한 윤리 기준이다(강성철 외, 2012: 465-466). 우리나라 공직윤리의 근거는 「국가공무원법」과 「공직자윤리법」, 공무원 복무규정 및 공무원 윤리헌장과 취임 선서 등에서 찾아볼 수 있다. 「국가공무원법」에는 12대 의무로 성실의무, 복종의무, 직장이탈금지의무, 친절공정의무, 비밀엄수의무, 청렴의무, 영예 등의 수령규제 의무, 품위유지의무, 영리행위 및 겸직금지, 정치활동금지의무, 집단행위금지, 종교중립의무가 규정되어 있다. 「공직자윤리법」에는 재산등록 및 공개의무, 선물수수 신고 및 등록 의무, 퇴직 후 3년 간 퇴직 전 5년 동안 소속 부서 및 기관 업무와 밀접한 관련성이 있는 취업제한기관 취업 제한 등이 규정되어 있다.

② 방해요인과 제고 방안

공직윤리는 다양한 요인에 의해서 방해를 받는다. 공직윤리 방해요인은 크게 인적 요인, 제도 요인, 환경 요인으로 나눈다. 인적 요인은 공무원이 권위주의적 가치관과 공익보다는 개인 혹은 소속 부처의 이익을 중시하며, 국민 전체에 대한 공평한 봉사보다는 학연 · 지연 · 혈연과 같은 개인과 관련된 1차 집단적 관계를 중시하는 공무원 행태로 인해 공직윤리 확립이 방해 받는 것이다. 제도 요인은 공직윤리에 대한 내부통제 장치가 미비하고, 인사관리가 능력과 실적이 아닌 정실과 같은 불합리한 기준에 의해 이루어지거나 보수의 비현실성 등으로 인해 공직윤리가 방해받는 것을 말한다. 환경 요인은 공무원이 개인적 윤리의식아 높고, 제도적 장치가 잘 마련되어 있다하여도 행정조직을 둘러싼 환경적 여건, 즉 정치발전 수준이 낮아 외부통제가 미흡하거나 정치 · 사회적 혼란으로 신분불안이 발생하거나 사회구성원 의식이 근대화되지 않을 경우 공직윤리 확립이 어렵게 된다(노영숙, 2018).

인적 요인을 개선하기 위해서는 자율규제 수준을 향상시키기 위해 채용과정에서 윤리의식이 높은 후보자를 선발하고, 외적 · 내적 통제를 강화를 동시에 추진될 때 가능하다. 제도 요인은 부정부패 방지를 위한 엄격한 규제장치 마련, 행정정보 공개를 통한 행정과정의 투명성 확보, 행정규제 완화와 규제 법령의 이중성 배제, 공직자의 근무여건 개선 등을 통해 개선할 수 있다. 환경 요인은 일반국민 의식 및 가치관 변화 노력을 통한 민주통제로 개선될 수 있다(강성철 외, 2012: 472-476).

(2) 공직부패

① 개념과 특징

공직부패는 공적 권한을 이용한 사적 이익 추구를 말한다(Berlinski, 2009). 공직부패는 공직자의 임무인 권력행사와 관련되고, 권력행사 과정에서 사익을 공기보다 먼저 추구하며, 다분히 의도적인 행동이라는 특징을 가진다(백종섭 외, 2016: 244).

② 유형과 원인

공직부패는 기준에 따라 유형을 나눌 수 있다. 부패의 제도 여부에 따라 행정체재 내에 실질적으로 부패가 행동규범화된 제도적 부패와 우발적 부패로 나누고, 부패 상대 여부에 따라 개인적 행위로 공익을 침해한 단독형 부패와 상대방과 공모하여 사익을 추구하는 거래형 부패로 나눈다. 금전 관련 여부에 따라 금전적 이익을 추구하는 금전적 부패와 정실인사나 정치적 압력을 행사하는 정치사회적 부패로 나누고, 사회체제 파괴적 영향 여부에 따라 선의를 가지고 있는 백색부패, 사회체제에 파괴적 영향을 미칠 잠재성이 있는 회색부패, 사회체제에 명백하고 심각한 해를 끼치는 흑색부패로 유형을 분류할 수 있다(강성철 외, 2012: 478－479).

공직부패를 일으키는 원인으로는 부적절한 보수와 불합리적 인사제도, 신분불안, 공무원의 전근대적 가치관과 직업윤리의 타락, 내부통제장치의 미흡, 행정처리 기준과 절차의 불합리, 성숙하지 못한 낮은 시민의 정치의식 수준과 외부통제 미흡 등을 들 수 있다(백종섭 외, 2016: 246).

③ 공직윤리 관련 정책

공직윤리 관련 정책으로는 공직자 재산등록제, 공익신고자 보호제도, 「부정청탁 및 금품등 수수의 금지에 관한 법률」 등이 있다.

공직자 재산등록제는 「공직자윤리법」을 법적 근거로 하는 정책으로 공직자의 재산을 관련 기관에 등록하게 하여 심사(형성과정 및 재산보유상태의 과다 여부 등)하고, 그 내용을 공개할 수 있게 함으로써 부패를 예방하려는 제도이다. 「공직자윤리법」 제3조에 따르면, 재산등록의무자는 정무직, 4급 이상 공무원, 법관 및 검사, 대학의 총·학장, 대령 이상 장교, 지방자치단체장, 지방의회의원, 공직유관단체(제3조의2) 임직원이다. 등록대상은 본인과 배우자 및 직계존비속이 보유한 재산(부동산,

동산 등)이며, 독립생계가 가능하여 공무원 본인의 부양을 받지 않는 직계존비속은 고지거부가 가능하다. 등록재산 공개대상(제10조)은 정무직, 1급 이상 공무원, 고위 공무원단, 지방자치단체장 및 의회의원, 교육감 및 교육위원, 공기업의 장 · 부기관장 · 상임감사, 한국은행 총재 · 부총재 · 감사, 금융감독원 원장 · 상임강사, 재산공개로 별도 지정한 공직유관단체장 등이다.

공익신고자 보호제도는 2011년 3월 제정되고 9월에 시행된 「공익신고자 보호법」에 법적 근거를 두고 있다. 이 제도는 공익을 침해하는 행위를 신고한 사람 등을 보호하고 지원함으로써 국민생활의 안정, 투명하고 깨끗한 사회풍토의 확립에 이바지함을 목적(제1조)으로 신고자를 누설할 경우 3년 이하의 징역이나 3천만 원 이하의 벌금을 부과하는 제도이다. 법 제2조에는 공익침해행위에 대한 구체적인 행위들이 규정되어 있다.

「부정청탁 및 금품등 수수의 금지에 관한 법률」은 2015년 3월 27일에 제정된 법으로 2011년 당시 국민권익위원회 위원장이었던 김영란 위원장이 처음 제안하고 2012년 법안을 발의하였기 때문에 일명 '김영란법'이라고 한다. 이 법은 1년 6개월의 유예 기간을 거쳐서 2016년 9월 28일부터 시행되었다. 이 법의 목적은 공직자 등에 대한 부정청탁 및 공직자 등의 금품 등의 수수를 금지함으로써 공직자 등의 공정한 직무수행을 보장하고 공공기관에 대한 국민의 신뢰를 확보하는 것이다(제1조). 이 법에 적용받는 대상은 국가가 운영하는 공공기관(국회, 법원, 감사원, 지방자치단체, 중앙행정기관, 교육청 등)에 종사하는 공직자, 교육기관(유치원, 초중고등학교, 일반대학교, 외국인학교, 전문대학교, 대학원, 사립학교 등) 교직원, 언론 종사자와 배우자까지 포함되며, 금품과 향응을 받은 공직자뿐만 아니라 부정청탁을 한 사람에게도 과태료가 부과된다. 법 적용 대상자들은 제8조 제1항에 의해 직무관련성이나 대가성에 상관없이 1회 100만 원(연간 300만 원)을 초과하는 금품을 수수하면 형사처벌(3년 이하의 징역 또는 3천만 원 이하의 벌금)을 받는다. 다만, 외부 강의 등에 관한 사례금(대상자별 상한액) 또는 제8조 제3항에 해당하는 금품 등의 경우에는 수수를 금지하는 금품 등에 해당되지 않는다. 예를 들면, 원활한 직무수행 또는 사교 · 의례 또는 부조의 목적으로 제공되는 음식물(3만 원) · 경조사비(5만 원, 화환 혹은 조화는 10만 원) · 선물(5만 원, 농수산가공품은 10만 원) 등으로서 정하는 가액 범위 안에 금품 등은 기준을 넘지 않을 경우 처벌받지 않는다.

생각해 볼 문제

- ✓ 인사행정을 민간부문의 인사관리와 비교해 보자.
- ✓ 실적주의와 엽관주의는 어떤 상황에서 조화하여 활용될 수 있을지 실제 사례를 들어 생각해 보자.
- ✓ 공직사회에서 다양성 증가에 대한 실질적 대응인 균형인사정책 확대와 그로 인해 발생하는 역차별 논란에 대해 논의해 보자.
- ✓ 한국의 공직사회에서는 제대로 운영되지 못하고 있는 개방형 직위제도를 활성화시킬 수 있는 방법에 대해서 논의해 보자.
- ✓ 교육훈련의 저항성을 낮추기 위한 현실적인 방안에 대해 논의해 보자.
- ✓ 동기이론 중 민간부문과 공공부문의 동기부여에 적합하다고 생각하는 이론에 대해서 설명해 보자.
- ✓ 공무원에 대한 임용권자의 자의적인 인사권 행사를 막고 공무원의 신분보장을 강화하기 위한 제도에 대해 생각해 보자.
- ✓ 공무원의 정치적 중립에 대한 찬반의견을 내고 토론해 보자.
- ✓ 공무원 노동조합의 단체행동권에 대한 찬반의견을 내고 토론해 보자.
- ✓ 공무원 공직윤리를 내적으로 통제할 방안에 대해 토론해 보자.

C·H·A·P·T·E·R 06

예산론

행정이 작동하기 위해서는 금전적 자원, 즉 예산이 필요하다. 그러나 예산을 이해하는 것은 쉽지 않다. 예산이라는 큰 바구니 안에 일반회계, 특별회계, 기금 등 다양한 재원들이 포함되어 있고, 예산의 편성 · 집행 · 결산 절차도 복잡하고 까다롭기 때문이다. 이러한 예산을 이해한다면 우리는 각종 이론과 지식을 얻을 뿐만 아니라 정부의 활동을 평가하고 예측하는 분석력까지 가질 수 있다. 예산은 행정 작용의 구체적인 실천계획과도 같기 때문이다. 이 장에는 예산의 기초와 현황, 그리고 이론까지 충실하게 설명되어 있다. 이 내용들이 정부 예산의 전체와 부분을 균형 있게 이해하는 데 도움이 될 것이다.

제 1 절 예산의 소개

1. 예산의 개념

1) 예산의 개념

예산(budget)은 회계연도(Fiscal Year: FY) 내에 발생하는 국가의 수입과 지출 금액의 명세서, 즉 계획서이다. 실제 지출하기 이전에 예산을 수립하기 때문에 지출 계획이라고 보는 것이 타당하다.

회계연도는 예산이 집행되는 기간을 말한다. 회계연도의 기간은 국가별로 상이할 수 있다. 한국의 회계연도는 1월 1일에 시작해서 12월 31일에 종료한다(국가재정법 제2조). 이와 달리 미국 연방정부의 회계연도는 10월 1일에서 다음해 9월 30일까지이고, 영국과 일본의 회계연도는 4월 1일에서 다음해 3월 31일까지다.

예산을 수립하는 범위는 '국가'이다. 「대한민국헌법」 제54조 제1항은 "국회는 국가의 예산안을 심의·확정한다"고 규정하고 있다. 여기서 국가의 범주에는 부·처·청·위원회와 같은 중앙행정기관뿐만 아니라 국회·대법원·헌법재판소·중앙선거관리위원회와 같은 국가기관도 포함된다.[1)]

예산과 비슷하면서도 구분되는 것이 기금(fund)이다. 기금은 국가가 특정한 목적을 위하여 특정한 자금을 신축적으로 운용할 필요가 있을 때에 한하여 법률로 설치하는 자금이다. 국가 활동에 사용된다는 측면에서 예산과 비슷하지만, 국민의 세금이 아니라 정부의 출연금 또는 민간기업의 부담금 등을 재원으로 한다는 측면에서 예산과 다르다. 또한 국회의 승인을 받은 기금운용계획의 주요 항목 범위 안에서 대통령령이 정하는 바에 따라 세부항목의 지출금액을 변경할 수 있기 때문에 예산과 비교해서 집행 재량이 크다. 따라서 예산의 개념을 좁게 본다면 예산과 기금은 명확하게 구분되지만 예산을 국가의 재정, 즉 나라살림이라는 측면에서 넓게 본다면 기

1) 전국의 시·도·시·군·구와 같은 지방자치단체들도 예산 제도를 이용하고 있다. 이들 지방자치단체가 예산을 편성하고 활용하는 방식이 중앙행정기관이나 국가기관과 크게 다르지 않기 때문에 이 장에서는 중앙정부의 예산만 다루기로 한다.

금도 넓은 의미의 예산에 포함될 수 있다.

예산에 대한 이해를 돕기 위해 다음의 상황을 생각해 보자. 퍼블리대학교 행정학과에 어드민 학생이 입학했다. 어드민 학생의 어머니는 입학 축하금으로 20만 원을 주면서 마음대로 쓰라고 했다(A). 대학생이 된 어드민 학생은 부모님으로부터 한 달에 10만 원의 용돈을 받기로 했지만(B) 이것만으로는 부족하다. 여름 방학때는 꼭 해외여행을 가고 싶기 때문이다. 그래서 해외여행 경비 마련을 위해 한 달에 15만 원씩 받는 편의점 아르바이트를 시작했다(C). 그런데 해외여행을 다녀오는 길에 다리를 다쳐서 2학기에는 버스 대신 택시를 탈 수밖에 없는 상황이 되었다. 그래서 9월부터는 한 달 용돈을 15만 원으로 올렸다(D). 시간이 지나자 어드민 학생의 아버지는 조금 불안했다. 어드민 학생이 용돈을 너무 빨리 써버리거나, 아르바이트로 번 돈을 잡비로 사용하는 모습이 종종 보였기 때문이다. 그래서 용돈 사용에 대한 기준을 만들고(E), 용돈 사용을 주기적으로 점검하기로 했다(F).

가상의 상황을 설정한 것이지만 실제 대학생의 모습과 그 액수를 제외하고는 큰 차이가 없을 것이다. 우리 정부도 마찬가지다. 생산 활동으로 돈을 버는 기업과 달리 정부는 국민의 세금으로 필요 재원을 조달하기 때문에 부모님으로부터 용돈을 받는 어드민 학생과 큰 틀에서 유사하다. 앞서 살펴본 상황을 정부 예산과 연결시키면 A는 기금, B는 일반회계, C는 특별회계, D는 추가경정예산,[2] E는 「국가재정법」, F는 국회의 예산통제에 해당한다.

2) 재정 및 정부회계와의 비교

예산과 유사한 개념으로 재정(public finance)이 있다. 재정은 일반적으로 정부가 공공 수요를 충족하기 위해 재원을 조달 · 지출 · 관리하는 활동 전체를 말한다. 따라서 재정은 예산을 포괄하는 개념이다. 「국가재정법」 제1조에서도 예산 · 기금 · 결산 · 성과관리 · 국가채무 등을 재정에 포함시키고 있다. 이러한 재정에 대해서 미시경제학적으로 설명하는 학문이 재정학이고, 행정학의 관점에서 설명하는 것이 재무행정이다.

---

2) 일반적으로 '추경'이라고 하는 추가경정예산은 기존 예산(즉, 본예산)에서 증액 또는 감액된 부분만 의미하는 것이 아니라 증액 또는 감액된 이후의 전체 예산 크기를 의미한다.

개념적으로는 예산과 재정은 구분되지만 현실적으로 양자의 범위를 엄격하게 분리하는 것은 쉽지 않다. 엄밀히 보면, 예산이 재정보다 좁은 의미이지만 재정이라는 것이 국가의 경제적 활동에 관한 것이고, 그 중에서 가장 큰 비중을 차지하는 것이 기금을 포함하는 넓은 의미의 예산이기 때문에 양자의 경계는 거의 유사하며, 그 둘을 엄밀히 구분할 실익도 크지 않다. 따라서 예산론과 재무행정(론) 역시 유사하게 구성된다.

다음으로, 유사한 개념이 정부회계(government accounting)이다. 예산이 재정의 지출 계획이라면 정부회계는 지출된 예산 내역을 기록하는 방법론이다. 정부회계를 통해 예산에 관련이 있는 관료 · 국회 · 국민들에게 다양하고 정확한 정보를 제공하고, 이 정보를 바탕으로 예산에 대한 통제와 관리의 근거가 마련된다.

정부회계는 기록 방식을 기준으로 단식부기와 복식부기로 구분된다. 단식부기는 거래가 발생할 경우 그 거래 내용과 금액만 기록하지만, 복식부기는 회계 장부를 차변(debt)과 대변(credit)으로 나누어 자산과 부채의 변화를 기록하는 방식이다. 이때 금액의 기록 방식은 다시 현금주의와 발생주의로 나누어진다. 현금주의는 현금이 오고간 경우를 기록하는 것이고, 발생주의는 거래가 이루어진 시점에서 기록을 하는 것이다. 과거에는 현금주의 · 단식부기로 정부회계를 기록했지만, 현재는 「국가회계법」 제11조에 따라 발생주의 · 복식부기 방식의 국가회계기준을 적용하고 있다. 발생주의 · 복식부기를 통해 재정 활동의 효율성과 투명성을 높이고, 담당 공무원의 책임성을 높일 수 있다. 또한 다양한 회계정보를 정확하고 풍성하게 전달할 수 있고, 성과주의 예산운영의 기반 조성에도 유리하다.[3)]

3) 예산의 종류

일반적으로 우리는 매년 12월경에 국회 본회의를 통과한 정부 예산안을 다음해의

3) 이와 달리 현금주의 · 단식부기 방식은 다음과 같은 단점이 있다(이종수 외, 2014). 첫째, 거래의 단면만 보기 때문에 재정의 총괄적이고 체계적인 파악이 곤란하다. 둘째, 미래 재정상태에 영향을 미칠 자산 · 부채를 체계적으로 인식하지 못한다. 예를 들어, 미지급금이 있더라도 기록되지 않기 때문에 세입세출 결산서에는 재정이 건전한 상태인 것처럼 결산된다. 셋째, 오류의 자기검증 및 회계간의 연계성 분석 기능이 취약하다. 자산, 부채, 현금수지 등이 각각의 장부에 명확하게 기록되지 않으면 세입세출 결산서에는 재정이 건전한 상태인 것처럼 결산되는 문제가 발생한다.

예산이라고 말하지만, 엄격히 말하자면 예산은 본예산과 추가경정예산(이하, 추경)으로 구분된다. 본예산은 국회 본회의 심의를 거쳐 확정된 최초 예산이다. 이와 달리 추경은 본예산이 회계연도 내에 집행되는 과정에서 추가로 제출되는 예산으로, '정부는 예산에 변경을 가할 필요가 있을 때에는 추가경정예산안을 편성하여 국회에 제출할 수 있다'고 정한 「헌법」 제56조에 따라 국회의 의결을 받아야 한다. 추경안이 국회 본회의를 통과하면서 기존의 본예산을 대체한다.

추경은 급박한 재정 수요에 대응하기 위한 목적으로 사용되며, 세입보다는 세출을 추가하는 것이기 일반적이기 때문에 재정건전성에 부정적인 영향을 초래할 우려가 있다. 그래서 추경 편성의 조건은 엄격하다. 「국가재정법」 제89조에 제시된 추경의 조건은 전쟁이나 대규모 재해가 발생한 경우, 경기침체·대량실업·남북관계·경제협력과 같은 대내·외 여건에 중대한 변화가 발생하였거나 발생할 우려가 있는 경우, 법령에 따라 국가가 지급하여야 하는 지출이 발생하거나 증가하는 경우이다. 그럼에도 불구하고 예산편성 이후 새롭게 발생한 기급현안 해결 등을 위해 사실상 거의 매년 추경이 편성되고 있는 실정이다.

추경과 구분해야 할 개념으로 수정예산이 있다. 수정예산은 최초 정부 제출 예산안이 국회 심의를 받기 이전에 정부가 예산안의 일부를 수정해서 다시 제출한 것을 말한다. 이는 국회 동의를 받기 이전의 안건이기 때문에 본회의 의결을 통과한 본예산이나 추경과 구분된다.

새로운 회계연도가 개시될 때까지 예산안이 의결되지 못하면 정부는 국회에서 예산안이 의결될 때까지 전년도 예산에 준하여 경비를 집행할 수 있다. 이를 준예산이라고 한다. 준예산은 모든 재정활동에 적용되는 것이 아니라 「헌법」 제54조 제3항에 따라 헌법이나 법률에 의하여 설치된 기관 또는 시설의 유지·운영, 법률상 지출의무의 이행, 이미 예산으로 승인된 사업의 계속 등 세 가지 경우로 제한된다.

참고로, 준예산과 유사한 제도로 가예산이 있다. 다음 연도 예산안이 국회에서 의결되지 못해서 발생할 재정 운영의 혼란을 막기 위해 '1개월분'의 예산만 임시적으로 사용할 수 있도록 국회에서 의결해 주는 것이 가예산이다. 이 제도는 일반적으로 사용되는 것은 아니며, 우리나라에서는 1948년 제헌 헌법 제94조에 도입되었다가 1960년의 제3차 개헌에서 준예산 제도 도입으로 폐지되었다.

2. 예산의 기능

예산의 전통적인 기능은 통제(control), 관리(management), 기획(planning)이다(Schick, 1966: 243－258). 대부분의 예산제도가 이 세 가지 기능을 모두 내포하고 있지만, 상대적으로 품목별 예산제도(LIBS)는 통제기능, 성과주의 예산제도(PBS)는 관리기능, 계획예산제도(PPBS)는 기획기능이 부각된다.[4]

1) 통제기능

통제기능은 예산과정을 엄격하게 통제함으로써 궁극적으로 관료와 행정 자체를 통제하는 것이다. 통제가 필요한 이유는 국가의 자원이 희소하기 때문이다. 정부가 활용할 수 있는 재원이 제한되어 있기 때문에 미리 예산지출 항목과 금액을 결정하고 그 범위 내에서 활용할 수 있도록 하는 것이다. 이외에도 예산의 급격한 팽창을 막고 재정건전성을 유지하려는 목적도 있다. 관료조직은 스스로 팽창하려는 경향이 있기 때문에 명확한 기준을 적용하여 통제하지 않으면 정부규모가 지나치게 확대되고, 재정이 방만하게 운영될 우려가 있기 때문이다.

통제의 방식은 예산편성, 집행, 결산 단계별로 상이하다. 우선, 편성단계에서 예산기준에 따라 예산을 편성하도록 한다. 각 부처는 자원 활용 우선순위에 입각하여 부처별 예산을 편성하고, 기획재정부는 정부조직 전체의 우선순위를 고려하여 정부 예산안을 작성하고, 국회는 국가 전체의 관점에서 예산안을 최종 조정한다. 다음으로, 집행단계에서는 국회가 승인한 예산 항목별로 재원을 정확하기 집행하도록 한다. 마지막으로, 결산단계에서는 정해진 기준을 위반한 예산집행이 있는지 검사하고, 그 결과에 대해 행정적·정치적 책임을 부과한다.

2) 관리기능

관리기능은 크게 조직관리 측면과 성과관리 측면으로 구분된다. 먼저, 예산은 조

4) 품목별 예산제도, 성과주의 예산제도, 계획예산제도 등의 자세한 내용은 이 장 제4절 예산이론을 참조하기 바란다.

직관리의 도구가 된다. 국가정책은 구체적 집행에 필요한 조직·인력·자원을 확보할 때 실행가능해진다. 결국, 돈이 있어야 해당 기관이 기능을 수행할 수 있다.

다음으로, 예산은 성과관리의 수단이 되기도 한다. 예산계획서에는 성과를 정의하고 측정하는 방법이 반영되어 있고, 성과를 높이기 위해 각 조직·부서에 일정한 재량권을 부여하기도 한다. 그리고 각 조직에 대한 성과평가 결과를 예산배정에 환류(feedback)하는 제도가 마련되어 있다.

3) 기획기능

기획기능은 제한된 국가 자원을 계획적·효율적으로 배분하는 것을 의미한다. 장기적 정책 목표 실현을 위해 약속된 정부의 활동(what is promised)이 예산을 통해 실제 집행 가능한 활동(what is affordable)으로 전환하는 것이다. 구체적으로 중장기 예산배분 계획을 수립하거나, 중장기적 관점에서 작성되는 계획과 1년 단위로 작성되는 예산을 유기적으로 연계시키는 활동이 대표적이다.

예산의 기획기능을 보장하기 위해서는 계획과 예산의 연계가 중요하지만 현실적으로 양자의 연계는 쉽지 않다. 예산은 본질적으로 정부의 재원조달 가능성의 범위 내에서 정치적 의사결정 과정을 거치기 때문에 계획에서 요구한 금액의 확보를 보장할 수 없기 때문이다(Wildavsky, 1973). 국내·외 사례들을 보더라도 중장기 계획을 대략적으로만 작성한 다음 예산이 편성되면 다시 중장기 계획을 확정적으로 수정하는, 이른바 '예산이 계획을 결정하는' 현상들이 빈번하다.

3. 예산의 원칙

예산을 편성·집행·환류하는 과정에는 여러 원칙들이 적용된다. 「국가재정법」 제16조에는 예산의 원칙으로 재정건전성 확보, 국민부담 최소화, 재정 및 조세지출의 성과 제고, 예산과정의 투명성과 국민참여 제고, 성별 효과 평가 및 예산편성에 반영[5] 등을 규정하고 있다. 이외에도 예산 관련 법·제도에 다양한 원칙들이 포함되

5) 예산이 여성과 남성에게 미치는 효과를 평가하고, 그 결과를 정부의 예산편성에 반영하는 것이 '성인지(性認知) 예산'이다. 성인지 예산을 통해 예산 배분 및 재정사업의 성별 영향에 대한 인식을

어 있는데, 이 원칙들은 전통적 예산원칙과 현대적 예산원칙으로 구분할 수 있다.

1) 전통적 예산원칙

전통적 예산원칙은 입법부의 행정부 통제를 전제로 한 입법부 우위의 원칙이다. 예산 공개, 명료성, 사전의결, 한정성, 완전성, 단일성 등 다양한 원칙들이 존재한다. 세부적인 내용은 <표 6-1>과 같다.

표 6-1 전통적 예산원칙

구 분	내 용
예산 공개의 원칙	정부의 예산은 그 편성부터 회계검사에 이르기까지 국민에게 공개되어야 한다.
예산 명료성의 원칙	모든 국민이 쉽게 이해할 수 있도록 수입과 지출의 추계가 명료해야 하며, 수입과 지출에 관한 내용이 합리적으로 분류되어 있어야 한다.
예산 사전의결의 원칙	예산은 집행되는 회계연도가 시작되기 전에 국회에서 의결되어야 한다.
예산 한정성의 원칙	예산은 예산안에 정해진 목적을 위해서 정해진 금액을 정해진 기간 내에서만 사용해야 한다.
예산 완전성의 원칙	한 회계연도의 모든 국가 수입과 지출은 예산에 완전히 계상되어야 한다.
예산 단일성의 원칙	예산을 여러 개로 편성하지 말고 하나로 묶어 단일화해야 한다.

이러한 원칙들은 다양한 제도·절차에 반영되어 있다. 우선, 행정부 제출 예산제도이다. 행정부가 예산을 편성해 입법부에 제출하여 국회로부터 승인을 받도록 함으로써 행정부 임의로 예산을 활용하는 것을 엄격히 제한한다. 국회가 예산안을 심의·확정하고(헌법 제54조 제1항), 예산의 변경도 국회의 의결을 받도록 한다(헌법 제56조). 궁극적으로 행정부에 대한 국민의 통제를 실현하는 것이다.

다음으로, 회계연도 단일주의이다(헌법 제54조 제2항, 제55조). 정부는 회계연도마다 예산안을 편성해야 한다. 그리고 회계연도 독립의 원칙에 따라 각 회계연도의 경비는 그 연도의 세입 또는 수입으로 충당해야 한다(국가재정법 제3조).

재정 공개주의도 있다(국가재정법 제9조). 정부는 예산, 기금, 결산, 국채, 차입금, 국유재산의 현재액 및 통합재정수지, 대통령령이 정하는 국가와 지방자치단체의 재

확대하고, 궁극적으로 양성 평등 인식을 제고할 수 있다.

정에 관한 중요한 사항을 매년 1회 이상 알기 쉽고 투명하게 공표하여야 한다.

예산편성 구분주의가 적용된다(국가재정법 제21조). 세입·세출 예산은 독립기관 및 중앙관서의 소관별로 구분한 후 소관 내에서 일반회계·특별회계로 구분한다. 세입예산은 그 내용을 성질별로 관·항으로 구분하고, 세출예산은 그 내용을 기능별·성질별 또는 기관별로 장·관·항으로 구분한다. 예산의 구체적인 분류기준 및 세항과 각 경비의 성질에 따른 목의 구분은 기획재정부 장관이 정한다. 다만, 사업의 세부내용을 미리 확정하기 곤란한 사업의 경우에는 이를 총액으로 예산에 계상할 수 있다(국가개정법 제37조).

2) 현대적 예산원칙

최근에는 행정부 우위의 예산원칙이 논의되고 있다. 행정국가 경향이 심화되는 상황에서 정부를 통제하는 전통적 원칙들을 고수할 경우 행정의 경직성을 초래할 우려가 있기 때문이다. 이러한 상황에서 행정문제를 효과적으로 해결하기 위해 예산편성과 활용에서 행정부의 재량과 전문성을 확대·강화하는 것이 현대적 예산원칙이다.

예산제도에 현대적 예산원칙을 적용하려는 시도들이 다양하게 이루어지고 있으며, 그 중에서 대표적인 것이 성과주의 재정운용이다(국가재정법 제8조). 각 중앙관서의 장은 예산요구서를 제출할 때에 다음 연도 예산의 성과계획서 및 전년도 예산의 성과보고서를 함께 제출하고, 기금관리주체는 기금운용계획안을 제출할 때에 다음 연도 기금의 성과계획서 및 전년도 기금의 성과보고서를 함께 제출하여야 한다. 각 기관의 예산을 편성할 때 성과 실적과 성과 계획을 반영하기 위함이다.

제 2 절 정부 예산의 구성과 현황

1. 예산의 구성과 규모

1) 예산의 구성

넓은 의미의 예산, 즉 나라살림에는 예산과 기금이 포함된다. 예산은 [그림 6−1]과 같이 일반회계와 특별회계로 구분되며, 특별회계는 다시 기업특별회계와 기타특별회계로 나누어진다. 기금의 경우에는 회계 구분이 없으며 기금의 성격에 따라 사회보험성기금, 사업성기금, 계정성기금, 금융성기금으로 구분된다.

그림 6–1 나라살림의 구성

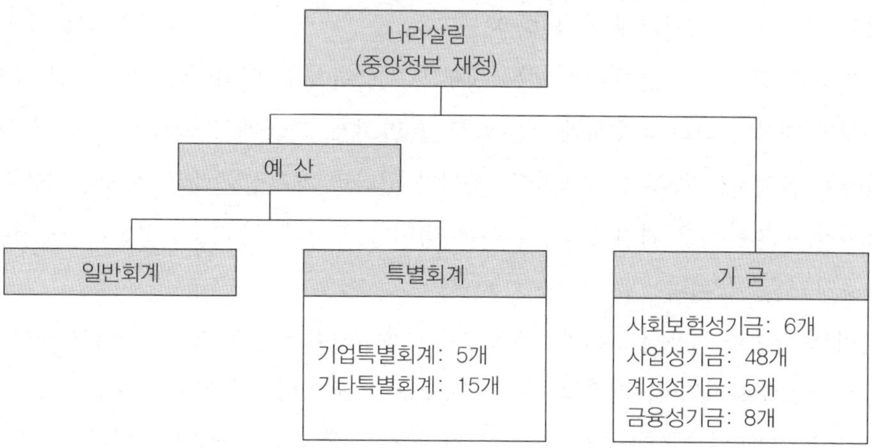

이와 같이 예산은 회계별로 구분되어 있고, 각 회계 내에서도 다양한 계정과목으로 구분되어 있다. 그리고 회계 간, 그리고 계정 간에 자금의 거래가 이루어지기도 한다. 따라서 이 회계 간, 계정 간 거래를 어떻게 처리하는지에 따라서 예산규모는 조금씩 다르다. 다음에 살펴볼 총수입과 총지출은 회계 간, 계정 간 이전거래를 제외한 순수한 수입과 지출규모를 측정한 것이어서 국민들이 인식하는 정부 재정규모를 설명하기에 용이하다.

2) 예산의 규모

총수입은 국가 재정 순수입의 합계이다. 총수입을 계산하기 위해 먼저 회계・계정 간 중복적인 거래를 제외한다. 모든 회계와 기금의 수입을 단순합산할 경우 회계 간 전출입 금액이 중복적으로 계상되어 실제의 재정수입 전체보다 커지는 문제가 발생한다. 예를 들면, 10억 원의 조세수입을 일반회계에 계상하고 이를 기금으로 전출하는 경우, 일반회계 세입은 10억 원, 기금 수입도 10억 원이지만 총수입은 내부거래 10억 원을 제외한 10억 원만 계상하여야 실제 정부 수입을 정확히 나타낼 수가 있다.

다음으로, 국채발행 수입・차입금 등도 총수입 계산에서 제외된다. 국채발행 수입 등은 정부의 수입과 지출의 차이를 보전해 주는 역할을 하는 것으로, 실질적인 정부 수입으로 보기 힘들기 때문이다. 결국 "총수입＝일반회계수입＋특별회계수입＋기금수입－내부거래－보전거래"가 된다.[6]

총지출은 국민의 입장에서 느끼는 정부의 지출규모를 의미한다. 총지출의 계산은 총수입의 계산 방식과 비슷하게 일반회계, 특별회계, 기금에서 회계 및 기금 간의 내부거래로 발생하는 중복을 제외한다. 차이가 있다면 채무상환과 같은 보전거래는 제외하지만, 융자수입은 차감하지 않는다는 점이다.[7] 결국 "총지출＝경상지출＋자본지출＋융자지출"이 된다.

이러한 기준을 적용한 2020년 국가 총수입은 481.8조 원이다. 이 중에서 일반회계 수입은 295.9조 원이고, 특별회계 수입은 24.0조 원이다. 기금 수입은 161.9조 원이다. 그리고 2020년 예산과 기금을 합한 나라 전체 총지출은 512.3조 원이다. 이 중에서 예산지출은 351.1조 원으로 일반회계는 296.0조 원, 특별회계는 55.1조 원이다.

---

6) 이는 국제통화기금(IMF)이 국제적 비교를 위한 공통 기준으로 제시하는 통합재정 작성 방식과 유사한 개념이다.

7) 이와 달리 통합재정규모(IMF 기준)는 '순수한' 재정활동 규모를 파악하기 위해 융자거래와 기업특별회계를 순계 개념으로 파악한다. 즉, '통합재정규모(IMF 기준)＝경상지출＋자본지출＋순융자(융자지출－융자수입)'이 성립한다. 융자수입이 빠지기 때문에 통합재정규모(IMF 기준)에 비해 총지출 규모가 항상 같거나 더 크다.

기금지출은 161.1조 원이다.

정부가 총수입·총지출을 발표한 2005년 이후 총수입과 총지출은 꾸준하게 증가하고 있다. 총수입의 경우, 2005년 222.4조 원에서 2020년 481.8조 원으로 연평균증가율(CAGR)은 5.3%이다. 총지출은 2005년 209.6조 원에서 2020년 512.3조 원으로 연평균 6.1% 증가했다. 총수입에 비해 총지출의 증가율이 더 높다.

2. 일반회계

일반회계는 조세수입과 세외수입을 세입으로 하여 복지, 보건, 교육 등 일반적인 지출을 수행하는 국가 운영의 기본회계이다. 소득세·법인세·부가가치세와 같은 국세를 주된 재원으로 하고, 국채·수수료·벌금·사용료와 같은 세외수입을 추가적인 재원으로 한다.

1) 일반회계 세입

2020년 일반회계 세입은 356.6조 원이다. 앞서 총수입의 일반회계 수입이 295.9조 원인 것에 비해, 일반회계 세입이 약 60.7조 원 더 많다. 그만큼 회계 간, 계정 간 이전거래가 많이 발생하는 것으로 볼 수 있다. 일반회계 세입은 국세(조세)가 284.1조 원으로 전체의 79.7%, 세외수입이 72.5조 원으로 전체의 20.3%로 구성된다. 항목별로 살펴보면 소득세·부가가치세·법인세 등 3대 국세의 세입 합계가 221.7조 원으로, 전체 일반회계 세입의 62.2%, 국세 수입의 78.0%를 차지하고 있다.

(1) 국세(조세)

일반회계 세입의 가장 큰 비중을 차지하는 것이 국세, 즉 조세(tax)이다. 조세는 국가가 재정권(징세권)에 기초해 동원하는 공공재원이다. 헌법 제59조에 따라 조세의 종목과 세율은 법률로 정해지고, 국가의 활동을 위해 일반적으로 징수하기 때문에 특별한 반대급부나 개별적 보상이 이루어지지 않는다. 따라서 처벌을 목적으로 부과하는 벌금이나 과태료와 다르고, 편익 제공에 대한 반대급부인 사용료·수수료

그림 6-2 2020년 일반회계 세입

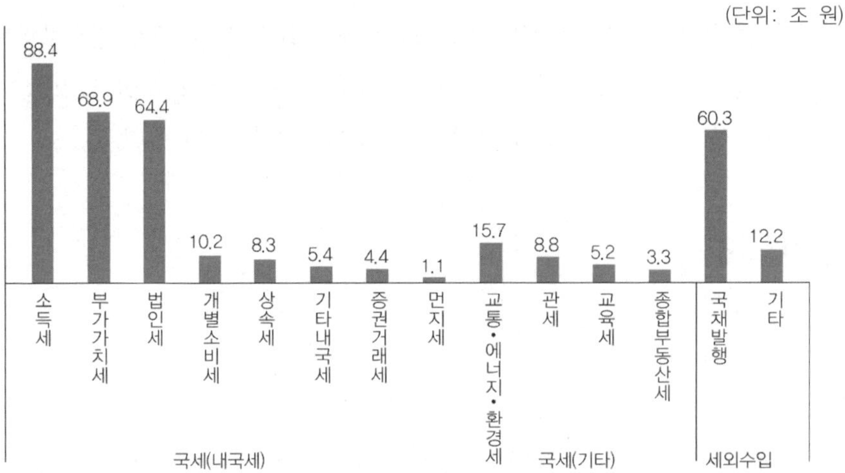

출처: 기획재정부(2020). 『나라살림』.

와 같은 수익자부담금과 다르다. 또한 납세자에게는 법률적 의무가 발생하는 강제력이 있기 때문에 자발적으로 지출하는 기부금과도 구별된다.

조세는 국민으로부터 직접 징수하는 것이기 때문에 이자 부담이나 부채관리 비용 등이 발생하지 않는다. 일반적으로 그 해 거두어들인 조세를 그 해에 지출하기 때문에 세대 간 부담의 이전이 발생하지 않는다. 그러나 항상 장점만 존재하는 것은 아니다. 도로 · 항만 · 공항 건설과 같은 재정 사업의 혜택이 미래 세대까지 미치는 경우, 현재 세대만 조세를 부담하는 것은 부당한 측면이 있다. 개인들은 자신들이 부담하는 조세는 크게 인식하지 못하지만 대신 조세를 투입하여 생산하는 공공재는 공짜라고 생각하기 때문에, 공공재를 과다 소비하는 비효율성 문제가 발생할 수 있다. 조세는 법률에 기반하기 때문에 일시적으로 대규모 재원 필요시 즉각적인 증액이 어려운 점도 한계이다.

조세는 세입이지만 거두어 들여야 할 조세가 거두어지지 않는다면 세입이 감소하게 되고, 이는 지출이 증가한 것과 동일한 효과를 초래한다. 이러한 관점에서 예산으로 지출을 통제하는 것과 마찬가지로 조세를 거두지 않는 것도 통제해야 한다. 이와 같이 정부가 징수해야 할 세금 중에서 비과세, 감면, 공제 등의 세제 혜택을 통해 포기한 액수를 조세지출 예산(tax expenditure budget)이라고 하고, 「조세특례제한법」에 따라 엄격하게 통제되고 있다. 각 부처는 조세지출 금액 등에 대해서는 「국가재정법」 제34조에 따라 예산안 제출 시 국회에 보고해야 한다.

(2) 세외수입

세금 이외에도 국고로 귀속되는 수입을 세외수입이라고 한다. 가장 대표적인 것이 국채(bond) 수입이다. 국채는 정부가 공공지출 경비의 재원을 조달하기 위해 부담하는 채무이며 그 증표가 채권이다. 정부가 채권을 발행하면 민간·기관 투자자 등이 국채를 매입하고 그 매입금액은 국고에 귀속된다. 국채 발행이 증가할 경우 정부의 채무가 증가하기 때문에 국채를 무한정 발행할 수 없다. 국채 발행이 증가하면 민간 부문에 투자할 자본이 정부로 이전되는 구축효과(crowding－out effect)가 발생하기 때문에 민간투자의 활성화를 위해서 지나친 국채 발행도 경계할 필요가 있다. 따라서 헌법 제58조에서는 국채를 모집할 경우 정부는 미리 국회의 의결을 얻도록 한다.

다음으로, 재산 및 용역 판매수입이 있다. 이것은 특정 공공재 및 공공서비스의 혜택을 받는 개인과 기업들에게 그 편익에 해당하는 금액을 징수하는 것이다. 조세 중심의 일반·보편적 재원 조달 방식이 아니라 사용자 중심의 편익에 비례하는 재원 조달 시스템인 것이다. 이러한 의미에서 수익자 부담금에 해당한다. 시장 원리를 반영한 공공서비스 공급 및 비용 징수 방식이기 때문에 효율적인 자원 배분이 가능하고, 편익을 보는 사람만 비용을 지불하기 때문에 형평성을 확보할 수 있다. 현실에서는 사용료, 수수료, 공기업 요금 등이 대표적이다.

이외에도 민간자본의 직접 유치가 있다. 흔히, '민자 사업'이라고 한다. 민간자본에 의해 공공시설이나 장기사업을 추진한 다음 관련 시설이나 부대시설의 운영권을 해당 투자기업에 부여하는 것이다. 사회간접자본(SOC) 투자에 많이 사용되고 있으며, BTL, BTO, BOT 등 다양한 형태로 운영되고 있다.[8]

---

8) BTL(Build－Transfer－Lease)은 민간이 건설하여 정부에 소유권 이전하고 다시 정부가 민간에 일정기간 운영권을 인정하면, 민간이 정부에 시설을 임대하는 방식(정부가 임대수익 보증)이다. BTO(Build－Transfer－Operate)는 민간이 건설하여 정부에 소유권 이전하고 다시 정부가 민간에 운영권을 인정하는 방식(운영수익은 민간 귀속)이다. BOT(Build－Operate－Transfer)는 민간이 건설하여 일정기간 운영하여 운영수익을 얻은 다음 정부에 소유권 이전하는 방식이다.

2) 일반회계 세출

2020년 일반회계 세출은 356.6조 원이다. 앞서 총지출의 일반회계 지출 296.0조 원에 비해 일반회계 세출은 회계 간, 계정 간 이전거래까지 포함하는 것이므로 약 60.6조 원 더 많다. 이러한 일반회계 세출은 크게 기능별, 소관별, 예산 성질별로 구분하면 <표 6-2>와 같다.

첫째, 기능별로 보면 일반·지방행정이 73.9조 원(20.7%)으로 가장 높고, 그 다음 교육이 72.3조 원(20.3%), 사회복지가 62.3조 원(17.5%)이다. 둘째, 소관별로 보면 교육부가 72.1조 원(20.2%)으로 가장 높다. 그 다음으로, 행정안전부가 55.0조 원(15.4%), 보건복지부가 51.2조 원(14.4%) 수준이다. 셋째, 예산의 성질별로 보면 이전지출이 209.5조 원(58.7%)으로 가장 많다. 그 중에서도 자치단체이전이 152.4조

표 6-2 일반회계 세출예산(2020년)

(단위: 조 원)

기능별		소관별		성질별		
합계	356.6	합계	356.6	합계		356.6
일반·지방행정	73.9	교육부	72.1	인건비		38.3
공공질서 및 안전	19.7	행정안전부	55.0	물건비	운영비	16.8
통일·외교	3.0	보건복지부	51.2		여비	0.6
국방	50.4	국방부	33.5		특수활동비	0.3
교육	72.3	국토교통부	20.8		업무추진비	0.2
문화 및 관광	3.7	기획재정부	17.4		직무수행경비	1.0
환경	5.0	방위사업청	16.7		연구용역비 등	3.1
사회복지	62.3	경찰청	11.6	이전지출	보전금	16.0
보건	10.2	농림축산식품부	7.5		민간이전	12.1
농림수산	10.4	과학기술정보통신부	7.2		자치단체이전	152.4
산업·중소기업 및 에너지	11.3	고용노동부	7.1		해외이전	1.6
교통 및 물류	17.9	환경부	5.6		일반출연금	11.5
통신	0.4	중소벤처기업부	5.5		연구개발출연금	16.0
국토 및 지역개발	5.6	국가보훈처	5.5	자산취득		22.8
과학기술	6.9	산업통상자원부	5.4	상환지출		9.5
예비비	3.4	그 외	34.4	전출금·예비비 등		54.4

출처: 기획재정부(2020). 『나라살림』.

원으로 가장 높다.

3. 특별회계

특별회계는 「국가재정법」 제4조에 따라 국가에서 특정한 사업을 운영하고자 할 때, 특정한 자금을 보유하여 운용하고자 할 때, 특정한 세입으로 특정한 세출에 충당

표 6-3 특별회계 현황

(단위: 조 원)

구 분	특별회계	근거 법률	2015 예산	2020 예산
기업특별회계	우편사업	「정부기업예산법」	4.0	4.6
	우체국예금	「정부기업예산법」	3.2	3.1
	양곡관리	「정부기업예산법」	1.5	2.1
	책임운영기관	「책임운영기관의 설치·운영에 관한 법률」	1.0	1.1
	조달	「정부기업예산법」	0.3	0.4
기타특별회계	교통시설	「교통시설특별회계법」	17.2	15.8
	농어촌구조개선	「농어촌구조개선특별회계법」	11.6	12.0
	국가균형발전	「국가균형발전 특별법」	10.3	9.5
	에너지 및 자원사업	「에너지 및 자원사업특별회계법」	6.0	5.5
	환경개선	「환경정책기본법」	5.1	6.4
	우체국보험	「우체국보험특별회계법」	0.8	1.0
	주한미군기지이전	「주한미군기지 이전에 따른 평택시 등의 지원 등에 관한 특별법」	0.8	0.7
	혁신도시건설	「공공기관 지방이전에 따른 혁신도시건설 및 지원에 관한 특별법」	1.1	0.3
	등기	「등기특별회계법」	0.3	0.3
	행정중심복합도시건설	「신행정수도 후속대책을 위한 연기·공주지역 행정중심복합도시 건설을 위한 특별법」	0.5	0.3
	국방·군사시설이전	「국방·군사시설이전특별회계법」	0.4	0.9
	교도작업	「교도작업의 운영 및 특별회계에 관한 법률」	0.1	0.1
	아시아문화중심도시조성	「아시아문화중심도시 조성에 관한 특별법」	0.1	0.1
	소재부품장비경쟁력강화	「소재·부품·장비산업 경쟁력강화를 위한 특별조치법」	–	2.1
	유아교육지원	「유아교육지원특별회계법」	–	4.0

출처: 기획재정부(2020). 『나라살림』.

함으로써 일반회계와 구분하여 회계처리할 필요가 있을 때에 법률로 설치한 회계이다. 특정한 수입이라 함은 목적세, 수수료, 사업수입, 부담금 등을 말한다. 현재 <표 6-3>과 같이 근거 법률에 따라 총 20개의 특별회계가 운영 중이다. 사업을 추진하는 개별 부서와 부처 입장에서는 사업 목적에 맞는 예산 주머니를 가질 수 있기 때문에 특별회계를 선호한다. 그러나 예산당국 입장에서는 한정된 국가자원이 특별한 목적에 우선 배정되면 국가 전체의 재원 배분구조를 왜곡시킬 우려가 있고, 특별회계의 확대로 국가재정이 팽창할 우려가 있기 때문에 특별회계에 대해 신중하게 접근한다.

2020년 특별회계 규모는 69.4조 원이다. 총 20개 특별회계가 운영되고 있으며, 가장 규모가 큰 것이 교통시설 특별회계로 15.8조 원이다. 그 다음으로, 농어촌구조개선 특별회계가 12.0조 원, 국가균형발전 특별회계가 9.5조 원 순서이다. 상위 3개 특별회계가 전체 20개 특별회계 규모의 52.9%를 차지한다.

4. 기 금

기금은 「국가재정법」 제5조에 따라 국가가 특정한 목적을 위하여 특정한 자금을 신축적으로 운용할 필요가 있을 때에 한하여 법률로 설치하는 것이다. 각 부처·기관은 자율적으로 자금을 운용할 수 있는 기금을 확대하고 싶겠지만, 기금이 방만하게 조성·운영되면 예산 주머니가 많아져서 국가 재정 통제에 어려움이 발생하기 때문에 기금 조성을 위해서는 반드시 법적 근거가 필요하다. 또한 기금운용의 사전적 통제를 위한 기금운용계획, 기금운용심의회, 자산운용위원회, 자산운용지침 등의 규정을 두고 있으며, 기금운용의 사후적 성과를 검토하는 기금운용평가를 하고 있다.

일반적으로 기금은 그 성질에 따라 사회보험성기금, 사업성기금, 계정성기금, 금융성기금으로 분류할 수 있다(국회예산정책처, 2016). 사회보험성기금은 연금지출과 보험지출에 대비하여 기여금과 보험료 등의 자금을 운용하는 것으로 국민연금기금, 공무원연금기금, 군인연금기금, 사립학교교직원연금기금, 고용보험기금, 산업재해보상보험 및 예방기금 등 6개이다. 사업성기금은 특정한 재정사업을 수행하는 데 필요한 자금을 관리·운영하는 것으로 48개의 기금이 설치·운용되고 있다. 계정성기금은 특정 자금을 모아 실제 사업을 수행하는 주체에게 전달하는 역할을 하는 것으로 공적자금상환기금, 공공자금관리기금, 외국환평형기금, 복권기금, 양곡증권정리기금 등 5개이다. 금융성기금은 특정사업을 직접 수행하는 것이 아니라 보증·보험 등을 제공함으로써 순수 재정활동이라기보다는 금융활동에 가까운 역할을 하는 것으로 신용보증기금 등을 비롯하여 총 8개이다.

2020년 전체 기금운용규모는 총 724.8조 원이다. 지출 항목 중에서 사업비는 148.9조 원으로 전체 기금운용규모의 20.5%에 불과하다. 대신 정부내부지출이 334.8조 원으로 기금운영규모의 46.2%를 차지하고, 여유자금운용도 238.4조 원으로 기금운용규모의 32.9%를 차지한다.

제 3 절 예산과정

1. 예산과정의 개요

예산과정은 크게 예산계획, 편성, 심의, 집행, 결산으로 이루어진다. 이 과정들은

표 6-4 예산주기별 정책과정과 예산과정

예산주기	정책과정	예산과정	
전년도 (FY_{-1})	기획 및 분석	예산계획 예산편성 (행정부)	정책·사업분석 및 세입예측 중기재정계획(국가재정운용계획) 수립
	정책형성		예산편성 기본지침 작성·시달 예산요구서 제출 예산안의 사정 및 정부예산안 편성
		예산심의 (입법부)	예비심사 종합심사
당해 연도 (FY_0)	정책집행	예산집행 (행정부)	예산배정·자금 배정 지출원인행위, 지출, 회계처리
다음 연도 (FY_1)	감사 및 평가	결산·회계검사 (입법부)	회계검사, 결산 심의 재정사업 평가

출처: 윤영진(2011: 146-148), Lynch(1995: 10-14).

개별적 · 일회적으로 종료되는 것이 아니라 예산순기 혹은 예산주기(budget cycle)라고 하는 일정한 주기로 순차적으로 반복된다. 우리나라에서는 예산의 편성과 심의가 전년도(FY_{-1})에 이루어지고, 집행은 당해 연도(FY_0), 그리고 결산 및 회계검사는 다음 연도(FY_1)에 수행되는 3년의 주기를 갖는다. 예산의 계획, 편성, 심의, 집행, 결산 단계별 구체적인 내용은 <표 6-4>와 같다.

2. 예산계획

1) 중기사업계획과 국가재정운용계획

「국가재정법 시행령」 제2조에 따라 기획재정부 장관은 5년 동안(FY_0~FY_4)의 '국가재정운용계획 수립 지침'을 마련하여 당해 회계연도의 전년도(FY_{-1}) 12월 31일까지 각 중앙행정기관의 장에게 통보하여야 한다. 이 지침에 따라 각 중앙행정기관의 장은 매년(FY_0) 1월 31일까지 당해 회계연도부터 5회계연도(FY_0~FY_4) 기간 동안의 신규사업 및 기획재정부 장관이 정하는 주요 계속사업에 대한 '중기사업계획서'를 기획재정부 장관에게 제출한다.

「국가재정법」 제7조에 따라 기획재정부는 5년 단위의 '국가재정운용계획'을 수립하여 중장기적 관점에서 예산운용의 방향을 설정한다. 국가재정운용계획은 5년 단위의 중기재정계획으로 5년 간 예산 및 기금운용계획, 분야별 재원 배분 전략 등을 포함하며, 국회에 제출한다. 국가재정운용계획은 급변하는 행정 환경 하에서 전략적 재원배분을 실현하고, 국가적인 정책우선순위에 입각한 핵심사업 위주로 재정체계를 개편하여 재정지출의 효율성을 높이는 제도이다. 또한 주요 정책방향에 대한 예측가능성을 높여 중장기 재정위험요인에 대한 체계적 대응을 통해 재정건전성 확보 및 재원배분의 투명성과 공정성 향상에도 긍정적인 역할을 수행할 수 있다. 국가재정운용계획은 중장기적인 재정계획과 단년도 예산을 연계시키는 거시적 · 전략적 재원배분 기능이 있고, 연동계획(rolling plan)으로 작성되기 때문에 재정환경과 정책수요 변화에 신축적으로 대응할 수 있다.

2) 지출한도와 예산총액배분자율편성제도

기획재정부 장관은 3월 31일까지 「예산안 편성 및 기금운용계획안 작성지침」을 마련해 국무회의 심의 및 대통령 승인을 거쳐 각 중앙행정기관에 통보한다. 편성지침은 중앙행정기관이 예산을 요구하는 준거이며, 기획재정부가 예산을 편성하는 기본틀이다. 여기에는 재정운용 여건, 재정운용 방향, 분야별 중점투자 방향, 재정규율과 예산안 작성지침, 예산요구 시 제출서류와 작성양식 등이 포함된다. 기획재정부는 이렇게 마련된 「예산안 편성 및 기금운용계획안 작성지침」을 국회 예산결산특별위원회에 보고한다.

이와 함께 대통령 주재 '국가재정전략회의'에서는 4월 30일까지 지출총액, 분야별 한도, 중앙행정기관별 한도 순으로 다음 연도 예산의 최종 지출한도(ceiling)를 확정한다. 각 중앙행정기관은 예산안편성지침을 준수하면서 지출한도 범위 내에서 예산을 자유롭게 편성하는 예산총액배분자율편성제도(top-down)의 적용을 받는다.[9] 이 제도에 따라 분야별·중앙관서별·부문별 지출 한도가 결정되면 각 중앙부처는 소관 정책과 우선순위에 입각해 자율적으로 지출 한도 내에서 사업별로 재원을 배분할 수 있다. 기획재정부는 부처별 총액만 결정하고, 사업별 편성은 사업 내용을 가장 잘 아는 각 부처가 자율적으로 결정할 수 있도록 한 것이다.

이 제도를 통해서 각 부처는 그 지출한도 범위 내에서 자율적인 예산편성을 함으로써 재정사업에 대한 자율성을 높이고, 부풀리기식 예산 요구의 문제를 근원적으로 해결할 수 있다. 뿐만 아니라 개별 사업에 대한 전문성이 부족한 기획재정부 예산실에서 사업을 결정한다는 비판에서 벗어날 수 있고, 전체 재정규모, 분야별·부처별 예산규모 등 중요 정보를 각 부처와 재정당국이 공유할 수 있게 된다.

그러나 예산총액배분자율편성제도가 실제 기대한 효과를 창출하고 있는지는 명확하지 않다. 부처별로 총액 한도를 지정하고 예산 배분의 재량은 확대했지만 기획재정부의 사업별 예산통제 기능은 계속 유지하고 있다. 기획재정부 편성과정에서도 항목별 통제가 이루어지고, 국회에서 예산 심의·확정 과정에서도 항목별 통제가 이루

9) 법률에 '예산총액배분자율편성제도'가 명시적으로 규정된 것은 아니다. 그러나 「국가재정법」 제29조 제2항의 "예산안편성지침에 중앙관서별 지출한도를 포함하여 통보할 수 있다"를 근거로 예산총액배분자율편성제도가 운영되고 있다.

어지고 있다.

3. 예산편성

1) 각 부처의 예산요구서 작성

「국가재정법」 제31조에 따라 각 중앙행정기관의 장은 예산안편성지침에 따라 그 소관에 속하는 다음 연도의 세입세출예산·계속비·명시이월비 및 국고채무부담행위 요구서(이하 '예산요구서')를 작성하여 매년 5월 31일까지 기획재정부 장관에게 제출한다. 예산요구서에는 대통령령이 정하는 바에 따라 예산의 편성 및 예산관리기법의 적용에 필요한 서류를 첨부하고,[10] 성과계획서와 전년도 성과보고서도 함께 첨부되어야 한다. 전년도 성과를 예산에 반영하고, 내년도 사업계획이 성과주의를 따르도록 하기 위함이다.

각 중앙행정기관의 예산요구서 작성과정을 보면 각 사업 부서에서 소관 사업계획과 소요예산의 초안을 작성해 수차례에 걸친 담당자 회의를 통해 조정한 다음, 최종 예산요구서(안)을 만들어 예산총괄부서로 송부한다. 예산총괄부서에서는 각 부서의 요구액을 총괄 조정한 다음 세입세출요구서(안)을 만든다. 그 후 장관 또는 차관이 주재하는 회의를 거친 후 최종적으로 해당 중앙행정기관의 예산요구서를 확정한다. 기획재정부 장관은 각 중앙행정기관에서 제출된 예산요구서가 예산안편성지침에 부합하지 아니하는 때에는 기한을 정하여 이를 수정 또는 보완하도록 요구할 수 있다.

---

10) 「국가재정법 시행령」 제10조 제5항에 따르면, 예산요구서에 첨부되어야 할 서류는 다음과 같다. ① 세입세출예산 사업별설명서 및 각목명세서, ② 국고채무부담행위설명서, ③ 계속비설명서, ④ 세입의 근거가 되는 법령의 내용에 관한 서류, ⑤ 사업계획서, ⑥ 직종별 정원표 및 전년도 정원과의 대비표, ⑦ 국유재산의 관리운용보고서 및 전년도와의 대비표, ⑧ 법 제28조에 따라 기획재정부 장관이 정하는 주요 계속사업에 해당하는 사업에 있어서는 사업계획 및 세부내역, 사업규모의 산출내역을 명백히 함에 필요한 서류. 다만, 법 제31조 제2항에 따른 예산관리기법의 적용대상사업에 있어서는 사업계획 및 공정관리의 분석에 필요한 서류, ⑨ 소관 분야 기본정책의 변경과 예산요구와의 관계에 관한 총괄설명서, ⑩ 성인지 예산서, ⑪ 그 밖에 예산요구의 내용을 명백히 함에 필요한 서류

2) 정부 예산안 편성

기획재정부는 각 중앙행정기관이 제출한 예산요구서에 대해 국가 전체적인 중요성, 그리고 개별 사업에 대한 평가를 전제로 개별 기관과 기획재정부 간의 조정과정, 즉 예산사정(査定)을 실시한다. 이 과정에서 사업의 타당성과 우선순위가 검토되고, 대통령의 정책의지를 반영하여 예산에 대한 이해관계가 조정된다. 각 기관의 예산요구액이 과다한 경우가 대부분이므로 전체 예산규모는 정부가 생각하고 있는 적정규모를 초과하는 것이 일반적이다.

기획재정부의 예산사정 작업절차는 경제성장률과 물가상승률 등을 반영하여 큰 틀에서 전체 예산규모를 추계하고, 그 다음 각 기관 예산요구서를 분석 · 심의한다. 각 중앙행정기관의 예산요구서가 제출되면 1차적으로 각 기관이 요구한 예산액을 주요 사업을 중심으로 전반적으로 심의하고, 2차적으로 문제점이 있는 사업을 중심으로 심의한다.

이러한 예산사정 과정에서 각 중앙행정기관이 사업에 대해 훨씬 더 많은 정보를 갖고 있는 정보의 비대칭성이 존재하기 때문에 부처의 이익추구 행위를 차단하기 위해서 기획재정부의 정보 획득이 중요하다. 외부적으로는 당정협의를 통한 의사조정이 이루어진다. 당정협의는 여당과 정부 간의 예산조정 과정이다. 정치적으로 민감한 사업을 중심으로 예산을 검토하며 국회 예산심의에 대비하는 방안 등을 모색한다. 예산요구서에 대한 조정이 끝나면 기획재정부 장관은 '정부 예산안'을 편성하여 국무회의의 심의를 거친 후 대통령의 승인을 얻고, 회계연도 개시 120일 전(9월 3일)까지 국회에 제출한다.

4. 예산심의

1) 상임위원회 심의

국회는 정부가 편성한 예산안을 심의 · 확정한다. 단순히 예산을 정치적으로 확정한다는 의미를 넘어 국민의 대표 기관인 국회에서 정부 예산을 최종적으로 확정하는 것이기 때문에 재정민주주의의 실현으로 볼 수 있다.

국회에 예산안이 제출되면 대통령이 시정연설을 한다. 국회가 국정감사를 마치고 차년도 예산안 심사를 할 때 대통령은 국회를 방문하여 차년도 예산안 및 기금운용계획안 제출에 대한 시정연설을 한다. 이때 차년도 예산안이 담고 있는 다양한 거시적인 정책목표를 설명한다. 그리고 각 부처가 예산설명서에 각 사업별 미시적인 정책목표를 제시한다.

국회의 예산안 심의는 각 상임위원회와 예산결산위원회 중심으로 이루어진다. 정부 제출 예산안은 각 부처 · 기관을 소관하는 상임위원회별로 배정되어 예비심사를 거친다. 각 상임위원회별로 법안심사소위원회(법안소위)와 예산결산심사소위원회(예결소위)가 있는데, 이 중에서 예결소위에서 예산안을 심사한 다음 상임위원회 전체회의에서 최종 결정을 한다. 상임위원회 예비심사를 거친 각 부처 · 기관의 예산안은 예산결산특별위원회에 회부되고, 여기서 기획재정부 장관이 제안설명을 한다. 예산결산특별위원회에서 정부 예산안을 종합적으로 혹은 부처별 · 기능별로 최종 검토(종합심사)를 한 다음, 계수조정소위원회에서 계수조정을 하면서 실질적으로 예산안 심의를 마무리한다.

2) 본회의 의결

내년도 예산안은 본회의 의결로 확정된다. 헌법 제54조에 따라 국회는 회계연도 개시 30일 전까지 예산안을 의결해야 한다. 즉, 12월 2일이 기한이다. 그러나 이 기간을 지키는 것은 쉽지 않다. 여당과 야당의 정치적 대립이 있거나, 특정 법안을 예산안과 연계시켜 처리하려고 할 경우 기한을 넘길 가능성이 높다. 이 문제를 해결하기 위해 「국회법」에 예산안의 본회의 자동부의 제도를 신설했다. 「국회법」 제85조의 3에 따라 상임위원회는 예산안 등에 대한 심사를 매년 11월 30일까지 마쳐야 한다. 만약 예산안 등에 대한 심사를 기한 내에 심사를 마치지 아니한 때에는 그 다음 날(12월 1일)에 위원회에서 심사를 마치고 바로 본회의에 부의된 것으로 본다.

5. 예산집행

정부는 원칙적으로 국회가 의결한 예산을 그 내용에 따라 집행해야 한다. 예산서에 정해진 항목에 대해서 정해진 금액을 지출해야 한다. 예산집행은 '예산배정 → 자금배정 → 실제지출'의 순서로 이루어진다(국회예산정책처, 2016). 예산배정은 기획재정부 장관이 각 중앙관서의 장에게 분기별 예산배정계획서에 따라 예산을 나누어 주는 것이다. 그 후 예산배정의 범위 내에서 월단위 자금계획을 수립하여 자금배정이 이루어진다. 실제지출은 자금배정 금액 범위 내에서 각 부처가 채권자, 수급권자 등에게 자율적으로 집행하게 된다. 과거에는 지출관이 국고수표를 발행하면 한국은행 국고대리점이 동 국고수표의 소지인에게 국고금을 지급하였으나, 2003년 1월부터는 지출의뢰 정부부처 · 한국은행 · 금융기관 간에 전산시스템(국고전산망)을 연결하여 지출관의 지급지시에 의해 한국은행이 실시간으로 채권자의 예금계좌로 국고금을 지급하고 있다.

예산집행 시 원칙적으로는 정해진 항목 이외의 지출을 하거나, 정해진 항목에 대한 지출이라고 하더라도 정해진 금액을 초과해서도 안 되고, 가능하다면 작은 지출을 하는 것도 안 된다. 품목별 예산제도(LIBS)가 가지고 있는 통제적 성향을 기본으

표 6-5 예산집행의 예외적인 상황

구 분	내 용
총액계상 예산	기획재정부 장관은 세부내용을 미리 확정하기 곤란한 사업의 경우에는 이를 총액으로 예산에 계상할 수 있음. 「국가재정법」 제37조
예비비	정부는 예측할 수 없는 예산 외의 지출 또는 예산초과지출에 충당하기 위하여 일반회계 예산 총액의 100분의 1 이내의 금액을 예비비로 세입세출예산에 계상할 수 있음. 「국가재정법」 제22조
예산 이용	각 중앙관서의 장은 미리 예산으로써 국회의 의결을 얻은 때에는 기획재정부 장관의 승인을 얻어 예산이 정한 각 기관 간 또는 각 장 · 관 · 항 간에 상호이용(移用)할 수 있음. 「국가재정법」 제47조
예산 전용	각 중앙관서의 장은 예산의 목적범위 안에서 재원의 효율적 활용을 위하여 대통령령이 정하는 바에 따라 기획재정부 장관의 승인을 얻어 각 세항 또는 목의 금액을 전용(轉用)할 수 있음. 「국가재정법」 제46조
예산 이월	불가피한 사유 등 법률에서 정한 이유로 당해 회계연도 내에 지출하지 못한 세출예산은 다음 연도로 이월(移越)하여 사용할 수 있음. 「국가재정법」 제48조

로 하기 때문이다. 그러나 실제 예산집행 상황에 따라 일부 예외적인 상황이 발생하기도 한다. 예산안 편성이 예산집행의 1년 전인 전년도 상반기에 이루어지기 때문에 실제 예산집행 상황과 맞지 않는 경우가 발생할 수 있다. 인건비와 같은 고정지출의 경우에는 큰 문제가 없지만, 사업비의 경우 불필요한 사업에 대한 지출을 해야 한다거나, 아니면 아주 필요한 사업에 대한 지출을 하지 못하는 문제가 발생한다. 이를 위한 대응방안으로는 크게 총액계상예산, 예비비, 예산의 이용·전용·이월 등이 있다.

6. 결 산

결산은 예산의 집행을 확정하는 것이다. 국회가 의결한 예산의 내용에 따라 정부가 예산을 집행하였는지, 재량적인 예산운용의 한계를 준수하였는지 점검하고, 그 결과를 향후 예산편성 및 국정 통제에 활용하는 과정이다. 결산에서는 단순한 회계검사뿐만 아니라 성과감사까지 포함한다.

회계연도가 종료된 이후 각 중앙관서의 장은 결산보고서를 작성하여 다음 연도의 2월 말까지 기획재정부 장관에게 제출해야 한다. 기획재정부 장관은 각 부처 결산서류를 종합한 국가결산보고서를 4월 10일까지 감사원에 제출하고, 감사원은 결산검사보고서를 기획재정부에 5월 20일까지 송부한다. 마지막으로, 정부는 5월 31일까지 결산서를 국회에 제출한다. 정부로부터 결산서를 이송받은 국회는 국정감사 실시 이전에 각 상임위원회에서 소관 부처에 대한 결산 예비심사를 완료하고 예산결산특별위원회에서 종합심사를 한다. 그 이후 국회 본회의에서 결산안을 최종적으로 확정한다. 결산정보를 활용하여 국정감사 기간을 통해 실제 각 부처·기관에서 예산이 어떻게 집행되었는지를 평가하기도 하고, 차년도 각 기관별 예산안 심의과정에서 결산정보가 반영되기도 한다.

제 4 절 예산이론

1. 예산결정이론

예산이론(budget theory)은 예산에 관한 의사결정을 설명하는 이론이다. 이 중에서 가장 거시적인 관점의 예산결정이론은 경제원리와 정치원리를 적용하여 예산결정을 설명하는 것이다. 경제원리는 어떻게 예산상의 이득을 극대화하는지에 초점을 맞추어 예산결정을 설명한다. 정치원리는 예산상 이득을 누가 얼마만큼 향유할 것인지에 초점을 맞추어 예산결정을 설명한다. 그러나 현실의 다양한 예산결정 상황들을 충분히 설명하기에는 이론의 추상성이 높다. 또한 특정 가치가 지배적으로 적용되기 어렵기 때문에 두 관점을 동시에 적용하는 것이 일반적이다.

미시적 관점에서는 예산결정에 대해 키(V. O. Jr. Key)가 예산이론의 부재를 지적한 이후 다양한 이론들이 예산을 설명하는 데 적용되어 왔다.[11] 현재 점증주의

표 6-6 예산결정의 경제적 원리와 정치적 원리

구 분	경제 원리	정치 원리
초점	어떻게 예산상의 이득을 극대화할 것인가?	예산상의 이득을 누가 얼마만큼 향유할 것인가?
목적	효율적인 자원 배분: 파레토 최적의 달성	공정한 몫의 배분: 균형의 달성
기준	경제적 합리성: 효율성	정치적 합리성: 형평성·정당성
방법	분석적 기법 계획된 행동 체계적 결정	정치과정: 협상, 타협 모색에 의한 결정 단편적 결정
행동 원리	시장 감각: 최적화 원리	게임 감각: 균형화 원리
행태	사회후생의 극대화	몫(득표)의 극대화
이론	총체주의	점증주의
개혁 목표	재정 배분의 효율성	재정 민주주의

출처: 윤영진(2014: 32).

11) 키(Key, 1940)는 「The Lack of a Budgetary Theory」(1940) 논문에서 "어떠한 근거로 X달러를 B사업 대신 A사업에 배분하도록 결정하는가?(On what basis shall it be decided to allocate x dollars to activity A instead of activity B?)"라는 키의 질문(Key Question)을 효과적으로 설명할 수 있는 이론, 즉 예산이론이 존재하지 않는다고 지적했다.

(incrementalism), 총체주의(synopticism), 공공선택이론(public choice theory), 다중합리성 이론(multiple rationalities theory) 등 다양한 학문적 배경을 가진 이론들이 예산을 설명하는 데 적용되고 있다(이정희, 2010).

1) 총체주의(합리주의)

총체주의는 경제학의 한계효용, 기회비용, 최적화 개념 등 합리적 선택의 방식을 활용하여 가능한 모든 대안을 탐색하고 과학적 근거에 의해 최적 대안을 선택하여 한정된 자원을 효율적으로 배분하는 것을 의미한다(황윤원 · 김성철, 2005: 197; 신무섭, 2007: 241).[12] 이 관점에서는 예산문제를 해결하기 위해 수많은 정보를 수집하고 분석하면 최적화된 해를 찾을 수 있다고 본다. 계획예산제도(PPBS)와 영기준예산제도(ZBB)가 합리주의 접근을 적용한 대표적인 사례다.

이러한 총체주의 의사결정 방식은 명료한 목표, 완전한 정보, 합리적 선택기준을 통해 상황의 종합적인 분석과 최선의 대안 선택이 가능하다고 보는 당위적이고 이상적인 접근법이기 때문에 현실 설명력은 높지 않다. 무엇보다도 인간 합리성의 현실적인 제약과 한계로 인해 모든 대안을 찾아내고, 그 결과를 예측하여 상호비교하는 것은 쉽지가 않다.

2) 점증주의

점증주의는 인간 인식 능력의 한계와 결정체계의 안정성을 전제로 하는 현실적이고 보수적인 접근방법이다(Lindblom, 1959; Wildavsky, 1964; Simon, 1976; 신무섭, 2007: 244). 인간의 인식능력과 정보 및 시간은 제한적이고, 대안의 비교 기준이 주관적이고 불분명하기 때문에 종합적으로 모든 요소를 고려하기보다는 과거의 경험과 자료를 기준으로 만족한 선에서 의사결정을 하게 된다고 본다(Lindblom, 1959: 79-88). 결국, 예산과정은 곧 이해관계자들끼리 복잡하게 진흙탕 싸움을 벌이는 (muddling through) 정치적 과정이며, 정치 원리가 경제적 타당성에 규범적으로도

12) 총체주의는 합리주의 관점에서 모든 대안을 포괄적으로 검토하는 방법이기 때문에 합리적 · 총체적 접근방법(Rational-Comprehensive Approach)이라고 한다.

우선하게 된다(Wildavsky, 1964).

점증주의에 따르면, 예산결정은 모든 사항을 종합적으로 고려해서 정교하게 이루어지는 것이 아니라 전년도 규모에 비해 일정 수준 증가에 그치는 것이다. 그 결과 혁신이나 급격한 변동을 설명하지 못한다. 그러나 첨예하게 대립하는 과정에서 당사자 간 정책과 예산이 조정되는 과정은 잘 설명할 수 있다.

3) 공공선택이론

공공선택이론은 경제학적 방법을 응용하여 투표자행위, 관료 행태와 같은 정치 현상을 설명하는 이론이다. 주인-대리인 이론(principal agent theory)을 적용하여 관료의 지대추구 행위를 설명하는 것이 대표적이다. 관료는 공익만을 추구하는 것이 아니라 자신의 효용을 극대화하는 이기적인 경제 주체이다. 니스카넨(Niskanen, 1971)은 관료가 공익을 극대화할 수 있는 수준의 공공재를 공급하는 것이 아니라, 소속 부서의 예산을 극대화하는 규모로 공공재 생산을 결정, 즉 예산편성을 한다고 설명한다. 이렇게 본다면 관료는 정치가와 달리 자율성이 있다.

이외에도 합리적 의사결정을 하는 투표자들은 투표 행위를 통해서 공공재에 대한 수요를 나타내고(Mueller, 2003), 공공재 공급과정에서 국민의 효용극대화가 달성된다고 본다(황윤원 · 김성철, 2005: 201). 또한 정치가들은 선거에서 승리하기 위해 선거 전에 경기호황이 이루어지도록 확장정책을 사용하는 반면, 선거 후에는 선거로 인한 물가상승을 억제하기 위해 긴축정책을 편다는 정치적 경기순환론(political business cycle)도 공공선택이론과 맥을 같이한다(Nordhaus, 1975).

4) 다중합리성이론

다중합리성이론은 예산 결정자가 제한된 시간 범위 속에서 다양한 역할규범과 의사결정 기준을 동시에 적용하여 예산을 결정한다는 내용이다. 킹던(J. W. Kingdon)의 정책결정 모형과, 루빈(D. B. Rubin)의 실시간 예산운영 모형이 대표적이다. 킹던의 정책결정 모형은 과정모형과 쓰레기통 모형을 결합하여 정책의제설정을 설명한다. 이 모형에 따르면, '정책의 창'이 열렸을 때 의미심장한 변동, 즉 대규모 예산변동이 발생하게 된다. 루빈의 실시간 예산운영 모형은 서로 성질이 다르지만 서로 연결되어 있는 세입 · 세출 · 균형 · 집행 · 과정의 다섯 가지 의사결정 흐름이 통합되면서 초래되는 의사결정을 설명한다. 그리고 최종적인 의사결정은 의사결정자가 속한 조직의 정향(orientation)에 영향을 받는다고 본다. 그 결과, 강한 통제지향을 가진 중앙예산기구의 예산분석가는 전통적 · 통제적인 의사결정 방식을 취하고, 강한 정책지향을 가진 중앙예산기구의 예산분석가는 촉진자 · 정책분석가 · 지지자 등의 역할을 수행한다고 본다.

2. 예산제도이론

1) 품목별 예산제도

품목별 예산제도(Line-Item Budget System: LIBS)는 정부기관의 예산을 인건비 · 물건비 등 품복별로 자세하게 구분해서 표시하는 예산제도이다. 1912년 미국 태프트위원회(Taft Commission)는 행정부 제출 예산제도를 권고했고, 미국 연방정부는 1921년 「예산회계법」(The Budget and Accounting Act of 1921)에 행정부 제출 예산제도와 품목별 예산제도를 도입했다. LIBS는 근본적으로 관료에 대한 불신을 전제로 한다. 관료의 부정 지출과 재량에 의한 예산낭비를 막기 위해 개발된 제도이다. 대강의 범위만 설정하여 예산을 배정할 경우 방만하게 지출될 수 있는 예산에 대해 지출 항목과 금액을 사전에 세부적으로 구분함으로써 방만한 지출을 통제하고 공무원의 책임을 확보할 수 있다.

LIBS는 단순하다는 장점이 있다. 누가 보더라도 예산서를 쉽게 이해할 수 있기 때문이다. 예산이 집행되기 전에 지출을 통제하기 때문에 공공부문의 자의적인 지출을 줄일 수 있다. 그러나 정부 사업을 지나치게 세밀하게 구분할 경우 전반적인 정부기능에 대한 평가, 개별 사업의 상위 사업에 대한 타당성에 대한 평가를 수행하기가 어려워진다. LIBS는 예산 지출을 너무 미세하게 통제하는 것이어서 예산이 거시적인 관점에서 사업별로 어떻게 배분되고 있는지 살펴보고, 사업 간 지출 비중이 적절하게 구성되었는지를 확인하기도 어렵다. 나무는 보지만 숲을 보지 못하는 문제가 있다. 또한 미시적으로 구분된 사업단위의 예산까지 통제되기 때문에 예산운용의 경직성이 높다. 개별 사업의 전년도 성과보다는 전년도 예산에 비해 얼마나 변화했는지에 대해서 신경쓰기 때문에 점증주의 예산이론과 깊은 관계가 있다.

2) 프로그램 예산제도

LIBS가 거시적인 사업을 이해하는 데 어려움이 있는 문제를 해결하기 위해 도입된 것이 프로그램 예산제도(program budgeting system)이다. 엄밀히 말해서, 예산제도라기보다는 예산서를 작성하는 방식에 가깝다. 예산서를 작성할 때 인건비・물건비 등 품목만 제시하는 것이 아니라 프로그램, 즉 사업별로 예산을 편성하는 것이다. LIBS가 투입 중심의 예산이었다면, 프로그램 예산은 산출 중심의 예산이다. 프로그램의 정보가 예산서에 반영되는 것이다.

프로그램 예산은 프로그램 단위별로 예산이 편성되기 때문에 단위 사업별 예산규모를 파악하고, 성과를 측정하기가 더 쉽다. 예산의 관점이 투입 자원을 관리하는 것에서 사업을 잘 추진하는 것으로 바뀌기 때문에 중장기 예산계획, 사업 성과의 분석・평가, 성과 중심의 재정운용의 기반을 마련하게 된다.

3) 성과주의 예산제도

성과주의 예산제도(Performance Budget System: PBS)는 정부의 사업, 활동, 기능에 따라 예산을 편성하는 예산제도이다. 제2차 세계대전 이후 미국의 전쟁 관련 조직의 경직성과 비효율성을 해소하기 위해 당시 대통령 자문기구였던 '제1차 후버위원회'가 1949년에 권고한 제도이고, 이것이 1950년 「예산회계절차법」(Budget and Accounting Procedures Act of 1950: BAPA)에 반영되었다.

PBS는 LIBS의 투입관리를 성과관리로 전환한 개념이다. 여기서 성과는 '원가' 개념으로 이해하는 것이 수월하다. 해당 사업의 대상 고객 수, 고객 1인당 필요 경비, 그리고 해당 사업을 통해 달성할 수 있는 고객 1인당 성과 등의 정보를 예산편성에 반영한다. LIBS에서는 해당 활동에 투입되는 재원이 인건비, 물건비 등으로만 설명되어 어떤 인건비가 어떻게 사용되는지 알 수 없지만, PBS에서는 '상황별 필요 인원

×시간당 인건비=총인건비' 방식으로 예산이 편성되기 때문에 어떤 요소가 어떻게 활용되는지 파악하기가 용이하다. 이러한 PBS는 궁극적으로 성과주의 예산운영의 기반을 조성할 수 있다. 세부 활동을 구분해 내고, 그 활동의 원가를 산정하여 전체 비용의 정당성을 입증한다. 일반국민은 사업 목적을 이해하기 쉽고, 의회는 예산심의와 정부의 실적 평가가 용이해진다.

그러나 현실적으로 PBS는 아주 제한적인 영역에만 적용될 수 있다. 정부의 영역 중에는 프로그램을 활동별로 구분하고 정확하게 원가를 측정할 수 없는 부분들이 많기 때문이다. 또한 PBS는 세부 예산에는 적합하지만, 실·국 등 상위 조직 단위의 예산을 설명하는 데는 한계가 있다. 이외에도 PBS는 상대적으로 미시적인 활동에 초점을 맞추기 때문에 장기적인 프로그램의 수행이나, 전체이고 종합적인 정책의 평가에는 한계가 있다. 해당 사업의 원가가 얼마인지에 대해서는 관심이 있지만, 해당 사업이 정말 필요한 것인지, 다른 프로그램에 비해 전반적으로 예산이 적절하게 배분되었는지에 대한 고민은 부족하다.

4) 계획예산제도

계획예산제도(Planning Programming Budget System: PPBS)는 중장기적 계획에 따라 단년도 예산을 편성하는 예산제도이다. 목표달성에 필요한 중장기적 계획을 수립하여 자원배분의 우선순위와 계획을 세우고, 이러한 목표를 달성할 수 있는 대안을 평가하여 하나를 선택한 다음, 그것을 실현하는 연도별 예산배정을 실시하는 것이다. 자원배분에 관한 조직 전체의 의사결정을 일관성 있고 합리적으로 수행하기 위한 예산제도라고 볼 수 있다.

PPBS에는 다년도 추세분석, 비용편익분석과 같은 정량적 분석 기법들이 활용된다. 또한 PPBS를 적용하기 위해서는 정책담당자의 기획력과 분석력이 필요하다. 정책 목표를 수립하고 이를 중장기적으로 배열하는 기획 능력이 중요하고, 프로그램을 서로 인과관계에 따라 하위범주로 구분하여 각 하위범주의 효과와 예산 소요를 분석하여 상위 프로그램의 기대성과와 연계시키는 것이 중요하기 때문이다.

그러나 PPBS를 제도적으로 정착시키는 것은 쉽지 않다. 첫째, 전문성 측면에서 미래를 예측하고 여러 대안들을 계량적으로 분석하는 전문성이 필요한데, 실제 관료들에게 충분한 전문성을 기대하기 어렵다. 둘째, 신뢰성 측면에서 비용과 편익에 대한 추정치의 신뢰를 확보하는 것은 쉽지 않다. 셋째, 제도로서의 간결성 측면에서 여러 부처에서 공통적으로 사용하기 위해서는 제도가 간결해야 하지만, 부처별 · 담당자별로 프로그램의 선정 기준과 세분화 정도가 다르기 때문에 간결한 공통모형을 제시하는 것이 어렵다. 넷째, 정치적 조정 측면에서 담당자들이 열심히 분석해서 예산을 편성하더라도 최종적으로 정치적 조정의 벽을 넘지 못할 우려가 있다.

5) 영기준 예산제도

영기준 예산제도(Zero Based Budget: ZBB)는 모든 지출 제안서를 원점에서 검토하도록 하는 예산제도이다. 기존사업과 새로운 사업을 구분하지 않고 매년 모든 사업의 타당성을 영기준에서 분석한다는 것이 특징이다. 즉, 계속사업도 신규사업과 마찬가지로 관행과 누적된 정보가 없다고 가정하고 모든 활동에 대해서 타당성을 입증받아야 한다. ZBB의 방식은 다음과 같다. 먼저, 정책 목표를 달성할 수 있는 정책 대안들을 선정하고, 이 대안들을 여러 형태의 상황을 반영한 의사결정 패키지(decision package)로 구성한다. 패키지에는 각 사업을 기존 수준으로 유지하는 대안, 증액하는 대안, 감액하는 대안이 포함된다. 의사결정자는 기존사업과 신규사업의 구분 없이 각 패키지끼리, 그리고 패키지 내의 대안들끼리 상호비교하여 우선순위를 결정한다. 그리고 가용 예산의 총액 범위 내에서 우선순위가 높은 대안을 순차적으로 선택한다. 이때 계량모형을 활용하는 PPBS와 달리 ZBB에서는 우선순위를 설정할 때 의사결정자들의 주관적 판단이 개입된다.

ZBB는 영기준에서 사업의 타당성을 검토하게 함으로써 예산의 효율적 활용을 극대화시키고 의사결정과 계획기능을 개선시킨다. 매년 사업 대안들을 새롭게 검토함으로써 신규 변화를 상대적으로 신속하게 수용할 수 있다. 통상적으로 계속사업은 무비판적으로 진행되거나 전년도 예산 대비 점증적으로 증가하는 경향이 있는데, 이러한 비효율성 문제를 원천적으로 개선할 수 있다.

그러나 매년 사업의 변동의 가능성을 내포하고 있다는 것이 본질적인 한계이다. 잘 수행하던 사업들도 다음 연도에 지속될 가능성을 장담하지 못한다. 사업의 빈번한 변경은 오히려 더 많은 비용을 초래할 우려가 있다. 또한 인건비 · 임대료 등 경직성 경비가 많은 사업의 경우에는 ZBB가 오히려 비효율적일 수 있다. 그리고 모든 대안에 대해 의사결정 패키지를 구성하고, 그 대안들을 비교하는 것이 현실적으로 큰 시간적 부담이 되기도 한다.

6) 결과지향적 예산제도

1990년대 이후 주요 국가들은 정부의 재정사업이 수행된 이후 그 결과를 평가하여 예산에 반영하는 결과지향적 예산제도를 도입했다. 신공공관리주의에 입각하여 예산의 구체적인 결과를 강조한 것이다. 통제지향적 예산제도에 벗어나 예산집행자들에게 권한을 이양하고 자율과 재량을 부여하여 좋은 결과를 달성할 수 있도록 하는 동기(incentive)를 부여한다. 예산 당국은 결과에 대한 통제의 전문성을 높이기 위해 재정 활동 산출물이 정책 목표와 연결되는 로직을 연구하고, 성과를 평가하는 방법론을 개발하게 된다.

대표적인 사례로 미국 연방정부는 1993년 「정부성과 및 결과에 관한 법」(Government Performance and Result Act of 1993: GPRA)을 통해 결과지향적 예산개혁을 추진했다. 이후 부시(G. W. Bush) 행정부는 재정사업을 평가하는 PART(Program Assessment Rating Tool)를 도입해 GPRA를 보완했다. 특징적인 점은 결과지향적 예산 운용에서 의회와 행정부의 협력이 발생한다는 것이다. 기존의 예산개혁은 주로 행정부가 주도했지만, GPRA는 의회 회계감사국(GAO)에서 총괄하고, PART는 백악관 예산관리국(OMB)이 운영한다.

7) 한국의 예산제도

한국의 예산제도는 미국 예산제도를 수용하면서 발전해왔다(이종수 외, 2014). 1952년 제정된 「재정법」이 1961년 「예산회계법」으로 대체되면서 LIBS 기반의 예산 통제기능과 함께 계획기능도 수행할 수 있도록 PBS 기반의 성과주의 예산요소가 강화되었다. 그 이후 '경제개발5개년계획'이 본격 추진되면서 중장기계획과 정부 예산을 연계하는 PPBS 체제를 마련했다. 1982년부터 예산의 중기재정계획을 도입하고, 1983년 예산편성에서 ZBB 제도의 가치를 일부 도입했다. 당시 한국은 국가재정이 계속 확대되던 시점이었기 때문에 감축지향적인 미국의 ZBB를 그대로 도입하기보다는 ZBB 방식의 가치관을 공유하는 수준에서 도입했다.

2005년 「국가재정법」 체제로 전환되면서 예산체제가 대폭 개편되었다. 예산과 기금을 동일 법률에 포괄하여 국가 재정을 체계적으로 관리할 수 있는 기반을 마련했다. 그리고 성과지향적 · 결과지향적 예산운용의 기반을 마련했다. 미국 GPRA 체제를 응용한 성과관리시스템을 구축했는데, 미국의 GPRA는 의회 회계감사국(GAO)에서 운영하는 것과 달리, 한국은 기획재정부가 관장한다는 측면에서 차이가 있다.

최근의 한국 예산제도는 성과주의 예산제도를 확산시키는 방향으로 발전하고 있다. 1999년에 처음 성과관리제도가 도입되어 16개 기관에서 시범적으로 성과계획서를 작성하여 제출했고, 그 이후 재정성과목표관리제도(2003년), 재정사업자율평가제도(2005년), 재정사업심층평가제도(2006년)가 순차적으로 도입되었다.

첫째, 재정성과목표관리제도(Performance Monitoring)는 성과계획서를 통해 성과목표와 성과지표를 사전에 설정하고, 예산집행 이후 성과평가를 통해 성과목표의 달성 여부를 점검하는 제도이다. 현재 「국가재정법」에 성과중심 재정운용을 위한 성과관리체계 구축, 성과계획서 및 성과보고서의 작성 · 제출, 평가 결과의 반영 등이 규정되어 있다. 매년 정부는 정부예산안을 국회에 제출할 때 다음 연도의 성과계획서를 부속서류로 함께 제출한다. 그리고 매년 결산보고서를 국회에 제출할 때에도 전년도의 성과보고서를 부속서류로 제출한다.

둘째, 재정사업자율평가제도(Program Review)는 「국가재정법 시행령」에 따라 매년 각 부처가 소관 재정사업을 1/3씩 선정하여 자체적으로 평가하고, 그 결과를 기획재정부가 확인 · 점검하여 예산편성 등 재정운용에 활용하는 제도이다. 각 부처는 자율평가 결과를 예산과정에 연계시키고, 재정지원 필요성이 없거나 유사 · 중복으로 평가받은 사업의 추진 여부를 재검토하고, 사업별 평가 결과를 제도 개선에 적극 활용하는 기반을 마련할 수 있다.

셋째, 재정사업심층평가제도(Program Evaluation)는 「국가재정법 시행령」에 따라 재정사업자율평가 결과 중에서 추가적인 검토가 필요하다고 판단되는 사업을 선정하여 계량분석 기법 등을 활용하여 심층적으로 분석 · 평가하는 제도이다. 심층평가는 기획재정부가 주도하고, 평가대상이 제한적이고, 평가 방식이 단순 체크리스트

점검이 아닌 과학적 기법을 활용한다는 측면에서 재정사업자율평가제도와 차이가 있다. 주요 평가요소는 적절성(사업은 정부의 역할로서 적절한가? 사업수행방식은 적절히 설계되어 있는가?), 효과성(사업의 결과로서 사업의 특정목표 및 일반목표가 달성되었는가?), 효율성(여러 투입이 얼마나 경제적으로 사용되어 산출 및 중간결과로 전환되었는가?), 효용성(사업의 결과 실제로 사업에 대한 수요가 얼마나 충족되었는가?), 지속가능성(사업이 중단되었을 때 사업으로 인한 긍정적인 변화가 얼마나 오랫동안 지속될 수 있을 것인가?) 등이다.

3. 예산행태이론

예산과정은 합리적 과정이면서 동시에 정치적 과정이다. 여러 단계를 거치는 동안 많은 참여자가 각각의 가치와 선호를 가지고 협상과 상호조정을 하고, 이러한 상호조정 과정에서 나타나는 전략이 예산과정의 정치성을 형성한다. 예산과정에 참여하는 행위자들은 자기들의 역할을 준수하고 이익을 최대화하기 위해 예산권력을 동원하고, 보다 많은 금액을 확보하기 위해 노력한다. 예산행태는 참여자들의 역할에 따라 다르며, 주요 참여자인 각 정부기관의 사업담당자와 중앙예산기관의 예산담당자의 행태를 중점적으로 살펴볼 수 있다.

1) 참여자들의 역할

예산과정 참여자들의 역할은 비교적 정형화된 모습을 보여준다(윤영진, 2011: 231). 일반적으로 예산과정에서 나타나는 참여자의 역할은 크게 소비자(spender), 절약자(saver), 수문장(gate keeper)으로 구분할 수 있다. 소비자는 예산을 요구하는 각 중앙행정기관이며 사업 확장에 관심을 기울이고, 각 사업에 대한 국고 지출의 타당성을 주장하고, 가능한 많은 사업을 하려고 시도하기 때문에 증액지향적 행태를 보이는 주창자(advocate) 역할을 한다. 절약자는 재정건전성에 관심을 기울이고, 한정된 범위 내에서 예산을 배분해야 하기 때문에 삭감지향적 행태를 보이는 국고수호자(guardian) 역할을 한다. 주로 입법부가 절약자이고, 행정부가 소비자이지만, 행정부 내에서는 예산담당부서가 절약자이고 사업부서가 소비자가 된다. 수문장은 사업과 재정건전성을 동시에 지향하는 균형적 행태를 보인다. 일반적으로 대통령은 사업지향성과 재정지향성을 동시에 지니고 있는 수문장으로서 자신의 정책의지를 예산에 반영하려고 노력한다.

2) 사업담당자의 예산확보 전략

각 부처의 사업담당자는 예산편성 과정에서 소비자의 역할을 수행한다. 이들은 사업과 서비스 공급 기회를 확대하려고 노력하며, 이를 위한 자원확보에 관심을 기울인다. 사업담당자는 사업예산을 많이 확보하는 것이 자기 부처의 권한과 위신을 높이는 길이라고 생각하며, 관료 개인에게도 이익이 된다고 본다. 장관의 입장에서도 예산확보 정도가 장관의 능력을 평가하는 지표가 되기 때문에 가급적 많은 예산을 확보하려고 시도한다. 따라서 각 부처는 예산편성 과정에서 확대 및 증액지향적이고 공격적이다. 뿐만 아니라 중앙예산기관에서 삭감·조정될 것을 염두에 두고 많은 예산을 요구하기도 한다.

이와 같은 상황에서 각 부처 사업담당자는 더 많은 예산을 확보하기 위해 공식적 또는 비공식적인 예산확보 전략을 취한다. 이 전략은 예산편성 과정에서 예산 관계

표 6-7 각 부처 사업담당자의 예산확보 전략

구 분	주요 내용	대표적 전략
보편적 전략	활동적인 고객 동원: 해당 사업에 영향을 받을 수 있는 고객을 활용하여 사업의 타당성 주장	• 새로운 고객(지지자) 확인 • 고객 증대
	신뢰 확보: 사정기관에 신뢰를 쌓아 해당 사업 예산의 정직성 주장	• 솔직하고 객관적으로 타당성 있는 예산편성 • 상대방의 기대에 부응하는 예산편성
	사업의 필요성과 가치 강조: 사업의 필요성과 타당성에 대한 자료와 논리로 예산 관계자 설득	• 사업의 예상 편익과 효과 제시 • 관계자들의 현장 초청
상황적 전략	기존예산 삭감 방지 전략	• 정부의 역점사업을 파악해서 관련 사업 제시 • 사업 타당성 낮은 사업의 의도적 배제 • 신규사업 예산은 소액으로 요구 • 학연·지연·혈연 확보
	기존 예산 유지·증액 전략	
	신규사업 추가 전략	

출처: 윤영진(2011: 248-253).

자의 지지를 얻기 위해 통상적으로 이용할 수 있는 보편적 전략(ubiquitous strategy)과, 특정한 상황에 따라 이용될 수 있는 상황적 전략(contingency strategy)으로 구분할 수 있다.

3) 중앙예산기관의 예산사정 전략

중앙예산기관은 각 부처에서 올라온 예산요구액을 검토하는 예산사정 역할을 수행한다. 여기서 삭감되는 예산항목은 충분히 타당성이 입증되지 못한 항목, 각 기관의 목표달성과 직접 관련되지 않은 항목, 국정 우선순위와 일치하지 않는 항목 등이다(Mikesell, 1995: 49).

중앙예산기관의 대표적인 예산사정 전략은 첫째, 각 부처가 예산을 요구하기 전에 초과할 수 없는 예산요구 한도액을 미리 설정하는 한도액 설정법이다. 대표적인 사례가 예산총액배분자율편성제도이다. 둘째, 일정 사업에 대해서 업무량을 측정하고 단위 원가를 적용하는 계산법이다. 그러나 업무 단위와 원가의 결정이 쉽지 않다는 단점이 있다. 셋째, 전년도 예산과 대비해서 증감된 예산요구 항목을 중점적으로 사정하는 증감 분석법이다. 이외에도 한도액을 설정하지 않는 무제한 예산법, 사업부처가 예산사업의 우선순위를 명시하는 우선순위 명시법, 예산요구액을 항목별로 검토해서 사정하는 항목별 통제법 등이 있다.

생각해 볼 문제

- ✓ 예산, 재정, 정부회계의 차이점을 이야기해 보자.
- ✓ 전통적·현대적 예산원칙과 관련한 현재의 예산제도에 대해서 이야기해 보자.
- ✓ 일반회계, 특별회계, 기금의 차이에 대해서 이야기해 보자.
- ✓ 추가경정예산의 필요성과 문제점에 대해서 이야기해 보자.
- ✓ 예산과정상의 중요 절차와 그 기한(혹은, 날짜)에 대해서 이야기해 보자.
- ✓ 현재 우리나라의 예산결정을 주요 예산결정이론에 비추어서 설명해 보자.
- ✓ 본인이 생각하는 가장 바람직한 예산제도이론과 그 이유를 말해 보자.
- ✓ 본인이 사업담당자라고 한다면 예산과정에서 어떠한 예산확보 전략을 취할 것인지 말해 보자.
- ✓ 본인이 기획재정부 예산담당자라고 한다면 예산과정에서 어떠한 예산통제 전략을 취할 것인지 말해 보자.

C·H·A·P·T·E·R 07

정책론

제 1 절 정책학과 정책이론

1. 정책과 정책연구

1) 정책과 정책학

정책이라는 것에 대한 의미를 하나의 문장으로 명확하게 정의하기는 사실상 불가능하다. 왜냐하면, 정책은 우리 사회에서 발생하는 실제현상들과 밀접하게 관련되어 있기 때문에 어떠한 측면을 강조하는지에 따라 그 대상이 달라질 수밖에 없기 때문이다(권기헌, 2008; 정정길 외, 2010). 그렇지만 정책을 사전적으로 정의해 보면, "정치적 목적을 실현하기 위한 방책"[1]이라고 말할 수 있기 때문에 우리가 일반적으로 사용하는 정부과제, 정부시책, 정부방침 등과 같은 단어들과 비교하여 생각해 보면 명확하지는 않지만 어느 정도 정책이 무엇인지 그림을 그릴 수 있을 것이다.

결국, 정책이란 정치적 요소, 사회적 요소, 합리적 요소 등이 서로 역동적인 상호

1) 국립국어원 표준국어대사전.

작용의 과정을 통해 만들어지는 것이며(권기헌, 2008), 이는 바람직한 사회상태를 이루려는 정책목표와 이를 달성하기 위한 정책수단에 대해 정부기관이 공식적으로 결정할 기본방침(정정길 외, 2010: 35)이라고 말할 수 있을 것이다. 이렇듯 정책의 본질은 의사결정, 즉 사회적으로 중요한 문제에 대한 의사결정이라고 할 수 있다.

정책을 연구대상으로 하고 있는 정책학은 다양한 사회문제를 해결하고자 하는 일련의 과정도 포함한다고 할 수 있다. 다시 말해서, 정책학은 정책을 연구의 핵심대상으로 설정하고 정책과정(policy process)상의 모든 활동들도 함께 연구하는 학문이라고 말할 수 있는 것이다(정정길 외, 2010).

우리가 살고 있는 사회에서는 다양한 문제들이 존재하는데, 이들 문제들 중 정부개입하여 정책적으로 해결해야 되는 사회문제를 정책문제로 설정한다. [그림 7-1]에서 보듯이 이러한 과정을 정책의제설정이라고 한다. 이러한 정책의제설정의 과정을 거쳐 사회문제는 정책문제가 되며, 정부는 정책문제 해결을 위해 정책목표를 설정하고, 목표를 달성하기 위한 대안을 마련한다. 목표달성을 위해 다양한 대안들이 제시되고 이 중 적합한 대안을 선택하는 일련의 활동을 정책결정이라고 부르며, 그 결과로 도출되는 것이 정책이다(정정길 외, 2016).

그림 7-1 정책과정(Policy Process)

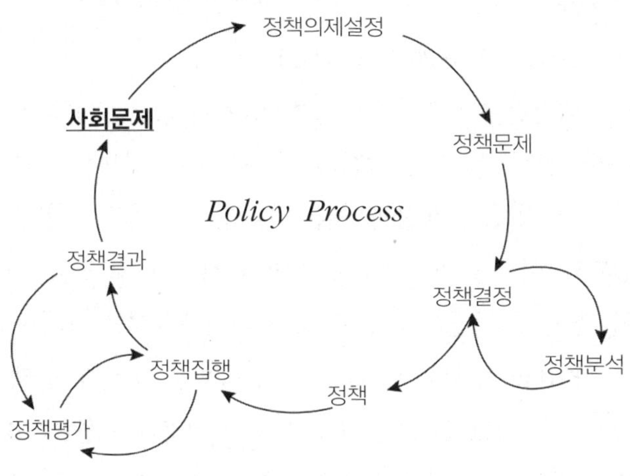

출처: 정정길 외(2016: 14) 수정 · 보완.

결정된 정책은 정부부처의 실천과제 등으로 더욱 구체화되어 집행되어지는데 이러한 활동을 정책집행이라고 하며, 정책목표가 달성되는 등과 같은 정책효과를 정책결과라고 한다. [그림 7－1]에서 보듯이 이러한 일련의 정책과정(policy process) 중에서 바람직한 정책결정에 필요한 정보를 제공해주는 활동이 정책분석이라고 부르며, 정책집행 과정을 검토하여 바람직한 집행전략 도출을 위한 정보제공 활동을 정책평가라고 부른다. 이렇듯 정책학은 광범위하고 포괄적인 정책과정(policy process)을 연구대상으로 삼는다.

2) 정책학을 보는 관점

다양한 사회문제들이 정책문제로 설정되어 정책화되는 과정은 실질적으로 매우 복잡하다. 또한 정책과정에서 다양한 문제들이 ○○정책, △△정책 등과 같이 정부의 기능에 따라 불리고 있지만 실질적으로 정책은 매우 이질적인 성질을 가지고 있다(정정길 외, 2016). 그렇기 때문에 정책을 연구하는 학문으로서 정책학은 다양한 학문적 배경을 바탕으로 많은 이론들이 서로 다른 영역의 학문들과 융합하면서 발전해왔으며, 정책학을 ① 현실적인 학문으로서 문제지향적인 학문, ② 다학제(inter-disciplinary)적 학문으로서 다른 학문들을 수용하여 발전해가는 학문, ③ 과학적인 학문으로서 이론적으로나 방법론적으로 정교함을 추구하는 학문, ④ 민주주의와 인간의 존엄성의 실현을 그 목표로 하는 가치지향적인 학문이라고 부를 수 있는 것이다(신진학자연구회, 2017: 259－260; Lasswell, 1951).

이렇듯 정책학은 다양한 학문적 배경, 방법론, 가치 등을 적용하여 경제, 외교, 사회, 국방, 교육, 육아, 문화, 복지 등 정부의 기능에 따라 정책을 분류하고 연구할 수 있을 뿐만 아니라, 배분정책, 규제정책, 재분배정책, 구성정책, 자율규제정책, 비용부담정책 등 연구결과와 이론을 바탕으로 분류하여 접근할 수도 있는 것이다. 따라서 정책학을 연구하는 많은 학자들은 다양한 형태의 정책유형을 제시하고 이를 바탕으로 정책학 연구를 하였다. 로위(T. J. Lowi)는 정책을 분배정책, 규제정책, 재분배정책, 구성정책 등으로 분류하였고, 알몬드(G. A. Almond)와 포웰(G. B. Powell)은 추출정책, 배분정책, 규제정책, 상징정책 등으로 분류하였으며, 리플리(R. Ripley)와 프랭클린(G. A. Franklin)[2]은 경쟁적 규제정책과 보호적 규제정책 등으로 분류하였다.

표 7-1	로위의 정책유형론(Lowi, 1972: 300, 304-306)

정책유형	강제 가능성	강제의 적용대상	정치유형/권력형태	정책 예
규제정책 (regulative)	직접적	개인	갈등 많고, 불안정한 거래/강한 의회(원내대표 왕성), 대통령 중도적	경쟁(공정거래), 노동계약, 작업장 안전정책
재분배정책 (redistributive)	직접적	환경	(협상대상자 집단규모가 커서) 안정적 거래/중도적 의회(원내대표 중도), 강한 대통령	복지, 사회보장, 의료, 소득세 관련 정책
분배정책 (distributive)	간접적	개인	합의적, 안정적 결탁/강한 의회(원내대표 미약), 약한 대통령	관세, 선심성 보조금
구성정책 (constituent)	간접적	환경	합의적, 안정적 결탁/언급 없음.	나머지 것들, 기관신설, 선거구조정 등

출처: 신진학자연구회(2017: 267).

대표적으로 로위의 분류를 정리하면 <표 7-1>과 같다. 요약하면, 정책학은 다양한 영역, 가치, 이론, 연구방법 등을 바탕으로 정책을 어떻게 분류할 것인지에 따라 정책과정을 연구하는 학문인 것이다.

2. 정책이론

1) 이론적 쟁점

정책과정(policy process)은 처음과 끝이 있는 단절적인 구조가 아니라 앞의 [그림 7-1]에서 보듯이 지속적으로 순환되는 구조를 가지고 있다. 다시 말해서, 논리적 · 시간적 흐름에서 정책의제설정, 정책결정, 정책집행의 순서를 따르며, 그 결과로 도출된 다양한 정보들은 다시 바람직한 정책 활동을 위해 환류(feedback)되어 이전 단계를 위한 정보로 다시 활용되는 것이다(정정길 외, 2016).

하지만, 정책과정의 환류활동은 여러 가지 이유로 기능을 제대로 수행하지 못하는 경우도 많이 발생한다. 예를 들면, 정책집행의 결과, 정책효과가 없는 것으로 평가된

---

2) Riplely, R. & Franklin, G.(1990). *Congress, the Bureaucracy, and Public Policy*. Brooks/Cole Pub Co.

사업은 정책의 목표를 달성하지 못한 것이므로 폐지 또는 중단되어야 함에도 불구하고, 현장에서는 그대로 추진되고 있는 경우가 있다. 이는 정책의 환경이 변화되었음에도 불구하고 이에 적응하지 못한 것으로 정책과정에서 생성된 다양한 정보를 인지하지 못하였거나 환류된 정보를 제대로 활용하지 못한 것이라고 할 수 있다. 따라서 정책이론은 현실에서 정책과정에 영향을 주는 다양한 요인들을 종합적으로 고려해야 한다. 다시 말해서, 중요한 요인들과 정책 사이에 원인과 결과, 인과성이 설명되어야 하며, 결국 정책이 누구에 의해, 어떻게, 왜 만들어지며 어떻게 변화해 가는지를 설명되어야 한다(신진학자연구회, 2017). 그러므로 하나의 이론적 관점에서 접근해서는 안 되며 여러 관점의 지식이 적용되어야 한다는 것이다(Sabatier, 2007).

2) 이론 모형

정책이론을 통해 정책과정에 영향을 주는 다양한 요인들이 무엇인지 파악하기 위해서는 정책과정이 어떻게 이루어지며, 어떻게 변화하는지 이해할 필요가 있다. 이를 위해 많은 학자들은 다양한 정책이론 모형을 제시하였고, 이 장에서는 수많은 정책이론 모형 중 대표적이라 할 수 있는 정책지지연합모형(Advocacy Coalition Framework: ACF)과 다중흐름모형(Multiple Streams: MS)에 대해 간략하게 살펴보고자 한다.[3)]

(1) 정책지지연합모형(Adovocacy Coalition Framework: ACF)

정책지지연합모형은 기존 정책 프로세스 연구에서 제기되었던 ① 단계적 휴리스틱(heuristic)의 한계를 극복하기 위한 대안적 정책 프로세스 이론 개발의 필요성, ② 과학적 · 기술적 정보의 역할에 대한 이론적 통찰력 제공의 필요성, ③ 이념적 불일치와 정책갈등을 조명할 필요성, ④ 정부기관에 대한 전통적인 상징(예: 집행부, 입법부, 사법부)과 몇 가지 형태의 정치 행동(예: 투표와 로비)을 넘어선 정치와 정책 변화를 시간이 지남에 따라 이해하는 포괄적 접근법의 필요성 등을 고려하여 사바티어(P. A. Sabatier)와 젠킨스 스미스(Hank C. Jenkins-Smith)에 의해 만들어졌다.

3) 정책학 교과서에서는 다양하고 상세하게 정책이론 모형을 소개하고 있음.

정책지지연합모형(이하, ACF)은 ① 정책 하위시스템 내의 전문가들 사이에서 대부분의 정책 입안이 발생하지만, 이들의 행동이 보다 광범위한 정치 및 사회경제 시스템의 요인에 의해 영향을 받는다는 거시적 수준(macro-level)의 가정, ② 사회심리학에서 많이 도출되는 개인의 미시적 수준(micro-level) 모델, ③ 하위시스템에서 행위자의 다양성을 다루는 가장 좋은 방법은 그들을 옹호하는 연합으로 통합하는 것이라는 중간적 수준(meso-level)의 확신 등 세 가지 기초에 근거하고 있다. 이러한 기초는 결국 정책 중심의 학습(policy-oriented learning)과 외부적 동요(external perturbations)라는 두 가지 중요한 경로를 통해 종속변수(dependent variable), 신념(belief), 정책변화(policy change)에 영향을 미친다.

정책 하위시스템(policy subsystem)과 외부요인(external factors) 측면에서 ACF는 현대사회의 정책 입안이 실질적으로나 법적으로나 너무 복잡하기 때문에, 참여자들이 영향력을 행사할 기대를 가지려면 전문화되어야 한다고 가정한다. 이러한 전문화는 정책에 영향을 미치려고 하는 참여자로 구성된 정책 하위시스템 내에서 발생하는데, 이러한 하위시스템은 ① 기능적 차원(functional dimension, 예: 교육정책, 도로정책 등)과 ② 영역적 차원(territorial dimension, 예: 경기도, 강원도 등)으로 특징지어진다(Zafonte & Sabatier, 1998). 또한 정책참여자 집단에는 전통적인 "철의 삼각형(iron triangle)"인 국회의원, 관료, 이익단체장 등은 물론, 정책분야의 전문가인 학자와 언론인, 정기적으로 정책 하위시스템에 개입하는 사법관료 등이 포함된다. 정책참여자들은 강한 신념을 가지고 있으며, 이러한 신념을 실제 정책으로 전환하려는 동기도 있다. 또한 과학적·기술적 정보가 정책참여자의 신념을 수정하는 데 중요한 역할을 담당하기 때문에, ACF는 연구자(대학교수, 정책 분석가, 컨설턴트 등)가 정책 프로세스의 중심 주체 중 하나라고 본다.

개인과 신념체계(individual and belief systems)의 측면에서 ACF는 합리적 선택(rational choice) 모형과는 달리 규범적 신념(normative belief)이 실증적으로 확인되어야 하며, 이타적 행동의 가능성을 배제하지 않는다. ACF는 변경하기 어려운 기존 신념으로 구성된 일련의 지각 필터(a set of perceptual filters)를 통해 행위자들이 세상과 관계를 맺기 위해 규범적 신념의 변화 어려움과 경향을 강조한다. 따라서 서로 다른 연합의 행위자들은 동일한 정보를 매우 다른 방식으로 인식하여 신뢰를 저버리게 될 가능성이 높다. 이것은 결국 같은 연합 내에서 회원들과의 유대 밀도를 증가시키고 경쟁하는 연합들 간의 갈등을 악화시킨다. 또한 지각 필터(perceptual filters)는 불협화음 정보를 걸러내고, 적합한 정보를 재확인하는 경향이 있어 믿음의 변화를 상당히 어렵게 만든다.

지지연합(advocacy coalition) 측면에서 ACF는 이해관계자의 신념과 행동이 비공식적 네트워크 내에 내재되어 있으며, 정책 입안은 부분적으로 중요한 정책참여자들

그림 7-2 정책지지연합모형(ACF): Sabatier & Weible(2007: 202)

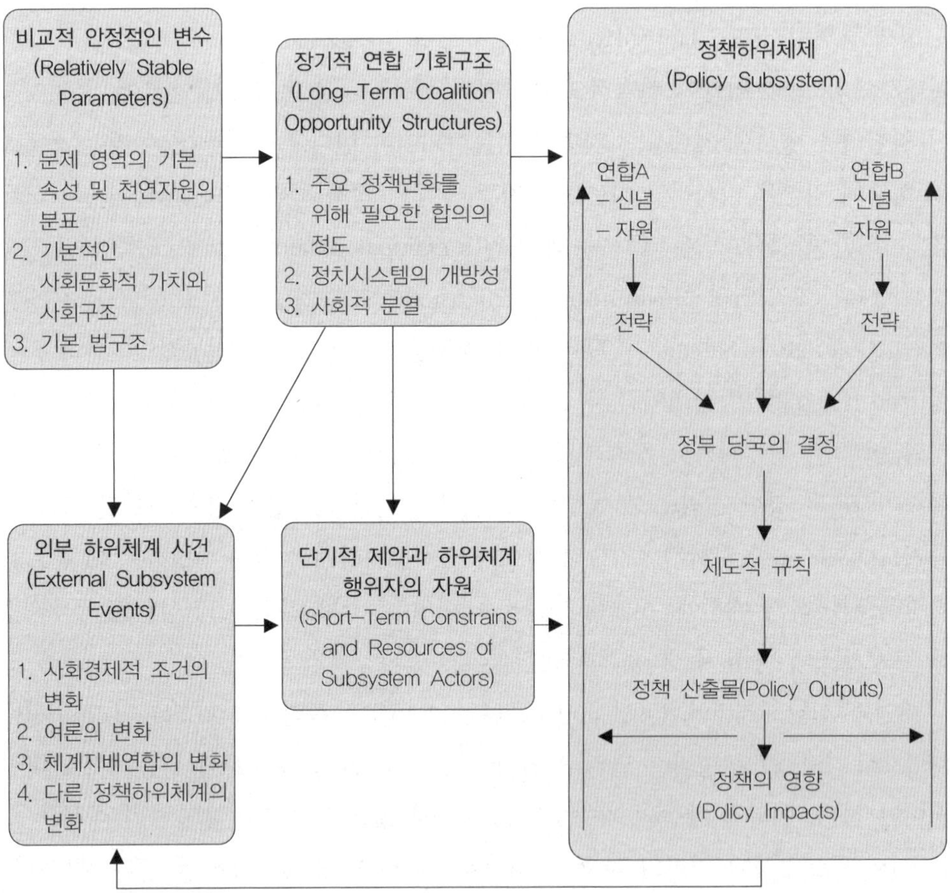

출처: Jenkins-Smith et al.(2017: 143).

사이의 네트워크에 의해 구조화된다고 한다. 따라서 성공 가능성을 가지기 위해서는 동맹을 찾고, 자원을 공유하며, 보완 전략을 찾아야 하며, 상대에게 패할 수 있는 두려움을 증가시켜 참여자들이 다른 연합과 제휴하고 협력하도록 동기를 부여한다. 그렇기 때문에 정책참여자들은 국회의원, 관료, 이익단체장, 판사, 연구원, 지식인 사이에서 유사한 정책 핵심신념(policy core beliefs)을 가진 사람들과의 동맹을 모색한다. 또한 정책참여자들이 중대한 수준(nontrivial degree)의 조정에 참여한다면, 그들은 지지연합(advocacy coalition)을 형성한다.

[그림 7-2]는 ACF 내의 정책 프로세스를 나타낸다. 정책 하위시스템은 오른쪽의 사각형으로 표현되며, 이는 참여자들의 신념과 자원을 대표하는 두 개의 경쟁 연합이 있는 경우를 나타낸다. 두 연합은 제도적 규칙, 정책 결과, 그리고 정책 결과에 영향을 미치는 정부 당국의 결정 등에 영향을 미치기 위해 다양한 전략을 사용한다. 이러한 결정은 정책 하위시스템에 다시 반영되지만 외부 하위시스템 업무에도 영향을 미칠 수 있다. 하위시스템 문제를 조건화하는 변수의 한 범주(category)에는 사회, 문화, 경제, 물리적/제도적 구조 등 정책 하위시스템을 포함하는 비교적 안정적인 변수(Relatively Stable Parameters)를 포함한다(Jenkins-Smith et al., 2017). 또 다른 범주(category)는 동적 외부사건(dynamic external events)으로 구성되며, 여기에는 외부 하위시스템 및 변경되기 쉬운 관련 특성들이 포함된다. 예를 들면, 사회경제적 조건, 하위시스템 관련 기술의 상태, 여론, 통치연합(governing coalitions)의 구성, 다른 정책 하위시스템의 파급효과(spillover effects) 등이 있다.

비교적 안정적인 변수와 정책 하위시스템 사이에는 주요 정책변화를 위해 필요한 합의의 정도, 정치체계의 개방성, 그리고 사회적 분열 등을 확립하는 장기적 연립 기회구조(Long-Term Coalition Opportunity Structures)의 성격에 관한 개념의 중간 범주가 있다.

본질적으로 장기적 연합 기회구조는 정책 하위시스템에서 비교적 안정적인 변수의 중요한 부산물이다. 외부사건과 정책 하위시스템 사이에는 하위시스템 행위자들의 단기적 제약(Short-Term Constraints)과 자원(resources)이 있다. 이는 하위시스템 외부의 변화가 연합을 이용할 수 있는 단기적인 기회를 제공한다는 것을 의미한다.

(2) 다중흐름모형(Multiple Streams: MS)

다중흐름모형(MS)의 기본 개요는 코헨, 마치와 올슨(Cohen, March, & Olsen, 1972)의 "A Garbage Can Model of Organizational Choice"를 기반으로 킹던(J. W. Kingdon)에 의해 제시되었다. 다중흐름모형은 모호한 조건(condition of ambiguity)에서 정부에 의해 정책이 어떻게 만들어지는지를 설명하는 렌즈(lens), 관점(perspective) 또는 틀(framework)이라고 할 수 있다. 다중흐름모형은 시간적 질서(temporal order), 즉 특정한 대안의 채택은 정책이 만들어지는 시기가 중요하다는 가정 하에 정치적 조작이론(theory of political manipulation)을 제안한다. 다중흐름모형에 의하면, 정책문제(problems), 정책(policy), 정치(politics) 등 세 가지 주요 흐름은 정책 시스템(policy system)을 통해서 확인되며, 각각은 고유의 역학관계(dynamics)와 규칙(rules)을 가지고 다른 것들과 분리되어 개념화된다. 또한 정책의 창(policy window)이라고 불리는 중요한 시점(critical points)에서 다중흐름들(정책문제, 정책, 정치)은 정책 창도자(policy entrepreneurs)에 의해 결합되며, 이러한 세 가지 흐름이 하나의 패키지(a single package)로 결합되면, 정책 입안자(policy maker)는 그 특정 정책을 채택할 가능성이 높아진다는 것이 다중흐름모형의 주요 내용이다.

다중흐름모형의 중요 개념들을 간략히 살펴보면 다음과 같다. 문제흐름(problem

그림 7-3 다중흐름모형

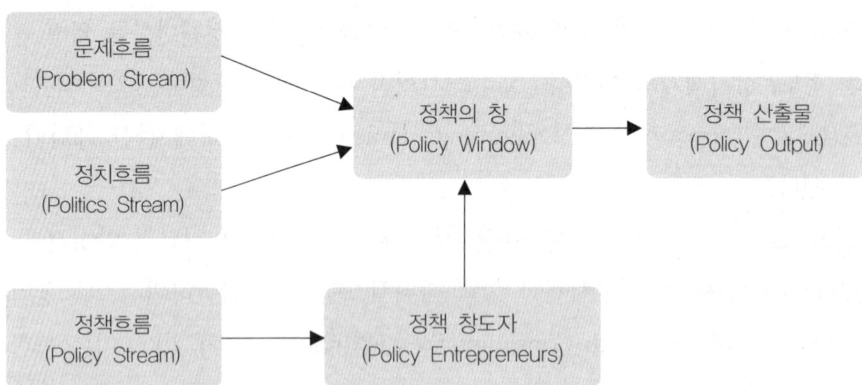

출처: Zahariadis(2007: 71).

stream)은 정책 입안자와 시민이 원하는 다양한 조건으로 구성된다(예: 정부의 적자 예산, 환경 재해, 인플레이션, 의료비 상승 등). 정책 입안자들은 지표(indicators), 집중사건(focusing events), 피드백(feedback)을 통해 이러한 조건들을 파악한다.

정책흐름(policy stream)에는 정책 네트워크에서 수용(acceptance)을 얻기 위해 경쟁하는 아이디어의 원천이 포함되어 있다. 아이디어는 정책 커뮤니티[4](policy community)의 전문가에 의해 창출되며, 청문회, 포럼, 논문, 콘퍼런스 등 다양한 형태로 검토된다.

정치흐름(politics stream)은 국민적 분위기(national mood), 이익단체의 캠페인(pressure group campaign), 행정/입법의 전환(administrative/legislative turnover) 등 세 가지 요소로 구성된다. 정치흐름의 요소들을 좀 더 구체적으로 살펴보면, 국민적 분위기는 상당히 많은 수의 사람들이 공통의 노선(common lines)을 따라 생각하는 경향이 있다는 것을 말한다. 정치인들은 이익집단의 지지나 반대를 보다 넓은 정치무대(political arena)에서 합의나 이견의 지표(indicator)로 보는 경우가 많은데, 예를 들어 많은 이익단체들이 규제 완화에 찬성하는 목소리를 낼 경우, 공무원들이 서둘러 이 항목을 의제에 포함시킬 가능성이 높다는 것이다. 행정/입법의 전환은 매우 극적인 방법으로 선택(choice)에 영향을 미치는데 예를 들면, 정권 핵심 인사의 이직은 정치에 큰 영향을 미친다.

중요한 순간(critical moments)에 세 개의 흐름(stream)이 결합될 때 선택(choice)이 이루어지는데, 이를 킹던은 정책의 창(policy window)이라고 불렀다. 정책의 창은 설득력 있는 문제(compelling problems)나 정치흐름의 사건들에 의해 열리게 되는데, 예를 들어, 비행기 추락은 항공 안전 문제에 관심을 유발하며, 정치흐름에서 새 정부는 이념적으로 규제 완화를 이끌 수도 있다.

정책 창도자(policy entrepreneurs)란 세 개의 흐름을 결합하려는 개인 또는 기업 행위자를 말하며, 특정 해결책의 단순한 옹호자 이상으로 문제에 대한 선호가 명백한 파워 브로커(power brokers)이면서 조작자(manipulators)이다. 정책의 창이 열리면 정책 창도자들은 즉시 행동을 취해야 하고 그렇지 않으면 기회는 없어지게 된다.

---

4) 보건이나 환경정책 등 단일 정책영역(a single policy area)에서 공통의 관심사를 공유하는 관료, 의회직원, 학계, 싱크탱크 연구자 등이 포함된 네트워크를 말함.

또한 정책 창도자들은 문제들(problems)의 결합에 능숙하며, 정치인들이 수용할 수 있는 것들을 찾을 수 있어야 한다.

다중흐름모형은 정책에 관한 다양한 아이디어에 대한 중요성을 인정하면서 이러한 아이디어들이 어떻게 채택되는지 혹은 거부되는지, 그 과정을 살펴보고자 하였다. 정책과정에서 제도가 정책이나 정책변화를 형성하는 중요한 역할을 하며, 정책 아이디어는 단순히 권력관계를 반영하는 데 그치지 않고, 정책과정에서 정치적으로 취사선택된다(신진학자연구회, 2017). 다중흐름모형은 의제설정과 밀접한 관련이 있으며, 특히 선거, 정당, 이익단체 등과 같은 정치적 요소와 관련된 정치흐름이 중요한 영향력을 가진다.

제 2 절 정책의제설정 및 정책결정

1. 정책의제설정

정책의제설정(policy agenda setting)은 다양한 사회문제와 요구들을 해결하기 위하여 정부가 정책문제로 채택하는 행위를 말한다(권기헌, 2014; 오석홍, 2011). 정책의제(policy agenda)는 정책결정을 하는 정부가 책임을 지는 것이므로 신중하게 검토하기로 한 정책문제이다(오석홍, 2011). 따라서 모든 사회문제들과 요구를 정책문제로 채택할 수는 없으며, 이 중 일부만이 정책문제로 채택되므로 어떠한 과정을 거쳐 정책의제로 설정이 되는지는 매우 중요한 관심의 대상이 된다.

1) 정책의제설정

(1) 정책의제설정 모형

정책의제설정 모형은 의제설정단계에서 주도하는 집단이 누구인가에 따라 분류하는 콥(R. W. Cobb)과 엘더(C. D. Elder)의 모형이 대표적이다. 콥과 엘더는 외부주도형(outside initiative model), 내부접근형(inside access model), 동원모형(mobilization model) 등 세 가지로 분류하여 제시하였다.

첫째, 외부주도형은 정부에 속하지 않는 개인 또는 집단이 사회문제 등에 대한 의견을 표출하고 이를 해결해 줄 것을 요구하며, 공중의제(public agenda)로 전환하여 정책문제화를 주도한다는 모형이다. 외부주도형은 개인, 집단, 공공의 불이익 해소 또는 이익증진을 도모하기 위해 문제를 제기하고, 이를 통해 공중(public)의 관심을 확산시켜 정책의제화를 하는 과정을 설명한다. 민주적이고 평등한 정치체제에서 많이 나타나는 유형으로 언론, 정당, 이익단체 등이 중요한 역할을 한다(권기헌, 2014; 최창호, 1999).

둘째, 내부접근형은 정부 내부의 관료조직이 문제를 제기하여 정책대안을 제시한다는 모형이며, 사회문제나 요구들이 소수의 정책담당자들에 의해 제기되어 정책문제로 채택된다. 이 경우, 소수의 관심집단, 정책 관련 정부기관, 정책결정자 등 제한된 집단의 지지로 정책문제가 채택된다. 선진국의 경우 외교 및 국방정책 등 비밀이 요구되는 문제 등에 나타나며, 부와 권력이 집중되어 있는 엘리트사회체제에서 활용되는 경향이 높다(최창호, 1999). 개발도상국의 경우, 정부주도의 경제개발정책 등에서 이러한 과정을 보인다(권기헌, 2014).

셋째, 동원모형은 정부의 정책결정자들에 의해 정책의제가 채택되는 과정을 설명하는 모형이다. 즉, 정책의제가 먼저 정책결정자들로부터 채택된 이후 공공(public)의 관심과 지지를 이끌어 공중의제(public agenda)로 전환하려는 과정을 설명한다. 주로 정치엘리트들이 국가발전정책을 추진하는 과정에 유용하게 적용되며 정부의 힘이 강한 개발도상국에서 많이 볼 수 있는 유형이다(권기헌, 2014; 오석홍, 2011).

(2) 정책의제설정의 단계

정책의제설정의 단계는 제기(initiation), 구체화(specification), 확산(expansion), 진입(entrance) 등 네 가지로 나누어 살펴볼 수 있다(최창호, 1999; Cobb & Elder, 1983). 첫째, 제기단계(initiation stage)는 개인적인 문제 또는 개별적인 문제가 중요한 사회문제로 전환되는 단계이다. 외부주도형에서는 정부가 아닌 개인 또는 집단으로부터 사회의 이슈가 되는 중요한 문제에 대한 정부의 적극적인 대응을 요구하며,

내부접근형과 동원형의 경우 정책결정자나 정부조직이 이슈가 되는 사회문제의 대응에 나서는 단계이다.

둘째, 구체화단계(specification stage)는 제기단계에서 이슈가 된 사회문제에 대하여 정부가 어떻게 대응해야 할지 구체적으로 논의하는 단계이다. 이때 외부주도형에서는 개인 또는 집단의 서로 다른 의견들과 요구가 나타난다. 내부접근형에서는 문제화된 이슈가 바로 의제로 확정되며, 동원형에서는 제기된 문제에 대해 정부의 구체적인 프로그램이 결정된다.

셋째, 확산단계(expansion stage)는 구체화단계에서의 요구와 결정에 대한 사회적 지지를 넓히는 단계이다. 이때 외부주도형의 경우 구체화된 요구에 대하여 정부의 관심을 높이기 위하여 보다 많은 공중(public)에게 논의가 확산되도록 활동한다. 동원형에서는 결정된 프로그램에 대한 대국민 홍보활동이 전개되며, 내부접근형에서는 홍보활동이 없거나 매우 제한적이다.

넷째, 진입단계(entrance stage)는 확산된 논의와 결정이 정부의 공식적 의제로 전환되는 단계이다. 이때 외부주도형에서는 확산된 논의가 대체로 정부의 정책의제로 채택되며, 내부접근형과 동원형은 이미 전 단계에서 정부의 공식적인 정책의제로 확정된 상태이므로 진입단계에서의 논의 대상은 되지 않는다.

2) 정책의제설정의 영향요인

정책의제설정의 과정은 경쟁의 과정이라고 할 수 있다(오석홍, 2011). 이러한 과정에서 정책의제설정에 영향을 미치는 요소로 콥과 엘더는 ① 문제의 성격과, ② 주도집단으로 분류하였고, 킹던(J. W. Kingdon)은 ① 정책문제, ② 주도집단, ③ 정치적 상황으로 분류하였다(정정길 외, 2003, 2016). 이를 종합하여 정책의제설정의 영향요인을 주도집단과 참여자, 정치적 요소, 문제의 특성과 사건으로 구분하여 살펴보고자 한다.

첫째, 정책문제의 해결을 위하여 주도하는 집단이 정부 내의 정책결정자인 경우에는 제기하는 문제가 공식적인 정부의제로 자동적으로 설정된다(정정길 외, 2003, 2016). 킹던은 다원적인 미국에서도 정부의제설정에서는 의회의 유력한 지도자들과 행정부의 지도자들이 가장 중요한 역할을 한다고 한다(Kingdon, 1984; 정정길 외,

2003, 2016 재인용). 한편, 사회문제로 인하여 피해를 입은 사람들이 발생한 문제에 대한 정책적 해결을 정부에 요구하게 되는 경우도 있다(정정길 외, 2003, 2016). 즉, 외부에의 집단의 정치적인 힘에 의해 정책의제로 설정되는 경우이다. 이때 외부주도 집단의 정치적 힘은 그 집단의 규모, 응집력뿐만 아니라 재정력, 구성원의 정치적, 사회적, 경제적 지위와 명망 등 정치적 자원에 따라서 결정된다(정정길 외, 2003, 2016).

둘째, 정치체제의 구조와 운영방식, 정치적 분위기와 이념, 그리고 정치적 사건 등 정치적 요소가 정책의제설정에 영향을 준다. 정치체제의 구조와 운영방식에 따라 정책의제설정의 주도집단이 결정된다. 개발도상국 정부의 정책결정자가 정책의제설정에 미치는 영향력은 선진국의 정책결정자보다 대체적으로 훨씬 크다. 또한 중앙집권적이며, 대통령에게 권력이 집중되어 있을수록 정책의제설정에 미치는 영향은 증대된다(권기헌, 2014; 정정길 외, 2003, 2016). 또한 정치적 분위기가 보수 또는 진보에 따라서 정책의제설정에 큰 영향을 미친다. 2001년 9・11 테러 이후 미국은 애국법의 제정과 더불어 국가안보 위주의 정책의제설정이 활발하게 이루어졌으며, 2016년 미국 대통령 선거 이후에는 보호무역과 관련된 정책의제설정이 활발하게 이루어질 것으로 예상된다. 이렇듯 정치적 분위기와 이념에 따라서 공중의제(public agenda)로 설정되는 정책의 성격은 큰 영향을 받을 수 있다. 마지막으로, 정치체제에 영향을 줄 수 있는 정치적 사건은 정책의제설정에 커다란 영향을 미친다. 킹던은 하나의 사회문제가 정책의제화하는데 점화역할(triggering point)을 하는 것으로 정치적 사건과 극적사건(dramatic event)을 들고 있으며(권기헌, 2014), 미국의 경우 중요한 정책결정자의 변동을 일으키는 선거를 대표적인 정치적 사건으로 지적하였다(Kingdon, 1984; 정정길 외, 2003, 2016 재인용).

셋째, 문제의 특성과 사건에 따라 정책의제설정에 영향을 주게 된다. 사회문제가 중대할수록 정부의제로 채택될 가능성이 크며, 이러한 문제로 인하여 피해자의 수가 많거나 피해의 강도가 강할수록 그 문제는 중대하고 심각한 사회문제로 의제화된다(권기헌, 2014; 정정길 외, 2003, 2016). 예를 들어, 2016년 여름 폭염으로 인한 에어컨 사용과 이에 따른 가정용 전기의 누진세문제가 이슈화되면서 빠르게 정책의제로 설정되었다. 또한 문제의 외형적 특성도 중요한데 문제가 단순하여 쉽게 이해될 수 있으면 복잡한 것보다 정부의 의제로 설정될 가능성이 커진다(정정길 외, 2003, 2016). 문제가 구체적일수록 정부의제로 설정되기 쉽다고 주장하는 경우도 있지만 정책목표나 수단의 내용이 추상적이고 불분명할수록 지지하는 세력이 많아져 정책으로서 채택이 쉬워진다는 사실을 보면 정책문제의 구체성이 오히려 지지자의 세력을 감소시켜 정부의제설정의 가능성을 줄일 수 있다는 주장도 있다(정정길 외, 2003, 2016). 마지막으로, 사회문제의 내용 자체가 어떤가에 따라 정책의제로 설정될 가능성과 과정이 달라질 수 있으며(정정길 외, 2003, 2016), 비슷한 선례가 있는 문제는 일상적인(routinized) 절차에 따라 쉽게 의제로 설정되고 그 해결방법이 모색된다. 크렌슨(M. A. Crenson)은 특정한 문제가 일단 정부의제화되면 다른 종류의 전체적 문제도 정부의제화되는 경향이 있다고 주장한다(정정길 외, 2003, 2016 재인용).

2. 정책결정

1) 의사결정

우리는 지금 이 순간에도 판단(judgement)과 결정(decision making)이라는 일련의 의사결정 과정을 수행하고 있을 것이다. 이 책을 읽으며 내용이 나에게 유익한지 아닌지, 나에게 도움이 되는 내용을 담고 있는지 아닌지 등과 같은 판단과 결정을 개개인의 경험, 지식, 조언(advise), 조건(condition), 상황(situation) 등을 바탕으로 수행하고 있을지도 모른다. 이러한 판단과 결정은 우리가 인간으로서 자아를 인식하면서부터 우리의 생을 마칠 때까지 계속적으로 이루어질 것이다. 인간이 생각할 수 있는 능력, 특히 이러한 생각을 바탕으로 판단하고 결정하는 능력을 우리는 다양한 상황에서 개인에게 적합한 결과를 도출해 낼 수 있도록 합리적으로 판단하고 결정하려는 노력을 한다. 또한 인간은 판단과 결정을 내리기 위한 선호(preference)를 가지고 있으며, 이렇게 자신이 가지고 있는 선호를 바탕으로 판단하게 되고 이러한 판단을 근거로 결정이라는 결론에 도달하게 되는 것이다. 이와 같이 우리가 무엇인가를 위해 결정을 내리기 위해서는 복잡하고 다양한 과정을 거쳐야 하며, 이러한 복잡한 과정 속에서 많은 요인들이 관련된다.

의사결정(decision making)이란 우리가 하고자 하는 무엇인가를 판단하고 실제 행동에 옮기고자 하는 판단을 결정하는 과정이라고 할 수 있다. 다시 말해서, 의사결정을 위한 행동방향을 모색하고 그에 대한 결단을 내리는 과정이다. 이것은 문제를 발견하고 해결대안을 탐색하고 대안을 선택하여 채택하는 과정이다. 어떤 행동을 하기 전에 그 결과를 미리 생각해 보는 과정이라고도 할 수 있다. 즉, 인간의 거의 모든 행동에는 의사결정이 선행되는 것이라고 할 수 있다(오석홍, 2011). 어떠한 국가의 경제위기를 극복할 정도의 중대한 결정이나, 우리가 편의점에서 사이다와 콜라 중 무엇을 선택할지 고민하는 것 이 모든 일련의 과정이 바로 의사결정이라고 할 수 있다. 따라서 의사결정이라는 본질을 살펴보기 위해서는 인간이 어떻게 생각하고 또 이러한 학문이 어떻게 탄생하게 되었는지 먼저 알아보아야 할 것이다.

(1) 생각(Thinking)

우리가 삶을 살아가는 일상에서 생각(thinking)은 중요한 활동이다. 우리 살아가는 동안 삶을 계획(plan)하고, 개인의 목표를 정하고 이를 선택(choice)하며, 이러한 선택을 행동으로 옮기는 결정(decision)을 내는 것, 이 모든 것이 생각(thinking)의 영향을 받는다(Baron, 1988). 우리는 어떤 일을 하기 원하며, 그 일을 함으로써 우리의 목적을 달성하기 원한다. 여기서 우리의 목표를 달성하기 위하여, 최선의 이익이 무엇인가를 인식한다면 우리 모두가 그것을 하기 위한 어떤 종류의 생각을 하게 된다. 우리가 원하는 일들은 어떤 면에서 생각의 과정을 거친다.

우리가 어떻게 행동할 것인지에 대한 의구심이 들 때, 우리가 무엇을 믿어야 할지, 우리가 무엇을 원하는지에 대한 의문이 들 때, 우리는 생각하게 된다(Baron, 1988). 이러한 상황에서 생각은 우리의 의심을 풀 수 있도록 도와준다. 우리는 의사결정을 할 때, 신념(belief)이 형성될 때, 개인의 목표를 설정할 때, 반드시 생각을 하게 된다. 그리고 이러한 상황에서 우리가 생각을 잘한다면 좋은 결과를 얻을 수 있을 것이다.

이렇듯 생각은 의사결정의 밑바탕이 되는 인간의 인지적 활동이며 따라서 좋은 생각(good thinking)이 좋은 의사결정을 이끌어낼 개연성이 상당히 높다고 할 것이다. 하지만, 불행하게도 좋은 생각(good thinking)은 학교에서 강요한다고 배울 수 있는 것이 아니다. 우리의 경험, 지식, 조언, 조건, 상황 등 다양한 요인들에 따라서 좋은 생각의 정의도 달라질 것이다.

(2) 결정(Decision)

결정(decision)은 우리가 무엇을 하고, 무엇을 하지 말아야 하는 행동의 선택(choice of action)이다. 목표를 달성할 수 있게 만든 결정은 어떤 행동이 목표를 달성할 수 있게 할 것인가에 대한 확신(belief)에 근거하는 것이다(Baron, 1988). 예를 들어, 내일 미세먼지가 발생한다고 믿고, 내일 미세먼지 흡입을 최소화하는 것이 나의 목표라면, 나는 마스크를 꼭 착용하고 출근할 것이다. 이렇듯 결정은 마스크를 착용할 것인지 착용하지 않을 것인지에 관한 사소한 일에서부터 기획재정부가 경기부양을 위해 추가경정예산을 편성할 것인지, 하지 않을 것인지에 대한 국가정책 수준까지 결정의 범위는 포괄적이다.

결정은 확신과 목표에 바탕을 두기도 하지만, 확신과 목표를 별개로 생각하여야 한다. 우리가 확신에 대한 생각을 할 때, 얼마나 강하게 우리가 어떠한 것을 믿고 결정하는지 생각해 보아야 한다. 또한 우리가 믿고 있는 확신이 진실(true)인지도 생각하여야 한다. 우리가 어떠한 가정(assumption)을 할 때, 우리는 그것이 마치 진실이라고 전제하고 행동한다. 우리가 개인의 목표를 결정해야 할 때, 지금 우리의 결정이 미래의 결정에도 영향을 미친다는 것을 알아야 한다. 예를 들어, 만약 어떤 학생이 장래에 정치를 하고 싶어 이력에 특정한 자신의 경력을 추가하고자 할 때, 그러한 추구(의지)가 개인의 목표가 되는 것이며, 이러한 목표를 바탕에 둔 미래의 결정들이 이루어질 것이다. 우리가 생각을 바탕으로 우리 개인의 목표를 선택하였을 때, 우리는 또한 우리의 미래행동도 선택하는 것이다. 이렇듯 행동(action), 확신(belief), 개인 목표(personal goal)는 생각의 결과인 것이며, 또한 행동, 확신, 개인목표가 생각에도 영향을 미치는 것이다. 행동, 확신, 그리고 개인목표에 대한 생각(thinking)은 탐색(search)과 추론(inference)으로 구성될 수 있다.[5]

---

5) 생각과 결정에 영향을 미치는 요소인 행동, 확신, 목표에 대한 구체적 논의는 이 책의 방향에 부합하지 않다고 판단되어 생략하였다. 생각과 결정의 연속선상의 스펙트럼에서 개인의 행동, 확신, 목표는 중요한 역할을 하지만 이 책에서는 단순화하여 생각과 결정만을 중점적으로 언급하였음을 밝혀둔다.

(3) 의사결정의 유형

의사결정의 종류는 너무나도 다양하다. 하지만, 크게 합리성 정도, 정형성 정도, 중요성 정도, 결정주체, 결정환경 등으로 간단히 살펴보고자 한다. 첫째, 합리성 정도에 의한 유형을 살펴보면, 경제학, 심리학, 경영학 등 의사결정의 주체인 인간이 보여줄 수 있는 합리성(rationality)의 가정에 따라 의사결정을 유형화할 수 있다. 흔히, 경제학에서 가정하고 있는 '완벽한 합리성'을 추구하는 의사결정, 사이먼(H. A. Simon)이 가정하는 '제한된 합리성(bounded rationality)'을 추구하는 의사결정, 그리고 '비합리성'을 추구하는 의사결정으로 구분해 볼 수 있다.

둘째, 정형성 정도에 의한 유형을 살펴보면, '정형적 의사결정(programmed decision making)'과 '비정형적 의사결정(non-programmed decision making)'을 구분해 볼 수 있다(오석홍, 2011). '정형적 의사결정'은 컴퓨터 프로그램과 같이 문제를 해결을 위해 이미 어떠한 요소들을 고려해야 될지 규정되어져 있다. 그리고 해결해야 할 문제가 반복적으로 나타날 수 있으며, 의사결정을 위한 해결절차가 이미 수립되어 있는 경우이다(오석홍, 2011). '비정형적 의사결정'은 의사결정이 필요할 때 마다 항상 새로운 요소를 고려해야만 하는 경우를 말하는 것으로 규명되지 않은 새로운 문제를 대상으로 한다. 즉, 기존의 문제해결절차를 활용할 수 없는 경우를 말한다(오석홍, 2011). 이렇듯 비정형적 의사결정은 상황에 맞게 다양한 요소를 고려하여 결정되는 맞춤형 의사결정 또는 주문형 의사결정이라고도 부른다(오석홍, 2011).

셋째, 중요도 정도에 의한 유형으로 살펴보면, '전략적 의사결정(strategic decision making)'과 '일상화된 운영상의 의사결정(routine operational decision making)'으로 유형화할 수도 있다(오석홍, 2011). 조직 내에서의 '전략적 의사결정'은 주로 최고 관리자들이 결정하는 것으로 결정 결과의 파급효과가 크다고 할 수 있다(오석홍, 2011). 반면, '일상화된 운영상의 의사결정'은 조직에서 전략적 의사결정에 비교하여 상대적으로 파급효과가 작다고 할 수 있으며, 조직운영을 위한 일상화된 의사결정이라고 할 수 있다.

넷째, 결정 주체에 의한 유형으로 살펴보면, 의사결정 주체가 개인 또는 조직인지의 구분에 따라 '개인적 의사결정'과 '조직기반 의사결정'으로 구분할 수 있다. 또한 의사결정 주체가 개인 또는 다수인지에 따라 '개인 의사결정'과 '그룹 의사결정'으로 분류할 수 있으며, 조직기반 의사결정 중에서도 '관리자에 의한 의사결정'과 '하급 직원에 의한 의사결정'으로도 구분할 수 있다(오석홍, 2011).

다섯째, 결정환경에 의한 유형으로 살펴보면, 의사결정의 환경에 따라서 '확실한 환경에서의 의사결정'과 '불확실한 환경에서의 의사결정'으로 구분해 볼 수도 있다. 확실한 환경은 의사결정을 하기 위한 대안들(alternatives)의 결과들이 사전에 충분히 예측 가능할 정도로 충분한 정보(information)가 있는 환경이다. 반대로, 불확실한 환경은 의사결정을 하기 위한 대안들의 결과를 예측하기 위한 정보가 부족하며, 이로 인하여 예측을 위한 확률조차 계산하기 어려운 경우를 말한다.

2) 정책결정이란

앞에서 살펴보았듯이 인간이 판단하고 결정하는 일련의 과정을 넓은 의미에서 의사결정이라고 한다면, 정책결정은 좁은 의미에서 문제해결 또는 목표달성을 위해서 여러 개의 대안 중에서 하나를 선택하는 과정이라고 할 수 있을 것이다(이원희, 2001). 다시 말해서, 어떠한 문제가 정부의 정책의제로 채택된 이후 이 문제를 해결할 수 있는 정책대안을 개발하고, 분석하여 문제해결을 위한 정책을 결정하는 일련의 모든 활동이라고 할 수 있다(박연호, 2004; 권기헌, 2014).

(1) 의사결정과의 관계

정책결정과 의사결정은 큰 의미에서 같은 것이다(최창호, 1999). 따라서 의사결정의 다양한 이론과 모형들은 정책결정에도 적용될 수 있다. 하지만, 정책결정은 네 가지 측면에서 의사결정과는 다른 특수성을 가지고 있다(최창호, 1999). 첫째, 정책결정은 일반개인이나 집단이 아닌 정부 등 공공기관이 결정주체이다. 둘째, 정책결정의 대상이 되는 문제는 사적인 문제가 아닌 공중(public)에 영향을 미치는 고도의 공공성을 지니고 있는 문제이다. 셋째, 정책결정의 성격은 단순하게 사실적 판단에 근거하는 것이 아닌 고도의 가치판단이 필요하다. 넷째, 정책결정의 결과는 공중 전체에게 영향을 미치게 되기 때문에 관심도가 상당히 높다.

(2) 정책결정의 과정

정책결정 과정은 관행에 의한 정책결정 과정, 직관에 의한 정책결정 과정, 분석에 의한 정책결정 과정으로 나누어 살펴볼 수 있다(정정길 외, 2003, 2016; 최창호, 1999). 관행에 의한 결정은 기존 선례에 따라 자동적으로 결정되는 경우이며, 직관에 의한 결정은 과학적인 분석의 절차 없이 정책결정자의 직관과 경험에 의하여 결정하는 경우이다. 분석에 의한 결정은 합리적이고 과학적인 분석절차를 거쳐 정책을 결정하는 경우이다. 따라서 국민에게 미치는 영향이 큰 정책결정의 특수성을 고려할 때 관행이나 직관에 의한 결정보다는 분석에 의한 결정을 지향해야 할 것이다.

정책결정의 유형은 다양하다. 따라서 한마디로 과정을 일반화하기는 불가능하다. 하지만, 분석에 의한 결정을 지향한다는 전제 하에 정책결정의 과정은 일반적으로 ① 문제의 명확화, ② 정보자료의 수집 및 분석, ③ 대안의 탐색 및 비교·평가, ④ 최선의 대안 선택, ⑤ 합법화 및 예산조치 등 5단계를 거친다고 할 수 있다(최창호, 1999).

① 문제의 명확화: 정책결정을 위해 대상이 되는 문제의 내용 및 성격을 명확하게 파악하고 있어야 한다. 문제를 명확하게 파악하는 것이 정책결정의 시작이라고 할 수 있다.

② 정보자료의 수집 및 분석: 문제에 대해 관련한 정보와 자료를 최대한 수집하고 이를 바탕으로 과학적 분석을 한다.

③ 대안의 탐색 및 비교·평가: 문제해결을 위한 대안들을 가능한 많이 탐색하고 도출하여 각 대안의 장·단점과 집행단계의 이해득실을 상세히 비교·평가한다.

④ 최선의 대안 선택: 비교·평가를 통하여 도출된 다양한 대안들 가운데 최선의 대안을 최종적으로 선택한다.

⑤ 합법화 및 예산조치: 선택된 대안에 대하여 정부가 정책의 정당성과 당위성을 부여하여 정책의 현실성을 확보한다. 결정된 정책대안에 대하여 법률, 명령, 조례, 규칙 등의 입법조치를 하며, 선택된 대안의 집행을 위한 예산의 편성, 심의, 확정 등의 절차를 이행한다.

(3) 정책결정의 기준

정책결정자는 정책결정 시 고려해야만 하는 일반적인 기준을 가지고 있다. 정책결정자는 자신의 판단에 의해서 뿐만 아니라 외부의 다양한 의견도 고려해야 하기 때문이다. 이렇듯 다양한 정책결정의 기준들 중 중요한 몇 가지를 소개하면 다음과 같다(최창호, 1999; 오석홍, 2011).

① 가치: 근본적으로 정책결정은 국가 및 사회체제나 개인이 추구하는 가치를 기준으로 하여야 한다. 국가 및 사회체제가 추구하는 이념적 가치, 공익, 윤리, 도덕 등 정책이 추구하는 정책적 가치, 정부의 입장에 따른 조직적 가치, 정치상황에 따른 정치적 가치, 정책결정자 개인의 가치 등 다양한 가치를 고려하여 정책결정을 하여야 한다.

② 정당의 이익: 정책결정자는 자기가 소속되어 있거나 지지하는 정당의 이익도 고려하여 결정할 수 있다.

③ 이해관계자의 이익: 정책결정자에게 중요한 이해관계를 가진 집단의 목소리를 고려해야 한다. 특히, 국회의원, 도지사, 시장 등 선거로 선출되는 정책결정자의 경우, 선거구민의 의견을 고려하여야 할 것이다. 공무원인 경우, 관련 정책의 대상이 되는 국민의 이익도 고려하여야 한다.

④ 여론: 여론의 방향과 강도는 정책결정자의 정책결정에 중대한 영향을 미친다. 특히, 언론보도에 의해 정책결정의 방향이 바뀌는 경우도 많다.

⑤ 복종 및 추정: 정책결정자는 상관이나 행정수반의 지시에 복종해야 한다. 또한 전문가의 의견을 완전히 무시한 결정을 할 수도 없다.

3) 정책결정의 모형

복잡한 정책결정의 현상을 단순화하여 그 현상을 설명할 수 있는 주요 변수들 간의 관계를 체계적으로 표현하는 모형들은 다양하다. 이렇듯 행정학에서 다양한 정책결정 모형은 합리성의 수준 정도에 따라 제시되고 있다.

(1) 합리모형

합리모형은 인간과 조직의 합리성, 그리고 완전한 지식과 정보의 가용성을 전제하는 모형이다(오석홍, 2011). 합리적 모형의 기본적 전제는 정책결정자가 문제를 완전히 파악하고 있으며, 문제를 해결할 필요성에 대하여 모두 알고 있다. 또한 문제해결을 위해 가능한 모든 대안을 알고 있고, 제시된 대안들 중 명확한 기준을 가지고 합리적으로 선택할 기준을 가지고 있다. 즉, 인간의 이성과 합리성에 기초하여 정책을 결정한다는 모형이다(권기헌, 2014). 합리모형은 정책결정자가 합리적 의사결정 단계들을 하나하나 의도적으로 밟으며, 합리적·분석적으로 정책을 결정한다고 주장한다(권기헌, 2014). 하지만, 합리모형이 유효하게 적용될 수 있는 상황도 있으나 현실적합성이 낮은 경우가 더 많다. 왜냐하면, 인간으로서 정책결정자는 ① 불완전한 인간의 능력, ② 목표의 모호성, ③ 문제의 복잡성, ④ 정보와 기타 자원, 그리고 시간의 제약, ⑤ 관료적 조직의 제약, ⑥ 외부로부터의 비합리적 투입, ⑦ 조직내·외의 변동 등과 같은 합리성을 제약하는 요인들을 상당히 많이 가지고 있기 때문이다(오석홍, 2011). 특히, 우리 행정체제의 경우, 선진국 행정에 비해 그러한 제약요인들이 더 많고 크다는 평가를 받고 있다.

(2) 만족모형

사이먼(H. A. Simon)은 현실적으로 인간은 완벽한 합리성을 추구할 수 없다면서 제한된 합리성(bounded rationality)을 가진 인간을 제시하면서 합리모형을 수정하는 만족모형을 제시하였다. 따라서 제한된 합리성을 가진 인간의 의사결정 과정에서 순수한 합리성이 아니라 주관적인 합리성이 추구될 수 있을 뿐이며, 대안의 선택에서도 최선의 대안이 아니라 주관적으로 만족스러운 대안이 선택될 수밖에 없다는 것이다(오석홍, 2011). 만족모형은 행태주의적 의사결정이론의 전형적인 예로, 사이먼은 의사결정자인 인간은 합리적이고자 노력할 뿐이지 사실상 합리적일 수 있는 존재가 아니며, 자신의 제한된 능력과 환경적 제약 때문에 결코 완전한 합리성을 가지고 의사결정을 할 수 없다고 주장한다.

(3) 점증모형

린드블롬(C. E. Lindblom)은 복잡한 정책문제에 합리모형을 적용하는 것은 불가능하다고 주장하면서 점증모형을 제시하였다. 린드블롬은 정책결정에서 선택되는 대안은 기존의 정책을 점증적으로 수정해 나가는 과정이라는 것이다. 따라서 의사결정은 부분적이고 순차적으로 진행되며, 정책결정을 위한 대안의 분석범위는 상당히 제약되어 있으므로 점증적으로 이루어진다는 것이다(오석홍, 2011). 즉, 현실에서 실질적으로 이루어지는 정책결정은 기존의 정책에서 수정・보완되는 과정을 걸치는 등 소폭의 변화만을 더하여 정책대안이 결정된다는 것이다(권기헌, 2014).

(4) 혼합탐사모형

에치오니(A. W. Etzioni)는 합리모형의 이상주의와 점증모형의 보수주의를 비판하며 두 모형을 절충한 제3의 모형인 혼합탐사(mixed scanning)모형을 제시하였다. 즉, 에치오니는 근본적 결정 또는 맥락적 결정은 포괄적인 합리주의에 기반을 두고, 세부적 결정은 점증주의를 따르는 모형을 제시하였다(오석홍, 2011). 이렇듯 혼합탐사모형은 정책결정의 범위와 영향이 다양하다는 것을 전제로, 합리모형과 점증모형의 약점을 극복하고 장점을 부각시킴으로써, 정책환경에 대해 융통성을 발휘할 수 있도록 하였다. 하지만, 혼합탐사모형은 기존의 모형을 이용하여 현실적인 설명력만 높였을 뿐, 실제로 어떻게 적용할 수 있을지에 대한 구체적 방안을 제시하지는 못하였다(권기헌, 2014).

(5) 최적모형

드로(Y. Dror)는 현실주의와 이상주의를 통합한 일종의 규범적이며 처방적 모형인 최적모형(optimal model)을 제시하였다. 즉, 정부기관의 주요 행동노선을 결정하는 정책결정 과정을 기준으로 합리적 접근방법인 순수합리모형과 비합리적 접근방법인 초합리모형을 절충하는 규범적 최적모형(normative optimal model)을 제시하였다(오석홍, 2011; 이원희, 2001). 여기서 말하는 초합리모형은 인간의 직관(intuition)이나 영감(inspiration)에 기초한 판단을 말한다(권기헌, 2014). 이렇듯 드로의 최적모형은 계량적인(quantitative) 측면과 질적인(qualitative) 측면을 구분하여 검토하고 이들을 결합시키는 질적모형이라고도 할 수 있다(오석홍, 2011). 최적모형의 정책결정 과정은 ① 정책을 어떻게 결정할 것인가에 대한 정책결정이라고 할 수 있는 메타정책결정(meta policy making), ② 실질적인 문제에 관한 정책을 결정하는 통상적인 의미의 정책결정(policy making), 그리고 ③ 정책집행 과정에서의 동기를 부여하며, 정책이 집행된 이후 환류에 따라 정책을 평가하는 정책결정 이후 단계(post-policy making) 등 크게 세 가지 주요 단계로 구성되며, 3단계는 다시 18개 세부단계(phase)로 나눈다(오석홍, 2011).

(6) 앨리슨(Allison)모형

앨리슨(G. Allison)은 결정의 본질(the essence of decision)이라는 그의 저서에서 세 가지 의사결정모형인 ① 합리적 행위자모형, ② 조직과정모형, ③ 관료정치모형을 정립하고 이를 적용하여 1960년대의 쿠바 미사일 사태에 대한 미국 정부의 대응 정책결정을 분석하였다.

합리적 행위자모형(rational actor model)은 개인 차원의 합리적 의사결정 모형을 정부에 의한 정책결정이라는 집합적 과정에 적용한 것이다. 이 모형에 의하면, 정부의 활동은 중앙집권적인 통제권과 완벽한 정보 및 가치극대화를 추구하는 합리적 정책결정자에 의해서 선택된 행위로 취급한다(권기헌, 2014). 즉, 모형의 주요한 가정은 ① 정책은 주어진 목표의 극대화를 추구하는 것(목표의 극대화 추구), ② 정책결정주체인 국가나 정부는 단일한 의사결정자처럼 행동하며, 정부조직은 잘 융합되고 집권적인 의사결정구조를 지닌 유기체(단일화된 결정구조), ③ 의사결정자는 완벽한 정보를 가지고 주어진 목표의 극대화를 추구하는 합리적 존재(결정자의 합리성), ④ 정책과정은 문제와 대안의 엄격한 분석, 평가를 포함한 합리적 과정(결정 과정의 합리성) 등이다(오석홍, 2011).

조직과정모형(organizational process model)은 준독립적인 하위조직들의 느슨하게 연계된 집합체인 정부가 대체로 표준화된 절차에 따라 정책을 결정한다고 본다. 따라서 정부활동은 지도자의 합리적이며 의도적인 선택에 의해서가 아닌, 정형화된 행동유형에 따라서 움직이는 대규모 조직의 산출물로 이해한다(권기헌, 2014). 이 모형의 가정은 ① 정책목표는 실현 가능한 행동 대안을 규정하는 제약조건(제약조건으로서의 목표), ② 정책결정주체인 정부조직은 많은 하위조직의 연합체이며, 하위조직들은 각각의 관할권을 가진 준독립적인 존재이며, 이들 사이의 연계는 느슨한 것(정부조직의 연합체적 특성), ③ 정부지도층은 하위조직들의 해결책 탐색을 촉진하고 상충되는 대안들을 조정(정부지도층의 촉진적, 조정적 역할), ④ 하위조직들의 정책 산출물은 주로 조직의 관행과 표준운영절차를 통해 만들어지며, 해결대안의 탐색에서 기존의 조직 관행을 중시(관행과 표준운영절차의 중시), ⑤ 정부지도층의 정책의도와 관료들에 의한 정책집행 결과 사이에는 괴리가 존재(정책의도와 집행의 괴리) 등이다(오석홍, 2011).

관료정치모형(bureaucratic politics model)은 다양한 문제에 관심을 갖는 다수의 행위자들이 정치적 게임을 통해 정책을 산출해 내는 것으로 본다. 정치적 게임은 최고정책결정자와 상당한 권력을 보유한 해당 부서장에 의해 이루어지는데, 이들은 각자 상당한 재량권을 가지고 있다. 따라서 정책결정에 관한 서로의 관점이 다를 경우 이를 조정하기 위한 정치가 필수적이라는 것이다(권기헌, 2014). 이 모형의 가정은 ① 정책은 정치적 경쟁, 협상, 타협의 산물(정치적 산물), ② 정책결정의 행위주체는 독자성이 높은 다수행위자들의 집합이며, 행위자들은 상당한 권력을 가진 개인들임(다수의 독자적 행위자들에 의한 결정), ③ 정책결정에 참여하는 행위자들의 목표는 국가, 조직, 개인의 목표를 혼합한 것이며, 각 행위자들은 국가 전체의 총체적 정책분석보다 당장 활용할 수 있는 대안의 선택에 더 많은 관심을 가짐(혼합적 목표와 낮은 수준의 목표 공유), ④ 행위자들의 목표와 관점이 서로 다르기 때문에 이를 조정하기 위한 정치가 필요(상이한 목표의 정치적 조정) 등이다(오석홍, 2011).

(7) 쓰레기통 모형

코헨(M. Cohen), 마치(J. March), 그리고 올슨(J. Olsen)이 개발한 쓰레기통 모형(garbage can model)은 아주 불확실한 조직상황에서의 정책결정 행위를 설명하기 위한 모형이다. 즉, 조직의 구성단위나 구성원 사이의 응집성이 아주 약한 혼란상태에서 이루어지는 정책결정의 특징적 측면을 강조하는 모형이다(권기헌, 2014). 이 모형은 조직 내의 불확실한 상황을 조직화된 무정부상태라 규정하고, 그러한 상황에서의 의사결정은 유동적인 참여자들이 여러 가지 문제와 해결방안을 따로따로 쓸어 넣은 쓰레기통과 같은 장소에서 두서없이 이루어지는 것이라고 설명한다(오석홍, 2011). 또한 또 문제와 해결방안이 나오는 순서가 뒤바뀔 수도 있고, 양자가 무관할 때도 많다는 점을 지적한다. 즉, 아주 불합리한 집단적 정책결정에 관련된 대표적인 모형이다(정정길 외, 2003, 2016).

쓰레기통 모형은 정책결정상황을 아주 불확실한 상황이라고 가정하며, 이러한 상황을 조직화된 무정부상태(organized anarchy)라고 규정한다. 조직화된 무정부상태에서는 ① 의사결정의 각 국면은 모호하고 사람들의 선호는 불분명하며, ② 인과관계에 관한 지식과 적용기술을 사람들이 이해하지 못하고, ③ 의사결정 참여자들의 유동이 심하다(오석홍, 2011). 즉, 정책결정과 관련된 사건들의 연관성은 상당히 낮고, 개별적인 사건의 흐름 가운데 정책결정과 직결되는 네 가지 요소가 있으며, 이 요소들은 서로 아무런 관계없이 독자적으로 움직인다는 것이다. 하지만, 이러한 정책결정요소들은 서로 다른 시간에 쓰레기통 안에 들어와 우연히 한곳에서 동시에 만날 때 비로소 결정이 이루어진다고 한다(권기헌, 2014; 오석홍, 2011).

① 문제: 대안의 선택이나 문제의 해결과는 무관하게 문제는 문제대로 따로 흘러다닐 수 있다. 일상생활에서 발견되는 다양한 사회문제가 여기에 해당될 수 있으며, 이때 중요한 것은 언제부터 문제로 나타나는가, 문제해결에 드는 자원은 어느 정도인가, 문제가 정책결정 기회에 접근할 수 있는 제도적 장치는 어떠한가 등이다(권기헌, 2014; 오석홍, 2011).

② 해결책: 해결책도 문제와 상관없이 흘러 다닐 수 있다. 하지만, 현실에서는 문제 이전에 해결책부터 먼저 파악되며, 이것이 오히려 해결해야 할 문제를 찾으려고 하는 경우도 있다(권기헌, 2014; 오석홍, 2011).

③ 참여자: 조직의 참여자들은 어떤 하나의 문제 또는 해결책에 충분한 시간을 할애하지 못한다. 즉, 참여자들은 정책결정의 모든 과정에 참여하는 것이 아니라 개개인의 시간 여유, 관심정도, 문제의 성격 등에 따라 참여하기도 하고 참여하지 않기도 한다는 것이다(권기헌, 2014; 오석홍, 2011).

④ 선택기회: 정책결정을 하는 경우 또는 기회를 뜻하는 것으로 참여자들에 의해 여러 가지 문제와 해결책이 쓰레기통 속에서 뒤섞이게 되는데, 이때 상호 관련

되는 요소까지 만나게 되는 계기가 정책결정의 기회라는 것이다(권기헌, 2014; 오석홍, 2011).

쓰레기통 모형에서 지적하는 것은 사회문제를 해결하기 위한 대안의 선택이 있을 때마다 모든 문제가 해결되는 것은 아니지만, 조금씩이라도 해결되고 있기 때문에 정책결정 과정들은 집합적이고, 누적적으로 조직목표에 기여하며 조직은 문제를 줄여나가는 방향으로 움직여 가게 된다는 것이다(오석홍, 2011).

제 3 절 정책집행 및 정책조정

1. 정책집행(Policy Implementation)

1) 정책집행의 의의 및 유형

(1) 개념 및 특성

정책과정의 복합다양성이 더욱 증가하면서 정책집행 과정 중에 당초 의도했던 정책목표를 달성하지 못하거나, 또는 예상하지 못한 정책환경의 변화에 따라 정책의 목표 · 내용 또는 정책수단 등이 표류하거나 수정 · 변경되는 사례도 적지 않게 발생하고 있다. 이에 따라 정책을 합리적으로 결정하는 것도 중요하지만, 결정된 정책을 정책결정자의 의도 및 정책취지에 부합되도록 집행하기 위해 정책현장의 어려움을 극복해야 하는 정책집행 과정의 중요성 역시 크게 증가된다(최봉기, 2004: 317). 1973년 프레스만과 윌다브스키(Pressman & Wildavsky)의 『집행론(*Implementation*)』에서 출발된 정책집행 논의는, 1970년대 후반 이후 정치－행정 일원론이 대두되고 행정의 정책결정 기능이 부각되며 정책현장의 중요성이 더욱 커지게 되면서, 정책결정과 정책집행을 통합하여 단일방향적인 과정으로 파악하였던 고전적인 정치－행정 이원론의 관점에서 점차 벗어나게 되었다. 이후 정책과정(정책결정－집행－평가 ·

환류)의 상호적응성, 정책집행의 순환적 특성 및 정치적 과정의 속성이 강조되고, 다양한 정책참여자들 간의 상호관계를 강조하는 방향으로 연구가 진행되고 있다. 이러한 정책집행 과정을 체계적으로 검토하기 위해서 먼저, 정책과정이 각 단계별로 구분·분리된 단계가 아닌 일련의 연속된 과정으로서, 정책(형성)결정, 정책집행, 정책분석 및 정책평가 등 모든 정책과정들이 순환되면서 연속선상에서 수시적으로 환류되는 과정임을 이해할 필요가 있다.

일반적으로 '정책집행(policy implementation)'은 "환경변화에 대응하여 기존의 정책목표를 달성하기 위해 새로운 결정을 하는 과정"(김문성, 2014: 232)이자, "정책결정 과정의 산출물인 '정책'(정책내용, 정책목표)을 (정책수단 등을 통해) 구체적이고 실천적인 방법으로 실현해 나가는 과정"(이종수 외, 2014: 387)을 의미한다. 이러한 개념정의에 따라 '정책집행'이 갖는 특징들은 다음과 같이 정리될 수 있다. 첫째, 정책목표의 달성을 위한 인적·물적 자원의 동원과 배분이라는 '상호적응적 과정'이다. 둘째, 정책목표의 달성을 위한 정책결정－정책집행－정책평가가 연계되는 '연속적·순환적 과정'이다. 셋째, 정책의 집행과정에서 새로운 정책결정이나 정책의 수정·변경이 이루어지는 '동태적·복합적 과정'이다. 넷째, 정책의 전체 과정(정책결정－집행－평가·환류 등)에 걸쳐 다양한 공식적·비공식적 정책참여자 및 이해관계집단 등이 참여하는 '정치적 과정'의 성격도 동시에 갖고 있다(정충식, 2014; 최봉기, 2004 외).

'정책집행'이 갖는 이러한 특성들에 대한 이해를 토대로 정책의 전체 단계와 유기적으로 연계된 과정으로서 '정책집행'을 인식할 때, 정책과정에서 정책집행이 차지하는 의의 및 중요성을 올바르게 파악하고, 실제 정책현장에서 이루어지는 동태성과 정치적 성격을 종합적으로 이해하는 데 도움이 될 것이다. 한편, 이러한 정책집행을 성공적으로 수행하기 위해서는 정책집행에 적합한 조직을 선정·정비하고, 필요한 정책집행 수단(인력, 예산, 권한 등)을 확보하며, 정책추진 과정에서 나타날 수 있는 저항이나 실패요인들을 극복하면서 정책대상집단의 수용과 정책순응을 이끌어 내는 것이 중요한 의미를 갖게 된다(오석홍, 2016: 488). 이렇듯 각 단계별로 구분·분리된 단계가 아닌 일련의 연속된 과정으로 정책과정을 파악하고 있는 현대행정의 특성상, 정책의 성공 또는 실패뿐만 아니라 정책의 효과성 수준 역시 정책내용이 실질적으로 구체화되는 정책집행에 따라 영향을 받게 된다는 점에서 오늘날 정책집행의 중요성은 더욱 강조되고 있다.

(2) 정책집행의 유형

① 정책결정자와 정책집행자 간 관계에 따른 정책집행관계(연결) 유형

나카무라와 스몰우드(Nakamura & Smallwood, 1980: 111－114)는 정책결정자와 정책집행자 간 관계에 따라 정책집행관계(연결) 유형을, 고전적 기술자형, 지시적 위임자형, 협상자형, 재량적 실험가형, 관료적 기업가형으로 구분하고 있다. 이때 ① 고전적 기술자형(Classical Technocracy)은 기본적으로 계층제적 접근으로서 정책결정자가 정책결정 및 집행과정을 엄격하게 통제하며 정책집행자는 주어진 목표달성을 위하여 제한된 약간의 기술적 재량을 갖고 있는 유형이다. ② 지시적 위임자형(Instructed Delegation)의 경우, 역시 구체적인 정책목표는 정책결정자가 설정하고 있으나, 정책집행자는 그러한 정책목표를 지지하되 정책목표를 달성하기 위한 행정적 수단을 결정하는 데 상당한 재량을 갖고 있다. ③ 협상자형(Bargaining)은 '정책목표의 바람직성(desirability)'에 대한 정책결정자와 정책집행자 간 합의가 있는 앞의 2개 유형과는 달리, 그러한 합의 또는 정책목표 및 정책수단에 대한 존중을 전제로 하고 있지 않다. 이에 따라 협상자형은 정책결정자가 정책목표를 설정하지만, 정책결정자와 정책집행자가 정책목표 및 정책목표의 달성을 위한 수단에 대해 상호간 협상하는 유형을 의미한다. 한편, ④ 재량적 실험가형(Discretionary Experimentation)은 정책결정자가 추상적인 목표를 제시하되, 정책집행자에게 정책목표 및 수단을 구체화할 수 있도록 재량을 광범위하게 위임하는 유형이다. 그리고 ⑤ 관료적 기업가형(Bureaucratic Entrepreneurship)은 정책집행자가 정책결정자로부터 권한을 확보하여 정책목표와 수단을 결정하면서 정책과정을 통제하는 유형이며, 정책의 집행과정 중에 사실상의 정책결정이 이루어지게 된다. 결국, 정책집행자(일선관료)의 재량은 정책결정자와 정책집행자 간 관계에 따른 정책집행 유형에서 관료적 기업가형에 가까울수록 증가하게 된다. 다만, 나카무라와 스몰우드에 의하면 정책집행 과정이 동시에 다른 관계의 혼합을 포함할 수 있으므로 이들이 상호배타적이라기보다는, 서로 다른 정책을 수행하는 데 각각의 유형에 따라 정책집행의 정치적 성격이 다양하

표 7-2 Nakamura & Smallwood(1980)의 정책집행관계(연결) 유형

구 분	정책결정자	정책집행자	잠재적 실패
고전적 기술자형 (Classical Technocracy)	• 구체적인 목표를 설정한다. • 집행자에게 목표달성을 위한 기술적 권한을 위임한다.	• 정책결정자의 목표를 지지하고, 목표달성을 위한 기술적 수단을 강구한다.	정책수단의 기술적 실패
지시적 위임자형 (Instructed Delegation)	• 구체적인 목표를 설정한다. • 집행자에게 목표달성을 위한 수단선정의 행정적 권한을 위임한다.	• 정책결정자의 목표를 지지하고, 목표달성을 위해 집행자 상호간 행정적 수단에 관해 협상한다.	정책수단의 기술적 실패 협상실패(복잡성, 교착상태)
협상자형 (Bargaining)	• 목표를 설정한다. • 집행자가 목표/목표달성을 위한 수단에 관하여 협상한다.	• 목표달성에 필요한 목표/수단에 관해 정책결정자와 협상한다.	정책수단의 기술적 실패 협상실패(교착상태, 부집행) 자원 유용 또는 사기
재량적 실험가형 (Discretionary Experimentation)	• 추상적인 목표를 지지한다. • 집행자가 목표/수단을 구체화할 수 있도록 재량을 광범위하게 위임한다.	• 정책결정자를 위해 목표와 수단을 재정의(개선)한다.	정책수단의 기술적 실패 모호성, 자원 유용 책임회피
관료적 기업가형 (Bureaucratic Entrepreneurship)	• 집행자에 의해 설정된 목표와 수단을 지지한다.	• 정책목표와 목표달성을 위한 수단을 구성하고, 정책결정자가 그들의 목표를 받아들이도록 설득한다.	정책수단의 기술적 실패 자원 유용, 책임회피 정책 선취

출처: Nakamura & Smallwood(1980: 114-115).

고, 정책집행의 실패들 또한 다양할 수 있다고 한다.

② 정책유형에 따른 정책집행의 차이

리플리와 플랭클린(Ripley & Franklin, 1980, 1986)은 국내정책(domestic policy)의 유형을 크게 '분배정책(distributive policy)', '경쟁적 규제정책(competitive regulatory policy)', '보호적 규제정책(protective regulatory policy)', '재분배정책(redistributive policy)'으로 구분하면서 이들 정책유형의 차이에 따라 정책집행에도 차이가 나타남을 주장하였다. 또한 이들은 정책형성(결정) 과정뿐만 아니라 정책집행 과정에서도 다양한 정책참여자들 간의 타협과 흥정이 이루어지는 '정치적 과정'으로 보고, 정책유형의 차이에 따라 정책집행을 둘러싼 이들 정책참여자들 간의 정치적 과정도 달라지게 된다(백승기, 2016: 396). 이에 따라 정책집행 과정에 관여하는 다

양한 정책참여자들 간의 이해관계 대립이나 가치적 · 이념적 갈등 등과 같은 해당정책의 특성을 고려할 때, 정책집행의 어려움은 일반적으로 분배정책 < 보호적 규제정책 < 재분배정책의 경우에 더욱 증가하게 된다.

예를 들면, 기업의 수출 증대를 위한 보조금 지원 등 분배정책이나, 일반국민의 건강증진을 위한 보건 · 식의약 정책 등 보호적 규제정책의 경우와 비교할 때, 사회적 형평성 차원 또는 복지재원의 확보 등을 위한 세목 · 세율 조정, 상속세 · 재산세 등 누진세율 인상과 같은 조세 정책 등 재분배정책은 상대적으로 정책결정(형성)뿐만 아니라 정책집행 과정에서도 상당한 저항과 정책불응이 나타날 가능성이 증가하게 된다. 다만, 이러한 저항의 크기나 정책불응의 정도는 각 정책유형별로 일률적으로 적용된다고 할 수는 없으며, 정책대상집단, 특히 피규제집단(비용부담집단)의 결속력(응집력)과 영향력의 크기에 따라 차이가 있을 수 있다.

2) 정책집행의 접근방법

(1) 정책집행 접근방법의 유형

① (고전적) 하향적 접근방법

'하향적 접근방법(top-down approach)'은 정책결정과 정책집행을 분리하는 정치-행정 이원론적 시각에서 전통적인 관료제적 방법에 따라 정책집행 과정을 주어진 정책목표의 달성을 위한 수단적인 행위로 파악하는 '집권적 · 계층적인 관점'이다. 이는 정책결정자가 설정한 정책목표와 실제 정책집행 결과 간 차이에 초점을 두면서, 정책결정자에게 성공적인 정책집행을 위한 규범적 처방을 제시하기 위한 목적으로 연구되었다(김문성, 2014: 262). 대표 연구로는 혼(Horn, 1979), 사바티어와 매즈매니언(Sabatier & Mazmanian, 1989) 등이 있다. 이러한 '하향적 접근방법'에 해당하는 주요 이론모형은 엘모어(R. Elmore)의 전방향적 집행, 버먼(P. Berman)의 정형적 집행 등이 있고, 정책집행 유형 중에는 고전적 기술자형과 지시적 위임자형 등이 이에 속한다. 이는 합리모형의 선형적 시각을 토대로 도구적 합리성, 집행의 충실성, 목표 · 성과 달성도를 중요한 정책평가 기준으로 설정하며, 정책결정자에 의한 효과적인 정책집행 과정 통제에 논의의 초점을 두고 있다.

② (현대적) 상향적 접근방법

'상향적 접근방법(bottom–up approach)'은 정책결정과 정책집행의 통합 및 정책현장서의 적응성을 중시하는 정치–행정 일원론적 관점이다. 이는 정책집행 과정을 다양한 정책참여자들 사이의 상호작용으로 인식하며 일선관료(street–level bureaucracy)의 역할과 정책대상집단에 초점을 두는 '분권적 · 참여적인 관점'으로 설명된다. 또한 일선관료(정책집행자)의 관점에서 정책을 분석하는 접근방법으로서, 복잡한 정책현장에서 일선관료가 갖는 재량권과 자율성을 강조한다. 대표 연구로는 히언과 헐(Hjern & Hull, 1985), 립스키(M. Lipsky) 등이 있다. 주요 이론모형은 엘모어의 후방향적 집행, 버먼의 적응적 집행 등이 있고, 정책집행 유형 중에는 재량적 실험가형과 관료적 기업가형 등이 이에 속한다. 이는 제한된 합리성, 절차적 합리성, 환경적응성 등을 중요한 정책평가 기준으로 설정하며 정책현장과 일선관료의 전문성, 조직운용 절차 · 방식 등을 강조하고 있다.

③ 통합적 접근방법

'통합적 접근방법'은 '하향적 접근방법'이나 '상향적 접근방법'의 장 · 단점을 정책집행 과정의 설명에 적합하도록 적절히 통합하여 적용하고자 하는 접근방법이다.

이는 '하향적 접근방법'에 '상향적 접근방법'을 적용하여 일선관료 또는 정책대상집단에게 요구되는 행동과 자원이 무엇이며, 이를 가능하게 하기 위해서는 집행조직의 각 부서 또는 계층별로 무엇이 필요한지 등을 점검하는 상하 교차적 분석을 특징으로 한다. 이를 통해 결정된 정책내용을 정책 현장에 적합하게 적절히 수용해나감으로써 결국 정책결정의 의도를 보다 효과적으로 달성할 수 있을 것으로 기대한다(유민봉, 2019: 324–325). 대표 연구로서 엘모어(Elmore, 1979)의 '후방향적 접근방법'과 '전방향적 접근방법'을 결합한 '통합모형'이 있다. 이외에도 사바티어(Sabatier, 2007)는 '상향적 접근방법'의 분석단위(상대적으로 안정된 변수들, 외적변수들)에 '하향적 접근방법'(정책하위체계 등)의 변수를 결합하여 정책지지연합모형(ACF)을 구성하고 정책지지연합 간 상호작용 과정과 그에 따른 정책산출 및 정책변동 과정을 설명하였다. 이외에도 윈터(S. L. Winter)의 통합모형, 매트랜드(R. E. Matland)의 정책집행과정모형(모호성–갈등수준 연계모형) 등이 제시되고 있다.

(2) 정책집행 접근방법의 비교 및 평가

정책결정자와 정책집행자 간 관계에서 정책집행자(일선관료 등)의 '재량권(discretion)'에 대한 시각의 차이는 '하향적 접근방법'과 '상향적 접근방법' 간 논쟁의 핵심쟁점으로 작용하고 있다(Balla, Lodge, & Page, 2015).

먼저, '하향적 접근방법(top−down approach)'은 정책목적을 명확하고 일관성있게 제시하며, [거부점(vito power)의 감소를 위해] 정책참여자 수를 최소화하고, 필요한 정책변동의 범위를 제한하며 집행기관이 정책목표에 공감하도록 정책집행의 대응성을 둘 것을 강조한다. 그러나 '하향적 접근방법'은 ① 정책결정 과정 이전의 행동들(요구 강도, 크기, 공감대 정도)의 중요성에 대한 고려가 미흡하고, ② 정책집행의 행정적 과정에만 초점을 둠으로써 정책집행의 정치적 측면을 경시하거나 배제시키려한 점('정치−행정의 분리' 관점), 그리고 ③ 핵심행위자로서 정책결정자(statute framers)를 지나치게 강조한 점과, 지역(집행)행위자를 성공적인 정책집행에 장애물로 간주했던 점 등에서 비판을 받아 왔다(Matland, 1995).

반면에, '상향적 접근방법(bottom−up approach)'은 정책집행을 이해하기 위해 정책목표, 전략, 행위들뿐만 아니라 미시적인 정책집행 과정과 관련된 정책행위자(actors)들과의 계약도 이해되어야 하며, 정책효과를 정확하게 예측하기 위하여 일선관료에 대한 정책의 영향도 함께 평가되어야 한다고 강조한다. 하지만, '상향적 접근방법'은 규범적 측면과 방법론적 관점에서 비판을 받고 있다. 먼저, ① 규범적 측면에서, 민주주의 정치체제 하에서 지역서비스 전달자(일선관료)의 권위는 민주적 권력(선출된 권위)에 기초한 것이 아니며, 분권화는 중앙의 통제 범위 내에 있어야 한다는 이유 때문이다. 전통적인 조직이론의 관점에서 볼 때 정책집행 과정에서의 융통성과 자율성은 공적인 정책목표의 낮은 성과로 귀결될 수도 있다. 그리고 ② 방법론적 측면에서는 지역(일선현장)의 자율성 수준을 지나치게 강조하고 있다는 점에서도 비판이 제기된다(Matland, 1995).

이들 양 접근방법의 차이는 다음과 같다. '하향적 접근방법'이 원활한 정책집행을 위해 정책집행의 순응확보에 관심을 두고 있다면, '상향적 접근방법'은 정책집행에서 가장 영향을 미치는 요인으로서 일선관료와 정책대상집단에 초점을 두고, 타협과 협상을 통한 갈등의 완화에 보다 관심을 두고 있다(김문성, 2014). 그리고 '하향적 접근방법'이 정책과정에 대한 처방적 충고에 논의의 초점을 두고 있다면, '상향적 접근방법'은 설정된 정책목표를 달성하는 데 장애요인이 무엇인지 설명하는 데 보다 강조점을 두고 있다(Matland, 1995). 또한 '하향적 접근방법'은 최소 비용으로 최대 산출을 지향하는 '도구적 합리성(instrumental rationality/효율성, 효과성)'을 바탕으로 명확한 정책목표의 설정과 정책목표의 달성 여부가 중요한 연구범위가 되면서 정책결정자에 의한 정책집행 과정의 효과적인 통제에 초점을 두고 있다. 이와 대비하여, 집행과정을 집행문제의 해결과정으로 이해하는 '상향적 접근방법'은 의사결정자의 인지능력 한계를 고려한 '제한된 합리성(절차적 합리성, bounded rationality)'을 근거로 하여 정책목표의 달성보다는 특정한 집행문제의 해결이 중요한 의미를 갖게 된다. 따라서 이러한 문제해결을 위해 전문성과 지식을 갖춘 일선집행 관료들이 문제해결 능력을 충분히 발휘할 수 있도록 하기 위한 각 조직계층의 조직운용절차에도 논의의 초점을 두고 있다(정정길 외, 2020: 604).

한편, '통합적 접근방법'도 모형의 논리적 연계성 측면에서 다음과 같은 한계가 지적되고 있다. 첫째, '통합적 접근방법'은 양 접근방법의 변수들을 나열하고 있을 뿐 변수들 간의 유기적인 연계성을 확보하지 못하고 있다(최종원 · 백승빈, 2001; 유민봉, 2019: 325에서 재인용). 둘째, 양 접근방법이 서로 다른 유형의 합리성을 근거로 하고 있어 분석대상 · 범위, 분석초점 등의 차이 등과 같이 통합모형 자체가 지닌 논리적인 문제점이 있다(정정길 외, 2020: 603-604)고 평가되기도 한다.

행정학에서 제시되는 다양한 이론과 시각들은 대부분 특정한 여건에서 특정한 행정현상을 보다 타당성있고 설명력있게 이해 · 설명하거나 처방하기 위해 제시된 것들로서, 행정문제를 이해 · 설명하고 그에 따른 해결 처방을 제시하려는 '관점'과 상대적인 '강조점'의 차이로 이해할 수 있다. 따라서 행정이론 또는 관점의 차이와 장 · 단점을 충분히 인식하고 상대적인 강조점을 파악하면서, 행정현상이나 상황에 대해 보다 타당성있고 설명력이 큰 이론과 관점을 중심으로 보다 유연하고 개방적인 사고를 통해 다차원적으로 분석하면서 이를 이해 · 설명, 해석하고 처방하고자 하는 노력이 필요하다고 할 것이다.

2. 정책수단(Policy Instruments)과 정책의 성공적 집행

1) 정책(집행)수단

정책집행은 정책목표를 달성하기 위한 구체적인 도구 또는 기술인 '정책수단(policy instruments)'을 통해 추진되고 있으며, 공공기관 등이 사용하는 주요한 정책(집행)수단에 대하여 학자들은 다양하게 제시하고 있다. 예를 들면, 남궁근(2017)은 조직이 사용하는 권력유형인 강제적 권력, 보상적 권력, 규범적 권력의 구분기준에 따라 정책(집행)수단의 대표적인 유형을 ① '규제(regulation)', ② '유인(incentives)', ③ '설득(persuasion)'으로 분류하고 있다. 또한 노화준(2009)은 ① 정부의 직접적 시행, ② 사회 규제, ③ 경제 규제, ④ 계약, ⑤ 보조금, ⑥ 직접적 대부, ⑦ 지급보증, ⑧ 보험, ⑨ 조세지출, ⑩ 요금 및 부과금, ⑪ 채무법, ⑫ 공기업, ⑬ 바우처 등을 제시하고 있다.

이와 유사하게, 정책집행 과정에서 정부의 구체적인 정책수단에 대하여, 샌드포트와 몰턴(Sandfort & Moulton, 2015)은 ① 정부의 직접 제공, ② 경제적 규제, ③ 사회적 규제, 그리고 간접 제공형태로서, ④ 계약(contracts), ⑤ 보조금(grants), ⑥ 대여와 보증(loans and guarantees) 등을 제시하고 있다. 이외에도 ⑦ 조세 지출, ⑧ 바우처, ⑨ (행동변화를 유도하기 위한 재정적 인센티브로서) 교정적 조세(corrective taxes)와 오염배출권 제도(tradable permits) 등도 정부가 정책집행 과정에서 사용하는 중요한 정책수단으로 설명하고 있다.

정책집행 과정에서 이러한 정책수단들은 정책과정에 영향을 미치는 다양한 요인인 정책의 특성, 정책결정 및 집행조직의 특성, 정책대상집단의 특성, 그리고 다양한 정책환경 변수 등에 따른 정책영향 등을 종합적으로 고려하여 해당 정책목표를 달성하는 데 보다 적합하다고 판단되는 단수의 정책수단을 활용하거나 복수의 정책수단 또는 정책혼합(policy－mix)을 병행하여 추진하게 된다.

2) 립스키의 일선행정관료제(Street-Level Bureaucracy)와 SOP(표준운영절차)

일선관료(street－level bureaucracy)는 정책을 실제 정책현장에서 폭넓은 재량권을 갖고 정책을 집행하면서 시민 등 정책대상집단들과 직접 접촉하고 상호작용을 하는 공무원[예: 중앙부처 소속 기관 및 지방자치단체(시 · 군 · 구청 주민복지센터, 고용안정센터 등) 공무원, 일선 경찰 · 교사 · 소방관 등]을 의미한다. 이들의 역할과 기능에 따라서 정책대상집단의 정책만족도 및 정책집행 결과(정책효과 등)가 커다란 영향을 받게 된다는 점에서 현대행정에서 그 중요성이 더욱 증대되고 있다. 립스키(Lipsky, 1971)는 이러한 일선관료들이 처한 업무환경으로 불충분한 자원, 권위에 대한 위협과 도전, 업무 기대역할에서의 모순과 모호성이라는 세 가지 유형의 부담을 제시하면서 이러한 업무환경에 대응하기 위해 일선관료들이 어떠한 적응메커니즘을 개발하며 일선관료의 행동에 어떠한 영향을 미치는가?에 대하여 분석하였다. 즉, 정책집행 현장의 중요성 때문에 일선관료의 능력과 의욕, 그들이 처한 환경적 요인들은 정책집행 결과에 많은 영향을 미치게 된다. 이에 따라, 정책집행 현장에서 일선관료는 복잡한 문제와 불확실한 상황에 직면했을 때 소관 업무를 보다 용이하게 수행하기 위해 '단순화(simplifications)' 및 '정형화(routines)'를 특징으로 하는 '적응 메커니즘(coping mechanisms)'을 개발(정정길 외, 2020: 594)하여 업무를 처리하게 된다.

한편, SOP(표준운영절차, Standard Operating Procedure)는 이러한 현장적응 메커니즘의 하나로서, 조직내부의 복잡하고 반복적인 일상 업무를 일관성있게 추진하게 하는 업무처리절차(업무매뉴얼, 지침 등)를 의미한다. 이는 정책집행 현장의 복잡성과 불확실성을 통제하여 업무처리의 효율성과 효과성을 증진시킬 수 있다는 장점과 함께, 변화하는 현장상황에 적시적으로 대응할 수 있는 융통성이 부족하고 타성에 젖기 쉽다는 단점이 지적되기도 한다.

3) 정책순응(Policy Compliance)과 정책불응(Policy Noncompliance)

정책집행 과정에서 정책대상집단의 정책에 대한 반응은 크게 '정책순응'과 '정책불응'으로 구분될 수 있다. '정책순응(policy compliance)'은 정책집행자(일선관료 또는 정책집행 과정에 관여하는 중간매개집단) 또는 정책대상집단[관련된 공중(relevant public), 이해관계집단]이 정책이나 규정 등이 요구하는 방향으로 (외면적인) 행동을 일치시키는 것[6]을 의미하며, 이에 반대되는 행위를 하는 것을 '정책불응'이라고 한다. 다만, 실제 정책과정에서는 순응과 불응의 여러 요인들이 동시에 나타나거나, 완전한 순응 또는 불응보다는 부분적으로 순응하면서도 부분적으로 불응하는 경우가 많다는 점에서 이러한 구분은 "하나의 연속선상에서 순응 정도의 상대적인 차이로 파악하는 것이 바람직"하다(박연호 외, 2018: 151). 정책대상집단의 정책순응은 정책효과의 충분조건은 아니지만, 정책효과가 나타나기 위한 '필요조건'(남궁근, 2017)이자 성공적인 정책집행을 위한 '최소요건'(오석홍, 2016)이란 의미도 있다. 따라서 정책의 효율성 및 효과성 관점에서 볼 때 성공적인 정책집행을 위하여 정책순응을 확보하는 것은 중요한 의미를 갖게 된다.

한편, '정책불응'의 구체적인 행태(박호숙, 2005; 남궁근, 2017)로는 정책지시 · 정보 등의 부전달 또는 선택적 전달 등 의사전달체계의 왜곡, 정책집행의 지체 · 연기(delay), 정책의 (목표 · 수단 등) 임의변경 집행, 정책의 불집행(non-implementation), 형식적 순응, 정책자체의 취소 · 변경을 위한 다양한 시도(전문지식 · 기술 · 정보 등을 이용한 부정적인 문제제기 등) 등이 제시되고 있다.

성공적인 정책집행을 위한 순응확보 전략이나 이와 관련된 주요 요인들에 대한 대표적인 논의는 다음과 같다. 첫째, 정책의 특성 관련 요인으로서, 정책의 소망성, 명확성, 일관성(consistency), 우선순위의 설정 · 합의, 상호간 소통 수준의 제고 등이 있다. 둘째, 정책결정 및 집행기관의 특성 관련 요인으로, 정책집행자의 태도 및 신뢰성(reliability), 정책결정기관과 집행기관의 정통성(legitimacy), 중간매개집단 및 일선 집행관료의 상부기관(정책결정기관 등)에 대한 긍정적인 인식(신뢰성, 정통성)이 요구된다. 셋째, 정책대상집단의 특성 관련 요인이자 순응주체 관련 요인으로서 순응주체의 능력 및 순응의욕을 제고하기 위한 조치가 필요하며, 이때 정책순응의 확보를 위해서는 불응의 원인에 따른 전략적인 대응이 요구된다. 특히, 순응주체의 의욕 부족을 극복하는 방안에 대한 논의가 순응 확보수단 논의의 핵심으로 부각되게 된다. 이를 에치오니(Etzioni, 1968)의 논의를 중심으로 검토하면, ① '도덕적 설득', ② '유인 또는 보상', ③ '처벌 또는 강압'으로 구분할 수 있으며, 이들 중 순응주체의 B/C 계산(편익 대비 비용)에 의한 대응으로서 '처벌'과 '유인'이 핵심적인 순응 확보

6) '순응'을 외면적 · 표면적으로 나타나는 행동의 변화로 설명하면서, 이를 내면적인 태도 변화인 '수용'과 구분하여 설명하기도 한다.

수단으로 제시된다. 다만, 순응비용의 절감 및 지속적 · 자발적인 순응 확보차원에서 도덕적 · 윤리적 정당성을 바탕으로 한 '도덕적 설득'과 'PR(public relation)을 통한 순응 확보노력'은 복잡다양해지는 행정환경에서 성공적인 정책집행을 위해 더욱 중요한 의미를 갖게 될 것이다(정정길 외, 2020: 552-557).

이러한 정책순응을 확보하기 위한 정책수단은 정책유형에 따라 다양하게 적용되며, 대표적인 정책수단으로는 교육 · 설득, 선전 · 홍보, 정책 수정이나 관습 채택, 재재 · 처벌 등 강제적 수단의 활용, 보상 또는 편익 제공 등이 제시되고 있다. 이외에도 정책내용의 명확성 · 일관성 확보, 정책에 대한 사회적 인식과 수용도, 위반 시 적발될 가능성 및 처벌 강도, 유인수단(incentive)의 적절한 활용 등도 중요한 의미를 갖게 된다(박연호 외, 2018; 이종수 외, 2014).

4) 정책집행의 성공요인(성공적인 정책집행에의 영향요인)

정책집행 과정에서 나타나는 정책대상집단의 '정책순응' 또는 '정책불응'(거부)에 영향을 미치는 요인들은 학자들에 따라서 다양하게 제시되고 있으며, 이는 '정책집행에 영향을 미치는 요인들'에 대한 논의와 맥락을 같이한다.

즉, 정책집행을 수행하는 과정 및 결과에는 정책의 특성, 정책집행 조직의 특성, 정책대상집단의 특성, 정책환경 등 다양한 요인들이 영향을 미치고 있으며, 이 요인들은 정책집행을 원활하게 추진하고 보다 바람직한 정책성과를 이끌어내기 위한 정책과정에서 중요한 의미를 갖게 된다. 정책집행에 영향을 미치는 요인들에 대한 선행연구의 논의를 종합하여 재정리하면 크게 ① 정책 자체요인, ② 정책집행 주체요인, ③ 정책대상 집단요인, ④ 정책 환경요인으로 유형화하여 구분될 수 있다(유민봉, 2019: 325-338; 이종수 외, 2014: 391; 권기헌, 2009: 298-304 외).

먼저, ① '정책 자체요인'은 정책의 성격[규제적 성격(강제성) 또는 유인적 성격 여부], 정책에 따른 편익 · 비용 크기나 정책의 명확성 · 일관성, 정책목표 · 수단 등의 정당성 · 타당성 등과 관련된 요인이다. ② '정책집행 주체요인'은 정책집행 기관이나 조직의 권위 · 위상, 신뢰성, 구조, 구성원 등의 역량 · 전문성, 그리고 기관이나 조직 내 · 외의 소통 · 협력 수준과 집행수단 · 자원 등을 포함한다. ③ '정책대상 집단요인'은 이해관계집단 간의 영향력 크기(자원 동원력, 조직 결속력 등), 정책에 대한 인식·태도(순응 또는 불응) 및 이해관계의 차이[수혜집단 또는 피규제집단(비용부담) 여부] 등이며, ④ '정책 환경요인'은 정치·경제·사회적 여건, 국민·언론 등의 지지 또는 거부 등과 관련 정책의 외부요인을 의미한다.

기존 연구에서 제시하고 있는 바와 같이, 독립변수로서 이들 정책집행 영향요인들은 종속변수인 정책집행 과정 및 결과(정책성공 vs 정책실패 등)에 영향을 미치는 주요 요인으로 작용하고 있다. 이들 영향요인이나 변수들 간의 관계를 그림으로 재구성하면 [그림 7-4]와 같이 정리될 수 있다. 다만, 모든 영향요인들이 요인들 상호간 독립적으로 정책집행 과정 및 결과에 일방향적인 영향을 미치기보다는 정책의 특성과 정책 환경요인 등에 따라서 요인들[7] 상호간에도 복합적으로 영향을 미치면서 정책집행 과정 및 결과에 영향을 미칠 것이라고 이해하는 것이 보다 현실적인 가정이라고 판단된다. 한편, 이러한 논의과정에서 종속변수인 정책집행 결과를 판단함에

그림 7-4 정책집행 영향요인과 정책집행(과정/결과)에 미치는 영향

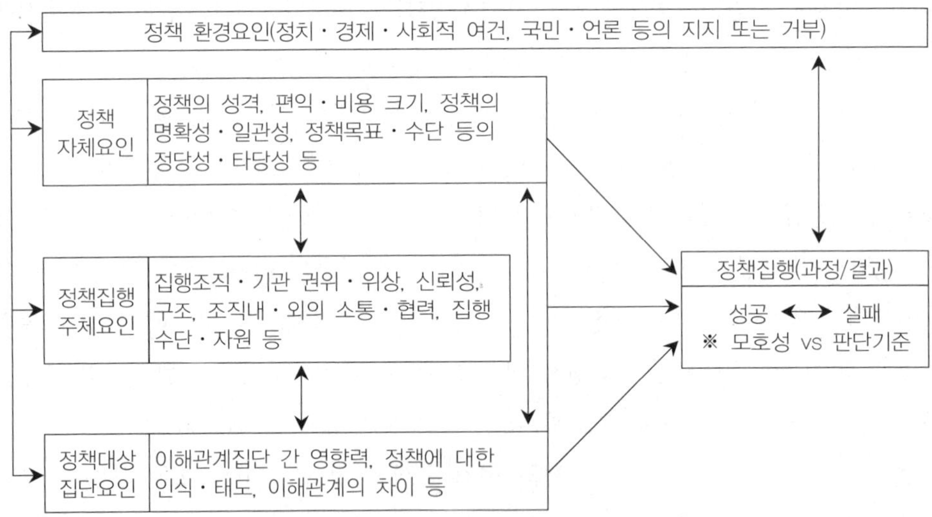

출처: 선행연구(유민봉, 2019; 이종수 외, 2014; 권기헌, 2009 외) 논의를 참조하여 구성.

7) 예를 들면, '정책집행의 주체요인'인 조정자의 역량·전문성, 신뢰수준 등은 '정책대상 집단요인'이나 '정책 환경요인'인 정책에 대한 정책대상집단의 순응, 국민·언론 등의지지 수준 등에 영향을 미치고, 이는 다시 '정책집행 주체요인'인 조정자 위상·권위 등에 영향(상호작용 효과)을 미치면서 정책집행 과정·결과에 영향을 미칠 것이라고 판단된다.

있어서 정책성공 여부에 대한 판단기준이 다양하고 상당한 모호성을 특징으로 한다는 점도 종합적으로 고려할 필요가 있다고 할 것이다.

5) 성공적인 정책집행의 판단기준

성공적인 정책집행의 판단기준은 크게 '실질적·내용적 기준'과 '주체적(주관적)·절차적 기준'으로 구분되며, 이들 기준은 서로 다른 차원에서 정책집행의 성공 여부를 판단하는 기준으로서 제시된다(정정길, 1997: 577－591). 이때 ① '실질적·내용적 기준'은 정책목표의 적합성·적절성, 정책수단의 효과성·능률성·소망성 등이 있고, ② '주체적(주관적)·절차적 기준'은 의도된 정책목표·정책내용 등 실현, 관료적 합리성, 정책대상집단의 욕구 충족도(대응성) 등이 있다.

한편, 또 다른 대표적인 논의로서, 나카무라와 스몰우드(Nakamura & Smallwood, 1980: 152－153)는 정책결정자와 정책집행자 간 관계 유형과 관련된 정책집행의 효과성 평가기준을 다섯 가지로 제시하고 있다. 먼저, '고전적 기술자형'과 '지시적 위임자형'에 적합한 평가기준인 ① '정책목표 달성도'(goal attainment, 설정된 정책목표의 달성 정도)와, ② '능률성'(efficiency, 정책효과 극대화 및 정책비용의 최소화)이 있다. 또한 '협상형'과 '재량적 실험가형'에 적합한 평가기준이자, 선거구민(유권자들)과 정책대상집단에 대한 정책결정자와 정책집행자 간 관계에서 중요한 의미를 갖는, ③ '고객집단(선거구민, 유권자들) 만족도'(constituency satisfaction, 정책대상집단의 정책 만족수준)와, ④ '정책대상집단에 대한 대응성'(clientele responsiveness, 정책대상집단 요구에의 부응 정도)이다. 그리고 거시적 관점에서 조직의 생존을 위협할 수 있는 개인·집단에 대한 세심한 주의로서 정책집행의 종합적인 평가기준인, ⑤ '체제 유지'(System maintenance, 정책결정 및 집행주체 유지·발전에의 기여수준) 등을 제시하고 있다. 그러나 이러한 평가기준들은 정책의 목표·내용, 정책 특성 및 강조점 차이 등에 따라 중시되는 기준들에 차이가 나타나게 되므로 일률적으로 어느 기준이 우선이라는 평가를 할 수는 없을 것이다.

한편, '정책실패(policy failure)'는 "정책집행 과정에서 당초 의도했던 정책목표가 달성되지 못한 상태"(김태룡, 2012: 445－446), 또는 "계획(plan)에서 의도한 결과(intended outcome)와 실제 결과(actual outcome)사이의 차이"(고길곤, 2015: 19)로 정의되고 있다. 다만, 정책집행의 성공 또는 실패 여부를 판단하기 위해서는 먼저 '성공적'이라는 용어 자체가 가치판단의 요소를 갖고 있다(정정길, 1997: 578)는 점에서 판단주체의 관점과 다양한 판단기준(우선순위 설정), 그리고 판단 또는 평가의 시간적 관점 등에 따라서 상당한 차이가 있을 수 있다는 '다양성'과 '모호성'에 대한 인정을 전제로 할 필요가 있다. 이는 정책실패 개념이 갖는 다의성 또는 모호성에 따라 정책성공 또는 정책실패 여부에 대한 객관적인 판단이 쉽지 않고, 평가시점 또는 평가관점의 차이에 따라서도 평가 결과가 달라질 수 있다는 특성(임도빈, 2015: 4)에도 그 이유가 있다.

이러한 정책실패를 초래하는 주요 요인으로 정책(형성)결정 또는 집행과정상의 문제, 인적 또는 재정적 자원 등 정책 관련 자원의 부족, 정책목표 설정의 오류, 갈등조정이나 통제의 실패 등이 제시되고 있다. 이와 관련하여, 특정 시점에서는 '실패'라고 할지라도, 일정시간이 경과된 후 성공으로 판단될 수도 있다는 점에서 "정책실패 용어의 사용에 신중할 필요"가 있다(임도빈, 2014: 195). 또한 정책은 시간의 연속선상에서 끊임없이 변화하는 것이므로, "정책의 평가에는 시차적인 접근이 필요"(정충식, 2014: 271)하다는 의견들은, 특히 정책영향 또는 정책산출이 장기간에 걸쳐 나타나는 정책의 경우에 그 정책성과를 판단하는 데 다양한 평가기준들이 고려될 수 있다는 정책의 현실적 특성을 감안할 때 중요한 의미를 갖는다. 이러한 맥락에서 일부 시각의 차이가 존재하지만 정책집행 및 평가 단계의 초기 과정에서 상당한 비용투입과 대비되는 정책 기대효과의 불투명성, 정책과정의 혼란 등을 이유로 정책실패 또는 부정적인 사례로 지적되었던 '경부고속도로 건설사례'나 'KTX 고속열차 건설사례' 등이 상당한 시간이 경과된 이후 우리나라의 경제성장 및 사회발전에 중장기적으로 긍정적인 영향을 미치게 되면서 긍정적 평가를 받게 되는 사례들로 제시된다. 따라서 정책의 실패와 성공 여부는 정책의 시간적 관점의 평가에 따라 달라질 수 있기 때문에 명확히 이를 구분하기는 쉽지 않다는 점에서 정책평가의 시간적 특수성을 고려할 필요가 있다고 할 것이다.

이러한 관점에서 정책의 실패나 성공 여부에 대한 판단은 논란의 여지가 많고, 오히려 실패를 디딤돌로 삼아 추후 같은 실수를 반복하지 않도록 정책학습을 제대로 하는 것이 필요하다(김동열 칼럼, 2015)는 점에서 '정책학습'의 중요성이 강조된다.

헤클로(Heclo, 1976)는 '정책학습'을 과거 경험에서 얻은 교훈을 통해 행동을 지속적으로 변화시켜 나가는 것으로 정의한 바 있다. 이러한 '정책학습(policy learning)'은 정책목표의 달성 여부에 따른 원인을 진단하고 오류를 시정하며, 정책환경의 변화에 따라 정책목표와 정책수단을 지속적으로 수정・보완해 나가는 과정으로서, 성공적인 정책결정 및 정책집행 과정 등에서 중요한 의미를 갖게 된다.

3. 정책갈등 및 정책조정

1) 정책갈등(Policy Conflicts)

(1) 정책갈등의 의의

정부의 정책집행 과정에서 나타나는 갈등은 학자별로 그 개념정의와 범위가 다양하게 나타나고 있으며, 학문적 개념이나 정책현장에서도 명확하게 정립되지 않고 있다. 즉, 광의적인 '공공갈등', '공공(정책)갈등', '사회갈등', (협의의) '정책갈등' 등의 용어가 혼용되거나 구분되어 사용되면서 각각의 개념정의에 따라 그 범위와 수준도 다양하게 제시되고 있다.

먼저, 「공공기관의 갈등 예방과 해결에 관한 규정(대통령령)」 제2조는 '갈등'을 "공공정책(법령의 제정・개정, 각종 사업계획의 수립・추진을 포함)을 수립하거나 추진하는 과정에서 발생하는 이해관계의 충돌"로 정의하고 있다. 이렇듯 '공공갈등'은 광의적인 측면에서 "다양한 사회갈등 가운데 공공부문과 관련된 갈등"(임동진, 2010: 27)을 의미한다. 한편, '정책갈등'은 "정부의 정책결정 및 집행 등 다수의 이해관계가 관련된 문제를 쟁점으로 전개되는 갈등"(박석희・이종원, 2008: 61), 또는 "정책과정에 참여하는 행동주체들 사이에 발생하는 대립적・적대적 교호작용"(오석홍, 2016: 476)으로 설명되고 있다. 이러한 정책갈등은 중앙부처가 갈등의 일방당사자가 되는 '협의의 공공갈등'에 해당한다고 볼 수 있다.

정책집행 과정에서 갈등의 노출은 자연적이고 필연적인 과정이므로, 이를 무조건 부정적 시각으로 판단할 것은 아니다. 그러나 이러한 갈등상황이 적시에 적절한 방법으로 완화 또는 해결되지 못하고 이해관계가 첨예하게 대립되거나 장기간에 걸쳐

교착상태에 빠질 경우, 정책의 지연·중단 또는 정책실패, 의도하지 않은 부정적인 정책변동 등으로 연결되면서 커다란 사회적 비용과 혼란을 초래하게 된다는 데 문제가 있다. 이에 따라, 갈등상황을 정확히 진단하고 갈등의 역기능과 부정적인 영향을 최소화하며, 갈등의 순기능을 부각시키려는 노력이 더욱 중요한 의미를 갖게 된다. 이러한 맥락에서 정책집행 과정에서 나타날 수 있는 갈등의 역기능을 최소화하고 정책을 보다 효율적·효과적으로 집행하기 위하여 '갈등관리' 또는 '정책조정'의 중요성이 부각되고 있다.

(2) 정책갈등의 원인·특징 및 유형

공공분야에서 발생하는 갈등은 주로 '상충적 목표추구로 인한 실패 상황, 자원획득·사용의 경쟁, 지위 부조화, 조직 변동, 의사전달의 장애'(오석홍, 2016), 또는 '정책의 전 과정(정책수립·집행, 법규 제정 등)에서 중앙정부나 지방자치단체 및 공공기관 상호간, 또는 공공기관과 국민 간의 양립 불가능한 가치, 목표·수단 등의 차이'(임동진, 2010) 등으로 인해 발생한다. 특히, 공공갈등의 협의적인 개념으로서 정책갈등의 원인은 '정책지향 및 가치전제의 차이, 정책 우선순위의 불일치, 재원배분 이견, 기능중복 및 관할권의 불분명, 의사소통의 문제' 등(박정택, 2005; 박재희, 2000)이 제시되고 있다.

이러한 정책갈등의 유형은 분류 목적 및 기준에 따라 다양하게 분류될 수 있으나, 첫째, 갈등당사자의 특성을 중심으로 할 때, 개인 간 갈등, 집단 간 갈등, 조직 간 갈등 등으로 구분될 수 있으며, 둘째, 내용적 특성을 중심으로 구분할 때 '이익갈등', '가치갈등', '복합갈등'으로 유형화될 수 있다. 먼저, '이익갈등(interest conflicts)'은 "정책의제형성, 정책결정, 정책집행 및 정책평가 등 정책의 전체 과정에서, 정책참여자들 간에 부담할 비용의 축소 또는 편익의 증대 요구, 정책자원의 희소성 때문에 발생하는 갈등유형"이다. 한편, '가치갈등(value conflicts)'은 "가치관·신념 등의 차이로 인해 발생하는 상이한 정책지향이나 사실인식 등의 차이에서 발생하는 갈등유형"이다. 그리고 이들 갈등유형의 특성이 혼재되어 있는 '복합갈등(혼합갈등, complex conflicts)' 등으로 구분된다(임동진, 2010; 하혜영, 2007).

다만, 이들 갈등유형은 이념형(ideal type)에 따른 분류 유형으로서, 표면화되지 않은 숨은 쟁점이슈가 있을 수 있고, 각 유형별로 상호배타적인 명확한 구분이 어렵다는 한계도 고려할 필요가 있다. 이러한 정책갈등은 정책과정 전반에 걸쳐 발생하게 되는데, 정부가 정책문제를 해결하려는 과정에서 갈등당사자 간 이해관계의 대립 또는 가치관의 차이 등으로 인해 정책불응을 수반한 정책갈등 또는 공공갈등 상황에 직면하게 되면, 정부는 이러한 갈등상황을 해결하기 위해 먼저, 갈등당사자 간 협상을 통해 갈등해결을 모색하게 된다. 그러나 갈등당사자 간의 자율적인 갈등해결이 어려울 경우에는 제3의 독립적 지위를 가진 정책조정자에 개입에 의해 갈등조정 또는 중재과정이 이루어지게 된다. 이러한 갈등해결 노력에도 불구하고 갈등상황이 지속되거나 그 해결이 어려울 경우에는 법원 등에 의한 사법적인 판단에 의한 해결 등으로 갈등해결 과정이 마무리되기도 한다.

(3) (공공/정책) 갈등의 실제와 주요 쟁점

공공갈등을 체계적으로 관리하기 위하여 그동안 '갈등관리기본법'의 법제화를 위해 노력해왔으나, 법 제정 추진과정에서의 우려와 이견 등으로 인하여 법제화되지 못하고 갈등관리 법안의 주요 내용은 현재 「공공기관의 갈등 예방과 해결에 관한 규정(대통령령, 2009.11)」에 규정되어 있다.

현행 법령 또는 규정상 '갈등관리'[8]는 "정책추진 과정에서 예상되는 공공갈등에 대해 사전적으로 사회적 · 경제적 갈등영향을 분석하여 시민참여적 합의절차를 통해 정책을 결정하고, 정책추진 시 발생되는 사후적 갈등을 합리적으로 조정하는 일련의 과정"[산업통상자원부 갈등관리운영지침 제2조(정의)] 등으로 규정된다. 공공(정책) 갈등이 복잡다양한 상황적 맥락 속에서 동태적으로 작용한다는 점에서 갈등관리 과정 또한 갈등의 특성과 상황에 따라 상황적응적으로 이루어지게 된다.

정책갈등이 공공갈등의 협의적 개념이라는 점을 고려할 때, 정책부문에 특화된 개념으로서 정책조정은 중앙부처가 갈등당사자로 개입되는 정책갈등에 대한 완화 또는 해결을 위한 과정이라는 점에서 갈등관리의 한 부분으로서 의미가 있다.

한편, 공공(정책)갈등의 쟁점이 더욱 복잡다양화됨에 따라 시간 · 비용적인 측면에

---

8) 「공공기관의 갈등 예방과 해결에 관한 규정 및 동 시행규칙」에 근거하여 2020년 8월 현재 국토교통부 등 28개 중앙행정기관이 갈등관리 규정(훈령)을 운영하고 있다.

서 부담이 큰 법원 소송 등 전통적인 갈등해결 방식보다는, 갈등해결의 효율성 및 수용성 차원에서 갈등해결을 위한 대안적인 제도로서 화해 · 알선 · 중재 · 조정 등과 같은 '대체적 분쟁해결(Alternative Dispute Resolution: ADR)' 방식이 갖는 의의와 중요성도 더욱 증가되고 있다. 예를 들어, 「환경분쟁 조정법」에 근거한 '중앙환경분쟁조정위원회'는 국가 또는 지방자치단체를 당사자로 하는 환경분쟁에 대해 신속 · 공정하고 효율적으로 조정(알선 · 조정 · 재정 및 중재)함으로써 환경을 보존하고, 국민의 건강 및 재산상의 피해를 구제하는 것을 목적으로 하고 있다.

이외에도 「지방자치법」에 규정된 조정협의체로서, 중앙부처－지방자치단체 간 갈등조정을 담당하는 '행정협의조정위원회'가 있고, 광역자치단체 간 또는 광역－기초자치단체 간 갈등조정은 행정안전부 소속의 '중앙분쟁조정위원회'가 갈등해결기제로서 기능을 수행하고 있다. 이와 관련하여, 위원회의 조정 · 결정사항에 대해 행정협의조정위원회는 이행강제 수단이 없는 반면, 중앙분쟁조정위원회의 경우 대집행 등 이행강제력이 있다. 다만, 이들 위원회의 분야별 전문성 · 신뢰성의 한계, 지방자치단체의 참여 제한 등의 사유로 인해 안건 상정횟수도 많지 않고,[9] 운영의 활성화 측면이나 실질적인 갈등조정 · 해결차원에서 일정한 한계가 있다는 지적도 있다.

한편, 지역 신공항 이슈, 대규모 SOC 건설 등과 같은 주요 공공정책 또는 국책사업 등의 수립 · 시행과정에서 중앙부처－지방자치단체 간 또는 지방자치단체 상호간 갈등이 심화되고, 정책지연이나 정책변동 등으로 인한 사회적 비용이 크게 증가하게 되면서, 최근 조정결과와 합의내용의 정책현장 수용성 제고를 위하여 숙의민주주의에 토대를 둔 '공론화를 통한 갈등해결방식'(예: 신고리 5 · 6호기 공론화위원회 등)이 새로운 갈등해결 대안기제로서 새롭게 부각되고 있다. 이렇듯 이해관계자들의 참여와 협력에 바탕을 둔 사전적 갈등관리의 중요성은 앞으로도 더욱 증가하게 될 것이다.

---

9) 행정안전부가 국회에 제출한 자료에 의하면, 행정협의조정위원회는 2000년 설치 이후 2018년 10월 현재까지 16건, 중앙분쟁조정위원회는 2004년 설치 이후 2019년 8월 현재까지 24건을 처리했다.

2) 정책조정(Policy Coordination)[10]

(1) 정책조정의 의의

'조정(coordination)'은 공공정책 연구에서 가장 많이 논의된 개념 중 하나로서 학자들별로 다양하게 정의되고 있으며, '(갈등)조정(mediation)'에 대해 "제3자에게 권위적인 의사결정권한을 허용하면서 제3자가 조정역할을 하여 갈등당사자들 간에 자발적인 합의를 찾도록 중재를 포함하는 것"이라고 정의하고 있다(이달곤 · 전주상, 2012: 5). 한편, 「정부업무조정 등에 관한 규정」 등 현행 규정에는 명확한 개념정의가 없으나, 국무조정실(2005)은 부처 간 갈등조정에 초점을 둔 최협의의 개념으로서 '정책조정'을 "정책추진 과정에서 부처 간 이견을 합리적으로 조정함으로써 정책이 의도하고자 하는 목표와 공익을 성공적으로 달성할 수 있도록 균형을 잡아주고, 정책이 적정시기에 추진될 수 있도록 조율하는 과정"으로 정의한다. 이러한 정책조정 개념은 '조정(mediation)'과 '중재(arbitration)'까지를 포함하는 적극적인 개념으로 이해될 수 있다. 이러한 맥락에서 볼 때 '정책조정'은 정책의 형성 · 집행과정에서 나타나는 갈등상황을 보다 효율적이고 효과적으로 조정 · 관리함으로써 범정부적 · 공익적 차원에서 정책의 일관성과 합리성을 제고하고자 하는 노력으로서 의의가 있다.

(2) 정책조정 유형과 정책조정자

'정책조정'은 조직 간 상호의존성을 특성으로 하는 조직 간 갈등관계를 전제로 하되, 정책갈등의 주체, 정책문제의 해결방식, 제3자의 개입 유무, 그리고 조정대상 및 조정시기 등을 기준으로 다양하게 유형화될 수 있다.

첫째, 정책갈등 주체를 기준으로 할 때, 조정은 갈등당사자 간 수평적 관계를 전제로 한 '수평적 조정'과 위계적 · 계층적 지위를 특징으로 한 '수직적 조정'으로 구분된다. 둘째, 정책문제의 해결방식을 기준으로 할 때, 조정과정을 통해 정책목표의 달성을 위한 최선의 대안을 선택하고자 하는 '분석적 조정'과 정책참여자들 간의 정치적 행위에 의해 정책이 선택되는 '정치적 조정'으로 구분할 수 있다. 또한 셋째, 제3자의 개입 유무에 따라서 갈등당사자 상호간 자율적인 조정인 '당사자 간 조정'과 '제3의

10) 동 내용은 권용식(2016). 중앙부처의 정책조정에 관한 연구, 『한국정책학회보』의 일부 내용을 수정 · 보완하여 재정리하였음을 밝힌다.

독립적 조정자에 의한 제3자 조정'으로 구분된다. 또한 넷째, 조정대상 및 조정시기를 기준으로 할 때, 범정부적인 정책현안에 대한 대응 또는 대책을 마련하는 과정에서 이견을 조율하는 '사전적인 정책갈등 조정'과, 정책결정 및 집행 등을 구체적으로 추진하는 과정에서 나타나는 정책갈등에 대한 조정인 '사후적 정책갈등 조정'으로도 구분될 수 있다. 다만, 실제 정책조정 과정에서 이러한 조정유형들이 상호배타적으로 명확하게 구분되지 않으며, 많은 경우에서 상호복합적으로 사용되고 있다(박정택, 2005: 38)는 점도 고려할 필요가 있다.

한편, '(정책)조정자'(≒정책중개자)[11]는 갈등당사자들 간에 대립되는 갈등상황을 완화 또는 조정하기 위하여 다소 중립적인(neutral) 입장에서 직접적 또는 조언적인 역할을 수행하는 제3자를 의미한다(Sabatier, 2007; Lewicki et al., 1992 외). 이때 갈등상황을 보다 효율적이고 효과적으로 조정하기 위해 조정자에게 요구되는 공통적 요건으로서, 조정과정의 공정성·중립성, 조정과제에 대한 전문성, 갈등당사자들로부터의 신뢰성 등이 제시되고 있다. 조정자는 이러한 요건을 토대로 정책갈등의 조정과정에서 문제의 해결, 갈등당사자 간 관계의 전환 등을 통해 갈등당사자들이 수용 가능한 조정안에 합의하도록 지원하는 기능을 수행하고 있다(Chedelin, 2007). 정책갈등 과정에서 조정자의 역할과 기능에 대해 주재복(2004)은, 갈등문제의 성격이나 갈등상황에 따라서 갈등상황을 알선하거나 갈등당사자 간 소통을 촉진하는 화해알선자(conciliator)나 촉진자(facilitator), 상호간 수용 가능한 대안을 제시하며 갈등을 조정해가는 조정자(mediator), 강제적인 권한을 통해 갈등해결을 조정하는 중재자(arbitrator) 등의 역할을 수행한다고 설명한다. 이렇듯 실제 정책조정 과정에서 정책조정자(policy coordinator)는 갈등당사자 간 동등한 협의를 전제로 한 수평적 조정뿐만 아니라 범정부적 또는 공익적 차원에서 마련된 조정안을 강제하는 수직적·강제적인 조정까지도 수행하게 된다.

한편, 중앙부처가 갈등의 일방당사자가 되는 협의의 정책갈등에 대한 정책조정의 경우, 특정한 정책의 형성·집행 등과 관련하여 정부부처 간에 이견이 발생하거나

11) 정책지지연합모형이 제시하는 정책중개자의 역할·기능이 다양하고, 정책지지집단 간에 대립되는 갈등을 중개하는 과정에서 조정자(조정기제)의 역할·기능과 상당부분 연결되므로 이 장에서는 이를 유사한 의미로 사용하고 있다.

갈등상황이 표출되면, 1차적으로 갈등당사자 간 상호협상을 통한 조정이 이루어지게 된다. 갈등당사자 간 자율적인 협의과정에서 합의가 이루어지지 않을 경우에는 중립적 · 독립적인 제3자로서 갈등쟁점의 특성 등에 따라 다양한 유형의 조정기제들(대통령(실), 국무총리(실), 부총리, 주관부처, 각종 회의체, 정부위원회, 시민단체, 국회, 법원 등)이 법 · 제도적으로 부여되거나 기대된 역할과 기능에 따라 다양한 조정전략과 조정수단을 활용하여 갈등해결 및 조정과정에 관여하고 있다.

이때 조정과정에서 조정자의 조정역량은 조정자의 위상 및 법적 권위, 갈등당사자 등에 대한 보상과 처벌 역량으로부터 도출되며(Carnevale, 1986), 조정자의 위상과 권위는 조정절차 및 조정결과에 상당한 영향을 미치게 된다. 즉, 정책조정자의 위상과 권위가 약할 경우에는 조정과정에서 갈등당사자 간 합의절차 관리와 소통에 집중하게 되며, 반대로 정책조정자의 위상과 권위가 강할 경우에는 조정절차뿐만 아니라 조정안의 결정에도 적극적으로 개입하게 된다(이송호, 2011). 또한 '갈등의 특성'도 갈등해결 수준이나 조정결과에 영향을 미치는 중요한 요인으로 제시(Bercovitch, 2013; Lewicki et al., 2003; 하혜영, 2007 외)되고 있다. 따라서 정책조정자는 정책갈등의 조정과정에서 '조정자의 위상 · 권위 및 조정역량'과 '갈등의 특성' 등의 영향에 따라 역할과 기능을 수행하게 된다고 할 수 있을 것이다.

정책조정자가 갈등상황을 관리하거나 완화 · 해결하기 위해 사용하는 대표적인 조정수단으로는 협상(설득 · 타협), 중재(조정), 정치적 동원(특정정책별 옹호연합 형성, 이해관계집단의 지지 획득), 철회(보유, 회피, 지연), 갈등의 공개, 문제해결, 강압(처벌) 등이 제시되고 있다(박재공, 2005; 박정택, 2005).

제 4 절 정책분석 · 평가 및 정책변동

1. 정책분석 및 정책평가

1) 정책분석(Policy Analysis)

(1) 정책분석의 의의 및 특성

'정책분석'은 "정부가 당면한 다양한 문제들에 대한 대응방식으로 구체적인 정책문제 해결에 필요한 정책 관련 정보를 창출하는 활동"(정충식, 2014: 259)이다. 윌리엄스(Williams, 1971)는 "정책결정을 위한 하나의 기초나 지침으로써 정책대안들과 그 우선순위를 도출해 내기 위하여 비교 가능하고, 예측 가능한 양적 · 질적 방법으로 정보를 종합하는 하나의 수단"이라고 정의한 바 있다(남궁근, 2017: 525에서 재인용). 이러한 '정책분석'은 정책문제를 인식하고 이러한 정책문제를 해결하기 위한 복수의 정책대안을 탐색하고 이들 중에서 보다 나은 정책대안을 선택하는 과정으로서 의미가 있다. 정책분석은 정책평가와 함께 정책의 일관성 · 합리성을 유지하고 정책의 품질을 제고하기 위하여 정책과정 전반에 걸쳐 실시되며 수시적으로 환류되고 있다. 정책분석의 대표적 기법은 운영 연구(operation research), 선형계획법(linear programming), 체제분석(system analysis), 의사결정분석, 비용편익분석(costbenefit analysis), 비용효과분석(cost－effective analysis), 게임이론(game theory), 회귀분석, 상관분석, 델파이기법 등이 제시된다.

이러한 정책분석은 합리적인 정책결정을 위한 분석과 지식을 제공한다는 관점에서 의사결정론(또는 정책형성론)의 한 부분으로 검토되거나, 또는 정책분석 및 정책평가를 함께 묶어서 논의되기도 한다.

일반적으로 협의의 '정책(사전)분석'이 정책의제설정 또는 정책결정(형성)과 관련된 지식을 창출하는 사전적인 분석활동이라고 할 때, '정책(사후)평가'는 "정책집행과정에서 의도한 대로 능률적으로 집행되었는가?, 정책집행 후 설정된 목표를 달성했는가?를 평가하는 활동"을 의미(정충식, 2014: 259)한다는 관점에서 차이가 제시되기도 한다. 다만, 정책이론 및 정책현장에서는 정책분석과 정책평가의 개념을 명확하게 구분하기보다는 양자를 혼용하는 견해도 많이 존재하고 있다(이종수 외, 2014b: 99).

(2) 정책분석의 절차 및 정책대안의 비교 · 평가기준

정책분석절차는 각 단계별로 단선적이거나 일방향적으로 진행되는 것이 아닌, 정책분석의 여건에 따라 특정 단계가 생략되거나 복수의 단계가 동시에 중복 병행될 수도 있으며, 그 진행순서도 환류되어 진행될 수도 있다. 그러나 일반적으로 합리적인 정책결정을 위한 정책분석은 해결해야 할 정책문제에 대한 정확한 진단 · 분석과 정책목표를 설정하는 단계에서 출발한다. 정책문제를 진단 · 분석하고 정책목표를 설정한 이후에는 검토 가능한 정책대안들을 탐색 · 개발하고, 그 정책대안을 통한 정책집행 결과를 예측하며 정책대안의 비교 · 평가 기준(소망성, 실현가능성 등)에 따라 정책대안들을 비교 · 평가함으로써 최적의 정책대안을 선택하는 과정을 거치게 된다. 이러한 정책분석절차는 일반적으로 ① 정책문제의 진단 · 분석, ② 정책목표의 설정, ③ 정책대안의 탐색 · 개발, ④ 정책대안의 미래 예측, ⑤ 정책대안의 비교 평가의 순서로 진행된다(권기헌, 2014: 108－110).

정책대안의 우선순위를 판단하는 대표적인 비교 · 평가 기준으로서 '소망성'과 '실현가능성'이 있다. 이때 '소망성(desirability)'은 선택된 정책대안의 집행 결과가 정책대상집단이나 공익적 관점에서 얼마나 바람직한가?의 정도를 의미하며, '실현가능성(feasibility)'은 특정정책이 채택되어 실제로 집행될 정치적 · 경제적 · 사회적 · 행정적 · 법적 가능성 등의 정도를 의미한다. 참고로, 던(Dunn, 2007: 221－229)은 이러한 '소망성(desirability)'의 세부기준이자 정책문제 해결의 판단에 적용되는 6개의 주요 결정기준으로서 '효과성(effectiveness)', '효율성(efficiency)', '적정성(adequacy)', '형평성(equity)', '대응성(responsiveness)', 그리고 '적합성(appropriateness)' 등을 제시하였다.

한편, 형평성 · 민주성 차원에서 집행하는 사회적 약자 배려를 위한 정책 · 사업(예: 취약계층대상 근로지원사업 등)이나, 지역 균형발전 차원에서 추진하는 격오지 · 낙도 지원사업 또는 지역 간 격차 보완을 위한 정책(예: 격오지 · 낙도에 대한 각종 지원정책, 교통취약 지역에 대한 교통인프라 구축)등의 경우에는 효율성 등 경제적 기준을 해당 정책 · 사업의 획일적인 비교 · 평가기준으로 적용하기에는 정책의 소망성 차원에서 상당한 한계가 지적될 수 있다. 따라서 이러한 정책 · 사업 등의 경우에는 정책환경이나 행정여건 등도 종합적으로 감안하여 효율성 등 경제적 기준 이외에도 정책적인 고려로서 형평성 · 대응성 등과 같은 다양한 평가기준들이 함께 종합적으로 고려된다.

예를 들면, 2019년 1월 수도권과 비수도권 간 지역균형발전 차원에서 발표된 24조 1,000억 원 규모의 23개 사업에 대한 예비타당성 조사 면제, 최근의 지역밀착형 생활 SOC 추진사업 등은 지역주민의 생활여건 개선과 국가균형발전 프로젝트의 일환으로 추진되는 정책으로서 다양한 정책분석 · 평가기준이 적용된 사례들로 제시될 수 있을 것이다.

정책분석 · 평가기준

◆ 정책분석 · 평가 과정의 고려요인

- 최선의 정책대안 선택과 정책집행 과정에서 이루어지는 지속적인 정책결정의 합리적인 수행과, 정책의 효율성 · 효과성을 제고하기 위해 정책분석 · 평가의 중요성은 더욱 증가
- 정책환경 변화에 따라 다양한 정책판단 과정에서 복수의 판단기준이 동시에 고려되기도 하며, 이 과정에서 비교 · 평가기준 간 상충에 따라 우선순위를 설정하여 적용하기도 함.
- 일반적으로 효율성 · 능률성 · 효과성 등 경제적 타당성 기준이 중요하게 고려되지만, 경제성 원리만으로는 판단이 어려운 시장실패 영역이 상당부분 존재(행정의 공익성, 공평성 · 형평성 고려)한다는 점에서 다양한 정책적인 고려가 요구되기도 함.

□ 이에 따라, 대규모 재정사업의 타당성에 대한 객관적 · 중립적인 조사를 통해 재정운영의 효율성을 제고하고자 하는 정책분석의 한 유형으로서, 기획재정부의 예비타당성 조사(국가재정법 제38조) 등의 경우에도 경제적 타당성 및 효율성에 초점을 두고 분석 · 평가하되, 필요시 형평성 등 다양한 기준도 종합 고려하여 사업의 타당성을 평가

※ 대상사업 평가기준(예비타당성조사 운용지침 제24조)

- 중장기 투자계획과의 부합성, 사업계획의 구체성, 사업추진의 시급성, 국고지원 요건, 지역 균형발전 요인 또는 기술개발 필요성 등을 종합적으로 고려하여야 함.

(3) 정책분석의 오류

'정책오류'는 "정책이 당초 의도했던 정책효과를 가져오지 못하거나 기대된 효과와 다른 결과가 초래되는 것"(최봉기, 2004: 481)으로 정의되고 있다. 이러한 정책오류는 정책과정의 전체 과정(정책결정, 정책집행, 정책분석·정책평가 등)에서 발생할 수 있다. 정책오류 유형 중 '정책분석의 오류'에 대하여 최봉기(2004)와 노화준(1984)은 '정책분석의 오류'에 대하여 "정책결정자에게 제시된 정책문제의 해결방안에 대한 잘못된 정보나 지식의 산출"로 정의하면서, 이를 그 특성에 따라 '제1종 오류', '제2종 오류', '제3종 오류'로 구분하여 설명하고 있다.

먼저, '제3종 오류'는 공식적인 정책문제가 실제적인 문제상황을 잘못 나타냄으로써 정책문제를 잘못 정의하거나 진단하는 것과 관련된 오류로서 '메타오류'(기본적인 오류)라고도 제시된다. 이러한 '제3종 오류' 이외에도, 정책문제의 정의·진단은 타당하게 이루어졌으나 효율적인 정책대안을 모색·식별하는 데 실패함으로써 정책문제의 해결방안에 잘못된 지식이나 정보를 산출하는 오류인 '제1종 오류'(정책대안이 효과가 없음에도 효과가 있다고 보는 오류)와 함께 '제2종 오류'[12](정책대안이 효과가 있음에도 효과가 없다고 보는 오류)가 있다.

이들 정책분석의 오류는 정책분석 과정에서 없을 수도 있지만 동시에 복수의 오류를 범할 수도 있다. 이러한 오류를 극복하기 위해서는 오류의 발생원인에 따른 적절한 대응조치가 필요하다. 즉, '제3종 오류'의 경우에는 정책문제를 올바로 정의·진단할 수 있도록, 정책과정 초기단계부터 조직구성원 및 이해관계자들의 참여를 제도화하고 다양한 의견수렴을 통해 정책문제를 보다 정확히 정의·진단하려는 노력이 요구된다. 한편, '제1종 오류' 및 '제2종 오류'에 대하여는 적절한 평가기준 및 평가모형의 적용, 관련 자료의 체계적인 정리와 활용성 제고, 유능한 정책분석가의 확보 및 정책분석·평가 과정의 자율성·독립성 보장, 정책대안 모색 과정에서 상호간 의견존중 등 행정문화의 개선 등을 통해 정책분석 오류의 부작용을 최소화하려는 노력이 필요하다(최봉기, 2004: 482-485; 노화준, 1984: 107-111).

---

12) 이러한 제1종 및 제2종 오류는 가설검증 과정에서도 적용될 수 있다. 즉, '제1종 오류(α오류)'는 영가설(H_0, "모집단의 특성과 표본집단 특성 간에 차이가 없을 것이다")이 실제로는 참인데 그 가설을 기각하는 오류이며, '제2종 오류(β오류)'는 영가설이 실제로 참이 아님에도 불구하고 그 가설을 옳은 것으로 잘못 받아들이는 오류 유형이다.

(4) 정책분석의 한계

정책분석은 분석 과정에서 나타날 수 있는 여러 가지 이유로 인해 한계가 지적될 수 있으며, 이는 ① 시간적 제약 및 정보 · 자료의 한계로 인한 '정책문제의 명확한 정의 곤란', ② 문제의 복잡다양성 증가 및 정보 · 자료 제약에 따른 '정책분석의 한계와 문제해결의 복잡성 증대', ③ 정책목표 및 가치 등에 대한 '명확한 정의 및 합의 형성의 어려움', ④ 정책분석 과정의 한계로 인한 '정책대안들의 정확한 효과성 및 영향력에 대한 평가 곤란', ⑤ 정책결정자의 필요 및 관점에 따른 '정책분석의 객관성에 대한 제약' 등에 기인한다(최봉기, 2004: 485−488). 실제로 대부분의 정부 정책(사업)들은 효율성 · 효과성 외에 민주성 · 형평성도 함께 지향한다. 또한 상당수의 정책효과가 장기간에 걸쳐 나타나거나, 정책대상집단이 다양하고 그 이해관계도 복잡다양하게 표출됨에 따라, 정책효과(정책성과) 등을 객관적이고 계량적으로 명확하게 측정하기 곤란한 사례들이 적지 않다는 점을 고려한다면, 정책분석 및 정책평가 과정에서 나타나는 이러한 한계와 어려움은 어느 정도 이해할 수 있을 것으로 생각된다. 이러한 정책분석의 한계는 곧 정책평가의 한계와도 연결되는 바, 결국 정책문제 및 정책목표의 명확화, 정책집행 결과(정책효과)의 객관적 측정과 이를 위한 관련 정보의 수집 · 정리, 정책과 정책집행 결과 간 인과성 확보를 위한 노력, 그리고 정책분석 · 평가과정의 객관성과 독립성 확보 등을 통해 정책분석 및 정책평가의 타당성과 신뢰성을 제고하려는 지속적인 노력이 필요할 것이다.

2) 정책평가(Policy Evaluation)

(1) 의의 및 특징

'정책평가'는 "정책 또는 사업의 집행결과가 당초 의도했던 정책목표를 달성하였는가?에 대해 종합적 · 체계적으로 평가하는 활동"으로서, 회고적(retrospective)이며, 정책집행에 따른 산출 · 성과 · 영향에 보다 초점을 두면서 정책목표의 달성 정도뿐만 아니라 정책집행의 영향 및 적정성(능률성 · 효과성 등)도 평가한다는 특징이 있다(권기헌, 2014: 117−118). 정책현장에서 정책평가는 "정부가 수행하는 정책, 사업 등의 형성 · 집행과정과 결과를 점검 · 분석하여 최종적인 평정값을 부여하는 것"(국무총리실, 2011)으로 정의된다. 정책평가 대상은 주로 정책집행 결과와 집행과정을 대상으로 하며, 정책과정을 순환적인 과정으로 볼 때 [정책의제설정 → 정책(형성)결정 → 정책집행 → 정책평가]로 연결되지만, 실제 정책과정에서 정책평가 및 정책환류는 정책과정 전반에 걸쳐 실시되고 있다.

상대적으로 정책집행 결과 또는 성과에 대한 객관적인 측정이나 계량화가 상대적으로 용이한 경제분야 정책들과 달리, 사회분야 정책들은 정책집행 결과 또는 성과를 계량적으로 측정하기에 상당한 어려움이 있다. 따라서 가능한 한 보다 신중하고 객관적으로 정책영향을 평가하고, 정책집행 결과 및 성과를 엄격하게 측정함으로써 원인-결과 간 관계를 보다 체계적으로 분석·평가하려는 노력이 요구된다.

한편, 정책평가의 효과적인 수행을 저해하는 장애요인과 문제점은 다양하게 지적될 수 있으며, 앤더슨(Anderson, 2011: 287-301)은 이러한 한계들을 다음과 같이 정리하고 있다. 즉, ① 정책목표의 불확실성, ② (특히, 복잡한 사회경제 문제의 경우) 정책행위 간 인과성 확인의 어려움, ③ 정책영향의 분산(정책대상집단의 범위 및 정책영향 기간의 장단 등) 등이 있다. 또한 ④ 정확한 정책평가를 위한 자료수집의 문제(정확성의 한계, 관련있는 통계자료 및 정보의 부족 등)와, ⑤ 관료들의 저항(평가결과의 정치적 영향을 고려한 자료접근 거부, 정책평가에 대한 폄하, 불확실한 기록 유지 등)도 정확하고 객관적인 정책분석 및 평가에 어려움으로 작용하게 된다. 그리고 ⑥ 정책평가에서의 제한된 시간적 관점(단기적 시각의 평가에 따른 한계나 정책의 장기적 영향력 경시 등), 및 ⑦ (평가완료 이후 평가의 경시 또는 다양한 분야에서 평가의 부적절성 지적 등과 같은) 평가의 영향력 결여 등도 문제점으로 지적하고 있다. 이러한 문제점들은 장기적인 관점에서 합리적이고 일관성있는 정책평가를 수행하는 데 장애요인으로 작용할 수 있다는 점에서 보다 객관적이고 체계적인 정책평가를 위해 극복해야 할 과제들로 제시된다.

(2) 정책평가 유형

'정책평가'는 평가주체를 기준으로 할 때 '내부평가'와 '외부평가'로 구분되고, 평가의 성격을 기준으로 '예비평가'와 '본 평가'로 나눌 수 있으며, 평가대상에 따라 '총괄평가'와 '과정평가'로 유형화할 수도 있다. 먼저, ① '내부평가'는 정책의 결정·집행을 담당하는 조직이나 조직의 구성원이 수행하는 평가이며, ② '외부평가'는 정책의 결정・집행을 수행하지 않은 제3자인 조직이나 조직의 구성원이 수행하는 평가를 의미한다. 또한 ① '예비평가'는 정책평가의 '소망성'과 '실현가능성' 등에 대해 본 평가를 실시하기 전에 개괄적으로 검토하는 '평가성 검토'(또는 '평가성 사정')를 의미하며, ② '본 평가'는 예비평가를 실시한 결과 본격적으로 평가할 필요성이 있다고 판단된 정책(사업) 등에 대해 총괄평가, 과정평가 등을 실시하는 것을 의미한다(권기헌, 2014: 118−119).

일반적인 의미에서 정책평가는 ① '총괄평가(summative evaluation)'를 의미하는데, 이는 정책집행 이후에 원래 의도한 정책목적이나 정책효과가 나타났는가?와 관련된 정책의 영향(impact) 및 효과(effect) 또는 결과(result)를 평가하는 것이다. 이러한 '총괄평가'에 대하여 정정길 외(2020)는 평가대상 및 목적에 따라, i) '효과성 평가'(정책목표의 달성정도), ii) '능률성 평가'(비용/편익(B/C)분석에 의한 투입 대비 산출 평가), iii) '공평성 평가'(정책효과 및 비용의 사회집단 간 배분측면에서 공평성 여부) 등으로 구분하고 있다. 또한 ② '형성평가'로 지칭되는 '과정평가(process/formative evaluation)'는 정책의 집행과정을 분석・평가하는 것을 말한다. 이러한 과정평가는 정책집행 과정에 대한 분석・평가결과를 정책과정에 환류하여 정책내용 등을 수정・보완함으로써, 정책집행을 보다 효율적・효과적으로 추진할 수 있도록 기여하며 '총괄평가'를 보완하는 기능도 수행하게 된다.

(3) 정책평가절차 및 평가기준

일반적으로 정책평가를 수행하는 절차는 다음과 같다. 먼저, 정책문제 또는 정책평가 목적을 진단하거나 정의하고, 정책평가 대상 및 기준을 설정하며, 정책평가 목적 및 대상에 적합하도록 평가방법을 확정한 후, 이에 필요한 자료를 수집・분석하게 된다. 이후 평가결과를 제시하고 이를 정책과정에 환류하는 순서로 진행된다.

한편, 정책분석 및 평가과정에서 적용되는 중요한 기준으로서 '타당성'과 '신뢰성'이 있다. 이때 '타당성(validity)'은 크게 추정된 원인(정책 내용)과 결과(정책집행 결과) 간 인과적 관계의 적합성을 의미하는 '내적 타당성'과, 분석결과의 타 분야로의 일반화 등 연구결과의 확대 적용 가능성을 의미하는 '외적 타당성'으로 구분된다. 그리고 '신뢰성(reliability)'은 측정 · 평가하고자 하는 대상을 얼마나 정확하고 일관성 있게 측정 · 평가했는가의 정도를 의미한다. 이외에도 당초 의도한 정책목표의 달성 수준을 의미하는 '효과성(effectiveness)', 투입 대비 산출의 극대화 정도를 의미하는 '능률성(efficiency)', 사회적 약자에 대한 배려로서, 동등한 것을 동등하게 취급하고(수평적 형평성), 차이가 있는 것을 차이있게 대우하는(수직적 형평성) 것을 의미하는 '형평성(equity)', 정책고객의 요구에 대한 정책결정 · 집행기관의 반응 정도 또는 국민의 정책만족도 등을 의미하는 '대응성(responsiveness)' 등도 주요한 평가기준으로 제시된다. 이들 평가기준들[13]은 평가대상 정책의 기본취지, 평가목적, 분석 · 평가의 특성 등을 종합 고려하여 적용된다.

(4) 정책평가 방법

정책평가를 수행하는 방법은 크게 '계량평가(양적평가)'와 '비계량평가(질적평가)'로 구분될 수 있다. 이때 '계량평가(양적평가)'는 정책집행 결과인 성과에 초점을 두는 평가로서 연역적 방법을 활용하며, 주로 통계자료 등과 같이 수치화된 자료(정량지표)를 활용하는 특성상 평가자의 주관이 개입될 여지가 적다는 점에서 객관적인 평가방법이라고 할 수 있다. 예를 들어, 회귀분석, 상관분석, 패널분석, B/C분석, 시계열분석 등이 이러한 '계량평가(양적평가)' 유형에 속한다.

한편, '비계량평가(질적평가)'는 정책 또는 사업의 산출물을 계량적으로 측정하기 어려운 분야에 대한 평가에 주로 활용되며 귀납적 방법이 활용된다. 이들 평가방법은 주로 관찰, 현장 확인, 면접 등을 통해 축적된 자료(정성지표)를 활용하며, 평가방법의 특성상 연구자의 주관이 개입될 여지가 있다는 한계가 지적된다(이종수 외, 2014: 394). 이러한 평가유형으로는 델파이기법, 브레인스토밍, 참여 · 관찰 등을 통한 평가 등이 있다. 최근에는 이들 평가가 갖는 한계를 극복하고 양자의 장점을 활용하기 위해 양적평가와 질적평가를 통합적으로 실시하기도 한다.

---

13) 이들 평가기준들은 행정(정책)이 추구하거나 따라야 할 규범적 가치인 '행정이념(행정가치)'과도 연결되며, 이들 행정이념(행정가치)에 대한 관점이나 상대적 비중의 차이에 따라 정책의 전체 과정(정책의제설정－정책결정－정책집행－정책분석 · 평가－정책변동 · 종결 등)이 상호연계되고 영향을 미치며 달라지게 된다.

(5) 정책평가의 실제: 정부업무평가

정책현장에서 우리나라의 정책평가는 크게 '행정부에 의한 정책평가'(「정부업무평가 기본법」, 각 개별법 등)와, '국회에 의한 정책평가'(「국회법」, 「국회예산정책처법」) 등으로 구분할 수 있다. 여기에서는 「정부업무평가 기본법」에 근거하여 실시하고 있는 '행정부에 의한 정책평가' 중 대표적인 정책평가인 '정부업무평가'를 중심으로 살펴보고자 한다.

'정부업무평가'는 주요 정책사업뿐만 아니라 기관 단위에 대한 평가를 중심으로 실시하고 있으며, 우리나라 정책평가 제도의 핵심은 "성과관리를 근간으로 한 기관 단위의 정부업무평가"(유민봉, 2019: 687)라고 할 수 있다.

현재 정부업무 등에 대한 정책평가의 근거법은 2006년 4월부터 시행 중인 「정부업무평가 기본법」[14]이며, 기존의 개별적·중복적인 개별 평가에 따른 부담 및 한계를 극복하기 위해 원칙적으로 평가를 통합하여 체계적으로 실시하고, 정부업무 전반에 걸쳐 통합적인 성과관리체계를 구축하며, 자체평가 중심의 평가를 통해 기관의 자율적인 평가역량을 강화하는 동시에, 평가결과를 조직－예산－인사 및 보수체계에 연계·반영함으로써 평가의 실효성을 확보하고자 하는 목적으로 실시되고 있다. 「정부업무평가 기본법」 제2조에 의하면, '정부업무평가'는 "국정운영의 능률성·효과성 및 책임성을 확보하기 위하여 평가대상기관(중앙행정기관, 지방자치단체, 그 소속기관, 공공기관 등)이 행하는 정책 등을 평가하는 것을 의미한다. 이러한 정부업무 등(정책·사업·업무 등)에 대한 점검·분석 및 평정 등 평가를 실시하고 평가기반의 구축을 체계적이고 효율적으로 추진하기 위해 국무총리 소속 하에 정부업무평가위원회를 설치·운영하고 있다.

정부업무평가는 그 수행방식에 따라 자체평가, 특정평가, 재평가로 구분된다. 이러한 평가유형을 개괄적으로 살펴보면 다음과 같다(국무총리실, 2012: 5). 먼저 '자체평가'는 중앙행정기관 또는 지방자치단체가 소관 정책 등에 대하여 일정한 절차를 거쳐 스스로 평가하는 것이다. '특정평가'는 국무총리가 중앙행정기관을 대상으로 국정을 통합적으로 관리하기 위하여 필요한 정책 등을 평가하는 것으로서, 법령이나

---

14) 우리나라 정부업무 등의 정책평가에 대한 체계적인 이해를 돕기 위하여 「정부업무평가 기본법」과 동법 시행령을 일독할 것을 권장한다.

매년 초 통보하는 정부업무평가 시행계획 등에서 정한 정책・사업 등에 대하여 정부업무평가위원회가 하향식으로 평가하는 것을 의미한다. 한편, '재평가'는 해당 기관이 자율적으로 실시한 자체평가 결과에 대하여 타 기관(예: 평가총괄 관련 기관)이 별도의 절차를 통해 실시하는 평가로서, 기존에 실시된 자체평가의 객관성 및 공정성 확보 차원에서 제한적으로 실시된다.

정부업무평가위원회는 국무총리 소속 하에 설치된 심의・의결기구로서, 위원장은 국무총리와 민간위원 공동위원장이며, 위원은 민간위원(10명)과 정부위원(기획재정부장관, 행정안전부장관, 국무조정실장)으로 구성되어 있다. 이러한 정부업무평가 업무를 총괄하고 지원하는 기능은 국무조정실(정부업무평가실)이 담당하고 있다. 이들 평가유형 중 특정평가의 경우, 평가를 주관하는 기관(국무조정실 등)이 평가부문별로 민간전문가 및 정책수요자 등이 참여하는 평가지원단을 구성[15]하여 정량평가 및 정성평가를 병행하며, 평가부문별 점수를 합산하여 기관평가를 수행하고 있다. 이러한 평가결과는 정부업무평가위원회의 심의・의결을 거쳐 국무회의 또는 별도의 평가보고회 개최 등을 통해 보고하도록 하고 있다.

그림 7-5 정부업무평가 추진체계 및 평가유형

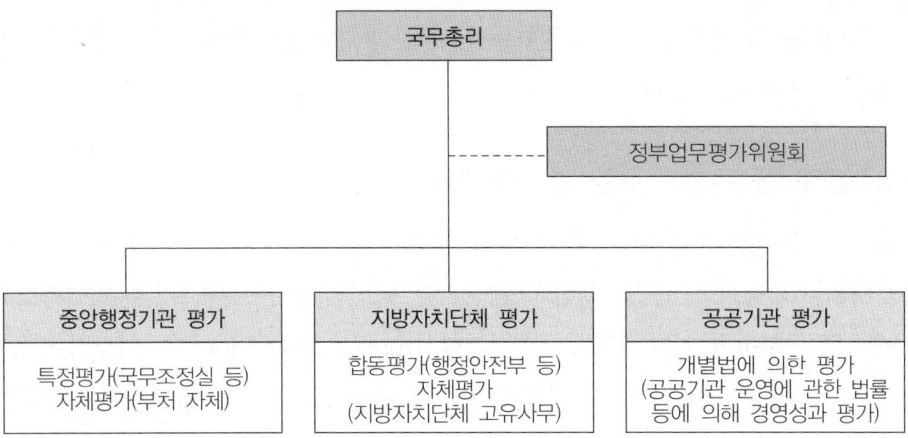

출처: 정부업무평가 기본계획(2020~2022년) 중 그림 일부 수정.

15) 규제개혁 평가는 국무조정실 주관으로 규제개혁평가지원단, 정책홍보는 문화체육관광부 주관으로 정책홍보평가지원단, 정부 3.0 과제는 행정안전부 주관으로 정부 3.0 평가지원단이 담당한다.

2. 정책변동(Policy Change)

1) 정책변동의 의의

(1) 개념 및 특징

호그우드와 피터스(Hogwood & Peters, 1983)는 『정책역학(*Policy Dynamics*)』에서 정책의 특성과 동태성을 고려하지 않는 단순한 정책순환론의 한계를 극복하고 정책결정의 점증적인 변화 등과 같은 정책과정의 동태성에 주목하면서 정책을 독립변수로 분석하고자 하였다(박연호 외, 2018: 161-162). 이때 정책변동(policy change)은 순환적이고 동태적이며 복합적인 정책과정상의 환류로서, "정책의 목표 · 수단 · 대상 등 정책내용이 변하는 것뿐만 아니라, 정책집행 방법의 변화까지도 포함"(이종수 외, 2014b: 101)하는 개념이다. 따라서 정책변동은 정책집행단계뿐만 아니라 정책의 전체 과정에서 나타날 수 있다고 할 것이다.

또한 '정책변동'은 "정책환류와 정책학습의 결과에 따라 정책내용(목표, 수단, 대상집단 등)과 정책집행 방법에 변화가 발생하는 것"을 의미하는 바, "정책평가 결과는 정책환류(policy feedback)를 통하여 정책학습(policy learning)과 정책변동(policy change)의 토대"(남궁근, 2017: 499)가 된다. 이렇듯 순환성과 동태성을 특징으로 하는 정책과정에서 정책환류는 정책학습과 함께 정책변동을 발생시키는 주요한 원인 중 하나로 제시되고 있다.

(2) 정책변동 유형과 유형 간 상호관계

호그우드와 피터스(Hogwood & Peters, 1983: 26-29)는 정책변동의 유형을 조직변동 측면, 법령변동 측면, 그리고 예산지출 측면의 관점에서 4개의 이념형(ideal type)으로 구분하고 있다. 먼저, ① '정책혁신(policy innovation)'은 '의도적 변동'으로서, 새로운 영역의 활동이기 때문에 기존의 관련 조직, 법령 또는 예산지출 등이 없었던 새로운 정책의 시작을 포함한다. 예를 들면, 전 국민을 대상으로 하는 공적연금인 '국민연금제도'의 도입(1988.1)을 들 수 있다. 동 제도의 도입을 위해 「국민연금법」 제정, 국민연금 관련 조직(보건복지부 관련 부서, 국민연금공단 등) 설치, 관련

예산 등의 확보가 이루어졌다. ② '정책승계(policy succession)'는 기존 정책의 목표나 연계성을 유지하되 일부 정책요소들(정책내용, 정책수단 등)을 대체하여 수정하는 '의도적인 변동'이지만, 정책혁신과는 달리 새로운 영역의 정책과 관련되지 않는다는 점에서 구별된다. 예를 들면, '새만금 개발사업'의 활성화를 위한 종합대책 추진 사례를 들 수 있다. 즉, 새만금 개발사업을 종합적으로 추진하기 위해 기존의 새만금 개발 관련 지원조직을 확대 · 개편하여 새만금개발청을 개청(2013.9)하고, 「새만금사업 특별법령」을 개정하는 등 조직 · 법령 · 예산 등의 일부 변동이 이루어진 바 있다. ③ '정책유지(policy maintenance)'는 기존 정책의 목표와 내용을 유지하면서 정책수단의 일부 또는 세부 구성요소 등을 계속적으로 대체해 나가는 '적응적인 변동(adaptive changes)'이라는 특징이 있다. 예를 들면, 노인의 사회참여 지원을 위한 '노인일자리 사업'의 적응적 개선을 제시할 수 있다. '노인일자리 사업'을 도입한 이후 행정수요와 정책환경의 변화에 대응할 수 있도록 사업의 범위 및 유형 등을 다양화하고 확대하면서, 사업 추진방법 및 절차 등에 대해 지속적 · 점진적으로 개선을 해오고 있다. ④ '정책종결(policy termination)'은 '정책혁신'의 "거울상(mirror image)"이자 정책 현실상 거의 발생하지 않는 유형으로서, 다른 정책 등으로의 대체없이 기존 정책과 관련된 조직, 법령, 공공지출 등의 완전한 중단을 포함한다. 예를 들면, 정책목표가 달성되거나 해당 정책을 더 이상 유지할 필요가 없을 경우에 의도적으로 조직 · 법령 · 예산 등의 폐지가 이루어진 '야간 통행금지정책 해제'(1982.1), 범정부적인 TF 조직으로서 한시적으로 운영되었던 '서울 올림픽 조직위원회 해체' 등의 사례를 들 수 있다. 다만, 이들 유형은 이념형(ideal type)의 성격이 강하므로, 정책변동 유형을 상호배타적 · 절대적으로 명확하게 구분한다고 하기보다는 정책변동의 폭과 정도에 따른 상대적인 차이로 볼 수 있다는 점도 고려할 필요가 있을 것이다.

이러한 정책변동의 유형 간 관계는 다음과 같이 설명될 수 있다(정정길 외, 2020: 609－703 참조). 먼저, 특정한 정책문제의 해결을 위한 새로운 정책이 결정 · 집행('정책혁신')된다. 이후 정책환경의 변화 및 정책수요(정책대상집단의 요구 및 지지 변화 등)에 적응하기 위하여 정책내용의 일부를 수정 · 보완하되 기존 정책의 기본골격을 유지하는 '정책유지'가 있다. 그리고 정책환경의 변화가 누적되면서 기존 정책의 내용을 상당부분 또는 대폭 수정 · 변경할 경우에 '정책승계'가 이루어지게 된다.

이때 기존 정책을 더 이상 유지할 필요성이 없거나(정책목표의 달성 또는 목표달성의 불가능 등), 또는 '정책승계'로는 변화되는 정책수요에 대응하기 어려울 경우에는 관련 정책 등이 폐지되는 '정책종결'이 나타날 수 있다[다만, 호그우드와 피터스(Hogwood & Peters, 1983)는 정책과정의 현실상 이러한 정책종결 사례는 많지 않다고 설명한다]. 한편, '정책혁신'은 이러한 정책환경 변화 및 정책수요에 적응하기 위한 새로운 정책의 도입으로 연결될 수도 있고, 또는 새로운 정책목적의 달성을 위해 새로운 정책 영역에서 도입될 수도 있을 것이다.

2) 정책변동 이론모형[16)]

대표적인 정책변동 이론모형으로는 사바티어(P. A. Sabatier)의 '정책지지연합모형(ACF)', 홀(P. A. Hall)의 '(정책)패러다임 변동모형(Paradigm Change Framework: PCF)', 머치아로니(G. Mucciaroni)의 '이익집단 위상변동모형', 킹던(J. W. Kingdon)의 '정책흐름모형(다중흐름모형)', 바움가트너와 존스(Baumgartner & Jones)의 '단절적 균형모형(PET)' 등이 제시되고 있다.

이러한 정책변동 이론모형 중 몇 가지를 살펴보면 다음과 같다. 먼저, 홀의 '(정책)패러다임 변동모형(PCF)'은 '정책지지연합모형(ACF)'과 같이 정책학습의 중요성을 강조하지만, '정책지지연합모형(ACF)'이 신념체계의 최상위 수준인 '규범적 핵심'의 변화에 따른 근본적인 정책변동은 어렵다고 설명하는 반면에, 패러다임의 변화에 따른 근본적인 정책변동도 가능하다고 주장하고 있다. 이 모형은 정책목표, 정책수단, 정책환경 등 세 가지 변수 중 정책목표 및 정책수단에 급격한 변화가 발생하여 기존정책의 연속성이 유지되지 않거나 기존 패러다임을 대체할 새로운 패러다임의 출현 및 정착으로서 패러다임 정책변동을 제시하고 있다.

한편, 머치아로니의 '이익집단 위상변동모형'은 '이슈맥락(issue context)'과 '제도적 맥락(institutional context)' 및 이들 맥락들 간의 우호적 또는 비우호적인 상호관계에 따른 정책변동 과정을 설명하고 있다. 특히, 특정 정책에 대한 입법부·행정부 구성원의 선호 또는 행태 등과 같은 '제도적 맥락'의 변화에 따라서 이익집단의 위상

16) 구체적인 내용이나 정책사례 등은 유훈(2009) 또는 양승일(2014)의 책을 참조하기 바란다.

변화가 이루어지고, 이러한 위상변화가 각 이익집단에 긍정적 또는 부정적인 영향을 미치면서 결국 정책변동으로 연결되게 된다.

생각해 볼 문제

- ✓ 정책의제설정－정책결정－정책집행－정책분석・평가－정책변동・종결 등 모든 정책과정이 행정(정책)환경과 유기적이고 역동적인 관계 속에서 순환적이고 연속적이며 수시로 환류되는 일련의 과정임을 이해하면서 정책과정 전반을 입체적으로 생각해 보자.
- ✓ 실제 정책사례 중 대표적인 정책성공 또는 실패사례를 선정한 후, 그렇게 판단하게 된 이유와 집행과정(정책수단, 정책순응・불응, 영향요인, 정책변동 등), 그리고 해당 정책집행의 결과 및 정책적 시사점에 대해 행정학(정책학) 이론과 논거를 적용하여 분석하고 설명해 보자.
- ✓ 대표적인 공공(정책)갈등 조정사례를 선정한 후, 해당 갈등상황이 발생하게 된 원인과 배경, 갈등의 유형, 주요 쟁점 등을 설명하고, 해당 갈등 조정과정에서 어떤 정책조정자가 어떠한 조정수단 등을 활용하여 어떻게 갈등상황을 완화・해결하였으며, 그 정책적 시사점과 한계는 무엇인지 설명해 보자.
- ✓ 대표적인 정책변동 사례를 선정한 후, 여러 정책변동 이론모형 중 해당 정책사례를 분석하는 데 보다 적합하다고 판단되는 정책변동 이론모형을 제시하고, 그 이유와 이론모형의 개요를 설명하자. 이후 선택한 이론모형을 적용하여 해당 정책변동 과정을 분석하고, 그에 따른 정책영향 및 결과에 대해 설명해 보자.

C·H·A·P·T·E·R 08

정부형태와 입법과정

대의제 민주주의는 국민이 선출한 대표가 선출되지 않은 관료를 민주적으로 통제하면서 발전해 왔다. 그러나 현대사회가 복잡화 · 다양화됨에 따라 이에 대응하여 정치와 행정을 분리하고, 전문적이면서 효율적인 행정을 위해 행정부 기능과 권한이 강화되는 행정국가(administrative state)현상이 나타났다.

또한 행정부 중심의 경제발전을 추진했던 과거 발전행정 시대에는 대통령과 전문관료 등이 중심이 된 행정부가 주요 정책결정 과정을 주도해왔다.

이런 과정에서 의회의 권한이 약화되고 실질적으로 행정부에 의한 입법부 통제가 지속되는 제도화된 행정국가의 형태를 보여 왔다. 이에 따라 행정의 정책과정을 이해함에 있어 국회의 입법과정은 상대적으로 소홀히 다뤄졌다.

그러나 1987년 민주화 이후 민주행정 시대에는 국회의 고유권한인 입법기능이 강화되고 있다. 이에 따라 행정부가 실질적인 정책결정권을 장악하는 행정국가화 현상은 점차 약화되고 입법부와 행정부 상호간에 정책 주도권을 둘러싼 경쟁 양상이 나타나고 있다. 따라서 민주화 이후 우리나라 행정의 정책결정 과정을 이해하기 위해서는 국회 입법과정에 대한 이해는 필수적이라고 볼 수 있다.

국회가 법률을 제정하거나 개정할 때에는 법률이 정하는 일련의 절차를 거치게 되는데, 이를 입법절차 또는 입법과정(legislation process)이라고 한다.

삼권분립 제도 하에서 견제와 균형 원칙이 제대로 작동하는 입법부와 행정부 간의 입법과정에 좀 더 주목한다면 좋은 입법과 좋은 정부를 만들어 갈 수 있을 것이다.

제 1 절 정부형태 개요

1. 공공부문의 확대

1) 정부 개념의 확대

일반적으로 행정학 영역에서의 정부는 삼권분립 하에서 정부관료 중심의 행정부로 한정하여 왔다. 그러나 세계화, 민주화의 환경변화에 대응하여 정부 개념이 확장됨에 따라 행정학 학문 영역도 확대되는 추세이다. 정부(government)를 공공정책 결정이 이루어지는 곳으로 볼 때 정부는 입법부, 사법부, 행정부를 포함한 공공조직뿐만 아니라 준정부조직까지 포함한 공공부문까지 확장시킬 수 있다.

또한 세계화, 분권화 진전에 따라 공공문제 해결을 위한 정책결정은 국제적 수준의 국제기구뿐만 지방정부 수준에서도 다양하게 이루어지고 있다. 따라서 오늘날 공공정책 과정은 정부보다는 거버넌스(governance) 개념으로 접근될 필요가 있다.

행정의 발달과정과 행정학의 학문적 정체성 형성은 정치와 행정의 관계를 어떻게 구분하여 설정할 것인가를 논의하면서 발전해 왔다. 그러나 오늘날 공공 영역이 확대되고 정책결정의 상호의존성이 복잡해짐에 따라 정치-행정 이원론과 정치-행정 일원론을 넘어서는 새로운 통합적 관점이 필요하다.

즉, 행정부 중심의 정책과정에 대한 접근에서 벗어나 국회의 입법과정을 포괄하는 새로운 접근을 시도할 때 정치 · 행정 현상을 보다 체계적으로 이해할 수 있을 것이다. 특히, 우리의 경우 1987년 민주화를 계기로 발전행정의 시대에서 민주행정의 시대로 전환되었다.

이에 따라 공공정책 결정과정을 입체적으로 이해하기 위해서는 정치와 행정의 상호관계에 대한 접근이 요구된다. 또한 대의제 민주주의 하에서 입법부와 행정부 간의 권력 위임방식에 따라 공공부문의 공공정책 결정과정에 상당한 차이를 발생하고 있다. 이것이 바로 행정학에서도 정부형태에 대한 이해가 필요한 이유라고 본다.

2. 정부형태론

1) 권력구조론

오늘날 국가의 정부형태는 군주제, 입헌군주제, 공화제로 구분된다(신명순 · 진영재, 2019). 군주제는 세습 국왕에 의해 통치되는 정부형태이다. 반면, 공화제는 민주적 헌법에 의거한 정부형태로서 국민들이 선출한 대표들에 의해 통치되는 형태이다. 입헌군주제는 형식상 국왕이 국가원수이지만 실제 정치는 헌법에 따라 민주적 통치가 이루어지는 정부형태이다.

그러나 권력구조, 정부형태에 대한 논의는 대의제 민주주의를 토대로 논의되는 것이 일반적이다. 즉, 대의제 민주주의 국가에서 정부형태는 선출된 정치권력을 행정부와 입법부를 중심으로 어떻게 기능적으로 배분하는가의 권력구조 내지 유형의 분류 문제로 크게 의원내각제, 대통령제, 이원정부제로 구분된다. 최고 규범인 헌법은 국가별 민주주의 발달의 정치적 맥락을 반영하여 개인의 자유와 권리 보장을 위한 다양한 권력구조 형태를 담고 있다.

대통령제는 권력분립(separation of power)의 원칙에 입각하여 의회로부터 독립하여 의회에 정치적 책임을 지지 않고 대통령 중심으로 운영되는 정부형태를 말한다. 입법부와 행정부의 권력 분립을 핵심으로 하는데, 시민의 자유와 권리보장을 위하여 국가권력의 분산을 통한 권력의 제한을 강조한 몽테스키외(Charlels de Montesquieu) 삼권 분립론을 충실하게 반영한 정부형태이다. 또한 대통령제는 대통령과 의회를 국민의 직접선거로 선출한다는 점에서 이원적 정통성(dual legitimacy)의 특성을 나타낸다. 한편, 의원내각제는 의회주의를 토대로 의회에서 선출된 내각을 중심으로 운영되는 정부형태이다. 입법부와 행정부의 권력 융합을 특징으로 하며 정부의 수반인 수상(prime minister)은 입법부의 신임이나 불신임의 대상이 된다.

이원집정부제는 대통령제와 의원내각제의 특징이 절충된 정부형태이다. 대통령과 의회가 국민의 직접선거로 선출되면서 동시에 대통령이 임명한 총리와 내각이 의회 불신임의 대상이 되는 특징을 지닌다(신명순·진영재, 2019).

대통령제와 의원내각제는 다음과 같은 측면에서 결정적인 차이가 난다(Lijphart, 2012). 우선, 대통령제에서 정부 수반은 선출되어 헌법상 임기가 보장되며, 보통의 상황에서는 내각의 불신임으로 사임을 강요받지 않는다. 반면, 의원내각제에서 내각은 의회의 신임에 의존하며 내각불신임으로 해산될 수 있다. 다음으로, 대통령제에서 대통령은 대중선거로 선출된 반면, 의원내각제에서 수상은 의회에서 선출된다. 마지막으로, 대통령제에서 행정부 장관은 대통령에게 조언하거나 대통령에게 종속된 역할을 갖는 반면, 의원내각제는 내각 각료가 공동 결정 내지 협력의 역할을 담당한다.

대통령제는 대통령의 확정된 임기로 행정부의 안정성이 높고, 정책 결과에 대한 대통령의 책임성을 확보할 수 있는 장점이 있다. 반면, 승자독식의 권력구조에 따른 대표성의 결함과 분점정부 출현에 따른 정국 교착이 단점으로 지적된다. 특히 린쯔(Linz, 1994)는 대통령제의 국정운영이 대통령 개인의 자질에 의해 지나치게 좌우되어, 대통령의 리더십위기가 국정마비 내지 민주정치체제의 위기를 초래할 위험성을 강조한다.

의원내각제는 정당 간 연합을 통한 연립정부를 구성하고 내각 불신임을 통해 수상을 해임할 수 있어 정치적 통합성과 유연성을 확보할 수 있다. 반면, 내각의 잦은 교체로 정치적 불안정을 초래할 수 있다는 단점이 있다.

2) 대통령제 하 단점·분점정부론

이원적 정통성(dual legitimacy)을 특징으로 하는 대통령제 하에서는 필연적으로 단점정부 혹은 분점정부의 정부형태가 나타난다. 먼저, 대통령이 속한 정당과 국회의 과반수 의석을 차지한 정당이 동일한 경우로 이러한 정부형태를 단점정부(unified government)라고 한다. 다음으로, 입법부와 행정부를 지배하는 정당이 다른 경우는 분점정부(divided government)라고 부른다. 분점정부는 대통령을 배출한 정당이 의회에서 다수당의 지위를 확보하지 못한 경우를 말한다.

전형적인 대통령제를 취하고 있는 미국에서 제2차 세계대전 이후 분점정부가 빈번하게 등장하면서 정부형태에 대한 학문적인 관심을 높아졌다. 연구의 초점은 분점정부의 등장 원인과 분점정부가 정치과정에 미치는 효과에 맞춰졌다.

먼저, 분점정부의 발생 원인으로 행태적 요인과 제도적 요인이 제시된다. 행태적 측면에서는 유권자의 분할투표(split-ticket voting)행태 내지 정책균형 분할투표이론이 분점정부 등장의 원인으로 제시되고 있다. 분할투표는 유권자가 동일 정당 후보를 지지하지 않고 공직 후보자의 자질에 따라 각각 다른 정당에 투표하는 행태를 의미한다. 미국의 경우, 20세기 후반 이래로 정당일체감의 감소와 현직의원 효과로 분할투표 경향이 증대되어 왔는데, 이러한 영향이 의도하지 않은 분점정부의 등장을 초래했다는 것이다. 반면, 정책균형 분할투표이론은 유권자들이 의도적으로 정책균형을 추구하기 위하여 각각 다른 정당에게 투표하는 행태를 보임으로써 분점정부가 등장한다고 본다.

한편으로, 제도적 측면에서는 선거의 시기나 대통령과 국회의원을 선출방식과 관련된 선거제도(결선투표 허용 여부, 선거구제, 비례대표제 등) 등이 강조되고 있다. 예를 들어, 미국의 경우 대통령의 임기 중간에 치러지는 중간선거가 분점정부를 초래하는 주요 원인으로 제시되었다.

1987년 민주화 이후에 한국의 정당정치는 대체로 3~4개의 정당이 주도하는 온건다당제의 형태를 보여 왔다. 한국에서 분점정부 출현의 가장 일차적인 요인은 다당제와 단순다수제를 통한 대통령 선출방식의 결합에 있다.

이와 더불어 분점정부를 가져오는 다른 중대한 요인은 선거주기의 불일치 문제다. 국회의원 선거는 4년, 대통령 선거는 5년 주기로 상이한 선거주기를 갖고 있다. 따라서 대부분의 대통령은 임기 중반 내지 후반에 치르는 국회의원 선거에서 대통령의 소속 정당인 집권여당은 대개 의석의 감소를 겪게 되고, 분점정부의 지속적인 출현 내지는 심화의 요인이 되어 왔다.

제 2 절 국회 제도 및 현황

1. 국회의 구조와 지원제도

1) 입법부 의의: 견제와 균형, 삼권분립

입법부는 법을 만드는 국민의 대표기관이다. 입법부는 의회라고도 하며 국민에게 필요한 법을 제정하고, 행정부는 의회가 제정한 법률을 집행하는 역할을 한다.

현대 민주주의 국가에서 대부분 정치권력은 삼권분립의 원칙에 따라 입법부, 행정부, 사법부로 나뉜다. 이들 기관들은 독립적인 관계이며, 상대 기관에 대한 상호견제를 통해 국가권력의 집중과 남용을 방지하고 있다.

대한민국 「헌법」에서는 "입법권은 국회에 속하고(제40조)", "행정권은 대통령을 수반으로 하는 정부에 속하며(제66조 제4항)", "사법권은 법관으로 구성된 법원에 속한다(제101조)"라고 삼권분립을 규정하고 있다.

미국 정치체제에서도 정치권력은 삼권분립의 원칙에 따라 구성되어 있다. 미국 헌법의 근간이 된 연방주의자 논문 51번[1)]에서 제임스 매디슨(James Madison)은 "야망은 야망에 의해 제어되어야 한다(Ambition must be made to counteract ambition)"는 말을 통해 견제와 균형의 원리(checks and balances)를 표현했다(Anderson, 2011). 의회는 전적으로 법률을 제정할 수 있는 권한을 가지나 대통령은 이에 대한 거부권을 가지고 있다. 다만, 의회에서 의원의 2/3 이상의 찬성을 통해 대통령의 거부권을 거부할 수 있다. 대통령은 고위관료의 임명권을 가지나 의회의 동의를 받아야 하며, 연방대법원도 위헌법률심판권을 갖지만, 그 구성에 있어서도 의회의 동의를 받는다. 정책결정자들의 거부권의 관점에서 보면 견제와 균형의 원리는 주요 의사결정자들에게 거부권을 부여해 다수의 입장을 소수에게 강요할 수 없게 만드는 원

---

1) 「연방주의자 논집(The Federalist Papers)」은 알렉산더 해밀턴(A. Hamilton), 제임스 매디슨(J. Madison), 존 제이(J. Jay)가 연방헌법 지지를 이끌어내기 위해 뉴욕 시의 신문에 푸블리우스(Publius)라는 필명으로 기고한 85개 논문을 말한다. 연방주의자 논문 51번은 파벌의 폐해를 강조한 연방주의자 논문 10번과 더불어 가장 유명한 글로 정부 권력 간 견제와 균형의 원리가 필요함을 강조했다.

리이다. 입법부가 먼저 법안을 만들어 행정부에 제안하면 거부권 행사자인 대통령은 거부와 수용 중 한 가지만 선택할 수 있다. 따라서 미국의 대통령제에서 의회는 의제 설정자(agenda setter)가 되고 대통령은 거부권 행사자가 된다.

이와 같이 정치권력의 구성에 있어 삼권분립의 원칙과 견제 균형의 원리를 적용한 것은 행정부 권력의 남용을 방지하고 국민의 자유와 권리 침해를 막기 위한 것이다.

2) 국회의 구성방식: 단원제와 양원제

일반적으로 의회는 단일한 합의체 조직으로 구성되는 단원제와 두 개의 합의체에 의해 구성되는 양원제로 구분된다. 우리나라는 상원과 하원 구분이 없는 단원제를 실시하고 있고, 미국은 상원과 하원으로 구성된 양원제 국회를 구성하고 있다. 단원제와 양원제는 정당의 개수와는 상관이 없다.

대의제 민주주의의 발전과정에서 양원제는 전통적인 귀족 계층을 대변하거나 연방제 하에서 주의 이익을 대표하기 위한 국가들을 중심으로 도입되었다.

양원제는 상원의 존재로 인하여 보다 다양한 계층 또는 주의 선호와 이익을 보다 공평하게 대변할 수 있다는 점에서 단원제보다 대표성이 높은 특징을 보인다(조진만, 2010). 또한 양원제는 입법부와 집행부 간의 견제뿐만 아니라 의회 내에서 견제와 균형이 가능한 장점도 있다. 반면, 양원제는 의사결정 권한이 나눠지는 이른바 거부점(veto point)의 증가로 집합적 의사결정의 효율성을 저해하는 경향이 있다.

단원제에서는 독단적인 권력 행사로 국정 심의가 소홀해지거나 다수당의 횡포를 견제하기가 어려운 것이 단점이다. 전문성을 고려한 직능 대표제 도입이 곤란하며 의회와 정부가 충돌할 경우 해결이 어렵다.

우리나라는 제2공화국 때 잠시 양원제를 채택한 적이 있었으나, 제헌 헌법과 제3공화국 이후부터는 단원제를 채택하고 있다. 「헌법」 제41조 제2항에서는 국회의원의 수는 법률로 정하되, 200인 이상으로 한다고 명시되어 있다.

제20대 국회의 지역구의원은 253명, 비례대표의원은 47명으로 지난 제19대 국회 지역구의원(246명)과 비례대표의원(54명)에 비교해 비례대표 비율이 소폭 상향조정 되었다.

3) 국회 운영방식: 본회의와 상임위원회

국회의 운영방식은 크게 본회의 중심주의와 상임위원회 중심주의 두 가지로 구분된다. 본회의는 국회에서 국회의원 모두가 참여하는 회의로서 국회의 의사를 최종적으로 결정하는 회의를 뜻한다. 그리고 상임위원회는 국회에서 본회의를 개최하기에 앞서 그 소관 사항에 관한 안건 등을 전문적으로 심의하기 위하여 상설 운영되는 위원회를 말한다.

본회의 중심주의는 본회의가 중심이 되어 모든 안건을 심의·표결하는 것을 원칙으로 한다. 국민의 여론을 정확히 반영할 수 있지만, 본회의에 다른 상임위원회 소속 의원들은 제대로 안건을 검토하지 못하고 표결에 참가할 수 있어 제대로 된 심의·표결이 이뤄지지 못하는 단점이 있다.

상임위원회 중심주의는 법안 심사의 전문성과 효율성 제고를 위해 분야별 상임위원회를 구성하여, 실질적인 법안 심사가 상임위원회에서 이루어지는 방식을 의미한다. 상임위원회 제도는 안건 심의와 표결에 있어 상임위원회가 중심이 된다. 분야별로 상임위원회 위원들이 전문적인 정책지식을 가지고 심사할 수 있어 정책결과의 불확실성을 감소시킬 수 있다.

위원회제도는 본회의 제도에 비해 국회의원의 발언 기회가 크고, 입법과정에 대한 이해관계자들의 의견을 통해 의사결정을 하는 경우가 많다. 즉, 분업의 원리에 따라 본회의 과정에서 다뤄야 할 과제를 분담하는 제도장치가 상임위원회라면, 상임위원회제도를 보다 전문적으로 세분화시킬 필요가 있다.

현재 국회의 위원회는 17개의 상임위원회(제20대 국회에서 교육문화체육관광위원회가 교육위원회와 문화체육관광위원회로 나뉘어, 16개 상임위원회에서 17개 상임위원회로 변경됨)와 3개의 특별위원회(예산결산특별위원회, 윤리특별위원회, 인사청문특별위원회 등)로 구성된다.

국회는 수개의 상임위원회 소관과 관련되거나 특히 필요하다고 인정한 안건을 효율적으로 심사하기 위하여 본회의 의결로 특별위원회를 둘 수 있다. 또한 위원회는 특정한 안건의 심사를 위하여 소위원회를 둘 수 있다.

4) 국회 지원조직

국회의 고유기능을 원활하게 작동하기 위해서는 입법활동을 전문적으로 지원하는 기구가 필요하다. 즉, 의회가 사회의 다양한 선호들을 대변하여 입법활동을 수행하도록 민의 수렴 역할을 지원하고, 행정부와의 관계에서 전문성 부족과 정보비대칭의 문제를 해소할 수 있도록 정책 전문성을 지원하는 기구가 필수적이다.

국회를 지원하는 구조는 크게 조직 차원으로서의 지원기구와 개인 차원으로서의 지원기구로 나눠 볼 수 있다. 조직 차원으로서의 지원기구로는 국회사무처, 국회입법조사처, 국회예산정책처, 국회도서관이 있으며, 개인 차원으로서의 지원기구는 의원을 가장 가깝게 개인 보좌하는 보좌직원(보좌진)이 있다.

우선, 조직 차원으로서의 지원기구를 살펴보면 다음과 같다. 국회사무처는 기본적으로 국회의장의 지휘와 감독을 받아 국회 및 국회의원의 입법활동을 지원하는데, 주로 국회의 각종 행정업무를 처리한다. 다음으로, 국회입법조사처는 「국회법」 제22조의3 및 「국회입법조사처법」에 근거하여 2007년 3월 25일에 설립된 국회의 전문적인 입법·정책 조사분석기관이다. 입법 및 정책과 관련된 사항을 조사·연구하여 국회의 위원회와 국회의원에게 제공함으로써 의원들의 의정활동을 지원하는 기능을 담당한다. 국회예산정책처는 「국회법」 제22조의2 및 「국회예산정책처법」에 근거하여 2004년 3월 3일에 설립된 기관이다. 국회예산정책처는 국가의 예산결산·기금 및 재정운용과 관련된 사항에 관하여 연구분석·평가하고, 국회의 재정통제권을 강화하기 위해 비당파적이고 중립적으로 전문적인 연구·분석을 수행한다. 국회도서관은 풍부한 지식과 창작물을 수집·정리하여 국민들이 편리하게 접근할 수 있도록 하는 중요한 기능을 하고 있다(국회법 제22조).

개인 차원으로서의 국회 보좌직원은 보좌진 임용에 대한 별도의 법률적 근거는 찾기 어렵다. 다만, 현행 국회의원 보좌진 운영에 대한 법률적 근거는 1973년 제9대 국회에서 제정된 「국회의원수당 등에 관한 법률」 개정안 제9조 '보조직원'이라는 명칭 아래에, "국회의원의 입법활동을 지원하기 위하여 비서관 등 보조직원을 둔다"는 것이 유일하다.

2020년 기준, 각 국회의원은 4급 보좌관 2명, 5급 비서관 2명, 6급 비서 1명, 7급

비서 1명, 9급 비서 1명의 별정직 공무원과, 인턴비서 2명 등 총 9명의 보좌직원을 고용할 수 있다. 의회의 기능과 역할이 강화됨에 따라 국회 지원 조직 확대 필요성이 제기되고 있으며, 이에 따라 국회 지원조직의 규모는 점차 확대될 것으로 전망된다.

2. 국회 입법과정

행정부는 국회가 제정한 법률의 집행기능을 담당하고 있으며 행정의 근간은 법률이 된다. 정부의 정책이 정당성을 확보하기 위해서는 반드시 국회에서 제정되는 법률이 뒷받침되어야 한다. 만일 국회가 제정한 법률이 행정부와의 협의가 제대로 되지 않았다면 집행과정에서 문제가 발생할 가능성이 높다.

따라서 법률안을 제·개정하는 입법과정을 알아보고, 행정부가 의견을 개진할 수 있는 기회를 확보하는 것이 필요하며 법률 제정과정을 알아보는 것은 정책집행의 효율성을 높이는 데 도움이 될 것이다.

우리나라 「헌법」은 여러 조항에서 입법에 관하여 규정하고 있다.

먼저, 「헌법」 제40조에서는 "입법권은 국회에 속한다"라고 규정하고 있어 법률제정권인 입법권이 국회에 있음을 알 수 있다. 더불어 「헌법」 제52조에서는 국회의 구성원인 국회의원 이외에 정부에도 법률안 제출권을 부여함으로써 입법과정에서 정부의 참여를 제도적으로 보장하고 있다. 「국회법」 제51조에서는 "위원회는 그 소관에 속하는 사항에 관하여 법률안 기타 의안을 제출할 수 있다"고 규정하고 있어 위원회의 입법권을 인정하고 있다. 입법과정을 정부 입법과 의원발의 입법으로 구분하여 살펴보면 다음과 같다.

1) 정부 입법과정

정부제출 법률안은 일반적으로 해당 주무부처가 제출한다. 입법계획에 따라 초안을 작성하고 그 법률안 내용과 관련이 있는 다른 관계부처와 당정협의를 마친 후 입법취지, 주요 내용 또는 전문을 관보·공보나 인터넷·신문·방송 등의 방법으로 입법예고해야 한다. 그 후 정부 내 규제개혁위원회의 규제영향평가를 거쳐 법제처의 심사, 차관회의 및 국무회의의 심의를 거쳐 대통령의 결재를 받은 후 국회에 제출하게 된다. 정부제출 법률안은 의원발의 법률안에 비해 절차와 조건이 복잡하고 까다로운 편이라 쟁점법안이거나 통과를 긴급히 요하는 법률안의 경우에 있어서는 해당 상임위원회 소속 의원에게 입법발의를 부탁해서 제출하는 경우가 있다.

(1) 입법계획의 수립

입법계획제도가 도입됨에 따라 각 중앙행정기관의 장은 해당 연도의 입법수요를 파악하여 입법의 필요성, 주요 내용, 추진일정, 입법효과 등을 포함한 입법계획을 수립하여 매년 1월 15일까지 법제처에 제출하게 된다.

그림 8-1 정부입법절차

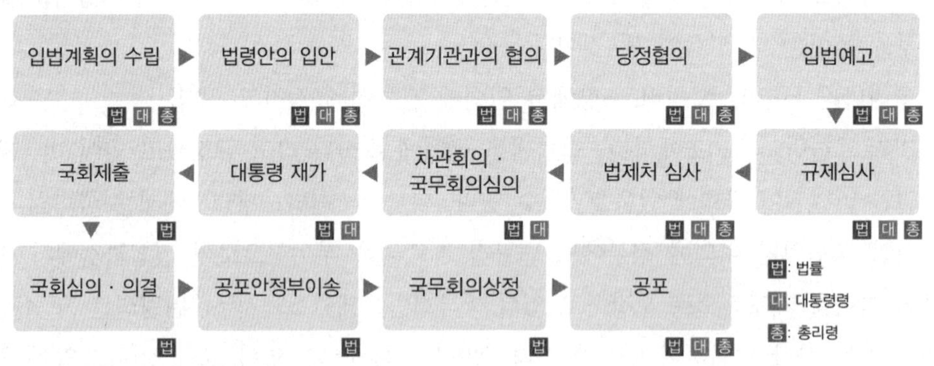

출처: 정부입법지원센터(www.lawmaking.go.kr/lmGde/govLm).

(2) 법령안의 입안

어떤 정책을 결정한 후에 그 정책의 시행과 관련하여 입법이 필요하다고 판단되면, 정책의 주무부처인 중앙행정기관이 그 소관 사항에 대하여 법령안을 입안한다.

(3) 관계기관과의 협의

법령안 주관기관은 그 법령안에 대하여 발생할 수 있는 이견을 사전에 조정하기 위하여 10일 이상의 관계기관 협의과정을 진행한다.

(4) 당정협의

국가의 중요 정책사항 또는 국민생활에 중대한 영향을 미치는 법령을 입안하는 때에는 여당과 당정협의 과정을 거친다.

(5) 입법예고

입법예고제도는 국민의 권리·의무 또는 일상생활과 밀접한 관련이 있는 법령 등을 제정·개정하는 경우, 국민의 입법의견을 반영하기 위해 사전에 공개하는 절차이다. 입법예고기간은 통상 40일 이상이나 긴급을 요하거나 입법예고가 필요가 없거나 곤란하다고 판단되는 경우, 그 절차를 생략하거나 단축할 수 있다.

(6) 규제심사

법령안 주관기관의 장은 규제를 신설 또는 강화하는 내용의 법령을 제·개정하려는 경우, 법제처에 법령안 심사를 요청하기 전에 규제영향 분석서, 자체 심사의견 등을 첨부하여 규제개혁위원회에 규제심사를 거쳐야 한다.

(7) 법제처 심사

법제처에서 법령안의 자구·체계 등의 형식적 사항뿐만 아니라 헌법이념 및 상위법과의 위반 여부, 다른 법령과의 중복·충돌 여부, 입법내용의 적법성 등 실질적인 사항에 대하여도 심사를 하여 원안을 수정·보완하는 단계이다.

(8) 차관회의·국무회의 심의 및 대통령 재가

법률안에 대한 법제처의 심사가 완료되면 그 법령안은 차관회의 및 국무회의의 심의 이후 대통령 서명과 국무총리 및 관계 국무위원이 부서를 거쳐 국회에 제출된다.

2) 의원발의 입법과정

(1) 법률안 준비 및 발의

국회의원들이 국회에 발의할 법률안은 해당 의원이나 보좌직원이 입법정보를 수집하여 직접 법률안을 작성하거나, 국회사무처 법제실에 초안을 입안의뢰하여 작성하기도 한다. 작성된 법률안은 본인 포함 국회의원 10인 이상의 찬성을 얻어 발의할 수 있다. 한편, 위원회도 그 소관에 속하는 사항에 관하여 위원장 명의로 법률안 기타 의안을 제출할 수 있다.

(2) 법률안 제출

법률안 제출 시 예산 또는 기금상의 조치를 수반하는 법률안의 경우에는 예상되는 비용에 대한 비용추계서를 제출해야 한다. 법안비용추계(cost estimates on the bills)는 해당 법률안이 국회에서 의결되어 시행될 경우 국가가 부담해야 할 재정지출 증가 또는 재정수입 감소 금액을 추산(推算)하는 것을 말한다. 국회는 1973년 「국회법」을 개정하여 재정을 수반하는 의원발의 의안에 대해 예산명세서(비용추계서)를 첨부하도록 하였으나, 제출이 활성화된 것은 제17대 국회부터이다(국회예산정책처, 2012). 제20대 국회에서는 국회의원이 정부예산 지출을 수반하는 법안을 발의할 때 재원 확보 방안을 함께 제출하도록 의무화하는 '페이고(pay-go)[2]' 법안이 발의되었다.

(3) 소관 상임위원회 심사

① 위원회 회부 및 상정

우리나라는 상임위원회 중심주의를 취하고 있어 법률안에 대한 실질적인 심사는 소관 상임위원회를 중심으로 이루어지고 있다. 국회에 제출된 모든 법률안은 해당 상임위에 배정되어 소관 상임위원회에 회부되지만, 상당수의 법안은 상정되지 못하고 위원회에 상정된 상당수의 법안은 상임위에 계류되어 임기만료폐기되는 경우가 많다. 따라서 제출된 법안의 통과 여부는 국회 상임위원회 심사과정에서 실질적으로 결정된다고 볼 수 있다.

2012년 개정된 일명 '국회선진화법'에는 입법지연을 방지하고 입법효율성을 향상시키기 위한 제도적 장치로 의안자동상정제도(소위 패스트트랙)가 도입되었다. 「국회법」 제59조의2에서는 위원회에 회부되어 상정되지 못한 의안은 일정 숙려기간이

2) 새로운 재정 지출 사업을 추진할 때 기존 사업 지출을 줄이거나 재원대책을 의무적으로 마련해야 하는 시스템으로 재정건전성을 높이기 위함이다. 페이고(pay-go) 제도는 재정건정성을 해치는 포퓰리즘(populism) 법안의 발의를 막을 수 있는 장점이 있으나, 정책의 유연성을 떨어뜨리는 단점도 있다.

경과한 후 30일이 경과하면 자동으로 위원회에 상정되는 것으로 규정하고 있다. 제20대 국회에서는 선거법 개정안, 고위공직자범죄수사처(공수처) 설치 법안, 검・경 수사권 조정 관련 법안이 패스트트랙을 통해 처리되면서 여야 간 대치가 심화되었다. 의안자동상정제도 도입으로 실제 위원회 법안 심사기간이 단축되는지에 대한 활발한 논의가 제기되고 있다.

② 법률안 제안설명, 전문위원 검토보고

법률안이 위원회에 상정되면 제안자(의원발의: 대표발의자, 정부제출: 국무위원이나 정부위원)는 위원회에 출석해 법률안의 제안이유와 주요 내용을 설명한다. 이후 해당 위원회 소속 전문위원들이 법률안의 내용 및 형식 등 전반에 대해 검토보고서를 제출한다.

전문위원들의 검토보고서는 심사할 안건에 대한 제안이유, 문제점, 장・단점과 그 밖에 필요한 사항을 조사・분석하여 작성하는 보고서이며, 위원회 소속 위원들이 법률에 대해 전문적으로 심사할 수 있는 자료 중 하나이다.

전문위원의 검토보고가 끝나면 법률안 전체에 대하여 위원회 소속 위원들이 제안자에게 질의를 하고 답변을 듣는 등 대체토론을 벌인다.

③ 공청회・청문회

위원회는 대체토론이 끝나면 「국회법」 제58조 제6항에 따라 심사법률안에 대하여 공청회 또는 청문회를 개최하여야 한다. 다만, 위원회의 의결로 이를 생략할 수 있다고 되어 있다. 공청회가 법률안의 통과를 위한 단순 형식에 그치는 것이 아니라 국민의 의견을 충분히 반영할 수 있는 절차로서 진행되어야 한다. 또한 공청회의 내실화를 위해서는 공청회에 대한 평가가 함께 이뤄지는 것이 필요하다는 주장이 있다(정재황, 2003: 49－50).

④ 소위원회 심사보고 및 의결

위원회는 대체토론이 끝나면 안건을 반드시 상임위원회 내 소위원회에 회부하여 심사・보고하게 하거나 새로운 수정안・대안을 만들어 제안할 수 있다. 소위원장은 그 심사경과와 결과를 위원회에 보고하며 상임위원회는 소위원회 보고를 토대로 법률안을 한 조항씩 낭독하며 심사하는 축조심사를 실시한다. 그 후 찬반토론을 거쳐 법률안에 대해 표결한다. 축조심사 후 법률안에 대하여 찬반의견을 표명하는 찬반토론을 거친다. 토론은 찬반의견뿐만 아니라 찬반이유와 수정의견을 제시할 수 있으며, 이후 찬성이나 반대의 의사를 집계하여 표결을 실시한다. 위원회에서의 표결은 재적위원 과반수의 출석과 출석위원 과반수의 찬성으로 의결한다.

(4) 법제사법위원회 심사

소관 위원회에서 표결을 통과한 법률안은 법제사법위원회에 회부하여 체계 · 자구에 대한 심사를 거쳐야 한다. 체계심사라 함은 법률안 내용의 위헌여부 관련 법률과의 저촉 여부, 같은 법률 내의 조항 간 모순, 충돌 유무를 심사하며 동시에 법률 형식을 정비하는 것을 말한다. 자구심사라 함은 법률문구의 정확성, 용어의 적합성과 통일성 등을 심사하여 관련 법률 간, 같은 법률 내의 용어의 통일을 기하고, 법률을 읽는 국민이 그 내용을 쉽게 이해하도록 법률용어를 정비하는 것을 말한다.

법제사법위원회의 체계 · 자구 심사제도는 제2대 국회에서 제2차 「국회법」 개정(1951년)을 통해 위원회에서 심사를 완료한 법률안에 대한 법제사법위원회의 보충적 심사 규정(법률안의 체계와 형식에 대한 심사를 하여 소관 위원회에 회송)을 도입함으로써 최초로 도입되었다. 이후 제9차 「국회법」 개정(1960년)에서 각 상임위원회별 소관 업무를 최초로 규정하면서 법제사법위원회에 법률안 체계 · 형식 · 자구심사권이 소관 업무로 명시되었다. 또한 오늘날과 같이 "위원회에서 법률안의 심사를 마치거나 입안한 때에는 법제사법위원회에 회부하여 체계와 자구에 대한 심사를 거쳐야 한다"는 의무 규정이 추가되었다.

이러한 법제사법위원회의 '체계 · 자구 심사권'의 범위를 둘러싼 논쟁이 지속되고 있다. 법제사법위원회의 체계 · 자구 심사권을 통해 "법률안의 헌법 합치성 여부를 검토할 수 있다고 보는 주장과 다른 위원회에 회부된 법률안의 실질적인 내용은 심사할 수 없다"는 주장이 대립되고 있다.

(5) 본회의 심의 및 의결

'심의'란 회의형식에 따라 안건의 내용을 심사하고 논의하는 것을 의미하는데, 현행 「국회법」에서는 본회의의 심사 · 논의를 '심의'라 하고 위원회의 안건에 대한 검

그림 8-2 국회 입법과정

단계	주체	내용
제안(제출)	- 국회의원 10인 이상 - 정부	- 제안권자(국회의원), 제출(정부) - 국회의원: 10인 이상의 찬성 - 국회의 위원회도 그 소관에 속하는 사항에 관하여 법률안 제안 - 정부: 국무회의 심의를 거쳐 대통령이 서명하고, 국무총리・관계 국무위원이 부서하여 제출
회부	- 국회의장	- 국회의장은 법률안이 발의 또는 제출되면 이를 인쇄하여 의원에게 배부하고 본회의에 보고한 후(폐회, 휴회 등으로 보고할 수 없을 때에는 생략), 소관 위원회에 회부하여 심사하게 함.
위원회 심사	- 상임위원회	- 위원회는 회부된 법률안에 대하여 위원회 상정 → 제안자 취지설명 → 전문위원 검토보고 → 대체토론 → 소위원회심사보고 → 축조심사 → 찬반토론 → 의결(표결)의 순서로 심사
법제사법위원회 체계 자구심사	- 법제사법위원회	- 위원회의 심사를 마친 법률안은 법제사법위원회에 회부되어 체계・자구심사를 거치게 됨.
전원위원회 심사		- 위원회의 심사를 거치거나 위원회가 제안하는 의안 중 정부조직에 관한 법률안, 조세 또는 국민에게 부담을 주는 법률안 등 주요 의안에 대해서는 당해 안건의 본회의 상정 전이나 상정 후 재적의원 4분의 1 이상의 요구가 있으면 의원 전원으로 구성된느 전원위원회의 심사를 거침.
본회의 심의・의결		- 체계・자구심사를 거친 법률안은 본회의에 상정되어 심사보고, 질의・토론을 거쳐 재적의원 과반수의 출석과 출석의원 과반수의 찬성으로 의결됨.
정부이송		- 국회에서 의결된 법률안은 정부에 이송되어 15일 이내에 대통령이 공포함.
대통령의 거부권 행사		- 법률안에 이의가 있을 때에는 대통령은 정부이송 후 15일 이내에 이의서를 붙여 국회로 환부하고, 그 재의를 요구할 수 있음. - 재의 요구된 법률안에 대하여 국회가 재적의원 과반수의 출석과 출석의원 3분의 2이상의 찬성으로 전과 같은 의결을 하면 그 법률안은 법률로서 확정됨. - 정부이송 후 15일 이내에 대통령이 공포하지 않거나 재의요구를 하지 않는 경우 그 법률안은 법률로서 확정됨.
공포		- 대통령은 법률안이 정부에 이송된 지 15일 이내에 공포하여야 함. - 법률로 확정되거나, 확정법률의 정부이송 후 5일 이내에 대통령이 이를 공포하지 않을 경우 국회의장이 공포함. - 법률은 특별한 규정이 없으면 공포한 날로부터 20일을 경과함으로써 효력을 발생함.

출처: 대한민국 국회.

토 · 논의는 '심사'라는 용어로 구별하여 사용하고 있다(국회사무처, 2012).

본회의 심의 시 위원회의 심사를 거친 안건과 심사를 거치지 아니한 안건의 절차는 서로 다르게 진행된다. 위원회의 심사를 거친 안건은 위원장의 심사보고→질의→토론→표결의 순으로 진행되며, 질의와 토론 또는 그 중의 하나를 생략할 수 있다. 반면, 위원회의 심사를 거치지 아니한 안건은 제안자의 취지 설명→질의→토론→표결의 순으로 심의절차가 진행된다(국회법 제93조).

3) 국회 입법 현황

1987년 민주화 이후 국회에 제출된 법안은 얼마나 증가해 왔고 제출된 법안은 얼마나 통과되었을까? 그리고 현재 제정된 법령은 얼마나 될까?

제13대 국회에서 총 938건이 제출되었으며 의원법안(위원장 제출 포함)은 570건, 정부법안은 368건이었다. 반면, 제20대 국회를 보면 총 24,141건의 법률안이 국회에 제출되었으며, 의원법안은 23,047건, 정부법안은 1,094건 제출되었다.

제13대 대비 제20대 국회에 제출된 법안이 대략 24배 이상 증가한 것을 알 수 있다. 특히, 의원법안은 40배 이상 증가하여 국회가 입법과정을 주도하고 있는 것으로 나타났다. 반면, 제출된 법안이 얼마나 통과되었는가를 의미하는 법안 가결률[3]은 제13대 국회 52.5%에서 제20대 국회 13.2%로 지속적으로 하락하는 경향을 보인다. 또한 정부법안 가결률에 비해 의원발의 법안의 가결률은 지속적으로 낮은 경향을 보인다.

이렇게 의원법안 발의가 급증한 원인은 다양한 측면에서 찾을 수 있다.

첫째, '일하는 국회', '정책국회'가 강조됨으로써 의원 입법의 중요성에 대한 국민 · 국회의원들의 인식이 변화했다는 점을 들 수 있다. 둘째, 의원의 의정활동에 대한 언론, 시민단체의 의정평가가 법률안 제출 건수와 같은 양적 지표 중심으로 전개되고, 제16대 국회 후반기부터 의원발의 요건이 20인 이상 찬성에서 10인 이상 찬성

3) 국회 의안정보시스템에 따르면, 법률반영을 본회의에서 가결된 법률안, 본회의에 부의되지 않았으나 위원회에서 제안한 대안에 반영된 법률안 등 국회에서 법률안을 심의한 결과 최종적으로 법률에 반영된 법률안으로 본다. 이에 따르면, 가결률은 법률안 제출건수 대비 원안가결, 수정가결, 대안반영폐기 비율이 된다. 여기에서는 가결률은 대안반영폐기를 제외한 비율로 계산했다.

으로 완화되면서 의원법안 발의가 급증한 측면이 있다. 셋째, 사회 · 경제 환경이 급변함에 따라 기존의 정책을 변경하거나 법률안을 재정비할 필요가 많아진 것도 한 원인이 될 것이다.

한편, 실적 위주의 의원법안 발의가 폭증하면서 과잉 · 부실입법을 초래한다는 비판이 제기된다. 따라서 규제를 신설 · 강화하는 의원 입법의 경우에 정부법안과 마찬가지로 규제영향분석 도입이 필요하다는 의견이 있다. 또한 의정평가지표에 단순한 정량지표뿐만 아니라 입법의 품질을 고려한 질적 지표 기준도 추가되어야 한다는 주장도 있다. 한편, 법제처 자료에 따르면,[4] 현행(2020.4.1. 기준) 법령은 법률이 1,528건, 대통령령이 1,723건, 총리령 87건, 부령 1,242건, 기타 348건으로 총 4,928건에 달한다.

표 8-1 역대 국회 법률안 제출 현황

역대 국회	총 법안			의원발의안			정부발의안		
	제출안	통과안	가결률	제출안	통과안	가결률	제출안	통과안	가결률
제헌	246	138	56.0	103	42	40.7	143	96	67.1
제2대	398	214	53.8	182	77	42.3	216	137	63.4
제3대	410	157	38.3	169	72	42.6	241	85	35.5
제6대	658	332	50.5	416	178	42.8	242	157	63.6
제7대	535	357	66.7	244	123	50.4	291	234	80.4
제9대	633	544	85.9	154	84	54.5	479	460	96.0
제11대	489	340	69.5	202	83	41.1	287	257	89.5
제12대	379	222	58.6	211	66	31.3	168	156	92.9
제13대	938	492	52.5	570	171	30.0	368	321	87.2
제14대	902	656	72.3	321	119	37.1	581	437	92.4
제15대	1,951	1,120	57.4	1,144	461	40.3	807	659	81.7
제16대	2,507	945	37.7	1,912	514	26.9	595	431	72.4
제17대	7,489	1,915	25.6	6,387	1,352	21.2	1,102	563	51.0
제18대	13,913	2,353	16.9	12,220	1,663	13.6	1,693	690	40.7
제19대	17,822	2,793	15.6	16,729	2,414	14.4	1,093	379	34.6
제20대	24,141	3,195	13.2	23,047	1,437	12.5	1,094	305	27.9

출처: 국회 의안정보시스템.

4) 법제처 현행법령 통계: http://www.moleg.go.kr/lawinfo/status/statusReport

[관련 기사]

'상임위' 무시한 제20대 국회, 역대 최악으로 기록된다

"의원들이 얼마나 일을 안하고 국회를 엉망으로 만들었으면 임기를 곧 마치는 국회의장이 직접 법안을 발의했겠어요. 여야가 싸우더라도 상임위원회는 항상 열려있어야 합니다. 그래야 일하는 국회가 됩니다."(국회 고위관계자)

문희상 국회의장이 지난 3월 4일 법안을 발의했다. 일하는 국회를 위해 필요한 '국회혁신 패키지' 법안이다. 상시 국회 운영과 상임위원회 상설 소위원회 설치 의무화 등이 골자다. 의장직을 끝으로 30년 정치 인생을 마감하는 문 의장은 "이번 법안에 마지막 소망을 담았다"고 했다. 걸핏하면 파행되는 상임위에 대한 아쉬움이 컸다는 거다.

…(중략)…

제20대 국회 상임위는 '개점휴업'이란 비판을 받는다. 앞서 열거한 해야 할 일을 제대로 안해서다. 무엇보다 법안 처리를 소홀히 했다. 2016년 6월부터 2020년 4월까지 발의된 법안은 2만 4,073건에 달한다. 처리된 법안은 8,819건으로 36%에 불과했다. 제17대(58%), 제18대(55%), 제19대(45%) 등과 비교하면 성적 부진이 더 눈에 띈다.

상임위가 제때 열리지 못한 탓이 크다. 지난 4년 간 국회 보이콧만 20여 차례가 있었다. 여야 합의는 최근 1년 간 7번 파기되었다. 제19대 국회에선 183일 동안 총 836시간 본회의를 열었지만, 제20대 국회(지난 3월 기준)는 150일, 506시간에 불과했다. 여야 모두 민생을 위한 법안 처리에 소홀했다는 지적을 받는 이유다.

<출처: 머니투데이, 2020.5.5. 정진우기자>

3. 국회의 주요 권한: 행정부 견제 수단

대의민주주의 국가에서 국회는 국민 전체의 대표이자 입법기관이며, 권력분립(입법·행정·사법)에 있어서 가장 중요한 의미를 가지는 국가기관이다.

일반적으로 정치권력이 집중되어 있는 권위주의 체제보다 정치권력이 분산되어 있는 민주주의 체제에서의 의회의 역할이 더욱 중요하다.

국회의 권한은 크게 입법권, 재정권, 국정통제권 등 세 가지로 나눌 수 있으며, 구체적인 내용은 다음과 같다.

1) 입법권한

국회는 법률안 제·개정권, 헌법개정발의·의결권, 조약체결·비준동의권, 국회규칙제정권 등의 입법권을 가지고 있다. 권력분립주의에 철저한 대통령제 국가의 경우에는 행정부의 법률안 제출권을 인정하지 않고 의회의 법률안 제출권만 인정하고 있다.

그러나 우리나라는 정부와 국회의 긴밀한 유대관계를 도모하기 위하여 대통령제를 실시하면서도 행정부의 법률안 제출권을 인정(「헌법」 제52조 국회의원과 정부는 법률안을 제출할 수 있다)하며 행정부가 입법에 관하여 강력한 영향을 미치고 있다.

일반적으로 의원내각제 국가에서는 의회와 내각의 상호견제와 균형을 위하여 내각이 법률안 제출권을 가지는 것이 특징이다.

한편, 정부의 위임입법권한은 상위법인 법률에 근거해 행사되어야 하고 위임범위를 넘어설 수 없다. 그럼에도 불구하고 행정부에서 제정되는 하위법령들 중 법률의 위임이 없거나 설사 위임이 있더라도 그 위임의 한계를 벗어나는 경우가 발생하면서 심각한 사회적 논란과 갈등을 초래하고 있다. 이는 입법부인 국회가 만든 법률의 취지를 뒤집는 것이며 헌법에서 규정한 국회의 입법권을 훼손하는 것이다.

세계적으로 모법에 어긋나는 행정입법에 대해서는 국회에 통제권한을 두고 있다. 미국에서는 오래전부터 행정입법에 대한 '의회 거부권'을 인정해왔고, 독일이나 영국에서도 행정입법 거부 권한을 두었다.

그러나 우리나라 현행법은 대통령령 등에 대한 검토 제도가 있지만 행정입법의 제·개정 및 폐지 이후 사후통보 수준에 머물러 법 취지를 제대로 반영하지 못하고 있다.

이처럼 행정기관이 모법을 넘어서는 시행령·시행규칙 제정을 제한 없이 허용하는 것은 헌법의 기본원리인 권력분립과 법치주의에 어긋나는 것이다.

그러므로 헌법 정신에 위배되지 않게 국민의 민주적 대표성 내지 민주적 정당성 확보 차원에서 국회의 입법권이 침해받지 않고, 국민의 권익이 보호되고, 그 의사가 충분히 반영될 수 있도록 국회의 행정입법 검토절차를 개선할 필요가 있다.

2) 예산심의 및 결산권한

예산심의 및 결산과정에 있어서 정부와 국회의 역할은 구분된다. 정부는 예산을 편성하는 권한을 가지고 있고, 국회는 정부가 제출한 예산안을 심의하고 최종 확정하는 권한을 지닌다. 국회의 예산안심의란 국회가 행정감독권을 행사하여 정부가 제출한 예산계획의 타당성 및 효율성을 검토하고 예산규모를 확정하는 것을 말한다. 국회는 예산심의 과정을 통해 행정부가 계획한 사업의 정당성과 그 사업을 지원하기 위한 재원을 재검토하여 예산총액을 결정하며 행정부를 통제하는 역할을 담당한다.

우리나라의 헌법은 예산편성의 권한을 행정부에 주고 있다. 정부가 제출한 지출예산 항목의 금액을 증가하거나 새로운 비목을 설치할 경우 정부의 동의를 얻도록 함으로써 기본적으로 정부가 편성한 예산안을 기초로 심의하도록 규정하고 있다. 실제로 지난 1998년부터 2007년까지 정부가 편성한 일반회계 예산안의 평균 국회 수정비율은 0.12%에 그치고 있다(임명현, 2007: 18). 또한 국회 예산심의 일정 및 운영이 파행되는 경우에는 합리적인 자원배분이 이뤄지지 않고, 예산결산특별위원회에서 심의했던 것조차 반영되지 않고 통과된 예도 있다.

기존에는 예산편성 과정에서 품목예산제도를 실시했기 때문에 예산편성이 예산과목에 따라 이루어지고, 장기 정책과 예산을 직접적으로 연결시킬 수 없는 단점이 있었다. 그러나 2016년 회계연도 예산안부터 성과계획서 작성을 의무화함에 따라, 각 사업에 소요되는 지출규모와 집행내역을 파악할 수 있으므로, 예산결산특별위원회 위원들은 심의과정에서 정치적 영향력이 감소하고, 예산집행의 효율성을 제고시킬 수 있게 되었다.

최근 「국회법」 개정으로 인해 결산결과를 토대로 해당 행정기관에 변상 및 징계조치 등의 시정을 요구할 수 있게 했지만, 여전히 이를 이행하지 않을 경우 이를 강제하는 규정이 미흡한 실정이다. 따라서 결산결과에 대한 책임규정을 보다 더 명확하게 할 필요가 있다. 또한 이를 구체화해서 결산과 예산을 상호연계하여 처리하는 심사절차가 필요하다(강장석, 2008).

3) 국정감사 및 국정조사 권한

국정감사 및 조사제도는 국회의 행정부 견제기능 중 가장 중요한 수단 중 하나이며, 이를 국회의 국정통제권이라 한다.

국회는 국정감사 및 조사제도를 통해 국회가 국회 이외의 국가기관들을 감시, 비판, 견제할 수 있다. 국회는 국민을 대표하는 대의기관으로서 입법기능, 재정기능, 국정통제기능을 수행하며, 국정 전반을 견제·통제할 수 있는 권한을 갖고 있다. 국회의 국정통제권은 정부형태와 권력구조에 따라 다르다. 의원내각제에서는 의회가 국가최고기관으로서 집행부를 조직하는 권한을 가지므로 강력하고 광범위한 국정통제권을 행사할 수 있다. 반면, 대통령제에서는 삼권분립을 통한 권력의 견제와 균형을 이상적으로 여기므로 국회의 국정통제권도 상대적으로 약하다.

우리나라 「헌법」 제61조는 "국회는 국정을 감사하거나 특정한 국정사안에 대하여 조사할 수 있으며, 이에 필요한 서류의 제출 또는 증인의 출석과 증언이나 의견의 진술을 요구할 수 있다"라고 국회의 국정감사권 및 국정조사권을 명문화하고 있다.

국정감사제도는 제헌헌법에 최초로 규정되었으나 1972년 유신으로 중단되었고, 1980년 「헌법」에서는 국정조사권만을 규정하였으며, 이후 제13대 국회인 1988년 국정감사와 국정조사를 동시에 규정하여 지금까지 실시되고 있다.

4) 인사청문 권한

인사청문회는 대통령이 행정부의 고위 공직자를 임명할 때, 국회의 검증절차를 거치게 함으로써 행정부를 견제하는 제도적 장치이다. 인사청문제도 도입은 입법부의 영향력을 확대시켰을 뿐만 아니라 견제와 균형의 원리 차원에서 대통령의 인사권 행사를 제한하고 통제·보완하는 기능을 한다. 대통령이 독점해 온 고위직 공무원에 대한 인사권을 분점한다는 사실 외에 구체적인 운영집행 과정을 의회가 실질적으로 의사결정을 할 수 있다는 효과가 있다(박재창, 2004). 인사청문회는 2000년 제16대 국회에서 「인사청문회법」을 제정한 뒤 도입되었다.

우리나라 인사청문회는 인사청문특별위원회(국회법 제46조의3)에서 실시하여 국회의 인준을 받아야하는 청문회와 소관 상임위원회에서 개최하여 청문보고서를 채택하는 청문회로 나뉜다. 2000년 6월 도입 이후 인사청문 대상은 인사청문특별위원회 대상은 23인, 소관 상임위원회 대상은 42인으로 지속적으로 확대되어 왔다. 또한 2000년 6월부터 2020년 2월까지 인사청문회 개최 횟수는 396회에 달하고 있다. 국회의원들은 인사청문회에서 후보자의 공직 업무수행능력과 인성적 자질에 대해 질문하고 검증한다.

인사청문회절차를 보면 정부가 국회에 임명동의안을 제출한 이후, 국회는 임명동의안을 받은 날로부터 본회의 회부·처리까지 20일 이내에 처리해야 하며 청문회 기간은 보통 3일 이내이다.

미국에서 평균 9주 동안 인사청문회를 실시하는 것을 고려하면 이러한 짧은 기간 내에 제대로 된 후보자의 검증이 어려울 수 있다. 짧은 기간 동안 인사청문회를 실시해야 하기 때문에 후보자의 업무 적합성, 정책적 가치관, 도덕성을 판단하기에는 부족한 부분이 많다.

인사청문제도는 후보자의 전문성을 검증하여 대통령의 인사권을 견제하는 기능보다는 도덕성 검증에 치중되어 여야 간 정쟁의 수단으로 활용된다는 지적도 있다. 또한 인사청문회 검증절차가 까다로워짐에 따라 적격 후보자를 찾는 데 어려움을 겪고 있다. 위장전입, 부동산투기의혹 등과 같은 후보자의 개인 신상과 관련하여 낙마하거나 인사청문회 자체가 무산된 사례도 발생하고 있다. 인사청문회 실효성을 강화하기 위해 인사청문회 대상 확대, 정책검증과 후보자 신상검증 분리, 국회 자료제출요구권 강화, 후보자 허위진술 처벌 강화 등의 개선안이 제안되고 있다. 대통령의 인사권 견제와 대통령의 각료에 대한 임명권을 조화하는 방향으로 인사청문회 제도 개선이 필요하다. 예를 들어, 1차는 신상검증 2차는 정책검증으로 분리하여 보다 체계적인 검증절차가 필요할 것으로 보인다.

표 8-2 역대 정부별 인사청문회 실시 현황(2000.6~2020.2)

	김대중 정부	노무현 정부	이명박 정부	박근혜 정부	문재인 정부	합 계
인사청문회 개최 횟수	16회 (4.0%)	80회 (20.2%)	115회 (29.1%)	98회 (24.7%)	87회 (22.0%)	396회

출처: 윤영관 외(2020).

[관련 기사]

"공직자 도덕성은 비공개 검증" 與, 인사청문회법 개정안 발의

더불어민주당 홍영표 의원이 22일 장관 후보자 등에 대한 국회 인사청문회의 도덕성 검증 부문을 비공개로 진행하는 내용의 인사청문회법 개정안을 발의했다. 인사청문회가 후보자에 대한 과도한 신상 털기로 흐르는 것을 막기 위해 도덕성 검증은 비공개로 하자는 것이다.

홍 의원이 대표 발의한 인사청문회법 개정안은 인사청문회를 '공직윤리청문회'와 '공직역량청문회'로 분리하고, 공직윤리청문회는 비공개한다는 내용을 담고 있다. 그동안 대통령이 지명한 고위 공직 후보자 중에는 인사청문회 과정에서 신상 관련 의혹이 드러나 임명 전 낙마하거나 청문경과보고서 채택이 무산되는 경우가 적잖았다. 그러나 홍 의원은 "인사청문회 제도가 인신공격과 신상 털기로 과열되어, 공직자 자질과 역량 검증이라는 본래의 기능을 상실해 왔다"고 했다. 국회의 혹독한 신상 검증 때문에 인재들이 고위 공직을 맡는 걸 꺼려 정권이 인물난을 겪는 것을 해소하자는 뜻도 깔린 것으로 보인다.

…(중략)…

한 야당 의원은 "인사청문회의 원조격인 미국의 경우 백악관 인사팀 주도로 공직자윤리국(OGE)과 연방수사국(FBI), 국세청(IRS) 등이 수개월에 걸친 철저한 사전 신상 검증을 거치지만, 우리는 청와대의 부실 검증으로 문제 사례가 빈발하고 있다"며 "(도덕성 검증 청문회 비공개는) 사전 검증 제도를 철저히 정비한 뒤 논의해야 할 사안"이라고 했다.

<출처: 조선일보, 2020.6.23. 김아진 기자>

제 3 절 입법과정의 주요 이론과 사례

1. 상임위원회 이론

우리 국회는 1963년 제6대 국회부터 상임위원회 중심주의를 택하고 있기 때문에 상임위원회에서 실질적인 정책결정이 이루어지고 행정부에 대한 통제가 효과적으로 이루어지고 있다. 따라서 국회 입법과정을 제대로 이해하기 위해서는 상임위원회가 어떻게 구성되는지에 대해 살펴볼 필요가 있다.

기존의 위원회 이론은 위원회 배정 및 활동에 초점을 둔 이익분배이론 연구가 중심이었으나, 1990년대 전후로 이익분배이론을 반박하는 정보확산이론(Krehbiel, 1991), 정당이익이론(Cox & MaCubbins, 1993)이 제기되었다. 그러다가 최근에는 위원회 관련 하나의 시각이 절대적으로 적용된다는 관점에서 탈피하여 위원회 이론들의 양립 가능성을 제시하는 관점이 등장하고 있다(Malztman & Smith, 1994; Battista, 2006). 위원회 이론의 구체적인 내용은 다음과 같다.

1) 이익분배이론

이익분배이론(distributive theory)에 따르면, 위원회 제도는 개별 의원의 재선(reelection)을 위한 수단이다. 위원회에서 개별 의원은 관할권에 대한 일정한 배타적 소유권을 가지며 위원회는 의원들 간의 거래를 통한 상호이득을 가능하게 하는 장치로 이해된다. 예를 들면, 'A'라는 국회의원은 자신의 지역구에 이익이 되는 법안 · 예산(안)이 다른 상임위원회 관할일 경우, 원활한 통과를 위해 해당 법안 · 예산(안)을 담당하는 다른 상임위원회에 소속된 'B'라는 국회의원과 투표 거래를 시도할 수 있다.

한편, 위원회 위원들의 정치적 선호 관점에서 볼 때, 위원회 위원들의 선호는 전체 본회의 의원들 선호와는 다른 정치적 선호를 가진 국외자들(preference outliers)로 구성되며, 위원회 내부 위원은 동질적인 정치적인 성향을 가진다(Weingast & Marshall, 1988). 이익분배이론에 의한 위원회는 재선지향(reelection-oriented) 위원회의 특성을 지닌다(Sinclair, 1986; 박윤희, 2015).

2) 정보확산이론

정보확산이론(informational theory)의 관점에서 위원회는 본회의에 필요한 정보를 제공하는 정보 공급단위이자 본회의 대리인으로 기능한다(Krehbiel, 1991; Hurwiz et al., 2001; 가상준, 2002). 위원회 제도는 정책결과에 대한 불확실성을 줄이고, 전체 의회의 편익을 증진하기 위해 전문적인 정책지식을 축적하는 수단이다. 정보확산이론은 분업의 원리에 충실한 이론으로 국회 상임위원회 내에 소위원회 제도 운영도 이런 관점에서 이해될 수 있다. 정보확산이론은 이익분배이론과는 달리 위원회 제도의 기능 중 '공급' 측면(위원회를 통해 본회의에 제공되는 정보)을 강조하고 있다. 상임위원회의 주체는 정당이익이론이 주장하는 다수당이나 이익분배이론이 주장하는 지역구가 아니라 본회의다(손병권, 1998). 정보확산이론에 의한 위원회는 정책지향(policy-oriented) 위원회의 특성을 지닌다(Sinclair, 1986; 박윤희, 2015).

3) 정당이익이론

정당이익이론(partisan theory)은 위원회에서 개별 의원의 활동과 투표는 소속 정당에 좌우된다고 본다(Cox & McCubbins, 1993; Battista, 2006).

이익분배이론이 위원회의 자율성과 독립성을 강조하고 정보확산이론은 위원회의 본회의에 대한 귀속성을 강조했다면, 정당이익이론은 위원회 위원들의 정당에 대한 충성심을 강조한다(가상준, 2002). 정당의 지도자들은 다음 선거에서 자신이 속한 정당이 승리할 수 있도록 각 위원회에 의원들을 배정하고, 전문적이고 분업화된 입법활동을 통해 지역주민의 지지를 높이고자 한다.

따라서 정당이익이론에 따르면, 위원회 위원의 구성은 정당의 선호에 따라 이루어진다. 정당이익이론에 따른 위원회는 권력추구(power-oriented) 위원회의 특성을 지닌다(Sinclair, 1986). 한국 국회 상임위원회 입법과정은 정당지도자의 영향력이 강

표 8-3 위원회 이론의 특징 비교

구 분	이익분배이론	정보확산이론	정당이익이론
위원회의 기능에 관한 관점	지역구 이익의 요구자: 선호의 국외자	본회의 정보의 공급자: 정보 생산자	상황에 따른 정당의 대리인
위원회의 주인	지역구 유권자	본회의	정당(다수당)
동기 내지 목적	지역구 이익 (연방 보조금)	정책결과의 불확실성 감소	정당의 평판 제고
의원의 위원회 배정	자기 선택	양당협의의 반영	정당의 영향력

출처: Malztzman & Smith(1994)와 손병권(1998) 재정리.

하게 작용하고 실질적인 의원들의 투표행태가 정당대리자 역할에 머물고 있어 정당이익이론에 가까운 특징을 보인다(박윤희, 2014).

4) 상임위원회 활동의 주요 이슈

정책과정은 정책의제설정, 정책대안의 선택, 정책형성, 정책집행의 단계로 구분된다(Anderson, 2011). 정책과정의 초기단계로서 의제설정(agenda setting) 과정에서 국회 상임위원회 역할에 주목할 필요가 있다. 국회 상임위원회 입법과정은 공식적 행위자인 의회를 통해 정책의제설정과 정책대안의 채택이 이루어지는 과정으로 볼 수 있다(박윤희, 2014).

최근 들어 상임위원회의 문지기(gatekeeping, 법안 취사선택) 기능이 강화되고 있다. 이에 따라, 상임위원회의 법안 심사과정에서 법안의 주요 내용이 변경, 삭제되거나 보류되는 사례가 빈번하게 일어나고 있다. 특히, 법제사법위원회의 문지기 역할 기능이 강화되고 있다. 국회법상 법제사법위원회의 임무는 각 상임위원회를 통과한 법안의 체계·자구 심사다. 그러나 본회의 처리에 앞서 마지막으로 거쳐야 하는 법제사법위원회가 본연의 권한을 벗어나 '게이트키핑' 역할을 반복하면서 사실상 상원의 역할을 하는 데 대한 비판 여론이 제기되고 있다.

또한 행정부와 마찬가지로 국회 상임위원회도 입법권한을 둘러싼 관할권 갈등이 빈번하게 발생하고 있다. 주요 정책결정 과정을 심층적으로 이해하기 위해서는 행정부와 국회 상임위원회를 동시에 다룰 필요가 있다. 관할권을 둘러싼 대표적인 사례로 4대 보험 통합징수기관을 어디에 둘 것인지를 둘러싼 보건복지위원회와 재정위원회 간의 갈등과, 방송사업자 규제권을 둘러싼 문화체육관광위원회와 과학기술정보방송통신위원회의 다툼을 들 수 있다.

후자의 경우는 과학기술정보통신부와 방송통신위원회 간의 행정부처 간 갈등이 소관 상임위원회 갈등으로 확대된 사례로 관계부처를 넘어 국회 상임위원회 곳곳에서 소관 부처의 업무 영역을 부여하는 문제를 놓고 다툼이 일어나기도 했다. 특정 정책이나 업무를 관장하는 부처를 자기 상임위원회 산하에 두려고 자신이 속한 상임위원회 소속 부처의 규모를 키우려는 입법활동도 일어나고 있다.[5]

2. 단점 · 분점정부와 입법생산성

이원적 정통성(dual legitimacy)을 특징으로 하는 대통령제 하에서는 필연적으로 단점정부 또는 분점정부로 정부형태가 나뉘게 된다. 대통령제 하에서 분점정부는 입법부와 행정부 간의 감시와 견제와 균형이 가능하다는 측면과 한편으로는 국정운영의 비효율성을 초래한다는 양면성을 지니고 있다. 입법부와 행정부를 지배하는 정당이 다른 분점정부(divided government) 하에서 통치 안정성이 저하되고 정국교착이 발생할 것이라는 것이 일반적 입장이다. 이러한 정부형태가 정책결정과 정책집행에 미치는 영향에 대한 체계적인 논의가 필요하다.

입법기관인 국회의 의정활동을 평가하기 위해서는 대통령–국회, 대통령–여당, 그리고 여야 간의 관계를 분석할 필요가 있다. 국회 본연의 업무인 입법활동은 주요 정치행위자 간의 다양한 관계에 의해 결정되기 때문이다.

특히, 대통령제를 실시하고 있는 우리나라는 대통령의 정책방향 설정에 의해 법률안이 발의되는 경우가 많고, 국회 외의 유력 정치행위자 등의 의견도 정책결정에 있어 큰 영향을 미치고 있다.

대통령이 설정한 국정방향을 구체화하기 위해서는 대통령–여당, 여당–행정부 간의 지속적인 협의가 진행되어야 한다. 또한 대통령이 설정한 국정방향을 구체화하기 위해서는 여야 간 충분한 대화와 협의가 필요하다.

우리나라와 같은 단임제 대통령제에서 대통령이 5년이라는 임기 내에 가시적인 성과를 만들어내기 위해 여당과 국회를 일방적으로 압박하거나 여당이 일방적으로 국정을 이끌어나갈 경우 여야 간 교착상태나 갈등을 일으켜 내각 공백상태를 야기할 수 있기 때문이다(손병권, 2014).

입법생산성은 의회가 얼마나 많은 법안을 처리하는가에 초점을 둔 개념인 반면, 입법효율성은 법안이 처리되기까지 얼마만큼의 비용이 드는가에 초점을 둔다(김준석 외, 2013: 47). 전자의 경우, 대표적인 연구자인 메이휴(Mayhew, 1991)는 정부형태에 따른 입법교착(gridlock)의 차이를 분석하기 위해 입법생산성의 관점에서 특정 회기에 통과된 쟁점법안을 다루었다. 그는 일반법안과 쟁점법안을 구분하여 입법생

5) 국회 곳곳에서 상임위원회끼리 영역다툼(2009년 3월 8일자 연합뉴스).

산성을 측정하였다. 후자의 경우, 입법효율성은 투입 대비 산출에 초점을 둔 개념으로 제안된 법안 수 대비 통과된 법안의 수를 비교·측정하거나(Binder, 1999; 이한수, 2012), 법안 가결률이나, 법안의 처리 속도에 초점을 둔 개념이다. 최근에는 의원 개인 차원의 입법효과성의 개념을 제시한 연구도 등장하고 있다. 한편, 정부형태에 따른 효과는 분점정부가 입법지연이나 입법교착을 초래하는가를 검증하는 데 초점을 둔다. 그리고 입법교착은 입법생산성 혹은 입법효율성 측면에서 연구될 필요가 있다.

전통적으로 정당정치를 강조하는 정당정부론자들은 분점정부는 정부 운영의 효율성을 저하시키고, 정국 교착을 초래하여 정부 통치력를 저하시키는 부정적인 정부형태라고 주장한다. 분점정부는 권력 분립으로 인한 갈등과 대립, 정책결정 과정에서 거부점 증가, 정책결정 과정 지연 등으로 인해 입법교착을 초래하기 때문에 책임정치 차원에서 단점정부가 보다 우월하다고 주장한다.

반면, 정당정부론자에 대비되는 분리주의자들은 분점정부가 견제와 균형 원리에 입각한 미국 헌법정신에 부합하는 정부형태라고 주장한다. 미국 헌법은 통치의 효율성보다는 개인의 자유에 대한 침해와 다수파에 의한 소수파 전제를 방지하기 위한 제도적 장치로 분리되어 있지만 평등한 삼권분립을 제도화하고 있다는 것이다. 이러한 논쟁은 메이휴(Mayhew, 1991)의 연구를 통해 더욱 확대되고 있다. 메이휴(D. Mayhew)는 1947년부터 1988년까지 미국 의회에서 통과된 중요 법안을 선별하여 측정한 입법생산성에 있어 분점정부와 단점정부 간에 큰 차이가 없다는 연구 결과를 제시하면서 분점정부가 통치력의 저하를 초래하지 않는다고 주장하였다. 메이휴 연구 이후 행정부와 의회가 동일한 정당에 의해 통치되는 단점정부에 중요 법안의 통과 가능성이 높다는 상반된 결과가 제시되면서 논쟁이 지속되고 있다.

국내 연구에서도 분점정부의 효과에 대해 상반된 논의가 진행되고 있다. 민주화 이후 분점정부와 단점정부의 입법산출에 차이가 없다는 연구와 단점정부에 비해 분점정부의 입법생산성이 더 낮다는 연구가 대립되고 있다.

3. 입법부의 행정 통제

1) 주인-대리인 이론

경제학에서 발전한 주인-대리인 이론은 권한을 위임(delegation)하는 주인(principal)과 권한을 위임받는 대리인(agent) 간의 계약관계에서 발생하는 정보의 비대칭성(information asymmetry) 상황에 관심을 둔다. 주인은 대리인의 감추어진 행동 내지 감추어진 노력으로 인해 비대칭 정보 상황에 처하게 되고, 대리인은 도덕적 해이(moral hazard)와 역선택(adverse selection), 책임회피(shirking) 등의 유인이 발생하는 대리인 문제(agency problem)에 직면하게 된다. 따라서 주인은 대리인이 자신을 위해 최선의 노력과 행동을 하도록 하는 적절한 유인체계를 설계하는 데 관심을 둔다.

이와 같은 주인-대리인 이론은 대의제 민주주의 체제에서 선출직 공무원과 비선출직 관료들 간의 위임 관계에 응용되고 있다. 모(Moe, 1984)는 민주주의 체제에서 정치는 '시민-정치가-고위 관료-일선관료'로 이어지는 주인과 대리인의 연쇄관계로 설명될 수 있다고 보았다(황혜신, 2005: 36). 또한 선출직 공무원인 대통령과 의회는 비선출직 공무원인 행정부 관료를 통제하고자 하는 정치적 유인을 갖는다.

2) 의회의 행정부(관료)에 대한 민주적 통제

주인-대리인 이론의 관점에서 입법부, 대통령의 정치적 선호에 따른 관료제의 반응성(responsiveness)에 대한 논의 역시 중요한 주제이다. 선출직이 아닌 관료들에 의해 만들어진 정책들이 국민(시민)에 의해 선출된 선출직 정치인들의 정책 선호도를 제대로 반영하고 있는지 관심을 기울일 필요가 있다.

관료제는 국가의 행정기구이자, 행정부 업무의 집행을 책임지는 공무원 집합으로 설명할 수 있다. 관료제는 정부의 네 번째 기관으로 불리기도 하는데, 선출되지 않는 관료들을 어떻게 민주적으로 통제하느냐가 가장 중요한 과제이다. 대의제 민주주의 하에서 선출직 공무원인 정치인과 선출직이 아닌 관료는 주인과 대리인의 관계가 성립된다. 따라서 민주주의에서 대리인 문제는 선출직이 아닌 관료에 대한 민주적 통제를 통해 책임성을 확보함으로써 문제해결이 가능하다.

선출직이 아닌 행정부의 관료에 대한 민주적 통제 수단은 크게 사전적 견제 수단과 사후적 견제 수단으로 구분될 수 있다. 사전적 통제는 입법부와 의원이 가능한 자세하고 엄격한 사전적인 규정을 통해 관료들의 행위를 상시적으로 관리하는 방식을 의미한다.

이런 사전적 통제방식은 경찰순찰적 감시(police patrol oversight)로 불린다(McCubbins & Schwartz, 1984). 대표적으로 정책과정에서 이해관계자들의 의견을 듣는 청문절차를 규정하는 행정절차나 구체적인 입법을 통해 관료들의 행태를 관리하는 방식이다.

반면, 사후적 통제는 관료들의 위법과 일탈 행동에 대한 감시와 처벌을 통해 관리하고, 관련 이해관계자들이 관료들에 대한 일탈 정보를 제공하는 등 시민들의 적극적인 참여를 통한 통제방식이다. 이는 화재경보형(fire alarm oversight) 감시로 불릴 수 있다.

4. 사법부의 행정 통제

1) 행정의 사법부 통제 사례

대의제 민주주의에서 입법부, 행정부, 사법부는 권력분립과 법치주의 적용을 통해 국민의 기본권을 보장한다. 법치주의란 헌법의 기본원리로서 국민의 의사에 따라 제정된 법에 의한 '이성적 지배'를 요구하는 통치원리이다(성낙인, 2015). 법의 지배(rule of law)원리는 국민의 기본권을 제한하는 행정권의 권한 행사가 의회가 제정한 법률에 근거해야 한다는 형식적 법치주의에서 출발했다.

오늘날에는 행정권의 행사가 국민의 기본권을 보장하는 헌법이념에 위배되지 않은 합헌적 법률에 근거해야 한다는 실질적 법치주의로 발전해왔다.

이에 따라 행정권의 자의적 행사를 제한하고 국민의 권리 보장을 위한 행정절차법과 같은 사전적 통제장치와 국민의 권리 침해 시 사후적 사법심사를 통한 사후적 통제장치를 마련하고 있다.

1987년 민주화 이후 헌법 개정을 통해 도입된 헌법재판소는 헌법규범의 실효성을 확보하기 위해 도입된 제도이다. 헌법재판소는 대통령이 임명하는 9명의 재판관으로 구성하되, 9명의 위원 중 3명은 국회에서 선출하는 자를, 3명은 대법원장이 지명하는 자를 임명하도록 규정하고 있다.

헌법재판소는 위헌법률심판, 탄핵심판, 정당해산심판, 국가기관 상호간 권한쟁의 심판, 공권력 행사 또는 불행사로 인한 권리침해를 구제하기 위한 헌법소원 심판을 담당하고 있다. 헌법재판소의 위헌결정 내지 헌법불합치 결정으로 행정부의 입법결정이나 정책집행에 실질적인 변경을 초래하거나 정치적 반향을 초래한 사례가 다수 등장하고 있다.

2005년에는 호주제에 대해 헌법불합치 결정(2001헌가9), 2014년 통합진보당을 위헌정당 해산 결정(2013헌다1), 2014년 선거구별 인구편차를 3 : 1로 허용한 공직선거법 헌법불합치 결정(2012헌마190등 병합), 2017년 대통령 탄핵심판 청구를 인용한 박근혜 대통령 파면 결정(2016헌나1) 등이 대표적인 사례이다.

2005년 신행정수도건설특별법에 대한 헌법소원에 대해 관습헌법 위반 이유로 재판관 8대 1의 의견으로 위헌 결정(2004헌마554 · 556)을 내렸다. 이에 따라 노무현 정부의 대선공약이었던 신행정수도 건설계획은 대폭 수정 변경되었다.

국가의 중요한 정책결정이 정치과정이 아닌 사법과정을 통해 해소되는 정치의 사법화(judicialization of politics) 현상이 논의되기도 한다. 이러한 헌법재판소의 결정에 대해 사법적극주의 입장에서 견제와 균형의 원리에 충실하여 바람직하다는 견해와 사법소극주의 입장에서 선출되지 않은 사법부에 의한 결정이 다수결의 원칙에 따른 민주주의 원리와 배치될 수 있다는 견해로 대립되고 있다. 법의 지배에 따른 법치주의와 다수의 지배에 따른 민주주의를 조화시킬 수 있는 제도적 견제 장치 마련이 필요하다.

[관련 기사]

정치의 사법화, 사법의 정치화

정치적 사건에 대한 최종 결론이 사법부에 의해 이루어지는 이른바 '정치의 사법(司法)화'는 사실 어느 사회의 민주주의 수준이 높아지는 과정에서 자연스럽게 일어나는 현상이다. 종래 비정상적 힘의 논리에 의해 비공식적 방법으로 해결되던 정치적 사안들이 민주주의 과정 속에서 본격적으로 논의되고, 그 정치과정을 통해 해결되지 못한 사안들이 사법부의 판단의 영역으로 넘어오게 되는 것이다. 우리나라에서는 2004년 헌법재판소에 의한 노무현 대통령에 대한 탄핵심판사건과 신행정수도의 건설을 위한 특별조치법 위헌법률심판사건을 거치면서 국민들이 정치의 사법화 현상을 본격적으로 경험하였다.

이처럼 현대 민주주의 사회에서 의회에서의 정치과정과 사법부에 의한 사법적 판단의 상호작용은 몽테스키외 등의 전통적 권력분립 원리에 따른 이론적 설명과는 사뭇 다른 방식으로 이루어지고 있다.

정치의 사법화 과정에서 정치의 영역과 사법 권력은 서로가 서로에 대해 끊임없이 영향을 미치게 되고, 이러한 상호작용을 인식하게 된 각 권력주체들은 자신들의 정치적 혹은 사법적 결정이 사법적 판단 혹은 정치적 반응에 의해 어떻게 영향을 받고 변화할 것인가에 높은 관심을 가지게 된다. 나아가서 정치의 영역과 사법부는 서로가 상대방의 의사결정에 자신들의 선호를 반영하려는 유인을 가지게 된다. 그 과정에서 정치의 사법화의 영향력을 인식한 정치권력이 사법부의 판단을 자신들의 정치적 선호에 부합하는 내용으로 유도하려고 노력하는 이른바 '사법의 정치화' 현상이 일어나게 된다. 이러한 사법의 정치화는 여론을 통한 사법부 판단에 대한 압박, 정치권력을 사용한 사법부 구성원의 교체, 의회가 사법부에 대해 가지는 조직구성권한과 예산편성권한의 사용 등 다양한 방식으로 이루어진다. 그 과정에서 현재의 살아있는 정치권력과 사법부는 때로는 서로 긴장관계에 있기도 하고 때로는 서로 동조화하기도 한다.

…(중략)…

<출처: 한국일보(2017.1.22.) 허성욱 서울대 법학전문대학원>

생각해 볼 문제

✓ 우리나라 정치현실에서 바람직한 권력구조 개편 방안은 무엇인가?
✓ 우리나라 국회 상임위원회에서의 입법과정은 어떤 상임위원회 이론을 통해 잘 설명될 수 있는가?
✓ 분점·단점정부형태에 따라 국회입법 성과에 차이가 날 것인가? 단점정부에 비해 분점정부가 입법교착을 초래할 것인가?
✓ 주인-대리인 이론의 관점에서 선거로 선출된 입법부가 그렇지 않은 관료제를 민주적으로 통제할 수 있는 효율적인 방안은 무엇인가?

CHAPTER 09

지방자치의 이해

중앙정부와 마찬가지로 지방정부의 정책 활동과 서비스 제공도 개방체제의 관점에서 이해할 수 있다. 먼저, 지방정부는 지방정부를 둘러싼 환경과의 지속적인 상호작용을 통해 조직의 발전과 혁신을 추구한다. 또한 지방정부는 지역사회의 '요구와 지지'라는 투입 요소를 전환과정, 즉 지방정부 내부 정책결정 과정을 통해 산출물로써 정책과 공공서비스를 생산하여 지역주민들에게 제공하고 피드백(feedback) 과정을 거치며 환경변화에 적응해 간다. 그러나 지방정부의 환경은 중앙정부의 환경보다 더욱 복잡하고 다양하다. 지방정부의 환경은 수직적인 차원에서 국제기구, 중앙정부, 지방정부 간의 관계와 수평적인 차원에서 다른 동등한 지방정부 간의 관계를 고려하여야 한다. 또한 정책결정의 자율성 측면에서도 지방정부는 중앙정부로부터 부여받는 제한된 자치권의 범위 내에서 정책의 자율성을 가진다. 따라서 지방정부의 정책결정 과정은 중앙정부와 지방정부 간 관계속에서 상호의존적이고, 경쟁적인 환경 하에서 정책결정이 이루어지는 특징이 있다. 이러한 이유로 중앙정부와 구분되는 지방정부의 정책과정을 이해하기 위한 다양한 지방 이론들이 발전해 왔다. 지방자치의 기본개념, 우리나라 지방자치 운영의 실제, 지방자치 주요 이론을 차례로 살펴보기로 한다.

제 1 절 지방자치의 개요

1. 지방자치 개념

1) 지방자치 개념

지방자치(local self-government)란 지방 스스로 통치한다는 의미로 지방정부가 일정한 구역의 범위 내에서 지역주민을 위해 공공사무를 자체적으로 처리할 수 있는 권한을 가지는 것을 의미한다. 지방자치는 주민자치와 단체자치로 구분되기도 한다. 주민자치는 지역주민 참여를 통해 구성된 지방정부가 지역의 공공사무를 자율적으로 처리하는 형태로서 정치적 의미의 자치를 강조한다. 반면, 단체자치는 국가로부터 제한된 범위 내에서 독립된 법인격을 부여받은 자치단체가 지방의 행정사무를 위임받아 처리하는 법률적 의미의 자치를 강조한다.

주민자치와 단체자치의 개념 구분은 각 국가별 지방자치 발전 과정의 특성을 반영한 구분이다. 영국·미국 중심으로 발전한 주민자치는 직접 민주주의에 입각하여 지방정부가 고유한 자치권을 보유한다고 본다. 프랑스·독일 중심으로 발전한 단체자치는 간접 민주주의에 입각하여 자치단체는 국가의 피조물로서 국가로부터 위임된 자치권을 갖는다고 본다. 주민자치는 주민과 정부의 관계에서 주민참여를 강조하는 반면, 단체자치는 중앙정부와 지방 간 관계에서 분권과 집권에 초점을 둔다. 오늘날 지방자치는 자치권이 국가적 통치권에서 유래하지만 헌법을 통해 제도적으로 보장된다는 시각에서 단체자치와 주민자치의 조화를 강조한다.

2) 지방자치의 구성요소

국가의 3요소로 국민, 영토, 주권이 제시되듯이 지방자치의 3대 구성요소로 구역, 주민, 자치권이 거론된다. 구역은 지방정부의 자치권이 영향을 미치는 일정한 지리적 범위로서 기본적으로 다른 지방정부의 구역과 중첩되지 않으나 특별구의 경우에는 상호중첩되기도 한다. 「지방자치법」 제4조에서는 지방자치단체의 구역을 바꾸거나 폐지하는 경우에 법률로 정하도록 하고 있다. 주민은 일정 지역에 주소를 둔 사람으로 지방자치의 핵심적 구성요소이다. 주민은 지방자치단체 구역 내에서 공공시설을 이용할 권리와 균등한 혜택을 받을 권리, 지방선거권, 주민투표권 등의 권리를 갖는다. 오늘날 민주주의와 공동체의 발전을 위해서는 공공문제에 적극적으로 참여하는 시민, 즉 시민적 덕성(civic virtue)을 지닌 주민이 필요하다. 자치권은 일정한 지역 내에서 지방정부가 국가가 부여한 일정한 권한의 범위 내에서 주민을 위해 자율적으로 공공사무를 처리할 권한을 의미한다. 자치권은 자치입법권, 자치행정권, 자치인사권, 자치조직권, 자치재정권, 자치사법권 등을 포함한다. 다만, 우리나라 지방자치에서 법령상 자치사법권은 부여되어 있지 않다.

3) 지방자치 기대효과

지방자치 실시는 민주성과 효율성 측면에서 긍정적일 것으로 기대된다. 먼저, 민주성 측면에서 지방자치는 민주주주의 발전에 기여한다. 첫째, 지방자치는 주민들의 자율적인 정치 참여를 통해 주민들의 정치적 효능감(political efficiency)을 증진시켜 성숙한 시민을 양성하는 데 기여할 것으로 기대된다. 오늘날 민주주의는 국민이 선출한 대표를 통해 통치하는 대의제 민주주의가 보편적으로 활용된다. 그러나 지방자치의 경우에는 주민의 직접 참여를 통한 주민생활과 직결된 주요 정책을 직접 결정하는 직접·참여 민주주의가 보완적으로 활용 가능하다. 둘째, 지방자치 실시는 토크빌(Alexis de Tocqueville)이 지적한 다수의 폭정(tyranny of majority)을 극복할 수 있는 대안으로 제시된다. 지방자치는 중앙정부와 지방정부 간 수직적으로 권한을 배분함으로써 과도한 권력집중과 다수결주의 방식의 폐해를 예방할 수 있기 때문이다. 셋째, 지방자치는 정책실험(policy experiment)의 기회를 제공함으로써 다양한 혁신정책이 전국적으로 확산될 수 있는 장점이 있다. 다만, 주민의 무관심과 참여 부재는 지역사회의 토호세력이나 소수 엘리트들에 의한 소수의 폭정(tyranny of minority)을 초래할 수 있다는 비판이 있다. 또한 지나친 지방자치의 강조는 국가적 이익보다는 지역적 이익을 우선시하는 지역이기주의나 분리주의를 초래할 가능성도 있다.

다음으로, 효율성 측면에서 지방자치는 국가의 자원배분의 효율성을 높이는 데 효과적이다. 첫째, 지방자치는 지역사회의 행정수요에 보다 신속하게 반응할 수 있기 때문에 공공서비스 제공의 효율성을 높일 것으로 기대된다. 둘째, 지방정부 간 경쟁을 통해 공공서비스 제공의 효율성이 높아질 수 있다. 티부(C. M. Tiebout)의 발로 하는 투표(voting with feet) 가설은 주민들이 선호에 따른 자유로운 이동이 지방정부 간에 서비스 제공의 경쟁을 촉진할 것으로 보았다. 한편, 부정적 외부효과(negative externality)가 존재하는 공공서비스의 경우 분권체제를 통한 공급이 오히려 비효율성을 초래할 수 있다는 의견도 있다. 나아가 전국적 차원의 동일한 공공서비스 제공에 있어서 분권체제보다는 집권체제가 보다 효율적이라는 의견도 있다.

2. 지방자치단체와 지방정부

1) 지방자치단체의 개념과 종류

지방자치단체란 국가 영토의 일부를 구역으로 하여 구역 내 주민들에 의해 선출된 기관이 국가로부터 독립적으로 지방 사무를 처리할 자치권을 갖는 법인격 있는 단체를 의미한다. 지방자치단체는 존립목적과 처리대상 사무의 범위에 따라 보편적 사무를 처리하는 보통지방단체와 특수한 목적으로 한정된 사무를 처리하는 특별지방자치단체로 구분된다. 보통지방자치단체는 관할구역의 크기와 기능에 따라 광역자치단체와 기초자치단체로 구분된다.

오늘날 지방자치는 자치정부로서의 성격과 국가의 행정을 위임받아 처리하는 지방행정기관으로서의 이중적 성격을 지니고 있기 때문에 지방자치단체와 지방정부를 개념적으로 엄밀하게 구분하지는 않는다. 다만, 주민에 의한 실질적인 자치를 강조하는 규범적인 차원과 중앙정부와 동등한 위상을 부여하는 차원에서 지방자치단체보다 지방정부라는 용어를 강조하는 경향이 있다. 현재 우리나라 「헌법」과 「지방자치법」에서는 지방자치단체라는 용어를 쓰고 있기 때문에 지방자치단체와 지방정부를 혼용하여 사용한다.

2) 지방정부의 형태

지방정부의 기관구성 방식은 지방자치 전통, 지방자치 발전의 역사적 맥락 등에 따라 국가마다 상이하고 보통 같은 국가 내에서도 지역마다 상이하다. 지방정부의 기관구성형태는 의사결정기능과 집행기능을 단일기관에 두는 기관통합형과 다른 기관으로 분리한 기관분립(대립)형으로 구분된다. 또한 두 형태의 특징이 혼합된 절충형이 있다.

(1) 기관통합형

기관통합형은 주민에 의해 선출된 대표기구인 의회가 의결기능과 집행기능을 동시에 수행하는 형태이다. 지방자치단체의 정책결정기능과 정책집행기능을 단일 기관이 담당하는 유형으로 의원내각제와 유사하다. 기관통합형은 지방의원의 일부가 내각 또는 집행위원회를 구성하여 집행권을 행사하는 내각제형과 지방의원 모두가 집행기능을 나누어 행사하는 위원회형으로 구분된다(김병준, 2011). 내각제형의 대표적 국가인 영국은 지방의회를 중심으로 운영하되, 의회 다수당이 집행위원회(executive committee)를 통해 집행기능을 담당한다. 반면, 위원회형은 타운미팅(town meeting)의 전통을 가진 미국에서 나타나는데, 주민에 의해 선출된 소수가 위원회를 구성하여 의결·집행기능을 수행한다.

기관통합형은 기관 간의 마찰과 이로 인해 발생 가능한 행정적 낭비의 절감, 주민의사 반영의 대표성 제고 등이 장점으로 제시된다. 반면, 단점으로는 권력 집중으로 인한 권력 남용 가능성, 지방의 다양한 이익집단과 사회계층 대표 능력의 미흡, 지방행정에 과도한 정치적 개입 문제, 비전문 대표선출로 인한 행정 비능률 등이 제시된다.

(2) 기관분리(대립)형

기관분리(대립)형은 수장형(presidential system)이라고도 불리며, 의결기관과 집행기관이 분리되어 상호견제와 균형을 이루는 정부형태로서 대통령제와 유사하다. 일반적으로 기관분리형은 의결기관과 집행기관 모두 주민의 직접선거로 구성된다. 기관분리형은 양 기관의 권한 배분 정도에 따라 강시장–의회형과 약시장–의회형으로 구분된다(김병준, 2011). 강시장－의회형에서 집행기관장은 행정권, 인사권, 예산권에 있어 상당한 권한을 가지며, 특히 의회의 의결에 대한 거부권을 가지는 특징을 보인다.

기관분리형은 기관 간의 권력분립과 상호견제와 균형의 원리의 구현, 행정권의 통합으로 행정의 안정성 확보 등이 장점으로 제시된다. 반면, 단점으로는 견제와 균형의 원리가 제대로 구현되지 못한 경우에는 오히려 정치적 갈등으로 비화되어 행정의 비능률과 불안정성이 초래될 수 있다.

(3) 절충형

절충형은 흔히 참사회형(board system)으로 불린다. 대표적으로 의회·참사회형(council－board system)은 의사결정기관인 의회를 모체로 하면서 몇 개의 독립된 집행기관이 행정을 담당하여 기능한다. 절충형은 의결기관과 집행기관을 분리시키되 대립시키지 않는 점에서 양 유형을 절충한 형태이다. 절충형의 대표적인 예로 미국의 시정관리관형을 들 수 있다. 이 유형은 미국에서 20세기 초 도시개혁운동의 과정에서 행정 효율성을 위해 도입되어 널리 활용된 형태이다. 시정관리관형(city－manager plan)은 지방의회가 그 책임 아래 전문행정인을 행정책임자로 임명하여 행정을 처리하는 형태로 의회중심 체제 하에서 행정의 전문성 제고, 책임행정 구현 등이 장점으로 제시된다.

2000년을 기준으로 미국의 지방정부 구성 현황을 살펴보면, 절충형인 시정관리형이 48.8%, 기관분리형인 시장의회형이 48.7%, 기관통합형인 위원회형이 2.1% 비중을 차지하고 있는 것으로 나타나고 있다(김병준, 2011). 미국 지방정부의 기관구성 분포와 형태의 변화는 지방의회와 집행기관의 관계 유형이 고정적인 것이 아니라 정책적 수요와 환경의 변화에 따라 유동적임을 보여준다.

(4) 지방자치 역사와 기관구성 방식의 변화

우리나라의 지방자치 역사와 기관구성 방식의 변화를 살펴보면 다음과 같다.

우리나라의 지방자치는 1948년 7월 제정된 제헌「헌법」 제8장에 지방자치에 관한 규정을 두는 데서 출발한다. 이에 근거하여 1949년 7월 「지방자치법」이 제정되었다.

「지방자치법」에서는 지방자치단체 종류로 도와 서울특별시, 도 아래에 시·읍·면을 두었으며, 지방의원은 선거에 의해 직접 선출하되 도지사와 서울특별시장은 대통령이 임명하고, 시·읍·면장은 지방의회에서 선출되도록 규정했다. 따라서 기본적으로는 집행기관과 의결기관이 분리된 시장-의회형 구조의 기관분리형을 취하고 있으나, 시·읍·면장인 집행기관의 장을 지방의회에서 선출하도록 하여 절충형도 나타난다. 1956년 2월 자치단체장 직선제, 지방의회의 단체장불신임권 삭제 등의 개정, 1958년 12월 자치단체장 임명제로 전환 등의 「지방자치법」 개정이 이루어졌다. 4·19 혁명 이후 개정된 「헌법」에 근거하여 1960년 11월 개정된 「지방자치법」에서는 자치단체장과 지방의원을 모두 주민이 직접 선출하도록 규정했다.

이와 같은 「지방자치법」에 근거하여 1952년, 1956년, 1960년 세 차례 선거를 통해 지방의회가 구성되었으나, 1961년 5·16 군사쿠데타에 의해 전국 지방의회는 강제해산되고 1961년 9월 지방자치에 관한 임시 조치법을 통해 지방자치 실시가 공식적으로 중단되었다. 제3~5공화국 「헌법」에서는 헌법 부칙 조항에 지방자치 실시를 유보하는 조항을 두었다. 1972년 개정된 유신헌법 부칙에서는 "지방의회는 조국통일이 될 때까지 구성하지 아니한다"고 규정하기도 했다. 1950~1960년대의 지방자치 실험은 지방자치 의식과 제도가 부재한 상태에서 중앙정부의 입장에 따라 지방자치를 운영함에 따라 지방자치 본래 기능을 발휘하지 못했다. 게다가 1970~1980년대 권위주의 정부에서는 지방자치 실시 자체가 중단되었다.

1987년 민주화 이후 「헌법」 개정과 「지방자치법」 전면개정을 계기로 1991년 제1기 지방의회가 출범하고, 1995년 자치단체장 직선제 도입을 통한 4대(광역단체장·광역의원·기초단체장·기초의원) 지방선거가 실시됨으로써 지방자치가 부활하였다. 1995년 이래 4년 주기(1995년은 3년)의 전국 동시지방선거가 여섯 차례에 걸쳐 실시되면서 지방자치가 정착해가고 있다. 지방자치 부활 이후 기관구성 방식을 보면, 1991년 지방의회 선거는 기초/광역 지방의원만을 선출하고 기초/광역 단체장은 임명하는 절충형이었다. 1995년 제4대 지방선거 실시 이후 지방정부의 기관구성 방식은 주민의 직접선거로 선출하는 기관분리형을 취하고 있다. 기초와 광역 수준에서 기관구성이 전국적으로 동일한 기관분리 방식을 채택하고 있다. 또한 기관 간 권한의 배분을 보면 의결기관보다 집행기관에 상대적으로 많은 권한이 부여된 단체장 우위의 강시장-의회형(strong mayor-council)의 특징을 지닌다. 지방자치 부활 20년이 지나 지방자치가 성숙해 가는 시점에서 기관분리형 기관구성 방식을 일률적으로 적용하고 있는 방식을 개선하여 자치단체의 특성을 고려하거나 기관구성 방식의 자율권을 부여하는 등 기관구성 방식의 다양화 논의가 제기되고 있다. 2020년 12월 전부개정된 「지방자치법」에서는 지역 여건에 따라 주민투표를 거쳐 기관구성 형태를 선택할 수 있는 근거를 마련하였다.

3) 지방정부의 규모

지방정부의 공공부문은 지방행정기관과 지방공기업, 지방자치단체 출자·출연기관을 포괄하는 지방공공기관으로 구분될 수 있다. 지방행정기관은 「지방자치법」 제3절의 규정에 따라 설치된 행정기구, 소속 행정기관(직속기관, 사업소, 출장소, 합의제 행정기관 등), 하부행정기관 등을 포함한다. 2018년 12월 기준으로 전체 공무원 정원은 1,085,849명이고, 지방공무원 규모는 390,773명에 달한다. 2019년 기준으로 중앙정부예산, 지방정부예산, 지방교육예산 비중은 54.5%, 34.8%, 10.7%이나, 총 재정사용액 비중은 38.5%, 46.4%, 15.1%로 중앙정부보다 지방정부 비중이 더 높은 상황이다.

2018년 12월 기준으로 지방공기업은 401개로 직영기업 250개(상·하수도, 공영개발, 공영버스), 지방공사 62개, 지방공단 89개에 이른다. 2020년 3월 기준으로 지방출자·출연기관은 742개로 출자기관은 98개, 출연기관은 644개에 이른다. 2018년

표 9-1 중앙정부와 지방정부 예산규모 비교

구 분	2008년	2010년	2012년	2014년	2016년	2018년	2019년
중앙정부(천 억) (비중)	1,951 (54.5)	2,259 (55.5)	2,486 (55.5)	2,747 (55.9)	2,957 (55.1)	3,308 (54.5)	3,618 (54.5)
자치단체 (비중)	1,249 (34.9)	1,399 (34.4)	1,511 (33.8)	1,636 (33.3)	1,845 (34.4)	2,107 (34.7)	2,310 (34.8)
지방교육 (비중)	379 (10.6)	411 (10.1)	477 (10.7)	529 (10.8)	529 (10.5)	662 (10.9)	706 (10.7)
합계	3,579	4,069	4,474	4,912	5,331	6,077	6,634

출처: 행정안전부(2019). 2019년도 지방자치단체 통합재정 개요.

12월 기준으로 지방공기업 인력규모는 60,051명이고, 예산규모는 60.9조 원에 달한다. 2018년 12월 기준으로 지방출자・출연기관 인력규모는 34,090명에 달한다.

한편, 중앙행정기관이 소관 사무를 수행하기 위하여 지방에 설치하는 특별지방행정기관이 있다. 특별지방행정기관은 국가적 통일성이 요구되거나 지방자치단체에 위임하여 처리하기 어려운 경우에 설치된다. 2016년 10월 기준으로 특별지방행정기관의 수는 5,170개(고용노동 47개, 세무행정 190개, 공안행정, 2,661개, 현업행정 1,967개, 기타 행정 305개)로 정원은 20만 명에 이른다. 지방분권을 확대하는 차원에서 특별행정기관의 정비와 지방이양이 추진되어 왔으나 그 성과는 미진한 상황이다. 문재인 정부의 자치분권위원회는 「자치분권 종합계획(안)」에서 광역자치단체 수요 중심의 점진적 특별지방행정기관 기능이양 추진과 자치단체와 특별지방행정기관 간의 연계・협력 강화 방안을 제시하고 있다.

3. 주민참여

1) 주민참여 개념과 유형

주민참여란 지역주민이 지방정부의 정책과정에 참여하여 어떠한 영향을 행사하는 일련의 행위를 의미한다. 주민참여 유형은 참여의 정도에 따라 소극적 참여와 적극적 참여로, 제도화 여부에 따라 제도적 참여와 비제도적 참여로, 주도권에 따라 주민주도형과 행정주도형으로 구분가능하다. 샤프(Sharp, 1990)는 주민참여 유형을 참여주체・단계・방식에 따라 개방정부형, 정보수집형, 근린정부형, 공동생산형으로 유형화했다(임승빈, 2009: 420). 아른스타인(Arnstein, 1969)은 미국의 실제 사례를 토대로 참여의 의미와 영향력 정도를 기준으로 8단계 주민참여 형태를 제시하였다. 참여의 수준에서 계도와 교정의 1~2단계는 정부가 참여에 무관심한 주민에게 접촉하는 실질적 비참여수준을 의미하며, 정보제공, 상담, 회유의 3~5단계는 형식적 참여수준으로, 협력관계, 권한위임, 주민통제의 6~8단계는 실질적 참여수준으로 구분된다.

그림 9-1 주민참여의 8단계

단계	1	2	3	4	5	6	7	8
형태	계도 manipulation	교정 therapy	정보제공 informing	상담 consultation	회유 placation	협력관계 partner ship	권한위임 delegated power	주민통제 citizen control

수준	비참여	형식적 참여	실질적 참여

출처: Arnstein(1969), 임승빈(2009: 418).

일반적으로 정책과정에 주민참여 활성화는 대의제민주주의 한계를 보완하여 정부 책임성과 주민의 정책순응(policy compliance)을 제고하는 긍정적 효과가 가져올 것으로 기대된다. 그러나 일부 계층의 편향적 참여는 정책결정의 공정성을 훼손하고 정책 추진의 효율성을 저해할 수 있는 부정적 효과도 초래할 수 있다.

2) 주민참여제도

주민참여제도는 공청회, 고충민원, 간담회와 같은 간접형 참여제도와 주민발안, 주민소환, 주민투표와 같은 직접형 참여제도로 구분된다(임승빈, 2009). 지방정부의 민주적 반응성 제고와 주민자치 활성화를 위해서는 정책과정에 주민이 직접 참여할 수 있는 주민참여제도의 제도화가 필요하다. 우리나라도 직접 민주주의를 실현하기 위한 주민참여제도로 주민발안(initiative), 주민투표(referendum), 주민소환(recall), 주민소송제, 주민참여예산제 등이 도입·운영 중이다.

(1) 주민발안제도

주민발안제도는 주민이 조례의 제정·개정·폐지를 청구할 수 있는 제도이다. 우리나라는 19세 이상 주민의 연서로 지방자치단체장에게 조례 제정, 개정·폐지를 청구할 수 있는 주민발안제도를 1999년 도입했다. 2000년부터 2019년까지 총 269건의 조례가 청구되어 121건(45.1%)이 가결되었으나, 34건은 부결, 91건은 각하·폐기·철회되었다. 대표적으로 2003~2005년 동안 79건의 학교급식지원 조례 청구되어 학교급식지원 조례의 전국적 확산을 견인한 점은 주민발안제도의 대표적인 성공 사례로 꼽을 수 있다. 다만, 주민조례 청구절차가 지방자치단체장에게 청구하여 지방의회에 부의하는 간접발안 형태와 엄격한 주민 연서의 청구 요건이 실질적인 주민참여 활성화를 제한한다는 비판이 있다. 이에 2019년에는 정부입법으로 주민발안제가 실

[사례 1]

주민이 만든 조례안, 지방의회에 직접 제출한다

행정안전부(장관 김부겸)는 주민조례발안에 관한 법률안(주민조례발안법)이 26일 국무회의를 통과했다고 밝혔다. 1999년 지방자치법 개정으로 주민조례 제·개·폐 청구제도가 도입되었으나, 서명자 수 등 엄격한 청구요건과 복잡한 절차 등으로 연평균 13건 정도로 활용이 저조한 실정이다. 이에 행정안전부는 주민발안 기능 강화를 위하여 주민조례발안법을 별도로 제정한다.

제정안의 주요 내용에 따르면, 그간 선거권 기준 연령과 동일하게 19세 이상의 주민을 청구권자로 정했던 것을 18세로 조정해 청년층의 지역참여를 촉진한다. 자치단체 간 인구편차에도 불구하고 서명요건을 획일적으로 광역–기초 2단계로 정해 인구 수가 많은 경우 서명요건을 충족하기 곤란했던 것을, 인구규모별로 세분화 · 완화해 주민의 직접 참여를 확대했다. 이를 통해 지난 20년 간 주민조례 청구가 1건도 없었던 경기도와 같이 인구규모가 큰 지방자치단체의 경우에도 주민조례 발안이 활성화될 것으로 기대된다.

그간 단체장에 제출해 조례규칙심의회 등의 절차를 거쳐 의회에 제출되었던 조례안을 지방의회에 직접 제출하게 함으로써 청구절차를 간소화하고, 주민이 조례안을 작성해 청구하는 데 어려움이 없도록 국가 및 자치단체에게 주민조례청구권 행사에 필요한 조치를 취하도록 의무화했다.

주민이 조례안을 발의해 청구하더라도 지방의회에서 적극적으로 처리하지 않는 경우 청구제도의 효과는 저하된다. 이에 이번 제정안에서는 수리된 주민청구조례안에 대해 지방의회가 1년 이내 심의 · 의결을 하도록 의무화(필요시 1년 연장 가능)했다. 또 의원 임기 만료 시 자동폐기되지 않고 차기 의회에서 계속 심사하도록 해 주민청구조례안에 대한 이행력을 강화했다. 이로 인해 청구건수의 약 20%가 의원 임기만료로 자동 폐기되는 사례를 방지할 수 있을 것으로 기대된다. 한편, 주민조례발안법이 국회에서 의결되면 공포 후 1년이 경과한 날부터 시행된다.

<출처: 머니투데이, 2019.3.26.>

질적인 주민참여의 수단이 되도록 온라인 주민조례 청구 시스템을 도입했으며, 제20대 국회에서 임기만료폐기된 주민조례발안법률안이 제21대 국회에서 논의 중이다.

(2) 주민투표제도

주민투표는 지방자치의 중요 결정사항에 대해 주민들의 직접 투표를 통해 결정하는 참여 제도이다. 주민투표제도는 「지방자치법」 제14조에 근거를 두고 있는데, 2004년에 「주민투표법」이 제정되면서 주민투표 청구권자, 청구요건, 대상, 절차 및 효력 등이 규정되었다. 주민투표의 청구권자는 주민, 지방의회, 지방자치단체장이다. 주민은 주민투표청구권자 총수의 20분의 1 이상 5분의 1 이하의 범위 안에서 조례로 정하는 수 이상의 서명으로, 지방의회는 재적의원 과반수 출석과 출석의원 3분의 2 이상의 찬성으로, 지방자치단체 장은 지방의회 재적 과반수 출석과 출석의원 과반수 동의를 얻어 주민투표를 각각 청구할 수 있다. 주민투표 대상은 읍·면·동 명칭 및 구역 변경, 주요 공공시설의 설치, 기금의 설치, 지방채 발생, 민간투자사업의 실시 등 주민에게 과도한 부담을 주거나 중대한 영향을 미치는 지방자치단체의 주요 결정사항에 대해 조례로 정하는 사항이다. 다만, 법령에 위반되거나 재판 중인 사항, 기관위임사무, 지방자치단체의 예산·회계·계약·결산 및 재산관리에 관한 사항, 지방세·사용료·수수료·분담금 등 공과금의 부과 또는 감면 사항, 행정기구의 설치·변경, 공무원의 신분과 보수에 관한 사항은 주민투표 대상에서 제외된다.

(3) 주민소환제도

주민소환제도는 주민들이 선출한 지방공직자에 대하여 소환투표를 실시하여 그 결과에 따라 임기 종료 전에 해직시키는 제도이다. 주민소환제는 선출직 공무원에 한 주민의 통제를 강화하고 주민에 한 정치적 책임성을 확보하는 가장 강력한 주민통제 수단이다. 「지방자치법」 제20조에 근거를 두고 있는데, 2006년 주민소환에 관한 법률을 제정하면서 본격적으로 도입되었다. 주민소환 대상은 지방자치단체장과 비례대표를 제외한 지방의원이며, 청구사유에는 제한이 없다. 주민소환 청구 요건은 광역자치단체장은 소환투표 청구권장 총수의 100분의 10 이상, 기초자치단체장은 소환투표 청구권장 총수의 100분의 15 이상, 지역구 지방의원은 소환투표 청구권장 총수의 100분의 20 이상으로 주민소환법률에 규정되어 있다. 주민소환투표의 청구제한 기간은 지방공직자의 임기개시일 1년 미만, 임기마감일 1년 미만으로 제한하고 있어 실질적으로 4년 임기 중에 2년 동안만 주민소환을 실시할 수 있다. 2019년 12월까지 청구된 94건 중에서 8건만 주민소환투표가 실시되고, 86건은 서명부미제출, 자진철회 등의 사유로 미투표종결되었다. 주민소환투표가 실시된 8건 중 2건은 주민소환되고, 6건은 투표자 수가 3분의 1에 미달하여 주민소환이 무산되었다.

(4) 주민감사청구제도

주민감사청구제도는 지방정부의 사무처리가 법령에 위반되거나 공익을 현저하게 해치는 경우 일정 주민의 연서로 상급 정부에 감사를 청구할 수 있는 참여제도이다. 주민소송제도는 헌법이나 법률에 위반된다고 인정되는 조례나 단체장의 명령 · 처분에 대해 주민이 소송을 제기할 수 있는 제도이다. 우리나라 지방정부의 위법한 재무회계 행위에 대해 주민소송제도를 인정하고 있다.

(5) 주민참여예산제도

주민참여예산제도는 지방자치단체의 예산편성 과정에 주민이 직접 참여함으로써 예산편성의 투명성과 민주성을 확보하여 참여 민주주의 구현할 수 있는 핵심적인 제도이다. 참여예산제도는 1989년 브라질 포르투 알레그레(Porto Alegre) 시에서 최초 도입하여 전 세계적으로 확산되었다(나중식, 2004). 우리나라에서는 주민참여예산제도는 2003년 광주광역시 북구에서 최초로 도입한 이후 중앙정부 차원에서 2005년 「지방재정법」을 개정하여 참여예산조례의 법적 근거를 마련되고, 2011년 법적 의무규정을 신설함으로써 243개 모든 지방정부에서 도입 · 운영 중이다.

[사례 2]

'주민' 없는 주민참여예산제도의 민낯

13일 행정안전부와 국회 입법조사처 등에 따르면 주민참여예산제도는 그동안 지방자치단체가 결정해 오던 예산의 일부를 주민이 직접 결정하거나 지방예산의 편성 및 운영과정에 주민의 요구와 목소리가 반영될 수 있도록 하는 제도다. 지난 2004년 광주광역시 북구에 최초로 도입된 이래 2011년 「지방재정법」이 개정되면서 전국 17개 광역과 226개 기초 등 243개 모든 지방자치단체에서 의무적으로 시행하고 있다. 주민참여예산제도를 강화하는 것은 현 정부의 100대 국정과제에도 포함되어, 행정안전부가 2018년 9월, 10월에 각각 자치분권 종합계획, 재정분권 추진방안을 내놓기도 했다.

하지만, 주민참여제도가 시행된 지 9년이 지났음에도 각 지방자치단체에서는 제도 안착이 이뤄지지 않고 있는 실정이다. 실제 전국 17개 광역시 · 도 중 주민참여예산제도 전용 온라인 참여공간을 갖춘 곳은 서울, 부산, 경기 등 5곳에 불과하다. 경상남도의 경우, 인터넷 홈페이지에 전용 공간이 없고, 관련 정보에 접근하려면 '재정정보-예산-주민참여예산' 등 몇 단계를 거쳐야 하며 게시판 정도 수준이다. 인터넷 홈페이지에서 주민참여예산 정보로 바로 접근 가능한 도내 시 · 군은 거제시가 유일하다. 온라인과 오프라인 그 어느 곳에도 주민이 참여할 공간을 마련하지 않는 광역자치단체도 인천, 세종, 강원 등 6곳에 이른다.

대다수 지방자치단체가 주민참여예산제도 전담 공무원이 배정되어 있지 않았고, 주민참여예산위원회조차 구성하지 못한 곳도 수두룩했다. 국회 행정안전위원회 소속 더불어민주당 강창일 의원이 행정안전부로부터 제출받은 자료에 따르면, 전담 공무원이 전무한 곳이 전체 지방자치단체 중 4곳, 전담 공무원이 배정되지 않은 지방자치단체는 174곳으로, 이는 전체 243개 지방자치단체 중 73.25%나 차지했다. 뿐만 아니라 23개 지방자치단체에서는 주민참여예산위원회조차 구성되어 있지 않았다. 주민참여예산제도는 주민을 대표하는 위원회를 중심으로 이뤄지는데, 실질적으로 참여할 수 있는 플랫폼이 제대로 갖춰지지 않은 현 상황에서는 주민참여예산위원회를 통해 참여하는 방법이 일반적이다.

이처럼 각 지방자치단체에서 주민참여예산제도가 제대로 이뤄지지 않는 것은, 우선 일반주민이 지방예산에 대한 지식 · 정보를 얻고 지방예산 과정에 참여할 수 있는 온라인 및 오프라인의 참여공간이 부족한 것이 가장 큰 요인으로 꼽힌다. 또 지역주민이 예산 및 재정에 대한 전문지식이 부족하기 때문에, 주민이 지방자치단체 예산과정에 주도적으로 참여해 의견을 개진하기가 쉽지 않다. 여기에 주민참여예산제도가 기존의 주민자치조직과 연계되지 않아서 자치조직이 축적해온 지역현안 정보를 활용하지 못하는 등 효율성도 떨어진다.

<출처: 뉴스토마토, 2019.10.13.>

4. 지방분권화 흐름

중앙정부와 지방정부의 상대적인 권한 배분 정도에 따라 중앙집권과 지방분권으로 구분될 수 있다. 즉, 중앙집권은 중앙정부에 많은 결정권한이 부여되어 지방정부의 재량권이 부족한 상태를, 지방분권은 지방정부에 비교적 많은 결정권한이 부여된 상태를 의미한다. 지방분권은 중앙과 지방 간의 권한 배분의 문제인 반면, 지방분산은 집중된 지역과 그렇지 않은 지역 간의 배분문제이다(임승빈, 2009). 분권화된 체제란 중앙정부와 지방정부 간 수직적 권력분점을 통해 지방정부의 결정권한을 보장하는 체제를 의미한다. 중앙정부의 결정권한이 지방정부로 이양되거나 위임되는 흐름을 지방분권화로 그 반대의 흐름을 중앙집권화로 볼 수 있다. 일반적으로 권한의 이양(devolution)은 정책결정과 집행의 권한과 책임을 모두 넘기는 방식을, 권한의 위임(delegation)은 정책결정과 집행의 권한은 넘기되 책임은 남기는 방식을 의미한다.

1) 세계적 분권화 흐름

1980년대 이후 정치 · 경제적 환경 변화에 대응하는 과정에서 '경제적 세계화와 정치의 지방화'(Preteceille, 1990)로 상징되는 지방분권화 흐름이 시대정신으로 자리잡고 있다. 고츠(Goetz, 1993)는 정치적 재구조화(political restructuring)를 정치 · 경제적 환경 변화에 대응하여 중앙 · 지방정부와 민간부문과의 권위(authority)와 책임(responsibility)의 경계선을 설정하는 과정으로 정의하였다. 그리고 이를 중앙정부와 지방정부 간의 관계를 재정립하는 수직적(vertical) 재구조화와 지방수준에서 공공부문과 민간부문 간의 역할 및 기능을 재정립하는 수평적(horizontal) 재구조화로 구분하였다. 이런 관점에서 지방분권화는 중앙정부와 지방정부 간 권한을 재정립하는 수직적 재구조화 과정으로 이해될 수 있다.

지방분권화 경향은 국가가 처한 환경과 제도적 맥락에 따라 다르게 나타나는데, 분권화 유형은 크게 경제적 효율성 제고를 위한 분권화와 정치적 민주화를 달성하기 위한 분권화로 구분될 수 있다(이종수, 1998; 강명구, 2003). 먼저, 영미국가를 중심으로 하는 선진 민주주의 국가들은 일정 수준의 민주주의를 달성한 상태에서 지방정부 운영의 효율성과 대응성을 강조하는 분권화를 추구하였다. 미국 레이건(R. Reagon) 행정부가 주도한 신연방주의(new federalism)이나 영국의 관리주의형 혹은 네트워크형 지방 거버넌스(local governance)가 대표적인 사례이다. 반면, 후발 민주주의 국가들은 민주화의 제3의 물결 과정에서 정치적 민주주의를 달성하기 위한 수단으로 분권화를 추진하였다.

2) 우리나라 분권화 흐름

세계적 차원의 분권화 흐름에 비춰 볼 때 한국에서의 분권화 흐름은 두 가지 특징을 갖는다. 먼저, 정치적 분권화와 경제적 분권화의 동시적 추진 경향이다. 1987년 민주화의 부산물로서 전면적인 지방자치의 부활은 정치적 민주화를 위한 분권화 경향을 보여준다. 또한 1997년 외환위기 이후 도입된 신자유주의적 개혁 조치들은 지방정부 간 경쟁을 통해 공공서비스를 향상시키려는 경제적 효율성 향상을 위한 분권화 경향을 보여준다. 이와 같이 우리나라는 상이한 분권화 경향이 거의 동시에 추진되었다. 다음으로, 지속적인 지방분권화를 추진해 왔지만 자치입법권의 지방분권 정도는 상당히 제한적이어서 중앙정부와 지방정부의 수직적인 관계에서 지방정부의 자율성이 제약된 제한된 지방분권체제의 특징을 지닌다.

1990년대 본격적인 지방자치 실시 이후 중앙정부 권한을 지방정부로 이양 내지 위임하는 지방분권화 흐름은 중앙정부의 주요 국정과제로 추진되어 왔다. 지방자치 부활 이후 국민의 정부에서의 「지방이양 촉진법」(1999년), 참여정부에서의 「지방분권특별법」(2003년), 이명박 정부에서의 「지방분권촉진법」(2008), 박근혜 정부에서의 「지방분권 및 지방행정체제 개편에 관한 특별법」(2013) 등의 법률 제정을 통한 지방분권을 추진해 왔다. 동시에 시민사회 차원에서도 2001년 지방분권을 위한 전국지식인 선언과 2002년 지역균형발전과 민주적 지방자치를 위한 지방분권운동의 출범을 통해 지방분권을 위한 다양한 노력을 기울여왔다. 또한 지방분권을 명시한 개헌을 통해 국정운영 방식을 중앙집권 방식에서 지방분권 방식으로 획기적인 전환이 필요하다는 주장이 있다. 현재 전문과 부칙을 제외한 130개 헌법 조항에서 지방분권에 관한 헌법 규정은 3개 조항에 불과하여 다른 국가에 비해 지방분권에 관한 규정이 매우 적은 편이다(최병선 · 김선혁, 2007).

문재인 정부는 2018년 3월 지방정부의 자치권과 주민주권을 명시하고, 주민참여의 헌법적 근거를 명시한 헌법개정안을 발의하였으나 국회에서 임기만료폐기되었다. 이어 2018년 9월 자치분권 종합계획을 수립하여 ① 주민주권 구현, ② 중앙권한의 획기적 지방이양, ③ 재정분권의 강력한 추진, ④ 중앙－지방 및 자치단체 간의 협력 강화, ⑤ 자치단체의 자율성과 책임성 확대, ⑥ 지방행정체제 개편과 지방선거제도 개선 등 6대 전략과 33개 추진과제를 제안하였다. 최근 2020년 12월 「지방자치법」 전부개정을 통해 주민참여권 신설, 기관구성 선택권 보장, 자치입법권 보장 강화, 100만 명 이상 특례시 지정, 지방의회 인사권 독립, 지방의회 투명성 · 책임성 확보 등 획기적인 자치분권의 토대가 마련되었다.

제 2 절 우리나라 지방자치 현황 및 쟁점

1. 지방정부 계층구조 및 광역행정

1) 지방정부의 계층구조

중앙정부와 지방정부는 기본적으로 수직적인 계층관계를 형성한다. 계층의 수에 따라 단층제(single－tire system)와 다층제(multi－tire system)로 구분된다. 일반적으로 단층제는 중앙정부 아래 지방정부가 한 층만 존재하는 단일 계층을 의미한다. 단층제는 행정책임을 명확히 하고 다층제가 초래할 수 있는 행정력 낭비를 방지할 수 있는 장점이 있는 반면, 중앙정부 권한이 강화되고 지방정부 간 갈등을 조정하기 어려운 단점이 있다. 이와 달리 다층제는 중앙정부와 지방정부 사이에 상급 지방정부를 두어 두 개의 계층이 존재하는 체제로서 중앙정부로의 집권화를 방지하고 하위 지방정부를 보다 효과적으로 관리할 수 있다는 장점이 있는 반면, 지방정부 간 행정기능의 중첩이 발생하고 권한과 책임이 불확실해지는 단점이 있다. 한편, 효율적 통치 차원에서 분할한 행정계층과 민주적 선거를 통해 구성된 자치계층은 구분된다.

우리나라는 중앙정부 아래 광역자치단체와 기초자치단체로 구성된 다층제 형태를 취하고 있다. 광역자치단체는 특별시 1개, 광역시 6개, 특별자치시 1개, 도 8개, 특별자치도 1개로 구성되어 그 유형이 다양하다. 2015년 12월 기준으로, 기초자치단체는 226개(시 75개, 군 82개, 구 69개)가 있으며, 자치시·자치구가 아닌 행정시(2개)와 행정구(35개)가 있다. 시·군·자치구 아래에서는 3,502개의 읍(220개), 면(1,193개), 동(2,089개)이 있다. 즉, 자치계층의 차원에서는 중앙정부, 광역자치단체, 기초자치단체인 3계층제이나 행정계층의 차원에서는 중앙정부, 광역자치단체, 기초자치단체(행정구), 읍·면·동의 4계층제 혹은 5계층제로 구성된다.

2) 광역행정의 필요성과 수행방식

광역행정은 공공서비스 제공의 효율성·효과성을 향상을 위해 여러 행정구역을 통합하여 종합적인 행정을 수행하는 것을 의미한다. 교통망 확대, 정보통신기술발전과 급격한 도시화 진전에 따라 인접 행정구역과의 연계된 서비스 제공 필요성이 늘어나고 있다. 이에 광역행정은 지방정부별 공공서비스 제공에 있어 부의 외부효과(negative externality)를 최소화시킬 수 있다. 또한 광역행정을 통해 지방정부 간 행정·재정 서비스의 수혜와 재정 부담 불일치에서 초래되는 형평성 문제를 해결할 수 있다. 마지막으로, 광역행정은 규모의 경제(economies of scale)의 실현을 통해 공공서비스 제공의 효율성을 제고할 수 있다. 광역행정은 정부 간 계약, 사무위탁, 공동처리, 특별구, 협의회, 연합체, 조합, 공사 등 다양한 방식으로 수행될 수 있다. 「지방자치법」에서도 광역행정방식으로 지방자치단체조합을 설치할 수 있도록 규정하고 있다. 1991년 수도권매립운영관리조합이 설치·운영한 적이 있으나 2000년부터 공공기관인 수도권매립지관리공사로 운영되고 있다. 광역행정방식을 통한 공공서비스 제공이 활성화되어 있지는 않다.

2. 지방정부의 자치권

일반적으로 자치권이란 지방정부가 관할 구역의 범위 내에서 자신의 책임 아래 자율적으로 행사하는 권한을 의미한다. 자치권은 자치입법권, 자치조직권, 자치재정권,

자치사법권 등으로 구분되는데, 현재 자치사법권은 인정되지 않고 있으며 국가마다 일정 정도 중앙정부에 의해 통제·관리의 범위가 상이하다.

1) 자치입법권

자치입법권은 지방자치 운영에 필요한 규범을 자율적으로 정립할 수 있는 권한을 의미한다. 지방정부는 조례와 규칙을 제정하여 지방사무를 자율적으로 처리하고 있다. 「지방자치법」 제9조에서 자치사무의 범위를 열거하고 있고, 법령에 따라 지방자치단체에 속하는 사무(단체위임사무, 기관위임사무)를 한정하고 있어 자치입법권의 측면에서 상당한 제약이 존재한다. 국민의 자유와 권리의 제한은 국민의 위임을 받은 국회가 제정한 법률에 근거하여야 한다는 법치주의는 법치행정의 원리로 구현되고 있다. 이에 따라, 행정작용은 법률에 근거하여 행해지고 있다. 또한 법치행정의 원리는 법률우위의 원칙과 법률유보의 원칙으로 구체화되는데, 자치입법의 영역에서도 그대로 적용되고 있다.

(1) 자치입법권과 법률우위의 원칙

법률우위의 원칙이란 국가의 행정은 합헌적 절차에 따라 제정된 법률에 위반되어서는 안 된다는 원칙으로 법률에는 헌법, 법률, 법률 위임에 따른 법규명령 등이 포함된다(홍정선, 2005). 특히, 지방자치와 관련해서 법률우위의 원칙은 「헌법」 제117조 제1항에서 "지방자치단체는 …… 법령의 범위 안에서 자치에 관한 규정을 제정할 수 있다"는 규정에서 드러난다. 대법원은 「헌법」 제117조 제1항과 「지방자치법」 제22조 조항들에서 규정한 '법령의 범위 안에서'의 의미는 일반적으로 '법령에 위반되지 않는 범위 내'로 해석하고 있다. 따라서 지방자치단체가 제정한 조례가 법령에 위반되는 경우에는 효력이 없다고 볼 수 있다.

(2) 자치입법권과 법률유보의 원칙

법치행정의 원리로서 법률유보의 원칙은 행정의 법률적합성의 원칙으로 국가의 행정은 법적 근거를 갖고 이루어져야 한다는 원칙을 의미한다. 법률우위의 원칙이 소극적으로 기본 법률의 침해를 금지한다면, 법률유보의 원칙은 적극적으로 행정기관의 행위에 있어 법적 근거의 문제이다(홍정선, 2005). 자치입법과 관련해서 법률유보의 원칙은 「지방자치법」 제22조 단서조항에서 "주민의 권리 제한 또는 의무 부과에 관한 사항이나 벌칙을 정할 때에는 법률의 위임이 있어야 한다"고 규정함으로써 확보되고 있다. 이러한 단서조항이 지방의회의 자치입법권을 침해한다는 주장이 있다.

헌법재판소와 대법원의 판례는 지방자치단체가 주민의 권리 제한 또는 의무 부과에 관한 사항이나 벌칙을 정하는 조례를 제정하기 위해서는 반드시 법률의 위임이 필요하다고 하는 입장이다. 다만, 헌법재판소는 그 위임의 구체성의 정도와 관련하여, 조례에 대한 법률의 위임은 법규명령에 대한 법률의 위임과 같이 반드시 구체적으로 범위를 정하여야 할 필요가 없으며, 포괄적인 것으로 족하다고 함으로써 포괄위임입법금지의 원칙을 완화하여 적용하고 있다. 2020년 12월 전면개정된 「지방자치법」에서는 법령에서 조례로 정하도록 위임한 사항에 대해 하위법령에서 위임의 내용과 범위를 제한하거나 직접 규정하지 못하도록 하여 지방자치단체의 자치입법권 보장을 강화하였다.

(3) 조례제정 및 재의요구 현황

지방정부 조례는 1995년 30,358건에서 2019년 85,414건으로 2.5배 이상 증가하여 자치입법활동이 성숙되어 가고 있다. 지방정부 유형별로는 평균 보유 조례 건수는 시·도는 602건, 시·군·구는 333건으로 기초보다는 광역이 많은 것으로 나타났다. 광역 중에서 도(614건)가 시(589건)보다 많으며, 기초 중에서는 시(394건), 군(325

표 9-2 지방정부 조례제정 현황

구 분		2019년 말 보유			평균(보유 수/지방자치단체 수)		
		계	조례	규칙	계	조례	규칙
계		110,147	85,414	24,733	453	351	102
광역 (17)	시(8)	5,845	4,708	1,137	731	589	142
	도(9)	6,832	5,526	1,306	759	614	145
기초 (226)	시(75)	38,210	29,587	8,623	509	394	115
	군(82)	34,274	26,643	7,631	418	325	93
	구(69)	24,986	18,950	6,036	338	275	87

출처: 행정안전부(2020). 2019년 조례·규칙 현황.

건), 구(275건) 순으로 나타났다. 2019년 제정 · 개정 · 폐지된 조례 25,253건 중에서 발의 주체 비중을 보면, 광역단체는 단체장 32.7%, 의원 67.3%로 의원발의 비율이 높은 반면, 기초단체는 단체장 70%, 의원 30%로 단체장발의 비율이 높다(행정안전부, 2020).

한편 1995~2019년까지 총 1,095건의 재의요구 건수가 발생했으며, 2007년을 기점으로 상급 기관에 의한 재의요구보다는 자체 재의요구 건수가 많아지고 있다. 주체별로는 의원발의 안건 713건(65.1%), 단체장발의 안건 382건(34.9%)으로 의원발의 안건에 대한 재의요구 비중이 높게 나타났다. 사유별로는 법령위반 851건(77.7%), 이의 170건(15.6%), 공익위반 74건(6.7%)순으로 높게 발생했다.

2) 자치조직권

자치조직권이란 지방정부가 자율적으로 조직을 설계할 수 있는 권한을 말한다. 자치조직권은 행사 범위는 지방 정부조직뿐만 아니라 지방 공공기관까지도 포함한다. 다만, 좁은 의미로 지방정부의 조직은 지방의회의 사무기구, 자치단체장의 보조기관(부단체장 · 실국 등 행정기구), 소속 행정기관(직속기관 · 사업소 · 출장소 · 합의제 행정기관), 하부행정기관 등의 행정기구와 그에 소속된 공무원을 의미한다. 지방정부의 자치조직권은 「지방자치법」 제112조에 따라 대통령령이 정하는 기준에 맞추어 지방정부 조례로 정하도록 정하고 있어 제한적인 자치조직권을 가지고 있다.

2007년 조직정원 관리에 있어 지자체의 정원 운영에 관한 자율성의 보장과 책임성을 확보하기 위해 총액인건비제를 도입하였다. 총액인건비제도는 지방정부가 기구 · 정원 운영에 수반되는 인건비성 경비의 총액을 기준으로 자율적으로 관리하도록 하는 제도이다. 직급별 정원을 지방정부의 조례로 관리하도록 함으로써 지방의회에 의한 통제를 강화시켰으나 지방정부의 자율권이 중앙정부에 의해 통제된다는 점에서는 큰 진전이 없다는 비판이 있다.

2014년 기준인건비제도 도입으로 지방정부의 정원관리 자율성을 확대하고 재정여건에 따라 인건비 운영의 탄력성을 부여하고 있다. 지방정부의 조직운영의 자율운영 범위를 기본적으로 1%에서 재정여건에 따라 3%까지 허용하여 정원관리의 자율성과 탄력성을 제고하는 내용이 포함되어 있다.

3) 자치재정권

자치재정권은 지방정부가 사무를 처리하는 데 필요한 재원을 확보할 수 있는 권한과 재원을 자율적으로 운영할 수 있는 권한을 말한다. 먼저, 자치재정권력은 지방정부가 자율적으로 세금을 거둘 수 있는 조세권의 확보 권한을 의미한다. 우리나라는 조세법률주의 원칙에 따라 법률이 정하는 세목 이외에 지방정부가 별도로 세금을 징수할 권한을 부여하지 않고 있어 자치 재정권력에 있어 상당한 제약이 있다. 자치재정관리 권한은 지방자치 성숙과 더불어 점차 확대되고 있으나, 중앙정부가 제시한 지방자치단체 예산편성기준에 따라 편성·운영하고, 지방채 발행 조건이 중앙정부에 의해 정해지는 등 자율적 관리 권한도 상당히 제한적이다.

3. 사무배분 기준과 현황

1) 사무배분의 방식

지방정부가 자율권을 행사할 수 있는 사무의 범위는 집권화 경향을 지닌 중앙정부와 분권화 경향을 지닌 지방정부 간에 사무배분을 둘러싼 정치적 상호작용의 결과물로 이해할 수 있다. 일반적으로 사무배분의 방식은 개별적 배분방식과 포괄적 배분방식으로 구분된다. 개별적 배분방식은 지방정부가 수행할 수 있는 사무를 하나씩 개별적으로 지정해주는 방식이다. 영국은 헌장(charter)과 같은 특별법이나 지방자치법과 같은 일반법을 통해서 지방정부의 사무 범위와 권한을 개별적으로 규정해왔다. 월권금지의 원칙(ultra vires doctrine)은 개별적 배분방식에 따른 결과물이다. 따라서 지방정부는 명시적으로 주어진 권한과 사무를 벗어나는 경우는 월권으로서 엄격한 제한을 받게 된다.

반면, 포괄적 배분방식은 사무배분에 관한 일반적 규정을 두어 지방정부가 처리할 수 있는 사무의 범위를 포괄적으로 부여하는 방식이다. 이 방식은 배분방식이 간단한 장점이 있으나 국가사무와 자치사무의 명확한 구분이 어렵고, 중앙정부가 개별 법령을 통해 자치사무의 영역을 침해하기 쉬운 단점이 있다.

우리나라 「지방자치법」 제13조에서는 포괄적 예시주의 방식을 규정하고 있다. "지방자치단체는 관할 구역의 사무와 법령에 따라 지방자치단체에 속하는 사무를 처리한다"고 규정하면서 6개 영역 57개 사무를 예시하고 있다. 다만, 개별 법률에 따른 규정이 있는 경우는 예외로 규정하고 있다. 한편, 「지방자치법」에서는 지방정부의 특성을 고려하여 사무 범위를 다르게 둘 수 있도록 규정하고 있다. 자치구의 경우에는 자치권의 사무 범위를 제한하고(지방자치법 제2조), 인구 50만 명 이상 시의 경우에는 도가 처리하는 사무의 일부를 직접 처리하도록 하여 자치권의 사무 범위를 확대해 주고 있다(지방자치법 제14조). 2020년 12월 전면개정된 「지방자치법」에서는 100만 명 이상 특례시 지정, 행정수요 · 균형발전 등을 고려한 시 · 군 · 구에 특례 부여가 가능한 조항이 신설되었다(지방자치법 제198조).

2) 사무배분의 원칙

사무배분의 원칙은 사무배분의 기준이 되는 일반적인 원칙을 말한다. 사무배분의 원칙으로 보충성의 원칙, 효율성의 원칙, 포괄성의 원칙, 충분재정의 원칙 등이 있다(김병준, 2011). 먼저, 보충성의 원칙은 주민의 편익이나 복리증진 등 지역주민생활과 밀접한 사무는 지역주민과 가까운 지방정부가 처리할 수 있도록 우선 배분되어야 한다는 원칙이다. 보충성의 원칙은 지방정부의 사무처리 권한을 기본권으로 인정하여 최대한 보장하려는 취지를 담고 있다. 효율성의 원칙은 사무의 외부효과를 고려하여 업무를 가장 효율적으로 추진할 수 있는 정부에 배분하자는 원칙이다. 포괄성의 원칙은 유사하거나 상호밀접한 업무는 포괄적으로 배분해주어야 한다는 원칙으로 지방정부에게 완전하고 배타적인 업무처리 권한을 행사하도록 하기 위한 취지이다. 충분재정의 원칙은 지방정부가 사무처리에 필요한 재원을 충분히 지원하고 재정적 능력을 보장해야 한다는 원칙이다. 「지방분권 및 지방행정체제개편에 관한 특별법」 제9조에서는 사무배분의 원칙으로 보충성의 원칙, 중복배제의 원칙, 포괄적 배분의 원칙 등을 제시하고 있다. 2020년 12월 전면개정된 「지방자치법」 제11조에서도 중앙부처의 자의적인 사무배분을 방지하기 위해 보충성, 중복배제, 포괄적 배분 등 사무배분 원칙 규정을 도입하였다.

3) 사무배분의 현황

지방정부가 처리하는 사무는 크게 자치사무와 위임사무로 구분된다. 자치사무는 지방정부의 책임 하에 자율적으로 처리하도록 하는 사무이고, 위임사무는 중앙정부가 처리해야 하는 국가사무를 지방정부에 위임하여 처리하는 사무이다. 위임사무 중 지방정부의 집행기관의 장에게 위임된 사무를 기관위임사무라 한다. 기관위임사무는 국가사무를 집행기관의 장에게 위임하여 처리하는 사무로서 지방의회의 관여가 원칙적으로 배제된다. 국가사무와 자치사무의 상대적인 권한 배분 비중은 분권화수준을 가늠하는 측정 지표로 활용될 수 있다.

지방자치가 본격적으로 시작되기 전인 1994년 총무처 국가사무 실태조사 결과에 따르면, 국가사무는 13,664개(86.6%), 지방사무는 2,110개(13.4%)로 조사되어 국가사무 비중이 압도적으로 높았다. 한편, 지난 2013년 지방자치발전위원회 4,000여 개 법령상 국가 총사무를 조사한 결과, 국가사무는 31,161개(67.7%), 지방사무는 14,844개(32.3%)로 나타났다. <표 9-3>에서 보듯이 조사방식과 기준이 약간씩 상이하다. 국가사무 대비 지방사무 비중은 1994년 13.4%, 2002년 22.2%, 2009년 24.2%, 2013년 32.3%로 점진적으로 증가 추세를 보이고 있으나, 그 비중은 여전히 낮고 지방이양 속도가 더뎌 분권화가 낮은 수준이라고 볼 수 있다.

한편, 중앙정부 권한의 지방이양을 위해 1999년 1월 제정된 「중앙행정권한의 지

표 9-3 국가사무 지방사무 비중

구 분	계	국가사무	지방사무	비 고
1994년 총무처 조사	15,774	13,664 (86.6%)	2,110 (13.4%)	국가사무에 지방위임사무(1,920)
2002년 지방이양추진위원회 조사	45,349	35,297 (77.8%)	10,052 (22.2%)	국가사무에 위임사무(1,311), 공동사무(3,746) 포함 지방사무에 공동사무(3,746) 포함
2009년 행정자치부 조사	44,640	33,864 (75.8%)	10,776 (24.2%)	
2013년 지방자치발전위원회 조사	46,005	31,161 (67.7%)	14,844 (32.3%)	

출처: 행정자치부(2015). 지방자치 20년사 재정리.

방이양촉진 등에 관한 법률」에 근거한 대통령 직속 지방이양추진위원회가 구성·운영되었으며, 2003년 12월 제정된 「지방분권특별법」이 제정되어 대통령직속 자문기구로 정부혁신지방분권위원회를 추가로 설치했으며, 2008년 2월에는 「지방분권 촉진에 관한 특별법」을 제정하여 두 기관을 통합한 지방분권촉진위원회가 설치되었으며, 2013년 5월 「지방분권 및 지방행정체제 개편에 관한 특별법」을 제정하여 2013년 9월 지방분권촉진위원회와 지방행정체제개편추진위원회의 기능과 역할을 지방자치발전위원회로 통합하였다. 문재인 정부에서는 2018년 3월 「지방자치분권 및 지방행정체제에 관한 특별법」을 공포함에 따라 지방자치발전위원회를 자치분권위원회로 변경하여 자치분권 종합계획을 추진 중이다.

4. 지방의회와 집행기관

1) 지방의회 구성, 권한, 운영

지방의회는 지역주민에 의해 선출된 의원들로 구성된 합의제 기관으로 주민대표기관, 의결기관, 입법기관, 행정 감시기관의 지위를 갖는다.

지방의회의 권한으로 의결권, 발의권, 선거권, 행정사무감사 및 조사권, 자율권, 동의권, 승인권, 청원 수리·처리권을 들 수 있다. 지방의회는 주민의 대표기관으로 조례 제정·개정·폐지의 의결, 예산 심의·의결 권한을 갖는다. 「지방자치법」은 지방의회의 의결대상에 대해 제한적 열거주의 방식을 취하고 있다. 지방의회는 집행기관에 대한 통제수단으로 포괄적인 행정사무감사권과 특정 사안에 대한 행정사무조사권을 가지며, 행정사무에 대한 질의를 위해 자치단체장과 관계 공무원의 출석 요구권을 갖는다.

2) 지방선거와 정당공천제

(1) 지방선거

지방선거는 주민의 대표를 선출하는 민주적 절차로서 선출된 대표에게 정책결정의 민주적 정당성을 부여하는 과정으로 지방자치의 핵심 제도이다. 1948년 제헌헌법

제정 이래 1960년 5 · 16 군사쿠데타로 지방자치가 전면 중단되기 전까지 시 · 읍 · 면 의원과 도의원을 선출하는 세 차례의 지방선거(1952년 4월과 5월, 1956년 8월, 1960년 12월)가 실시되었다. 1991년 기초 · 광역 의원을 선출하는 지방선거가 부활된 이후 1995년 6월에 광역단체장과 광역의원 및 기초단체장과 기초의원을 선출하는 제1회 전국동시지방선거가 실시되었다. 이후 제6회 지방선거까지 주기적으로 실시되고 있다. 1995년 제1회 전국동시지방선거의 투표율은 68.4%를 기록한 이래 제2회 52.7%, 제3회 48.8%로 하락했으나, 제4회 51.6%, 제5회 54.5%, 제6회 56.8%로 점차 높아져 지방자치에 대한 시민들의 참여와 관심이 제고되고 있음을 알 수 있다.

1993년 광역 · 기초의회 소선거구제 도입, 1995년 광역의회 지역구의원의 10% 비례대표제 도입, 2006년 기초의회 중선거구제와 비례대표제 도입, 2006년 비례대표 시 · 도의원, 시 · 군 · 구의원 선거에 여성추천 50% 비율과 홀수배정 제도가 도입되었다. 기초 · 광역단체장은 1995년 이후 정당공천을 허용하고 있으며, 광역의회는 1993년부터 정당공천제가 허용되었으나 기초의회는 2006년부터 정당공천제가 허용되었다. 지방선거 대표 선출 방식을 보면, 단체장은 비교다수대표제를 채택하고 있고 후보자가 1인인 경우 무투표 당선된다. 시 · 도 광역의원은 소선거구 비교다수대

표 9-4 우리나라 지방선거 실시 현황

구 분	선거일	투표율	임 기	광역 단체장	시 · 도 의원 수	기초 단체장	기초 의원 수
	1991.3.26.(기초) 1991.6.20.(광역)		4년	–	866	–	4,304
제1회	1995.6.27.	68.4%	3년	15	972(97)	230	4,541
제2회	1998.6.4.	52.7%	4년	16	690(74)	232	3,490
제3회	2002.6.13.	48.9%	4년	16	682(73)	232	3,485
제4회	2006.5.31.	51.6%	4년	16	738(78)	230	2,888 (375)
제5회	2010.6.2.	54.5%	4년	16	855(81)	230	2,876 (376)
제6회	2014.6.4.	56.8%	4년	17	794(84)	226	2,898 (379)
제7회	2018.6.13.	60.2%	4년	17	829(87)	226	2,927 (386)

표제 방식을, 자치구 · 시 · 군 기초의원은 시 · 도 조례로 정하는 2인 이상 4인 이하로 선출하는 중선거구 비교다수대표제를 채택하고 있다. 시 · 도 비례대표 광역의원은 시 · 도를 단위로 의원정수의 10% 범위 내에서 정당별 득표비례구속명부제를 채택하고 있으며, 자치구 · 시 · 군 비례대표 지방의원도 자치구 · 시 · 군을 단위로 비례대표 광역의원과 같은 방식을 채택하고 있다.

2018년 실시된 제7회 지방선거 결과, 광역단체장 17명, 기초단체장 226명, 광역의원 829명, 기초지방의회 의원은 총 2,927명이 선출되었다. 지방의회 정수는 지역구광역의원의 정수를 기초의원의 2배수로 하되, 인구 · 행정구역 등을 고려하여 100분의 10의 범위에서 조정할 수 있다.

(2) 정당공천제

기초선거 정당공천제를 반대 입장은 정당공천제로 인한 지방자치의 중앙정치 예속과 이로 인한 공천비리 문제 근절을 내세운다. 정당공천제 찬성입장은 정당공천제 폐지가 정당정치의 근간을 부정하고, 풀뿌리 지방자치에서 정당의 역할과 책임을 회피하는 결과를 초래할 것으로 본다. 기초의원인 경우, 1995년 「공직선거법」 개정으로 정당공천과 정당표방이 금지되었다. 그러나 지난 2003년 헌법재판소 판결에서 기초선거에만 정당공천을 배제하는 것은 '정치적 표현의 자유' 및 '평등원칙'에 위배된다고 판시하였으며, 이에 따라 2006년부터 기초선거 정당공천제가 전면 도입되었다.

3) 집행기관의 지위와 권한

지방자치단체장은 지방자치단체를 대표하는 지위, 당해 자치단체의 사무를 집행하는 집행기관의 지위, 국가위임사무를 처리하는 하급 지방행정기관으로서의 지위를 갖는다. 자치단체장은 조례안 · 예산안 · 결산안 제출권과, 이시회의 소집요구권, 지방의회 의결에 과한 재의 요구권, 선결처분권, 규칙제정권, 관리집행권, 공무원 임면권 및 지휘감독권을 갖는다.

5. 우리나라 지방정부 재정 운영

1) 지방재정 구조

(1) 지방 세입구조와 현황

지방정부의 세입 재원은 크게 자체수입, 이전수입, 보전수입등 및 내부거래, 지방채로 구분된다. 자체수입은 지방세, 세외수입으로 지방정부가 자체적으로 징수하는 자주재원인 반면, 이전수입인 지방교부세와 국고보조금으로 중앙정부나 상급 지방정부로부터 지원받는 의존재원이다. 지방교부세는 지출 용도에 대한 제한이 없기 때문에 일반재원으로 분류되기도 한다. 2019년 당초예산 순계 기준으로 지방정부 총 세입은 231.0조 원이고, 이 중 자체수입(지방세+세외수입)은 104.4조 원(45.2%), 이전수입(지방교부세+국고보조금)은 98.2조 원(42.5%), 보전수입 등 및 내부거래는 24.6조 원(10.7%), 지방채는 3.7조 원(1.6%)으로 구성되었다.

지방세는 지방정부가 관할 구역 내의 자체 세원을 대상으로 사업집행에 필요한 경비를 충당할 목적으로 징수하는 세금이다. 지출목적에 따라 보통세와 목적세로 구분된다. 특별한 지출목적이 정해진 목적세는 특별한 행정수요에 필요한 재원을 마련하기 위해 도입된 세목이다. 현재 보통세로는 취득세, 등록면허세, 주민세, 재산세, 자동차세, 레저세, 담배소비세, 지방소비세, 지방소득세가 있다. 목적세로는 지역자원시설세와 지방교육세가 있다. 지방정부 유형별로 지방세 세목이 상이한데, 자치구 세목은 등록면허세, 재산세로 한정되어 세원구조가 가장 취약하다. 2019년 지방세 세입(81조 8,267억 원) 중 취득세는 27.4%, 지방소득세 19.3%, 재산세 14.2%, 지방소비세 9.2%, 자동차세 9.3%, 지방교육세 8.0%, 담배소비세 4.0%, 주민세 2.4%, 등록면허세 2.0%, 지역자원시설세 2.0%, 레저세 1.2% 비중을 차지하고 있다. 한편, 세원의 원천에 따라 재산 관련 과세, 소득 관련 과세, 소비 관련 과세로 구분되는데, 지방정부의 지방세 구조 비중은 과세 환경과 맥락에 따라 상이하다.

다음으로, 세외수입은 경상적 세외수입과 임시적 세외수입으로 구분된다. 경상적 세외수입으로는 재산임대 수입, 사용료 수입, 수수료 수입, 사업 수입, 징수교부금수입, 이자수입이 있으며, 임시적 세외수입으로는 재산매각 수입, 부담금, 과징금 및 과

표 9-5 지방정부 지방세 세목

구 분	도 세	시군세	광역시세	자치구세
보통세	취득세, 등록면허세, 레저세, 지방소비세	주민세, 재산세, 자동차세, 지방소득세, 담배소비세	취득세, 레저세, 담배소비세, 지방소비세, 주민세, 지방소득세, 자동차세	등록면허세, 재산세
목적세	지역자원시설세, 지방교육세		지역자원시설세, 지방교육세	

태료 등, 기타 수입 등이 있다. 2019년 지방정부 총 세입 중 세외수입은 22조 5,837억 원으로 이 중 경상적 세외수입은 67.6%(15.2조 원), 임시적 세외수입은 32.4%(7.3조 원) 비중을 차지하고 있다.

중앙과 지방의 세입과 세출 불일치 구조의 개선을 위해 국세의 지방세 이양을 통한 지방세 규모 확대와 재산과세 중심에서 소득소비과세 중심으로 전환을 주장하는 의견이 있다. 지방정부의 과세 자주권 확대와 지방정부 간 재정 격차 심화 간의 균형이 필요하다.

(2) 지방 세출구조와 현황

지방정부 재정의 세출 예산은 회계별 · 기능별로 크게 구분된다. 2019년 당초예산 예산순계 규모로 세출예산은 231조 원으로 일반회계 예산은 182.2조 원, 특별회계 예산은 48.7조 원으로 구성되어 있다. 기능별로는 크게 일반관리(일반공공행정, 공공질서 및 안전), 사회개발(교육, 문화 및 관광, 환경보호, 사회복지, 보건), 경제개발(농림해양수산, 산업 · 중소기업, 수송 및 교통, 국토 및 지역개발, 과학기술), 기타(예비비, 기타 인력운영비 등)로 구분되고 있다. 이 중에서 사회복지 예산이 66.1조 원으로 28.6% 비중으로 가장 높으며, 매년 지속적으로 그 비중이 높아지고 있다. 특히, 2005년 중앙정부의 국고보조사업이 지방정부로 이양되고, 기초연금, 장애인연금 등 현금급여성 복지사업이 도입 · 확대되면서 사회복지 지출 비중이 크게 증가하고 있다. 2006년부터 2014년까지 사회복지 예산 증가율은 14.5%로 같은 기간 총예산 증가율은 6.2%보다 높은 증가율을 보였다.

또한 지방정부 유형 중 기초 자치구의 경우 전체 예산의 50% 이상을 사회복지비로 지출하고 있어 지방정부의 복지재정 부담이 가중되고 있는 상황이다. 자체사업과 대 보조사업 비중이 2010년 52대 48에서 2015년 47대 53, 2020년 48대 52로 역전되면서 지방정부의 재정운영 자율성이 제약되는 현상이 심화되고 있다.

(3) 재정자립도와 재정자주도

재정자립도란 지방정부가 재정활동에 필요한 경비를 자체적으로 조달할 수 있는 정도를 나타내는 지표로, 일반회계 세입예산(자주재원+의존재원)에서 자체 재원(지방세와 세외수입)의 비중으로 계산된다. 재정자립도는 1995년 63.5%에서 2015년 50.6%로 하락하여 지방정부의 중앙정부에 대한 재정의존도가 심화되고 있다. 재정자립도는 자치단체의 세입(자주재원+의존재원) 중 자주재원의 비율로 되어 있어 의존재원(국고보조+지방교부세)의 크기에도 영향을 받게 되어 있다. 즉, 이전재원이 증가할수록 재정자립도는 낮아진다. 따라서 지방자치의 수준이나 정도를 볼 수 있는 지표는 될 수 있지만 단체의 재정력이나 재정의 건전성 지표로는 부적합하다는 의견이 있다.

반면, 재정자주도는 일반재원으로 분류된 지방교부세와 조정교부금을 자주재원으로 간주하여 일반회계 세입예산규모에서 자체수입과 자주재원의 비중으로 계산된다. 재정자주도는 지방교부세를 포함시켜 지방정부의 실질적인 재원활용 능력을 표시하는 지표로 활용되고 있다. 재정자주도도 2006년 80.2%에서 2015년 68%로 지속적으로 하락하고 있다. 이는 자체수입과 자주재원의 증가율보다 중앙정부의 국고보조금 증가율이 더 높기 때문이다.

2) 우리나라 지방재정조정제도

(1) 지방재정조정제도의 의의

정부 간 재정조정제도는 중앙-지방정부 간, 지방정부 간 재정을 조정하는 제도로 지역 간 외부효과의 시정, 수직적 균등화, 수평적 균등화를 목적으로 도입된 제도이다. 첫째, 정부 간 재정조정제도는 지역 간에 발생하는 외부효과를 시정하기 위해 활용된다. 지방정부가 제공하는 공공재 서비스의 편익이 다른 지역까지 파급되는 외부

효과가 존재하게 되어 지방정부는 공공재를 과소 공급할 유인이 발생하고 이에 따라 국가 전체적으로 비효율적으로 공급될 여지가 있다. 이런 경우, 정부 간 재정조정제도를 통해 사회적 효율성을 증대시킬 수 있다.

둘째, 정부 간 재정조정제도는 중앙정부와 지방정부 간의 수직적 재정불균형을 시정하는 데 도움이 된다. 중앙과 지방 간 세입과 세출의 불균형구조에서 지방정부로의 재원 이전을 통해 지방정부의 재정건전성을 높일 수 있다. 또한 조세 징수액에 편차가 발생하는 현실에서 중앙정부에 의한 세입징수를 통해 지방정부로의 재정이전은 국가 차원의 재정운용의 효율성을 높이는 데 기여한다.

셋째, 정부 간 재정조정제도는 지방정부 간 수평적 재정불균형을 시정하는 데 활용될 수 있다. 지역 간 불균형발전으로 지역 간 재정불균형이 심화된 상황에서 국가 최저수준(national minimum)의 공공서비스를 보장하기 위해서는 재정의 수평적 이전이 필요하다. 지역 간 재정균등화는 지역 간 수평적 공평성을 증진하고 국가 전체의 재정 효율성을 증진시키는 데 기여한다. 예를 들어, 우리나라는 2010년 지방소비세를 신설하면서 수도권과 비수도권의 재정격차 완화 및 균형발전 도모를 위해 수도권 3개 시·도가 지방소비세 수입의 35%를 출연하는 지역상생발전기금을 만들어 지자체 간 수평적 재정조정 재원으로 활용하고 있다.

(2) 지방재정조정제도의 현황

지방재정조정제도는 중앙정부 또는 상급 지방정부가 재정력이 약한 지방정부의 부족재원을 보전해주는 제도를 말한다. 지방재정조정제도의 유형은 크게 중앙정부가 지방정부에 지원하는 지방교부세와 국고보조금, 그리고 광역지방정부가 기초지방정부에 지원하는 조정교부금과 시·도 보조금으로 구분된다.

지방교부세는 지방정부 간 재정력 격차 조정과 전국적으로 최소한의 동일한 행정서비스 수준을 보장하기 위하여 중앙정부가 내국의 일정비율 자치단체에 배분하는 제도이다. 지방교부세는 보통교부세, 부동산교부세, 소방안전교부세, 특별교부세로 구분된다. 또한 교부세의 재원은 내국세 총액의 19.24%, 종합부동산세 전액, 담배에 부과하는 개별소비세 총액의 45%로 구성된다. 보통·부동산교부세는 용도 지정없이 자치단체 일반예산으로 사용된다. 보통교부세는 매년도 기준재정수입액이 기준재정수요액에 미달하는 지방정부에 대하여 재정부족액을 기초로 산정되며, 부동산교부세는 재정여건, 사회복지, 지역교육, 보유세 규모 등의 기준에 따라 기초단체에만 교부되고 있다. 소방안전교부세는 소방 및 안전시설 확충, 안전관리 강화 소요 재원 보전으로 활용된다.

교부세 법정률은 국가와 지방자치단체 간에 결정된 세원의 배분율로 현재는 내국세의 19.24% 수준이다. 1983년 이후 내국세의 13.27%로 고정되어 온 교부세 법정률이 2000년 15.0%로 인상되었다. 2005년부터는 기존의 지방양여금 재원 중 지방도로정비사업 재원 등 일부(2.8%)가 지방교부세 재원으로 편입되었고, 열악한 지방재정여건과 현실을 감안한 추가 재원(0.5%)과 국고보조사업의 지방이양에 따른 재원 보전을 위해 분권교부세가 신설(0.83%)되면서 19.13%로 인상되었으며, 2006년에는 분권교부세율이 0.83%에서 0.11%p 인상되면서 교부세 법정률이 19.24%가 되었다(행정자치부, 2015). 2004년까지는 보통교부세 10/11, 특별교부세 1/11 비율이었으나, 2005년부터는 보통교부세 96%, 특별교부세 4%로, 2014년부터는 보통교부세 97%, 특별교부세 3%로 변경되었다. 2005년 부동산교부세도 신설되었다. 한편, 2015년부터 담배소비세 총액의 100분의 20을 재원으로 하는 소방안전교부세가 신설되었으며, 2020년 소방안전교부세율이 100분 45로 상향 조정되었다.

특별교부세는 보통교부세 산정 시 반영할 수 없었던 구체적인 사정, 지방재정 여건의 변동, 예기치 못한 재정수요 등을 고려하여 특별히 교부하는 지방교부세이다. 2014년 개정에 의해 특별교부세는 지방교부세 전체 재원에서 분권교부세를 제외한 금액의 3%로 변경되었으며(2005년부터 신설되어 10년 간 운영된 분권교부세는 2015년부터 보통교부세로 통합되었다), 교부대상 사업유형은 재난안전수요(50%), 지역현안수요(40%), 국가지방협력수요(10%)로 변경되었다.

한편, 국고보조금은 중앙정부가 국가사무를 지방정부에 위임하거나 지방정부가 추진하는 사업 경비의 전부 또는 일부를 보조하거나 지원하기 위한 제도로서 일정정도의 지방비부담을 수반하는 지원제도이다. 국고보조금은 지방교부세와 다르게 지정된 사업목적 이외에 다른 용도로는 사용할 수 없는 재원이다. 지방정부의 재정여건을 감안하여 국고보조금을 차등하여 지원할 수 있도록 사업별, 유형별 차등보조 기준을 정하여 운영하고 있다. 국고보조사업 규모는 2011년 48.6조 원에서 2015년

64.4조 원으로 증가하였으며, 같은 기간 지방비부담은 18.5조 원(38.1%)에서 23조 원(36.0%)으로 증가하여 지방정부 재정에 상당한 부담으로 작용하고 있다.

광역지방정부가 기초지방정부에 지원하는 재정교부금은 시·군 조정교부금과 자치구 조정교부금으로 나뉜다. 시·군 조정교부금은 광역시·도세의 일부를 재원으로 관할 시·군에 배분하여 재정력 격차를 조정하는 제도이다. 자치구 조정교부금은 특별시·광역시 보통세의 일정률을 재원으로 하여 자치구 간 재정력 격차를 조정하는 제도이다. 광역과 기초 간 재정이전을 위한 재정교부금은 일반적 재정수요에 충당하기 위한 일반조정교부금과 특정한 재정수요에 충당하기 위한 특별조정교부금으로 구분되어 운영되고 있다. 한편, 시·도비 보조금은 국고보조금과 유사하게 광역지방정부(시·도)가 기초지방정부(시·군·구)에 특정 사업을 장려하기 위하여 지원하는 목적재원이다.

제 3 절 주요 지방자치이론

중앙정부와 마찬가지로 지방정부의 정책과정을 개방체제의 관점에서 이해할 수 있으나 정책환경과 정책과정의 특징 등으로 인해 다양한 지방자치이론들이 발전해 오고 있다. 여기서는 대표적인 지방자치이론으로 정부 간 관계이론, 도시한계론과 공공서비스 공급방식과 민간위탁, 사회자본과 지방정부 성과, 정책혁신의 확산 등의 논의를 제시한다. 정부 간 관계이론은 중앙정부 중심의 정책결정에서 지방정부의 역할을 강조한 이론이다. 피터슨(P. E. Peterson)의 도시한계론은 지방정부의 구조적 제약으로 정책유형에 따른 정책결정이 다른 특징을 지닌다는 점을 강조한 이론이다. 민간위탁은 신공공관리론에 근거하여 행정서비스의 효율성을 높이기 위한 대안으로서 지방정부를 중심으로 광범위하게 활용되고 있다. 사회자본은 집단행동의 딜레마 문제를 해결하여 궁극적으로 정부 성과를 높이는 데 기여할 수 있는 대안으로 제시되고 있다. 정책혁신의 확산은 지방정부가 정책실험실로서 다양한 정책혁신의 실험이 가능하고 성공적인 정책이 다른 지방정부, 상위정부로 확산되는 현상을 설명하는 이론이다.

1. 정부 간 관계이론

정부 간 관계는 한 국가 내에서 중앙정부와 일정 수준의 자율성을 지닌 단일 또는 복수 계층의 지방정부들 간에 형성되는 관계를 의미한다(김병준, 2011). 대표적으로 정부 간 관계는 미국 연방체제 내에서 모든 계층과 모든 형태의 정부 간에 일어나는 상호작용과 행위의 총체로 정의되고 있다(Anderson, 1960). 미국 연방주의 체제 하에서 연방주의와 주정부, 지방정부 간의 관계가 상호독립적인 관계에서 상호협력적이고 의존적인 관계로 발전하면서 정부 간 관계에 대한 관심이 증대해 오고 있다.

전통적인 정부 간 관계이론은 중앙정부와 지방정부 간의 관계를 권력관계를 중심으로 중앙정부가 지방정부를 완전히 통제하는 대리인형(agent model)과 중앙정부와 지방정부가 상호대등한 입장을 강조하는 동반자형(partnership model)으로 구분한다.

로즈(R. A. W. Rhodes)는 정부 간 관계를 대등관계 혹은 종속관계로 구분하는 전통적 이론의 구분이 너무 단순하다고 비판하였다. 이에 정부 간 관계를 정부의 동원자원을 고려한 권력의존모형(power-dependency model)을 제시하였다(Rhodes, 1981). 중앙정부와 지방정부는 헌법적·법적 지위, 정치적 정당성, 조직적 역량, 재정력, 지식정보자원, 여론 동원 능력 등의 권력 자원을 동원하면서 상호의존적인 관계를 형성한다고 보았다.

라이트(D. Wright)의 정부 간 관계론(intergovernmental relation)은 연방제 국가인 미국에서 중앙정부 중심의 관심을 지역과 지방정부로 확대시켰다는 점에서 주목을 받았다. 기존 연방주의론(federalism)은 연방정부와 주정부 간의 관계에 초점을 두었다. 반면, 정부 간 관계는 연방정부, 주정부, 지방정부 등 모든 형태와 수준의 정부 간 관계를 수평적 관점에서 접근하여 이들 정부 간에 정책이 형성되고 집행되는 과정에 관심을 가진다. 라이트의 정부 간 관계론은 연방제 국가 형태에 적합한 이론으로 우리나라와 같은 단방제 국가에는 이론의 적용 가능성이 낮다는 비판이 있다. 라이트는 미국 연방주의체제 아래에서 연방정부, 주정부, 지방정부 간의 권력관계 및 기능적 상호의존성을 고려하여 동등권위형, 내표권위형, 중첩권위형의 세 가지 모형을 제시하였다(Wright, 1978). 동등권위형은 연방정부와 주정부가 동등한 권한을 가지되 지방정부는 주정부에 귀속되는 유형이다. 이런 유형은 연방정부와 주정부의 권한을 명확히 구분한 초기의 이중 연방주의(dual federalism)체제에 적용되는 유형으로 주정부 아래 지방정부는 주정부의 창조물로 보는 딜론의 법칙(Dilon's rule)이 적용되는 관계에서 나타난다. 내포권위형은 연방정부와 주정부, 지방정부과 동심원 관계를 형성하여 지방정부가 주정부에, 주정부가 연방정부에 완전히 통제되는 관계를 나타낸다. 마지막으로, 중첩권위형은 연방정부, 주정부, 지방정부가 모두 제한된 권한을 가지며 상호배타적인 권한을 행사하는 영역이 존재하는 관계를 나타낸다.

2. 티부가설과 도시한계론

티부(Tiebout, 1956)는 발에 의한 투표(vote by feet)를 통해 지방정부에 의해 효율적인 공공재의 공급과 소비가 가능하다고 주장하고 있다. 즉, 지방정부가 제공하는 공공서비스를 주민들이 자유로운 이동을 통해 선택함으로써 효율적인 자원배분이 가능하다고 본다. 발에 의한 투표가 가능하기 위해서 주민의 완전한 정보 소유, 주민의 자유로운 이동성, 다양한 공공서비스를 제공하는 다수의 지방정부 존재, 공공서비스 제공에 있어 외부효과 부존재 등의 전제 조건이 충족되어야 한다. 이런 전제 조건이 충족될 때 부담과 편익을 자신의 입장에서 비교한 다음, 자신의 선호를 가장 잘 충족시켜주는 지방으로 옮기면서 발에 의한 투표가 가능하다. 그 결과, 선호가 동질적인 주민들로 지방정부가 구성되어 가장 효율적인 자원배분이 가능할 것이라고 보았다. 티부가설은 외부비용이 따르거나 외부효과가 존재하는 공공서비스의 생산과 공급의 경우와 공공서비스의 생산과 공급에 있어 규모의 경제가 작동하는 경우 지방정부에 비해 중앙정부의 공급이 보다 효율적일 수 있다는 비판을 받고 있다. 티부가설은 지방정부의 공공서비스 제공을 공공선택론의 관점에서 접근한 대표적인 이론으로 오늘날까지 다양한 분야에 적용되고 있다.

1981년 발표된 피터슨(P. Peterson)의 도시한계론(city limits)도 티부가설의 확장으로 볼 수 있다. 피터슨의 도시한계론은 다음과 같은 가정을 전제하고 있다. 첫째,

도시정부의 모든 공공정책은 개발정책, 재분배정책, 할당정책으로 분류될 수 있다. 둘째, 공공정책이 지역경제에 미치는 영향을 살펴보면 개발정책은 긍정적, 재분배정책은 부정적, 할당정책은 중립적인 영향을 미친다. 셋째, 도시정부의 정책결정자들은 도시성장에 가장 도움이 되는 개발정책을 가장 선호하며, 재분배정책에 대한 선호가 가장 낮으며, 할당 정책에 대한 선호는 중간 정도이다. 넷째, 도시의 정책결정자들의 정책선호를 결정하는 데 있어 가장 중요한 변수는 정책의 경제적 영향이다.

도시한계론은 도시정부는 자본주의와 연방주의의 제도적 환경 내에서 자본의 이동을 제한할 수 없는 구조적 한계를 갖기 때문에 도시정부 정책결정자들은 필연적으로 재분배정책보다는 개발정책에 대한 선호가 더 높을 것이라고 주장한다. 이와 같은 주장은 도시지방정부의 정책결정 과정이 주요 행위자들 간의 상호작용의 결과라고 보는 엘리트주의와 다원주의자의 입장과 상반된다(유재원, 2011).

최근 도시한계론은 복지자석(welfare magnet)이론(Peterson & Rom, 1990)이나 복지정책의 바닥을 향한 경주(race to the bottom)이론 등으로 응용되고 있다. 복지자석이론(가설)은 다른 조건이 일정한 상황에서 미국 주정부의 복지 혜택이 인접 주정부의 복지혜택에 비해 상대적으로 증가할 때, 인접 주정부의 가난한 사람들을 자석처럼 끌어당김에 따라 주정부의 빈곤율이 증가할 것이라는 이론이다. 복지자석가설은 지방정부가 복지정책을 적극적으로 추구할수록 저소득층만 유입되고 고소득층은 유출되기 때문에 복지정책은 국가수준에서 추진해야 한다는 주장의 근거로 제시되었다. 그러나 복지자석가설의 효과에 대해서는 논쟁적이다.

[사례 3]

발로 하는 투표

'발로 하는 투표'라는 경제지리학자 찰스 티부(C. M. Tiebout)의 개념을 새겨야 할 때가 되었다. 성장이 완료된 사회에서 시민들은 더 좋은 삶의 질을 제공하는 지역을 찾아 자유롭게 이주하는 경향을 보이기에 이들의 이동패턴이 결국 좋은 지역을 뽑는 투표와 같이 작용한다는 것이다. 발로 하는 투표 현상은 미국에서는 이미 큰 흐름으로 나타나고 있다. 남부지역이 문화와 산업 모두에서 매력적인 곳이 되어 가며, 북동부의 전통적인 밀집지역으로부터 인구를 끌어당기고 있는 것이다. 우리나라 도시들에게도 인구 유치를 위한 경쟁을 피할 수 없는 시대가 오고 있다. 인구가 귀한 자원인 시대에 각 지역은 사람을 끌어들이기 위해 스스로를 혁신하지 않으면 안 된다. 지역을 새롭게 디자인하는 노력이 없다면 자연적 쇠락에 인구 유출까지 더하면서 사라져가는 지역들이 실제로 발생할 것이다.

확장과 개발이 곧 성공이던 과거의 공식은 끝나고, 더 좋은 삶의 질을 마련하는 도시가 성공하는, 새로운 성장공식의 시기가 오고 있다. 양적 성장에서 질적 성장으로의 패러다임 전환, 이미 성장공식이 뼛속 깊이 박힌 우리 사회에서는 쉽지 않은 일이다. 하지만, 혁신을 통해 발로하는 투표를 준비하는 지역에게 위기는 기회가 될 수도 있다. 지방 중소도시도 상복을 입고 슬퍼할 것만은 아니다. 성장하는 대도시 주변에서 떨어지는 부스러기를 잡기 위해 노력하던 것이 그동안 지방 중소도시의 처지 아니었던가.

다가올 변화는 그들에게는 오히려 전환의 계기일지도 모른다. 제한이 많아지는 시대에는 작은 몸집과 날렵함이 오히려 장점이 될 수 있기 때문이다. 각자의 정체성을 찾아 그에 기반을 둔 역사와 문화, 지역산업을 일궈가는 지역이라면 어떤 시기에도 기회는 있다.

<출처: 경북도민일보, 2019.4.4.>

3. 공공서비스 공급방식과 민간위탁

1) 사바스의 공공서비스 공급 유형

일반적으로 공공서비스는 정당한 대가를 지불하지 않아도 소비에서 배제되지 않는 비배제성과 집합적으로 소비가 가능해 다른 사람이 공공서비스를 소비해도 자신의 소비에 영향을 미치지 않는 비경합성을 특징으로 한다(이종수 외, 2014). 이와 같이 비배제성과 비경합성의 특징을 지닌 서비스 공급에 있어서는 정부개입의 필요성이 증대된다. 사바스(E. S. Savas)는 경합성과 배제성 유무를 기준으로 공공서비스의 유형을 시장재, 요금재, 공유재, 집합재 등 네 가지 형태로 구분했다(Savas, 1982). 이 중에서 비경합성과 비배제성의 특성을 지닌 집합재(collective goods)는 서비스 공급에 있어 과소공급 내지 과다공급으로 무승승차(free riding) 문제가 발생하여 정부 개입을 통한 서비스 공급이 필요하다. 또한 경합성은 있으나 배제가 불가능한 공유재(common pool goods)의 경우에도 공유재의 비극이 발생하기에 일정한 정부

개입이 요구된다.

한편, 사바스는 공공서비스와 재화의 공급결정과 생산공급의 책임을 구분하여 결정 주체가 정부 내지 민간인지, 생산 주체가 정부 내지 민간인지에 따라 공공서비스 공급 유형을 정부 결정－공급(정부 서비스, 정부 간 협정), 정부결정－민간공급(계약, 허가, 보조금 지급), 민간 결정－공급(이용권 지급, 시장공급, 자원봉사, 셀프서비스), 민간결정－정부공급(정부서비스 판매)의 네 가지로 유형화하였다.

2) 민간위탁 도입의 근거

민간위탁(contracting－out)으로 불리는 계약방식은 정부가 전문성을 갖춘 민간부문과 계약을 통해 공공서비스를 공급하게 하는 방식으로, 1980년대 이후 신공공관리론에 따른 행정서비스의 효율성 증진 방안으로 널리 활용되어 왔다. 민간위탁은 넓은 의미로 민영화의 한 형태로 이해되기도 하지만, 좁은 의미로는 민간부문과의 계약방식을 통한 서비스 공급 방식으로 이해된다. 실제로 지방정부 차원에서의 민간위탁은 대부분 서비스 계약방식으로 이해되고 있다. 「행정권한의 위임 및 위탁에 관한 규정」 제2조에서 민간위탁이란 법률에 규정된 행정기관의 사무 중 일부를 지방자치단체가 아닌 법인·단체 또는 그 기관이나 개인에게 맡겨 그의 명의로 그의 책임 아래 행사하도록 하는 것으로 정의된다.

민간위탁의 필요성은 관료실패이론과 공공선택이론에 의해 지지되고 있다. 관료실패이론은 관료제의 경직성, 계층성, 정보비대칭 등으로 인해 정부의 공공서비스 공급은 민간에 비해 비효율적이라고 본다. 공공선택론은 정부의 독점적 서비스 공급이 민간의 경쟁을 통한 공공서비스 공급에 비해 비효율적이라고 본다. 따라서 민간위탁의 도입은 행정조직의 비대화를 억제하고, 전문기술을 가진 민간의 경쟁을 통한 공공서비스의 효율성 증진이라는 긍정적 효과를 야기할 것으로 기대된다.

반면, 공공서비스의 자산특정성(asset specificity)이 높아 경쟁이 가능하지 않은 상황에서는 민간위탁의 긍정적 효과가 나타나지 않는다는 비판이 있다. 자산특정성이 높은 서비스의 경우에는 민간위탁 선정 전후로 경쟁적인 업체가 진입하기 어렵기 때문에 민간위탁으로 인한 효율성 증진 효과는 기대하기 힘들며 단순히 정부독점이 민간독점으로 전환되는 데 불과하다는 비판을 받는다.

3) 민간위탁 도입 현황

우리나라는 1997년 외환위기를 극복하는 과정에서 정부개혁의 수단으로 공공부문에 민간위탁 방식을 전면적으로 도입했다. 지방정부는 「지방자치법」 및 「행정권한의 위임 및 위탁에 관한 규정」과 이에 근거한 민간위탁 조례에 근거하여 다양한 분야에 민간위탁 방식을 도입해 활용하고 있다.

민간위탁을 도입하는 데 영향을 미치는 요인으로 지방정부의 재정부담의 정도, 서비스 공급의 경쟁 정도 등의 경제적 요인과 지방 정치인의 정치이념, 관료의 저항 등의 정치적 요인이 제시되고 있다(김주애, 2012). 민간위탁분야는 공공시설, 공공안전, 사회복지시설, 공원 및 체육시설, 일반행정 등으로 다양하다. 2014년 일반회계 세출결산 기준으로 지방정부 총결산액 189.2조 원 중 민간위탁 결산액은 6.4조 원으로 3.42% 비중을 차지하고 있다. 226개 기초지방정부의 평균 민간위탁 비중은 5.10%이고, 최소 0.18%(경남 하동군)에서 최대 27.29%(서울특별시 강남구)까지 편차가 매우 크게 나타나고 있다.

오늘날 지방정부의 재정압박이 심화되고 동시에 행정수요가 증대되면서 공공서비스의 효율적 제공에 대한 기대가 점차 높아지고 있다. 공공부문의 책임성과 민간부문의 운영 효율성의 동시 추구를 목적으로 도입된 민간위탁 방식의 효과에 대한 논쟁은 실증적인 분석을 통해 확인될 필요가 있다.

4. 사회자본과 지방정부 성과

1) 사회자본이론의 등장

오늘날 사회자본(social capital)은 공동체가 직면한 여러 사회 문제를 해결할 수 있는 유력한 대안으로 떠오르고 있다. 그러나 사회자본의 개념이 다양한 학문 영역에서 여러 학자들에 의해 서로 다르게 발전하면서 통일된 개념과 이론이 정립되지는 않고 있다.

사회자본의 용어는 지역사회 교육에서 참여의 중요성을 강조한 하니펀(Hanifan, 1916)의 연구에서 처음 등장하였다. 그녀는 사회자본의 구성요소로 신뢰, 우정, 호혜적 감정 등을 제시하였으나, 이에 대한 후속 연구는 진행되지 못했었다. 이후 1980년대 들어서면서 정치학, 경제학, 사회학 등의 학문분야를 중심으로 사회자본 논의가 본격적으로 시작되었다. 정치학의 영역에서 사회자본은 국가와 시장의 대안으로 시민사회의 역할이 강조되면서 자율적인 시민사회의 특성에 주목하였다. 사회학 · 경제학 영역에서는 전통적인 자본개념이 확대되면서 인적자본, 문화자본, 사회자본 논의가 발전해 왔다. 사회자본 연구는 주로 공동체나 집합체의 조직적 특성에 초점을 두는 거시적 관점의 연구와 개인이나 집단이 형성하는 관계에 초점을 두는 미시적 관점 연구로 크게 구분된다(김태룡, 2014). 사회자본을 거시적 관점에서 지역사회의 특성으로 접근한 퍼트남(Putnam, 1993) 논의를 살펴본다.

2) 사회자본과 집단행동의 딜레마

퍼트남(Putnam, 1993)은 사회자본을 공동체 참여자들 간의 조정과 협력적 행위를 촉진시켜 사회적 효율성을 향상시킬 수 있는 신뢰, 호혜성 규범, 그리고 네트워크(연결망) 등의 사회조직의 속성으로 보았다. 신뢰(trust)는 상대방이 나의 이해와 관심을 고려할 것이라는 기대나 배신의 가능성을 무릅쓰고 상대방에게 호의를 베푸는 행위로 이해될 수 있다. 구성원 간 신뢰가 형성되면 자발적 협력이 촉진될 것으로 본다. 호혜성 규범(reciprocal norm) 구성원 간 상호 주고받는 교환을 경제적 교환이 아닌 사회적 교환의 관점에서 규범적으로 이해하는 개념이다. 예를 들어, 일반화된 호혜성(generalized reciprocity)은 단기적 이타주의와 장기적 개별 이익의 조화를 추구하는 개념으로 개별 이익과 연대성(solidarity)의 갈등을 해소해 줄 수 있을 것으로 기대된다. 네트워크(network, 연결망)는 신뢰와 유대를 기반으로 개인, 집단들 간의 상호작용을 통해 형성되는 관계를 의미한다. 네트워크(연결망)는 외부지향성, 이질성, 호혜성, 연대성 등의 특성을 지닌 교량형(bridging) 네트워크와 내부지향성, 배타성, 동질성 등의 특성을 지닌 결속형(bonding) 네트워크로 구분되기로 한다(Putnam, 2000: 22-24).

퍼트남(Putnam, 1993)은 이와 같은 사회자본이 공동체에서 흔히 발생하는 집단행동의 딜레마의 문제, 즉 합리적인 개인들이 집합적으로 합리적이지 않은 결과를 초래하는 문제를 해결할 수 있는 유력한 대안이라고 주장한다. 퍼트남은 자발적 협력을 통해 집단행동의 딜레마 문제의 해결이 가능하다고 본 것이다. 공동체 내의 자발적 협력의 가능성은 호혜성의 규범과 시민적 참여의 네트워크 등의 사회자본이 충분히 축적된 공동체일수록 높아지기 때문이다.

퍼트남(Putnam, 1993)은 이탈리아 20개 지방정부 성과 차이에 대한 연구를 통해 사회자본(social capital)이 사회 내의 협력적 행위를 촉진시킴으로써 공공 영역에서 발생하는 집단행동의 문제(collective action problems)를 해결하고, 궁극적으로 민주적인 정부의 반응성과 효과성을 증진시키는 데 결정적인 역할을 한다고 보았다. 퍼트남은 사회적 자본을 형성하는 일은 절대로 쉬운 과제는 아니나, 이는 민주주의가 작동하도록 하는 데 핵심이라는 점을 강조했다.

3) 사회자본과 지방정부 성과

대의제 민주주의에서 정부 성과는 주민에 대한 반응성(responsiveness)과 공공 업무수행에 있어서의 효율성(efficiency)을 기준으로 평가될 수 있다. 퍼트남(Putnam, 1993)에 따르면, 사회자본이 축적된 사회는 거래비용을 낮출 수 있고 구성원들의 자발적 협력을 촉진시킴으로써, 공공의 영역에서 발생하는 기회주의를 억제하고 집단행동의 문제를 해결하는 데 보다 효율적일 수 있다. 따라서 사회자본이 충분한 사회에서는 시민들이 적극적으로 참여하고 민주적 정부는 보다 넓은 공적 이익에 책임감을 갖게 됨에 따라 정부 성과도 높아질 것으로 기대된다. 보다 구체적으로 보워(C. Boix)과 포스너(D. N. Posner)는 사회자본이 축적된 사회에서는 정책과정에서의 거래비용을 줄어들게 되고, 시민들이 개별적 이익뿐만 아니라 공동체 이익을 고려하게 되고, 시민과 관료 간의 주인－대리인 문제가 감소함으로써 행정의 효과성을 높아지게 되어 궁극적으로 정부 성과에 긍정적인 영향을 주게 된다고 보았다(장석준, 2012).

5. 정책혁신의 확산

일반적으로 혁신(innovation)은 개인이나 의사결정 단위가 새로운 것을 채택하는 것을 의미한다(Rogers, 2003). 혁신은 완전히 새로운 것의 발명(invention)만을 의미하는 것이 아니라 타 지역이나 타 조직에서 시행하고 있거나, 이미 시행 중이더라도 해당 조직이 새로운 것으로 인식(perception)하여 도입하는 것을 의미한다(Walker, 1969; Berry & Berry, 1990). 확산(diffusion)은 혁신이 시간이 지남에 따라 어떤 채널을 통해 사회 시스템 구성원 사이에 수용되는 과정으로 이해된다(Eyestone, 1977). 이와 같이 정책 확산은 한 정부의 정책 혁신이 다른 정부의 정책 채택에 영향을 미칠 수 있는 정부 간의 상호의존성과 경쟁을 토대로 한 개념이다. 따라서 지방정부 수준에서 정책혁신의 확산(diffusion of public policy innovation)이란 지방정부가 새로운 혹은 새로운 것으로 인식된 조례나 정책을 채택하고, 이러한 조례가 다른 지방정부로 확산되는 과정으로 정의될 수 있다.

한편, 분권화된 체제는 집권화된 체제에 비해서 보다 민주적이고 보다 효율적일 것으로 기대된다. 『정부재창조론(*Reinventing Government*)』을 저술한 오스본과 개블러(Osborne & Gaebler, 1994)도 분권화된(decentralized) 정부는 변화하는 환경과 주민의 요구에 보다 빠르게 대응할 수 있기 때문에 집권화된(centralized) 정부에 비해 보다 탄력적이며 혁신적이라고 보았다. 특히, 정책혁신의 확산이라는 관점에서 분권화된 민주체제는 '정책 실험실(policy laboratory)'의 은유에서와 같이 지방의 자율권이 보장된 상태에서 경쟁을 통해 혁신의 자연스런 확산이 가능하다(장석준, 2013).

지방정부의 정책 자율성이 제약받는 제한된 지방분권체제 하에서도 지방정부 주도로 혁신적인 정책이 도입되고 확산되는 사례가 빈번하게 등장하고 있다. 대표적인 확산 사례로서 1992년 1월 청주시의회가 제정하여 전국 차원에서 수평적으로 확산되고 중앙정부로 수직적으로 확산된 행정정보공개조례 사례를 들 수 있다(남궁근, 1994). 청주시의 행정정보공개조례 사례는 집권화된 체제에 비해 분권화된 체제가 보다 반응적이고 혁신적일 수 있다는 점과 정책 실험실로의 지방분권 체제의 장점을 보여주는 대표적인 사례이다.

최근 정책 확산을 가능하게 하는 확산 메커니즘은 수평적 확산과 수직적 확산으로 구분되고 있다. 수평적 확산이란 국가 간, 주정부 간, 지방정부 간 수평적 차원에서 정책이 확산되는 것으로 학습(learning), 경쟁(competition), 모방(imitation) 등의 확산 메커니즘을 통해 확산이 촉진된다고 본다. 수직적 확산은 위로부터 아래로

(top-down) 하향적 확산과 아래로부터 위로(bottom-up) 상향적 확산으로 구분될 수 있다. 하향적 수직적 확산 메커니즘으로는 중앙정부나 상위정부의 압력에 의한 강제(coercion)와 재정적 유인(incentive)이 제시되고 있다.

이와 같이 오늘날 상호의존성에 근거한 정책 확산의 개념은 지방정부 간, 주정부 간, 국가 간 수평적(horizontal) 확산뿐만 아니라 중앙정부와 지방정부 간, 연방정부와 주정부 간, 초국가기구와 국가 간 아래로부터 위로 혹은 위로부터 아래로의 수직적(vertical) 확산까지 포괄하는 개념으로 확장되어 적용되고 있다.

[사례 4]

기득권 없애는 '살찐 고양이 조례' 확산을

부산시의회, 경기도의회, 울산시의회에 이어 지난 18일 열린 제367회 경남도의회 임시회에서도 공공기관 임원 최고임금에 관한 조례안, 일명 살찐 고양이 조례가 통과된 가운데 불평등 해소와 기득권 타파를 위해 제도적 장치인 살찐 고양이 조례를 확산해나가고 나아가 국회서 잠자고 있는 최고임금법이 통과되어야 한다는 주장이 제기되었다.

정의당 도당은 21일 경남도의회 브리핑룸에서 기자회견을 열고 "1997년 외환위기 이후로 계속된 사회 불평등은 우리가 반드시 극복해나가야 할 과제로 떠올랐다"며 "이를 위해 지난 2016년 심상정 대표가 발의한 뒤 국회서 잠자고 있는 최고임금법을 깨워야 한다"고 주장했다. 도당은 또 최근 경남도의회를 통과한 살찐 고양이 조례안이 상위층은 더 풍족해지고 하위층은 더 빈곤해지는 구조적 문제를 해결하고 공공기관의 공익성에 맞는 보수기준을 마련하는 제도적 장치라고 강조했다. 이어 "부산, 경기, 울산, 경남에 이어 서울, 대구, 제주도, 전북 등 의회에서도 추진 중이어서 광역과 기초의회를 중심으로 계속해서 통과될 것으로 기대된다"고 덧붙였다.

한편 창원시의회에서도 살찐 고양이 조례안을 추진하고 있다. 창원시의회는 지난 17일 '창원시 공공기관 임원 최고임금에 관한 조례안'을 입법예고하고 22일까지 각 항목에 대한 의견을 받고 있다. 정의당 소속 최영희 의원이 대표발의한 조례안에 따르면, 창원시 공공기관장의 연봉액은 최저임금법 제10조 제1항에 따라 고시된 최저임금의 월환산액에 12개월을 곱해 산출한 금액의 7배 이내로 정하고, 창원시장은 공공기관 임원의 보수에 해당 기관 경영성과가 적정하게 반영되도록 하며 보수가 과다하게 책정되어 공공기관의 공익성에 반하지 않도록 하는 등 임원과 직원 간의 연봉 격차 해소를 위해 노력해야 한다.

<출처: 경남신문, 2019.10.21.>

생각해 볼 문제

✓ 우리나라 분권화수준을 판단할 수 있는 기준을 제시하고, 중앙정부와 지방정부 간에 적절한 권한 배분의 수준에 대해 논의해 보자.

✓ 우리나라 지방자치 현실에서 지방정부가 자율적으로 정책혁신을 도입한 사례를 발굴해보고, 어떻게 다른 지방정부 혹은 상위정부로 확산되는지를 논의해 보자.

✓ 우리나라 지방정부가 개발정책과 분배정책 중 어느 정책을 더 선호하는지를 피터슨(P. E. Peterson)의 도시한계론의 주장을 중심으로 논의해 보자.

✓ 우리나라 지방자치 현실에서 티부(C. M. Tiebout)가 제안한 발로 하는 투표(vote by feet) 사례가 적용될 수 있는 사례가 있는지 논의해 보자.

CHAPTER 10

제4차 산업혁명과 스마트정부

정보화라는 용어가 처음 등장한 것은 분업과 대량생산, 계층제로 대표되는 산업사회의 특성이 사라지고 지식과 정보의 가치가 증가하던 20세기 중반 이후부터이다. 그러다 보니 '탈산업사회'와 '정보사회'는 거의 동의어로 취급받던 시절도 있었다. 그러나 컴퓨터를 비롯한 정보처리분야 과학기술의 눈부신 발전으로 인해 정보사회 자체도 그 후 급속한 변화를 겪게 되었다. 21세기 들어 가장 두드러진 변화는 초기에 정보 인프라와 하드웨어가 중요시되던 데에서 이제는 소프트웨어와 콘텐츠가 중시되고 있다는 것이다. 이러한 변화의 중심에는 유비쿼터스 컴퓨팅과 Web 2.0, 그리고 정보기술 컨버전스와 클라우드 컴퓨팅과 같은 새로운 IT 패러다임들이 자리 잡고 있다(권기헌, 2018).

제 1 절 제4차 산업혁명이란 무엇인가

1. 제4차 산업혁명의 개념과 의의

2016년 4월 알파고와 이세돌의 바둑 대결은 '기계와 인간의 대결'로 세계의 이목을 집중시켰다. 어쩌면 이 사건을 계기로 인공지능이 인류의 삶에 본격적으로 교류하는 장을 마련했는지도 모른다. 알파고는 인공지능의 미래를 열어가는 상징적 존재가 되었고, 인간은 인공지능과의 공존을 모색해야 하는 존재가 되었다(백승수, 2017: 15).

슈밥(Schwab, 2016)은 '오늘날 우리는 삶과 일, 인간관계의 방식을 근본적으로 변화시키는 혁명의 문 앞에 서 있다'고 전제하고, 속도(velocity), 범위와 깊이(breadth and depth), 그리고 시스템 충격(systems impact)의 측면에서 역사적인 변화를 경험하고 있다고 강조했다(Schwab, 2016: 10－13). 역사적으로 제1차 산업혁명은 18세기 증기기관의 발명에 힘입어 기계에 의한 생산을 이끌고, 19세기 말에서 20세기 초까지 이어진 제2차 산업혁명은 전기에 의한 대량생산을 촉진했으며, 1960년대 시작된 제3차 산업혁명은 반도체와 컴퓨터에 의한 디지털 혁명을 이끌었지만, 제4차 산업혁명은 모든 기술이 끊임없이 융합하면서 '모든 것을 완전히 바꿀 것'이라는 전망이 확산되고 있다(Schwab, 2016: 25－29). 김진하(2016: 45－46)는 제4차 산업혁명의 도래를 산업혁명의 관점으로부터 다음과 같이 설명한다.

> "기원전 3500년 전 고대 사람들이 무거운 물건을 쉽게 옮기기 위해 나무 조각 3개를 엮은 '바퀴'가 만들지 않았다면, 지금의 자동차는 존재하지 않았을지도 모른다. 벨(Alexander Graham Bell)이 최초의 실용적인 전화기를 발명하지 않았다면 오늘날의 스마트폰은 존재하지 않고 여전히 파발마나 횃불을 통해 장거리 의사소통을 했을지도 모른다. 이렇게 인류 역사 변화의 중심에는 새로운 기술의 등장과 기술적 혁신이 자리하고 있었고, 새로운 기술의 등장은 단순히 기술적 변화에 그치지 않고 전 세계의 사회 및 경제구조에 큰 변화를 일으켰다. 기술적 혁신과 이로 인해 일어난 사회·경제적 큰 변화가 나타난 시기를 우리는 '산업혁명'이라고 부르고 있다"(김진하, 2016: 45).

역사적 측면에서는 산업혁명과 같은 과학기술적 변화는 매우 최근의 일이다. 최초의 인류인 '호모 사피엔스'가 등장한 시기가 20만 년 전에서 7만 년 전이며, 농경 중심의 사회에서 제1차 산업혁명이 약 200여 년 전에 발생했다는 점은 사회의 변화가 매우 짧은 기간의 일이라는 것이다. 또한 새로운 기술 및 혁신의 주기와 파급속도가 급격하게 빨라지고 있다. 1876년 벨이 발명한 유선 전화기의 보급률이 10%에서 90%

로 도달하는 데 걸린 기간이 73년이었으나, 1990년대에 상용화된 인터넷이 확산되는 데 걸린 시간은 20년에 불과했고, 휴대전화가 대중화되는 기간이 14년이라는 점은 기술발전의 속도와 더불어 기술의 파급력이 급진적으로 빠르다는 점을 보여주고 있다(김진하, 2016: 46). 스마트폰이 없는 일상생활을 우리가 상상할 수 있을까?

우리는 두 번의 산업혁명을 거쳐 현재 제3차 산업혁명 시대를 살고 있다고 볼 수 있다. 제1차 산업혁명은 '기계 혁명'으로써 18세기 중반 증기기관의 등장으로 가내수공업 중심의 생산체제가 공장생산체제로 변화된 것이다. 제2차 산업혁명에서는 전기동력의 등장으로 '에너지 혁명'이라고도 불리며 대량생산체제가 가능해졌다. 제3차 산업혁명은 정보통신기술(ICT)의 발전에 기초한 '디지털 혁명'으로 정보화·자동화 체제가 구축된 삶을 살고 있다. 산업혁명은 역사 속에서 매우 짧은 '찰나'의 순간이지만 그 영향력은 일상생활, 산업기술, 경제구조, 사회구조, 사회문화 등을 모두 뒤바

그림 10-1 특이점으로의 카운트다운(인류의 기술발전 속도)

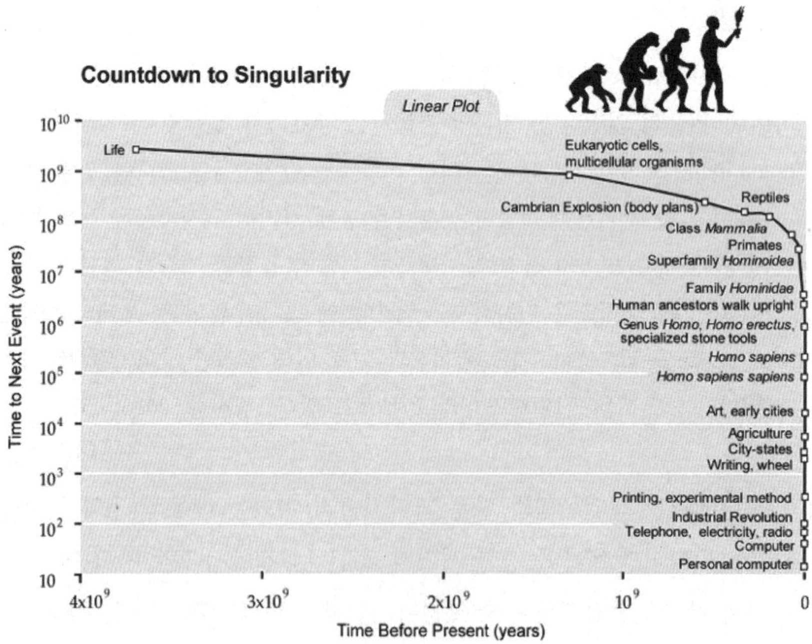

출처: Kurzweil(2006).

꿀 만큼 이루 말할 수 없는 거대함이었다. 그리고 새로운 기술의 등장과 기술적 혁신은 계속 진행 중에 있으며, 또 다른 산업혁명을 야기하고 있다.

중요한 점은 이러한 변화가 급격하게 나타나고 있으며, 이것이 인공지능(AI), 로봇공학, 사물인터넷(IoT), 자율주행 자동차, 3D 프린팅, 나노기술(NT), 바이오기술(BT), 정보기술(IT), 인지과학, 신소재공학, 에너지 저장기술, 양자 컴퓨터 등과 같은 과학기술의 약진으로 집약될 수 있다는 점이다. 제4차 산업혁명은 "하드웨어와 소프트웨어의 결합, 모든 사물이 인터넷으로 연결되며 데이터를 만드는 초연결 사회(hyper-connected society), 데이터가 지배하는 산업 현장, 고객의 욕구를 충족하는 똑똑한 제품과 공장"으로 정의될 수 있다(KBS, 2016: 153).

이러한 제4차 산업혁명을 요약하면 초융합성, 초연결성, 초지능성을 제시할 수 있다. 초융합성은 디지털 혁명을 기반으로 첨단 과학기술들이 동시발생적으로 융합하면서 다양한 경계를 허물고 있는 특징이고, 초연결성은 스마트기술을 기반으로 초연결 사회를 빠른 속도로 확산시키고 있는 특징이며, 초지능성은 빅데이터(Big Data)와 딥러닝(Deep learning)으로 '인간보다 똑똑한' 인공지능이 만들어 내는 특징이다(백승수, 2017: 17). 다양한 기술, 지식, 인간의 융합성을 나타내는 초융합성과 달리

그림 10-2 산업혁명 발전단계

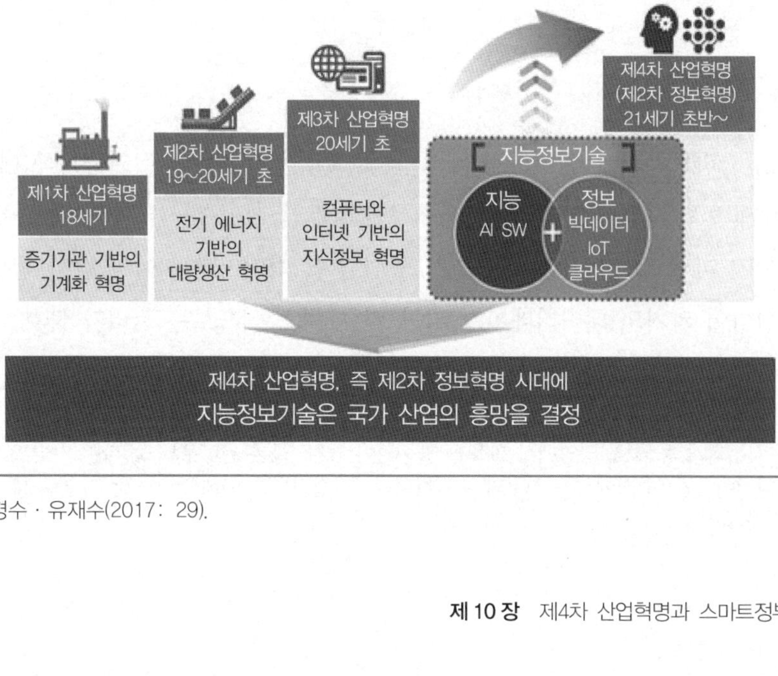

출처: 북경수 · 유재수(2017: 29).

초연결성과 초지능성은 무엇보다 빅데이터를 기반으로 나타나는 변화의 양식이다.

즉, 사물인터넷(IoT), 클라우드 등 정보통신기술의 급진적 발전과 확산은 인간과 인간, 인간과 사물, 사물과 사물 간의 연결성을 기하급수적으로 확대되고, 이를 통해 초연결성이 강화되고 있다(북경수 · 유재수, 2017: 29). 초연결성은 사람, 사물이 상호작용하는 디지털 네트워크로써 데이터 공유를 기반으로 다른 기술, 산업 간의 결합을 유도하고, 이 과정에서 새로운 기술 및 산업이 발생할 수 있는 초융합적 환경을 조성하게 된다. 또한, 제4차 산업혁명은 인공지능과 빅데이터의 연계 및 융합으로 인해 기술 및 산업구조가 초지능성을 띠게 된다. 이때 초연결적 네트워크에 기초해 다양한 형식의 대용량 데이터가 신속하게 생성, 확산, 활용됨에 따라 빅데이터에 대한 중요성이 더욱 부각되게 된다.

2. 제4차 산업혁명의 기술

제4차 산업혁명의 다양한 기술은 디지털 트랜스포메이션(Digital Transformation)으로 집약되곤 한다. 빅데이터, 사물인터넷(IoT), 클라우드, 3D 프린팅, 유전자공학, 나노기술, 블록체인 등 다양한 기술이 제시되고 결합되고 있다(박우성 · 양재완, 2020: 191). 여기에서는 이 중 빅데이터, 인공지능, 블록체인에 대해 살펴보고자 한다.[1)]

1) 빅데이터

인터넷, 스마트폰과 소셜네트워스 서비스(SNS)의 확산은 빅데이터의 시대를 열었다. 전 세계 9억 5,000명이 가입한 대표적인 SNS인 페이스북을 통해 매월 평균 3억 장의 이미지 파일, 25억 개의 컨텐츠가 생성된다. 빅데이터는 이와 같이 생성규모와 속도로 인하여 과거의 데이터베이스 저장 및 분석 방식으로는 관리가 불가능한 데이

1) 많은 기술 중 이 세 가지를 선정한 이유는 정부의 오픈 공공데이터가 빅데이터 운영과 관련되고, 인공지능은 빅데이터가 분석되고 활용되는 매개체로써 필요로 되기 때문이다. 또한 블록체인은 은행 및 정부회계 등 공공 영역에서 활용될 가능성이 높다. 물론 클라우드 등 다른 기술 역시 정부의 정책 영역이지만 이 장에서는 정부와 관련하여 더 직접적으로 이해되어야 할 기술로 세 가지를 설명하고자 하였다.

터를 통칭한다.

빅데이터란 기존의 관리, 분석체계로는 감당하기 어려운 막대한 데이터 집합과 이를 해결하기 위한 플랫폼, 분석기법 등을 포괄한다(한국정보화진흥원, 2013). 빅데이터는 데이터의 특성에 기반 한 과거 '3V(양-Volume, 속도-Velocity, 다양성-Variety)'에서 추가적으로 데이터의 가치(value)에 초점이 맞춰지면서 '4V'로 개념이 확장되고 있다(김규남, 2014). 빅데이터는 데이터를 수집, 저장, 처리, 분석하는 것뿐만 아니라 이로부터 새로운 가치를 창출하는 전 과정을 포괄하는 의미로 확대된다(전승수, 2012). 제4차 산업혁명의 발전은 빅데이터 기술의 적용이 확대를 의미하며, 전체 데이터에서 활용 가능한 데이터의 비중도 2013년 22%에서 2020년 37%로 높아질 전망이다(과학기술정책연구원, 2017).

신성장동력에 대한 필요성이 대두되면서 인공지능, 빅데이터, 사물인터넷, 생명공학기술 등 다양한 부문의 신기술들이 융합되고 있다(북경수 · 유재수, 2017: 30). 사물인터넷, 빅데이터, 인공지능 등과 같은 ICT 기술은 제4차 산업혁명을 주도할 주요 기술로 인식되고 있다. 제4차 산업혁명 시기의 산업 생태계는 초연결 네트워크 통해 방대한 빅데이터를 생성하고, 인공지능이 빅데이터에 대한 딥러닝 기술을 토대로 적절한 판단과 자율제어를 수행함으로써 초지능적인 제품 생산 및 서비스를 제공한다(전종규 · 변경록, 2016; 한형상 · 김현, 2017). 빅데이터 실생활에서는 어떻게 활용될 수 있는가. 예를 들어, 설명해보면 다음과 같다.

> 우리의 하루는 정보 수집에서 시작된다. 기상 후 TV를 켜고 날씨를 확인한다. 출근길 지하철에서는 스마트폰으로 신문을 읽고 이슈가 되는 키워드를 검색한다. 출근 후에는 점심과 저녁 식사 장소를 인터넷으로 검색하고, 동시에 회식 장소를 추천해달라는 타인의 질문에 답변을 달아주기도 한다. 퇴근 후 집의 PC를 통해 다음 휴가지로 계획 중인 체코 프라하의 숙박 시설에 대한 자료를 찾아본다. 예매순위 1위인 영화에 대한 감상평을 나의 페이스북에 링크를 걸어둔다. 최신 유행 가요를 검색하고 음반에 대한 타인의 리뷰를 읽은 후 다운을 받기도 한다. 우리는 눈뜰 때부터 잠들 때까지 쉬지 않고 정보를 접하고, 쉬지 않고 정보를 생산한다(삼정 KPMG, 2012: 4).

그림 10-3 정보의 성장과 미래

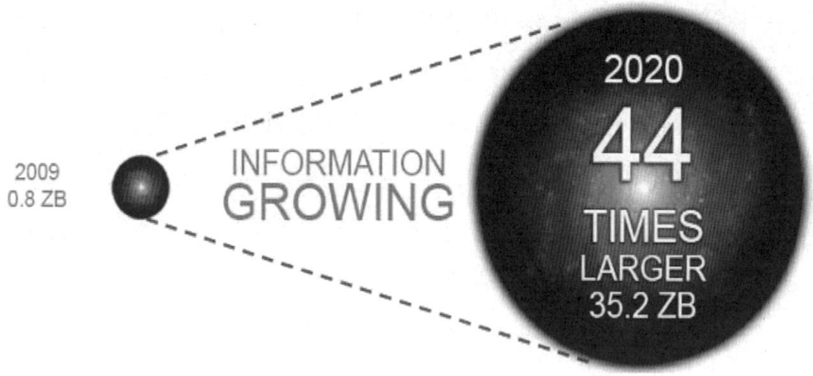

2) 인공지능

제4차 산업혁명의 핵심적인 변화 중 한 가지는 인공지능의 개선이라고 볼 수 있다. 인공지능 혹은 인공지능 로봇이 행정과 인적자원관리에 미치는 영향을 확인하려면 인공지능이 무엇이고 어떤 특징을 지니는지를 확인해야 한다(박우성 · 양재완, 2020: 191). 다양한 기술이 접목되어 사회변화를 가져온다고 볼 때 디지털 트랜스포메이션의 핵심 기술은 인공지능이 될 수 있다. 인공지능은 다양한 기술을 하나로 엮어내는 매개체이기 때문이다.

인공지능에 대한 정의는 학자들마다 다양하여 명확한 정의가 어려울 수 있다. 여기서는 러셀과 노빅(Russell & Norvig, 2009)의 인공지능의 유형을 먼저 살펴보고자 한다. Russell & Norvig(2009)은 인공지능의 개념에 대해 몇 가지 기준을 가지고 구분함으로써, 선행연구의 개념들 포괄하는 프레임워크를 제안하였다. Russell & Norvig (2009)의 인공지능 유형화는 한편으로는 인공지능이 적용되는 영역을 인간의 사고에 대한 부분과 행위에 대한 부분으로 구분한 후, 다른 한편으로는 인간의 감성적 측면과 합리적 측면으로 구분하여 2×2의 네 가지 형태를 제시하였다. 즉, '사고－행위' 차원과 '감성－합리성'의 차원을 가지고 네 가지 유형을 제시한 것이다. 사고과정을 기준으로 인공지능은 감성적 사고를 수반하는 인간의 수행능력과 합리적 판단을

표 10-1 인공지능(Artificial Intelligence: AI)의 유형 분류

구 분	감성 ←――――→	합리성
사고	인간적 사고	합리적 사고
↑	마음을 가진 기계 (Haugeland, 1985; Bellman, 1978)	행위에 대한 산술적 계산 (Charniak & McDermott, 1985; Winston, 1992)
↓	인간적 행위	합리적 행위
행위	인간적 사고를 통해 행동하는 기계를 통제하는 디지털 지능	계산지능을 기초로 행동하는 디지털 지능

출처: Russell & Norvig(2009).

내포하는 합리적 사고로 구분될 수 있다. 호지랜드(Haugeland, 1985)는 인간의 수행능력을 컴퓨터가 인간과 같이 생각을 하게 되는 것이며, 이는 곧 "마음을 가진 기계"라고 표현하기도 하였다. 인간 사고, 의사결정, 학습 등의 휴리스틱스 및 활동을 가져올 수 있다(Bellman, 1978). 합리적 사고는 정신적 활동을 합리적 계산으로 산출하는 과정으로 정의될 수 있다(Charniak & McDermott, 1985; Winston, 1992). "행위에 대한 산술적 계산(calculation)"을 가정한다.

행위에 대한 부분도 감성적 측면과 합리적 측면으로 구분해볼 수 있다. 인공지능을 감성적 행위에 초점을 맞추는 관점은 "사람의 사고와 같이 행동하는 디지털 지능(Kurzweil, 1990)"과, "인간의 감성적 · 비이성적 행동을 담당하는 디지털 지능(Rich & Knight, 1991)" 등을 포함하는 것이다. 이에 반해, 합리적 행위에 초점을 맞추는 방식은 "계산적이고 자기이해 극대화적 행동을 수행하게 하는 계산지능(Pool et al., 1998)", 또는 "인공물의 지능적 행동(Nilsson, 1998)"으로 바라보기도 한다.

Russell & Norvig(2009)의 정리가 선행연구들의 다양한 관점을 포괄하는 이론적 틀을 제시한 데 의미가 있으나, 다소 명확한 정의는 아니다라는 비판(박성우 · 양재완, 2020: 192)도 있다. 박성우 · 양재완(2020: 192)은 Russell & Norvig(2009)를 보완하려는 일본 연구자들의 노력을 소개하면서 인공지능의 정의를 명확하게 제시하고자 하였다(<표 10-2> 참조). 中島秀之는 인공지능을 "인공적으로 만들어진 지능을 보유한 실체, 혹은 그것을 만들려고 지능 자체를 연구하는 분야"로, 西田豊明는 인공지능을 "지능을 보유한 메커니즘 혹은 마음을 보유한 메커니즘"으로, 溝口理一郎는 인공지능을 "인공적으로 만들어진, 지적인 행동을 하는 것"으로 정의하였다.

표 10-2 인공지능의 정의

연구자	정 의
中島秀之	인공적으로 만들어진 지능을 보유한 실체, 혹은 그것을 만들려고 지능 자체를 연구하는 분야
西田豊明	지능을 보유한 메커니즘 혹은 마음을 보유한 메커니즘
溝口理一郎	인공적으로 만들어진, 지적인 행동을 하는 것
長尾 真	인간의 두뇌활동을 극한까지 시뮬레이션하는 시스템
掘 浩一	인공적으로 만들어진 새로운 세계
松原 仁	궁극적으로는 인간과 구분되지 않는 인공적인 지능
武田英明	인공적으로 만들어진 지능을 보유한 실체, 혹은 그것을 만들려고 지능 자체를 연구하는 분야
池上高志	정서와 농담으로 가득찬 상호작용을 인공적으로 만들어내는 시스템
山口高平	인간의 지적 행동을 모방, 지원, 초월하기 위한 구성적 시스템
栗原 聡	공학적으로 만든 인공지능이면서 인간의 지능수준을 초월하는 것
山川 宏	계산기 지능 가운데 인간이 직·간접적으로 설계한 것
松尾 豊	인공적으로 만들어진, 인간과 같은 지능, 혹은 그것을 만드는 기술
박성우·양재완(2020)	학습능력을 가진, 인간의 지성을 모방하면서 동시에 인간의 지성을 넘어서는 것을 목적으로 하는 프로그램화된 알고리즘

출처: 野村 直之(2016), 박성우·양재완(2020: 192).

또한 長尾 眞는 인공지능을 "인간의 두뇌활동을 극한까지 시뮬레이션하는 시스템"으로, 掘 浩一는 인공지능을 "인공적으로 만들어진 새로운 세계"로, 松原 仁은 인공지능을 "궁극적으로는 인간과 구분되지 않는 인공적인 지능"으로, 武田英明은 인공지능을 "인공적으로 만들어진 지능을 보유한 실체, 혹은 그것을 만들려고 지능 자체를 연구하는 분야"로 정의하였다. 池上高志는 인공지능을 "정서와 농담으로 가득찬 상호작용을 인공적으로 만들어내는 시스템"으로, 山口高平은 인공지능을 "인간의 지적 행동을 모방, 지원, 초월하기 위한 구성적 시스템"으로, 栗原 聰은 인공지능을 "공학적으로 만든 인공지능이면서 인간의 지능수준을 초월하는 것"으로, 山川 宏은 인공지능을 "계산기 지능 가운데 인간이 직·간접적으로 설계한 것"으로, 松尾 豊은 인공지능을 "인공적으로 만들어진, 인간과 같은 지능, 혹은 그것을 만드는 기술"로 정의하였다.

이러한 정의들은 세 가지 특징을 포함한다. 첫째는 프로그램화된 알고리즘이라는 것이다. 프로그램화된 알고리즘 판단이 바로 인공지능을 설명하는 공통적 특징일 수 있다. 둘째는 인공지능을 학습능력을 포함한다는 점이다. 이세돌과의 바둑대결에서 승리한 알파고는 바둑대결의 많은 사례를 지속적으로 학습하는 딥러닝 프로그램, 즉 머신러닝이 기초가 되었다. 셋째는 인공지능은 인간지능에 머무는 것이 아니라 초월하는 것이 목적이 될 수도 있다는 점이다. 많은 정의들은 인간의 지능을 모방하는 차원을 설명하기도 하지만 일부 정의는 인간의 지능을 넘어서려는 노력을 제시하기도 한다. 실제로 딥러닝의 결과는 바둑과 같은 인간의 직관적 판단을 인공지능이 넘어설 수 있음을 실증한 사례이다. 이러한 내용을 포함해 제시한 박성우・양재완(2020)의 인공지능에 대한 정의, 즉 "학습능력을 가진, 인간의 지성을 모방하면서 동시에 인간의 지성을 넘어서는 것을 목적으로 하는 프로그램화된 알고리즘"으로 이해하는 것이 인공지능을 가장 잘 정의하는 것이라 볼 수 있다.

이러한 인공지능은 기업에 있어서 전략적으로 활용되고 있다. 폭스콘(Foxconn)의 경우, 인공지능을 통해 속도와 정확성, 예측성을 크게 증대시키는 한편, 인력을 대체함으로써 생산성 및 효율성 극대화 전력을 구현하고 있다. 무인공장을 통해 생산성

그림 10-4 인공지능 활용 유형

	대립적 AI 활용	보완적 AI 활용
기존사업 효율화 (exploitation)	**대체-활용 유형** 정형적 문제해결 기존제품・서비스 효율화 AI 중심 인간 대체	**보완-활용 유형** 정형적 문제해결 기존제품・서비스 효율화 AI 중심 인간 협력
신사업모델 발굴 (exploration)	**대체-탐험 유형** 비정형적 문제해결 신사업 및 신제품 발굴 AI 중심 인간 대체	**보완-탐험 유형** 비정형적 문제해결 신사업 및 신제품 발굴 AI와 인간 협력

출처: 박우성・양재완(2020). 〈그림 1〉 재인용.

을 극대화하는 것이다. 이는 사람을 배제하면서 인공지능을 활용해서 경쟁력을 확보하려는 배제전략으로 볼 수 있다(박우성 · 양재완, 2020: 194). 메르세데스(Mercedes)의 경우, 인공지능 기술과 인력을 결합함으로써 성과를 극대화하려는 전략을 사용하고 있다. 즉, 인간과 인공지능 로봇의 협업을 통해 생산성을 극대하는 스마트 팩토리 전략이다(박우성 · 양재완, 2020: 194).

3) 블록체인

비트코인은 2019년 블록체인 기술이 가시적으로 구체화된 사례였다. 블록체인은 '일정 주기로 데이터가 담긴 블록을 생성한 후 이전 블록들에 체인처럼 연결하는 기술'(KISTEP, 2019: 16)이라고 볼 수 있다. KISTEP(2019)의 '블록체인의 미래'라는 2018년 기술영향평가 결과보고서에서 이에 대해 구체적으로 제시하고 있다.

> 이때 데이터는 주로 거래 기록이 담긴 장부(원장, ledger)를 말하는데, 이 장부를 블록체인 네트워크에 참여하는 이들이 복사하여 나누어 가지고, 공동으로 검증하기 때문에 분산 원장(distributed ledger)기술이라고 부른다. …(중략)… 제4차 산업혁명의 시대가 초연결, 초지능, 초실감, 초신뢰의 시대라고 할 때, 초신뢰 시대를 실현할 수 있는 기술 중 하나가 바로 블록체인이기 때문이다(KISTEP, 2019: 16－17).

블록체인 기술은 또한 단순한 요소기술이 아닌 새로운 경제체제 구축을 유발할 수 있는 파급력이 큰 기술이다. 기존의 규칙 체계와 경쟁하거나 새로운 규칙체계를 실현하는 기술이라는 것이다(Sinclair et al., 2016). 블록체인을 잘 가시화한 결과가 비트코인이라고 할 때 비트코인은 가상의 전자화폐이다. 한국에서 2000년대 싸이월드를 통한 '도토리'와 같은 인터넷 공간에서 사용하는 전자화폐는 존재하였다. 블록체인을 반영한 비트코인이 이들과 다른 점은 어느 특정 기관이 관리하는 방식이 아니라는 점이다. 전자화폐로 기능한다는 것은 이중지불의 문제가 발생하지 않는 것을 의미한다. 현물로 구성된 화폐는 지급 과정을 통해 소비자에게서 판매자에게로 전달되며, 이 과정에서 물질의 이동과정을 통해 이중지불의 문제는 사라지게 된다.[2)]

2) 위조지폐는 이러한 복제과정을 통해 이중지불을 만들어내는 것이라고 볼 수 있다.

'도토리'는 전자화폐의 속성을 지니고 있기 때문에 이중지불을 막기 위해 유통한 회사에서 이동경로를 추적하여 장부를 만들고 관리하는 일종의 중앙관리형 검증방식으로 이루어질 수밖에 없었다. 이에 반해, 비트코인은 PC 프로그램을 통해 거래장부를 참여자 모두가 공유하고, 모든 참여자의 PC에 분산 저장하여 스스로 이중지불을 감시할 수 있는 방식으로 구성된다. 2008년 9월 15일 리먼 브라더스(Lehman Brothers)의 파산과 국제금융위기는 특정 기업의 중앙관리형 방식의 문제가 세계적 경제공황사태를 만들 수 있음을 보여준 사례이다.

이에 블록체인은 네 가지의 기술적 특성을 보여준다. 첫째, 탈중앙성이다. 탈중앙성이란 중앙정부 또는 중앙의 관리기구로 부터 벗어날 수 있는 힘을 의미한다. 즉, 블록체인은 거래 기록이 담긴 원장을 정부나 은행과 같은 제3자에 맡기지 않고, 참

표 10-3 블록체인의 네 가지 기술적 특징

개 념	내 용
탈중앙성 (De-centralization)	• 탈중앙성이란 중앙정부 또는 중앙의 관리기구로부터 벗어날 수 있는 힘을 의미 • 즉, 블록체인은 거래 기록이 담긴 원장을 정부나 은행과 같은 제3자에 맡기지 않고, 참여자들이 직접 검증과 승인, 합의 등의 활동을 하며 만들고 관리함.
투명성 (Transparency)	• 새로운 블록은 생성되는 동시에 모든 참여자에게 전송되어 공유된다는 점에서 투명성을 확보 • 블록의 거래 기록은 참여자들 모두에게 오픈된다는 점에서 모두가 상호 감시기능을 수행할 수 있음 • 물론, 참여자의 실명은 공개되지 않기에 '익명성'이 보장됨.
불변성 (Immutability)	• 블록이 순차적으로 연결되면, 일단 연결된 블록은 수정하거나 삭제되기 어려움. • 새로 블록을 만들 때는 바로 앞 블록의 해시가 이용되기 때문에 중간에 있는 어느 한 블록을 수정하거나 삭제하려면 모든 참여자의 컴퓨터에 있는 모든 블록 내용을 한꺼번에 바꾸어야 하기 때문임. • 예를 들어, 사진을 찍은 뒤에 현상하여, 그 현상한 사진을 놓고 다시 사진을 찍는 것과 유사함. • 이것이 블록을 만드는 과정이고 같은 과정을 계속 반복하는 것이 블록을 이어붙이는 과정임. • 만약 누군가 중간에 있는 사진을 바꾸고자 한다면 그 뒤에 찍은 사진을 전부 다시 찍고 현상하는 과정을 반복하는 것과 같이 이치임.
가용성 (Availability)	• 블록체인의 데이터는 모든 참여자의 PC(노드)에 분산 저장되므로, 그 중 어느 하나가 문제를 일으키더라도 전체 시스템이 유지됨. • 한 대가 잘못된다고 해도 나머지 노드가 존재하므로 시스템은 항상성을 계속적으로 동작할 수 있는 것이다.

출처: KISTEP(2019: 22).

여자들이 직접 검증과 승인, 합의 등의 활동을 수행하게 된다. 직접 관리하는 방식이다.

둘째, 투명성이다. 새로운 블록은 생성되는 동시에 모든 참여자에게 전송되어 공유된다는 점에서 투명성을 확보할 수 있다. 블록의 거래 기록은 참여자들 모두에게 오픈된다는 점에서 모두가 상호 감시기능을 수행할 수 있다. 물론, 참여자의 실명은 공개되지 않기에 '익명성'이 보장된다.

셋째, 불변성이다. 블록이 순차적으로 연결되면, 일단 연결된 블록은 수정하거나 삭제되기 어렵다. 새로운 블록은 직전 블록의 기록이 이용된다는 점에서 특정 중간 어느 지점의 블록을 수정하기 위해서는 모든 참여자 PC의 해당 지점 이후의 블록 내용을 모두 동시에 변경해야 한다. 사진을 생각해보자. 사진을 찍은 뒤에 현상하여, 그 현상한 사진을 놓고 다시 사진을 찍는 것과 유사하다. 이 과정이 블록 기록이 누적되는 과정이다. 이때 누군가 중간에 있는 사진을 바꾸고자 한다면 그 뒤에 찍은 사진을 전부 다시 찍고 현상하는 과정을 반복해야 할 것이다. 따라서 블록체인의 기록은 변경하는 것이 매우 어렵다.

넷째, 가용성이다. 정보시스템 영역에서 가용성(availability)이란 시스템 품질 속성 중 시스템이 장애 없이 정상적으로 운영되는 능력을 말한다.[3] 블록체인의 데이터는 모든 참여자의 PC(노드)에 분산 저장되므로, 그 중 어느 하나가 문제를 일으키더라도 전체 시스템이 유지될 수 있다. 즉, 한 대가 잘못된다고 해도 나머지 노드가 존재하므로 시스템은 항상성을 계속적으로 동작할 수 있는 것이다.

블록체인은 신원확인, 의료정보, 복지서비스, 투표, 치안, 자산이력 추적, 교통, 전력 등 공공서비스 분야에서 활용될 수 있다. 행정절차 간소화, 투명성, 효율성, 저비용, 국민 편익과 삶의 질 등을 향상시킬 수 있는 것이다. 실례로, 에스토니아는 블록체인 기술을 전방위 차원으로 활용하여 사회혁신을 이루는 국가로 세계은행 디지털 국가 인덱스에서 1위로 선정된 바 있다(최민성, 2019). 에스토니아는 블록체인 기반의 ID 카드(전자영주권)을 기반으로 축적된 개인 데이터를 활용하게 되는 것이다.

3) 두산백과. https://terms.naver.com/entry.nhn?docId=2807122&cid=40942&categoryId=32843

[시론] 에스토니아의 블록체인 전략

2007년부터 블록체인 전자정부를 시작해 'e－Estonia' 모델을 구축하였다. 이는 국가의 디지털 사회 시스템을 담당하는 기관으로, 통합된 e－Service를 제공하고 있다. 그 바탕은 전 국민에게 블록체인 기반의 ID를 발급하면서 시작되었다. ID 카드 하나로 시민권, 교육, 치안, 투표, 재무, 헬스케어 등 거의 모든 공공서비스를 이용할 수 있다. ID 카드에 내장된 IC 칩은 블록체인 암호화 기술이 적용되어 있어, 개인인증과 전자서명 역할을 하며 해킹과 도용을 방지한다. 결혼, 이혼 등 일부 행정절차를 제외하고 모든 처리가 온라인으로 가능하다. 정부는 민간기업과 협력을 통해 기술개발을 장려하고 있다.

자국민이 아니어도 심사요건을 충족하면 어느 나라 국민이나 전자영주권을 발급받을 수 있는 'e－Residence' 시스템을 운영하고 있다. 인구 130만 명의 국가가 2025년까지 1,000만 명의 전자영주권 발급을 목표로 하고 있다. 새로운 개념의 전자 이민유입이다. 현재 160개 국가에서 약 5만 명이 취득하였다.

또 보안 시스템인 'e－Police'를 운영하고 있다. 모든 경찰은 경찰차에 설치한 모바일 단말기를 통해 순찰하면서 개인 정보를 즉시 확인할 수 있다. 수배자 정보 검색과 검거가 용이해져 치안수준이 높아지고 있다.

국가 건강관리 시스템인 'e－Health record'도 운영하고 있다. 2017년에는 업그레이드한 'e－Prescription'을 통해 ID 카드만으로 어느 병원에서나 의사는 환자의 의료기록, 보험가입, 진료기록, 병력 등을 확인하고 처방할 수 있다.

ID 카드를 여러 형태의 국가 전자투표에 활용하고 있다. 투표 마감일 이전까지 투표한 후보를 바꿀 수 있다. 최근 치러진 선거에서도 88만여 명의 유권자 가운데, 25% 정도가 전자투표를 하였다.

에스토니아 중앙은행은 국가 지원 암호화폐인 Estcoin 발행과 이를 시장에 공개하는 ICO(Initial Coin Offering)를 진행하고 있다. 공공이나 민간 서비스 이용 시 Estcoin은 지불수단으로 사용되고, 전 세계적으로 통용되는 것이 목표다.

에스토니아는 국가 자체가 앱스토어 토털 시스템이다. 전자영주권만 가지면 앱스토어에 접속해 디지털 자원을 활용하여 누구나 새로운 사업을 시작할 수 있다. 에스토니아에 가지 않아도 유럽연합에서 법인 설립과 비즈니스를 할 수 있다. 법인세, 상속세, 증여세도 없다. 세금은 회사이익 배당 시에만 20% 이내에서 내면 된다. 세금납부는 온라인으로 하며 3분 정도면 끝난다. 기업설립도 3시간 정도면 된다. 전자영주권을 통해 6,000개 기업이 이 나라에 진출해 있다. 마이크로소프트 소유인 인터넷 영상통화 솔루션 기업 스카이프(Skype)도 에스토니아에서 창업되었다.

<출처: 건설경제, 2019.5.16.>

3. 제4차 산업혁명에 따른 행정환경의 변화

이상에서 제4차 산업혁명의 의미와 기술 들에 대해 살펴보았다. 이상의 변화가 가진 의미를 요약하고 행정환경의 변화를 기술해 보면 다음과 같다. 제1차 산업혁명이 증기기관의 발명으로 인한 물류, 교통 등의 혁신적인 변화였다면 제2차 산업혁명은 방직기계, 전기 등으로 결국 제1차 및 제2차 산업혁명은 인간이 살아가는 데 필요한 편의성과 물리적 환경변화를 이끌었다고 볼 수 있다.

제3차 산업혁명이 인터넷혁명으로 정보화와 온라인 사회를 만들어내는 하나의 단초가 되었다면, 제4차 산업혁명은 물리적 세계와 가상 세계의 경계가 희미해지고 융합되는 가상물리 융합세계라고 바라봐야 할 것이다. 이것이 융합, 연결, 초융합 시대로 귀결된다. 이 과정에서 우리는 카카오톡, 카카오뱅크, 에어비앤비, 우버 택시 등을 경험하고 있다고 생각해볼 수 있다. 우버택시 및 타다택시에 대해 일반택시가 보인 일련의 거부감[4]은 제4차 산업혁명 시대에 발생하는 사회적 이슈이며, 유사한 이슈들은 지속될 것이라는 점이다. 예를 들어, 생각해보자. 자율주행차가 일상화되고, 타다택시가 운영된다면 어떠한가. 택시가 사람을 태우고 가지만, 사람의 일자리는 더는 아니다. 서버용량은 이미 충분할 것이고, 서버와 자율주행 택시를 소유한 사장님은 고용인이 필요하지 않다. 인공지능(A.I.)가 모든 택시를 통제하고, 배차된 차량은 자율주행으로 손님을 원하는 장소에 내려주게 된다.

행정환경은 개인에게 최적화 및 맞춤화된 서비스를 제공하게 되지만, 일자리 및 고용은 감소하게 된다. 요는 제4차 산업혁명 시대에서는 일반적인 제조업, 서비스업종에서 일자리 문제를 해소할 수는 없는 것이다. 제4차 산업혁명 패러다임은 인간이 필요하지 않은 시스템을 제공하기 때문이다. 인공지능(A.I.) 로봇이 대체되는 시대로 인간에게는 기본적인 생활을 영위하기 위한 '기본소득'의 중요성 사회 계층 간 '격차'가 더 중요해지는 시대로 도래하게 될 것이다. 핵심적인 이슈로 인간의 감성 및 감정과 관련된 업무, 공유경제 등이 강조될 것이다. 행정은 인간과 기술 또는 인공지능(A.I.) 사이의 관계 규명하기 위한 규제 또는 법령체계, 인간의 기본적 삶을 영위하기

4) [MT 리포트] '우버→카풀→타다', 택시는 왜 반대하나(머니투데이, 2019.2.25. https://news.mt.co.kr/mtview.php?no=2019022416375065276)

위한 정책적 행위, 기술과 인간의 융합과정에서 발생하게 될 '인간성' 또는 인간 '정체성' 문제 등 인간 본연의 문제에 더 천착해야 하는 상황이 중요하게 부각될 것이라고 볼 수 있다. 결국 스마트사회로의 도래는 스마트한 행정을 수행할 수 있는 정부의 '모습' 또는 '형태'를 다시금 필요로 하게 될 것이다. 이하에서는 행정환경에 따라 변화해온 정부의 모습을 살펴보고, 행정환경의 변화 속에서 어떤 정부의 모습이 논의되어야 할지 생각해 보기로 한다.

제 2 절 행정변화: 스마트사회로의 패러다임 전환

행정학은 사회현실의 다양한 현상에 대해서 설명하고 정부가 직면한 다양한 문제들에 대한 해결책을 제시하는 학문으로(김재훈, 2008: 35) 인식되어 왔다. 미국의 행정사를 중심으로 한 행정관리론, 정치기능론, 행정행태론, 발전기능론 등 사회문제를 해결하기 위해 다양한 모습으로 변모해왔다고 볼 수 있다. 다만, 이러한 모습 하에서 한 가지 공통적으로 확인할 수 있는 부분은 행정이 사회문제를 해결한다는 행정우위의 관점이다. 오랫동안 지속되어 온 이 관점은 ICT의 발달과 사회변화 속에서 더 이상 정부중심의 의사결정이 이루어지기 어려워졌다. 스마트사회는 개인이 자신이 가진 문제를 정부에 실시간으로 요구하고 필요한 경우, 전자상에서 유사한 집단을 형성하여 집단적 요구를 하기도 한다. 행정우위의 사회문제 해결이 아니라 사회관계 속에서 국민이 중심이 되어 사회문제를 해결하고, 이 과정에서 정부는 지원자 또는 촉매자로써 기능하게 된다. 이러한 변화를 이해하기 위해서 이 절에서는 스마트사회로의 전환이 무엇이고, 정부는 어떤 모습이어야 하는지를 제시해 보고자 한다.

1. 스마트사회 이전 단계

1) 행정의 중심요소

근대국가는 국민에 대한 통치와 안전의 공급자로, 권력의 독점에 도전할 수 없는 유일한 '통치권'의 주체로 거의 완벽한 독점적 지위를 누려 왔다(박준식, 2010: 62). 이러한 행정의 중심요소는 행정의 변천사의 과정을 통해 유추해볼 수 있다. 첫째, 윌슨(W. Wilson)과 화이트(L. D. White) 등에 의해 행정의 기술적·관리적 측면을 강조한 행정관리론을 살펴볼 수 있다. 20세기를 전후에서 행정의 독립성을 강조한 이 관점에서 "행정은 국가의 목적을 달성하기 위한 인간 및 물자의 관리"(White, 1926: 2)로 정의하였다. 공공행정은 사경영의 영역과 동질한 것으로 바라봤기에 경영학적 행정개념이라고 볼 수 있다. 이때 행정의 중심요소는 공공정책의 주도적 집행 관리이다.

둘째, 정치기능론의 입장에서 살펴볼 수 있다. 정치기능론은 행정이 정치와 밀접하게 관련된 것으로 바라보며, 적극적인 정책결정 및 입법기능을 포함하는 것으로 바라본다. 세계대공항을 전후해 적극적인 행정의 주도적 국가운영을 강조한 이 관점에서 "국가운영은 정치(정책형성)와 행정(정책집행)으로 이루어지며, 양자는 서로 협조적이어야 한다"(Dimock, 1937: 243)거나, 행정은 정책형성이라는 점이(Appleby, 1949: 170) 강조되었다. 여기서 행정의 중심요소는 공공정책의 결정이라고 볼 수 있다.

셋째, 행정행태론의 입장에서 살펴볼 수 있다. 이는 정치기능이 행정 속에 내포되고 있는 것을 인정하면서 행정학의 과학화를 위하여 인위적·논리적으로만 연구상 가치판단적인 것을 대상에서 제외하려는 것으로서 전술한 행정관리론과 유사하나, 시기적으로는 전술한 정치기능론의 입장에 대체되는 것이다(김기진, 2008: 100). 사이먼(H. A. Simon)에 의하여 1940년대에 제창된 것이며, 행정관리론과의 또 하나의 차이점은 행정에 내포되는 협동적 집단행동에 초점을 두고 있다는 것이다(Simon et al., 1956: 3-4). 이때 행정의 중심요소는 조직이며, (국가)조직 의사결정의 인과율을 밝히는 것이 연구의 중심이었다.

넷째, 발전기능론의 입장에서 살펴볼 수 있다. 정치기능론과는 그 방향성이 유사하다. 1960년대 발전행정론자인 에스만(M. J. Esman)과 와이드너(E. W. Weidner) 등이 스스로 정치사회의 발전목표의 설정에 적극적으로 참여하고, 이에 일치되는 발전정책·발전계획의 형성을 주도해 나가는 것을 의미한다(박동서 외, 1965: 69). 기존의 정치기능론이 국가 내 사회문제 해결을 위해 개입하려는 관점을 확장시켰다고도 볼 수 있다. 개발도상국의 변화를 행정에 초점을 두고자 한 이 관점은 "행정은 정책집행이며 또한 정책형성이고 관료제에 의해 수행되고 대체로 규모가 크며 공적인 것이다. …… 행정이 공적이라고 하는 까닭은 정부업무에 관한 것이라는 뜻이다"(김철수 외, 2004: 20)라고 이해해볼 수 있다. 이때 행정의 중심요소는 행정이 주도하는 국가통제 및 운영이라고 볼 수 있다.

2) 과거 행정개혁 및 혁신의 주요 쟁점

한국은 발전기능론에 의해 국가발전을 이룬 대표적인 사례 중 하나로 제시되고 있다. 또한 국가발전 과정에서 리그스(Riggs, 1964)가 주장한 살라모형(Sala model)의 특징이 한국에서도 존재하였다. Riggs(1964)에 의하면, 농업사회는 융합된 사회, 미분화된 사회이고 산업사회는 고도로 분화된 분화사회이다. 이 두 사회를 양 극단으로 할 때 중간에 위치한 사회를 프리즘 사회라 부른다. 이 사회에 포함된 국가들은 당시에 산업화된 서유럽국가를 표방하던 한국을 포함한 개발도상국들이었다. 또한 프리즘사회에서 나타나는 정부 의사결정 모습을 살라(Sala)[5]모형(사랑방 모형)이라 제안하였다. 사랑방은 기존 기득권의 권한이 집결된 곳이다. 특정 기득권의 집 안에 들어가지 않고서는 의사결정에 참여할 수 없다. 게다가 사랑방은 기득권 체제의 내부에 있기 때문에 비밀의 장소가 된다. 이러한 상황으로 인해 자연스럽게 정경유착의 문제가 발생되게 된다. 한국 역시 재벌구조의 상황이 살라모형의 예로 설명되는 상황이었다. Riggs(1964)는 개발도상국의 경제특징 중 하나를 혈연과 정실주의로 판단했기 때문이다. 한국은 혈연과 정실주의로 인한 소위 '우리가 남이가'의 문제가 상당한 사회문제로 나타났었다.

이렇게 정부우위의 국정운영으로 인한 폐단을 해결하기 위한 방법으로 행정개혁

5) 스페인어로 Sala는 사랑방을 의미한다.

은 추진되어 왔으며, 이 과정에서 큰 정부에서 작은 정부로, 불투명성(관료 경직화, 부패 등)에서 투명성 확보 등의 확보가 중심이었다. 즉, 개혁과 혁신의 주요 쟁점은 '작은 정부' 또는 '효율적 정부'에 초점이 모아지게 되었다. 더 나아가 시민사회의 성장에 따라 시민들이 참여하고 의사결정을 함께할 수 있는 거버넌스적 요소를 포함하고자 하였다. 구체적으로, 군부정권을 벗어난 첫 정부인 김영삼 정부에서는 대표적인 개혁과제가 '투명성'와 '지방자치'를 통한 부패문제 척결 및 중앙 권한의 지방으로의 이양이었다. 1993년 1차 조직 개편에서 '작고 강력한 정부'를 표방했던 바 있다.

김영삼 정부는 '금융실명제' 도입과 함께 당시 경제기획원 산하의 공정거래위원회를 총리직속의 중앙행정기관으로 독립시키는 등 투명성 확보에 노력하였다. 그리고 지방에 대한 중앙통제를 축소하는 등 정부기능을 조정한 것(김운태 외, 1996: 344) 등에서 개혁의 방향을 잘 이해할 수 있다. IMF 경제위기에 시작한 김대중 정부는 '신자유주의'적 행정개혁이 추진 방향이었다. 시장경제, 민간주도, 기업가적 관리, 경쟁과 개방 등 능률성 위주의 개혁을 추진하였다(신윤창, 2009: 207).

김대중 정부의 행정개혁은 규제개혁, 정부산하기관개혁, 기금개혁에서 개혁의 초점을 살펴볼 수 있다. 효율성 높은 규제개혁을 추진하기 위해 1998년 대통령 직속기관으로 규제개혁위원회를 설치하였다. 규제개혁위원회는 규제의 분류 및 판단 근거를 마련한 후, 관련 규제를 모두 검토하였다. 그 결과 전체 규제법안 11,125건 중 5,433건(48.7%)을 폐지하였고, 2,427건(21.8%)을 개선하였다(한광석, 1999: 13). 개혁 및 혁신의 주요 초점은 '투명성' 및 '효율성' 강화로 이해될 수 있다.

김대중 정부에 이어 출범한 노무현 정부는 사업별 예산제도, 고위공무원단 제도, 행정중심복합도시 건설을 위한 특별법 제정(세종시로의 정부 이전 논의) 등이 행정개혁의 주요 내용이었다. 사업별 예산제도는 품목별 투입 중심의 예산제도가 갖는 경직성을 탈피하여 정책 우선순위에 기반한 재정자율성을 높이고자 하였다. 또한 지나치게 세분화되어 있는 사업은 성과를 측정하기가 곤란한 부분이 있었다. 사업별 예산제도는 자율과 분권, 책임과 성과를 지향하는 정부방향의 연장이었다. 고위공무원단 제도는 공무원 인사제도에 있어 고위직 경쟁과 충원의 다원화를 통해 직무와 성과중심의 인사관리 및 정부역량 증대에 기여하고자 도입되었다. 행정중심복합도시 건설의 경우는 수도권 중심의 중앙집중을 벗어나 지역－중앙 간 균형있는 발전을 도모하기 위해 추진되었다. 개혁 및 혁신의 주요 초점은 '자율성' 및 '책임성' 강화로 이해될 수 있다.

이명박 정부는 김대중 정부에서 추진한 '신자유주의' 행정개혁의 연장에 있었다고 바라볼 수 있다. 이명박 정부에서는 정부조직을 유사조직을 통·폐합하는 것을 최우선적 개혁으로 바라봤으며, '작은 정부', '시장주의'적 패러다임이 중심이었다. '효율성'과 '투명성'이 행정개혁의 중심이었다. 박근혜 정부에서는 ICT가 크게 발전하여 이를 반영하고, 정부중심에서 시민중심의 관점이 적용되는 것을 목표로 하였다. 과학기술을 중심으로 한 '창조경제', 건강보험 강화에 따른 '국민행복' 추구가 그 예이다. 다만, 비선 실세의 개입 의혹(2016년 박근혜-최순실 게이트)에 의한 대통령 탄핵으로 인해 개혁은 단절되었다. 개혁 및 혁신의 주요 초점은 기존의 효율성, 투명성 등 과거 정부가 가진 문제점을 탈피하기 문제의식에서 상당히 변화한 것이라고 이해할 수 있다.

2000년대 후반을 넘어서면서부터 개혁의 방향이 과거 산업 시대가 내포한 문제로부터 조금씩 변화했음을 이해할 수 있다. 이는 기존의 산업화 시대에 가지고 있는 정부 및 사회의 모습에서 최근 ICT의 급속한 발달로 인해 시민사회의 의사결정력 증대와 다양한 수요증대 등 정부우위의 행정이 큰 어려움에 직면해왔기 때문이다. ICT의 급속한 발달은 고정된 느낌의 '정부'의 모습에서 더 탄력적이고 유연하며, 촉진자 역할의 모습을 상기시키게 된다. 이하에서는 ICT의 발달된 모습으로써 '스마트사회'를 상정하고, 이때 행정의 중심요소와 정부의 바람직한 변화 방향의 쟁점에 대해 논의해 보고자 한다.

2. 스마트사회 단계

1) 행정의 중심요소: 대응전략의 측면

근대국가는 국민에 대한 통치와 안전의 공급자로, 권력의 독점에 도전할 수 없는 유일한 '통치권'의 주체로 거의 완벽한 독점적 지위를 누려 왔으나, 이제 그러한 정부의 독점적 지위는 점점 더 큰 도전에 직면해 있다(박준식, 2010: 62). 앞서 살펴본

제4차 산업혁명의 다양한 기술은 디지털 트랜스포메이션(Digital Transformation)을 이끌고 있으며, 정부의 역할 역시 이 변화로부터 자유로울 수 없다.

2017년 11월 대통령직속 제4차 산업혁명위원회에서는 관계부처합동으로 제4차 산업혁명 대응계획 보고서를 발간한 바 있다. I－KOREA 4.0으로 명명하였는데, 이는 과거 e－Korea(2002년), u－Korea(2006년)의 연장선에서[6] 디지털 국가 혁신전략이라는 방향성을 내포하고 있다. I는 지능(Intelligence), 혁신(Innovation), 포용·통합(Inclusiveness), 소통(Interaction)을 의미한다. 이 보고서에는 제4차 산업혁명이 가져올 새로운 기회로써 몇 가지를 제시하고 있다.

> 제4차 산업혁명의 지능화를 통해 자본 제4차 산업혁명은 지능화를 통해 자본·노동의 제약을 극복함으로써 생산성 제고, 노동력 부족 해소 등 새로운 성장원천을 제공할 잠재력이 있으나, 산업구조가 재정의되는 새로운 산업질서 변화에 대응하지 못할 경우 산업·서비스 전반의 글로벌 경쟁력이 뒤쳐질 위기가 공존한다(과학기술부, 2017: 16).

첫째, 제4차 산업혁명은 인공지능, 빅데이터 등 디지털기술로 촉발되는 초연결 기반의 지능화 혁명으로 산업뿐만 아니라 국가시스템, 사회, 삶 전반의 혁신적 변화를 유발할 수 있다는 것이다. 둘째, 지능화가 제품과 서비스의 경쟁력을 좌우하는 핵심요소로 부상하고 기존 산업구조의 변화 등 산업 생태계의 대변혁 촉발한다는 점이다. 셋째, 사회적 난제 해결에 지능화 융합이 보편화되며, 삶의 양식과 사회 인프라의 변화 등 사회 전반에 광범위한 파급력을 가져올 수 있다는 점이다. 넷째, 제4차 산업혁명으로 '일자리 감소(위기)'와 '신직업 창출(기회)'이 공존하는 고용구조 재편이 전망되어 미래 일자리 변화 대응이 시급해질 수 있다는 점이다. 다섯째, 해킹 등 사이버 위협 증대, 신기술의 기술적 안전성 이슈 등의 잠재적 역기능에 대한 대응도 필요하다는 점이다.

이러한 제4차 산업혁명의 특징을 고려할 때 지능화 기술을 통해 경제·사회의 대

---

6) e는 Electronic의 약자이며, u는 Ubiquitous의 약자이다. 'Ubiquitous'와 컴퓨팅이 결합된 단어로 '언제 어디서든 어떤 기기를 통해서도 컴퓨팅할 수 있는 것'을 의미한다(위키피디아. https://ko.wikipedia.org/wiki/%EC%9C%A0%EB%B9%84%EC%BF% BC%ED%84%B0%EC%8A%A4_%EC%BB%B4%ED%93%A8%ED%8C%85).

변혁과 기술·인프라·생태계 혁신을 유발하고, 사람중심의 성장을 이끄는 원동력으로 작용할 수 있다. 우선, 제4차 산업혁명의 핵심인 지능화 기술을 본격 확산하여 국가 전반을 혁신, 경제성장과 삶의 질 제고를 동시 달성하는 포용적 성장이 필요하다. 산업혁신 측면에서는 지능화 기술 기반·전(全)산업 생산성 제고로 지속성장 기틀을 확립하고, 서비스업 혁신으로 취약계층 삶의 질 향상, 일자리 창출 등에 기여할 수 있다.7) 사회혁신 측면에서는 지능형 융합 기반 맞춤형 서비스, 예측-예방기술, 로봇 등을 활용, 교통체증·환경오염 등 고질적 사회문제를 해결하는 신성장동력으

표 10-4 주요국 제4차 산업혁명에 대한 주요 정책, 목표, 내용, 추진체계

	미 국	독 일	일 본	중 국
주요 정책	• AI R&D 계획('16.10) • AI 미래 준비('16.11) • AI 자동화와 경제 ('16.12)	• 첨단기술전략('10.7) • Industry('11.4) • 플랫폼 인더스트리 4.0('15.4)	• 초스마트화사회 전략 ('16.1) • AI 산업화 로드맵 ('16.11) • 신사업 구조 비전 ('17.5)	• AI 3개 실행계획 ('16.5) • 차세대 AI 발전계획 ('17.7)
추진 목표	• AI 분야 경쟁력 확보 • 사회적 혜택 강화	• 디지털 경제 변화 대응 • 스마트공장 선도	• 전 분야의 기술혁신 • 경제·사회문제 해결	• AI 차세대 성장 동력화 • 경제·사회문제 해결
주요 내용	• AI R&D 전략방향 제시(투자, 안전·보안, 데이터, 인재양성, 공공프로젝트 등) • 교육 및 고용구조 개편, 사회안전망 강화 정책방향 제시	• 글로벌 표준화 추진 • R&D 지원 • IT 인프라 보안 강화 • 새로운 인력교육 방식 도입 *'노동 4.0 정책'과 병행 추진 –기업–노조 간 대화, 시장경제의 조정 등	• 4개 전략분야 선정 (이동, 생산·구매, 건강, 생활) • 공통기반 강화 (데이터, 규제, R&D, 보안, 인제, 고용, 사회보장제도 개선 등)	• 인공지능 기술선도 • AI 국가연구소 설립 • 산업 스마트화(제조, 농업, 금융, 물류 등) • 스마트사회 건설 (의료, 건강/양로, 교통, 환경보호, 안전 등) • 인공지능 관련 법률 정비 및 윤리체계 확립
추진 체계	백악관 산하 과학기술정책국 (OSTP) 중심 범부처 참여	주요 기업, 연구기관, 정부 참여	총리실 주도로 범부처 협력추진	국가발전개혁위원회 등 4개 부처 합동 추진

출처: 과학기술정보통신부(2017: 22).

7) 독일 지멘스 암베르크 공장은 지능형 로봇과 AI·빅데이터 등을 활용한 스마트공장을 도입, 자동화 수준 75% 이상 달성 및 생산성 7.5배 향상(2017년)한 바 있다. 의료는 정밀의료 서비스로, 금융은 로보어드바이저로, 교통은 지능형 교통시스템 등으로 변화될 것이다(과학기술정보통신부, 2017: 20).

로 연결시킬 수도 있다.8)

다음으로, 경제 · 사회 혁신을 이끄는 핵심 기술력을 확보하고, 중소 · 벤처 성장동력화를 위한 생태계 조성과 미래사회 일자리 변화에 선제적으로 대응해야 한다는 점이다. 산업 인프라 및 생태계 측면에서는 기술혁신의 성과과실이 국가경제 및 사회 전반에 확산될 수 있도록 데이터, 그리고 네트워크 인프라를 고도화해야 한다. 즉, 제4차 산업혁명을 선도할 중소기업, 벤처기업이 새로운 혁신을 창출할 수 있도록 규제, 지역거점 등 역동적 신산업 생태계를 조정할 수 있도록 지원해야 한다. 미래사회 변화 대응 측면에서는 신산업분야 우수인재 확보와 일자리 이동에 대비하기 위한 일자리 안전망을 확충하고 사이버위협 등 역기능을 대응 강화해 나가야 한다.

2) 바람직한 변화 방향의 쟁점: 플랫폼 정부의 가능성

(1) 기술의 변화: 정보변화의 관점에서

빅데이터는 새로운 개념이라고 볼 수 없다. 다만, 그 크기가 기존 데이터에 비해 너무 방대해서 일반적으로 사용하는 방법이나 도구로는 도저히 수집 · 저장 · 검색 · 분석 · 시각화하기 어려운 정형 또는 비정형 데이터세트를 지칭한다(McKinsey Global Institute, 2011). 이 둘을 비교한다면 다음 <표 10-5>와 같다. 첫째, 데이터원천의 경우, 전통적 데이터는 전통적 정보서비스를 나타내며, 책이나 활자 또는 기존의 내부 PC 환경의 결과물의 형태였다. 빅데이터는 일상화된 정보서비스로써 SNS의 자료와 같이 생활에서 이용되는 모든 자료를 포함한다. 둘째, 목적의 경우, 전통적 데이터는 업무효율성을 위해서 사용되었다면, 빅데이터는 소통, 자기표현 등을 위해서 생성되고 활용된다. 셋째, 생성주체로써 전통적 데이터는 주로 정부, 기업 등 조직이였다면, 빅데이터는 개인 또는 특정 프로그램의 시스템 등에 의해서 생성된다. 데이터 유형의 경우, 전통적 데이터는 정형데이터로써 기업 내부에서 활용되는 숫자 또는 활자화된 조직 내부의 비밀 자료인 반면, 빅데이터는 비정형데이터로써 조직 내 · 외부의 모든 데이터가 포함될 수 있다.

---

8) 지능형 교통시스템 ⇒ 교통정체 감소, 에너지 절약/IoT 센서 제조, 유지 · 관리 일자리 창출.

표 10-5 전통적 데이터와 빅데이터의 환경비교

구 분	전통적 데이터	빅데이터
데이터원천	전통적 정보서비스	일상화된 정보서비스
목적	업무효율성	사회적 소통, 자기표현, 사회기반 서비스
생성주체	정부, 기업 등 조직	개인, 시스템 등
데이터유형	정형테이터 조직내부 데이터(고객정보, 거래정보 등) 주로 비공개 데이터	비정형 데이터(멀티미디어, SNS 사용자 데이터, 센서 데이터, 응용프로그램 데이터 등) 조직 외부 데이터 일부 공개 데이터
데이터특징	데이터 증가량 관리 가능 신뢰성 높은 핵심 데이터	기하급수적 양적 증가 Garbage 데이터 비중 높음 문맥정보 등 다양한 데이터
데이터보유	정부, 기업 등 대부분 조직	인터넷 서비스 기업, 포털, 이동통신회사, 디바이스 생산회사, 일반개인
데이터플랫폼	정형 데이터를 생산, 저장, 분석, 처리하는 전통적 플랫폼	비정형의 대량 데이터를 생산, 저장, 분석, 처리하는 새로운 플랫폼

출처: NIA(2012)를 김현성(2012: 292) 〈표 1〉에서 재인용.

데이터특징의 경우, 전통적 데이터는 많이 필터링되고 정리된 신뢰성 높은 데이터라면, 빅데이터의 경우, 큰 데이터로써 때로는 제외되지 않은 불순물이 포함된 자료가 된다. 데이터보유의 경우, 전통적 데이터는 특정 기관이 소유하고 있었다면, 빅데이터는 산개된 정보가 흩어져있다고 볼 수 있다. 데이터의 이러한 특성상 전통적 데이터는 이를 다룰 수 있는 플랫폼이 잘 구현되어 있었으나, 빅데이터의 경우는 이를 정제할 수 있는 특별한 정부의 플랫폼이 필요한 실정이다. 그렇다면 이러한 빅데이터가 왜 각광받는 것일까? 사실 빅데이터는 클라우드 컴퓨팅 환경 하에서 데이터가 정제된다는 가정 하에서 유비쿼터스를 실현할 수 있다. 사물인터넷(IoT)으로 지칭되는 기술혁신은 바로 유비쿼터스 컴퓨팅의 현실화로 바라볼 수 있다. 유비쿼터스는 인간과 기술이 컨버전스된 환경을 의미한다. 기술에 대한 이해가 없이도 사람의 일반적인 일상생활에서 편의를 누릴 수 있도록 ICT가 구현된 환경인 것이다. 어떠한 조건 하의 국민들도 스스로 일을 처리할 수 있고, 언제 어디서나 다양한 방법으로 국가의 정보자원에 대한 접근과 이용이 용이해진다면, 모든 사람들이 차별 없이 공공서비스를 제공받음으로써 서비스수준이 대폭 높아질 것이다(김현성, 2012: 285). 정보접근성이 취약한 사회계층도 이를 통해 사회적 활동과 역할을 능동적으로 수행할 수 있는 지혜로운 일상생활이 가능해질 수 있다는 것이다. 스마트정부는 더 이상 독점적 공급자가 아니다. 현실성 높은 수요 중심의 공공서비스를 마련해 나가야 한다.

이러한 상황은 현시점에서 생활환경에서 쉽게 확인될 수 있다. 개인용 컴퓨터와 텔레비전, 모바일기기 등이 결합되면서 어디에서나 편리하게 인터넷과 다른 미디어들을 사용할 수 있는 환경이 조성되었다. 그래서 텍스트나 음성, 동영상 등 모든 콘텐츠가 디지털 화면으로 전환되어 사용이 가능해지고 있다. PC와 TV, 휴대폰이 각각 고유의 기능을 강화하면서 멀티미디어 컴퓨터, 양방향 디지털 TV, 스마트폰으로 진화되고 있는 것이다. 이 중에서 가장 눈에 띄는 현상은 역시 스마트폰의 대중화를 꼽을 수 있다. IT 컨버전스가 스마트정부에 주는 영향은 여러 측면이 있겠지만, 그 중에서도 스마트폰의 대중화현상에 주목하고자 한다. 스마트워크나 스마트정부 등 용어의 자연스러운 사용은 다름 아닌 스마트폰의 대중화와 밀접한 관계가 있다. 시민들이 인식하는 스마트정부의 가장 체감적 효과는 정확한 공공정보와 적정한 서비스를 때와 장소에 얽매이지 않고 제공받는 것이라 할 수 있는데, 스마트폰으로 대표되는 디바이스의 융합은 이와 같은 시민들의 정보수요를 효과적으로 충족시킬 수 있을 것으로 기대된다. 따라서 스마트정부는 모바일을 활용한 정보서비스를 적극적으로 개발하고 확산해야 할 요구에 직면해 있다.

(2) 사회의 변화: 사회문화적 측면에서

제4차 산업혁명의 시점에서 미래사회의 변화는 어떠할까? 명승환 외(2011)는 다음 <표 10-6>과 같은 몇 가지를 제시한 바 있다. 첫째, 인구구조의 변화이다. 세계인구는 점차로 증가하고 있으나 이 차이는 다양한 요소에 의한다. 국가 및 지역별 인구증가가 차이가 크며, GDP 수준이 낮은 국가들에서는 인구가 크게 증가하는 반면, GDP 수준이 높은 국가들에게는 저출산 상황과 인구고령화가 진행된다.

둘째, 양극화 문제이다. 국가 및 기업 간 고용구조는 소규모 고부가가치의 경제활동이 증가하며, 국가 중에서는 소규모 선진국가만이 이러한 고부가가치 사업을 점유하는 현상이 발생할 수 있다. 경제적 양극화에 의한 차별화와 취약계층에 대한 사회적 책임은 지속적으로 증대하게 된다.

표 10-6 정부변화와 관련된 주요 사회변화

요 인	내 용
인구구조의 변화	세계인구 증가, 국가별・지역별 인구 증가/정체/감소가 각각 진행, 저출산・고령화 문제 등
양극화	국가/기업 간 고용구조, 경제적 양극화에 따른 교육기회의 차별화, 취약계층에 대한 사회적 책임 문제 등
네트워크 사회	사이버 공동체 활성화, 영토 국가에서 네트워크 국가로 전환, 정보 독점 및 정보의 평준화 등

출처: 명승환 외(2011: 12).

셋째, 네트워크 사회이다. 실제 만남이 없이도 사이버 공간을 통한 소통이 활성화되며, 이 과정에서 자연스럽게 사이버 공동체는 크게 증가하게 된다. 국가의 형태도 점차 영토 국가에서 네트워크 국가로 전환되게 될 것이며, 부가가치를 내는 주요 정보는 지속적으로 독점현상이 나타날 것이나 일반정보의 평준화가 가속화된다.

(3) 스마트정부로의 전환: 플랫폼 정부를 중심으로

미래정부의 모습은 다양한 환경의 변화와 이에 대한 수용을 통하여 여러 가지 형태의 정부 모습이 복합적으로 형성될 것이다(명승환 외, 2011: 25). 명승환 외(2011)는 정부가 당면할 내・외부적 환경 요소를 중심으로 세 가지 플랫폼 형태의 정부 모

그림 10-5 플랫폼 정부의 유형

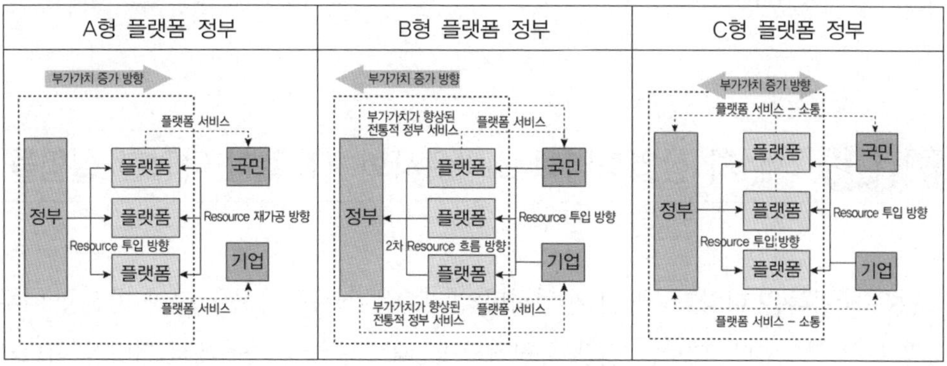

출처: 명승환 외(2011: 25-27).

습을 제안한 바 있다. 플랫폼 정부의 유형은 [그림 10-5]와 같이 묘사될 수 있다. 공통적으로 고려될 사항으로 정부가 일정한 플랫폼을 구축하고, 누구나가 해당 플랫폼에 접근하여 새로운 서비스를 창출해낼 수 있다. 이 과정에서 플랫폼을 이용하는 국민(또는 시민), 기업, 정부 등은 새로운 부가가치 창출을 통해 소득을 발생시킬 수 있다.

첫째, A형 플랫폼 정부의 경우, 이용자가 플랫폼을 통해 일반인이 소유한 정보를 재가공하는 과정을 통해 부가가치를 증대시키는 관계형태로 이해될 수 있다. 이용자의 부가가치를 증대시키는 형태이다. 둘째, B형 플랫폼 정부의 경우, 개인의 부가가치가 아닌 공익적 부가가치를 증대시키려는 목적으로 일반인이 소유한 정보를 재가공하는 과정으로 이해될 수 있다. 정부 및 공익의 부가가치를 증대시킬 수 있는 것이다. 셋째, C형 플랫폼 정부의 경우, A형과 B형 플랫폼이 모두 결합된 것으로 이해될 수 있다. 물론, 현실화하는 과정에서는 A형이 안정화되면서 B형이 점차 증대하는 상황으로 확장될 것이라 본다.

이러한 플랫폼 정부 모습은 플랫폼을 연동한 맞춤형 고용/복지 정책의 변화를 가져올 수 있다. 해외 플랫폼을 연계하여 적합한 데이터분석이 수반된다면 산업정책 변화로 나타날 수도 있을 것이다. 개개인을 지향하는 대국민 행정서비스 강화도 가능해질 것이며, 정책의 공공/민간 정보의 이용을 통한 새로운 행정서비스 개발이 이루어지게 될 것이다. 나아가 정책집행 과정에서 정부-기업-국민 협업시스템 구현이 가능하며, 시민참여형 정책의 현실화, 최종적으로는 정부 거버넌스 구현으로 나타나게 될 것이다.

제 3 절 제4차 산업혁명과 스마트사회: IT 결합 다양한 실험들

많은 국가들은 다양한 제4차 산업혁명의 기술을 접목하여 선도적인 발전을 이루고자 노력하고 있다. 때로는 민간 차원에서 또 때로는 국가 차원에서 다양한 시도가 이루어지고 있는데, 이 절에서는 이에 대해 살펴보고자 한다.

1. 도시의 변화: 스마트시티

최근 도시화에 따른 다양한 도시문제를 해결하고 시민들의 삶의 질 향상을 위해 ICT 기술이 접목된 스마트시티가 새로운 도시 모델로 각광받고 있다(변태근, 2019: 20). 스마트시티는 시민이 주체가 되어 시민이 체감할 수 있는 서비스를 발굴함으로써, 시민들의 행복과 삶의 질이 중심으로 변화가 이루어진다. 분명 스마트시티는 기존 도시문제의 해결에 대한 요구와 운영 시스템의 개선 측면에서 그 기대받고 있다(이수한 · 유석형, 2019: 259).

스마트시티의 패러다임은 디지털 혁명, 급격한 기후변화, 도시 인구의 꾸준한 증가에 기반한 제4차 산업혁명에 의해 주도되었다(Jang, 2017). 사실 스마트시티 이전 유사한 개념들이 상존해왔다. 예를 들어, 가상 도시, 유비쿼터스 도시, 지능형 도시 등 첨단기술을 접목한 도시모형이 그러한 것이었다. 하지만, 스마트시티 이전의 개념은 특정 영역에 집중되어 있거나 도시의 다양한 영역을 포함하지 못하고 제한적이었지만, 스마트시티는 보다 포괄적인 영역으로 진화했다는 평가이다(Jang, 2018).

스마트시티에 대한 정의는 다음과 같이 다뤄지고 있다. 홀(Hall, 2000)은 "스마트시티란 교통, 에너지 등 인프라를 통합 관리하면서 이를 통해 시민에게 최적화된 공공서비스를 제공하는 것"으로 정의한다. 딕스와 킬링(Dirks & Keeling, 2009)은 "스마트시티란 사람, 기업, 운송, 통신 등 도시의 주요 시스템을 변형시키고 최상의 효과흘 만드는 기술"이라고 정의하였다. IBM(2010)은 "스마트시티란 ICT를 이용하여 도시의 주요 서비스를 운영하는 것"으로 정의한다. 이들의 정의를 종합하면, 스마트

표 10-7 스마트시티의 정의

연구자	정 의
Hall(2000)	교통, 에너지 등 인프라를 통합 관리하면서 이를 통해 시민에게 최적화된 공공서비스를 제공하는 것
Dirks & Keeling (2009)	사람, 기업, 운송, 통신 등 도시의 주요 시스템을 변형시키고 최상의 효과흘 만드는 기술
IBM(2010)	교통, 에너지 등 인프라를 통합 관리하면서 이를 통해 시민에게 최적화된 공공서비스를 제공하는 것

시티 이전의 개념이 ICT 접목에 초점을 맞추었다면, 스마트시티의 개념은 시민참여 및 지역사회 거버넌스를 포함한 도시운영으로 확장된 것이라 볼 수 있다.

아직까지 스마트시티에 대한 개념정의가 명료하게 이뤄진 것은 아니다. 그럼에도 불구하고 전 세계적 관심과 중요성으로 인해 실무 영역에서는 ICT를 접목한 스마트시티 정책 및 구축을 크게 다루고 있다. 한국의 경우, 제4차 산업혁명위원회 산하 위원회로써 스마트시티 특별위원회를 구성하고 있다. 2017년 11월 국가 전략적 관점의 스마트시티 조성과 확산 방안을 논의하기 위해 출범하였다.[9] 대통령직속, 민간전문가(23인) 및 정부(6인)으로 구성되었으며, 법・제도, 표준화, 대외협력 등 정부정책에 대한 자문의 역할을 담당하고 있다. 또한 스마트시티 국가전략 프로젝트를 통해 세종특별자치시(5－1 생활권)와 부산광역시(에코델타시티)에 국가시범도시를 추진하는 등 스마트시티에 대한 국가적 관심은 더욱 가중되고 있다(정환영・김걸, 2019: 42). 스마트시티에 대한 비판 역시 존재하는데, 수사(rhetoric)로 그치는 것이 아닌가에 대한 지적이다. 2000년대 중・후반 추진되었던 U－City 사업은 교통과 방범 등 일부 서비스에 한정되어 실질적인 공공서비스가 이루지지 않았다고 평가되었다(장환영, 2018; 장환영・김걸, 2019; 김병선 외, 2019). 즉, 신도시의 포장으로 그쳤다는 것이다. 이러한 현실을 반영하여 최근에는 시민들이 사업 초기부터 완료되기까지 공공 또는 민간기업 등과 함께 참여하여 적극적으로 의견을 개진하고 조율해 나가는 리빙랩(living lab) 방식이 주목받고 있다(이재용・한선희, 2017). 나아가, 리빙랩을 정부정책으로 연계한 정책랩 또한 논의가 커지고 있다. 이하에서는 리빙랩과 정책랩에 대해 살펴본다.

2. 리빙랩과 정책랩

리빙랩(Living Lab)은 이러한 스마트시티 구현의 방법으로 부각되고 있다. 리빙랩이란 살아있는 실험을 의미한다(변태근, 2019: 20). 리빙랩은 2004년 MIT 미첼(M. Mitchell) 교수로부터 처음 언급된 개념으로서 혁신적인 실험 공간을 지칭하고, 사용자 주도(User centered)의 연구프로세스를 통해 특정 서비스 구현을 위해 기술 센싱,

9) Smart City Korea 홈페이지(https://smartcity.go.kr/).

프로토타이핑을 하는 것을 의미한다(Eriksson et al., 2005; Franz et al., 2015). 미국을 중심으로 시작된 개념이 2006년에는 유럽연합 집행위원회(European Commission), 그리고 헬싱키시(Helsinki Manifesto)를 중심으로 지역 혁신을 강화하기 위한 리빙랩 네트워크를 구축하였다(The Alcotra Innovation Consortium, 2013). 향후 더 나아가 다양한 유럽 국가들에 생성된 리빙랩을 기준으로 '유럽 리빙랩 네트워크(European Network of Living Lab: ENoLL)가 출범되었고, 2018년 기준으로 약 400여 개 리빙랩이 등록되어 있으며, 이 중에선 유럽뿐만 아닌 전 세계 국가들의 리빙랩도 있을 정도로 글로벌 차원에서 확장되었다(Franz, 2014; https://enoll.org/aboutus/).

EU 리빙랩 네트워크는 리빙랩을 혁신적인 생태계 구축으로 바라보았고, 슈만 외(Schuurman et al., 2012)는 혁신 공장(Innovation Factory)으로 정의하였다(Schuurman, 2014). The Alcotra Innovation Consortium(2013)은 이해관계자 간 공동 창출(co-

표 10-8 리빙랩의 정의

연구자	정 의
EU 리빙랩 네트워크	실제 생활에서 사용자 주도로 공동 창출(co-creation)을 추진할 수 있는 혁신 생태계 구축을 지향함.
Schuurman et al. (2012)	다양한 이해관계자들이 생활 속에 문제점을 해결하기 위해 사용자 경험(User Experience)을 기반으로 아이디어를 도출하는 혁신 공장(Innovation Factory)을 의미함.
Schuurman(2014)	여러 이해관계자들 중에서도 사용자들이 핵심 역할을 하며 공동 창출(co-creation)을 하는 형태
Dell'Era and Landoni(2014)	리빙랩은 사용자 주도로 하나의 혁신적인 방법론으로서 접근하는 형태
The Alcotra Innovation Consortium(2013)	PPPP(Private-Public-People Partnerships) 형태로 다양한 이해관계자들이 공동 창출(co-creation)을 통해 혁신적인 서비스 및 비즈니스 모델을 도출함.
Chronéer et al. (2018)	도시 관점에서 리빙랩(Urban Living Lab)은 네 가지 구성요소로 거버넌스, 다양한 협력 파트너, ICT 인프라, 시민이 형성되어야 함.
Leminen et al.(2015)	리빙랩에서 사용자들의 혁신적인 역할 수행의 유형을 중점으로 정의함.
이재혁(2019)	리빙랩은 실제 생활 속에서 문제를 해결하기 위해 사용자 주도로 여러 이해관계자들과 PPPP(Private-Public-People Partnerships) 형태의 협력을 통해 공동 창출(co-creation)을 이루는 것

출처: 이재혁 외(2019: 195) 보완.

creation)을 핵심으로 하였고, 델라와 란도니(Dell'Era & Landoni, 2014)는 리빙랩을 사용자 주도의 혁신방법론으로 언급하였다.

레미넨 외(Leminen et al., 2015)와 크로너 외(Chronéer et al., 2018)는 리빙랩을 하나의 매개체로 보고, 도시의 혁신적 운영을 위한 역할 부여를 강조하였다. 이들의 정의를 종합하여 이재혁 외(2019)는 리빙랩은 실제 생활 속에서 문제를 해결하기 위해 사용자 주도로 여러 이해관계자들과 PPPP(Private－Public－People Partnerships) 형태의 협력을 통해 공동 창출(co－creation)을 이루는 것으로 정의하기도 하였다(이재혁 외, 2019: 195).

사실 리빙랩에 대한 정의는 전문가 마다 다르지만, 단순한 ICT 접목이 아니라 시민들이 스스로 문제를 해결하고, 새로운 사회적 가치를 창출하는 사용자 주도형 혁신모델의 관점에서는 공통된다(KISTEP, 2017). 수요자 분석을 접목하여 개념설계, 프로토타입 설계, 서비스 개발, 분석 등의 단계로 구분되는데, 이 방식은 시민 수용성 및 문제해결 능력이 우수한 서비스 개발이 가능하며, 기술개발뿐만 아니라 최종사용자의 참여적 문제해결을 통해 최종사용자의 행동변화를 유도한다는 특징을 지

그림 10-6 EU의 리빙랩 개념

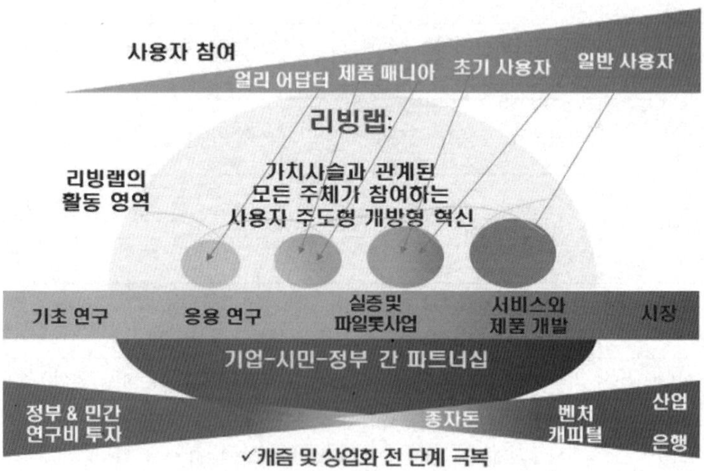

출처: ENoLL(2015)을 성지은 외(2019)에서 재인용.

닌다(정환영 · 김걸, 2019: 42). 나아가, 리빙랩 개념을 스마트시티 구현과 연계하여 스마트시티 리빙랩으로 정의하기도 한다. 성지은 · 이유나(2018: 2)는 스마트시티 리빙랩을 "도시에 거주하는 시민 삶의 질 제고를 위해 도시개발 및 계획 과정에서 다양한 사회주체가 적극적으로 참여하는 혁신 플랫폼"으로 정의한 바 있다. 이 정의는 일반적인 리빙랩의 개념을 포함하여 ICT를 활용해 도시 문제해결과 시민 삶의 질 개선을 목표로 사용자의 수요와 참여를 통해 혁신활동을 이루는 사용자 중심의 혁신 플랫폼으로 바라본다. 특히, 이 개념은 시민(사용자)의 참여 및 관련 주체와의 연계 · 협력을 강조한다.

유사한 맥락에서 정책랩(Policy Lab)은 다음과 같이 논의되고 있다. 정책랩은 "장기적인 관점에서 실험목표를 정하고, 다양한 행위자가 참여하여 문제가 있는 사회시스템을 혁신하기 위해 공동 창출 활동을 벌이는 정책공간"으로 정의될 수 있다(조세현 외, 2019). 자연과학에서 '랩'의 특성과 사회과학에서의 '사회적 맥락과 연계성'을 접목한 개념이다. 조세현 외(2019)는 이러한 정책랩이 행정혁신과 거버넌스혁신을

그림 10-7 정책랩과 정부혁신의 관련성

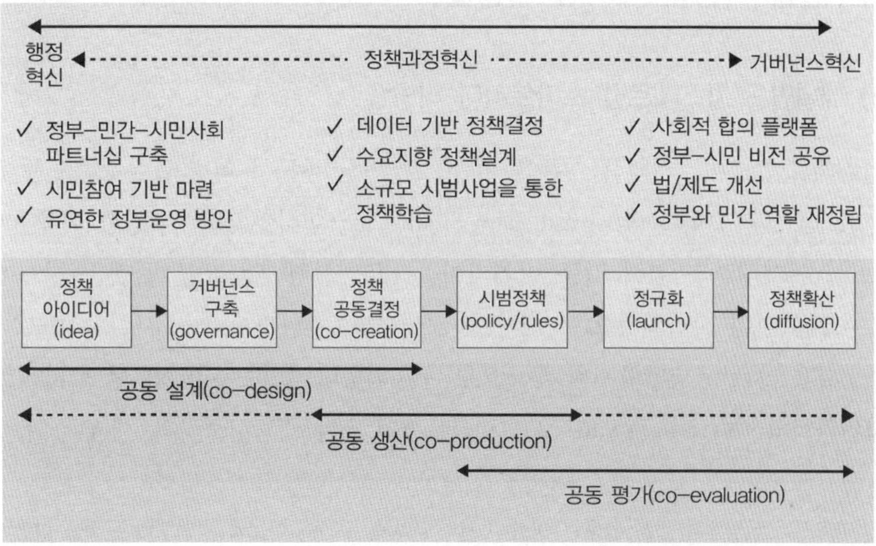

출처: 조세현 외(2019: 16).

표 10-9 리빙랩과 정책랩의 비교

구 분	리빙랩	정책랩
조직모형	다중 이해관계자 조직	다학제 팀(시민, 전문가는 케이스별 네트워크 구축)
사용자참여	(최종)사용자 중심	시민 중심
프로젝트 유형	민간 및 공공 영역의 혁신 프로젝트	공공 영역 혁신 프로젝트
성과물	특정 상품 및 서비스(공공서비스)	정책 및 정부관리 시스템의 혁신
거버넌스 구조	다중 이해관계자 파트너십을 기반으로 한 공식화된 조직	민첩한 조직운영을 위한 소규모 독립조직
운영원리	다양한 방법론과 혁신 지식 일반화	증거기반/수요지향 정책결정 실험과 학습을 통한 제도 정규화

출처: 조세현 외(2019: 17).

가져올 수 있다고 강조한다. 정책랩은 기본적으로 시민참여를 중심으로 의견수렴 차원이 아니라 공동 창출(co-creation)을 지향한다. 일반적인 리빙랩과 정책랩 간의 차이는 다음과 같이 구체화될 수 있다.[10)]

3. IT 결합 다양한 제도적 실험들[11)]

1) 네덜란드 암스테르담 스마트시티 리빙랩

암스테르담 스마트시티 플랫폼을 기반으로 민간 주도형 리빙랩 운영하고자 하였다. 암스테르담 스마트시티(Amsterdam Smart City, 이하 ASC)는 다양한 이해관계자가 도시 문제해결을 위해 각종 아이디어를 내고 실행하는 오픈 플랫폼 형식이다. ASC는 2009년에 설립되었으며, 에너지, 모빌리티, 순환경제, 기반시설·기술, 거버넌스·교육, 시민·생활의 6개 부문으로 구성되었다. 스마트시티의 선도 사례로서, 유럽위원회의 'City Star Award'(2011년)과 세계 스마트 도시포럼의 '세계 스마트 도

10) 스마트시티 리빙랩과 같은 경우는 민간 차원의 리빙랩 수준이 아니라 정책랩의 관점을 상당히 포함하고 있다고 볼 수 있다.

11) 성지은·이유나(2018)의 스마트시티 리빙랩 사례분석과 과제의 내용을 인용하였다. 세부사업 및 프로그램 내용은 성지은·이유나(2018)를 참조하길 바란다.

시상'(2012년) 등을 수상한 바 있다.

이들은 온·오프라인 플랫폼을 통해 민간 주도의 리빙랩 운영하고 있다. 온라인 플랫폼 차원에서는 ASC 웹페이지에서 민간 주도로 다양한 프로젝트를 운영되고 있다. 오프라인 차원에서는 '암스테르담 스마트시티 체험랩'이라는 전시 공간에서 시민들이 스마트시티 프로젝트를 직접 체험하고 아이디어를 교류할 수 있도록 하였다. 구체적으로, 암스테르담 스마트시티 온라인 플랫폼 홈페이지(https://amsterdamsmartcity.com)를 통해 회원들이 언제든 새로운 프로젝트를 계획하고 진행할 수 있으며, 현재 시민 주도로 100개 이상 프로젝트를 운영되었다.

아울러, 암스테르담 시는 스마트시티 분야 중 에너지·교통 분야에 집중 투자·관리하고 있었다. 암스테르담 시는 2025년 CO_2 배출량을 1990년 대비 40% 감축을 목표로 하고 있으며, 에너지 절감을 위해 지속가능한 이웃, 카고호퍼, City-zen 등 다수 프로젝트를 운영하였다(van Winden et al., 2016).

2) 핀란드 헬싱키 스마트시티 리빙랩

헬싱키는 스마트시티 리빙랩 선도 도시로서 민주적인 도시운영을 강조하였다. 헬싱키는 스마트시티 이니셔티브를 선언한 대표적인 도시이다. 유럽의회에 따르면, 헬싱키는 스마트시티 이니셔티브를 선언한 468개 도시에서 6순위 들어갈 정도로 잘 구현되었다. 헬싱키는 장기적인 도시계획 수립과정에서 관련 이해관계자들이 참여하는 민주적인 의사결정을 강조하였다. 공무원, 건축가, 일반 시민들이 함께 모여 공청회 등을 통해 계획을 지속적으로 수립하고, 실제 사용자와의 생활 실험을 중요시 여기는 '사용자 주도의 개방형 리빙랩'을 운영하였다.

스마트하고 개방된 도시 전략 실행을 위해 '포럼 비리움 헬싱키(Forum Virium Helsinki, 이하 FVH)'를 운영하고 있는데, FVH는 헬싱키 시의 혁신단위로서 개방형 디지털 서비스를 제공하는 혁신 클러스터를 의미한다. 오픈 데이터와 투명성, 스마트시티 분야의 선구자로서 디지털 서비스와 도시 혁신을 위해 헬싱키 시·기업·주민들과 긴밀한 협력관계를 구축하고 있다.

이러한 맥락에서 FVH를 중심으로 스마트시티 리빙랩 시행을 위한 다양한 이니셔티브를 수립하였다. 구체적으로. FVH는 오픈 데이터를 위한 헬싱키 지역정보 공유

(Helsinki Region Infoshare, 이하 HRI), 오픈 아조(Open Ahjo) 이니셔티브를 수립하였다. HRI는 헬싱키 · 에스푸 · 반타 · 카누이아넨 4개 도시에서 공공데이터를 공유하는 웹서비스로서 상당한 양의 데이터를 축적하게 된다. 또한 도시 의사결정의 투명성 증진을 위해 오픈 아조를 실시하면서, 헬싱키 시의 의사결정 과정을 공공 문서화하게 된다.

나아가, 스마트 도시개발의 지역단위 모델 '스마트 칼라사타마' 이니셔티브를 수립하였다. 헬싱키의 칼라사마타 구역은 스마트한 도시생활과 서비스를 실험하는 도시공간이다. 2013년부터 2030년까지 시정부와 주민이 함께 만들어가는 장기 프로젝트로서, 인프라서비스 제공, 다양한 이해관계자의 열린 참여, 공공 데이터의 혁신적 활용 등이 시도되고 있다. 거주민 · 민간회사 · 공무원 등 이해관계자들과 긴밀한 협력하에 도시 내 다양한 파일럿 프로젝트 실시되는 중이다. 이외에 핀란드 시내 6대 도시와의 협력전략 '6AIKA', 기술변화관리 '코드 펠로우' 이니셔티브 등을 수립하여 공공성을 지닌 리빙랩을 구현하고 있다.

3) 덴마크 코펜하겐 스마트시티 리빙랩

코펜하겐 시는 도시문제 해결과 시민 삶의 질 향상을 위해 다양한 노력하고 있는데, 지속가능한 도시혁신을 위해 스마트시티를 설계 및 운영하고 있다. 코펜하겐의 스마트시티는 스마트 이동성, 에너지와 기후변화, 스마트시민, 건강, 스마트학습의 5개 분야로 구분되며, 대표적인 스마트시티 리빙랩은 덴마크 실외조명 연구소(Danish Outdoor Lighting Lab, 이하 DOLL), 코펜하겐 솔루션랩, 덴마트공과대학의 스마트캠퍼스 등이 있다. 코펜하겐은 특히 스마트시티 솔루션 제공을 위한 네트워크 플랫폼 'Gate 21'을 운영하고 있다. Gate 21은 코펜하겐에서 지방자치단체와 기업, 연구기관이 만나는 통합 창구로서, 기후변화 · 에너지문제를 포함한 다양한 도시문제에 대해 솔루션을 제공하고 있다. 핵심분야는 교통, 건물 · 도시, 에너지, 스마트시티, 녹색성장, 순환경제로 구분되며, 이를 통해 코펜하겐의 녹색전환을 이루는 것이 목표이다.

제 4 절 바람직한 스마트정부의 구현: 데이터(Data)를 넘어선 지혜(Wisdom)

이 장에서는 행정학이 ICT 사회변화에 맞춰 어떻게 대응하는지에 대해 살펴보고자 하였다. 일반적으로 행정학은 사회변화와 그 궤를 같이한다. ICT의 고도화와 개인화의 상황에서 정부 역시 다양한 노력을 수행하고 있었다. 특히, 제4차 산업혁명으로 명명되는 사회변화는 정부의 나아가야 할 방향과 운영 방식에 큰 변화를 수반하고 있다. 이 장에서는 제4차 산업혁명에 따라 변화하는 정부의 모습을 스마트정부로 명명하고자 하였다. 공공서비스 운영을 중심으로 플랫폼화되어 있는 방식이 미래사회에서 정부가 대응해야 하는 모습으로 제안되었다.

이러한 정부의 모습에 핵심은 정보 또는 지식을 넘어서는 빅데이터의 구현으로 생각해볼 수 있었다. 기하급수적으로 증대하는 개인, 사회, 기업 등의 많은 정보들은 불순물을 내포하고 있지만, 잘 정제하고 분석할 수 있다면 국민에게 최적화된 공공서비스를 제공할 수 있는 기회를 제공해 줄 것이다. 일견 스마트정부는 ICT의 발달에 따른 기술우위의 변화라고 생각할 수도 있다. 그렇지만, 이 장에서 살펴본 정책실험(리빙랩 및 정책랩)의 모습은 스마트시티 또는 스마트정부의 구현에 있어서 '시민참여'와 시민 중심의 변화가 핵심이 되고 있음을 이해할 수 있다. 궁극적인 변화의 모습이 무엇일까, 무엇을 위해 변화해야 하는가와 같은 인문철학적 질문이 스마트정부가 고민해야 하는 가장 우선적인 사안이다. 단순한 데이터 처리와 데이터 정리의 수준이 아니다. 데이터를 통해 바라보는 인간 삶, 인간 행복의 지혜를 찾으려는 노력이 수반되어야 한다.

한편, 정부는 여전히 빈곤퇴치, 기후변화, 환경보존, 인권신장, 사회적 약자보호 등 세계 사회의 도적적, 환경적, 사회적 이슈와 책임과 관련된 의제를 담당해 나가야 한다(박준식, 2010: 66). 현대정부는 이러한 능력을 구축하는 데 많은 노력을 기울여야 한다. '효율정부'를 넘어서는 '스마트정부', '유연정부', '창조정부' 등 필요하다면 프레임에 갇혀 있지 않은 대응이 필요하다. 이는 정부의 전략이 해결방안을 만드는 데 집중하기보다는 유관 행위자 전체의 지혜(wisdom)을 축적하는 창구가 되어야 함을 의미한다. 기존 패러다임과 새로운 패러다임의 충돌 속에서 정부는 새로운 접점을 찾아낼 수 있는 시야와 지혜를 갖춰야 할 것이다. 권위적 정부, 통제적 정부, 전자 정부 등 정부가 무엇을 수행해야 하는 관점에서 필요에 따라 때로는 뒤에서, 때로는 옆에서 적절한 혜안을 모색해나가는 지혜정부로 발돋움해 나가야 할 것이다.

생각해 볼 문제

✓ 제4차 산업혁명은 무엇을 의미하는가?
✓ 제4차 산업혁명의 기술에는 어떤 것이 있을까?
✓ 행정학의 중심적 패러다임과 관점은 무엇이었을까?
✓ 스마트사회는 어떤 모습일까?

참고문헌

국내 문헌

가상준(2002). 미국 상임위원회 의원들의 정치적 선호도: 본회의 및 정당에 대한 대표성. 『한국정치학회보』, 36(4): 299－319.

______(2009). 18대 국회 상임위원회 구성의 특징. 한국정당학회. 『한국정당학회보』, 8(2): 67－95.

강명구(2003). 분권과 발전주의 국가 재구조화: 한국의 경험과 대안적 모색. 『한국정치학회보』, 37(1): 159－179.

강성철 · 김판석 · 이종수 · 진재구 · 최근열(2014). 『새인사행정론』. 서울: 대영문화사.

강신택(1971). 한국행정학사 서설. 『한국정치학회보』, 4.

______(1981). 행정체제이론을 위한 기초개념의 고찰. 『행정논총』, 19(1): 207－234.

______(2002). 『행정학의 논리』. 서울: 박영사.

강용기(2016). 행정의 역사 속에서 본 행정학의 기원: 유럽과 미국을 중심으로. 『한국자치행정학보』, 30(1): 81－94.

강장석(2008). 『국회제도개혁론』. 서울: 삼영사.

謙吾, 秋月(2001). 行政/地方自治. 東京大學出版會. [번역서: 하정복 · 길종백(2001). 행정과 지방자치: 이익, 제도, 이데올로기 시각에서. 서울: (주)논형].

고길곤(2015). 용인경전철 사업의 사례를 통해 바라본 정책실패에 대한 새로운 접근. 임도빈 외. 『실패한 정책들: 정책학습의 관점에서』. 서울: 박영사.

과학기술정책연구원(STEPI)(2017). 국내 리빙랩 현황분석과 발전방안연구. 정책연구보고서.

곽송연(2018). 1980년대 이후 한국 대통령 연설문에 나타난 민주주의 담론 변화 연구. *OUGHTOPIA*, 33(2): 35－74.

국가정보화전략위원회(2011). 빅데이터를 활용한 스마트 정부 구현(안).
국무조정실 정부업무평가위원회 홈페이지(www.evaluation.go.kr).
국무조정실(2005, 2006). 『정책조정백서』. 국무조정실.
국무총리실(2011). 『정책현안과제 분석사례집』. 국무총리실.
______(2012). 『정부업무평가백서』. 국무총리실.
국회도서관(2010). 『한눈에 보기 세계의 의회』. 국회도서관.
국회사무처 의사국(2012). 『국회의원편람』. 국회사무처.
국회예산정책처(2012). 『법안비용추계 원리와 실제: 지출편』. 국회예산정책처.
______(2016). 『대한민국 재정 2016』. 국회예산정책처.
권경득(1996). 한국 행정학의 연구 경향에 관한 실증적 분석. 『한국행정학보』, 20(4).
권기헌(2008). 한국 정책학 연구의 이상과 과제: Lasswell 정책이론의 토착화를 위한 한국정책학 연구의 과제. 『한국정책학회 발표대회 논문집』, 563－583.
______(2009). 『정책학』. 서울: 박영사.
______(2010). 『정책분석론』. 서울: 박영사.
______(2014). 『행정학원론』. 서울: 학림.
______(2014, 2016). 『행정학강의』. 서울: 박영사.
권순미(2005). 정치체제, 발전전략, 그리고 복지제도: 산업화시기 일본, 대만, 한국의 비교. 『사회과학논집』, 36: 121－146.
권용식(2016). 중앙부처의 정책조정에 관한 연구. 『한국정책학회보』, 25(1): 89－127.
기획재정부(2016). 『2016년도 나라살림 예산개요』. 기획재정부.
______(2020). 『2020년도 나라살림 예산개요』. 기획재정부.
김동열(2015). (김동열 칼럼) 정책실패에서 정책성공으로. 아주경제(2015.10.21).
김문성(2014). 『정책학』. 서울: 박영사.
김민경(2014). 국회 법률안 통과에 관한 영향요인연구. 서울대학교 행정대학원 석사논문.
김번웅(1987). 한국 행정이론의 토착화. 『행정논집』, 16. 동국대학교 행정대학원.
김병선 · 김걸 · 이시형 · 장환영(2019). 고양 스마트시티 수준진단과 향후과제. 『한국도시지리학회지』, 22(2): 33－46.
김병섭(1999). 지방행정의 종합적 품질관리와 목표관리제: 지방자치단체의 MBO(목표관리제)와 TQM(종합적 품질관리). 『지방행정』, 48(545): 50－56.
김병섭 · 박광국(1999). 행정조직의 조직발전(OD)에 관한 사례연구: MBO를 중심으로. 『행정논총』, 37(1): 225－253.
김병준(2011). 『지방자치론』(수정판). 서울: 법문사.
김서용 · 김근식(2007). 위험과 편익을 넘어서: 원자력발전소 수용성에 대한 경험적 감정의 휴리스틱 효과. 『한국행정학보』, 41(3): 373－398.
김순양(2009). 권위주의적 발전국가의 사회정책형성과정 분석: 제2차 의료보험법 개정과정을 중심으로. 『한국행정논집』, 21(1): 69－104.
김영우(2008). 유럽통합이 계급제 국가의 인사행정에 미친 영향: 프랑스를 중심으로. 『한국인사행정학회보』, 7(3): 1－23.
김영훈(2001). 『온라인행정학사전』. 한국행정학회 행정학용어.
김운태 외(1994). 『한국정치론』. 서울: 박영사.
김웅진(1999). 지식의 축적과 연구 전통의 진보. 『한국정치학회보』, 33(3): 9－22.
김윤권 · 윤수재 · 최호진 · 이재호(2011). 글로벌 행정환경의 변화에 따른 미래 정부조직 재설계 연구. 한국행정연구원.
김재훈(2008). 행정연구결과의 활용에 관한 실증연구. 『한국행정학보』, 42(4): 35－67.
김정수(2011). 감정의 재발견: '화성男 금성女' 은유를 활용한 정부－국민간 정책갈등에 대한 시론적 재해석. 『한국정책학회보』, 20(1): 83－110.
김주애(2012). 지방공공서비스 민간위탁 도입 요인에 관한 연구: 정치－경제학적 접근을 중심으로. 『한국행정학보』, 46(4): 293－323.
김준석 · 박경미 · 이한수(2013). 국회선진화법 1년과 정치제도에의 함의. 한국의회발전연구회.
김중양(2008). 『인사행정론』. 서울: 법문사.
김지원 외(2014). 『정책학원론』. 한국방송통신대학교 출판부.
김진숙(2014). 공무원 균형인사 정책 효과성 연구: 여성(양성평등)채용목표제와 장애인 의무고용제를 중심으로. 이화여자대학교 박사학위논문.
김진욱(2019). 대통령 탄핵사유에 대한 소고: 박근혜 전 대통령 탄핵결정의 탄핵사유를 중심으로 한 판례평석. 『법학논총』, 44: 119－158.
김진하(2016). 제4차 산업혁명 시대, 미래사회 변화에 대한 전략적 대응 방안 모색. *KISTEP R&D Inl*, 03: 45－58.
김창호 · 최영신(2010). 공기업 전직지원제도가 조직신뢰 및 몰입과 기업성과에 미치는 영향. 『한국인사행정학회보』, 9(3).
김철수 · 김영천 · 고문현(2004). 『행정의 법규범과 현실』. 서울: 집문당.
김춘순(2018). 『국가재정』. 서울: 동연.
김태룡 외(2014). 『새한국정부론』. 서울: 대영문화사.
김태룡(2012). 『새 한국행정론』. 서울: 대영문화사.
______(2014, 2015). 『행정이론』. 서울: 대영문화사.
김항규(2010). 『행정철학』(제4정판). 서울: 대영문화사.
김호섭(2002a). "조직의 변화와 발전" in 김호섭 외. 『조직 행태의 이해』, 488－517. 서울: 대영문화사.
______(2002b). "조직 변화와 개입 기법" in 김호섭 외. 『조직 행태의 이해』, 519－517. 서울: 대영문화사.
김호정(2002a). 한국행정문화연구와 경쟁가치모형. 『한국정책학회보』, 11(3): 219－238.
______(2002b). 행정조직문화가 조직몰입과 직무만족에 미치는 영향. 『한국행정학보』, 36(4): 87－106.
______(2004). 행정조직과 기업조직의 조직문화 비교. 『한국행정학보』, 38(3): 49－67.
나중식(2004). 브라질 알레그레시의 주민참여예제도: 성공요인과 한계. 『한국행정논집』, 16(3):

457－482.
______(2015). 『신 재무행정론』. 서울: 형설출판사.
남궁근(1994). 정책혁신으로서 행정정보공개조례 채택. 『한국정치학회보』, 28(1): 101－121.
______(2017). 『정책학: 이론과 경험적 연구』(제3판). 서울: 법문사.
노영숙(2018). 공직윤리제도의 인식분석 및 강화방안: IPA를 통한 중요도, 실현가능성을 중심으로. 충북대학교 박사학위논문.
노화준(1984). 정책분석 오류와 그의 최소화전략. 『행정논총』, 22(1): 1096－1111. 서울대학교 한국행정연구소.
______(2009). 『정책학원론』. 서울: 박영사.
류지성(2007). 『정책학』. 서울: 대영문화사.
박경돈(2015). 역대국회 회기별 법률안의 처리결정과 처리기간의 영향요인. 『의정논총』, 10(2): 55－82.
박동서(1972, 1984, 2010). 『한국행정론』. 서울: 법문사.
______(1990, 1994). 『인사행정론』. 서울: 법문사.
______(1992). 한국행정의 개혁을 위한 접근. 『한국행정연구』, 1(1): 1023－1032.
박동서 외(1965). 『발전론서설』. 서울: 박영사.
박석희·이종원(2008). 정책갈등 상황에서의 관료정치 전략 분석. 『한국행정연구』, 17(2): 59－87.
박세정(1998). 지방자치단체의 TQM 도입실태, 문제점, 그리고 향후 방향. 『한국행정학보』, 32(4): 157－171.
박연호·이종호·임영제(2018). 『행정학개론』. 서울: 박영사.
박원우·성지영(2005). 효과적 조지문화 변화방법의 도출에 관한 연구. 『노사관계연구』, 16: 31－83.
박윤희(2014). 의원발의 법안의 가결 결정 요인에 관한 연구. 동국대학교 박사학위논문.
______(2015). 『입법디자인』. 화순: 책구름.
박이문(1980). 『노장사상: 철학적 해석』. 서울: 문학과지성사.
박재공(2005). 정책갈등의 원인과 갈등관리 방법. 『사회과학논집』, 10(3): 1－29.
박재창(2004). 『한국의회개혁론』. 서울: 오름.
박재희(2000). 부처간 갈등과 정책조정력 강화방안. 『한국행정연구』, 9(4): 5－24.
박정택(2005). 부처간 정책갈등과 조정에 관한 연구: 과학기술기본법 제정과정을 중심으로. 서울: 한국과학기술기획평가원.
______(2007). 『일상적 공공철학하기 Ⅰ, Ⅱ, Ⅲ』. 한국학술정보.
박준식(2010). 정부 조직의 변화에 대한 사회학적 이해. 『한국조직학회보』, 7(2): 47－69.
박지원·원숙연(2013). 조직정치인식(Perception of Organizational Politics)과 그 영향요인: 중앙정부 공무원의 인식을 중심으로 한 시론적 연구. 『한국행정학보』, 47(4): 93－120.
박천오(2018). 『한국관료제』. 파주: 법문사.
박천오·강제상·권경득 외(2014). 『인사행정론』. 서울: 법문사.

박천오 · 박시진(2015). 한국 공무원의 공직선택 동기연구. 『한국인사행정학회보』, 14(1): 79－104.
박통희(2002) “조직구조와 조직 행태” in 김호섭 외. 『조직 행태의 이해』. 서울: 대영문화사.
박호숙(2005). 『정책결정과 정책집행』. 서울: 조영문화사.
박홍엽 · 오경아 · 임희정(2006). 균형인사정책의 실효성 평가와 개선방안. 한국행정연구원.
배귀희 외(2006). KIPA 연구보고서 21세기 새로운 거버넌스를 위한 리더십 연구. 『한국행정연구회』.
배병룡(2015). 『제도와 행위』. 서울: 대영문화사.
백승기(2015). 『행정학원론』. 경기: 피앤씨미디어.
______(2016). 『정책학원론』. 서울: 대영출판사.
백승수(2017). 4차 산업혁명 시대의 교양교육의 방향 모색. 『교양교육연구』, 11(2): 13－51.
백완기(1983). 합리성에 관한 소고. 『한국정치학회보』, 17: 395－414.
______(2005). 『한국 행정학 50년』. 서울: 나남.
______(2006). 행정학. 서울: 박영사
백종섭 · 김동원 · 김철우 · 이근주 · 조선일(2016). 『인사행정론』. 서울: 창민사.
복경수 · 유재수(2017). 4차 산업혁명에서 빅데이터. 『정보과학회지』, 35(6): 29－39.
서인석 · 정규진(2014). 정책명칭, 상징, 그리고 수용. 『한국행정학보』, 48(2): 81－108.
서인석 · 조현석 · 권기헌(2013). 단절시계열을 활용한 국회입법지원제도의 정책효과분석: 동형화 이론의 제도수용과 안정화 관점을 중심으로. 『한국사회와 행정연구』, 24(1): 245－269.
성낙인(2015). 『헌법학 입문』. 파주: 법문사.
성욱준(2016). 공공부문 빅데이터 정책 활성화 연구. 『한국정책학회보』, 25(2): 125－149.
성지은 · 이유나(2018). 스마트시티 리빙랩 사례 분석과 과제. 『STEPI 동향과 이슈』, (47): 1－37.
성지은 · 한규영 · 송위진 · 김민수(2019). 새로운 혁신 모델로서 대학 리빙랩(Living Lab) 사례 분석. 『사회과학연구』, 26(2): 171－195.
소영진(2004). 행정학에 있어서 현상학적 방법의 가능성 탐색. 『한국행정학보』, 38(4): 10－20.
손병권(1998). 정당이익론과 1961년도 미국 하원 규칙위원회 확대에 관한 투표 행태 분석. 『한국정치학회보』, 32(4): 243－262.
______(2014). 19대 국회 전반기 평가. 『의정연구』, 20(3).
송희준 · 배득종 · 윤경준(1997). 교육행정의 리엔지니어링을 위한 실증연구 업무과정의 개선과 정보기술을 활용을 중심으로. 『한국행정학보』, 31(2): 57－76.
신경림(1994). 직관개념 분석에 관한 연구. 『대한간호학회지』, 24(2): 206－215.
신명순 · 진영재(2019). 『비교정치』(제5판). 서울: 박영사.
신무섭(2007). 『재무행정학』. 서울: 대영문화사.
______(2008). 행정학 연구의 대안적 방법으로서의 방법론적 다각화: 질적 방법과 양적 방법

의 결합. 『한국행정연구』, 17(2): 3－31.
심준섭 · 김민종(2006). 정책실무자들의 판단과 의사결정: 휴리스틱스와 바이어스(heuristics and biases). 『한국공공관리학보』, 20(2): 33－68.
심준섭 · 주영종(2005). 행정학 연구방법론에 대한 평가와 제안: Triangulation을 중심으로. 『국가정책연구』, 9(1): 31－63.
안병영 · 정무권(2007). 민주주의, 평등, 그리고 행정: 한국행정 연구를 위한 이론적 · 경험적 함의를 찾아서. 『한국행정학보』, 41(3): 1－40.
안서원 · 안광호(2015). 『행동적 의사결정론』. 서울: 법문사.
양경숙(2009). 한국 예산결정기관의 전략과 상호작용 분석. 『사회과학연구』, 25(2): 179－211.
양승일(2014). 『정책변동론』. 서울: 박영사.
양현모 · 박기관(2015). 대통령제 하에서 행정부와 입법부 협력에 관한 연구. 한국행정연구원.
언론보도(신문): 연합뉴스(1998.7.16.), 한국일보(2001.8.2.), 경향신문(2001.12.5.), 이데일리(2005.5.9.), 이투데이(2010.12.24.), 아시아경제(2010.12.24.).
여성신문. “헌재, 성매매특별법 합헌 판결. 자발적 성매매 처벌 정당”. 2016.3.31.
오대성(2010). 미국의 고용관계에서 소수인종 우대정책. 『법학논총』, 17(2): 157－181.
오미영(2008). 언어 폭력 확산과 미디어: 공격성에 대한 사회 학습 이론과 점화 효과를 중심으로. 『현상과 인식』, 2008(가을): 54－72.
오석홍(1993). 『인사행정론』. 서울: 박영사.
______(1999). 인사행정의 원리와 이해와 오해. 『행정논총』, 37(2): 255－270.
______(2008, 2011, 2016). 『행정학』. 서울: 박영사.
______(2020). 『조직이론』(제10판). 서울: 박영사.
오용균(2007). 예산총액배분자율편성제도 예산제도와 국회예산심의에 관한 연구. 『한국공공관리학보』.
오철호(2008). 행정학 연구결과 활용의 이론적 논의. 『한국행정학보』, 42(4): 7－33.
원숙연(2002). 포스트모더니즘 조직연구: 인식론적 정향성과 대안으로서의 가능성. 『한국행정학보』, 36(2): 1－18.
______(2009). 중앙정부 조직의 ‘문화적 정향성’ 탐색. 『한국조직학회보』, 6(3): 67－96.
유민봉(2005, 2010, 2012, 2019). 『한국행정학』. 서울: 박영사.
유민봉 · 임도빈(2003). 『인사행정론』. 서울: 박영사.
유승원(2020). 『정부예산과 재정관리』. 경기: 문우사.
유재원(2011). 도시한계론의 핵심 가정에 대한 경험적 연구. 『한국행정학보』, 45(1): 101－121.
유현종(2013). Woodrow Wilson, 박동서, 그리고 한국행정. 『행정논총』, 51(3): 31－66.
유홍림(2002a). “리더십” in 김호섭 외. 『조직 행태의 이해』. 서울: 대영문화사.
______(2002b). “조직문화” in 조직행태의 이해. 김호섭 외. 『조직 행태의 이해』. 서울: 대영

문화사.
유훈(2009). 『정책변동론』. 서울: 대영문화사.
윤견수(2005). 한국 행정학의 질적 연구방법에 대한 반성과 제안. 『한국행정학보』, 39(2): 1−22.
윤성식(2012). 『재무행정학』. 서울: 법문사.
윤영관 · 김인균 · 강원택(2020). 국회 인사청문회의 임명동의 결정요인 분석: 역대 인사청문 대상자를 중심으로(2000.6~2020.2). 『한국정치학회보』, 54(2): 85−117.
윤영진(2011). 『새 재무행정학』. 서울: 대영문화사.
______(2014). 『새 재무행정학 2.0』. 서울: 대영문화사.
윤재풍(1976). 조직발전(OD)의 이론과 방법. 『한국행정학보』, 10: 143−170.
윤종록(2016). 4차 산업혁명은 어떤 인재를 원하는가. KBS 명견만리.
음선필(2013). 의회민주주의와 국회의원선거체계의 개혁: 민주적 대표성 관점에서. 『공법연구』, 42(1): 157−192.
이공주(2014). 비례대표 제도와 기본권의 충돌에 관한 연구. 『법학연구』, 53: 133−151.
이근주(2005a). PSM과 공무원의 업무성과. 『한국사회와 행정연구』, 16(1): 81−104.
______(2005b). 공사부문 종사자간의 동기요인의 차이분석: psm을 활용하여. 『한국행정연구』, 14(2): 71−99.
이근주 · 홍성삼 · 김진숙 · 김상숙 · 강혜진(2019). 중앙부처 복수직급 공무원제도 운영실태 분석 및 개선방안 연구. 행정안전부 연구보고서.
이달곤 · 전주상(2002). 지방자치단체장의 갈등조정: 서울시 '시민과 시장의 토요데이트 분석'. 『행정논총』, 40(3): 1−24.
이대희(2007). 감성적 지성의 지도력에 관한 연구. 『한국공공관리학보』, 20(1): 152−174.
______(2013). 『한국 발전 모형』. 서울: 조명문화사.
이대희 외(2014). 『행정사』. 서울: 대영문화사.
이도형(2007). 『정부의 전략적 인적자원관리』. 서울: 북코리아.
이동규 · 우창빈 · 김대영 · 김영형(2013). 옹호연합모형(Advocacy Coalition Framework)을 적용한 정책과정 연구: 온라인 게임 서비스 접근성 규제에 관한 셧다운제 제도 도입 (청소년 보호법 개정) 과정을 중심으로. 『한국정책학회보』, 22(3): 31−70.
이명재(1985). 행정조직의 건강성진단에 관한 연구: 조직발전(OD)의 진단과정을 중심으로. 『한국행정학보』, 19(1): 1107−1126.
이민화(2016). 『4차 산업혁명으로 가는 길』. 창조경제연구회.
이병철(2004). 『행정윤리』. 울산: 울산대학교출판부.
이삼식(2016). 저출산고령사회 대책의 현황과 정책과제. 한국보건사회연구원.
이선우(2013). 인사검증 및 인사청문회제도의 현황과 개선방안. 『한국인사행정학회보』, 12 (1): 23−54.
이송호(2011). 제3자 개입에 의한 정책조정 과정에 관한 연구. 『경찰대학 논문집』, 31: 159−183.

이수한 · 유석형(2019). 스마트시티 연구에 관한 종합적 고찰. 한국경영정보학회 학술대회, 259-262.
이영록(2010). 한국에서의 민주공화국의 개념사. 『법사학연구』, 42: 49-83.
이원희(2001). 『열린행정학』. 서울: 고시연구사.
______(2019). 『알기쉬운 재무행정』. 경기: 대영문화사.
이재용 · 한선희(2017). 스마트시티법 재개정의 의미와 향후과제, 『한국도시지리학회지』, 20(3): 91-101.
이재혁 · 이정훈 · 조경환(2019). 디지털 사회 혁신에서 리빙랩 프로젝트의 성과지표에 관한 연구. 『한국IT서비스학회지』, 18(5): 193-207.
이정희(2010). 최근의 주요 예산이론들의 비교, 평가 및 발전방향에 관한 연구. 『한국행정학보』, 44(4): 103-130.
이종범(1977). 행정학의 토착화에 관한 논거. 『한국행정학보』, 30.
______(1994). 『딜레마이론』. 서울: 도서출판 나남.
이종수(1998). 분권화의 패턴: 지방자치 논의의 배경과 맥락에 대한 국가간 비교분석. 『한국정치학회보』, 32(2): 169-190.
______(2009). 『행정학사전』. 서울: 대영문화사.
______(2012). 『새행정윤리』. 서울: 대영문화사.
______(2013). 『한국 행정의 이해』. 서울: 대영문화사.
이종수 · 박영수 · 김영옥 · 배향자 · 박영애(2014b). 『행정학 입문』. 서울: 대영문화사.
이종수 · 윤영진 외(2002, 2005, 2008, 2012). 『새 행정학』. 서울: 대영문화사.
이종수 · 윤영진 · 곽채기 · 이재원 외(2014). 『새 행정학 2.0』. 서울: 대영문화사.
이종은(2010). 『정치와 윤리: 정치권력의 도덕적 정당성에 대한 탐구』. 서울: 책세상.
______(2014). 『정의에 대하여: 국가와 사회를 어떻게 조직할 것인가』. 서울: 책세상.
이창길(2016). 『인적자원행정론』. 서울: 법문사.
이창원(2002) "동기부여" in 김호섭 외. 『조직 행태의 이해』. 서울: 대영문화사.
이창원 · 최창현 · 최천근(2012). 『새조직론』. 서울: 대영문화사.
이한수(2012). 정부구성과 입법 효율성: 분점정부가 입법 생산성에 미치는 영향을 중심으로. 『사회과학연구』, 20(1): 176-208.
이환범(2002). 공공조직의 전략적 관리 및 기획에 관한 논의. 『행정논총』, 40(1): 23-43.
인사혁신처(2016).
임도빈(2005). 『인터넷 시대의 비교행정강의』. 서울: 박영사.
______(2007). 관료제, 민주주의 그리고 시장주의: 정부개혁의 반성과 과제. 『한국행정학보』, 41(3): 41-65.
______(2014). 『행정학: 시간의 관점에서』. 서울: 박영사.
______(2015). 서론: 정책실패와 학습의 사이에서. 임도빈 외. 『실패한 정책들: 정책학습의 관점에서』. 서울: 박영사.
임동진(2010). 『중앙정부의 공공갈등관리 실태분석 및 효과적인 갈등관리 방안 연구』. 한국

행정연구원(연구보고서).
임명현(2007). 현행 입법관련 평가제도의 운용실태와 과제. 한국법제연구원 동향연구보고서.
임승빈(2009). 『지방자치론』 서울: 법문사.
임의영(2016). 『행정철학』. 서울: 대영문화사.
자치분권위원회(2018). 『자치분권 종합계획(안)』 자치분권위원회.
장석준(2012). 사회 자본이 지방정부 성과에 미치는 영향에 관한 실증연구: 호혜성 규범과 교량형 · 결속형 연결망을 중심으로. 『한국사회와 행정연구』, 23(2): 279 − 303.
______(2013). 한국 정책 확산에 관한 비교연구: 정책유형과 동기, 확산 메커니즘, 양상간의 관계를 중심으로. 고려대학교 박사학위논문.
장철준(2015). 의회와 행정부 간 입법 권한의 헌법적 정립. 『법학연구』, 60: 331 − 346.
장환영(2018). 스마트시티 이슈해결을 위한 정책프레임워크 개발방향에 관한 연구. 『한국산학기술학회논문지』, 19(5): 432 − 443
장환영 · 김걸(2019). 스마트시티의 이슈 분석을 통한 지자체조례의개정방향연구. 『한국도시지학회지』, 22(2): 13 − 22.
정만희(2014). 국회의 국정통제기능에 대한 검토. 『헌법학연구』, 20(3): 193 − 239.
정용덕(1996). 미국 행정(학)의 '무국가성'이 한국의 행정(학) 발전에 미친 영향. 『행정논총』, 34(1): 33 − 50.
______(2001, 2002). 『현대국가의 행정학』. 서울: 법문사.
______(2016). 서문: 한국 행정학 연구 60년, 1956 − 2016. 『한국행정학보』, 50(5): 1 − 15.
정우일 · 하재룡 · 이영균 · 박선경 · 양승범(2011). 『공공조직론: 공 · 사조직의 비교』(제3판). 서울: 박영사.
정우철 · 우창빈(2015). 다중흐름모형의 수정모형을 활용한 정책과정 분석: 치매특별등급제도의 정책변동 과정에 대한 분석. 『한국정책학회보』, 24(3): 437 − 469.
정인재 · 신학희(2007). 『공공철학은 일본과 중국, 우리나라에서 어떻게 전개되고 있는가?』, 99 − 110.
정재황(2003). 법안심사: 제16대 국회 하반기 평가. 『의정연구』, 1(16).
정정길(1997). 『정책학원론』. 서울: 박영사.
______(2010). 『행정학의 새로운 이해』. 서울: 대명출판사.
정정길 · 최종원 · 이시원 · 정준금(2003). 『정책학원론』. 서울: 대명출판사.
정정길 · 최종원 · 이시원 · 정준금 · 정광호(2020). 『정책학원론』. 서울: 대명출판사.
정정화(2012). 조정을 통한 공공갈등해결의 영향요인: 한탄강댐과 국립서울병원 사례 비교분석. 『한국사회와 행정연구』, 23(2): 1 − 24.
정준화(2013). 『계획과 예산의 연계에 관한 연구 : 국가정보화 계획을 중심으로』. 서울대학교 대학원 박사학위논문.
______(2015). 다부처 · 범정부 사업에서 발생하는 부처간 예산 확보 수준의 차이에 관한 연구. 『한국사회와 행정연구』, 26(2): 329 − 351.
정충식(2014). 『이야기 행정학』. 서울: 조명문화사.

제갈돈 · 이환범 · 송건섭(2000). 정부 성과관리와 평가방법론에 관한 고찰. 『한국정책분석평가학회보』, 10(2): 283－303.
조석준(1980, 1986). 『한국행정학』. 서울: 박영사.
조선일보. 현대경제연구원 “한 경제 장기불황 국면…금리인하추경정책 필요”. 2016.6.6.
조세현 · 정서화 · 정미나 · 김기헌(2019). 시민 참여형 정책협업을 위한 열린정책실험(Open Policy Lab): 스타트업 정책을 중심으로. 『서울행정학회 학술대회 발표논문집』, 397－415.
조진만(2010). 국회의 구조. 한국 국회와 정치과정(의회정치연구회). 서울: 오름.
주재복(2004). 정부조직간 정책갈등의 조정기제와 협력규칙. 『한국행정연구』, 13(3): 51－84.
주형일(2008). 직관의 사회학, 나의 사회학 그리고 현상학적 방법. 『커뮤니케이션 이론』, 4(1): 77－113.
중앙일보. “제3차 저출산고령사회 기본계획 시안 발표”. 2015.10.18.
直司, 山脇(2004). 公共哲學とは何か: ちくま新書. [번역서: 성현창(2011). 공공철학이란 무엇인가. (주)이학사].
진영재(2010). 『정치학총론』. 연세대학교 출판부.
최도림 · 권향원(2015). 도덕적 스트레스 연구 동향과 가상 시나리오. 『한국인사행정학회보』, 14(1): 105－132.
최민성(2019). [시론] 에스토니아의 블록체인 전략. 『건설경제』, 2019.5.16.
최병선 · 김선혁 공편(2007). 『분권헌법: 선진화로 가는 길』. 서울: EAI.
최봉기(2004). 『정책학』. 서울: 박영사.
최순영(2011). 개방형 임용제도의 성과향상 방안. 한국행정연구원.
최종원(1995). 합리성과 정책연구. 『한국정책학회보』, 4(2): 131－160.
최창호(1999). 『새 행정학』. 서울: 삼영사.
최창호 · 하미승(2010). 『새행정학개론』. 서울: 법문사.
하미승(2012). 정부기관 노동조합제도의 운영성과 진단 및 개선방안 연구. 『한국인사행정학회보』, 11(3): 79－117.
하미승 · 권용수 · 이재은(2007). 공무원 직종, 직급체계의 합리적 개편방안 연구: 공무원 인식을 중심으로. 『한국인사행정학회보』, 6(2): 163－194.
하연섭(2014). 『정부예산과 재무행정』. 서울: 다산출판.
하태권 외(2013). 『한국정부론』. 서울: 법문사.
하혜영(2007). 『공공부문 갈등해결에 미치는 영향요인 연구』. 서울대학교 대학원 박사학위논문.
한광석(1999). 김대중행정부의 규제개혁 평가 총론. 『규제연구』, 특별호: 3－22.
한국국정관리학회(2014). 『새내기를 위한 행정학』. 서울: 대영문화사.
한국일보. “제왕적 대통령제 하에서 국회의 행정입법 견제는 당연”. 2015.6.2.
한국직업능력개발원(2012). 인적자원개발 정책수립에서 일반시스템이론의 적용.
한국행정학회 조직학연구회(1999). 『정부조직구조 연구』. 서울: 대영문화사.

행정안전부(2019). 2019년도 지방자치단체 통합재정 개요.

______(2020). 2019년 조례 · 규칙 현황.

행정자치부(2015). 『지방자치 20년사』. 행정자치부.

허만형(2009). 방법론적 관점에서의 한국정책학 연구경향에 관한 연구. 『한국정책학회보』, 18(1): 29−46.

허중경 외(2005). 『행정학개론』. 한국방송통신대학교 출판부.

헤럴드경제. "공공기관 지방이전의 명과 암…지방세수 증가 기여, 업무비효율 문제 발생". 2016.6.9.

홍정선(2005). 『행정법 특강』. 서울: 박영사.

홍준형(2006). 『서원우 교수와 한국의 행정법학』. 서울대학교 법학대학원, 47(4): 372−386.

황윤원 · 김성철(2005). 『재무행정론』. 서울: 법문사.

황인수 · 배응환 외(2004). 고위공무원단 핵심역량 강화를 위한 교육프로그램 개발. 한국행정연구원.

황혜신(2005). 주인 대리인 이론의 정책과정에의 시론적 적용: 국민의 정부 의약분업 사례의 또 다른 해석. 『한국정책학회보』, 14(4): 29−56.

국회의원 정책자료 DB. http://ampos.nanet.go.kr:7000/mainPage.do

나무위키 백과사전. https://namu.wiki/w/%ED%94%84%EB%A6%AC%EC%A6%98%20%EC%82%AC%ED%9A%8C

머니투데이(2019.2.25). [MT리포트] '우버 → 카풀 → 타다', 택시는 왜 반대하나 https://news.mt.co.kr/mtview.php?no=2019022416375065276

정부입법지원센터. http://www.lawmaking.go.kr/lmGde/govLm

한국교육학술정보원. http://www.riss.kr

한국학술지인용색인. https://www.kci.go.kr/kciportal/po/search/poFielResearchTrendList.kci

국외 문헌

Ackrill, R., & Kay, A.(2011). Multiple Streams in EU Policy−Making: The Case of the 2005 Sugar Reform. *Journal of European Public Policy*, 18(1): 72−89.

Adams, G. B., & Balfour, D. L.(2004). Unmasking Administrative Evil (Rev. ed.). M. E. Sharpe, Inc.

Alicke, M. D., & Govorun, O.(2005). The Better−than−average Effect. *The Self in Social Judgment*, 1: 85−106.

Alicke, M. D., Klotz, M. L., Breitenbecher, D. L., Yurak, T. J., & Vredenburg, D. S.(1995). Personal Contact, Individuation, and The Better−than−average Effect. *Journal of*

Personality and Social Psychology, 68(5): 804–825.

Allison, G. T. et al.(1971). *Essence of Decision: Explaining the Cuban Missile Crisis.* Boston: Little, Brown and Company.

Anderson James E.(2011, 2014). *Public Policymaking: An Introduction* (7th ed.). Boston: Wadsworth.

Anderson, William(1960). *Intergovernmental Relations in Review.* Minneapolis: University of Minnesota Press.

Appleby, P. H.(1949). *Policy and Administration.* Alabama: University of Alabama Press.

Arnstein, Sherry R.(1969). A Ladder of Citizen Partnership. *Journal of the American Institution for Planners*, 35(4): 216–224.

Arrow, K. J.(2012). *Social Choice and Individual Values*(Vol. 12). Yale University Press.

Astley, W., & Van de Ven, A. H.(1983). Central Perspectives and Debates in Organization Theory. *Administrative Science Quarterly*, 28: 245–273.

Averill, J. R.(1990). Inner Feelings, Works of the Flesh, the Beast within, Diseases of the Mind, Driving Force, and Futting on a Show: Six Metaphors of Emotion and Their Theoretical Extensions. In D. E. Lcary (ed.). *Metaphors in the History of Psychology*, 104–132. New York: Cambridge University Press.

Bachrach, P., & Baratz, M. S.(1962). Two Faces of Power. *American Political Science Review*, 56(04): 947–952.

Balla, Steven J., Lodge, Martin & Page, Edward(2015). *The Oxford Handbook of Classics in Public Policy and Administration.* New York: Oxford University Press.

Bantock, G. H.(1967). *Education, Culture and the Emotions.* Revivalbooksm.

Bardes, B. A., Shelley, M. C., & Schmidt, S. W.(2004). *American Government and Politics Today.* Publisher: Wadsworth Publishing.

Baron, Jonathan(1988). *Thinking and Deciding*. Cambridge University Press.

Baron, R. A.(1990). Conflict in Organizations. In Murphy, K. R., & Saal, F. E. (eds.). *Psychology in Organizations: Integrating Science and Practice.* Hillsdale, N.J.: Erlbaum.

______(1991). Positive Effects of Conflict: A Cognitive Perspective, *Employee Responsibilities and Rights Journal*, 4(1): 25–36.

Battista, James Coleman(2006). Committee Theories and Committee Votes: Internal Committee Behavior in the California Legislature. *State Politics & Policy Quarterly*, 6(2): 151–173.

Baumgartner, F. R., & Jones, B. D.(1993). *Agendas and Instability in American Politics.* University of Chicago Press.

Bennet, C. J.(1991). Review Article: What is Policy Convergence and What Causes it. *British Journal of Political Science*, 215–233.

Benson, J.(1977). Organization: A Dialectical View. *Administrative Science Quarterly*, 22: 1−21.

Bentley, A. F.(1967). *The Process of Gouemment.* Odegard ed Cambridge: The Belknap Press of Harvard University Press.

Bercovitch, J.(2013). Mediation and Conflict Resolution. Jacob Bercovitch, Victor Kremenyuk, & I. William Zartman (eds.). *Introduction, Conclusion and Editorial Arrangement.* London: SAGE Publications Inc.

Berezin, Mabell(2002). Secure States: Towards a Political Sociology of Emotion. In Sociology and Emotions, Jack Barbalet (ed.). *The Sociological Review*, 33−52. London: Basil Blackwell.

Berlinski, Claire(2009). The Dark Figure of Corruption. *Policy Review*, June & July: 71−81.

Berman, Evan M., James S. Bowman, Jonathan P. West, & Montgomery R. Van Wart (2013). *Human Resource Management in Public Service: Prardoxes, Processes, and Problems* (4th ed.). SAGE Publications.

Bernstein, R. J.(1976). The Restructuring of Social and Political Theory. Philadelphia, PA: University of Pennsylvania Press.

Berry, F. S., & Berry, W. D.(1990). State Lottery Adoptions as Policy Innovation: An Event History Analysis. *American Political Science Review*, 84(2): 395−415.

______(2007). Innovation and Diffusion Models in Policy Research. *Theories of the Policy Process*, 169.

Bevir, M.(2006). Democratic Governance: Systems and Radical Perspectives. *Public Administration Review*, 66(3): 426−436.

Binder, Sarah A.(1999). The Dynamics of Legislative Gridlock. *American Political Science Review*, 93(3): 519−533.

Birkland, Thomas A.(2014). *An Introduction to the Policy Process: Theories, Concepts and Models of Public Policy Making*. Routledge.

Boix, Carles & Daniel N. Posner(1998). Social Capital: Explaining its Origins and Effects on Government Performance. *British Journal of Political Science*, 28(4): 686−693.

Bolman, L. G., & Deal, T. E.(2008). *Reframing Organizations: Artistry, Choice, and leadership* (4th ed.). San Francisco: Jossey−Bass.

Burrell, G., & Morgan, G.(1979). *Sociological Paradigms and Organisational Analysis: Elements of the Sociology of Corporate Life*. Aldershot: Gower.

Camerer, C.(1999). Behavioral Economics: Reunifying Psychology and Economics Proceedings of the National Academy of Sciences of the United States of America, 96(19): 10575−10577.

Cameron, K. S., & Quinn, R. E.(2006). Diagnosing and Changing Organizational Culture:

Based on the Competing Values Framework (Rev. ed.). San Francisco: Jossey-Bass.

Caplan, Nathan et al.(1975). The Use of Social Knowledge in Policy Decisions at the Nationa Level. Ann Arbor, MI: Institute for Social Research.

Carnevale, P. J. D.(1986). Strategic Choice in Mediation. *Negotiation Journal*, 2(1): 41-56.

Cheldelin, S.(2007). Mediation and Arbitration. In Cheldelin, S., Druckman, D., & Fast, L. (eds.). *Conflict* (2nd ed.). New York: Continuum.

Christensen. T.(2012). Post-NPM and Changing Public Governance. *Meiji Journal of Political Science and Economics*, 1: 1-26.

Cobb, Roger W., & Elder, Charles D.(1983). *Participation in American Politics: The Dynamics of Agenda-Building*, Johns Hopkins University Press.

Cohen, M. D., March, J. G., & Olsen, J. P.(1972). A Garbage Can Model of Organizational Choice. *Administrative Science Quarterly*, 1-25.

Colebatch, H. K.(1998). *Policy*. Buckingham.

______(2006). What Work Makes policy? *Policy Sciences*, 39(4): 309-321.

Connolly, Terry, Arkes, Hal R., & Hammond, Kenneth R.(2000). *Judgment and Decision Making*. Cambridge University Press.

Cooper, T. L.(2012). *The Responsible Administrator: An approach to Ethics for the Administrative Role*. John Wiley & Sons. [번역서: 공직윤리: 책임있는 행정인. 행정사상과 방법론 연구회 옮김. 서울: 조명문화사].

Cooper, T. L., & Menzel, D. C.(2013). *Achieving Ethical Competence for Public Service Leadership*. New York: M. E. Sharpe.

Cosier, R. A. & Dalton, D. R.(1990). Positive Effects of Conflict: A Field Assessment. *International Journal of Conflict Management*, 1(1): 81-92.

Cox Ⅲ, R. W., Buck, S., & Morgan, B.(2015). *Public Administration in Theory and Practice*. Routledge.

Cox, Gary W., & Mathew D. McCubbins(1993). *Legislative Leviathan: Party Government in the House*. Berkeley: University of California Press.

Cranson, M. A.(1971). *The Un-Politics of Air Pollution*. Johns Hopkins University Press.

Cyert, R. M., & March, J. G.(1963). *The Behavioral Theory of the Firm*. Englewood Cliffs, N.J.: Prentice-Hall.

Daft, R. L.(2001). *Organization Theory and Design* (7th ed.). Cincinnati, Ohio: South-Western College Publishing.

______(2019). *Organization Theory and Design* (13th ed.). Boston: Cengage Learning Inc.

Dahl, R. A.(1957). The Concept of Power. *Behavioral Science*, 2(3): 201-215.

______(1961). *Who Governs?: Democracy and Power in an American City*. Yale University Press.

Damasio, A. R.(1994). *Descartes' Error: Emotion, Reason and the Human Brain*. London: Vintage.

Davidson, S. et al.(2016). *Economics of Blockchain*. SSRN2744751.

Dawson, R. E., & Robinson, J. A.(1963). Inter-Party Competition, Economic Variables, and Welfare Policies in the American States. *The Journal of Politics*, 25(2): 265-289.

deLeon, Peter(1997). *Democracy and the Policy Sciences*. New York: State University of New York Press.

deLeon, Peter & Christopher M. Weible(2010). Policy Process Research for Democracy: A Commentary on Lasswell's Vision. *International Journal of Policy Studies*, 1(2): 23-34.

Denhardt, R. B.(1981). Toward a Critical Theory of Public Organization. *Public Administration Review*, 41(6): 628-635.

DiMaggio, P., & Powell, W.(eds.)(1991). *The New Institutionalism in Organizational Analysis*(Vol. 17). Chicago, IL: University of Chicago Press.

Dimock, M. E.(1936). *The Frontiers of Public Administration*. Chicago: The University of Chicago Press.

______(1937). *Modern Politics and Administration*. New York: American Book Co.

Dolowitz, D., & Marsh, D.(1996). Who Learns What from Whom: A Review of the Policy Transfer Literature. *Political Studies*, 44(2): 343-357.

Dror, Y.(1967). Policy Analysis: A New Professional Role in Government Service. *Public Administration Review*, 27.

______(1983). *Public Policy Making Reexamined*. Transaction Publishers. Chic.

Dryzek, J.(1982). Policy Analysis as a Hermeneutic Activity. *Policy Sciences*, 14(4): 309-329.

Dubnick, M.(1979). Making regulators regulate. In National Conference of the American Society for Public Administration. Baltimore, Md.

Dunn, William N.(1994, 2007). *Public Policy Analysis: An Introduction* (2nd ed.). Upper Saddle River, N.J.: Prentice Hall.

Dye, T. R.(1992). Understanding Public Policy [by] Thomas R. Dye.

Easton, D.(1953). *The Political System*. New York: Knopf.

______(1965). *A Framework for Political Analysis*. Englewood Cliffs, N.J.: Prentice-Hall.

Edelman, M.(1971). *Politics as Symbolic Action: Mass Arousal and Quiescence*. Chicago: Markham Publishing Company.

Elster, J.(1983). *Explaining Technical Change: A Case Study in the Philosophy of Science*.

CUP Archive.

ENoLL(2015). Living Lab Services for Business Support & Internationalisation. Belgium, Belgium: European Network of Living Labs.

Fairholm, G. W.(1993). *Organizational Power Politics: Tactics in Organizational Leadership*. Westport, Connecticut: Praeger Publishers.

Fenno, Richard F.(1973). *Congress in Committees*. Boston, Little Brown.

Finucane, M. L., Peters, E., & Slovic, P.(2003). Judgment and Decision Making: The Dance of Affect and Reason. In S. L. Schneider & J. Shanteau (eds.). *Emerging Perspectives on Judgment and Decision Research*, 327–364. London: Cambridge University Press.

Fisher, Frank(1993). Reconstructing Policy Analysis: A Postpositivist Perspective. *Policy Sciences*, 25: 333–339.

Froelich, K. A.(1999). Diversification of Revenue Strategies: Evolving Resource Dependence in Nonprofit Organizations. *Nonprofit and Voluntary Sector Quarterly*, 28(3): 246–268.

Gibson, J. L., Ivancevich, J. M., & Donnelly, J. H.(1994). *Organizations: Behavior, Structure, Processes* (8th ed.). Burr Ridge, Ⅲ: Richard D. Irwin.

Giddens, A.(1984). *The Constitution of Society: Outline of the Theory of Structuration*. Univ of California Press.

Goetz, E.(1993). The New Localism from a Cross–national Perspective. S. Clarke & E. Goetz (eds.). *The New Localism*, 199–220. Sage.

Goodnow, F. J.(1900). *Politics and Administration: A Study in Government*. New York: Russell & Russell.

Greenberg, J.(1987). A Taxonomy of Organizational Justice Theories. *Academy of Management Review*, 12(1): 9–22.

Greenberg, J., & Baron, R. A.(2008). Behavior in Organizations (9th ed., Pearson International ed.). Upper Saddle River, N.J.: Pearson Prentice Hall.

Greenberg, L. S., & Paivio, S. C.(1997). *Working with Emotions in Psychotherapy*. New York: Guilford Press.

Greiner, L. E.(1972). Evolution and Revolution as Organizations Grow. *Harvard Business Review*, 50(4): 37–46.

Gulick, L., & Urwick, L.(eds.)(1937). *Papers on the Science of Administration*. New York: Institute of Public Administration, Columbia University Press.

Guo, C., & Acar, M.(2005). Understanding Collaboration among Nonprofit Organizations: Combining Resource Dependency, Institutional, and Network Perspectives. *Nonprofit and Voluntary Sector Quarterly*, 34(3): 340–361.

Hackman, J. R., & Oldham, G. R.(1975). *Work Redesign*. Reading, Mass: Addison–

Wesley.

Hage, J., & Aiken, M.(1967). Relationship of Centralization to Other Structural Properties. *Administrative Science Quarterly*, 12: 72−92.

Harmon, M. M., & Mayer, R. T.(1986). *Organization Theory for Public Administration*. Little, Brown and Company.

Hay, C.(2002). *Political Analysis: A Critical Introduction*. Palgrave Macmillan.

Hayek, F.(1944). *The Road to Serfdom*. Chicago: The University of Chicago Press.

Heywood, A.(2015). *Political Theory: An introduction*. Palgrave Macmillan.

Higgins, E. T.(1996). *Knowledge Activation: Accessibility, Applicability, and Salience*. Social Psychology: Handbook of Basic Principles. The Guilford Press.

Hobbes, Thomas(1950). *Leviathan*. New York Dutton.

Hodgkinson, C.(1978). *Towards a Philosophy of Administration*. New York: St. Martin's Press.

Hogwood, Brian. W., & Peters Guy(1983). *Policy Dynamics*. New York: St. Martin's Press.

Hood, C. C.(1991). A Public Management for Ail Seasons? *Public Administration*, 69(1): 3−19.

Houston, David J.(2006). Walking the Walk of Public Service Motivation: Public Employees and Charitable Gifts of Time, Blood, and Money. *Journal of Public Administration: Research and Theory*, 16(1): 67−86.

Hunter, Floyd(1953). Community Power Structure. The University of North Carolina Press.

Hurwitz, Mark S., Roger, J. Moiles, & Dvaid, W. Rohde(2001). Distributive and Partisan Issues in Agriculture Policy in the 104th House. *American of Political Science Review*, 95(4): 911−922.

Huxley(1894[2004]). Evolution and Ethics: Science and Morals. Prometheus Books. (Originally published in 1894 Collected Essays. [번역서: 진화와 윤리. 김기윤 옮김. 지식을 만드는 지식].

Jacobsen, J. K.(1995). Much Ado about Ideas: The Cognitive Factor in Economic Policy. *World Politics*, 47(02): 283−310.

Jang, H. Y(2017). Policy Direction for Securing Smart City Competitiveness. *SH Urban Research & Insight*, 7(3): 69−84.

______(2018). Smart City Policy Trends and Future Agendas in Korea. *Journal of the Korea Academia−Industrial cooperation Society*, 19(6): 507−518.

Jang, Y. S., Ott, J. S., & Shafritz, J. M.(2005). Classics of Organization Theory (6th ed.). [edited by] Jay M. Shafritz, J. Steven Ott, & Yong Suk Jang. (ed.). Belmont, Ca: Thomson/Wadsworth.

Jones, C. O.(1977). *An Introduction to the Study of Public Policy*. Belmont(Calif): Wadsworth.

Jones, Gareth R.(2013). Organizational Theory, Design, and Change (7th ed.). Pearson Education.

Jones, J. E.(1985). The Genesis and Present Status of Affirmative Action in Employment: Economics. Legal and Political Realties, *Iowa Law Review*, 70: 901－903.

Jung, C. G.(1971). *Psychological Types*. London: Routledge.

Jun, J. S.(2007). *The Social Construction of Public Administration: Interpretive and Critical Perspectives*: SUNY Press. [번역서: 김태영 외(2015). 행정학: 해석, 비판, 그리고 사회적 구성. 서울: 대영문화사].

Kahneman, D.(2002). Maps of Bounded Rationality: A Perspective on Intuitive Judgment and Choice. *Nobel Prize Lecture*, 8: 351－401.

Kelman H. C.(1958). Compliance, Identification, and Interneralization: Three Process of Attitude Change. *Journal of Conflict Resolution*, 51－61.

Kettell, S., & Cairney, P.(2010). Taking the Power of Ideas Seriously: The Case of the United Kingdom's 2008 Human Fertilisation and Embryology Bill. *Policy Studies*, 31(3): 301－317.

Key, V. O. Jr.(1940). The Lack of a Budgetary Theory. *American Political Science Review*, 34(6): 1137－1144.

Kingdon, J. W.(1984, 2003). *Agendas, Alternatives, and Public Policies*. Longman Pub Group.

Kingsley, J. D.(1944). *Representative Bureaucracy: An Interpretation of the British Civil Service*. Yellow Springs, OH: Antioch Press.

Klinger, Donald E.(1980). *Public Personnel Management: Contexts and Strategies*. Englewood Cliffs, N.J.: Prentice－Hall.

Klinger, Donald E., John Nalbandian & Jared E. Llorens(2009). *Public Personnel Management: Contexts and Strategies* (6th ed.). Prentice－Hall.

Knorr, Karin D.(1977). Policymakers' Use of Social Science Knowledge－Symbolic or Instrumental. In Using Research in Policy Making (ed.). Carol H. Weiss, 165－182. Lexington, KY: Lexington－Heath.

Kraft, M. E., & Furlong, S. R.(2012). *Public Policy: Politics, Analysis, and Alternatives*. Sage.

Kranz, Harry(1976). *The Participatory Bureaucracy*. Lexington: Lexington Books.

Krehbiel, Keith(1991). *Information and Legislative Organization*, Ann Arbor: The University of Michigan Press.

Krosnick, J. A., & D. Kinder(1990). Altering the Foundations of Support for the Presidential Through Priming. *American Political Science Review*, 84: 497－512.

Kuhn, Thomas S.(1970). The Structure of Scientific Revolutions (2nd ed.). Chicago: University of Chicago Press.

Landman, J.(1996). Social Control of 'Negative' Emotions: The Case of Regret. In R. Harré & W. Parrott (eds.). *The Emotions: Social, Cultural and Biological Dimensions*, 89–117. London: SAGE Publications Ltd.

Lane, Frederick(1999). *Current Issues in Public Administration* (6th ed.). Publisher: Cengage Learning.

Lasswell, H. D.(1950). *Politics: Who Eets What, When, How*. New York: P. Smith.

______(1951a). *The Policy Orientation*. Harold D. Lasswell & D. Lerner (eds.). *Policy Sciences*. Stanford, California: Stanford University Press.

______(1951b). *The Policy Orientation, The Policy Sciences: Recent Developments in Scope and Method*. Standord, CA: Stanford University Press.

______(1956). *The Decision Process*. College Park. The University of Maryland Press.

______(1971). *A Pre–View of Policy Sciences*. New York: Elsevier.

Lewicki, Roy J., Gray, Barbara & Elliott, Michael(2003). *Making Sense of Intractable Environmental Conflicts: Concepts and Cases*. Washington D.C.: Island Press.

Lewicki, Roy J., Weiss, Stephen E., & Lewin, Davis(1992). Models of Conflict, Negotiation and Third Party Intervention: A Review and Synthesis. *Journal of Organizational Behavior*, 13: 209–252.

Lewin, K.(1951). *Field Theory in Social Science*. New York: Harper & Brothers Publishers.

______(1989). Changing as Three Steps: Unfreezing, Moving, and Freezing of Group Standards. In W. L. French, C. H. Bell, & R. A. Zawacki (ed.). *Organization Development: Theory, Practice, and Research* (3rd ed.). 87. Homewood, IL: Irwin.

Lijphart, Arend(2012). *Patterns of Democracy: Government Forms and Performance in Thirty–Six Countries* (2th ed.). Yale University Press.

Lindblom, Charles E. (1959). The Science of Muddling Through. *Public Administration Review*, 19(1): 79–88.

Linz, Juan(1994). Presidential or Parliamentary Democracy: Does It Make a Difference? In Juan Linz & Arturo Vaenzuela (eds.). The Failure of Presidential Democracy, Baltimore: Johns Hopkins University.

Lipsky Michael(1971). Street–Level Bureaucracy and the Analysis of Urban Reform, Hupe Peter & Hill Michael(2012). *Public Policy* (Vol. Ⅲ). Sage.

Lowi, T. J.(1972). Four Systems of Policy, Politics, and Choice. *Public Administration Review*, 32(4): 298–310.

Lukes, S.(1986). *Power*. NYU Press.

Lundquist, L.(1985). From Order to Chaos: Recent Trends in the Study of Public Administration. In State and Market: The Politics of Public and Private (ed.). J.–E. Lane. London: Sage.

Mabey, C. & Salaman, G.(1995). *Strategic Human Resource Management*. Oxford: Blackwell Business.

MacIntyre, A.(1981). *After Virtue: A Study in Moral Theory*. (London, Duckworth. 1995) Sex Education Source Book: Current Issues and Debates, London, Family.

Maltzman, Forrest & Steven S. Smith(1994). Principal, Goals, Dimensionality, and Congressional Committees. *Legislative Studies Quarterly*, 19(4): 457－476.

Mankiw, N. G.(2014). *Principles of Macroeconomics*. Cengage Learning.

Manyika, J., Chui, M., Brown, B., Bughin, J., Dobbs, R., Roxburgh, C., & Byers, A. H. (2015). *Big data: The next frontier for innovation, competition, and productivity*. 2011, 5(33): 222.

Marx, K.(1847). *The Poverty of Philosophy*. Progress Publishers.

Matland, Richard E.(1995). Synthesizing the Implementation Literature: The Ambiguity－Conflict Model of Policy Implementation, Hupe Peter & Hill Michael(2012). *Public Policy* (Vol. Ⅲ). *Sage*.

Mayhew, David(1991). *Divided We Govern: Party Control, Lawmaking and Investigation, 1946－1990*. New Haven, CT: Yale University Press.

McCool, D.(1995). *Public Policy Theories, Models, and Concepts: An Anthology*. Pearson College Div.

McWaters, R. J., Galaski, R., & Chatterjee, S.(2016). The Future of Financial Infrastructure: An Ambitious Look at How Blockchain can Reshape Financial Services. In *World Economic Forum*(Vol. 49).

Merton, R. K.(1936). The Unanticipated Consequences of Purposive Social Action. *American Sociological Review*, 1(6): 894－904.

Messner, Johannes(1949). *Social Ethics: Natural Law in the Modern World*. St. Louis & London.

Migue, Jean－Luc, Belanger, Gerard & William A. Niskanen(1974). Toward a general theory of managerial discretion. *Public Choice*, 17(1): 27－47.

Mikesell, John L.(1995). *Fiscal Administration: Analysis and Applications for the Public Sector* (4th ed.). Bellmont, California: Wadsworth Publishing Company.

Miller, E. Alan(2004). Advancing Comparative State Policy Research: Toward Conceptual Integration and Methodological Expansion. *State and Local Government Review*, 36(1): 35－58.

Mills, C. Wright(1956). *The Power Elite*. Oxford University Press.

Moe, T. M.(1984). The New Economics of Organization. *American Journal of Political Science*, 28(4): 739－777.

Moore, D. A(2007). Not So Above Average After All: When People Believe They Are Worse－than－average and Its Implications for Theories of Bias in Social Comparison.

Organizational Behavior and Human Decision Processes, 102(1): 42-58.

Morgan, G.(1986). *Images of Organizations*. Beverly Hills, CA: Sage.

______(1997). *Imaginization: New Mindsets for Seeing, Organizing, and Managing*. Thousand Oaks, CA: Sage Publications.

Mucciaroni, G.(1992). The Garbage Can Model & The Study of Policy Making: A Critique. *Polity*, 24(3): 459-482.

Mueller, D.(2003). *Public Choice Ⅲ*. New York: Cambridge University Press.

Mullins, L. J.(2010). *Management & Organisational Behaviour* (9th ed.). Harlow: Financial Times Prentice Hall.

Nakamura Robert T., & Frank Smallwood(1980). *The Politics of Policy Implementation*. New York: St. Martins Press.

Niebuhr, R.(2013). Moral man and immoral society: A study in ethics and politics. Westminster John Knox Press. [번역서: 도덕적 인간과 비도덕적 사회. 남정우 옮김. 대한기독교서회].

Nigro, F. A., & L. G, Nigro(1986). *The New Public Personnel Administration*. Illinois: F. E. Beacock Pub. Inc.

Niskanen, William A., Jr.(1971). *Bureaucracy and Representative Government*. Chicago: Aldine Publishing Co.

Noe, R., Hollenbeck, J., Gerhart, B., & Wright, P.(2012). *Human Resource Management* (3rd ed.). New York: McGraw-Hill/Irwin.

Nordhaus, Willam D.(1975). The Political Business Cycle. *Review of Economic Studies*, 42: 169-190.

North, D. C.(1992). *Transaction Costs, Institutions, and Economic Performance*, 13-15. San Francisco, CA: ICS Press.

Oldham, G. R., & Hackman, J. R.(1981). Relationships Between Organization Structure and Employee Relations: Comparing Alternative Frameworks. *Administrative Science Quarterly*, 26: 66-83.

Osborne, D., & Gaebler, T.(1992). *Reinventing Government: How the Entreprenurial Spirit is Transforming the Public Sector*. New York: Addison-Wesley.

Overeem, P., & Tholen, B.(2011). After Managerialism: MacIntyre's Lessons for the Study of Public Administration. *Administration & Society*, 43(7): 722-748.

Pelz, D. C.(1978). *Some Expanded Perspectives on Use of Social Science in Public Policy*. In Major Social Issues: A Multidisciplinary View (ed.). Micton J. Yinger & Stephen Cutler, 346-357. New York: Free Press.

Perelman, C.(1963). *The idea of justice and the problem of argument*. New York: Humanities Press.

Perry, J. L.(1996). Measuring Public Service Motivation: An Assessment of Construct

Reliability and Validity. *Journal of Public Administration Research and Theory*, 6(1): 5−22.

______(1997). Antecedents of Public Service Motivation. *Journal of Public Administration Research and Theory*, 7(2): 181−197.

Perry, J. L. & Lois Recascino Wise(1990). The Motivation in Public Service, *Public Administration Reviews*, 50(3): 367−373.

Peters, B. G.(1995). *The Future of Governing: Four Models*, Kansas: Kansas University Press.

______(1998). Managing Horizontal Government: The Politics of Co−ordination. *Public Administration*, 76(Summer): 295−311.

Peters, T. J., & Waterman, R. H. Jr.(1982). *In Search of Excellence: Lessons from America's Best−run Companies*. New York: Harper & Row.

Peterson, Paul E.(1981). *City Limits*. The University of Chicago Press.

Peterson, Paul E. & Mark, C. Rom(1989). American Federalism, Welfare, and Residential Choices. *American Political Science Review*, 83(3): 711−728.

______(1990). *Welfare Magnets: A New Case for a National Standard*. The Brookings Institution Washington, D.C.

Pfeffer, J., & Salancik, G. R.(1978). *The External Control of Organizations: A Resource Dependence Perspective*. New York: Harper & Row Publishers.

Pierre, J., & Peters, B. G.(2005). *Governing Complex Societies: Trajectories and Scenarios*. Springer.

Pitkin, H. F.(1967). *The Concepts of Representation*. Berkley, CA: University of California Press.

Pojman, L. P., & Fieser, J.(2011). *Cengage Advantage Books: Ethics: Discovering Right and Wrong*. Cengage Learning.

Polanyi, M.(1958). *Personal Knowledge: Towards a Post−Critical Philosophy*. University of Chicago Press.

Pondy, L. R.(1967). Organizational Conflict: Concepts and Models. *Administrative Science Quarterly*, 12: 296−320.

Popper, K.(1968). *The Logic of Scientific Discovery*. New York: Harper & Row.

______(1985). *The Growth of Scientific Knowldege*. D. Miller (ed.). Popper Selections, 171−180. Princeton, N.J.: Princeton University Press.

Preteceille, E.(1990). Political Paradoxes of Urban Restructuring: Globalization of Economy and Localization of Politics? In J. Logan & T. Swanstorm (eds.). *Beyond City Limits*. Temple University Press, 27−59.

Putnam, R.(1993). *Making Democracy Work*. Princeton University Press.

______(2000). *Bowling Alone: The Collapse and Revival of American Community*. New

York: Simon & Schuster.
Randall, C.(2004). *Interaction Ritual Chains*. Princeton University Press.
Rawls, J.(1971, 1999). *A Theory of Justice*. Harvard University Press.
Rhodes, R. A. W.(1981). *Control and Power in Central Local Government Relations*. London: Gower.
______(2000). *Governance and Public Administration*, In Jon Pierre (ed.). Debating Governance: Authority, Steering and Democracy. Oxford: Oxford University Press.
Richards, D., & Smith, M. J.(2002). *Governance and Public Policy in the United Kingdom*. Oxford University Press.
Riggs, F. W.(1961). *The Ecology of Public Administration*. New Delhi: Asia Pub. House.
______(1962). Trends in the Comparative Study of Public Administration. *International Review of Administrative Sciences*, 28(1): 9−15.
______(1964). *Administration in Developing Countries: The Theory of Prismatic Society*. Boston: Houghton Mifflin Co.
Ripley, Randall B., & Franklin, Grace A.(1980). *Congress, the Bureaucracy, and Public Policy* (2nd ed.). Illinois Homewood Ⅲ: The Dorsey Press.
Rogers, Everett M.(2003). *Diffusion of Innovations* (5th ed.). New York: Free Press.
Rohr, J. A.(1986). *To Run a Constitution: The Legitimacy of the Administrative State*. University Press of Kansas.
Rose, R.(1993). *Lesson−Drawing in Public Policy: A Guide to Learning Across Time and Space* (Vol. 91). N.J.: Chatham House Publishers.
Rosenbloom, D. H.(1983). Public Administrative Theory and the Separation of Power. *Public Administration Review*, 43(2): 219−227.
Rosenbloom, D. H., & McCurdy, H. E.(2006). *Revisiting Waldo's Administrative State: Constancy and Change in Public Administration*. Washington, D.C.: Georgetown University Press.
Sabatier, P. A., & Weible, C. M.(2007). The Advocacy Coalition Framework. In Sabatier, P. A. (ed.). *Theories of Policy Process* (2nd ed.). Boulder: Westview Press.
Sabatier, P. A., & Weible, C. M.(eds.)(2014). *Theories of the Policy* Process. Westview Press. Chicago.
Sandfort, Jodi & Moulton Stephanie(2015). *Effective Implementation in Practice*. San Francisco: Jossey−Bass.
Sargent, L.(1993). *Contemporary Political Ideologies: a Comparative Analysis* (9th ed.). Wadsworth Publishing Company.
Savas, E. S.(1982). *Privatizing the Public Sector*. Chatham: Chatham House.
______(1987). *Privatization: The Key to Better Government*. New York: Chatham House Publisher.

Sayre, W.(1953). Premises of Public Administration. *Public Administration Review*, 18: 102–103.

Schmitter, P. C.(1974). Still the Century of Corporatism? *The Review of Politics*, 36(1): 85–131.

Schultz, M., & Hatch, M. J.(1996). Living with Multiple Paradigms: The Case of Paradigm Interplay in Organizational Culture Studies. *Academy of Management Review*, 21(2): 529–557.

Schwab, Klaus(2016). *The Fourth Industrial Revolution*. World Economic Forum.

Scott, W. R.(1981). *Organizations: Rational, Natural, and Open Systems*. Englewood Cliffs, N.J.: Prentice–Hall.

Shafritz, J. M., Russell, E. W., & Borick, C.(2015). *Introducing Public Administration*. Routledge.

Sharkansky, I., & Van Meter, D. S.(1975). *Policy and Politics in American Governments*. McGraw–Hill.

Sharp, E. B.(1990). *Urban Politics and Administration*: From Service Delivery to Economic Development. New York: Longman

Shepsle, A. Kenneth & Barry R. Weingast(1994). Positive Theories of Congressional Institutions. *Legislative Studies Quarterly*, 19(2): 149–179.

Simon, H. A.(1946). The Proverbs of Administration. *Public Administration Review*, 6(1): 53–67.

______(1947). *Administrative Behavior: A Study of Decision–making Processes in Administration Orgarnization*. New York: Macmillan.

______(1957). *A Behavioral Model of Rational Choice*, In Models of Man, Social and Rational: Mathematical Essays on Rational Human Behavior in a Social Setting. New York: Wiley.

______(1976). *Administrative Behavior* (3rd ed.). New York: Free Press.

______(1979). Rational Decision Making in Business Organizations. *The American Economic Review*, 69(4): 493–513.

Simon, H. A., Smithburg, D. A., & Thompson, V. A.(1956). *Public Administration*. New York: Knopf.

Sinclair, Barbara(1986). The Role of committees in Agenda Setting in the U.S. Congress. *Legislative Studies Quarterly*, 11(1): 35–45.

Slovic, P., Finucane, M., Peters, E., & MacGregor, D. G.(2007). The Affect Heuristic. *European Journal of Operational Research*, 177: 1333–1352.

Smart, John C., & St. John, Edward P.(1996). Organizational Culture and Effectiveness in Higher Education: A Test of the “Culture Type” and “Strong Culture” Hypotheses. *Educational Evaluational and Policy Analysis*, 18(3): 219–241.

Spitzer, R. J.(1987). Promoting Policy Theory: Revising the Arenas of Power. *Policy Studies Journal*, 15(4): 675–689.

Stahl, O. Glenn(1983). *Public Personnel Administration* (8th ed.). New York: Harper & Row.

Stoker, Gerry(2004). *Transforming Local Governance: From Thatcherism to To New Labour.* Palgrave Machmillan.

Stone, D.(2002). *Policy Paradox: The art of Political Decision Making.* (Rev. ed.). London and New York, New York: WW Norton and Company.

Svra, J. H.(1998). The Politics–Administration Dichotomy Models as Aberration. *Public Administration Review*, 58(1).

Taylor, F. W.(1911). *The Principles of Scientific Management.* New York: Macmillan.

Terry, L. D.(1995). *Leadership of Public Bureaucracies.* Thousand Oakes, CA: Sage Publications, Inc.

Theodoulou, S. Z.(1995). *How Public Policy is Made. Public Policy: The Essential Readings.* Prentice–Hall, 86–96.

Thompson, F. J.(1976). Minority Groups in Public Bureaucracies: Are Passive and Active Representation Linked? *Administration and Society*, 8: 201–226.

Thompson, J. D.(1956). Authority and Power in "Identical" Organizations, *American Journal of Sociolgy*, 62(3): 290–301.

Tiebout, C. M.(1956). A Pure Theory of Local Expenditures. *Journal of Political Economy*, 64.

Tomkins, S. S.(1962). *Affect, Imagery, and Consciousness (Vol. 1). The Positive Affects.* New York: Springer.

______(1963). *Affect, Imagery, and Consciousness (Vol. 2). The Negative Affects.* New York: Springer.

Tribe, K.(1984). Cameralism and the Science of Government. *The Journal of Modern History*, 56(2): 263–284.

Truman, Daivid B.(1951). *The Governmental Process: Political Interests and Public Opinion.* Publisher: Alfred A. Knopf. New York: Place of Publication.

Van Riper, P.(1958). *History of the United States Civil Service.* New York: Haper and Row.

Vinzant, J. C., & Vinzant, D. H.(1996). Strategic Management and Total Quality Management: Challenges and Choices. *Public Administration Quarterly*, 20(2): 201–219.

Waldo, D.(1952). Development of Theory of Democratic Administration. *American Political Science Review*, 46(1): 81–103.

______(1955). *The Study of Public Administration.* New York: Random House.

______(1980). *The Enterprise of Public Administration: A Summary View.* Novato, CA: Chandler & Sharp Publishers.
______(1984). The Perdurability of the Politics－Administration Dichotomy. *Politics and Administration*, 219－233.
Walker, Jack(1969). The Diffusion of Innovations among the American States. *American Political Science Review*, 63(3): 880－889.
Wall, J. A., Stark, J. B., & Standifer, R.(2001). Mediation: A Current Review and Theory Development. *The Journal of Conflict Resolution*, 45(3): 370－391.
Weber, M.(1947). *The Theory of Social and Economic Organization.* Translated by A. M. Henderson & Talcott Parsons. London: Collier Macmillan Publishers.
______(1948) *The Social Psychology of the World Religions*, Reprinted in H. H. Gerth & C. Wright Mills (eds.). From Max Weber, London: Routledge and Kegan Paul.
Weidner, E. W.(1962). Development Administration: A New Focus For Research, In Ferrel Heady & Sybil L. Strokes (eds.). *Papers in Comparative Public Administration.* The University of Michigan.
Weingast, Barry R. & William J. Marshall(1988). The Industrial Organization of Congress: or, Why Legislatures, Like Firms, Are Not Organized as Markets. *Journal of Political Economy*, 96(1): 132－163.
Weiss, Carol H.(1980). *Social Science Research and Decision Making.* New York: Columbia University Press.
Weitzel, W. & E. Jonsson(1989). Decline in Organizations: A Literature Integration and Extension. *Administrative Science Quarterly*, 34: 91－109.
______(1991). Reversing the Downward Spiral: Lessons from WT Grant and Sears Roebuck. *The Executive*, 5(3): 7－22.
White, L. D.(1926, 1948, 1958). *Introduction to the Study of Public Administration.* New York: Macmillan.
______(1958). *Republican Era, 1869－1901.* New York: Macmillan.
Wildavsky, A.(1964). *The Politics of the Budgetary Process.* Boston, MA: Little, Brown and Company.
______(1973). If Planning is Everything, Maybe it's Nothing. *Policy Science*, 4: 127－153.
______(1987). Choosing Preferences by Constructing Institutions: A Cultural Theory of Preference Formation. *American Political Science Review*, 81(01): 3－21.
Williamson, O. E.(1999). Public and Private Bureaucracies: A Transaction Cost Economics Perspectives. *Journal of Law, Economics, and Organization*, 15(1): 306－342.
Wilson, J. Q.(1974). *Political Organizations.* Princeton University Press.
Wilson, W.(1887). The Study of Administration. *Political Science Quarterly*, 2(2): 197－222.

______(1965). The Study of Administration. reprinted in Peter Woll (ed.). *Public Administration and Policy*. New York: Harper and Row.

Wright, D. S.(1978). *Understanding Intergovernmental Relations*. North Scituate, Massachusetts: Duxbury Press.

Zahariadis, N.(2007). The Multiple Streams Framework: Structure, Limitations, Prospects. *Theories of the Policy Process*, 2: 65–92.

http://m.cnews.co.kr/uhtml/read.jsp?idxno=201905151535056800412

http://managementstudyguide.com/public-administration-historical-legal-approach.htm

www.law.go.kr

찾아보기

ㄴ

ㅅ

ㅇ

ㅈ

ㅊ

ㅋ

ㅌ

ㅍ

ㅎ

저자소개

김지원(Kim Ji Won)

서울대학교 행정대학원(행정학 박사)
(전) 근로복지공단 근무, 명지전문대 행정과 겸임교수
(현) 국립 한국복지대학교 공공행정학과 교수
"공상공무원 재활정책 설계 연구: 프랑스 경찰공무원 사례분석을 중심으로" (공저, 2020, 『한국정책학회보』)
"재취업 산재근로자의 직무적합성이 일자리만족도 및 자발적 이직에 미치는 영향" (단독, 2019, 『한국행정학보』)

권용식(Kwon Yong Sik)

서울대학교 행정대학원(행정학 박사)
(전) 미 EWC 객원연구원
"중앙부처의 정책조정에 관한 연구"(2016, 『한국정책학회보』)
"고령자 고용지원 프로그램에 대한 한－미간 비교연구"(2009, 『노인복지연구』)

김진숙(Kim Jin Suk)

이화여자대학교(행정학 박사)
(전) 서울디지털대학교 법무행정학과 시간강사
(전) 이화여자대학교 행정학과 시간강사
(현) 대한의사협회 의료정책연구소 책임연구원
"Importance of lifestyle, stress, and chronic diseases in self－rated health of Korean doctors"(2020, J Korean Med Assoc)
"여성(양성평등)채용목표제의 정책 효과성 평가: 공공부문과 민간부문의 여성채용 비교를 중심으로"(2015, 『한국인사행정학회보』)

박윤희(Park Yun Hee)

동국대학교(정치학 박사)
제17, 18, 19, 20대 국회 정책비서관, 행정사
2016년 한국행정학회 신진학자연구회장, (전) 한국정당학회 이사
(현) 동국대학교 정치행정학부 정치외교학 전공 객원교수
"후보자간 선거경쟁이 지방선거 투표율에 미치는 영향 연구"(2019, 『지역과 정치』)
『입법디자인』(2015, 책구름)

박지원(Park Ji Won)

이화여자대학교(행정학 박사)

(전) 이화여자대학교, 경희대학교, 경기대학교 시간강사

(현) University of Birmingham 사회정책전공 박사과정

"조직정치인식과 그 영향요인: 중앙정부 공무원의 인식을 중심으로 한 시론적 연구"(공저, 2013, 『한국행정학보』)

"사회적 지원이 일-가족 갈등 및 일-가족 촉진에 미치는 영향: 남녀간의 인식차이를 중심으로"(공저, 2009, 『여성학논집』)

서인석(Seo In Seok)

성균관대학교 국정관리대학원(행정학 박사)

(현) 한국정책학회 편집위원, 서울행정학회 편집위원, 한국지방행정학회 편집위원

(현) 안양대 행정학과 교수

"정책명칭 이론개념의 구성요인에 관한 연구"(2020, 『한국행정학보』)

"Sustainability of a Policy Instrument"(2019, 『sustainability』)

이도석(LEE, DoSuk)

뉴욕주립대학교(행정학 박사)

(현) 한국행정연구원 연구위원

(현) 건국대학교 행정학과 겸임교수

"혁신적 포용국가를 위한 미래예견적 아젠다 연구"(공저, 2020, 경제 · 인문사회연구회)

"ODA 생태계 구축을 통한 고용창출방안 연구"(2019, 한국행정연구원)

장석준(Jang Seok Jun)

고려대학교(행정학 박사)

(전) 경기연구원 초빙연구위원

(현) 지방공기업평가원 연구위원

"지방 공공부문 분류체계 개선을 위한 탐색적 연구"(공저, 2018, 『한국사회와 행정연구』)

『한국행정의 이해』(공저, 2018, 대영문화사)

"정책유형별 확산 메커니즘의 차별적 영향력에 관한 실증연구"(2013, 『한국정책학회보』)

정준화(Jung Joon Hwa)

서울대학교 행정대학원(정책학 박사)

(전) 수원대학교 · 서울과학기술대학교 시간강사

(현) 국회입법조사처 입법조사관

"ICT 융합에 대한 신속처리 및 임시허가 제도의 현황과 쟁점"(2016, 『법학연구』)

"다부처 · 범정부 사업에서 발생하는 부처간 예산 확보 수준의 차이에 관한 연구"(2015, 『한국사회와 행정연구』)

탁현우(Tak Hyun Woo)

서울대학교 행정대학원(행정학 박사)

(전) 국회예산정책처 사업평가관

(현) 한국행정연구원 부연구위원

"미혼남녀의 결혼지연에 대한 영향요인 분석"(단독, 2020, 『한국사회와 행정연구』)

『재정분권 실현을 위한 재정격차 완화방안에 대한 연구』(2019, 한국행정연구원 편)

개정판

인트로 행정학

펴낸날 제1판 제1쇄 2017년 1월 2일
개정판 제1쇄 2021년 1월 5일
지은이 김지원 · 권용식 · 김진숙 · 박윤희 · 박지원
서인석 · 이도석 · 장석준 · 정준화 · 탁현우
펴낸이 임춘환
펴낸곳 도서출판 대영문화사
주소 (본사) 사무실: 경기도 고양시 일산서구 주화로 70
우신프라자 307호 (우 10387)
(본사) 물류센터: 경기도 고양시 일산서구 덕산로
107번길 68-50 (우 10205)
등록 1975년 12월 26일 제3-16호
전화 (031) 913-3062, (031) 914-3884~5
팩스 (031) 913-3839
홈페이지 http://www.dymbook.co.kr

ISBN 978-89-7644-767-8
값 27,000원